U0603254

复旦大学历史地理学术经典

谭其骧卷

谭其骧 著　　葛剑雄 编

出版说明

顶尖学科的创新和发展，一直是全社会关心的热点议题。国家的发展需要顶尖学科的支撑，高端人才的培养体现了顶尖学科的传承。为我国学科建设发展注入人文关怀和强化历史厚度，探索学科发生发展的规律，有助于推动我国的学科建设，使我国顶尖学科实力更加饱满、更具国际化和人性化、更适应未来社会融合发展的趋势。

“中国顶尖学科出版工程”缘起于2018年10月杭州电子科技大学融媒体与主题出版研究院院长韩建民教授和上海教育出版社缪宏才社长在飞往西安的飞机上的一席谈话。二位谈到，作为出版人，不仅要运营好出版社，更重要的是担负起出版人的职责，服务社会，传承文化。作为高校教师、教育出版社社长，他们的关注点不约而同地聚集在了高等教育上。近年来，教育部等国家有关部门对高等教育尤其是顶尖人才的培养格外重视。人才培养离不开学科建设，国家建设需要学科支持。学科发展水平是高校和科研机构的核心竞争力，是全社会关注的焦点。一个好的学科首先应该讲历史、讲积淀、讲传承、讲学科建设史，而目前我国大部分顶尖学科没有系统建设自己的学科史，更没有建构自己学科的学术文化传统。世界上一些著名的大学科研机构，如剑桥大学卡文迪许实验室，恰恰是高度重视科学与人文的结合，所以才产生了享誉世界的科研成果。

英国物理学博士C. P. 斯诺曾经提出了两种文化，一种是人文文化，一种是科学文化。随着科学技术与社会的发展，两者之间的鸿沟越来越明显。这两种文化对社会发展都有利有弊，只有做好融合，才能健康推动社会全面进步。学科建设是两种文化融合的重要阵地，因此亟需在学科建设与发展中注入人文和历史，以起到健康发展的带动作用。

“中国顶尖学科出版工程”的出版理念就是要更重视学科史的建设，为学科发展注入历史文脉，为社会打通文理，对理工学科来说，尤其需要人文传统建设。一个没有历史和文化的理工学科是偏激片面的、没有温度的，也不会产生树干的成果。重大的成果肯定是融合升华后的成就，是在历史和文化融合的基础上铸造的果实，而枝节过细的成果往往不能产生学术根本的跃升。当下我们的人文学科也需要学科史、人物史和传统史的建设，只有这样，才是真正的学科发展，才更具国际竞争力，才更不可超越。这是我们这套书选取学科的指导思想，也是这套书不同于一般学术著作系列的特点。

这一出版工程将分辑推出我国各顶尖学科的学科史、学术经典和重要前沿成果等。对于其中的学术经典，需要说明的是，由于此前它们出版或发表于不同时期，所以格式、表述不统一之处甚多，有些字沿用了旧时写法，有些书名等是出于作者本人的书写习惯。为尊重作者的行文风格，本次出版除作必要的改动外，原则上予以保留。

第一辑是复旦大学历史地理学科系列，由我国著名历史地理学家葛剑雄先生担任主编。葛先生是我们的老作者、老朋友，他非常肯定并支持我们的理念和做法，并且身体力行。几年来大家精诚合作，在葛先生的影响、带动下，在全体作者辛苦努力下，这个项目不仅获得了国家出版基金立项支持、入选国家“十四五”出版规划，还带动了同济大学建筑学科等后续项目的启动。

希望通过这一出版工程，为我国更多的高校和科研机构带来示范性效应，推动学科发展与进步，增强学科竞争力，引领学科建设新趋势。

上海教育出版社

2022 年 10 月

复旦大学历史地理学科·序

上海教育出版社策划出版"中国顶尖学科出版工程",将复旦大学历史地理学科系列作为第一辑。复旦大学中国历史地理研究所欣然合作,组成编委会,我受命主编。

本所之所以乐意合作,并且动员同仁全力以赴,因为这是一项非常有价值、有意义并具有紧迫性的工作,也是我们这个学科点自己的需要。通过这套书的编撰,可以写出学科的历史,汇聚已有成果,总结学术经验,公布经典性论著,展示学术前沿,供国内外学术界和公众全面了解,让大家知道这个学科点是怎样造就的,评价一下它究竟是否够得上顶尖。

复旦大学历史地理学科的起点,是以谭其骧先生1950年由浙江大学移席复旦大学历史系为标志的。而谭先生与历史地理学科的渊源,还可追溯至1931年秋他与导师顾颉刚先生在燕京大学研究生课程的课堂外有关两汉州制的学术争论。1955年2月,谭先生赴京主持重编、改绘杨守敬《历代舆地图》。1957年,"杨图"编绘工作移师上海。1959年,复旦大学在历史系成立历史地理研究室。1982年,经教育部批准,成立中国历史地理研究所。1999年组建的复旦大学历史地理研究中心,成为教育部首批全国重点研究基地之一。

这一过程约长达70年,没有一个人全部经历。学科创始人谭先生已于1992年逝世,1957年起参加"杨图"编绘并曾担任中国历史地理研究所所长10年的邹逸麟先生已于2020年逝世,与邹先生同时参加"杨图"编绘的王文楚先生已退休多年。现有同仁中,周振鹤教授与我是经历时间最长的。我与他同时于1978年10月成为复旦大学历史系的研究生,由谭先生指导。我于1981年入职历史地理研究室,1996年至2007年任中国历史地理研究所所长,1999年至2007年任历史地理研究中心主任。由于自1980年起就担任谭先生的学术助手,又因整理谭先生的日记,撰写谭先生的传记,对谭先生的个人经历、学术贡献以及1978年前的情况有了一定了解。但70年的往事还留下不少空白，就是我亲历的事也未必能保持准确的记忆。

一年多来，同仁曾遍搜相关档案资料，在上海市档案馆和复旦大学档案馆发现了不少重要文件和原始资料，同时还向同仁广泛征集。但由于种种原因，有些重要的事并未留下本应有的记录，或者未能归入档案，早已散失。

本系列第一部分是学科学术史和学科论著总目。希望通过学术史的编撰，为这 70 年留下尽可能全面准确的记载。学科论著总目实际上是学术史中学术成果的具体化。要收全这 70 年来的论著同样有一定难度，因为在电子文档普遍使用和年度成果申报制度实施之前，有些个人论著从一开始就未被记录或列入索引，所以除了请同仁尽可能详细汇总外，还通过各种检索系统作了全面搜集。从谭先生开始，个人的论著中都包括一些非本学科或历史学科的论著，还有些是普及性的。考虑到一个学科点对学术的贡献和影响并不限于本学科，所以对前者全部收录；而一个学科点还有服务社会的功能，所以对具有学术性的普及论著也同样收录，非学术性的普及论著则视其重要性和影响力酌情选录。

在复旦大学其他院系，尤其是历史系，也有一些历史地理研究者，其中有的一直是我们的合作者，或者就是从这里调出的，他们的历史地理论著应视为本学科点的成果，自然应全部收录，但不收录他们离开复旦大学后的论著。本博士、硕士学科点所招收的研究生在学期间发表的论著，与本单位导师合作研究的博士后在流动站期间完成的论著，均予收录。本学科点人员离开复旦大学后的论著不再收录。历史地理研究中心所外聘的研究人员在应聘期间按合同规定完成的论著，按本中心人员标准收录。

第二部分是学术传记和相应的学术经典。考虑到学术经验需要长期积累，学术成果必须经受时间的检验，所以在首批我们按年资选定了四位，即谭其骧先生、邹逸麟先生、周振鹤教授和我。本来我们还选了姚大力教授，但他一再坚辞，我们只能尊重他本人的意见，留在下一批。

我们确定“经典”的标准，是本人论著中最高水平和最有代表性的部分，具体内容由本人选定。谭先生那本只能由我选，但我自信大致能符合谭先生的意愿。谭先生在 1987 年出版自选论文集《长水集》时，我曾协助编辑；他的《长水集续编》虽出版于他身后，但他生前我已在他指导下选定篇目，我大致了解谭先生对自己的论著的评价。

除谭先生的学术传记不得不由我撰写外，其他三本都由本人自撰。当时邹逸麟先生已重病在身，但为了学术传承，他以超人的毅力，不顾晚期癌症的痛苦与极度虚弱，在病床上完成了口述，将由他的学生段伟整理成文。

第三部分是青年教师或研究生的新著。之所以称为“学术前沿”，是因为它们在选题、研究方法、表达方式上都有一定新意，反映了年轻一代的学术旨趣和学术水平。其中有的或许能成为作者与本学科的经典，有的会被自己或他人的同类著作所取代，这是所有被称为“前沿”的事物的必然结果。

由于没有先例可循，这三部分是否足以反映复旦大学历史地理学科的全貌和水平，我们没有把握，只能请学术界方家和广大读者鉴定。我们将在可能条件下，争取修订再版。这套书反映的是我们的过去，如果未来的同仁们能够保持并发展历史地理学科的现有水准，那么若干年后肯定能出版本系列的续编和新版。我与大家共同期待。

葛剑雄

2022 年 6 月

目录

历史上的中国和中国历代疆域[1]

翁独健同志要我在这次会议期间在大会上讲一通。我说:“我不是民族史专家,有什么好说的?”他说:“不要你讲别的,只要你讲一讲你们在编绘《中国历史地图集》时是怎样划定各个历史时期的中国的范围的;也就是说,对历史上同时存在的许多国家、地区和民族,你们是如何区别中外的? 哪些算中国,哪些不算,标准是什么?”他既然提了这样具体的要求,我作为《中国历史地图集》的主编,就不便推辞了。所以今天下午我在此向诸位汇报一下我们在这套图集里是如何处理这个问题的,就把这个讲话命名为《历史上的中国和中国历代疆域》吧! 诸位听了如果认为我们的处理办法有不合理、不妥当之处,欢迎在明天小组会上提出来大家展开讨论。

《中国历史地图集》的编绘工作开始于1955年春。开始只要求把杨守敬的《历代舆地图》予以“重编改绘”,范围准备一仍杨图之旧,那时还没有接触到历史上中国的范围这个问题。杨图各时代都只画中原王朝的直辖版图,除前汉一册附有一幅西域图外,其余各册连王朝的羁縻地区都不画,更不要说与中原王朝同时并立的各边区民族政权的疆域了。所以杨守敬所谓《历代舆地图》,起春秋迄明代,基本上都只画清代所谓内地十八省范围以内的建置,不包括新疆、青、藏、吉、黑、内蒙古等边区。编绘工作开始没多久,我们就感觉到以杨图范围为我们的图的范围这种想法是不行的。新中国的历史学者,不能再学杨守敬的样儿仅仅以中原王朝的版图作为历史上中国的范围。我们伟大的祖国是各族人民包括边区各族所共同缔造的,不能把历史上的中国同中原王朝等同起来。我们需要画出全中国即整个中国历史的地图来,不应只画秦、汉、隋、唐、宋、元、明等中原王朝。随后我们就作出决定:图名改为《中国历史地图集》,范围要包括各个历史时期的全中国。怎样确定各个时期的全中国范围,从此便成为我们不得不反复慎重考虑的一个

1　这是作者在1981年5月下旬召开的“中国民族关系史研究学术座谈会”上的讲话,发表时本人作了一些修改。——编者注

首要问题。

我们是如何处理历史上的中国这个问题呢？我们是拿清朝完成统一以后，帝国主义侵入中国以前的清朝版图，具体说，就是从18世纪50年代到19世纪40年代鸦片战争以前这个时期的中国版图作为我们历史时期的中国的范围。所谓历史时期的中国，就以此为范围。不管是几百年也好，几千年也好，在这个范围之内活动的民族，我们都认为是中国史上的民族；在这个范围之内所建立的政权，我们都认为是中国史上的政权。简单的回答就是这样。超出了这个范围，那就不是中国的民族了，也不是中国的政权了。

为什么作出这样的决定？我们的理由是这样：

首先，我们是现代的中国人，我们不能拿古人心目中的"中国"作为中国的范围。我们知道，唐朝人心目中的中国，宋朝人心目中的中国，是不是这个范围？不是的。这是很清楚的。但是我们不是唐朝人，不是宋朝人，我们不能以唐朝人心目中的中国为中国，宋朝人心目中的中国为中国，所以我们要拿这个范围作为中国。

这还要从"中国"两个字的意义讲起。"中国"这两个字的含义，本来不是固定不变的，是随着时代的变化而变化的，随着时代的发展而发展的。且不提《诗经》等古籍中的"中国"是什么意思，简单说起来，拿"中国"两个字表示我们国家的主权所达到的范围，这个观念是鸦片战争之后才形成的。在这以前的"中国"二字，在各种场合有各种样子的用法。远的我们不讲，鸦片战争以后的初期，这个观念还没有完全固定下来。举一个例子，魏源写《圣武记》所用的"中国"，有时候是符合现在的概念的，譬如他讲到蒙古，把蒙古算中国，俄国算外国；讲到西藏，把西藏算中国，印度算外国。但有的时候，他还采用一种老观念，把十八省同新疆、西藏、蒙古对立起来，只把十八省叫中国。有的明清著作中，甚至因为作者本人跑到西南的贵州、广西少数民族地区，他作笔记就把贵州、广西这一带的少数民族地区不看作中国，把黄河流域、长江流域的内地看作中国。"中国"两个字，按照现在的用法，形成是很晚的。鸦片战争以后的初期还没有完全形成，基本上到晚清时候才形成。讲到"中国"就是表示我们国家的主权所达到的范围，这是鸦片战争后经过了几十年才逐渐形成的。

我们再回头来讲，我们是现代人，我们不能以古人的"中国"为中国。这不是说我们学习了马列主义才这样的，而是自古以来就是这样的，后一时期就不能拿前一个时期的"中国"为中国。举几个例子：春秋时候，黄河中下游的周王朝、晋、郑、齐、鲁、宋、卫等，这些国家他们自认为是中国，他们把秦、楚、吴、越看成夷狄，不是中国。这就是春秋时期的所谓“中国”。但是这个概念到秦汉时候就推翻了，秦汉时候人所谓“中国”，就不再是这样，他们是把秦楚之地也看作中国的一部分。这就是后一个时期推翻了前一个时期的看法。到了晋室南渡，东晋人把十六国看作夷狄，看成外国。到了南北朝，南朝把北朝骂成索虏，北朝把南朝骂成岛夷，双方都以中国自居。这都是事实。但唐朝人已经不是这样了，唐朝人把他们看成南北朝，李延寿修南北史，一视同仁，双方都是中国的一部分。同样，在宋朝也把辽、金、夏都看成是外国，看成夷狄。但是元朝人已经不这样了，已经把辽、金、夏跟宋朝一样看成“中国”。元朝人已经不用宋朝的看法了，难道我们还要做宋朝人？所以我们说现代人不能以古人的“中国”为中国。后一代的人把前一代的人的概念否定，不采用前一代人的概念，这是由来已久、自古而然的，没有什么奇怪。我们现在当然不应该再以东晋人自居，再以宋代人自居。总而言之，我们是现代人，不能以古人的“中国”为中国。

第二个问题。我们既不能以古人的“中国”为历史上的中国，也不能拿今天的中国范围来限定我们历史上的中国范围。我们应该采用整个历史时期，整个几千年来历史发展所自然形成的中国为历史上的中国。我们认为18世纪中叶以后、1840年以前的中国范围是我们几千年来历史发展所自然形成的中国，这就是我们历史上的中国。至于现在的中国疆域，已经不是历史上自然形成的那个范围了，而是这一百多年来资本主义列强、帝国主义侵略宰割了我们的部分领土的结果，所以不能代表我们历史上的中国的疆域了。为什么说清朝的版图是历史发展自然形成的呢？而不是说清帝国扩张侵略的结果？因为历史事实的确是这样，清朝的版图的确是历史发展自然形成的。我们跟沙俄不同，沙俄在16世纪以前，和乌拉尔山以东的西伯利亚、中亚细亚没有什么关系，16世纪以后向东侵略、扩张，才形成现在这么大的版图。但是清朝以前，我们中原地区跟各个边疆地区关系长期以来就很密切了，不但经济、文化方面很密切，并且在政治上曾经几度和中原地区在一个政权统治之下。东北地区在唐朝时候已经建立了若干羁縻都督府、羁縻州。到辽、金时代版图已东至日本海，北至外兴安岭，经过元朝直到明朝的奴尔干都司，都是如此。北方也是如此，蒙古高原上的匈奴在西汉时跟汉朝打得很热闹，最后匈奴还是投降了汉朝，甚至到东汉初年还入居汉王朝的版图之内。唐朝，从唐太宗灭了突厥颉利可汗、灭了薛延陀、灭了车鼻可汗之后，一度统治整个蒙古高原，远达西伯利亚南部，几十年之后突厥才复国。元朝的时候，蒙古高原是元朝的岭北行省。在西北方面也是如此，西汉设西域都护府，唐设安西、北庭都护府，元曾经置阿力麻里、别失八里行中书省、宣慰司，等等。虽然一般都不是连续的，但断断续续好几次，都跟中原地区在政治上属于一个政权。至于经济、文化关系，那就更紧密。这个长期的经济、文化、政治的关系，逐渐发展下来，越来越密切。我们很赞成前几天翁独健同志讲的一段话，我们历史上中原王朝跟边疆少数民族的关系到底是什么关系？主流是什么？是和平共处，还是打仗？我们看不必去深究它，确实有的时期是很好的，和平共处，有的时期是打仗，有的时期打仗还打得很凶。但是，总的关系是越来越密切。我看这点是谁也不能否定的。随着历史的发展，边区各族和中原汉族之间的关系越来越密切了，形成了一种相互依存的关系，光是经济文化的交流关系不够了，光是每一个边区和中原的合并也不够了，到了 17 世纪、18 世纪，历史的发展使中国需要形成一个统一的政权，把中原地区和各个边区统一在一个政权之下。而清朝正是顺应了历史发展的趋势，完成了这个统一任务。17 世纪、18 世纪清朝之所以能够在这么大的范围之内完成统一，这绝不是单纯地由于那时的清朝在军事上很强，在军事上取得一系列的胜利所能够做到的。单纯的、一时军事上的胜利和军事征服要是没有社会、经济基础来维持的话，统一是不能持久的。但是清朝在完成统一之后，巩固下来了，稳定下来了，到了 19 世纪中叶以后遭遇帝国主义从东南西北各方面入侵，给他们侵占了一部分土地去了，但基本上还是维持下来了。这是为什么？主要的原因是中原需要边区，边区更需要中原，需要统一在一个政权之下，这对中原人民有利，对边区人民更有利。我们知道，清朝的统一，实际上是先统一了满族的地区，即广义的满洲；再统一汉族的地区，即明王朝的故土；再统一蒙古族地区和蒙古族所统治的维吾尔、藏等族地区，主要是满、蒙古、汉三区的统一。汉族地区指原来的明朝的地方，除汉族外也包括许多南方的少数民族，蒙古族地区在内外蒙古以外，还包括青海、西藏以及南疆的维吾尔地区。这些地区本来都在厄鲁特蒙古统治之下，都在准噶尔统治之下。当时的准噶尔疆域，不仅是天山北路的准噶尔本部，还包括南路的维吾尔地区，青海、西藏、套西厄鲁特，都是在准噶尔统治之下。噶尔丹还进一步侵占了喀尔喀蒙古，即外蒙古。只有内蒙古在清朝入关之前早已纳入清朝版图。后来准噶尔又进一步从外蒙古入侵内蒙古，这就爆发了清朝和准噶尔之间的战争。双方经过康熙、雍正、乾隆七十年的斗争，清朝终于取得了胜利。清朝不仅把准噶尔本部收入版图，也把原来在准噶尔统治之下的青海、西藏、"回疆"即天山南路，也纳入了版图。所以清朝统一基本上就是统一满、汉、蒙古三区。蒙古区实际上包括维吾尔地区及藏区。这三区统一完成之时是在乾隆中叶，即18世纪50年代。而由满、蒙古、汉三族人民组成这个王朝，实际上还远远在清朝入关以前。1636年皇太极即皇帝位，把国号大金改为大清，臣下所进呈的劝进表就是由满、蒙古、汉三种文字写成的，充分表明这个王朝是由满、蒙古、汉三种人组成的。据我来看，这是顺应历史潮流的。因为到了16世纪、17世纪时，汉、满、蒙古等中国各民族已经迫切需要统一。这一点，我们从明朝与女真部族即后来的后金打的交道、明朝跟蒙古打的交道可以看得很清楚。那个时候中原的明朝和东北的满洲、北方的蒙古，时而打仗，兵戎相见；时而通过和谈规定明朝岁赠女真、蒙古多少物资，并进行互市。打也好，和也好，目的无非是女真人要拿人参、貂皮来换中原地区的缎布、粮食和农具，蒙古人要拿他们的马来换中原布帛、粟豆和茶叶。岁赠互市不能满足他们的需要时，就打进来掠夺。一边进行掠夺，一边要挟举行新的和议，增加岁赠。这说明边区发展到16世纪、17世纪时迫切需要中原地区的农产品和手工业品。当然，中原地区也需要边区的人参、貂皮、马匹，等等。但是比较起来说，边区更需要中原的物资。所以说，通过互市，通过战争，最后需要统一。因为统一之后，只要中原能用布匹、粮食等物资满足边区的需要，就可以平安无事，统一就可以巩固下来。所以我说清朝之所以能造成大统一的局面并且巩固下来，是顺应了历史的潮流，是历史的发展自然形成的。有人说，清朝这样大的版图完全是向外扩张的结果，这是不符合历史事实的。清朝对于蒙古用兵不能算是穷兵黩武，就像汉武帝对匈奴用兵不能算穷兵黩武一样。汉武帝对付朝鲜、东越、南越，可以责备他是侵略，对付匈奴就不能算是侵略。他不对付匈奴，匈奴就要打进来。唐太宗对付突厥也不能算穷兵黩武。同样清朝对付准噶尔也是不得不然。在那时候，准噶尔气势汹汹，占领了整个新疆、青海、西藏、外蒙古，矛头指向清帝国统治下的内蒙古，如果不把噶尔丹打败的话那还得了？那就可能再次出现边疆民族入主中原，即厄鲁特入主中原，再来一次改朝换代。要改朝换代可不是容易的。从当时情况看起来清朝还是比准噶尔进步点，让清朝统治中原地区比让准噶尔统治中原还是要有利一点吧。所以说清朝打败准噶尔，不能说他是穷兵黩武。这是你死我活的斗争。清朝把准噶尔统治的地区一一收入版图，这是为了彻底打垮准噶尔而必须要采取的措施，不是存心要去征服这些地方。清朝那时候并不是扩张主义者。我们知道，清朝打败准噶尔之后，阿富汗、浩罕、巴达克山等中亚的一些小国，曾经一度要加入清朝，但清朝拒绝了，仅仅把这些国家列为藩属，以当时清朝的兵势、兵威所加，要进一步向中亚扩展是完全有可能的，但清朝并没有这样做。可见清朝之所以有这样的版图，绝不能说他是扩张主义者，这是顺应历史潮流。所以说清朝在18世纪时形成这个版图是中国历史发展的结果，拿这个版图来作为历史上中国的范围应该是恰当的。有人主张拿今天的国土作为历史上中国的范围，我们认为那是不恰当、不应该的。要是那样的话，岂不等于承认沙俄通过《瑷珲条约》、《北京条约》割让的乌苏里江以东、黑龙江以北的地方，本来就不是我们的地方吗？事实上在清朝以前，乌苏里江以东、黑龙江以北已有几百年是在中原王朝直接统治之下的。再如大漠以北的蒙古高原，现在属于蒙古人民共和国。这个国家是不是历史自然发展形成的呢？不是。1911年、1921年两次蒙古独立，都是后面有第三者插手的，要是没有第三者插手的话，它不会脱离中国。历史发展的自然趋势是蒙古地区不论漠南漠北都应该和中原地区联系在一起。到了20世纪，到了1911年、1921年，由于第三者的插手，结果分裂出去了。这不是自然发展的结果，这是帝国主义宰割中国的结果。所以我们不能说历史上的中国只包括漠南的内蒙古而不包括漠北的外蒙古，尽管我们现在是承认蒙古人民共和国的。历史上所有的北方民族，匈奴也好，鲜卑也好，柔然也好，突厥也好，回纥也好，全都是同时分布在漠南和漠北的。要是我们以今国界为依据处理历史上的民族，那该怎么办？同一个政权统治之下的一个民族，漠北的不算中国，漠南的才算中国，这就没法办了。但我们要是采用1840年以前的清朝版图为历史上中国范围就好办。出现在漠南漠北的蒙古以及历史上所有的民族，都是中国的少数民族，不能因为今天在蒙古人民共和国之内就不算历史上中国的民族。当然，我们讲中国史的时候应当把这些民族作为中国史上的民族。但我们也不反对蒙古人民共和国在写它的历史的时候把这些古代民族写成它的先民。

有一点要补充一下，就是1840年以前有些跨国界的政权或民族或部族怎么办？这个问题最明显的事例就是高丽。我们现在是这样办的：我们认为以鸭绿江、图们江为界的中朝国界，这是历史自然形成发展的结果，没有什么帝国主义插手。历史上的高丽最早全在鸭绿江以北，有相当长一个时期是在鸭绿江、图们江南北的，后来又发展为全在鸭绿江以南。当它在鸭绿江以北的时候，我们是把它作为中国境内一个少数民族所建立的国家的，这就是始建于西汉末年，到东汉时强盛起来的高句丽，等于我们看待匈奴、突厥、南诏、大理、渤海一样。当它建都鸭绿江北岸今天的集安县境内，疆域跨有鸭绿江两岸时，我们把它的全境都作为当时中国的疆域处理。但是等到5世纪时它把首都搬到了平壤以后，就不能再把它看作中国境内的少数民族政权了，就得把它作为邻国处理。不仅它鸭绿江以南的领土，就是它的鸭绿江以北辽水以东的领土，也得作为邻国的领土。

我们处理历史上的中国的标准就这一条，并没有第二条。当初我们讨论的时候，正如昨天小组会上好几位同志的意见一样，有些同志总觉得只有这么一条不够，总想找到第二条、第三条，想要加一两条跟中原王朝的关系，总觉得应该跟中原王朝有一点什么关系，如果没有关系，怎么能说是历史上的中国？什么关系呢？最好有过郡县。但是有的边区从来没设过郡县，那么羁縻州县也算郡县。这也是过去学术界不实事求是之风造成的。那时历史学界讳言"羁縻州"，"羁縻"两个字不许提，硬要把"羁縻"都督府、羁縻州的"羁縻"两个字去掉，变成某某州，要把它看成和正式的地方行政区划一样。我们知道，府、州的长官是流官，是中央政府可以随时调动的。府、州秉承中央政府的政令进行统治，向中央缴赋税、服徭役。但羁縻府、州只是给当地少数民族首领一个都督或刺史的名义，实际上是当地基本上自主的统治者，他的地位是世袭的。王朝动不了他，他只是归附而已，你要动他他就会举兵叛乱。羁縻府州和正式府州完全是两回事。因为正式的找不出来，所以硬要把羁縻府州算正式府州。这在实际上是违反历史事实的。有些地区连羁縻府州也没有设置过，这些同志就去找称臣纳贡的关系，只要称过臣、纳过贡，就算是归入中原王朝的版图了。或者是曾经接受过中原王朝封赠的爵位，中原王朝曾经封过这一部族的首领什么王、什么侯，或者是曾经授予一点什么官衔，那就把它说成是中原王朝的一部分，纳入中国的版图了。搞来搞去无非就是要跟中原王朝拉上一点关系，好像只有跟中原王朝扯上关系以后才能算中国，否则就不能算中国。这是讲不通的。我们知道，朝鲜、越南是历代向中原王朝称臣纳贡，接受中原王朝的封爵的，但我们能把朝鲜、越南算作中国的一部分吗？不行。它们跟明朝和清朝的关系只是小国与大国的关系、藩属国和宗主国的关系，它们不是明朝的地方、清朝的地方。尤其明显的是日本有一颗被奉为国宝的印，叫做汉倭奴国王印，按照这些同志的说法，日本已接受了中国给他的这颗印，岂不是日本也要算中国的吗？可见把有没有封爵纳贡这种关系看作在不在历史上的中国范围以内这种说法，是绝对讲不通的。尤其突出的是，一定要把跟中原王朝拉上一点关系才算是中国的一部分，那么处理台湾问题就难了。台湾在明朝以前，既没有设过羁縻府州，也没有设过羁縻卫所，岛上的部落首领没有向大陆王朝进过贡、称过臣，中原王朝更没有在台湾岛上设官置守。过去我们历史学界也受了"左"的影响，把"台湾自古以来是中国的一部分"这句话曲解了。台湾自古以来是中国的一部分，这是一点没有错的，但是你不能把这句话解释为台湾自古以来是中原王朝的一部分，这是完全违反历史事实，明以前历代中原王朝都管不到台湾。有人要把台湾纳入中国从三国时算起，理由是三国时候孙权曾经派军队到过台湾，但历史事实是军士万人征夷洲（即台湾），“军行经岁，士众疾疫死者十有八九”，只俘虏了几千人回来，“得不偿失”。我们根据这条史料，就说台湾从三国时候起就是大陆王朝的领土，不是笑话吗？派了一支军队去，俘虏了几千人回来，这块土地就是孙吴的了？孙吴之后两晋南朝隋唐五代两宋都继承了所有权？有人也感到这样实在说不过去，于是又提出了所谓“台澎一体”论，这也是绝对讲不通的。我们知道，南宋时澎湖在福建泉州同安县辖境之内，元朝在岛上设立了巡检司，这是大陆王朝在澎湖岛上设立政权之始，这是靠得住的。有些同志主张“台澎一体”论，说是既然在澎湖设立了巡检司，可见元朝已管到了台湾，这怎么说得通？在那么小的澎湖列岛上设了巡检司，就会管到那么大的台湾？宋元明清时，一个县可以设立几个巡检司，这等于现在的公安分局或者是派出所。设在澎湖岛上的巡检司，它就能管辖整个台湾了？有什么根据呢？相反，我们有好多证据证明是管不到的。因此，你假如说一定要与中原王朝发生联系才算中国的一部分，那么明朝以前台湾就不是中国的一部分，这行吗？不行。台湾当然是中国的，自古以来是中国的。为什么自古以来是中国的？因为历史演变的结果，到了清朝台湾是清帝国疆域的一部分。所以台湾岛上的土著民族——高山族是我们中华民族的一个组成部分，是我们中国的一个少数民族。对台湾我们应该这样理解，在明朝以前，台湾岛是由我们中华民族的成员之一高山族居住着的，他们自己管理自己，中原王朝管不到。到了明朝后期，才有大陆上的汉人跑到台湾岛的西海岸建立了汉人的政权，这就是颜思齐、郑芝龙一伙人。后来荷兰侵略者把汉人政权赶走了，再后来郑成功又从荷兰侵略者手里收复了。但是，我们知道，郑成功于 1661 年收复台湾，那时大陆上已经是清朝了，而郑成功则奉明朝正朔，用永历年号，清朝还管不到台湾。一直到 1683 年（康熙二十二年），清朝平定台湾，台湾才开始同内地属于一个政权，所以一定要说某一地区同中原王朝属于同一政权，中原王朝管到了才算是中国的话，那么，台湾就只能从 1683 年算起，1683 年前不算中国，这行吗？台湾自古以来是中国的，为什么是中国的？因为高山族是中国的一个少数民族，台湾自古以来是高山族的地方，不是日本的地方，也不是菲律宾的地方，更不是美国的地方、苏联的地方，台湾自古以来就是中国的地方。但不是属于中原王朝，是属于高山族的，到 1683 年以后中原王朝才管到，这样我们觉得就可以讲通了。一定要找出边疆地区同中原王朝的关系来，好像同中原王朝没有关系就不能算中国的一部分，实际上，很对不起，还是大汉族主义。这个思想一定要坚决打破。

我们自己思想中如果认为一定跟汉族王朝有关系才算中国，那就不好办了。国外有人说，中国的西界到甘肃为止，新疆从来不是中国的。这个论点大家都知道是胡说。但是，为什么是胡说呢？很多人就会这样讲了：因为新疆在汉朝就统治到了，唐朝也统治到了。汉朝设过西域都护府，唐朝设过安西都护府、北庭都护府。但是我们的历史很长，西汉对西域统治多少时间？也不过五十年吧。东汉的统治更差。唐朝比较长一点，也不过7世纪到8世纪一百多年吧。我们有几千年的历史，除了唐汉一二百年统治了新疆之外，其他的时代怎么样？有些人只愿意谈汉唐，不愿意谈其他时代，因为一想到除汉朝、唐朝、清朝之外，中原王朝的确管不到新疆。那怎么办呢？好像理亏似的，于是有的同志就去找其他的关系。说是虽然不能直接管到，但在宋朝、明朝新疆的地方政权向中原王朝进过贡。朝鲜、越南都不算中国的一部分，为什么新疆地区的政权向中原王朝进过贡，就算是中国的一部分呢？这是讲不通的。宋朝和明朝，新疆地区政权同中原王朝的关系实在是很可怜的，西州回鹘、于阗、黑汗王朝跟宋朝怎么说得上有什么臣属、隶属关系？怎么能说是向宋朝称臣纳贡呢？不过是来往一二次而已，不用说不在宋朝的版图内，连藩属也谈不上。到明朝更可怜了，明朝中叶以后，嘉峪关打不开了，嘉峪关之外都是一些与明朝没有什么关系的政权。所以一定要与中原王朝有关系才算中国的一部分的话，那么新疆在宋朝、明朝根本就不是中国的一部分。不能这样讲，不能说一定要与中原王朝有关系才算中国的一部分。我们一定要分清楚汉族是汉族，中国是中国，中原王朝是中原王朝，这是不同的概念。在1840年以前，中国版图之内的所有民族，在历史时期是中国的一部分。就是这么一条，没有其他标准。新疆在宋朝的时候，是西州回鹘、于阗、黑汗，等等。在明朝的时候，在察合台后王封建割据之下，分成好多政权，这是不是就不是中国了？是中国，不过它与中原王朝分裂了。

分裂与统一，在中国历史上是经常出现的，每一次由分而合，一般说来是扩大一次。中国历史上第一次统一是在秦汉时期，秦统一时北至秦长城，西边只到黄河，根本没有挨上青藏高原。汉朝的统一，西边到了玉门关，到了青藏高原的湟水流域，比秦有所扩大。隋唐的统一又扩大一步，但是都赶不上清朝的统一。一次一次统一，一次一次地扩大，到清朝的统一，版图最大。而这个范围并不反映清朝用兵的结果，而是几千年来历史发展的结果，是几千年来中原地区与边疆地区各民族之间经济、政治各方面密切关系所自然形成的。不过，我们说，经济文化的密切关系，还需要政治统一来加以巩固。所以讲到这点，我们不得不特别强调一下，“我们中国是各族人民共同缔造的”这一句话并不是泛泛而谈的，少数民族对我们的贡献确实是很大的，除了经济文化方面我们暂且不谈之外，就是我们形成这么大的一个中国，少数民族特别是蒙古族、满族对我们的贡献太大了。我们设想一下，在12世纪我们这个中国分成七八块，长江流域、珠江流域是南宋，东北和黄河流域是金，宁夏、甘肃的河西和鄂尔多斯这一带是西夏，云南是大理，新疆是西辽，西藏是吐蕃，分裂成许多部落的蒙古高原上是蒙古各部、突厥各部，整个中国分成七八块，每一块中间还不统一。由于从成吉思汗到忽必烈祖孙三代的经营，才出现了一个大统一的局面，这个大统一的局面多么珍贵啊！譬如云南，虽然汉晋时代是中原王朝统治所及，但是南朝后期就脱离了中原王朝。到了隋唐时候，是中原王朝的羁縻地区，不是直辖地区。这个羁縻局面也不能维持很久，到了8世纪中叶以后，南诏依附吐蕃反唐，根本就脱离了唐王朝。南诏之后是大理。总的来说，从6世纪脱离中原王朝，经过了差不多七百年，到13世纪才由元朝征服大理，云南地区又成为中原王朝统治所及。又如新疆地区，从8世纪后期起就脱离了唐王朝，唐朝人被吐蕃又赶出来了，后来吐蕃人也站不住了，维吾尔人进入新疆建立了几个政权。总而言之，经过了四百多年，才由蒙古族征服西辽使新疆地区和中原地区又同属于一个政权。元朝的统治使中国各地区之间长期分裂又合在一起。没有蒙古的话，怎么能形成这样大的统一？这样分裂局面继续下去的话，那就不可想象。同样，在明朝时候，中国又进入一个分裂时代。明朝对东北辽东边墙以外、对青藏高原的统治是很薄弱的，只是一种羁縻关系而已，真正的统治是谈不上的。我们要说老实话，现在把明朝对西藏关系来比之于元朝对西藏的关系、清朝对西藏的关系，这是不行的，是远远赶不上的。明朝对东北边墙以外女真各部的关系也不能和元朝、清朝相提并论。长城以外的鞑靼、瓦剌，长期处于敌对状态。所以明朝的时候中国又分成好几块了。没有清朝起来，这个分裂局面不知又要延续到什么时候。明朝对新疆的关系更谈不上，根本管不上，连新疆发生什么变化都不晓得。要是没有清朝从努尔哈赤、皇太极，经过顺治、康熙、雍正、乾隆这六代二百多年的经营，就不会出现18世纪的大统一局面。所以我们说中国是各民族人民共同缔造的。我们今天还能够继承下来这么大的一个中国（虽然被帝国主义宰割了一部分，侵占去了好多地方)，包括这么多的少数民族在内，不能不归功于清朝。所以我们绝不能把中国看成汉族的中国，我们中国是各族人民共同的中国。很多少数民族对我们中国历史发挥了很大的作用，没有元朝，没有清朝，今天的中国是什么样子？我们怎么能把中国看成汉族一家的？王朝跟中国不能等同起来，应该分开，整个历史时期只有清朝等于全中国，清朝以外没有别的中国政权。清朝以前任何历史时期，中国都包括两个以上的政权，我们绝不能说这个政权是中国的，那个政权不是中国的，不能这样分，要分也分不清。

历史上同时存在两个以上的中国政权时，那就得承认事实上当时几个国家并峙，谁也管不到谁，不能硬说中原王朝管到了边区民族政权。有些同志要把吐蕃说成是唐朝的一部分，这是违反历史事实的。唐和吐蕃敌对战争时多，和亲通好时少。就是在和亲通好时，唐朝也完全管不了吐蕃。汉朝和匈奴，唐朝和突厥、回纥的关系，基本上也是如此。我们只能认为吐蕃、匈奴、突厥、回纥是历史上中国的一部分，但不能说它们是汉唐王朝的一部分。

历史上的中国政权有时管到了历史上中国范围以外的地方，我们也得承认这些地方虽然不在历史上的中国范围之内，但确在几个中国王朝版图之内。例如，汉晋间曾在朝鲜西北部设置过乐浪、带方等郡，汉唐间曾在越南北部设置过交趾、九真、日南等郡，这些设郡县的地方，当然是汉、晋、唐等王朝疆域的一部分。所以朝鲜、越南虽然不在历史上的中国范围之内，但历史上的乐浪、交趾等郡，则为汉、唐等王朝的领土，那是无可讳言的。以郭老名义出版的《中国史稿》第一版(后来的版本改动过没有，我不知道)，把汉朝同交趾、九真、日南的关系说成是对外关系，我看是很难讲得通的。这三郡明明在汉王朝的统治之下、版图之内，汉朝其他地区对这三郡的关系只能说是内地或中原对边区的关系，怎么能说成是对外关系呢？这是违反历史事实的。我们对内提倡民族团结，对外提倡尊重邻国，特别是比较弱小的邻国，这是对的。但不应该也不需要为了要尊重邻国，就抹杀或歪曲历史事实。交趾、九真、日南等郡确在汉唐王朝疆域之内，不能因为在今天是越南的国土，便硬说汉唐跟这几郡的关系是“对外”。五代以后越南脱离中国独立建国，那我们就该尊重其独立，不能因为它曾经向宋、元、明、清等朝称过臣、纳过贡，而不把它作为一个独立的邻国看待。

在我们的图上，我们没有把秦朝的象郡按我国的传统说法划在越南境内。有些同志认为我们在画秦图时是在与越南友好的时候，所以就不敢把象郡画在越南。我们是把象郡画在广西、贵州一带的。他们说，我们现在要修订这套图，应该可以把象郡画到越南去了。实际把历史上的郡县画在哪儿，这是不能以对某个邻国友好与不友好来决定的。我们当初没有把象郡画到越南去，我们是根据史料认真地作了分析，觉得还是不把象郡画到越南去更妥当一些。我们也知道把象郡放到越南去也有一定的史料根据，《汉书·地理志》、《水经注》都说秦朝的象郡在越南。但是我们没有采用这种说法而主张象郡是在广西、贵州，我们觉得这种主张的根据更坚强一些。因为《汉书·地理志》赶不上《汉书·本纪》可靠，而《汉书·本纪》的材料证明象郡应该在广西。《水经注》的材料虽然可贵，但《山海经》的材料比《水经注》更早一点。《山海经》的材料说明象郡应该在贵州。因此，我们是老老实实根据历史资料进行认真的分析、研究以后才下结论的。我们绝不能今天与这个国家友好了，就这样画；不友好了，就那样画。

有的同志说，如果我们把历史边疆各少数民族所建立的政权看成是历史上的中国，那是不是就没有民族英雄，就没有汉奸、卖国贼了？是不是宋辽之间、宋金之间的战争都是内战了？这显然也是不对的。我们讲历史上的中国是应该站在今天中国的立场上的，但讲历史上中国境内国与国之间的斗争，宋朝就是宋朝，金朝就是金朝，宋金之间的斗争当然还是国与国之间的斗争，那么，当然应该有民族英雄，有卖国贼，岳飞当然是民族英雄，秦桧当然是卖国贼，这怎么推翻得了呢？任何人都应该忠于自己的祖国，怎么可以说把宋朝出卖给金朝而不是卖国贼？宋朝方面有汉族的民族英雄，金朝方面当然也会有女真族的民族英雄。我看完颜阿骨打起兵抗辽，就应该是女真族的民族英雄。所以岳飞还是应该颂扬的，秦桧还是应该谴责的。不过今天汉族人与满族人都已经是一家人了，写历史的时候虽然应该按历史事实写，但在今天已没有必要把这段历史大事宣扬，不需要宣扬并不等于否定，不等于否定民族英雄。我们要宣扬爱国主义的话，应该宣扬近一百几十年来在抗英、抗法、抗俄、抗日斗争中间的民族英雄，岂不是更好吗？何必过分宣扬历史上的？同样，我们肯定元朝、清朝对中国历史作出了伟大的贡献，但是不等于说要否定文天祥、陆秀夫，不承认他们是民族英雄、爱国主义者，也不等于说洪承畴、吴三桂不是卖国贼，因为历史是发展的，我们不能拿后来的关系看当时的关系。假如认为后来已成为一家，当时何必抵抗呢？那么从秦汉以后秦、楚也都是一家，在屈原的时代，岂不是他也无须站在楚国的立场上，抵抗秦朝的侵略了？假如说后来已成为一家，当时就可以不抵抗的话，那么将来世界总有一天要进入共产主义的，国家总是要消灭的，那么将来讲起历史来岂不就得认为历史时期被侵略者、反抗侵略都是无聊的？要这样讲起来，那我们的抗日战争岂不也是多余的？

所以历史发展到今天，我们全国各个民族是在一个大家庭里，我们应该团结起来，共同抗击外来的侵略，共同建设社会主义祖国，为了社会主义祖国的四个现代化而奋斗。今天我们写中国史，当然应该把各族人民的历史都当成中国历史的一部分，因为这个中国是我们各族人民共同缔造的，是五十六个民族共同的，而不是汉族一家的中国。我们今天的命运是相同的，兴旺就是大家的兴旺，衰落就是大家的衰落，我们应该团结起来共同斗争。

（原载《中国边疆史地研究》1991年第1期）

中国历代政区概述

关于本文的题目，有五点需要声明一下：

1. “中国”只指旧籍中的“中国”，即专指汉、晋、隋、唐、宋、元、明、清等中原王朝，不包括边区政权如匈奴、鲜卑、突厥、回纥、吐蕃、南诏、大理、渤海等。

2. “历代”只指秦以后的，不讲秦以前的。

3. “政区”只讲县以上的，不讲县以下的。

4. “政区”不限于地方行政区划，兼及一些非行政区域而为后来行政区划渊源所自的中央或上级行政区的派遣机构辖境。

5. “政区”只限于历代通行于内地的、用以统治编户的普通政区，不包括设于边区的，或用以统治非编户的特殊政区如羁縻州、镇戍、卫所等。

一、二千多年来政区的演变

中国自秦始皇兼并六国，开始建成中央集权的一统国家直到今天，二千二百年来，县作为地方行政区划的基层单位始终未变；县以上则经历过极为频繁复杂的变革，概括起来，大致可分为如下几个阶段：

1. 秦汉时的郡县二级制。

秦从初并天下时的三十六郡增加到末年的四十多个郡，分管大约千把个县。西汉自武帝以后和东汉一代，都是以一百零几个郡级单位（郡、国即王国，东汉又增加一种属国都尉），分管一千几百个县级单位（县、侯国、邑、道）。

汉武帝先后于公元前106年、公元前89年创建十三刺史部和司隶校尉部，由刺史和司隶校尉分部巡察郡国吏治。成、哀之际（前8—前5年），曾提升刺史为州牧，使州成为郡国的上级，但两年半后即恢复旧制。哀帝死，王莽秉政，又改刺史为州牧，四十二年后东汉光武帝始复改州牧为刺史。但东汉刺史不同于西汉。西汉刺史平时“巡行所部郡国”，“居无常治”，岁尽“还京师奏事”。有所举劾，得由政府另行派员案验，然后黜退。东汉刺史则常驻在其州部内的固定治所，不再诣京奏事；且其权力亦不再限于举劾，并能对所部郡国官吏径行黜免。到了灵帝末年，为了镇压黄巾起义，又改部分刺史为州牧。不久，州牧或刺史部掌握了兵权，州终于成为统辖几个郡国的大行政区。

2. 魏晋南北朝时的州、郡、县三级制。

三国魏、蜀、吴三方共有十七州，西晋统一之初共有十九州，末年增至二十一州，领一百七十多郡。经东晋、十六国至南北朝前期，双方合计共有五六十州。南朝自齐梁后，北朝自太和后，州郡建置日益冗滥，往往以一县之地置郡置州，或郡无属县，州无属郡；甚至有些州郡徒有空名，既无土地，亦无户口。梁、东魏、西魏和陈、北齐、周时代，三方合计共有三百多州、六百多郡。魏晋时平均一州领八九个郡，一郡领七八个县，三级制确有其级次相临的作用，只是平均一州才管二三个郡，一郡才管二三个县，一州所辖不过五六县，三级制已失去意义。故在北朝后期，已只有州刺史和县令到职，郡太守通常并不莅任。隋文帝代周后的第三年（583 年），便正式裁撤了郡一级，改为以州统县二级制。

3. 隋、唐开元前的州、县二级制。

4. 唐开元至五代时的道、州、县三级制。

隋唐五代凡三百八十年，除隋大业时有十一年（607—618 年），唐天宝、至德时有十六年（742—758 年）将州改称为郡外，地方行政区划都是以州统县。全国共有二三百个州，一千四五百个县。但实行单纯二级制的时间只有隋文帝和唐前期共约一百四十年。隋炀帝在改州为郡的同时，效法汉武帝置司隶别驾二人，分案二都畿内；刺史十四人，巡察畿外诸部，每年二月巡郡县，十月入奏。因隋祚于十一年后即覆灭，《隋书》记载太简，这种制度的具体情况已不可考。

唐于贞观元年（627 年）将全国划分为十道，但这种道只是一种地理区划，并不是行政区划。有时虽也由朝廷派遣使者分道执行某种任务，但都是临时措施，事竣即罢。直到开元二十一年（733 年），将十道分成十五道，才定制每道设一采访处置使，监察吏治，常设不撤。不久，采访处置使的权力逐渐有所扩大，有些道并由掌握兵权的节度使兼领其职，发展到安史之乱期间，全国遍设节度使、防御使等方镇，758 年遂罢采访处置使，改置由方镇主帅兼任观察处置使；从此，军政上的一镇，便同时都是民政上管辖几个州的一道，确立了道（即镇）、州（包括府）、县三级制。全国的道数经常有变动，一般在四五十个之间。每道领州少或二三，多达十余。这种三级制经历二百余年，至北宋初年，才由于方镇兵权的被夺、中央集权的加强而被废止："罢天下节镇所领支郡"（方镇主帅自领一州，其余诸州称支郡），"令诸州皆直隶朝廷"。

5. 两宋（包括金）的路、州、县三级制。

977年宋太宗废止方镇领州之制时，全国共有三百六七十个州级单位（府、州、军、监）、县（县、军、监），若采用单纯的二级制，真的要由朝廷直接统辖这么许多单位，那是难以办到的。因而不久又令原来专司督征运送地方财赋的各路转运使，兼理军民庶政，这样便形成了路、州（府、州、军、监）、县（县、军、监）三级制。北宋先后分全国为十五、十八、二十三、二十四路，南宋分境内为十六或十七路，金分境内为十七、十九、二十路。宋金的路并不等于魏晋南北朝的州或唐安史乱后的道。一路皆同时设置分掌财政、民政、司法、监察、军事、征榷等政的三个或三个以上的"监司"，并非一路诸政掌于一人之手。不同监司的路的划分亦不尽相同：如北宋陕西转运使司分永兴军、秦凤二路，而安抚使司分永兴军、鄜延、环庆、秦凤、泾原、熙河六路；金制辽东分上京、咸平、东京三总管府路，而转运司只为辽东一路，按察司只为上京东京一路。再者，州的政务还有许多是不在监司监领之下的，都可以直达朝廷。所以宋金三级制的实质可以说只有二级半。

6. 元以来以省领道、路、府、州、县等的三级或多级制。

这个时期长达七百多年，又可分为四期：

(1) 元代始以前代的中央临时派遣机构行中书省定为常设的地方最高一级行政区划。初期区划极不稳定，中期稳定为除中书省直辖区（腹里）外，共设十一行中书省。省下有路、府、州、县四级。前代较大府、州多升为路，县升为州。四级或递相统辖，或越级统辖。州或不领县。所以这时候的地方政区统隶关系，二、三、四、五级都有，而以省统路或府，路府统州或县三级最为普遍。又往往分一省为二三大区，将距省会较远的区划为一道，设宣慰司作为行省的派出机构临治其地。另有设肃政廉访使的道，则为御史台的派出机构，司一道吏治监察。宣慰司道至元末多改为"分省"，或进一步升为行省。

(2) 明洪武九年（1376年）废除行省制，在原来一个省区内分设布政使司、按察使司、都指挥司三司，分掌民政、司法监察、军务三政。这与宋代的路分设转运使、提点刑狱、安抚使三司极为相似，而权任有过之，仍然和此前的行省一样，是地方区划中的最高一级。原来的一省至是改称为布政使司，但习俗相沿，仍被称为省，连正式公文亦经常采用。洪武十三年（1380年）中央废除中书省，中书省的直辖区改称“直隶”。宣德二年(1427年)以后，全国共划分为两京(即南北二直隶)十三布政使司，俗称两京十三省，或十五省。废除路一级，府州县的统隶关系也有多种方式，省县之间或隔一级，或隔二级。每省又分设若干分守道作为布政使司、分巡道作为按察使司的派出机构。

自宣德以后，或因边防有警，或因地方不靖，又陆续在全国各地派出备有中央政府一二品大员职衔的“总督”、“巡抚”，集所督抚地区内的军务、察吏、治民大权于一身，遂成为最高级的封疆大吏。督抚的辖区往往不同于布政使司，并且经常变动。所以明代后期的一级地方行政区划，事实上已不是两京十三布政使司，而是三十个左右的总督、巡抚辖区。

(3) 清初逐步将督、抚辖区调整成与布政使司取得一致，终于在康熙初年将十五省分为十八省，正式以督抚为一省之长。有些省单置总督或巡抚，有些省兼置督、抚，则巡抚近于无权闲职。十八省全在明朝故土范围内，清代加入版图的边区的一部分至光绪时亦建省，末年共有二十二省。清代凡隶属于府的州不再领县，故省以下只有府(府、直隶州、直辖厅)、县(县、散州、散厅)二级。每省仍分设若干道。

(4) 辛亥革命前后二三年内废除了府一级，州厅皆改为县，重划道区，于是地方行政成为省、道、县三级制。国民党统治初年废除了道一级，意图行省县二级制，但在30年代“剿共”时期，又在江西省首先分区设行政督察专员，未几，各省皆起而仿效。新中国成立后继承了这种区划，初称专区，旋改称地区。这种在实际行政上是介于省县之间的一级，但在法制上不是一级地方政府。

二、演变的规律

综合考察一下二千年来的政区演变经过，可以发现如下三条规律：

1. 同一政区，通例都是越划越多，越划越小；到一定程度，它的级别就会降低。例如：州在两汉只有十三四个，魏晋时加到二十个左右，南北朝猛增到三百多个，隋初的废郡以州统县，等于是将州降为郡级，到元明清时又把一部分州降为县级。省在元代只有十一二个，明代加到十五个，清代加到十八、二十二，现在的省级政区(省、自治区、直辖市)是三十个。只有县最稳定，秦代千把个，汉以后长期都是一千几百个，约四十年前才突破二千大关，现在也不过二千一二百个(1985年底是二千二百零四个，包括县级的其他单位市、旗、特区)。

越划越多越小的主要原因当然是各地区逐步得到开发，但也有其他政治上、军事上、经济上的种种原因，各时代各地区都得作具体分析。历代政府有时觉得政区太多不便于统治，曾几次大事省并，但往往不久被省并的又得到恢复。例如隋朝将初年三百多个州并为大业时的一百九十郡（州的改称），此后逐渐增置，唐宋两代长期徘徊于三百州左右。新中国在20世纪50年代末曾并省了许多县，现在大多数已被恢复。

2. 秦和西汉初期疆域比较小，其时所采用的单纯二级政区制，自汉武帝扩展疆域以后，已不宜于继续采用。但多级制亦不利于政令民情的上下传达，所以二千年来最常用的是三级制。有时用实三级，有时用虚三级。这里所谓虚三级，是指第一级或第二级并不全面掌握地方权力，或一级权力分属于几个机构的三级制而言。粗略统计一下：汉武帝以后的两汉三百年是虚三级；魏晋南北朝四百年是实三级；隋至唐初期一百四五十年是二级制；开元以后先是虚三级，二十多年后即转为实三级；历二百余年至宋初始改为二级。但不旋踵即转入虚三级，历三百年至元代始变为多级制。元明清六百多年显然都是多级制，大多数地区的实级一般都是省、府（路、州）、县三级。辛亥革命后七十多年北洋军阀、国民党、新中国三个阶段，分别采用了不同的虚三级制。

3. 历代最高一级行政区往往由吏治监察区或军务督理区转变而来，最高行政长官往往由派遣在外的中央官转变而来。显著的事例如：

（1）两汉监察区“州”到东汉末年由于州牧刺史带了兵而转变为六朝的一级行政区。

（2）六朝的都督几个州军事之职到唐朝形成了以一个都督府管几个州的军事之制；都督又由于加节而改称节度使，权任日重，终于兼任采访使、观察使之职而使辖区成为州以上的一级行政区“道（镇）”。

（3）行省起源于六朝隋唐的行台尚书省。那时中央政府叫“省”，由中央大员率领部分政府成员外出执行国家任务，就叫行台尚书省或某处行台省，事已即罢。金末多事，外有强敌入侵，内有农民起义，因而各处普遍设立了行尚书省。蒙古在与金朝的接触中把这种制度学了过去，初时叫行尚书省，后来随着中央政权机构改为中书省，也就把行尚书省改称行中书省，简称行省。原来也只是一种临时性的中央派出机构，但元初对中原用兵时间长达七八十年之久，军事不停，军管制即无法撤除。时间一久，到了平宋前后，行省便变成了中国史上辖境最大的一级行政区划。

（4）明初以来把地方上的政权交给了都、布、按三司，但由于三权分立，一旦边防或地方有事，难以应付，不久便陆续派出了带有中央部院大臣职衔的重臣到各处去总督军务或巡抚地方。其初犹时设旋罢，已而就置而不废，成为定制。但明中叶以后督抚虽已在地方上掌握最高权力，名义上却始终算中央官(《会典》编入都察院)，正式一级政区始终是两京十三布政使司。入清又经过二三十年的调整，才终于使督、抚成为正式的最高地方官，其辖区也就成为当时的一级行政区划——十八省。

政区的这些演变规律，一方面正好说明了中国自秦汉以来长期在中央集权制统治之下，所以中央的使者能以监督的名义侵夺地方官的权力，终于使中央使者成为最高地方长官，原来的地方长官降而成为他的下级或僚属。但另一方面，因为由这种方式形成的一级政区辖境、权力过大，所以一到乱世，这种政区的首长很容易成为破坏统一的割据者，犹如东汉末年的州牧刺史，唐安史乱后的节度使和民国的督军、省主席等。

三、近今的巨变

上面两段简略地把中国二千多年来以县为基层单位的政区分划变迁经过大致都讲到了，但不等于说已讲完。我们必须充分注意到近几十年来，中国的政区制度正在发生巨变。

从秦到民国初期，历代各级政区基本上都是先将一个地区划定为一个政区，然后在这个地区内选择一个城邑或聚落作为政区的治所。这个聚邑成为一个政区的治所后一般又能得到一定程度的经济发展。这正好反映了二千多年来中国都处于以农业生产为主的社会经济发展阶段。因此自汉至唐的大城市，没有一个不是州郡治所。宋以后虽然兴起了一些非州郡治所的繁荣城镇，但城市经济的发展直到民国初期，还未能导致改变行政区划制度。从 20 世纪 20 年代起，国民党政府先后把若干城市从省和县划出，建立为市；从省划出的直属于中央，从县划出的直属于省。新中国成立以来，又将市制予以扩展。一方面不仅在工商业发达的城市建市，并在大型工矿区、著名旅游区建市；一方面又将市附近的一些县划归市管。1985 年底全国已有各级市(直辖、地级、县级)三百多个，划归市管的县六百多。最近几年又将若干非直辖市的经济计划改成不经过省而直接由国务院领导。这些改革无疑具有划时代的重大意义。目前新的市制正在随同中国四个现代化的步伐迅速推进，可能不要很久，产业性的市及市辖区，将取代二千多年来地区性的政区，成为中国主要的政区制度。

四、几个应予注意的问题

除了上述这些简括的说明之外，我们在接触到历代行政区划和历史地名时，还应注意到以下几点：

1. 在上面所说的3、4两阶段中，绝大多数时间都是以州统县，但也有短时间的例外，那就是有两次改州为郡：一是隋炀帝大业三年改州为郡，到唐高祖武德元年又改为州，只有十一年；一是唐玄宗天宝元年改州为郡，到肃宗乾元元年又改郡为州，只有十六年。两次合计也只有二十七年。《隋书·地理志》和两《唐书·地理志》把两次改制都记了下来。不过《隋书·地理志》根据大业三年后的制度称郡不称州，只在京兆郡下交代了原称雍州，大业三年改为京兆郡，其他各郡下都没有明白交代，读者就不免会误认为隋朝一代就叫某某郡，或搞不清哪一年才叫某某郡。《旧唐书·地理志》在各州下面都写上“隋某某郡，武德元年改为某州，天宝元年又改为某某郡，乾元元年变成某州”，读者看起来很明白。但《新唐书·地理志》为了要节省文字，各州都只用“某州某某郡”或“某州某郡”这四五个字，只在同州冯翊郡条下说明这四五个字的具体意义是这个州在隋朝和天宝元年至乾元元年这十六年间叫冯翊郡，除此之外，唐朝一代都叫同州。一般读者翻阅《新唐书·地理志》却未必看到这一条，又没有对比着《旧唐书》看，因而有人便误以为唐朝一个政区使用两个名称，如同州同时又称冯翊郡；这都是错误的。其实，唐朝的一州就是一郡，不过唐朝一代二百九十年间，二百七十四年都叫州，另有十六年叫郡。《新唐书》所谓某州某某郡，前面某州是指一代的常称，后面某某郡指的只是天宝到乾元这十六年间的变称而已。

2. 唐朝还有十六年改州为郡，第5阶段中两宋三百多年则始终只有州，从没有叫过郡。可是在《元丰九域志》、《宋史·地理志》等书中，每一个州名之下也都列有一个郡名，那又是怎么一回事呢？原来宋朝每一个州有一个郡名，就像旧时代每个人都既有个名，又有一个字一样。州名是这个州的正名，郡名是这个州的别名，等于是人的字。宋朝的郡名绝大多数都沿袭唐朝的旧名，改用新郡名的很少。一些新置的州，朝廷往往还要赐一个郡名，但也有一些新置州没有郡名。

3. 除一般州外，唐宋还把一些有特殊地位的州改称为府。玄宗开元年间开始把京都所在的三个州改称为府：首都长安所在的雍州改称京兆府，东都洛阳所在的洛州改称河南府，北都晋阳所在的并州改称太原府。安史之乱以后，又陆续把几个皇帝驻跸过的州升为府，至唐末共有十来个府。北宋又把一些重要的州升为府，末年已有三十几个府。到了南宋和金对峙时期，双方又都新增加了一些府，所以共有五十多个府，约占当时州级政区总数的七分之一强。

4. 旧时代文人对地名往往喜欢用古名、别名，对行政区划和地方官也喜欢用古称，不仅常见于诗文书札，也用之于署籍贯、题书名。地名用古名，如称南京为金陵，称扬州为广陵，其实金陵是先秦时的名称，广陵是唐以前的名称，宋元以来，这些名称早已不用了。地名用别名，如称泉州为温陵，称无锡为梁溪，其实泉州、无锡从古以来从未叫过温陵、梁溪，都不过是文人为了要风雅而取的别名。政区和地方官用古称，如宋以后根本没有郡，但宋元明人笔下经常出现郡和太守，实际上所谓郡就是指当时的一州或一府，所谓太守指的就是当时的知州或知府。因为当时的一州一府之地，大致相当于两汉六朝的一郡，而知府知州也大致相当于古代的郡太守。又如明清人称道员为观察，称知县为县令，实际上观察、县令都是唐代的旧称，宋以后早已不用了。明朝最喜欢用地名的别称署籍贯，如李卓吾是泉州晋江人，但他在他的著作中都署称温陵李贽。宋元地方志通例不用正式的府州县名，而用郡名或别名，如嘉泰《会稽志》，实际上是绍兴府志，会稽是别名；如绍熙《云间志》，实际上是华亭（今松江）县志，云间是别名。这种陋习到清朝已改掉了一大半，但还有一部分自命风雅之士不肯改。至于诗文书札里采用古名别称，那就即便是通人学者也在所难免。所以现在我们看古书和旧时代的文字，千万不能看到一个地名或政区名、地方官名，就认为当时实际存在这种名称或制度。

5. 同样的政区和地方官名，在不同的历史时期，含义或相去甚远，或迥然不同。如上面已经提到的，汉代一个州往往辖有今二三省之地，而元明清许多州一般只今一县之地；又如唐代的苏州辖有今江苏的苏州市（包括属县）、上海市（除崇明）和浙江的嘉兴市（包括属县），比今天的苏州要大好几倍。这是同一政区名大小的不同。如六朝的扬州治所就是今天的南京市，隋以后就移到了今天的扬州市；又如汉朝的轮台在今新疆的南疆轮台县，而唐诗中经常出现的轮台却指的是唐朝的轮台，在今北疆乌鲁木齐附近。这是同一地名地理位置的不同。明代的布政使是一省的行政首长，到清代一省的省长是总督或巡抚，布政使变成了督抚的僚属。这是同一地方官名职权的不同。唐朝的节度使掌握好几个州的军政大权，到宋朝仍有所谓节度使，却变成了一种武官的虚衔、荣誉职称，与当地不发生任何关系。有人根据南宋曾授予岳飞“清远军节度使”这个头衔，而清远军是广西融州的军额，就认为岳飞在苗区做过地方官，这是不懂得历代地方官制闹出来的笑话。

其实《宋史》明说岳飞当时领军屯驻鄂州(今武昌),他的官职是湖北路荆襄制置使,怎么可能又跑到广西苗区去做地方官呢?

总之,由于历代行政区划的名称、治所、辖境都在不断变化,所以我们每看到一个历史地名,都必须要弄清楚这个地点在这个特定的历史时期属于哪一级政区,它的治所在哪里,它的辖境有多大,否则就难免要出差错、闹笑话。怎样才能做到这一步呢?一方面应该对历代的政区制度有一个基本的理解,另一方面就得勤于查这方面的工具书。这两方面的功夫是缺一不可的。

(本文第一至第三部分原载《文史知识》1987年第8期;
第四部分摘自《历代行政区划略说》,
原载王力等著《中国古代文化史讲座》,
中央广播电视大学出版社1984年)

我国行政区划改革设想[1]

行政区划是国家的一项大政，设置得是否科学，是否合理，对一个国家的政治、经济、文化、民族团结等都会产生重大影响，是关系到国家的发展前途长治久安的大事。但对这样一个极重要的问题，我们建国以来却从没有很好研究过。是不是因为我们原来的行政区划基本合理，不存在什么大问题，所以无须加以研究讨论呢？不是这么回事。我国现行的行政区划基本上还在沿用元明清时代的区划。历代虽稍有变动，但基本格局不变。这种封建王朝时代的格局，难道能适合建国四十年来社会主义建设的需要吗？显然不是。不适应的地方多得很。可见，现行行政区划不是用不着予以研究讨论，而是由于过去四十年一直在忙于对付其他事务，国家多事，无暇及此。现在国家已进入一个团结安定、加紧进行社会主义建设的新时期，这件事就该及时地予以研讨，为实行改革作出必要的准备。

其实在解放以前的30—40年代，对行政区划改革的研讨是很热闹过一阵的，各种刊物上发表过很多这方面的文章。只是当时全国实际上并没有统一过，全国性的政区改革当然只能是纸上空谈。

建国以后，很快就完成了除台湾以外的统一。可是四十年来，却从没有听到过这方面的舆论呼吁。尽管建国后新建了三个直辖市、五个民族自治区和一个省（海南），但这些改动就全国而言影响不大。现在全国的一级政区，基本上还在沿用元明清几百年来的旧区划。

封建王朝划分行政区划，只考虑如何有利于当时的封建统治，而是否有利于地方建设和经济发展，根本不在考虑之列，所以划成了许多不合理的区划。最显著的莫过于陕西省。众所周知，秦岭淮河是我国南部北部的天然分界线，在这条分界线以南以北，生产和生活都有很大的差异。从秦汉一直到唐宋，秦岭南北一直分属于两个不同的一级政区（岭北秦汉属内史、三辅，六朝属雍州，唐属京畿、关内，宋属陕西；岭南秦汉属汉中，六朝属益州、梁

1　根据作者在全国行政区划研讨会上的讲话整理。——编者注

州，唐属剑南道，宋属四川之利州路），这是大体符合自然、经济区域的。可是到了元朝，由于这个政权是由蒙古高原上的游牧民族逐步南侵，次第吞并了西夏、金、大理、南宋而完成统一的，所以它一贯推行以北制南政策，借以加强其统治，它不愿意秦岭以南完整地划属于一个行政区，才硬划一部分（今汉中、安康二地区）以属陕西，形成了七百年来这样一个地跨秦岭南北的极不合理的行政区划。

再如，江苏、安徽二省都是既跨有长江南北，又跨有淮河南北的不符合自然、经济和文化区域的区划，这是把君主专制制度发展到顶峰的明太祖朱元璋搞出来的。他以他称帝以前经营了十多年的根据地南京和他的家乡凤阳这两个点为中心，划了周围很大一个区域，凡这个区域内的府州县，都直隶于中央政府，就把这个区域称为"直隶"。到了他的儿子成祖朱棣时代，迁都北京，才改称"南直隶"，区划不变。沿袭到清朝，只是将名称改为"江南省"，区划仍不变。直到康熙初年，才觉得这个省太大，要把它一分为二。又因如果分成南北二省，则贫富过于悬殊，所以就分为东西二省，东为江苏，西为安徽。这样划分下来，便形成了二省都有江南、江北、淮北三个不同经济风俗地域的格局。

又如，河南省虽然名为"河南"，却有相当大一片区域在黄河以北，这是因为明朝初年以河南为根据地进行北伐，就把先打下来的一部分河北州县划归河南省统辖，以后就沿袭不改。

又如，四川原是宋代的四个一级行政区，即成都、潼川、利州、夔州四路，合称四川路，共有四百多万户。经南宋末年蒙古军侵入，宋军剧烈抵抗，长达四十多年的战乱，到元朝时只剩下了约十万户。如此地广人稀，所以不得不撤并了许多州县。元初与陕西合建为一个行省，成宗大德后才定制陕西、四川各为一省。这个四川省便辖有差不多宋代四个路那么大的地域（只有原利州路一部分划归了陕西）。七百年来，这个地域的州县虽陆续有所增设，但始终是一个省。现在这个省的人口已突破一亿，不仅作为一个政区大得太出奇，若是把它当作一个国，也是世界上不多几个"人口大国"之一。

总之，我国现行的沿袭元明清旧制的一级行政区划极不合理，一是许多省区不符合自然、经济和人文区域，二是多数省区太大。这种区划状况不仅阻碍经济发展，并且也不利于社会和谐、政治稳定，有必要予以改变。也就是说，通盘制定适应我国当前和今后国境治理、经济发展的新的行政区划，应该就在近期内列入国家大事类的议事项目之内。

当前我国稳定压倒一切，改革行政区划会不会影响稳定？当然，改革就是改旧从新，改革所及不免有一个新旧交替的过程，这个过程对保留旧制不变说来可以说是不稳定。但是，求稳定不是绝对的。稳定本身不是社会主义建设的目的，目的应为力求进步发展。正是由于现行的行政区划不利于社会主义祖国的进一步建设发展，所以我们需要改革这种几百年来的旧制度，建立有利于国家的行政管理、经济建设、民族团结、社会和谐的新区划。以此为基础，才能更有效地稳定地求进步求发展，争取国家早日富强。

当前行政区划需要研究的问题很多，如县改市、市管县等，都亟待搞出一套合理可行的方案来，但最重要的还是应该对一级行政区进行一次设想合理的通盘大调整。这当然会引起一些震动，却绝不会影响国家全局的稳定。过去我们从河北省划出北京、天津两个直辖市，从江苏省划出了上海直辖市，从甘肃省、广东省划出了宁夏回族自治区和海南省，不是也没有发生过什么麻烦吗？

根据对历史和现状的考察，我们认为适当划小省区，是完全符合国家行政管理、经济文化发展的需要的。全国大致可划分为五十个左右一级政区，每个一级政区管辖五十个左右县级政区。这样，一级政区的平均人口数约在二千万左右，县级政区的平均人口数约在四十万左右，岂不比现在大省人口七八千万甚至超亿、小省只有三四百万，大县（市）超百万、小县才几万要合理得多？

美国面积稍小于我国，人口 2.3 亿，它的一级政区“州”是五十个，平均每州人口才四百万。日本面积约相当于我国两个中等省，还不及我新疆、西藏、内蒙古、黑龙江、四川、甘肃等一个省区，人口 1.2 亿，一级政区是一都二府一道十三县，共四十七个行政区，平均每个行政区人口才二百五十万。我国要是按美国、日本那样的人口规模划分政区，那就得分成300—400 个一级政区。当然，国情不同，中国人口比人家多上好多倍，只可把政区相应划得大一些。衡情度势，划成五十个左右一级政区，每区平均约二十万平方公里面积、二千万人口，应该比现制合理得多，却仍然是偏大的区划。这样的话，就可以把近几百年来的不合理的多级地方政区制予以废止，改变现行的省、地、县三级制，一律改为二级制。

中国自秦以来二千多年的地方行政区划，凡盛世多行二级或虚三级制：如秦汉行郡县二级制，东汉行虚三级制；隋与唐前期行州（郡）县二级制，开元天宝时行道、州、县虚三级制；两宋行路、州、县虚三级制。只是到了乱世，才改为三级制或多级制：如魏晋南北朝的州、郡、县三级制，唐安史以后的方镇、州、县三级制，元明清时代的多级与三级并行。建国以来按照宪法是省、县二级制，但由于省太大，不得不设立地区作为省的派出机构。地区原是虚级，可是在实际施政过程中早已形成了省县之间的一个实级，其不利于上级政令的贯彻、下级地方民情的上达亦久已有所显露。今后我们若能把省区缩小，当然就不需要再在省县之间设置这么一级了。

我想，让我们花上几年时间，通过认真研究中国历史上的和外国的各种划分政区制度的利弊得失，详细调查各地区的社会、经济、文化现状，然后制定出一套既适应于当前和近期又有利于未来发展前途的社会主义新中国的行政区划制度来，在 90 年代中期予以实行，这应该是可行的，也是必要的。

（原载中国行政区划研究会编《中国行政区划研究》，
中国社会出版社 1991 年，内部发行）

秦郡新考

三百年来学者言秦郡者无虑数十家，聚讼纷如，莫衷一是。陈氏芳绩（《历代地理沿革表》）、洪氏亮吉（《卷施阁文甲集·与钱少詹论地理书》）稍有所见，王氏鸣盛（《十七史商榷》）、杨氏守敬（《历代舆地图·秦郡县表序》）都无足取，金氏榜（《礼笺》附录《地理志分置郡国考》）、梁氏玉绳（《史记志疑》）、刘氏师培（《左盦集·秦四十郡考》）因仍旧说，略无创获。钱氏大昕考经证史，深邃绵密，古今殆罕其匹，于此独执泥于《班志》三十六郡目，置《史》、《汉纪》传于视若无睹，哅哆再四，终难自圆其说（《潜研堂文集·秦四十郡辨》、《秦三十六郡考》、《答谈阶平书》、《再与谈阶平书》、《答洪稚存书》，《廿二史考异》）。姚氏鼐识解最为通达，所言皆中肯綮，惜未能勤搜博采以证实之（《惜抱轩文集·复谈孝廉书》）。全氏祖望所得綦多，唯限于初并天下时之三十六郡（《汉书地理志稽疑》）；王氏国维乃推而及于嬴秦一代所有之郡，而不免好奇穿凿（《观堂集林·秦郡考》）。近人或宗全，或宗王，皆凭臆进退，非能确证其所宗者为无误无遗也。余早岁治舆地之学，于此亦未遑深究。六年前，为浙大史地研究所编绘《中国历史地理图》，更事参订，始知前贤论辩虽勇，稽考犹疏，王固未足深信，全亦实有未尽；辄以所见，著之该图所附《图说》。诚非敢谓三百年来所聚讼者，至是遂获定论，要于旧说或不无补益。《图说》全书既久久弗克杀青，因先以有关秦郡者辑为斯篇问世。其诸郡界址，则别有《秦郡界址考》（载《真理杂志》第一卷第三期，《长水集》第13页），览者可参阅焉。

内史　《汉书·地理志》，本秦京师为内史，分天下作三十六郡。

以上内史。内史体制与外郡迥异，不在郡数内。裴骃《史记集解》误入，陈芳绩始别出。

上郡　《史记·秦本纪》、《魏世家》，秦惠文君十年，魏尽入上郡于秦。

巴郡　《华阳国志·巴志》，周慎王五年（秦惠文后九年），秦取巴，执王以归；赧王元年（惠文王后十一年），置巴郡。

汉中　《秦本纪》、《楚世家》，秦惠文王后十三年，攻楚汉中郡，取地六百里，置汉中郡。

蜀郡　《秦本纪》、《张仪列传》、《华阳国志·蜀志》，惠文王后九年，伐蜀，灭之，贬蜀王更号为侯，以陈壮相蜀；十一年，公子通封于蜀；十四年，陈壮反，杀蜀侯通；武王元年，复伐蜀，诛陈壮。《水经·江水注》，成都，秦惠王二十七年（后十四年），遣张仪与司马错灭蜀，遂置蜀郡。盖谓陈壮反后，改国为郡也。唯据常璩《蜀志》，则壮诛后公子恽及绾又相继为蜀侯，其时盖国郡并置；至周赧王三十年（秦昭王二十二年）绾诛，始但置蜀守。

河东　《秦本纪》，昭襄王二十一年，魏献安邑。《秦始皇本纪》，始皇即位时，秦地已北收上郡以东，有河东、太原、上党郡。

陇西　《水经·河水注》，狄道，汉陇西郡治，秦昭王二十八年置。

北地　《匈奴列传》，秦昭王时起兵伐残义渠，于是秦有陇西、北地、上郡，筑长城以拒胡。按北地介陇西、上郡之间，为义渠戎故地，义渠既灭，秦始得筑长城西起陇西东迄上郡也。秦灭残义渠，据《范雎列传》事当在昭王三十五六年之际。

南郡　《秦本纪》，昭襄王二十九年，攻楚，取郢为南郡。

南阳　《秦本纪》，昭襄王三十五年，初置南阳郡。

上党　《秦本纪》、《韩世家》、《赵世家》、《白起列传》，韩上党郡以秦昭襄王四十五年降赵（《秦本纪》作四十七年，《韩世家》作四十四年，并误；此据《赵世家》、《白起传》），四十八年入秦。

三川　《秦本纪》、《蒙恬列传》，庄襄王元年，初置三川郡。

太原　《秦本纪》，庄襄王四年，初置太原郡。

东郡　《始皇本纪》、《魏世家》、《蒙恬列传》，始皇五年，拔魏二十城，初置东郡。王氏国维据《穰侯列传》，穰侯卒于陶，而因葬焉，秦复收陶为郡，因谓秦初并天下三十六郡中有陶郡。今按《始皇本纪》五年所拔魏二十城中南有雍丘，东有山阳；《曹相国世家》、《绛侯世家》、《樊哙列传》、《汉书·高帝纪》并云二世三年攻破东郡尉于成武；陶地介在濮阳（东郡治）、雍丘、山阳、成武之间，是知东郡既置，陶必遂即并入，三十六郡中已有东郡，不得别有陶郡也。

云中　雁门　《匈奴列传》，赵武灵王置云中、雁门、代郡。《河水注》，云中，秦始皇十三年立云中郡；此盖入秦之年。

颍川　《始皇本纪》、《韩世家》，始皇十七年，秦虏韩王安，尽入其地为颍川郡。

邯郸　巨鹿　《浊漳水注》，巨鹿，巨鹿郡治，秦始皇二十五年灭赵以为巨鹿郡。按《始皇本纪》，十九年，尽定取赵地东阳；《王翦列传》，十八年翦将攻赵，岁余，遂拔赵，赵王降，尽定赵地为郡，是二郡当置于始皇十九年，郦注误。

上谷　渔阳　右北平　辽西　《匈奴列传》，燕亦筑长城，置上谷、渔阳、右北平、辽西、辽东郡以拒胡。《圣水注》，秦始皇二十三年置上谷郡；《鲍丘水注》，始皇二十二年置渔阳郡、右北平郡；《濡水注》，始皇二十二年置辽西郡；皆指入秦之年。按《始皇本纪》、《燕世家》，秦定燕蓟在二十一年，此作二十三年、二十二年并误。

砀郡　《始皇本纪》、《魏世家》，始皇二十二年，秦灭魏，尽取其地以为郡县。《睢水注》，睢阳，秦始皇二十二年以为砀郡。

泗水　薛郡　《始皇本纪》，二十三年，击荆，取陈以南至平舆。张守节《正义》，楚淮北之地尽入于秦。《睢水注》，相县，秦始皇二十三年以为泗水郡。《泗水注》，鲁县，秦始皇二十三年以为薛郡。

九江　《淮水注》，寿春县，秦始皇立九江郡，治此。按《始皇本纪》、《楚世家》、《王翦列传》、《蒙恬列传》，秦灭楚取淮南地在始皇二十四年。

辽东　《始皇本纪》、《燕世家》，始皇二十五年，秦拔辽东，虏燕王喜。《大辽水注》，襄平县，秦始皇二十二年灭燕置辽东郡，治此；二十二当作二十五。

代郡　《始皇本纪》、《赵世家》太史公曰，始皇二十五年，秦破代，虏代王嘉。《㶟水注》，高柳县，旧代郡治，秦始皇二十三年，虏赵王迁，以国为郡；二十三当作二十五，赵王迁当作代王嘉。

会稽　长沙　《始皇本纪》，二十五年，定荆江南地，降越君，置会稽郡。《湘水注》，临湘县，秦灭楚立长沙郡。

齐郡　琅邪　《始皇本纪》、《齐世家》，始皇二十六年，虏齐王建，灭齐为郡。《淄水注》，临淄，秦始皇二十四年灭齐为郡，治临淄；二十四当作二十六。《潍水注》，琅邪，秦始皇二十六年灭齐以为郡。

以上三十二郡，名见《汉志》，核实为始皇二十六年初并天下时所有。

黔中　《秦本纪》、《楚世家》，秦昭襄王三十年，拔楚巫、黔中郡以为黔中郡。《汉志》缺，《续汉书·郡国志》补出，裴解列为三十六郡之一，清儒除钱氏大昕、钱氏坫、王氏鸣盛外皆因之。

广阳　《㶟水注》，蓟县，秦始皇二十三年灭燕以为广阳郡。《汉志》缺，清儒顾氏炎武主《班志》以驳郦注，全氏祖望、梁氏玉绳主郦注以补《汉志》。全氏曰：燕之五郡皆燕所旧置，以防边也，渔阳四郡在东，上谷在西，而其国都不与焉。自蓟至涿三十余城，始皇无不置郡之理，亦无反并内地于边郡之理。且始皇之并六王也，其国如赵之邯郸，魏之砀，楚之江陵、陈、九江，齐之临淄，无不置郡者，何以燕独无之？郦道元之言，当必有据。王氏国维采全说而谓郡之果名广阳与否不可知，又列之三十六郡之外，了无理据。唯郦注二十三年系二十一年之误。

陈郡　《陈涉世家》，攻陈，陈守、令皆不在。按《始皇本纪》，二十三年，取陈以南至平舆，虏荆王；陈郡当置于是年。秦于六国故都多置郡，且自陈以至平舆，实得《汉志》淮阳、汝南二郡之地，果优足以置一大郡。《汉志》缺，姚氏鼐始补出，而不详其年。王氏国维谓郡名始见于《陈涉世家》，其置年当在秦之末叶；以意揣度耳，盖未尝取证于《始皇本纪》。又《楚世家》，王负刍五年，秦灭楚，名为楚郡云。全氏祖望据此谓秦有楚郡，治陈，《陈涉世家》中陈守即指此。按秦以庄襄王讳子楚，故称楚为荆，《世家》云云，当从《集解》引孙检说，名字连上读，盖谓灭去楚名，以楚地为秦郡也，而楚郡之楚，则为衍文。是治于陈之郡，仍当从《陈涉世家》作陈郡为是。

闽中　《东越列传》，闽越王无诸及越东海王摇者，其先皆越王勾践之后也；秦已并天下，皆废为君长，以其地为闽中郡。《汉志》缺；《晋书·地理志》补出，而与南海等三郡同列为既并天下后所置，唐宋以来诸家皆因之。洪氏亮吉始谓秦并天下在二十六年，是闽中之置，尚在南海等三郡之先。王氏国维又谓《始皇本纪》系降越君于二十五年，则闽中郡之置，亦当在是年，《本纪》但书降越君置会稽郡，文有所略也。今按《王翦列传》系南征百越之君于二十六年尽并天下之先，可证成王氏之说。陈氏芳绩谓闽中在秦未见有县，安得有郡；不知闽中秦县之所以不见记载，实由汉武定东越后徙其民江淮间而虚其地，建置中绝，后世遂不复可考，非秦世果无县也。

以上四郡，补《汉志》之缺，连上合得三十六郡。《秦本纪》，秦王政立二十六年，初并天下为三十六郡；《始皇本纪》，二十六年，分天下以为三十六郡，即此是也。裴解释三十六郡有九原、鄣、内史而无广阳、陈、闽中，《晋志》因之，唐宋以来无异说。陈氏芳绩、洪氏亮吉、金氏榜始别内史于郡数外而补以东海；全氏祖望始退九原、鄣而补以广阳、陈；王氏国维始退东海而补以闽中，然王氏又退广阳、陈而补以陶、河间，是其失也。

南海　桂林　象郡　《始皇本纪》，三十三年，略取陆梁地，为桂林、象郡、南海。三郡既置于已并天下后七年，自不当在三十六郡数之内，自裴解以来无异说。独钱氏大昕以《汉志》所载秦郡适得三十六，而三郡在其中；又以班氏东汉人，其言当可依据；遂谓秦一代建置止于此数。史公记事，皆言其大者，三十六郡非必二十六年所有，以二十六年初并天下罢封建为郡县，此秦变古一大端，故特于是年大书分天下为三十六郡。不思班氏志西汉地理犹多讹漏，岂言秦制反能无？且班所脱载而明见于《史记》纪传之秦郡亦夥矣，钱又焉得一一曲容之于三十六数之内乎？

九原　《始皇本纪》，三十二年，使蒙恬北击胡，略收河南地；三十三年，西北斥逐匈奴，自榆中并河以东属之阴山以为三十四县，又渡河取高阙陶山北假中。《匈奴列传》叙事略同，唯三十四县作四十四县。此役史但言立县，不言置郡，盖文有所略，不然，不应以三（或四）十四县之多而不置郡。陈氏芳绩遂谓榆中必是一郡，即《汉志》金城、安定二郡；不知金城乃湟中羌故地，安定乃北地分郡，除濒河二三边县外，不得为匈奴故地。全氏祖望始以《汉志》之九原当之。其言曰：《匈奴传》赵有雁门、代郡、云中三郡以备胡，而九原特云中北界，未置郡也。始皇三十三年以前，其于边郡，多仍前之旧，不闻增设。三十三年，蒙恬辟河南地四十余县，盖以四十余县置九原。何以知之？徐广所谓阳山在河北，阴山在河南者，刘昭以为俱属九原之安阳，则九原统属河南四十四县可知矣。然则九原不当在始皇二十六年所并三十六郡之内。王氏国维因其说，又曰：始皇三十五年除道，道九原抵云阳，自是九原之名，始见于史；故三十二年始皇之碣石，归幽北边，自上郡入，至三十七年始皇崩于沙丘，其丧乃从井陉抵九原，从直道至咸阳，明始皇三十二年以前，未有九原郡也。今按纪传明言三十三年先收河南地，又渡河而北，知拓地跨河套内外；河套内外于《汉志》为五原及其分郡朔方，而《汉志》又于五原郡下明言秦九原郡，是全氏之说，断无可疑。前人皆以九原列于三十六郡之内，至是乃别出。

以上四郡，名见《汉志》，始皇三十三年开胡越置。

东海（分薛郡置）　《陈涉世家》，陈王初即位，陵人秦嘉等皆特起，将兵围东海守庆于郯。《绛侯世家》，项籍已死，因东定楚地泗川、东海郡，凡得二十二县。《汉书·楚元王传》，汉六年，立交为楚王，王薛郡、东海、彭城三十六县；《高帝纪》六年记此事，东海作郯郡。东海治郯，楚汉之际亦称郯郡也。《汉志》、《续志》、裴解并脱此郡；唯《汉志》东海郡下注引应劭曰：郦元《沂水注》、魏收《地形志》皆曰秦置郯郡，《元和志》又谓秦分薛为郯，东海之称转晦。陈氏芳绩始据应说以驳正裴解，别内史于郡数外而足以郯；洪氏亮吉、金氏榜、黄氏廷鉴（《第六弦溪文集》）、刘氏师培因之。姚氏鼐、全氏祖望始正名为东海。王氏国维始断为既并天下后所析置，其言曰：秦以水德王，故数以六为纪，二十六年始分天下为三十六郡，六之自乘数也，次当增燕齐六郡为四十二郡，六之七倍也，至三十三年南置南海、桂林、象郡，北置九原，其于六数不足者二，则又于内地分置陈、东海二郡，共为四十八郡，六之八倍也。按王氏以东海为后置而不当在三十六郡之内可信，唯其秦置郡必为六之倍数，因谓东海与南海、九原等同置于三十三年之说则殊嫌无据。汉以五数为纪，百三郡国何尝为五之倍数乎？秦置东海之年，史无明征；《始皇本纪》，三十五年，立石东海上朐界中，以为秦东门，疑即在是年也。

常山（分邯郸置）　自来言秦郡者皆不知有此郡。今按《张耳陈馀列传》，二世元年，武臣王赵，使韩广略燕，李良略常山，张黡略上党；李良已定常山，复使略太原；其明年，王离围赵于巨鹿，陈馀北收常山兵得数万人。兹所谓常山者，既非故国名，则必与上党、太原同为郡名；其后张耳王赵，更名常山，实本于此。《张苍列传》，陈馀击走张耳，耳归汉，汉以苍为常山守，从韩信击赵；明常山之称，非仅国名矣。其时汉未有常山，置守盖遥领耳。《汉书·高帝纪》，三年，韩信东下井陉，斩陈馀，获赵王歇，置常山、代郡，常山入汉始此，或径以为置郡之年，误也。赵代之地非只二郡，史特举此以概其余。常山迤南为邯郸，则别将靳歙自河内出北击降之（本传）；据此亦可证常山国虽为赵之更名，而常山郡之与邯郸，固二而非一。

济北（分齐郡置）　《项羽本纪》、《田儋列传》，故齐王建孙田安，项羽方渡河救赵，田安下济北数城，引兵降项羽；羽定天下，立安为济北王，都博阳。《留侯世家》，下邳圯上老父谓良曰：后十三年，孺子见我济北谷城山下。自来以为楚汉之际所增置，独姚氏鼐、王氏国维以为秦郡。姚氏仅引史文而未能证其为郡名，王氏但据《汉书·高帝纪》六年以齐地七郡立子肥为齐王，中有济北，遂谓此汉初之郡，当因秦故。夫济北或系泛指济水以北，汉初之郡，亦有因于楚汉之际所增置者，是二氏之说，恐不足以传信。今按博阳、谷城，地皆在济水以南，而史系之济北，则济北非泛指济水以北而为郡名可知；田安下济北，在秦末六国初起时，则济北之为秦郡又可知。至《曹相国世家》，从韩信破齐，遂取临淄，还定济北郡，则已在楚汉之三年矣；盖齐并济北，仍以为郡也。

胶东（分琅邪置）　《项羽本纪》、《田儋列传》，徙齐王田市更王胶东。姚氏鼐曰：此或秦置耶，或楚汉置耶，举未可知。按项羽封建诸王，率因秦郡之旧，则以秦置为是。王氏国维曰：今以秦四十二郡还之六国，则除六郡为秦故地，六郡取之胡越外，楚得其八，赵亦如之，燕得其五，韩、魏共得其七，齐得其二。夫齐地之大，虽不若楚、赵，以视韩、魏，固将倍之；且负海饶富，非楚、赵边地之比也。今举全齐之地仅置二郡，其不可解一也。又曰：余以为三十六郡之分，在始皇二十六年，时齐国新定，未遑建置，故略分为齐与琅邪二郡，其于区画，固未暇也。迄于疆理既定，则齐尚有五郡。何以征之？曰，《汉书·高帝纪》曰，以胶东、胶西、临淄（即齐郡）、济北、博阳、城阳郡七十三城立子肥为齐王，此汉初之郡，当因秦故；加以琅邪，共得七郡，为田齐故地，如此则秦之疆理列国，庶得其平。今细加推寻，王氏悉举汉初齐地七郡以为因于秦故，殊未敢信。胶西名不见于楚汉。博阳据《项羽本纪》、《田儋列传》乃济北王都，是楚汉之初，其地犹属济北，安得谓秦世已分建为郡？《田儋列传》，田荣反，击项羽于城阳；王氏执此以为秦有城阳郡之证。不知此城阳乃《汉志》济阴之属县，城通作成，非郡名也。《项羽本纪》，项梁使沛公及羽别攻城阳，屠之，四破秦军濮阳东。济阴之成阳邻接濮阳，若《汉志》之城阳国，则去濮阳六百里而遥矣。城阳一名数见于汉初诸将列传，皆指此地。唯济北、胶东立国于楚汉之初，得王说益可以证其为旧都矣。齐分济北，琅邪分胶东，齐七十余城，分隶四郡，平均郡得十余县，秦之疆理齐土，已可得其平，毋庸多至七郡也。

河内（分河东置）　《项羽本纪》，赵将司马印定河内，数有功，故立印为殷王，王河内。姚氏鼐曰，盖秦有河内郡也。准以济北、胶东建国因于故郡之例，其说可信。《高祖本纪》，二年，虏殷王，置河内郡，此入汉之年，非始置之年也。河内西阻王屋、析城诸山，本与河东隔绝，自成一区；昭襄王三十三年魏入南阳，秦始有其地，时东不得邢丘、怀，北不得宁新中，地狭不足以立郡，率以并属河东；其后壤地虽拓，军机倥偬，未遑建置；始皇既并天下，始依山川形便，更加区画；此衡情度势，可推而知者。《张耳陈馀列传》，二世元年，耳、馀说赵王武臣北徇燕代，南收河内；二年，章邯引兵至邯郸，徙其民河内；事皆在司马印定河内之前。又《樊哙列传》，击秦军，出亳南，河间守军于杠里，破之；王氏国维以为秦郡有河间之证。然杠里数见于《高祖本纪》、《樊哙列传》、《曹相国世家》、《灌婴列传》，迹其地望，当在东、砀之间，非河间所部，全氏祖望已辨其为误文。全疑为三川守之军，自今观之，则河内更为近是。间、内一字之讹，且密迩东、砀。若夫河间则既名不著于秦末楚汉，且远在渤海之滨，齐、赵隔于其间，焉得南军于中原乎？

衡山（分九江置）　《项羽本纪》，立番君吴芮为衡山王。其建郡之年，姚氏鼐以为未可知，今从前例亦断以为秦置。《始皇本纪》，二十八年，西南渡淮水，之衡山、南郡；衡山与南郡并举，盖其时已建郡矣。

以上六郡，《汉志》缺，始皇二十六年后析内郡置。

秦一代建郡之于史有征者四十六，备列如上，然非得谓秦郡必止于是数。《续志》以丹阳为秦鄣郡，裴解、《晋志》因之；而清儒多以鄣郡与东阳、吴郡皆不见于秦记而始见于《汉书·高帝纪》六年以封荆王，因一概断为楚汉之间所增置。夫《史记》既不立专篇以志地理，秦一代之郡，自无由悉数见于一代之史，然则马、彪之言，未必遽是，亦未必定非。且项羽之自立为西楚霸王，王梁楚地九郡，中间已有鄣与东阳二郡（姚鼐《项羽王九郡考》、钱大昕《廿二史考异》、刘文淇《楚汉诸侯疆域志》），是吴果后置，鄣与东阳，更安见其必非秦旧耶？又《黥布传》，项籍死，天下定，布遂剖符为淮南王，九江、庐江、衡山、豫章郡皆属布；四郡除九江外前人亦目为非秦郡。今按郦元《赣水注》，南昌，秦以为庐江南部（即庐江郡之南部都尉）；是豫章果后置，庐江亦未必非秦旧也。夫考古之事，竭其能事耳。生千百年之后，上究千百年前之典章经制，史文阙略，焉得必无遗漏？多闻阙疑，庶几其可；若必欲断言为三十六或四十八，徒见其牴牾凿枘，是亦不可以已乎？

（原载《浙江学报》第2卷第1期，1947年）

（附图见下页）

附图

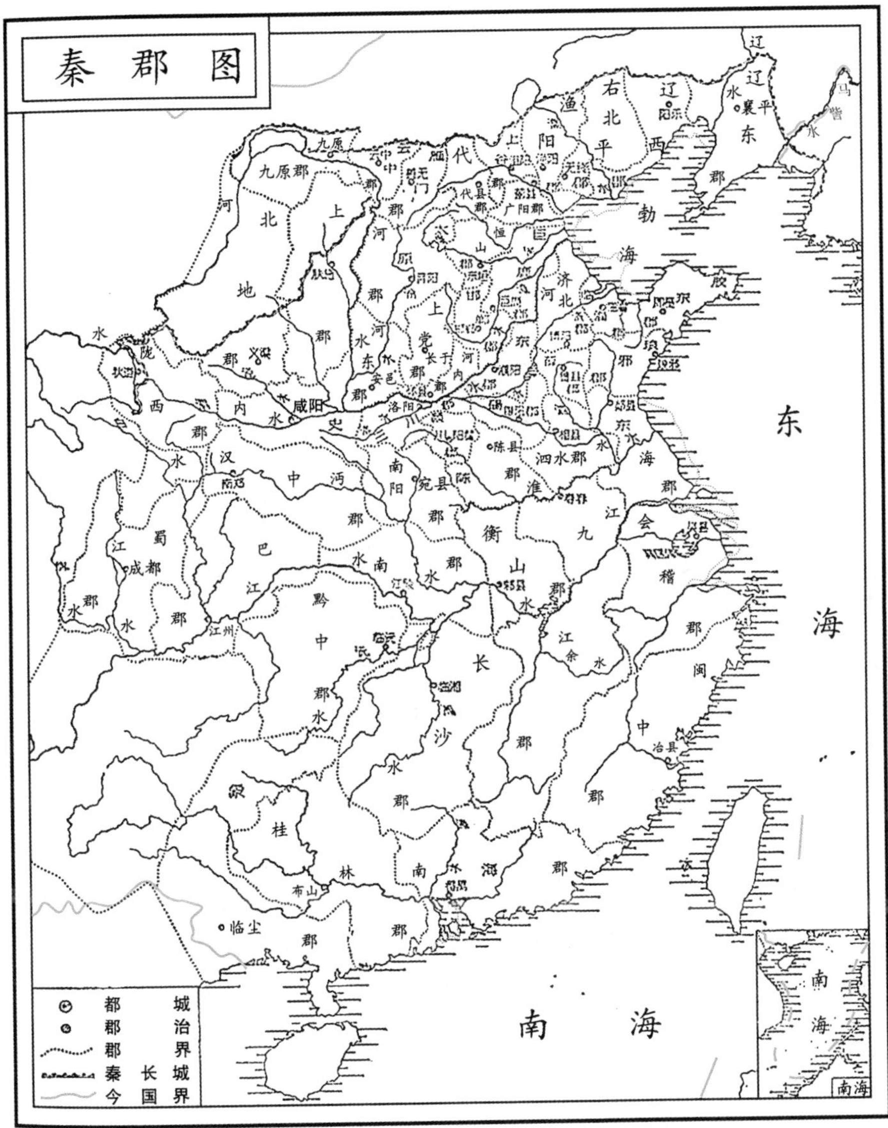
秦郡图
九原郡
北地郡
上郡
陇西郡
内史
咸阳
河东郡
上党郡
洛阳
汉中郡
南阳郡
宛县
蜀郡
成都
巴郡
黔中郡
长沙郡
衡山郡
九江郡
会稽郡
泗水郡
陈县
闽中郡
治县
桂林郡
布山
临尘
南海郡
象郡
渔阳
右北平
辽西
辽东
襄平
勃海
东海
南海
郡城
郡治
郡界
秦长城
今国界

新莽职方考

目　次

《汉书·地理志》以新莽所易郡县名载入注文，而疏漏舛错为甚。近世朴学诸家之治班书者每于此有所补正，然所见不同，得失参互，未足以征一代之制度。今以本书、后书纪传及《水经注》为主，旁及汉魏杂著，博稽先儒考证，参以私见，写为是编，俾世之言新室史事者，或可用资借镜焉。

汉自武帝而后，分海内为司隶部一、刺史部十三(十一州二部)。自元帝而后，有郡国一百三。至孝平元始二年，凡县、邑、道、侯国千五百八十七。据《百官表》及《地志》后序。按实数但得千五百七十八。时莽已秉政矣。元始五年，莽始以经义更州名，分界凡十二州。据《莽传》。按《平帝纪》作四年，疑当以《传》为是。州名见扬雄《十二州箴》(《古文苑》卷十四)。《莽传》中：始建国四年，下书曰："州从《禹贡》为九。"天凤元年，下书曰："九州之内县二千二百有三。"依文义，一若其时州制用九。案同传，天凤三年有并州牧宋弘，《禹贡》无并州，则不得谓元始制定之十二州，至始建国而从《禹贡》更为九也。元始五年，莽奏立十二州之言曰："《尧典》十有二州，后定为九州。汉家廓地辽远，州牧行部远者三万余里，不可为九，谨以经义正十二州名，分界以应正始。"岂即位而后又有改九之议而未曾见诸实行乎？并稍增置郡县，迄于天凤元年，总有郡一百二十五，今可考者一百一十六。县二千二百三。今可考者一千五百八十五。大郡至分为五郡，今可考者仅一郡分为二三。县以亭为名者三百六十，今可考者一百一十二。粟米之内曰内郡，其外曰近郡。有障徼曰边郡。其后，岁复变更，一郡至五易名，而还复其故。吏民不能纪。《莽传》中。兹编一以天凤为断。后此改制有可考见者，并附志之云尔。

雍州，故汉凉州。平帝元始五年，以司隶所部之三辅并入，更为雍州。扬雄《雍州箴》云："黑水西河，横截昆仑，邪指阊阖，画为雍垠，上侵积石，下碍龙门。自彼氐羌，莫敢不来庭，莫敢不来臣。每在季主，常失厥绪，侯纪不贡，荒侵其宇，陵迟衰微，秦据以戾，兴兵山东，六国颠沛。上帝不宁，命汉作京，陇山以徂，列为西荒，南排劲越，北启强胡，并连属国，一护攸都。盖安不忘危，盛不讳衰，牧臣司雍，敢告赘衣。"《莽传》下有雍州牧陈庆。

西都京兆郡　汉旧郡，京师。始建国四年，以为新室西都。天凤元年，分置六乡。《莽传》中。同传有京兆大尹甄寻。全曰(全祖望《汉书地理志稽疑》)：当云"王莽曰西都京兆大尹，后又分其旁县为郡二，曰京尉、师尉"。(卷二)按之下引《三辅黄图》，则京尉所领大都系扶风属县，师尉所领大都系冯翊属县，全说未审。

京尉郡　天凤元年，分三辅为六尉郡，《莽传》中。此其一。《志》脱。《三辅黄图》此据师古注引，与今传本《三辅黄图》小有不同。云："渭城、安陵以西，北至栒邑、义渠十县，属京尉大夫府，居故长安寺。"

师尉郡　六尉郡之一。《志》脱。《黄图》云："高陵以北十县，属师尉大夫府，居故廷尉府。"《莽传》下，地皇二年，拜田况为师尉大夫。

翊尉郡　六尉郡之一。《志》脱。《黄图》云："新丰以东，至湖十县，属翊尉大夫府，居城东。"全曰：莽分左冯翊曰前辉光，后又分其郡二，曰翊尉、光尉。(卷二)按之《三辅黄图》，则翊尉所领大都京兆属县，光尉所领大都京兆、扶风属县，全说未审。

光尉郡　元始四年，置为前辉光郡。《平帝纪》、《莽传》上中有前辉光、谢嚣。《楼护传》，元始中，以广汉太守征入，为前辉光。天凤元年，更名六尉郡之一。《志》脱。《黄图》云："霸陵、杜陵，东至蓝田，西至武功、郁夷十县，属光尉大夫府，居城南。"

扶尉郡　六尉郡之一。《志》脱。《黄图》云："茂陵、槐里以西，至汧十县，属扶尉大夫府，居城西。"全曰：莽分右扶风曰后丞烈，后又分其郡二，曰扶尉、烈尉。（卷二）按之《三辅黄图》，则仅扶尉所领系扶风属县，列尉所领乃冯翊属县，全说未审。

列尉郡　元始四年，置为后丞烈郡。《平帝纪》。吴曰（吴卓信《汉书地理志补注》）：《莽传》：以甄邯为后丞烈。（卷三）按《莽传》上，居摄元年，以王舜为太傅左辅，甄丰为太阿右拂，甄邯为太保后承。后承，犹左辅、右拂，非郡名也。吴说未审。天凤元年，更名六尉郡之一。《志》脱。《黄图》云："长陵、池阳以北，至云阳、祋祤十县，属列尉大夫府，居城北。"汉三辅旧领县五十七：新丰、段校（段玉裁《经韵楼集》卷五《校汉书地理志注》）更原注"秦曰骊邑"为"莽曰骊邑"。按《史记·始皇纪》：十六年，置骊邑。《高祖纪》：十年，更命骊邑曰新丰。原注未误，段校非也。蓝田、郑、湖、下邽、南陵、奉明、池阳、莲勺、频阳、郃阳、祋祤、云陵、云阳、鄠、盩厔、斄、美阳、郿、雍、栒邑、陈仓、汧、虢，仍旧名。《三辅黄图》：莽六尉共领县六十。京兆领县若干无考。三辅旧县外又领义沟等县。

常安汉长安。《莽传》中：始建国元年，更名京兆大尹及六尉大夫，共治常安城中。师古曰：王莽篡位，改汉郡县名，普易之也。下皆类此。周曰（周寿昌《汉书注校补》）：案本《志》内郡县注，莽更名固多，而阙者亦过半。师古谓为普易，必是颜在唐初所见班书抄本如是。迨传抄脱略，递刊尤漏，故今《志》中未载者，间于《后汉书》、《水经注》等书刺补一二，亦可证也。（卷二十一）案普易二字，颜原意未必作全数讲，犹言大都耳。今《志》固脱漏，当不至此。郦在颜前，而《水经注》所载莽郡县名之不见于今班志者，仅极少数，岂得谓郦注亦脱漏过半，且与班志之脱漏者适相巧合乎？　船利汉船司空。（凡不注出处者，用《志》文也。《志》以官本为据，他本不同者，附见之。）　华坛汉华阴。或本《渭水注》（《水经注》亦用官本，或本不同者，附见之。）讹作华疆。　水章汉霸陵。先谦曰（王先谦《汉书补注》卷二十八）：莽名县即取秦穆章霸功之义。　饶安汉杜陵。　千春汉高陵。　师亭汉栎阳。或本《渭水注》讹作师高，当属师尉郡。　涣汉翟道。　冀亭汉夏阳。　达昌汉衙。　粟城汉粟邑。　谷喙汉谷口。　修令汉鄜。　监晋汉临晋。　调泉汉重泉。　桓城汉武城。　制昌汉沈阳。　德驩汉褱德。　氾爱汉征。　异赤汉万年。　长平汉长陵。　渭阳汉阳陵。　京城汉渭城。　槐治汉槐里。　郁平汉郁夷。　漆治汉漆。　扶亭汉隃麋，当属扶尉郡。　通杜汉杜阳。段曰：近人或云“莽曰通杜”四字，乃“诗曰自杜”之讹，则非矣。杜，训塞，故莽以为名不善，而曰通杜。　好邑汉好畤。　嘉平汉安陵。　宣城汉茂陵。《渭水注》城作成，成国故渠经县城南。《地理志》曰：宣帝县焉。（今《志》脱此四字）宋祁曰：宣下当添室字。　广利汉平陵。　新光汉武功。《莽传》上：元始五年，以为安汉公采地，名曰汉光邑。盖新室既建，复更此名。　义沟汉义渠道。故属北地，改属京尉。

厌戎郡　莽郡为郡、为国，不可详考，兹编一体作郡。汉陇西郡。《后书·蔡邕传》：六世祖勋，王莽初授以厌戎连率，勋逃不仕。古符牌有厌戎郡虎符，背文曰：“新与厌戎𨛍𨑘连率为虎符。”（罗振玉《增订历代符牌图录》）旧领县十一：上邽、安故、首阳、羌道、临洮，仍旧名。

操虏汉狄道。　亭道汉氐道。　德道汉予道。　顺夏汉大夏。汪本（明汪文盛本，汪远孙《汉书地理志校本》所据）误作顺陵。　相桓汉襄武。　西治汉西。王国维曰：虎符背文二半字，似西道二字之半，此郡属县多以道名。疑莽之西治，亦名西道也。（王国维《观堂集林》卷十八）

金城郡　《志》云“莽曰西海”，非也。说见西海。旧领县十三：枝阳、榆中、枹罕、河关、破羌、安夷，仍旧名。

修远汉允吾。《后书·逸民传》：梁鸿父让，莽时封修远伯。　兴武汉浩亹。　罕虏汉令居。　金屏汉金城。　顺砾汉白石。宋祁曰：砾，一本作乐。按《河水注》亦作砾，砾与石义相关，作乐非也。　修远亭汉允街。《志》脱亭字，据《河水注》增。何焯曰（何焯《义门读书记·前汉书》卷二）：一郡不应有两修远，疑注中有讹字。允吾注修字，监本半刻为食字，岂饬字耶？说殊牵强，盖未知此允街之修远应增一亭字也。　监羌汉临羌。《志》作盐羌，据《河水注》改。盐与监，字近而讹也。通例，凡县名上一字称临者，莽改为监。

西海郡　《平纪》：元始四年，置西海郡。《莽传》上：元始五年，遣中郎将平宪等多持金币，诱塞外羌，使献地，愿内属。宪等奏言：“羌豪良愿等种人口可万二千人，愿为内臣。献鲜水海、允谷盐池，平地美草皆予汉民，自居险阻处为藩蔽。”事下莽，莽奏曰：“今谨案已有东海、南海、北海郡，未有西海郡，请受良愿等所献地为西海郡。”《后书·西羌传》：至王莽辅政，欲耀威德，以怀远为名，乃令译讽旨诸羌，使共献西海之地，初开以为郡。是西海乃拓地所置之初郡，非金城之更名也。先谦曰：莽纳羌所献地，因并金城之名，改为西海耳。《志》文不讹。按莽好事鹜名，岂得拓地而不置郡？先谦之说非也。《河水注》亦以西海郡为莽讽羌献地所置，然其下又曰“金城郡，王莽之西海也”。王峻（吴卓信《补注》卷五十四注引王峻《汉书正误》）因谓，盖初置郡时本在金城之外，其后废弃，遂移其名于金城耳。说尚可通，但《后书・西羌传》：王莽末，四夷内侵，及莽败，众羌遂据西海为寇。更始、赤眉之际，羌遂放纵，寇金城、陇西。明证其时西海、金城犹非一郡，则其说虽可通，而事有未必然也。《志》：临羌西北至塞外，有仙海盐池。师古曰：阚骃云，西有卑和羌，即献王莽地为西海郡者也。是西海亦曰仙海，即《传》所云鲜水海，今之青海也。《河水注》：湟水东南流，经龙夷城，故西零之地也。《十三州志》曰：城在临羌新县西三百一十里，王莽纳西零之献以为西海郡，治此城。《元和志》：龙夷城，即今河源军西一百八十里威戎城是也。（卷三十九）《莽传》上有西海太守程永。元始中置，领县五。《西羌传》：初开以为郡，筑五县，边海亭燧相望焉。县名无考。龙夷城当是一县，然无由证其当时是否亦称龙夷也。

填戎郡　汉天水郡。《原涉传》：莽末，拜镇戎大尹。《后书・隗嚣传》、《马援传》，《水经・渭水注》并作镇戎，或以为是。按琅邪郡莽曰填夷，长沙郡莽曰填蛮，雁门郡莽曰填戎，三方皆曰填，则此曰填戎不误。

阿阳郡　分天水郡置。《志》脱。《渭水注》：成纪县，王莽之阿阳郡治也。《莽传》下有成纪大尹李育。先谦曰：盖阿阳治成纪，故有此称。天水郡，旧领县十六：街泉、罕幵、绵诸道、阿阳、略阳道、成纪、奉捷、陇、豲道，仍旧名。

平相汉平襄。　填戎亭汉戎邑道。　望亭汉望垣。　冀治汉冀。　纪德汉勇士。　识睦汉清水。《莽传》中：封王氏齐缞之属为侯，大功为伯，小功为子，缌麻为男，其女皆为任。男以“睦”、女以“隆”为号焉。　兰盾汉兰干。

张掖郡　汉武威郡。旧领县十：姑臧、张掖、疑当增一亭字。武威、鸾乌、媪围、宣威，仍旧名。

晏然汉休屠。　播德汉揟次。　敷虏汉朴劋。　射楚汉苍松。

设屏郡　汉张掖郡。全所据本屏作平。旧领县十：显美，仍旧名。

官式汉觻得。　渠武汉昭武。　贯虏汉删丹。　否武汉氐池。　传武汉屋兰。　勒治汉日勒。　揭虏汉骊靬。　罗虏汉番和。　居成汉居延。

辅平郡　汉酒泉郡。旧领县九：天陈、池头、绥弥，仍旧名。

显德汉禄福。　载武汉表是。　乐亭汉乐涫。　辅平亭汉玉门。　萧武汉会水。汪本作肃武。　测虏汉乾齐。

敦德郡　汉敦煌郡。初改文德，继改敦德（王国维《敦煌汉简跋》二）古符牌有敦德郡。虎符背文曰"新与敦德广桓连率为虎符"。郡名下缀县名，殊不可解，岂郡守兼县令之职乎？王国维曰：盖莽以古之连率所统非一国，故于郡下复举一县，使若统二郡者，实则仍领一郡而已。旧领县六：冥安、效谷、渊泉、龙勒，仍旧名。

敦德亭汉敦煌。《志》脱亭字，据出土汉简增。（罗振玉《流沙坠简释》二）坫（钱坫《新斠注地理志》）作敦德亭。徐（徐松《集释》）释以意加。（卷十二）周曰：疑下有亭字。（卷二十四）以通例，凡郡县同名者，县下加一亭字也。　广桓汉广至。

安定郡　《莽传》下有安定卒正王旬。《后书·隗嚣传》作安定大尹王向。旧领县二十一：复累、安俾、朝那、泾阳、卤、阴密、安定、疑当增一亭字。参䜌、阴槃、爰得、眴卷、彭阳、鹑阴，仍旧名。增置县一。

铺睦汉高平。　抚宁汉抚夷。　监泾汉临泾。　乌亭汉乌氏。　广延亭汉三水。　安桓汉安武。　乡礼汉祖厉。　月顺汉月氏道。　安民《平纪》：元始二年，罢安定呼池苑，以为安民县。《渭水注》：略阳川水又西经略阳道故城北。建武八年，中郎将来歙等二千人自安民县之杨城，从番须回中，伐木开山道至略阳。则县至建武初犹未废也。《方舆纪要》：安民县应在平凉府华亭县界。（卷五十八）

威戎郡　汉北地郡。《志》作威成，据《河水注》改。旧领县十九：马领、直路、昫衍、方渠、鹑孤、归德、回获、弋居、大黾，仍旧名。义渠道改属京尉郡。

威戎亭汉灵武。《志》作威成亭，以意改。　特武汉富平。坫曰：或本作恃武。（卷十三）《河水注》作持武。　令周汉灵州。　通道汉除道。　吾街汉五街。　延年道汉略畔道。　泥阴汉泥阳。　功著汉郁郅。　西河亭汉廉。疑当属归新郡。

豫州，汉旧州。平帝元始五年，以司隶所部之河南、弘农并入。扬雄《豫州箴》云："郁郁荆河，伊雒是经，荥播枲漆，惟用攸成，田田相挐，庐庐相距。夏殷不都，成周攸处，豫野所居，爰在鹑墟，四隩咸宅，宇内莫如，陪臣执命，不虑不图。王室陵迟，丧其爪牙，靡哲靡圣，捐失其正，方伯不维，韩卒擅命，文武孔纯，至厉作昏，成康孔宁，至幽作倾。故有天下者，毋曰我大莫或余败，毋曰我强靡克余亡。夏宅九州，至于季世，放于南巢，成康太平。降及周微，带蔽屏营，屏营不起，施于孙子，王赧为极，买极周祀。牧臣司豫，敢告柱史。"

保忠信卿　汉河南郡。始建国四年，以为新室东都。天凤元年，更郡名曰保忠信，置卿。益属县满三十，分置六州，州五县。《莽传》中。《志》误卿为乡，或本《谷水注》，亦误。全曰：莽将都雒，故欲进其官于京兆尹之上，名曰卿，美其名曰保忠信。是官名非地名也，今流俗本以卿为乡，大谬。（卷二）王曰（王念孙《读书杂志》）：保忠信卿，以官名而列于《地理志》者，与京兆尹、左冯翊、右扶风同义，后汉谓之河南尹，义亦同也。（卷四之六）周曰：《莽传》，分长安城旁六乡，置帅各一人。又曰：常安西都曰六乡，自以东都制如长安，故亦改为乡，特设卿以重其任。班氏此注所引，皆地名沿革，不能旁及官制，全志可证。至《莽传》所改之保忠信卿，即此乡之卿。彼官名，此地名也。（卷二十一）按周说似是而非也。《周官·大司徒》：五州为乡。今保忠信统六州，则宜若为乡是也。然莽制初非全仍《周官》（详附考），且莽方营建东都，恢宏其制，岂肯于西都设六乡，于此都反只设一乡？《莽传》下文：分郡，置六州。此六州正与西都之六乡相当，则不能以郡为乡可知矣。至所云注所引不能及官制，王说已足破之。莽以始建国五年即欲迁都雒阳，终其世未得实行。《传》中：始建国五年，莽曰："玄龙石文曰'定帝德，国雒阳'。符命著明，敢不钦奉，其以始建国八年，岁缠星纪，在雒阳之都。"天凤元年正月，莽曰："予以二月建寅之节，行巡狩之礼，……即于土中居雒阳之都焉。"群公奏言：皇帝春秋尊，"且无巡狩……以安圣体"。因更以天凤七年，岁在大梁，苍龙庚辰，行巡狩之礼。厥明年，岁在实沈，仓龙辛巳，即土之中雒阳之都。乃遣太傅平晏、大司空王邑之雒阳，营相宅兆，图起宗庙、社稷、郊兆云。

祈队郡　天凤元年，析河南郡置六队郡之一。《志》脱。《莽传》中：以陈留以西付祈隧。祈隧，故荥阳。《济水注》：荥阳，王莽立为祈队。盖分河南之荥阳诸县所置郡也，治荥阳。《传》上文：天凤元年，以河东、河内、弘农、河南、颍川、南阳为六队郡。河南，当作荥阳也。周曰：队是隧本字省文。（卷五十五）全所据本祈作祁。河南郡，旧领县二十二：荥阳、京、平阴、中牟、河南、卷、巩、谷成、故市、密、新成、开封、成皋、梁、新郑，仍旧名。天凤元年，保忠信卿增益之，县不可考。其后并陈留、陈留以西诸县入祈队。

义阳汉雒阳。《志》作宜阳，据《莽传》改。《莽传》下：地皇元年，立子临为统义阳王。　师成汉偃师。《谷水注》作师氏。坫作师氏。校曰：本或作师成，误刻也。（卷四）不知其言之所据。　治平汉平。吴所见《水经注》作河平。（卷九）坫作河平。校曰：本或作治平。（卷四）　阳桓汉阳武。　中亭汉缑氏。　原桓汉原武。　左亭汉苑陵。

右队郡　汉弘农郡。天凤元年，更名六队郡之一。《莽传》下有右队大夫宋纲。旧领县十一：弘农、宜阳、丹水、新安、商、陆浑、上雒，仍旧名。

昌富汉卢氏。宋祁曰：昌富，疑作昌当。　黄眉汉陕。　陕亭汉黾池。　君亭汉析。或本《丹水注》讹作古亭。

左队郡　汉颍川郡。天凤元年，更名六队郡之一。《莽传》下有左队大夫王吴。《后书·郅恽传》有左队大夫逯并。旧领县二十：昆阳、颍阳、长社、新汲、郾、郏、舞阳、颍阴、密高、许、父城、成安、阳城、纶氏，仍旧名。

颍川汉阳翟。　定城汉定陵。　相城汉襄城。　左亭汉傿陵。　监颍汉临颍。　嘉美汉周承休。或本《汝水注》美讹作黄。

汝坟郡　汉汝南郡。《志》作汝汾。齐曰（齐召南《汉书官本考证》）：当是汝坟之讹。周曰：汝南故为汝坟地，于汾无涉，观下女阴莽曰汝坟可证。（卷二十一）《汝水注》亦误作汝汾。汪本作汝分，汪校曰：当作汝汾。

赏都郡　分汝南郡置。《志》云：分为赏都尉。齐曰：当是赏都郡之讹。盖莽改汝南郡曰汝坟郡，又分置赏都郡耳。钱曰（钱大昕《三史拾遗》卷三）：宜禄县，莽改曰赏都亭。此亦赏都为郡名之证也。《莽传》下有赏都大尹王钦。　汝南郡，旧领县三十七：平舆、阳安、灈强、富波、女阳、鲖阳、吴房、南顿、朗陵、灈阳、期思、慎阳、召陵、弋阳、上蔡、项、定陵，《汝水注》：汝水又东南经定陵县故城北，王莽更之曰定城矣。王据此谓下脱"莽曰定城"四字。（卷四之六）陈奂曰（见汪远孙《地理志校本》）：窃谓不然。颍川郡定陵下有"莽曰定城"四字，两郡县名同，岂莽改名亦同？当是郦注误以莽改颍川之定陵遂移到汝南之定陵耳，未可据增四字。周曰：陈氏似是而非，《志》注"莽曰定城"四字本在此定陵下，误写在颍川郡之定陵下，郦氏所见《汉书》或不似今本之误耳。（卷二十一）按王、周之说皆非，陈说是而又非也。《汝水注》原文未言此定陵属何郡，察其上文为颍川郏县，下文为颍川郾县，则明是颍川之定陵。下云"莽更曰定城"与《汉志》合，初无可疑。王说固非，陈谓不当增是，谓郦注误谓此系汝南之定陵则非，周据郦注而谓今本《汉书》误以四字入颍川定陵下，更谬。仍旧名。

新安汉阳城。　至成汉安成。　乐庆汉细阳。　宣孱汉宜春。　汝坟汉女阴。疑下有亭字，《颍水注》作汝渍。吴引《晋书·地道记》：女阴县有临丘乡，即《诗》所谓汝坟。　新迁汉新蔡。《莽传》下：地皇元年，立子安为新迁王。《后书·郅恽传》注引谢沈书：郑敬闲居新迁，都尉逼为功曹。按曰：王莽改新蔡县为新迁也。今按郑敬闲居，时在光武复汉之后，都尉亦是汉制，且系郡官而非县官。此所谓新迁都尉，盖犹言新任汝南郡都尉某某耳，与莽时之新迁县无涉。李注未审。　新德汉新息。　慎治汉慎。　新亭汉西平。　闰治汉寖。　华望汉西华。　长正汉长平。　赏都亭汉宜禄。《莽传》上：元始四年，帝封莽子临为赏都侯。　新延汉新郪。　归惠汉归德。　新明汉新阳。　始成汉安昌。　均夏汉安阳。　乐嘉汉博阳。《志》作乐家，据《颍水注》改。王曰：乐嘉于义为长。（卷四之六）汪曰：《三国志》、《晋书》俱作乐嘉。　新利汉成阳。或本《淮水注》讹作利新。

吾符郡　汉沛郡。全所据本作吾府。

延城郡　分沛郡置。《志》脱。蔡邕《汉交趾都尉胡府君夫人黄氏神诰》（海源阁本《蔡中郎集》卷四）：曾祖父仕为延城大尹。沛郡，旧领县三十七：龙亢、谷阳、萧、向、铚、下蔡、山桑、公丘、敬丘、沛、建成、高、高柴、溧阳、东乡、临都、义成，仍旧名。

吾符亭汉相。　笃亭汉竹。　力聚汉广戚。　吾丰汉丰。　单城汉郸。宋祁曰：单当作留。案汉县曰郸，知莽县作单不误也。或本《淮水注》亦讹作留城。　延成亭汉谯。　蕲城汉蕲。　贡汉虹。　华乐汉辄。　符合汉符离。　归思汉夏丘。　肴成汉洨。《志》作育成。毛本作有成。王曰：当为肴城之误也。师古曰：洨音肴，是洨、肴同音，故莽改洨为肴成，犹上文郸县之改单城，蕲县之改蕲城也。《水经注》作育城（按官本《淮水注》作肴城），亦后人以误本《汉书》改之。新校本改为肴城是也。汲古阁本作有城（按毛本实作有成），亦误。（卷四之六）　传治汉芒。毛本作博治。《睢水注》亦作传治。　思善汉城父。　田平汉建平。　赞治汉酂。《淮水注》作酂治。　成富汉栗。（栗，《睢水注》作粟。以莽名证之，则作粟是也。）　合治汉扶阳。　平宁汉平阿。　会谷汉祁乡。

陈定郡　汉梁国。《莽传》下有陈定大尹沈意。旧领县八：睢阳，仍旧名。

天凤后，以陈留雍丘以东诸县并入。

节砀汉砀。　嘉谷汉甾。《续志》刘昭注有谷亭，古句渎之丘，莽氏县以此。　予秋汉杼秋。　蒙恩汉蒙。　己善汉己氏。　陈定亭汉虞。　下治汉下邑。《志》作下洽，据《获水注》改。

冀州，汉旧州。平帝元始五年，以司隶所部之河东、河内，及并州所部之太原、上党并入焉。扬雄《冀州箴》云："洋洋冀州，鸿原大陆，岳阳是都，岛夷皮服，潺湲河流，夹以碣石。三后攸降，列为侯伯，降周之末，赵魏是宅。冀土麋沸，炫潭如汤，更盛更襄，载从载横，陪臣擅命，天王是替，赵魏相反。秦拾其弊，北筑长城，恢夏之场。汉兴定制，改封藩王。仰览前世，厥力孔多，初安如山，后崩如崖。故治不忘乱，安不遗危，周宗自怙，云焉有予隳，六国奋矫，果绝其维。牧臣司冀，敢告在阶。"

兆队郡　汉河东郡。天凤元年，更名六队郡之一。《志》作兆阳，据《莽传》，河东乃六队之一，知阳系队之讹也。《涑水注》作洮队。或本亦误作兆阳，一本作洮阳。吴曰：兆即洮，《左传》所谓宣汾洮也，古字通用。（卷五）段既曰阳当为队，又曰：兆阳之义，当取在京兆之东；矛盾不足辨。旧领县二十四：猗氏、解、河北、汾阴、闻喜、濩泽、端氏、临汾、垣、长修、蒲子、绛、狐讘、骐，仍旧名。

河东汉安邑。　勤田汉大阳。吴曰：《名胜志》，闲田在今平陆县西六十里，即虞芮相让之处也，故王莽改曰勤田。　蒲成汉蒲反。　兆亭汉左邑。《涑水注》作洮亭。先谦曰：兆，洮之省字。《涑水注》引司马彪曰：洮水出闻喜县，故王莽以县为洮亭也。周曰：是左邑下"莽曰洮亭"四字系错简，宜人闻喜下。（卷二十一）按《涑水注》下文又曰：左邑，故曲沃也，王莽之洮亭也。《郡国志》：闻喜，邑本曲沃，无左邑县，是东京并左邑入闻喜。彪时已无左邑，故附洮亭之名于闻喜下耳。《志》不误。　延平汉皮氏。　香平汉平阳。汪曰：香，宋本作乡。坫曰：疑当作平乡。（卷三）　干昌汉襄陵。　黄城汉彘。　有年亭汉杨。　朕北汉北屈。

太原郡　旧领县二十一：晋阳、葰人、中都、邬、盂、汾阳、阳曲、原平、上艾、虑虒，仍旧名。

界美汉界休。　太原亭汉榆次。　于合汉于离。　兹同汉兹氏。　狼调汉狼孟。　多穰汉平陶。　致城汉京陵。　大宁汉大陵。　示汉祁。

繁穰汉阳邑。　信桓汉广武。

上党郡　旧领县十四：长子、屯留、余吾、铜鞮、沾、涅氏、壶关、泫氏、高都、潞、陭氏、阳阿，仍旧名。

上党亭汉襄垣。　谷近汉谷远。

后队郡　汉河内郡。天凤元年，更名六队郡之一。《后书·伏湛传》：莽时为后队属正。旧领县十八：汲、武德、波、山阳、州、共、平皋、修武、温、获嘉、轵、沁水、隆虑、荡荫，仍旧名。

河内汉怀。　河中汉河阳。　雅歌汉朝歌。　平野汉野王。

魏城郡　汉魏郡。城，一作成，《莽传》下有魏成大尹李焉。旧领县十八：邺、馆陶、沙、内黄、清渊、繁阳、元城、梁期、武始、邯会、阴安、邯沟，仍旧名。

利丘汉斥丘。　魏城亭汉魏。　黎蒸汉黎阳。　即是汉即裴。（应劭曰：裴者非。）　延平汉平恩。或本《浊漳水注》讹作延年。　桓安汉武安。

巨鹿郡

和成郡　分巨鹿郡置。《志》脱。《后书·邳彤传》：彤初为王莽和成卒正。注引《东观汉记》曰：王莽分巨鹿为和成郡，居下曲阳。《光武纪》作和戎。或本《浊漳水注》作和城。巨鹿郡，旧领县二十：巨鹿、广阿、廮陶、临平、下曲阳、贳、堂阳、安定、敬武、乐信、武陶、柏乡、安乡，仍旧名。

富平汉南䜌。　宁昌汉象氏。　宜子汉宋子。　功陆汉杨氏。先谦曰：陆盖睦之误，《王莽传》可证。　秦聚汉鄡。《浊漳水注》：衡水又北经鄡县故城东。《竹书纪年》梁惠成王三十年，秦封卫鞅于鄡，改名曰商，即此是也。故王莽改曰秦聚也。　乐市汉新市。《志》作市乐，据《浊漳水注》改。　历聚汉历乡。

井关郡　汉常山郡。旧领县十八：石邑、桑中、灵寿、蒲吾、井陉、封斯、关、平棘，仍旧名。

井关亭汉元氏。　常山亭汉上曲阳。疑当属常山郡。　久门汉九门。　多子汉房子。　直聚汉中丘。　禾成亭汉鄗。《高祖功臣表》有禾成孝侯公孙昔，或以为即此地者，非也。《浊漳水注》公孙昔封国作和城，在巨鹿郡敬武、贳县之间，与此常山郡之鄗相去远，初不相涉。坫曰：禾亦作和，莽有禾成郡，故此县曰事也。（卷六）言禾亦作和者，以公孙昔封国《表》作禾成，而郦注作和城也。既知与此县无涉，则坫说亦非也。　畅苗汉乐阳。一本作阳苗。昭曰（钱大昭《汉书辨疑》）：非也，《浊漳水注》亦作畅苗。（卷十四）或本《浊漳水注》讹作申苗。　顺台汉平台。　分乡汉都乡。　延亿汉南行唐。

平河郡　汉清河郡。或本《淇水注》讹作河平。《后书·隗嚣传》有王莽平河大尹谷恭。旧领县十四：清阳、东武城、绎幕、贝丘、信成、𢘥题、信乡、缭、枣强，仍旧名。

播亭汉灵。《志》夺亭字，据《河水注》增。　厝治汉厝。　善陆汉鄃。　胥陵汉东阳。　乐岁汉复阳。

桓亭郡　汉赵国。旧领县四：邯郸、易阳、襄国，仍旧名。

寿仁汉柏人。

富昌郡　汉广平国。旧领县十六：广平、张、朝平、南和、斥章、任、南曲、广乡、平利、平乡、阳台、城乡，仍旧名。

列治汉列人。　直周汉曲周。　直梁汉曲梁。　富昌汉广年。疑下有亭字。

真定郡　旧领县四：肥累，仍旧名。

思治汉真定。　槀实汉槀城。　绵延汉绵曼。

常山郡　汉中山国。旧领县十四：卢奴、新市、新处、毋极、陆成，仍旧名。

善和汉北平。　朔平汉北新成。昭曰：《水经注》作朔宁。（卷十五）按《滱水注》作朔平。上文言曹水出朔宁县曹河泽，与此县无关，昭误。　和亲汉唐。　翼和汉深泽。　北陉汉苦陉。　兴睦汉安国。　顺平汉曲逆。　顺调汉望都。　宁险汉安险。宋祁曰：邵本作宁阴。案汉县曰险，作险是也。

新博郡　汉信都国。《后书·李忠传》：王莽时为新博属长。旧领县十七：扶柳、高堤、广川、平堤、西梁、昌成，仍旧名。

新博亭汉信都。　历宁汉历。　乐信汉辟阳。　序中汉南宫。《志》作序下，据《浊漳水注》改。赵曰（赵一清《水经注释》）：《汉志》作序下，隋人讳忠故改之。（卷十）　闰博汉下博。　顺桓汉武邑。　朔定亭汉观津。疑当属朔定郡。　乐丘汉乐乡。　桓分汉桃。　田昌汉东昌。昭曰：疑是西昌。（卷十五）　修治汉修。毛本误作修洽，或本《淇水注》讹作治修。

朔定郡　汉河间国。旧领县四：侯井，仍旧名。

陆信汉乐成。　桓隧汉武隧。　乐成亭汉弓高。《志》脱亭字，据《浊漳水注》增。汪曰：莽改乐成为陆信，又改弓高为乐成，乐成下不应有亭字。骧曰：此例非一，如弘农，陕县更曰黄眉，而黾池更曰陕亭。东海，祝其更曰犹亭，而厚丘更曰祝其亭等皆是，汪说非也。

兖州，汉旧州。扬雄《兖州箴》云："悠悠济河，兖州之宇，九河既导，雷夏攸处，草繇木条，漆丝缔纻，济漯既通，降丘宅土。成汤五徙，卒都于亳，盘庚北渡，牧野是宅，丁感雊雉，祖己伊忠，爰正厥事，遂绪高宗，厥后陵迟，颠履汤绪。西伯戡黎，祖伊奔走，致天威命，不恐不震，妇言是用，牝鸡是晨，三仁既知，武果戎殷，牧野之禽，岂复能耽，甲子之朝，岂能复笑。有国虽久，必畏天咎，有民虽长，必惧人殃，箕子歔欷，厥居为墟。牧臣司兖，敢告执书。"《莽传》下有兖州牧王闳。

治亭郡　汉东郡。古符牌有武亭郡虎符，背文曰"新与武亭氵氵连率为虎符"。王国维曰：亭下二字，皆从水旁，疑清治二字之半，而武亭亦即治亭之初名。王莽之篡，成于东郡翟义之平，则名此郡为武亭，固其宜也。

寿良郡　分东郡置。《志》脱。《莽传》下有寿良卒正王闳。东郡，旧领县二十三：畔、聊城、东阿、利苗、须昌、寿良、疑当作寿良亭。乐昌、阳平、白马、南燕、廪丘，仍旧名。天凤后，并陈留封丘以东诸县入治亭。

治亭汉濮阳。徐松曰：东郡下已言"莽曰治亭"不应县与同名，二者疑有一误。(卷四)先谦曰：郡县同名者多，何疑于莽？徐说非。按郡县同名者，县下例加一亭字，今郡曰治亭，县不能名治亭亭也，《志》文不误。　畔治汉畔。　观治汉观。《志》畔观二字联书作一县。段氏《地理志观县考》(《经韵楼集》卷五)以《巨洋水注》、《平准书》、《续志》、《翟方进传》、《地形志》证畔观本二县名。又曰：《地形志》平原郡聊城下云：有畔城。亦古畔不连观之证也。按《恩泽侯表》卫公国下注观，亦可证莽于汉县单名者，辄加一治字于下，此县莽曰观治，亦可证汉县曰观。　顺丘汉顿丘。　戢楯汉发干。　建睦汉范。　功崇汉茬平。《莽传》中：始建国元年，封长子宇之子宗为功崇公。　武昌汉东武阳。　加睦汉博平。　黎治汉黎。　清治汉清。　瑞狐汉离狐。　谷城亭汉临邑。《续志》谷城下云：春秋时小谷，莽县取名以此。《续志》有临邑，又有谷城。先谦曰：据莽名亭之义，是后汉分临邑置谷城也。

陈留郡　《莽传》中：制诏陈留大尹太尉，其以益岁以南付新平，新平，故淮阳。以雍丘以东付陈定，陈定，故梁郡。以封丘以东付治亭，治亭，故东郡。以陈留以西付祈隧，祈隧，故荥阳。陈留已无复有郡矣，大尹太尉皆诣行在所。案事在天凤之后，兹编以天凤为断，故仍列此郡。旧领县十七：陈留、疑当作陈留亭。小黄、成安、雍丘、酸枣、外黄、封丘、尉氏、平丘、浚仪，仍旧名。增领县一。

康善汉宁陵。　东明汉东昏。　襄平汉襄邑。　惠泽汉长罗。　顺通汉傿。　长固汉长垣。　济前汉济阳。　益岁汉圉。故属淮阳。《莽传》中：其以益岁以南付新平。苏林曰：陈留圉县，莽改曰益岁。

巨野郡　汉山阳郡。旧领县二十三：昌邑、东缗、方与、巨野、疑当作巨野亭。薄、黄、中乡、平乐、郑、瑕丘、甾乡、曲乡、西阳，仍旧名。

黾平汉南平阳。　成安汉成武。　湖陆汉湖陵。《郡国志》湖陆下云：故湖陵，章帝更名。刘昭注《前汉志》：王莽改曰湖陆，章帝复其号。《泗水注》校本注云：盖光武中兴，凡莽所改即不行用，至章帝改湖陵为湖陆，改橐为高平，偶与莽同，以莽不足道，故直曰章帝更名耳。　高平汉橐。《郡国志》：高平，故橐，章帝更名。刘昭注《前汉志》：莽改曰高平，章帝复莽此号。　利父汉单父。或本《泗水注》讹作利善。　君美汉都关。《志》脱，闽本、汪本注君美二字。昭曰：都有美义，或是莽曰君美欤。(卷十四) 城谷汉城都。 戚亭汉爰戚。 告成汉邛城。或本《泗水注》作郜城。(邛城,《志》误作郜成,据《外戚侯表》、《玉篇》正。或本《泗水注》亦作邛城。) 足亭汉栗乡。

济平郡 汉济阴郡。《志》于冤句下云:莽改定陶曰济平。据《耿纯传》及《济水注》知系改郡名为济平也。陈奂以为改县名为济平者非。《后书·耿纯传》:父艾,为王莽济平尹。旧领县九:定陶、葭密、成阳、句阳、乘氏,仍旧名。

济平亭汉冤句。 祁都汉吕都。 郠良汉郠城。 万岁汉秺。《瓠子河注》:秺县,王莽之万岁。世犹谓之为万岁亭也。

泰山郡 旧领县二十四:奉高、博、茌、卢、肥成、虵丘、柴、盖、梁父、东平阳、莱芜、巨平、嬴、牟、乘丘、富阳、式,仍旧名。

柔汉刚。 桓宣汉南武阳。 蒙恩汉蒙阴。 翼阴汉华。 宁顺汉宁阳。 褒鲁汉桃山。《志》作裹鲁。毛本作衰鲁。闽本、汪本作裹,无鲁字。按各本皆误也。《恩泽侯表》有褒鲁节侯公子宽,以周公世鲁顷公玄孙之玄孙奉周祀,元始元年封。 郭亭汉桃乡。《汶水注》:西南经桃乡县故城,世以此为郭城,非也。盖因巨新之故目耳。

莒陵郡 汉城阳国。旧领县四:阳都、东安,仍旧名。

莒陵汉莒。疑下有亭字。 著善汉虑。

新平郡 汉淮阳国。旧领县九:阳夏、宁平、扶沟、固始、新平、疑当增一亭字。柘,仍旧名。圉,改隶陈留郡。天凤后,以陈留益岁以南诸县并入。

陈陵汉陈。或本《渠水注》讹作陵陈。 赖陵汉苦。师古曰:《晋太康地记》云:城东有赖乡祠,老子所生地。《续志》:春秋时曰相,有赖乡。先谦曰:赖乡,即《史记》厉乡。厉、赖古通,莽氏县以此。

有盐郡 汉东平国。旧领县七:东平陆、章、樊,仍旧名。

有盐亭汉无盐。　延就亭汉任城。　成富汉富城。　顺父汉亢父。

青州，汉旧州。扬雄《青州箴》云："茫茫青州，海岱是极，盐铁之地，铅松怪石，群水攸归，莱夷作牧，贡篚以时，莫怠莫违。昔在文武，封吕于齐，厥土涂泥，在丘之营，五侯九伯，是讨是征，马殆其衔，御失其度。周室荒乱，小白以霸，诸侯佥服，复尊京师。小白既没，周卒凌迟，嗟兹天王，附命下土，失其法度，丧其文武。牧臣司青，敢告执矩。"《莽传》下：地皇二年，莽以玺书令田况领青、徐二州事。

河平郡　汉平原郡。古封泥有平原大尹章。（吴熊《封泥汇编》）当是初置大尹时，尚未改郡名。古符牌有河平郡虎符，背文曰"新与河平羽贞连率为虎符"。旧领县十九：平原、《莽传》中：始建国元年，以平原、安德、漯阴、鬲、重丘封孺子婴为定安公国。高唐、重丘、平昌、阿阳、安悳、楼虚、安，仍旧名。增置县一。

河平亭汉鬲。　羽贞汉羽。　分明汉般。　美阳汉乐陵。　安城汉祝阿。　东顺亭汉瑗。　翼成汉漯阴。　巨武汉漯阳城。即北漯阴城。《志》脱漯阳城，并脱巨武。《河水注》：漯水历北漯阴城南，伏琛谓之漯阳城。又《经》：河水东北过漯阳县北。《注》云：河水右经漯阴县故城北，王莽之巨武县也。（先谦曰：说家因谓《汉志》脱漯阳一县，并脱"莽曰巨武"四字。案郦元两注皆作漯阴县，无漯阳县之名，《经》之漯阳，旧本自作漯阴，至《注》中北漯阴及漯阳城，并不称县。后人因巨武疑文，必为《汉志》增漯阳县，未为征信也。）　张乡汉朸。　乐安亭汉富平。或本《河水注》讹作安乐亭，疑当属乐安郡。　宜乡汉合阳。　清乡汉龙额。

建信郡　汉千乘郡。《后书·崔骃传》：祖篆，莽以为建新大尹。《孔僖传》：及篆，仕王莽为建新大尹。注：莽改千乘国曰建信，又改曰建新。案《莽传》，始建国四年，改十一公号，以新为心，后又改心为信。朱（朱一新《汉书管见》）曰：据此，则建新当是莽初改之名，后又改为建信，如十一公号之改新为信也。（卷三）李注信在新前，误。旧领县十五：千乘、东邹、博昌、建信、疑当作建信亭。琅槐、乐安、被阳、高昌、延乡，仍旧名。

延亭汉湿沃。　鸿睦汉平安。　施武汉蓼城。　利居汉狄。　瓦亭汉繁安。　常乡汉高宛。

乐安郡　汉济南郡。旧领县十四：东平陵、邹平、梁邹、土鼓、阳丘、菅、历城、著、宜成，仍旧名。

台治汉台。　于陆汉于陵。　济南亭汉般阳。疑当属济南郡。　修治汉朝阳。　利成汉猇。

济南郡　汉齐郡。旧领县十二：昌国、巨定、广、广饶、昭南、平广、台乡，仍旧名。

齐陵汉临淄。　利治汉利。　东宁汉西安。　监朐汉临朐。　禺聚汉北乡。

北海郡

翼平郡　分北海郡置。《志》脱。《莽传》下有翼平连率田况。北海郡，旧领县二十六：淳于、平寿、剧、全曰：《水经注》引《志》曰：王莽更名愈县。今无此文。（卷三）按莽更甾川之剧曰愈，与此北海之剧无涉，全说非。都昌、平的、乐望、饶、斟、桑犊、平城、密乡、羊石、石乡、上乡、新成、胶阳，仍旧名。

北海亭汉营陆。　上符汉剧魁。　诛郅汉安丘。　道德汉瓡。　探汤汉益。《志》作探阳。《巨洋水注》作涤荡。按《后书·刘盆子传》有王莽探汤侯田况。李注：莽改益县曰探汤。乃知探阳、涤荡皆误。汪引梁氏曰：汤、荡古通，阳与涤并传写之误。　所聚汉平望。　弘睦汉柳泉。宋祁曰：睦当作陆。坫曰：睦本或作陆。（卷九）周曰：莽改县名多作睦，因其改制，封王氏男为睦也。睦字似不误。（卷二十三）　翼平亭汉寿光。　拔垄汉乐都。拔一作杖，一作枝也。（后人校语掺入原注）　石乐汉成乡。

东莱郡

夙夜郡　分东莱郡置。《志》脱。《莽传》下有夙夜连率韩博。东莱郡，旧领县十七：腄、曲成、㡆、育犁、卢乡、徐乡，仍旧名。

掖通汉掖。　利卢汉平度。　意母汉黄。　监朐汉临朐。　望利汉牟平。　弘德汉东牟。　夙敬亭汉昌阳。　夙夜汉不夜。夜下疑脱亭字。　东莱亭汉当利。毛本误作来莱亭。　延乐汉阳乐。毛本误作廷乐。　识命汉阳石。

淄川郡　旧领县三：东安平、楼乡，仍旧名。

俞汉剧。或本《巨洋水注》作愈。

郁秩郡　汉胶东国。旧领县八：昌武、下密、郁秩、疑当作郁秩亭。挺、观阳，仍旧名。

即善汉即墨。　晓武汉壮武。　始斯汉邹卢。

高密郡　旧领县五：昌安，仍旧名。

章牟汉高密。　养信汉石泉。　原亭汉夷安。　顺成汉成乡。

徐州，汉旧州。扬雄《徐州箴》云："海岱伊淮，东海是渚，徐州之土，邑于蕃宇，大野既潴，有羽有蒙，孤桐蠙珠，泗沂攸同，实列蕃蔽，侯卫东方，民好农蚕，大野以康。帝癸及辛，不祗不恪，沉湎于酒，而忘其东作，天命汤武，剿绝其绪祚。降周任姜，镇于琅邪，姜姓绝苗，田氏攸都，事由细微，不虑不图，祸如丘山，本在萌芽。牧臣司徐，敢告仆夫。"

填夷郡　汉琅邪郡。旧领县五十一：不其、海曲、赣榆、朱虚、梧成、灵门、虚水、琅邪、祓、缾、雩段、黔陬、云、计斤、稻、平昌、长广、东莞、昌、兹乡、箕、高广、高乡、柔、丽、伊乡、新山、高阳、昆山、参封、折泉、博石、房山、慎乡、石山，仍旧名。

祥善汉东武。　诸并汉诸。　季睦汉姑幕。　填夷亭汉临原。　祓同汉柜。何焯曰："莽曰祓同"四字疑祓下注，误入柜下。吴径以此四字列祓下。按《胶水注》亦以为柜县之改名，则应仍《志》之旧也。或本《胶水注》讹作秩国。　纯德汉邞。　盈庐汉皋虞。　今丘汉横。或本《潍水注》讹作台丘。　清泉汉魏其。毛本作青泉。　识命汉裨。　盛睦汉即来。宋祁曰：睦字当作陆。周曰：似不误，说见前。(卷二十三)　顺理汉武乡。宋祁曰：理当作里。周曰：此或别有所据。不然，理字亦非误也。(卷二十三)　冷乡汉驷望。　宁乡汉安丘。蒲陆汉高陵。毛本作蒲睦。昭曰：闽本作满睦。(卷十四)闽本误也。　诚信汉临安。

沂平郡 汉东海郡。《后书·刘盆子传》：赤眉与王莽沂平大尹战。元始中，莽以西羌献地置为西海郡，配东海、南海、北海三郡而为四海。今三海皆仍旧名，而独更东海为沂平，于理不合，疑系分置，而非更名也。旧领县三十八：郯、戚、朐、南成、山乡、建乡、临沂、容丘、于乡、都阳、阴平、都平，仍旧名。

兰东汉兰陵。 章信汉襄贲。 闰俭汉下邳。 承翰汉良成。 平端汉平曲。 厌虏汉开阳。 顺从汉费。 流泉汉利成。 东海亭汉海曲。 博睦汉兰祺。毛本作溥睦。 缯治汉缯。 就信汉即丘。 犹亭汉祝其。 祝其亭汉厚丘。 业亭汉东安。 合聚汉合乡。 承治汉承。昭曰：闽本作承始。（卷十四）闽本误。 建力汉建阳。 从阳汉曲阳。毛本误作从羊。 息吾汉司吾。 端平汉曲平。（曲平，《志》作平曲。东海一郡不应有二平曲。《后书·万修传》：永初七年，邓太后绍封修曾孙丰为曲平亭侯。又以莽所更名一曰平端、一曰端平推之，知第二平曲系曲平之误也。） 徐亭汉郡乡。 弘亭汉武阳。 博聚汉新阳。 付亭汉建陵。 卢聚汉昌虑。

淮平郡 汉临淮郡。《后书·侯霸传》：王莽时，为淮平大尹。旧领县二十九：取虑、开阳、赘其、高山、盐渎、东阳、昌阳、堂邑、乐陵，仍旧名。

徐调汉徐。 淮敬汉淮浦。 武匡汉盱眙。《淮水注》作匡武。 秉义汉厹犹。《泗水注》作康义。 成信汉僮。 监淮亭汉射阳。 睢陆汉睢陵。陈奂曰：陆，元本作睦，非。睢陵、淮陵，莽皆改为睢陆、淮陆也。 嘉信汉淮阴。周曰：以韩信封地，故名也。（卷二十三） 淮陆汉淮陵。 从德汉下相。 樏虏汉富陵。 著信汉播旌。 永聚汉西平。 成丘汉高平。 成乡汉开陵。 平宁汉广平。 建节汉兰阳。 相平汉襄平。 亭闲汉海陵。南监本作亭门。（王鸣盛《十七史商榷》卷十九引） 美德汉舆。

鲁郡 古封泥有"文阳大尹"章，文即汶。汉铜印、汉碑、《后书·王梁传》，汶阳皆作文阳。（吴式芬、陈介祺《封泥考略》）疑改鲁国置文阳郡也。旧镇县六：鲁、卞、蕃、薛，仍旧名。

汶亭汉汶阳。 驺阳汉驺。

和乐郡 汉楚国。旧领县七：彭城、留、吕，仍旧名。

吾治汉梧。 辅阳汉傅阳。 和乐亭汉武原。或本《泗水注》脱和字。 善丘汉甾丘。

水顺郡 汉泗水国。或本《淮水注》作顺水。旧领县三：

生淩汉淩。《志》作生麦，依《淮水注》改。安盖淩之坏字也。 淮平亭汉泗阳。疑当属淮平郡。(《泗水注》泗阳作淮阳) 于屏汉于。

江平郡 汉广陵国。旧领县四：江都、高邮，仍旧名。

安定汉广陵。《淮水注》作定安。 杜乡汉平安。

扬州，汉旧州。扬雄《扬州箴》云："矫矫扬州，江汉之浒，彭蠡既潴，阳鸟攸处，橘柚羽贝，瑶琨篠簜，闽越北垠，沅湘攸往。犷矣淮夷，蠢蠢荆蛮，翩彼昭王，南征不旋。人咸蹶于垤，莫蹶于山；咸跌于污，莫跌于川；明哲不云我昭，童蒙不云我昏。汤武圣而师伊吕，桀纣悖而诛逢干，盖迩不可不察，远不可不亲，靡有孝而逆父，罔有义而忘君。太伯逊位，基吴绍类，夫差一误，太伯无祚，周室不匡，勾践入霸。当周之隆，越裳重译，春秋之末，侯甸叛逆。元首不可不思，股肱不可不孳，尧崇屡省，舜盛钦谋。牧臣司扬，敢告执筹。"《莽传》下：地皇二年，拜李棽为大将军扬州牧，赐名圣。《后书·马严传》：父余，王莽时为扬州牧。

庐江郡 《后书·李宪传》：王莽时，为庐江属令，迁偏将军庐江连率。旧领县十二：居巢、龙舒、临湖、雩娄、枞阳、寻阳、灊、皖、湖陵，仍旧名。

昆乡汉舒。 庐江亭汉襄安。 诵善汉松兹。

延平郡 汉九江郡。旧领县十五：寿春、浚遒、橐皋、合肥、建阳、全椒，仍旧名。

平阿汉成德。 阴陆汉阴陵。《通典》：莽改阴陵为阳陵。先谦曰：《淮水注》亦作阴陆，《通典》盖误。 明义汉历阳。 山聚汉当涂。 蚕富汉钟离。 武城汉东城。 扬陆汉博乡。汪本作杨陆。 延平亭汉曲阳。 阜陆汉阜陵。

会稽郡　旧领县二十六：阳羡、山阴、丹徒、余姚、由拳、乌程、句章、治、回浦，仍旧名。

泰德汉吴。　风美汉曲阿。　乌孝汉乌伤。《浙江水注》引《异苑》曰：东阳颜乌以淳孝著闻，后有群乌助衔土块为坟，乌口皆伤。知汉县名乌伤，以乌口伤也。莽县名乌孝，以颜乌孝也。　毗坛汉毗陵。　余衍汉余暨。徐松曰：宋本作余行。（卷十）汪曰：正统本作余行。　疏虏汉诸暨。　有锡汉无锡。　娄治汉娄。　会稽汉上虞。疑下有亭字。　展武汉海盐。或本《沔水注》讹作辰武。　尽忠汉剡。　末治汉大末。《浙江水注》作末理。周曰：治字作理，当由唐末避讳承写沿讹。观《后汉书》注，凡治字俱作理可证。（卷二十三）　淮睦汉余杭。《志》作进睦，毛本同。汪本作淮睦，《浙江水注》亦作淮睦。全曰：《南史》有下淮，其地在此，淮睦所由名也。（卷三）古封泥有"进睦子印"章，则进睦亦非无据，特恐地不在此耳。　谨汉鄞。　泉亭汉钱唐。　海治汉鄮。汪曰：正统本作海冶，误。　诛岁汉富春。

丹阳郡　旧领县十七：于潜、春谷、句容、泾、丹阳、石城、胡孰、陵阳、芜湖、溧阳、歙、宣城，仍旧名。

无宛汉宛陵。　相武汉江乘。　宣亭汉秣陵。　候望汉故鄣。　愬虏汉黝。

九江郡　汉豫章郡。《莽传》下有九江连率贾萌。《后书·马严传》注引《东观记》有九江连率平河侯王述。古封泥有"豫章南昌连率"一印。(《考略》)当是莽初置连率时尚未改名。旧领县十八：彭泽、赣、南城、雩都、南野，仍旧名。

宜善汉南昌。　桓亭汉庐陵。　乡亭汉鄱阳。　蒲亭汉历陵。徐松曰：宋本作蒲立。（卷十）　治干汉余干。　九江亭汉柴桑。　治翰汉艾。　偶亭汉新淦。　多聚汉建成。　修晓汉宜春。或本《赣水注》讹作循晓。　宜生汉海昏。　豫章汉鄡阳。　安宁汉安平。

安风郡　汉六安国。旧领县五：六、蓼、阳泉，仍旧名。

美丰汉安丰。或本《决水注》作美风，盖因下安风之名而讹。　安风亭汉安风。

荆州，汉旧州。扬雄《荆州箴》云：“杳杳巫山，在荆之阳，江汉朝宗，其流汤汤。夏君遭鸿，荆衡是调，云梦涂泥，包匦菁茅，金玉砥砺，象齿元龟，贡篚百物，世世以饶。战战栗栗，至桀荒溢，曰：‘我在帝位，若天有日，不顺庶国，孰敢余夺？’亦有成汤，果秉其钺，放之南巢，号之以桀。南巢茫茫，包楚与荆，风慓以悍，气锐以刚，有道后服，无道先强，世虽安平，无敢逸豫。牧臣司荆，敢告执御。”《莽传》下：天凤五年，以费兴为荆州牧。

前队郡　汉南阳郡。天凤元年，更名六队郡之一。《莽传》下有前队大夫甄阜，属正梁丘赐。又诏左队大夫王吴，率十万众迫措前队丑虏。按即指光武起于南阳也。旧领县三十六：犨、育阳、博山、阴、雉、山都、蔡阳、莽之母功显君邑。新野、棘阳、武当、舞阴、西鄂、郦、安众、冠军、比阳、随、叶、邓、舂陵、湖阳、乐成、复阳，仍旧名。

南阳汉宛。　闰衍汉杜衍。　南庚汉酂。或本《沔水注》讹作南庚。　前亭汉涅阳。　阳城汉堵阳。先谦曰：县在秦名阳城，见《曹参传》注，莽复故。　宜禾汉筑阳。　农穰汉穰。或本《淯水注》讹作丰穰。　平善汉平氏。　厉信汉朝阳。　鲁山汉鲁阳。《志》脱，据《滍水注》增。　新林汉新都。《莽传》上：成帝永始元年，封莽为新都侯。　红俞汉红阳。　宜乐汉博望。

南顺郡　汉南郡。旧领县十八：临沮、华容、宜城、邔、当阳、中庐、枝江、秭归、若、巫，仍旧名。

江陆汉江陵。　居利汉夷陵。　郢亭汉郢。　相阳汉襄阳。　南顺汉编。疑下有亭字。　江南汉夷道。　江夏汉州陵。　言程汉高成。

江夏郡　旧领县十四：西阳、邾、轪、鄂、安陆、沙羡、蕲春、鄳、云杜，仍旧名。

江阳汉西陵。　守平汉竟陵。　襄非汉襄。　闰光汉下雉。《江水注》作润光。　当利汉钟武。

南平郡　汉桂阳郡。旧领县十一：南平、桂阳、阳山、含洭、阴山，仍旧名。

宣风汉郴。 大武汉临武。 便屏汉便。 南平亭汉耒阳。 除虏汉曲江。 基武汉浈阳。《溱水注》作綦武。

建平郡 汉武陵郡。旧领县十三：索、镡成、无阳、酉阳、佷山、零阳、充，仍旧名。

孱陆汉孱陵。 监沅汉临沅。《志》作监原，毛本作监元，据《沅水注》改。通例，凡县名上一字称临者，莽改为监，而下一字不改。 沅陆汉沅陵。毛本误作阮陆。 迁陆汉迁陵。 会亭汉辰阳。 建平汉义陵。疑下有亭字。

九疑郡 汉零陵郡。旧领县十：零陵、始安、夫夷、营浦、都梁，仍旧名。

九疑亭汉营道。九疑山在南，郡、县得名以此。 泠陵汉泠。 溥闰汉泉陵。《湘水注》作溥润。 洮治汉洮阳。 钟桓汉钟武。

填蛮郡 汉长沙国。《湘水注》作镇蛮。《莽传》中：天凤三年，以冯英为长沙连率。称其旧名也。旧领县十三：罗、连道、益阳、攸、酃、承阳、湘南、昭陵、容陵，仍旧名。

抚睦汉临湘。《湘水注》作抚陆。 闰隽汉下隽。 声乡汉荼陵。 思成汉安成。《赣水注》作用成。

益州，汉旧州。《莽传》中、《西南夷传》有庸部牧史熊。师古曰：莽改益州为庸部。《莽传》下有庸部牧李晔。《后书·公孙述传》：王岑杀王莽庸部牧。注：王莽改益州为庸部，其牧宋遵也。《廉范传》：祖父丹，王莽时为大司马庸部牧。注：王莽改益州为庸部。案莽制天下为十二州，未闻曾改为部，且《莽传》中，天凤三年，定百官保灾之制有曰：东岳太师立国将军保东方三州一部二十五郡，南岳太傅前将军保南方二州一部二十五郡，西岳国师宁始将军保西方一州二部二十五郡，北岳国将卫将军保北方二州一部二十五郡。则州自是州，部自是部，不得谓莽改益州为庸部也。部制之详，今不可考，庸部其一耳。特不知何以庸部之名数见，而其他若干部之名皆不一见。始建国元年，天凤三年见益州就都大尹冯英上言有云“空破梁州，功终不遂”。案益州于《禹贡》为梁州之域，此云梁州，盖用古义，即指益州。扬雄《益州箴》云：“岩岩岷山，古曰梁州，华阳西极，黑水南流。茫茫洪波，鲧堙降陆，于时八都，厥民不隩。禹导江沱，岷嶓启乾，远近底贡，磬错砮丹，丝麻条畅，有粳有稻，自京徂畛，民攸温饱。帝有桀纣，湎沉颇僻，遏绝苗民，灭夏殷绩。爰周受命，复古之常，幽厉夷业，破绝为荒。秦作无道，三方溃叛，义兵征暴，遂国于汉。拓开疆宇，恢梁之野，列为十二，光羡虞夏。牧臣司梁，是职是图，经营盛衰，敢告士夫。”

新成郡　汉汉中郡。全所据本作新城。《后书·马援传》：莽末，为新成大尹。旧领县十二：西城、旬阳、南郑、褒中、房陵、安阳、成固、沔阳、武陵、上庸、长利，仍旧名。

钖治汉钖。《沔水注》钖误作锡。

就都郡　汉广汉郡。《莽传》中有就都大尹冯英。旧领县十三：绵竹、葭明、郪、新都、白水、刚氐道，仍旧名。

子同汉梓潼。《莽传》中：自言定命于子同。　美信汉汁方。　统睦汉涪。《莽传》中：始建国元年，封陈崇为统睦侯。　吾雒汉雒。或本《江水注》讹作广信。　广信汉广汉。　致治汉甸氐道。　摧虏汉阴平道。徐松曰：宋本作推虏。（卷十一）

导江郡　汉蜀郡。《后书·公孙述传》：天凤中，为导江卒正，居临邛。旧领县十五：成都、郫、繁、青衣、绵虒、旄牛、徙、湔氐道、汶江、广柔，仍旧名。

就都亭汉广都。疑当属就都郡。先谦曰：莽于此置就都大尹。（《莽传》中）　监邛汉临邛。　邛原汉江原。　严治汉严道。　步昌汉蚕陵。

西顺郡　汉犍为郡。旧领县十二：江阳、南安、资中、牛鞞、南广、朱提、堂琅，仍旧名。

僰治汉僰道。　戢成汉武阳。　符信汉符。　新通汉汉阳。　孱邬汉存邬。

集嶲郡　汉越嶲郡。《若水注》：王莽遣任贵为领戎大尹守之，更名为集嶲也。（《后书·公孙述传》：越嶲任贵，杀王莽大尹据郡降。疑此以任贵为集嶲大尹误也。）旧领县十五：邛都、遂久、灵关道、台登、定莋、会无、莋秦、大莋、姑复、三绛、苏示、阑、卑水、灊街、青蛉，仍旧名。

就新郡　汉益州郡。《莽传》中：天凤元年，益州蛮夷杀大尹程隆。称其故名也。旧领县二十四：滇池、双柏、同劳、铜濑、连然、俞元、收靡、谷昌、秦臧、邪龙、味、昆泽、叶榆、律高、不韦、云南、嶲唐、弄栋、比苏、贲古、健伶、来唯，仍旧名。

有椯汉毋椯。　胜㚄汉胜休。

同亭郡　汉牂柯郡。昭曰：《西南夷传》夜郎国有且同亭，故莽谓之同亭。（卷十四）《莽传》中有牂柯大尹周歆。称其故名也。《西南夷传》歆作钦。旧领县十七：故且兰、镡封、鳖、漏卧、平夷、同并、谈指、宛温、毋单、漏江、西随、都梦、谈稾、进桑，仍旧名。

有敛汉毋敛。　同亭汉夜郎。　从化汉句町。

巴郡　旧领县十一：江州、枳、阆中、垫江、朐忍、宕渠、鱼复、充国，仍旧名。

监江汉临江。或本《江水注》讹作盐江。　安新汉安汉。　巴亭汉涪陵。

乐平郡　汉武都郡。旧领县九：上禄、平乐道、沮、嘉陵道、循成道，仍旧名。

循虏汉武都。　善治汉故道。　乐平亭汉河池。　扬德汉下辨道。毛本作杨德。

幽州，汉旧州。扬雄《幽州箴》云："荡荡平川，惟冀之别，北厄幽都，戎夏交偪。伊昔唐虞，实为平陆，周末荐臻，迫于獯鬻。晋溺其陪，周使不阻，六国擅权，燕赵本都。东限秽貊，羡及东胡，强秦北排，蒙公城壃。大汉初定，介狄之荒，元戎屡征，如风之腾，义兵涉漠，偃我边萌，既定且康，复古虞唐。

盛不可不图，衰不可或忘，堤溃蚁穴，器漏箴芒。牧臣司幽，敢告待傍。”《莽传》中：始建国元年，流刘棻于幽州。

垣翰郡　汉涿郡。旧领县二十九：涿、《圣水注》：涿县，莽更名垣翰。赵曰：当是垣翰亭，落亭字。（卷十二）周曰：盖涿县附郡治，故同郡改一名也。（卷二十二）先谦曰：郡曰垣翰，武垣曰垣翰亭，无涿郡复名垣翰之理，此道元误郡为县耳。按南平郡领南平亭，又领南平，是涿县非必无复名垣翰之理，特道元注别无更郡曰垣翰之文，揣之其书通例称郡而略县，则谓为误郡为县，实是也。莽于汉郡县同名者，往往更郡名则县名不更，如弘农郡更曰右队，河南郡更曰保忠信，沛郡更曰吾符，平原更曰河平，千乘更曰建信，琅邪更曰填夷，其所领与郡同名之县皆仍旧名。涿郡更曰垣翰，而涿县仍旧名，亦其例也。谷丘、故安、南深泽、蠡吾、易、广望、州乡、临乡、饶阳、中水、阿武、新昌，仍旧名。

> 迺屏汉迺。《巨马水注》作遒屏。　顺阴汉范阳。全曰：以在顺水之阴也。（卷三）或本《易水注》讹作通顺。　深泽汉容城。　言符汉鄚。　高亭汉高阳。　广望亭汉安平。　握符汉樊舆。古封泥有渥符子夫人一印（《考略》），则握应作渥也。　宜家汉成。　广阳汉良乡。　章符汉利乡。　有秩汉益昌。《巨马水注》作有秩。吴、周、先谦引宋祁曰：作有杖。案今本宋祁曰作有秩。　章武汉阳乡。　移风汉西乡。　垣翰亭汉武垣。　阿陆汉阿陵。　广堤汉高郭。

迎河郡　汉勃海郡。胡曰（胡渭《禹贡锥指》卷十三中之下）：迎河即逆河，说者谓莽多忌讳，改逆曰迎也。坫曰：迎，逆也。古迎、逆字同用。（卷八）先谦曰：迎、逆义同，今文《尚书》作迎河，莽用今文也。旧领县二十六：阳信、东光、千童、重合、定、高成、参户、柳、东平舒、重平、安次、文安、景成、束州、建成、章乡、蒲领，仍旧名。

> 浮城汉浮阳。　吾城汉阜城。　迎河亭汉南皮。或本《淇水注》作逆河。　桓章汉章武。　检阴汉中邑。　为乡汉高乐。　泽亭汉成平。　乐亭汉临乐。　居宁汉修市。

朔调郡　汉上谷郡。《后书·耿弇传》：父况，为王莽朔调连率。（《寇恂传》作上谷太守耿况）《景丹传》：莽时为朔调连率副贰。又《郭伋传》：莽时为上谷大尹。周曰：既有朔调，复存上谷，即莽将大郡分为五之证。《莽传》：每下诏书，辄系其故名，朔调之又名上谷，亦此类也。（卷二十五）按周说既云朔调与上谷同存，又以上谷为朔调之故名，前后矛盾。观夫耿况于《弇传》作朔调连率，于《恂传》作上谷太守。《丹传》，更始立，丹降为上谷长史。则朔调于上谷，实一郡之更名，而非分郡也。旧领县十五：军都、居庸、雊瞀，仍旧名。

沮阴汉沮阳。　塞泉汉泉上。　树武汉播。　朔调亭汉夷舆。　博康汉宁。　长昌汉昌平。　广康汉广宁。　揤陆汉涿鹿。或本《漯水注》作褫陆。　久居汉且居。　谷武汉茹。　祁汉女祁。　下忠汉下落。

通路郡　汉渔阳郡。毛本误作北顺。《鲍丘水注》、《续志》并作通潞。旧领县十二：雍奴、平谷、安乐、白檀，仍旧名。

得渔汉渔阳。　举符汉狐奴。　通路亭汉路。《鲍丘水注》路作潞。汪曰：疑非是，上党郡有潞县，与此不同字。　泉调汉泉州。　敦德汉厗奚。　平犷汉犷平。　要术汉要阳。　匡德汉滑盐。

北顺郡　汉右北平郡。旧领县十六：平刚、无终、石成、字、土垠，仍旧名。

铺武汉廷陵。　俊麻汉俊靡。　哀睦汉薋。　北顺亭汉徐无。　伏狄汉白狼。　夕阴汉夕阳。　淑武汉昌城。　揭石汉骊成。大揭石山在县西南。先谦曰：揭当为碣。　平虏汉广成。　笃睦汉聚阳。　平阳汉平明。

辽西郡　昭曰：当有"莽曰令支"四字。何以知之？雁门郡莽曰填狄，其属县埒则曰朔狄亭。代郡莽曰厌狄，其属县代则曰厌狄亭。上谷郡莽曰朔调，其属县夷舆则曰朔调亭。渔阳郡莽曰通路，其属县路则曰通路亭。右北平莽曰北顺，其属县徐无则曰北顺亭。今辽西属县唯令支，莽曰令氏亭，亦其例也。（卷十五）按属县以亭为名，其郡名非必与相同，此例甚多。安定郡三水，莽更曰广延亭，郡不曰广延，而仍旧名。五原郡五原，莽更曰填河亭，郡不曰填河，而曰获降。莽县以亭为名者三百六十，不得有三百六十郡与之同名也。昭说非。《莽传》中有辽西大尹田谭。旧领县十四：海阳、新安平、柳城、阳乐、狐苏，仍旧名。

钼虑汉且虑。昭曰：钼、且同声。（卷十四）　令氏亭汉令支。　肥而汉肥如。昭曰：而、如古字通。（卷十五）　勉武汉宾从。　禽虏汉交黎。　河福汉徒河。　言虏汉文成。　冯德汉临渝。　选武汉絫。

辽东郡　旧领县十八：新昌、无虑、房、候城、险渎、居就、高显、安市、平郭、番汗、沓氏，仍旧名。

昌平汉襄平。　长说汉望平。　顺睦汉辽队。　辽阴汉辽阳。　桓次汉武次。　北安平汉西安平。　文亭汉文。毛本误作受亭。

玄菟郡　旧领县三：

下句骊汉高句骊，始建国四年更名。（《传》中）　下殷汉上殷台。坫曰：依义当脱台字。（卷十四）　玄菟亭汉西盖马。

乐鲜郡　汉乐浪郡。旧领县二十五：朝鲜、讲邯、含资、粘蝉、遂成、带方、驷望、列口、长岑、屯有、昭明、镂方、提奚、浑弥、吞列、东暆、不而、蚕台、华丽、邪头昧、前莫、夫租，仍旧名。

乐鲜亭汉浿水。　增土汉增地。　海桓汉海冥。

广有郡　汉广阳国。或本《漯水注》讹作广公。旧领县四：方城、广阳，仍旧名。

伐戎汉蓟。《漯水注》作代成。　阴顺汉阴乡。

并州，汉旧州。平帝元始五年，以太原、上党二郡改隶冀州，以朔方部并入。汉武帝置十三刺史部，朔方是其一，至是并省。中兴悉复西京旧制，至建武十一年而朔方又归并省，盖因于莽。也见《后书·光武纪》及《郭伋传》。扬雄《并州箴》云："雍别朔方，河水悠悠，北辟獯鬻，南界泾流，画兹朔土，正直幽方。自昔何为，莫敢不来贡，莫敢不来王。周穆遐征，犬戎不享，爰貊伊德，侵玩上国。宣王命将，攘之泾北，宗周罔职，日用爽蹉，既不俎豆，又不干戈，犬戎作乱，毙于骊阿。太上曜德，其次曜兵，德兵俱颠，靡不悴荒。牧臣司并，敢告执纲。"《莽传》中始建国三年见并州，天凤三年见并州牧宋弘。《后书·郭伋传》：以上谷大尹迁并州牧。《莽传》中：民弃城郭，流亡为盗贼，并州平州尤甚。胡三省《通鉴注》：此时末有平州，平字误。钱曰（钱大昕《通鉴注辨正》卷一）：西河郡有平周县，周与州，古字通用。《路博德传》：西河平州人。即平周也。西河本属并州，故云并州平州，非辽东之平州也。沈曰（沈钦韩《汉书疏证》卷三十六）：平州，盖莽分幽州所置。《魏志》：公孙度自立为辽西侯平州牧。本此，或以为西河之县，在并州部内，故云并州平州。若仅一县流亡，岂足以概莽之乱？案沈非驳钱平州即西河县平周之说甚是，但莽制未闻有十三州，则不能有平州也。当依胡注以平字为误。

增山郡　汉上郡。《志》脱。《后书·马援传》：兄员，莽末为增山连率。注：莽改上郡为增山。《河水注》：王莽以马员为增山连率，归世祖，以为上郡太守。司马彪曰：增山者，上郡之别名也。周曰：凡汉郡县为莽改名者，《水经注》定例必曰王莽之某名也，此无之，而但引司马彪别名之说，疑非定莽改者。又曰：西河郡有增山县，则安知非分增山为一郡而置连率耶？（卷二十四）骧曰：盖郦所见班《志》已脱"莽曰增山"四字，故《河水注》不曰王莽之某名也，而但引司马之说。司马知增山即上郡，而增山之名不见于班《志》，故不径曰更名，而称为别名。不得据此便谓增山非莽之更名也。济南郡莽曰乐安，而千乘郡有乐安县，则不得以西河郡有增山，便谓增山郡乃西河之分郡也。《传》下文：及莽败，员去郡避地凉州，世祖即位，遣员复郡。郦注谓归世祖，以为上郡太守，即复郡也，亦可证增山即上郡。旧领县二十三：肤施、独乐、木禾、平都、原都、雕阴、雕阴道、龟兹、定阳、望松，仍旧名。

上陵畤汉阳周。横山在南，有黄帝冢，莽曰桥畤，使者四时致祠。（《传》中）　广信汉浅水。　积粟汉京室。　卑顺汉洛都。　黄土汉白土。　上党亭汉襄洛。县离上党郡极远，且上党郡已有上党亭，汉之襄垣也，不应又名上党亭，疑以汉县名近似而误。郡原名上郡，疑此县实名上亭。衍一党字。　漆墙汉漆垣。汪本作漆墙。　奢节汉奢延。　排邪汉推邪。　桢干汉桢林。　坚宁汉高望。　利平汉高奴。　坚宁小邑汉宜都。先谦曰：县无四字为名者，疑衍小字。

归新郡　汉西河郡。旧领县三十六：驺虞、鹄泽、美稷、中阳、皋狼、平周、鸿门、蔺、千章、增山、全曰：莽改上郡曰增山，则西河之增山必改名，而今脱矣。（卷三）按郡县同名者多，郡与他郡属县同名者亦多，何独于增山只许一为郡名，而不许再为县名？全说非也。圜阳、广衍、虎猛、离石、谷罗、土军、平陆、盐官，仍旧名。

富成汉富昌。　阴平亭汉平定。　截虏汉乐街。　廉耻汉徒经。　好成汉大成。　广翰汉广田。　方阴汉圜阴。　香阑汉益阑。周曰：阑一本作兰。(卷二十四) 讨貉汉宣武。 桓车汉武车。 饶衍汉饶。 广德汉方利。 慈平亭汉隰成。 监水汉临水。毛本误作坚水。 五原亭汉西都。疑当属获降郡。 山宁汉阴山。 伏觬汉觬是。 助桓汉博陵。

沟搜郡 汉朔方郡。旧领县十：三封、修都、呼遒，仍旧名。

武符汉朔方。 监河汉临河。 极武汉窳浑。 沟搜亭汉渠搜。《志》脱亭字，据《河水注》增。 绥武汉沃野。 盐官汉广牧。 推武汉临戎。

获降郡 汉五原郡。《莽传》下：左迁鲁匡为五原卒正。称其故名也。旧领县十六：河阴、蒲泽、宜梁、莫黚、河目，仍旧名。

成平汉九原。 固调汉固陵。 填河亭汉五原。 振武汉临沃。 繁聚汉文国。 南利汉南兴。 桓都汉武都。 延柏汉曼柏。 艾虏汉成宜。 固阴汉稒阳。 鄣安汉西安阳。毛本及《河水注》误作漳安，汪本及或本《河水注》并作障安，县与漳无涉，以在边徼，故曰障安也。

受降郡 汉云中郡。旧领县十一：陶林、犊和、原阳、沙南、北舆，仍旧名。

远服汉云中。 贲武汉咸阳。 桢陆汉桢陵。 希恩汉沙陵。汪本误作希思。 顺泉汉武泉。 常得汉阳寿。周曰：一本作长得。(卷二十五)

得降郡 汉定襄郡。旧领县十二：成乐、襄阴，仍旧名。

椅桐汉桐过。 通德汉都武。 伐蛮汉武进。 永武汉武皋。 遮要汉骆。 迎符汉安陶。 桓就汉武就。 厌胡汉武要。 著武汉定襄。 闻武汉复陆。

填狄郡 汉雁门郡。古封泥有雁郡太尉章。(《考略》)岂未改填狄前曾名雁郡乎？旧领县十四：楼烦、沃陶，仍旧名。

阴馆汉善无。 敬阳汉沃阳。 当要汉繁畤。 遮害汉中陵。 富臧汉阴馆。《志》作富代，据《漯水注》改。王曰：富臧于义为长。（卷四之七） 桓州汉武州。 善阳汉剧阳。 嶂张汉崞。《漯水注》：县南面玄岳，右背崞山，处二山之中，故以崞张为名。 平顺汉平城。 填狄亭汉埒。 章昭汉马邑。 伏阴汉强阴。

厌狄郡 汉代郡。旧领县十八：当城、高柳、马城、延陵、且如、阳原、参合、灵丘，仍旧名。

安德汉桑干。 道仁汉道人。 班副汉班氏。 狋聚汉狋氏。 平胡汉平邑。 竟安汉东安阳。或本《漯水注》讹作竞安。 平葆汉平舒。 厌狄亭汉代。 广平汉广昌。汪本作广屏。《巨马水注》作广屏。《漯水注》：连水又西经王莽城南。据此则莽之广平与汉之广昌，盖非一城。 鲁盾汉卤城。

交州，故汉交趾。平帝元始五年更名。扬雄《交州箴》云："交州荒裔，水与天际，越裳是南，荒国之外，爰自开辟，不羁不绊。周公摄祚，白雉是献，昭王陵迟，周室是乱，越裳绝贡，荆楚逆叛，四国内侵，蚕食周宗，臻于季赧，遂以灭亡。大汉受命，中国兼该，南海之宇，圣武是恢，稍稍受羁，遂臻黄支，杭海三万，来牵其犀。盛不可不忧，隆不可不惧，顾瞻陵迟，而忘其规摹，亡国多逸豫，而存国多难，泉竭中虚，池竭濒干。牧臣司交，敢告执宪。"

南海郡 旧领县六：番禺、博罗、中宿、龙川、四会，仍旧名。

南海亭汉揭阳。

郁平郡 汉郁林郡。旧领县十二：布山、安广、阿林、广郁、中留、桂林、定周、增食、领方、雍鸡，仍旧名。

中潭汉潭中。 监尘汉临尘。

新广郡 汉苍梧郡。旧领县十：谢沐、高要、封阳、端溪、冯乘、富川、荔浦，仍旧名。

广信亭汉广信。坫曰：似当作新广亭。（卷十四）按《浪水注》亦作广信亭，坫说非。　大贺汉临贺。　猛陆汉猛陵。汪本误作孟陆。

交趾郡　旧领县十：羸陵、安定、苟屚、麊泠、曲昜、北带、稽徐、西于、龙编、朱䳒，仍旧名。

桓合郡　汉合浦郡。旧领县五：徐闻、高凉、朱卢，仍旧名。

桓亭汉合浦。坫曰：疑当作桓合亭。（卷十四）先谦曰：《温水注》亦作桓亭，《志》文不误。　大允汉临允。《温水注》作太允。

九真郡　旧领县七：居风、都庞、余发、咸驩、无切，仍旧名。

驩成汉胥浦。或本《温水注》作驩城。　九真亭汉无编。

日南郡　旧领县五：朱吾、比景、卢容、象林，仍旧名。

日南亭汉西卷。

据汉代漆器铭文，知新莽时又有子同、成都二郡，见日本《东方学报》所载梅原末治《汉代漆器铭文集录补遗》第二。子同当分自广汉，成都当分自蜀郡。

八三年校后记

附考

莽郡县官制

州　仍汉旧，置牧。天凤元年，定制，公氏作牧，见礼如三公。地皇元年，赐号为大将军。二年，以州牧刺举怠解，更置牧监、副秩，元士冠汝冠，行事如汉刺史。

郡　始建国元年，改郡太守曰大尹。天凤元年，置卒正连率，职如太守。卒正，侯氏；连率，伯氏；无爵。为尹置大夫，六尉、六队之尹也。置卿，保忠信之尹也。地皇元年，赐号为偏将军。始建国元年，改郡都尉曰太尉。天凤元年，置属令、属长，职如都尉。属令，子氏；属长，男氏；无爵。

为尉置属正，六尉、六队之尉也。缘边又置竟尉，以男为之。地皇元年，赐号为裨将军。

县　始建国元年，改县令、长曰宰。地皇元年，赐号为校尉。

都　天凤元年，分西都为六乡，置帅各一人。分东都为六州，置长各一人，人主五县。六州，《莽传》原文作六郊州。刘奉世曰：当为六郊，衍州字。何焯曰：州长，准《周官》，与前州牧准《虞书》者不同。刘以为衍字，误也。故下文亦称六州。

部　天凤元年，置州牧部监二十五人，见礼如三公。监位上大夫，各主五郡。王氏念孙以《汉纪》为正，谓此文本作置州牧，其礼如三公。郡监二十五人，监位上大夫，各主五郡。今本《汉书》"其礼"误作"见礼"，"郡监"误作"部监"，而部监二十五人，又误在见礼如三公之上，遂致文不成义。《后汉书·隗嚣传》注所引，已与今本同。(卷四之十五)王说以文义言是也，然天凤三年，莽下诏令百官保灾，有曰"东方三州一部、南方二州一部、西方一州二部、北方二州一部"。《隗嚣传》本文亦作告州牧部监。古封泥有东部监之印。(《汇编》)则莽制确有部，部确置监，传文又似不误。所难解者一监主五郡，百二十五郡便为二十五监，不得与州牧合计才二十五人也，疑州牧下脱十二人三字。《传》中、《传》下有庸部牧史熊、李晔，系部牧而非部监，岂部于监之外又置牧乎？抑置牧之部，与置监之部二而非一乎？又保灾令四方合计才五部，中央宁得有二十部乎？亦不可解。出土汉简之一文曰"牧监之部其勉于考绩"，又一简文曰"始建国四年五月己丑下"，罗《释》谓二简书法一一相同，当为一书，则《莽传》以牧监之置系之天凤，殆失之矣。

莽制采伪古书

十二州州置牧　《尧典》："肇十有二州，咨十有二牧。"元始五年，莽以经义更州名分界凡十二州，州置牧，本此。《尧典》不载十二州之名，此新莽十二州既谓系以经义更置者，则原莽之意，盖以为舜之十二州即此也。冀、兖、青、徐、扬、荆、豫、雍、幽、并十州，皆《禹贡》、《职方》之旧名。益州则《禹贡》之梁州，汉武帝伐平西南夷，置为武都、牂柯、益州、越嶲、犍为、沈黎、汶山七郡，以地在梁州旧境之外，故取增益之义，更州名曰益，而莽因之也。先秦以来旧籍言古制者皆无交州，然《尧典》云"申命羲叔宅南交"，是交字已见于经义矣，故莽亦列以为十二州名之一。莽败后约百年，马融释《尧典》之十二州，乃于《禹贡》、《职方》十一州之外，益以见于《尔雅》之营州。后此经学者并宗师之，传之既久，遂成定说，而莽说乃不复为人所知。今按《禹贡》，海岱之间唯青州。《尔雅》齐曰营州，营州即青州也。既有青州，不应复有营州，马说不可通。莽以交州充数，较马实胜一筹也。

卒正、连率、属长　《王制》：天子千里之外设方伯，五国以为属，属有长；十国以为连，连有帅；三十国以为卒，卒有正；二百一十国以为州，州有伯。天凤元年，莽置卒正、连率、连率即连帅也，古率、帅字通，《汉纪》作连帅。属长得名于此。唯《王制》一卒三连，一连二属，属长隶于连帅，连帅隶于卒正，三者各为一等，皆诸侯之长也。莽以卒正连率为郡守，属长为郡尉，虽爵位有高下，职守有殊别，然不相统属，皆一郡之长也。则称名虽同而性质迥异，兹列表剖解如下：

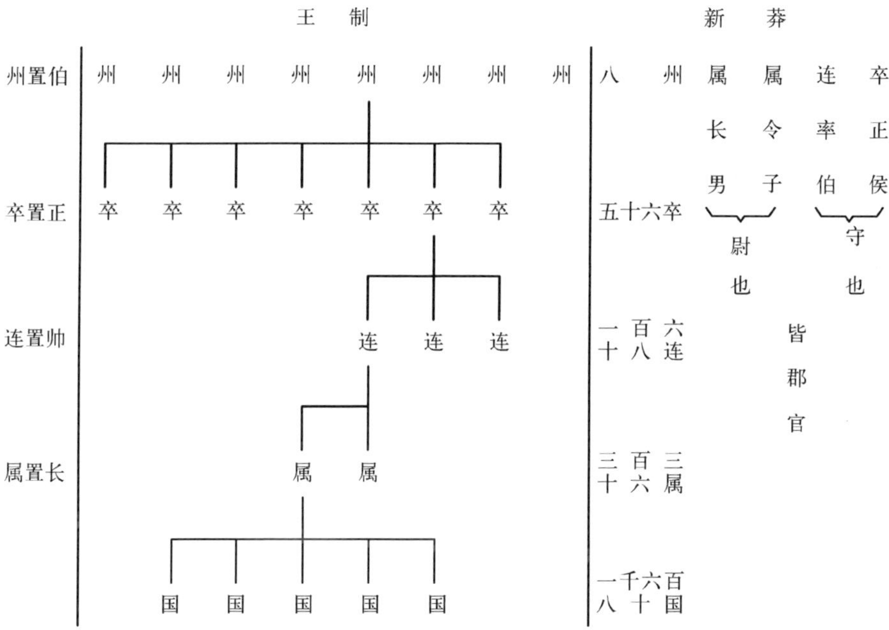

六队、六乡、六州　《周官》：大司徒掌六乡，五家为比，五比为闾，四闾为族，五族为党，五党为州，五州为乡。乡大夫，每乡卿一人；州长，每州中大夫一人；党正，每党下大夫一人；族师，每族上士一人；闾胥，每闾中士一人；比长，五家下士一人；遂人掌六遂，五家为邻，五邻为里，四里为酂，五酂为鄙，五鄙为县，五县为遂。遂大夫，每遂中大夫一人；县正，每县下大夫一人；鄙师，每鄙上士一人；酂长，每酂中士一人；里宰，每里下士一人；邻长，五家则一人。天凤元年，莽于东西二都置六乡、六州、六队，《传》师古注曰：队音遂。周寿昌曰：莽之六队，即六遂也。古遂、队字相通，《易·震卦》震遂泥，《释文》荀本作队。《书·费誓》鲁人三郊三遂，《史记》作隧。队是隧本字省文，《周官·考工记》匠人：广二尺，深二尺谓之隧。《释文》隧本作遂。故知莽以六遂为六队也。（卷五十五）略仿此制而颇多更革，表解如下：

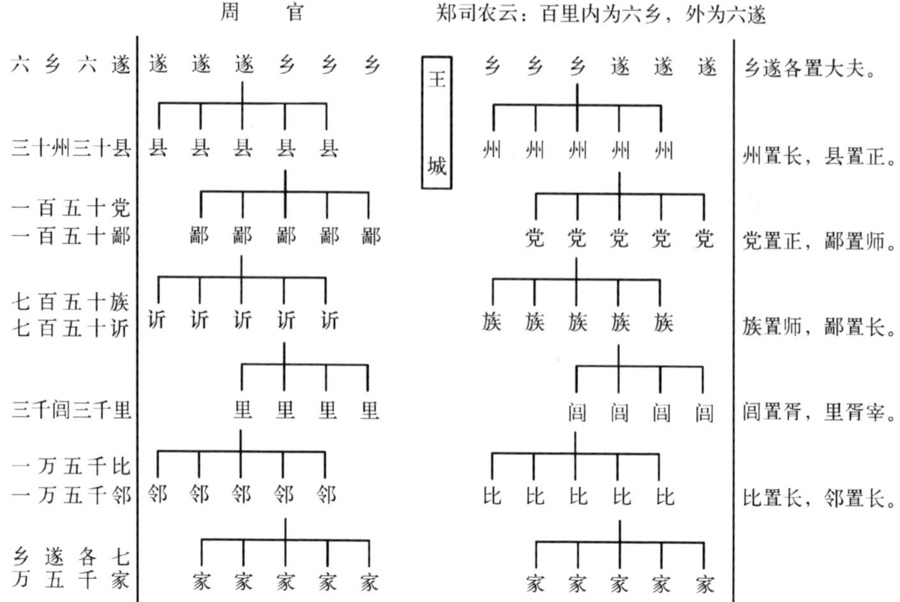

新　莽

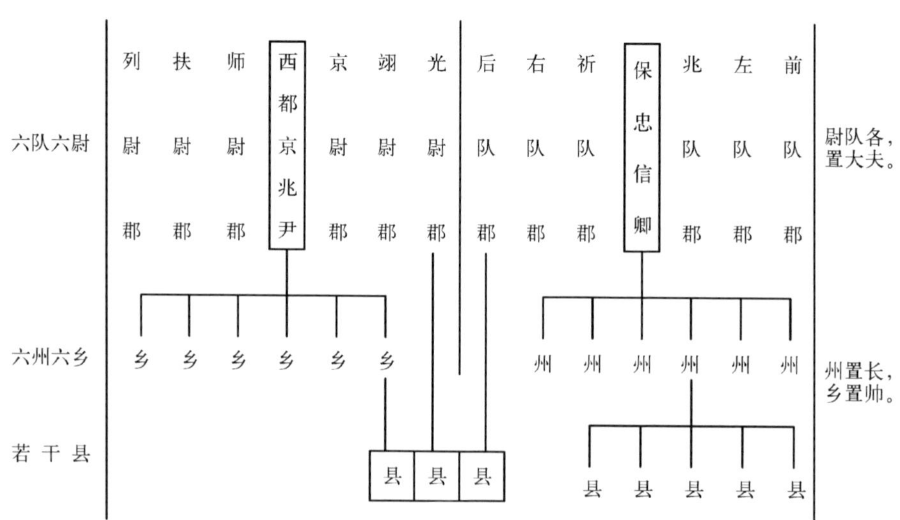

莽改汉郡县名通例

莽之改易汉郡县名，其取义于当地之历史、山川、风土者仅极少数，大半皆著意于字面之音训。有以音义通而更名者，有以义同而更名者，有以音通而更名者，有以义相反而更名者，兹略举其通例数则如下，备参考焉。

甲　音义通

长安——常安一　下注数字系县所隶郡在《汉志》中之次第。

襄城——相城一二　襄阳——一五　襄平——二七　平襄——五五

傅阳——辅阳九九

肥如——肥而七六

安平——安宁四十

江陵——江陆一五　阴陵——一八　阜陵——一八　湖陵——一九　阿陵——二六　于陵——三十　睢陵——三七　淮陵——三七　孱陵——四二　沅陵——四二　迁陵——四二　桢陵——六六　猛陵——七九

曼柏——延柏六五　绵曼——八六

乙　义同或近似

临晋——监晋二　临颍——一二　临朐——三二　临朐——三四　临沅——四二　临邛——四六　临江——五一　临羌——五四　临泾——六十　临水——六三　临河——六四　临尘——七八

周寿昌曰：莽于县名，临皆改为监，而下一字多仍之。或以其子临为太子故为之讳，而取守曰监国之义乎？独临汾、临湖、临沂、临洮四县未改，盖莽好信五行小数，以汉为火德，此四县皆水旁，又临为其子名，取水克火之意，故不改耳。此外唯涿郡之临乡未改名，盖莽视乡制甚崇也。（卷二十一）说甚疏谬。谓水旁不必改，何以临沅、临江、临泾、临水、临河皆改？且水旁未改者，亦不只此四县，尚有南郡之临沮。此外沛郡之临都、巨鹿之临市，皆非水旁而未改，又将何以为解乎？临淄改为齐陵，临湘改为抚睦，则县名有临字者亦非定改为监字也。此于他例亦然。

武城——桓城二　阳武——九　原武——九　武安——二二　钟武——四三　安武——六十　武车——六三　武都——九五　武州——六八　武次——七四　武隧——八九

章武——桓章二七

广武——信桓六　襄武——相桓五三　武城——桓就六七

武邑——顺桓八八　南武阳——桓宣三一

界休——界美六　周承休——嘉美一二

严道——严治四六　僰道——四七

下邑——下治九六

槐里——槐治三

粟邑——粟城二

安险——宁险八七　安丘——宁乡三五

广宁——广康七十　宁——博康七十　宁陵——康善一一

郁夷——郁平三

抚夷——抚宁六十
增地——增土七六
谷口——谷喙二
漆垣——漆墙六二
推邪——排邪六二
金城——金屏五四
济阳——济前一一
临武——大武四一　临贺——七九　临允——八一
下博——闰博八八　下隽——一〇三
下雉——闰光一六　下邳——闰俭三六
高郭——广堤二六
文国——繁聚六五
粟——成富二一
丙　音通
顿丘——顺丘一〇
九门——久门二四
鄞——谨三八
梓潼——子同四五
独——贡二一
灵州——令周六一
且虑——钼虑七三
平氏——平善一四　己氏——九六
俊靡——俊麻七二
汶——肴成二一
丁　义相反
于离——于合六　符离——二一
谷远——谷近七
东昏——东明一一
刚——柔三一
西安——东宁三二
不夜——夙夜三四
平曲——平端三六　曲平——端平三六
曲阳——从阳三六

发干——戢循一〇

沮阳——沮阴七〇　泥阳——六一　夕阳——七二　辽阳——七四

稒阳——固阴六五

即裴——即是二二

无锡——有锡三八　无盐——有盐亭九七

毋棳——有棳四九　毋敛——五〇

圜阴——方阴六三

剧阳——善阳六八

强阴——伏阴六八

且居——久居七〇

曲周——直周八五　曲梁——八五

曲逆——顺平八七

剧——俞九一

兰干——兰盾五五

亢父——顺父九七

高句丽——下句丽七五

上殷台——下殷七五

杜阳——通杜三

宛陵——无宛三九

历乡——历聚二三　合乡——三六　北乡——禺聚三二

附　同字颠倒

犷平——平犷七一

潭中——中潭七八

富城——成富九七

戊　其他

一　以故郡名为郡所治之县名

安邑——河东五　怀——河内八　阳翟——颍川一二　宛——南阳一四

二　加治字

漆——漆治三　黎——一〇　清——一〇　观——一〇　慎——一三　厝——二五　台——三〇　利——三二　缯——三六　承——三六　娄——三八　钖——四四　西——五三　冀——五五　修——八八

平——治平九

酂——赞治二一

大末——末治三八　曰勒——勒治五七

三　加亭字

郢——郢亭一五　文——七四　驺——九八　广信——七九

安风——一〇二

爰戚——戚亭一九　临乐——乐亭二七

四　加城字

蕲——蕲城二一　魏——二二

郸——单城二一

五　加陵字

莒——莒陵九四　陈——九五

六　加屏字

便——便屏四一　遒——二六　于——一〇〇

七　加吾字

丰——吾丰二一　雒——四五

八　改汉为新或信

安汉——安新五一　汉阳——新通四七　广汉——广信四五

九　改阳为亭

河阳——河亭八　高阳——二六　汶阳——九八

（原载《燕京学报》第15期，1934年。
收入《廿五史补编》第二册时略有修改，王伯祥先生有跋）

自汉至唐海南岛历史政治地理

——附论梁隋间高凉冼夫人功业及隋唐高凉冯氏地方势力

海南岛建省，是配合全国经济发展新格局的一项重大改变行政区划措施。新省既建，理宜对它的历史有所称述，但古籍和旧时学者对这方面的记载和研究，特别是自汉至唐八九百年中的政区沿革和政治情况，不仅不清楚，甚至有很多错误。本文旨在纠正旧说的错误，并试图阐明这一历史时期海南岛的政治情况。

一、西汉珠崖、儋耳二郡的开置与放弃

汉武帝时在今海南岛上开置珠崖、儋耳二郡。《汉书·武帝纪》及《南粤传》系其事于元鼎六年（前111年），说是年南粤既平，以其地为南海、苍梧、郁林、合浦、交趾、九真、日南、珠崖、儋耳九郡。《史记·南越传》亦云元鼎六年"南越已平矣，遂为九郡"，虽未列举郡名，既为九郡，当然也包括珠崖、儋耳。但《汉书·贾捐之传》及《地理志》卷末记各地风俗，则以为二郡置于元封元年（前110年）。按《史》、《汉》《南越（粤）传》[1]载南越事颇详，看不出南越时已有海南岛之地。元鼎六年汉初平南越，但当于南越故地置南海、苍梧、郁林、合浦、交趾、九真等郡耳，似难以渡海略置珠崖、儋耳；故二郡置于元封元年即平南越之次年之说，宜较元鼎六年说为可信。武帝用兵岭南，结局是开置了九郡，史迁行文，好以一事跨数年者系于一年，遂于元鼎六年下终其事谓"遂为九郡"，非谓九郡悉置于此年也。此疏略笔法，又为班固袭用于《武帝纪》、《南粤传》。后人不察，多从元鼎六年说而不用元封元年说，这是错的。

《通典·州郡典》古南越：汉武帝讨平南越，"元封初又遣军自合浦徐闻入南海至大洲，方千里，略得之"。注："置儋耳、珠崖二郡。"《旧唐书·地理

1　本文所引古籍篇名，首次出现使用全称，下一般用简称，如《史记》、《汉书》、《隋书·地理志》，称《史》、《汉》、《隋志》。

志》崖州:"汉武帝元封元年,遣使自徐闻南入海,得大洲,东西南北方一千里,略以为珠崖、儋耳二郡。"二书记载当本于西汉旧籍见存于唐代者。据此,可肯定海南岛收入汉朝版图始于元封元年。至于《通典》说是遣军略得,《旧唐书》说是遣使所得,二说的差异,约可反映这是一次带兵的招抚,未经作战就略定了。

《汉书·武帝纪》注引臣瓒曰:"《茂陵书》珠崖郡治瞫都,去长安七千三百一十四里;儋耳去长安七千三百六十八里,领县五。"《贾捐之传》云:"儋耳、珠崖郡皆在南方海中,洲居,广袤可千里,合十六县,户二万三千余。"据此,则二郡共领十六县,儋耳五县,珠崖十一县。十六县可考者除瞫都外,又有珠崖郡之山南县见《元帝纪》初元三年,紫贝、瑇瑁、临振、至来、儋耳见《舆地纪胜》引《元和郡县志》,九龙、苟中见《太平寰宇记》,共凡九县。据唐、宋诸地理总志及《读史方舆纪要》、《清一统志》,瞫都、瑇瑁故治在今琼山县南,紫贝故治在今文昌县南,临振故治在今三亚市北,至来故治在今昌江县西北,儋耳故治在今儋县西北,九龙故治在今东方县南,苟中故治在今澄迈县东。山南无考,既以山南为名,约在今陵水县境。瞫都、瑇瑁、紫贝、临振、苟中、山南当隶珠崖郡,儋耳、至来、九龙当隶儋耳郡。

西汉郡县官吏对岛上土著人民的统治极为酷虐,引起了人民频繁的反叛。《汉书·地理志》卷末条风俗云:儋耳、珠崖"自初为郡县,吏卒中国人多侵陵之,故率数岁壹反"。《后汉书·南蛮传》载及武帝末一次攻郡杀太守,连年乃平的叛乱,起因即由于太守苛敛,"蛮不堪役"。

《三国志·吴书·薛综传》云:交州"长吏之选,类不精核。汉时法宽,多自放恣,故数反,逆法",说得比较公正。薛综又说:"珠崖之废,起于长吏睹其好发,髡取为髲。"[1]其事又见《太平御览》卷三百七十三引《林邑记》:"朱崖人多长发,汉时郡守贪残,缚妇女割头取发,由是叛乱,不复宾服。"贪残到强割妇女的头发,人民焉得不反?所以"自初为郡至昭帝始元元年(前86年)二十余年间,凡六反叛;至其五年(前82年),罢儋耳郡,并属珠崖"。其后宣帝神爵三年(前59年)、甘露元年(前53年)又反了两次,每反"辄发兵击定之"。至元帝初元元年(前48年)又反,"发兵击之,诸县更叛,连年不定",终于到初元三年(前46年),听从了贾捐之"宜弃珠崖,救民饥馑"的疏奏,顾念到劳师远攻必将导致万民饥困,乃下诏罢珠崖郡。[2]

---

1 髲,假发。

2 《汉书·贾捐之传》。始元五年罢儋耳郡,元帝初元三年罢珠崖郡,不见《昭帝纪》、《元帝纪》。

此前儋耳之罢只是撤销儋耳郡的建置，其人民土地则并属珠崖，这一行政区划的改变，并不影响汉朝的版图，海南全岛仍在汉朝疆域之内。由于撤销了一个郡，也可能同时罢废了它的几个属县，减少了地方政府和地方官吏，也就相对地减轻了对人民的剥削，因而减轻了叛乱的频数。但地方官的放恣贪残依旧，叛乱终不可戢，最后珠崖郡也无法维持，元帝不得不下诏“其罢珠崖郡。民有募义欲内属，便处之。不欲勿强”。“珠崖由是罢。”[1]故珠崖之罢，不光是撤销郡县建置，而是举其土地人民弃而不守，改变了汉朝的版图，从此海南岛便变成了化外之地。岛上的人民可能有少数汉人内徙海北，土地则肯定尺寸不留。《元帝纪》初元三年只说“乃罢珠崖”不够明白，《地理志》条风俗作“元帝时遂罢弃之”是确切的。

二、汉朱卢县、吴珠崖郡不在海南岛上

汉元帝初元三年罢弃珠崖郡，历史记载甚为明确。[2] 但到了《汉书・地理志》时代即西汉末年以及其后的时代，珠崖郡故地处于何种情况，却是一件千百年来令人迷惑、被人误解的悬案。珠崖对岸海北之地于汉为合浦郡地。《地理志》所载合浦郡领县五：徐闻、高凉、合浦、临允、朱卢。前四县故治皆有今地可考[3]，唯独朱卢县故址既不见于两汉六朝旧籍，亦不见唐宋总志。可能由于朱卢二字中有一朱字，加以《续汉书・郡国志》合浦郡仍领五县，前四县同《汉志》，第五县作朱崖，《宋书・州郡志》、《南齐书・州郡志》皆有朱卢，《宋志》又云朱卢“吴立”；既然有一个无故址可指的朱卢县存在于自汉至齐，中间又曾改名为朱崖[4]，这就很容易使人把朱卢县、朱崖县和珠崖郡联系起来。所以在《舆地广记》、《舆地纪胜》、《方舆胜览》等宋代总志里，已将东汉合浦郡的朱崖县，羼入琼州沿革；到了明代的《大明一统志》和正德《琼台志》等方志中，就在琼州府沿革里坐实“东汉置朱崖县[5]，属合浦郡”。

宋明人的错误看法为《大清一统志》所承袭发展，不仅在《琼州府沿革

1 《汉书・贾捐之传》。

2 但《大清一统志》和清代一些方志如道光《广东通志》、道光《琼州府志》等，竟将罢弃曲解为并省入合浦郡，这是由于他们误认为《汉书・地理志》中合浦郡的朱卢县在海南岛上之故。详下文。殊不思《贾捐之传》和《地理志》明明说是“弃”，怎能擅改为并？

3 徐闻，广东今县。高凉，治今广东阳江县北。合浦，治广东今县东北。临允，治今广东新兴县南。

4 其实朱卢县改名为朱崖的可能性不大，更大的可能是《续志》原亦作朱卢，传写误“卢”为“崖”。

5 《琼台志》沿革表考中又说东汉置朱崖县在建武十九年，由于其时平定了交趾二征之反，“海外慕义贡献，故复置”。其说为嘉靖、雍正《广东通志》等方志所沿袭。其实《后汉书・南蛮传》叙马援平定二征事，根本与海南岛不相干；《晋书・地理志》所述“马援平定交部，始调立城郭，置井邑”，亦指二征叛乱所及的交趾、九真一带，与隔海的珠崖无涉。

表》里将两汉的朱卢、朱崖县与六朝的朱卢县列入琼山县一格，并且在《琼州府建置沿革》下将明见于《汉书》的初元三年罢弃珠崖郡，擅改为“初元三年省珠崖郡入合浦，后汉仍属合浦郡”。又在琼山县下说“汉初为珠崖郡地，后置朱卢县属合浦郡，后汉曰珠崖县”。在《古迹》珠崖故郡下说“《地理志》合浦郡领朱卢县，为都尉治，盖即故珠崖郡所置”。从此以后，不仅是广东、琼州府的方志，连乾嘉以后一些著名沿革地理学者的著作，如吴卓信《汉书地理志补注》，钱坫、徐松《新校注地理志集释》，王先谦《汉书补注》、《后汉书集解》等皆从其说，都认为朱卢、朱崖县相当清琼州一府，今海南全岛。只有吕吴调阳《汉书地理志详释》以为此县在广西博白县境，汪士铎《汉志释地略》以为在广西郁林州，谢钟英《三国疆域表》、《补三国疆域志补注》以为在郁林州南，而杨守敬《三国郡县表补正》、《历代舆地图》从之。博白与郁林接壤，二说可视同一说。而在《清统志》琼州府说与博白郁林说二说之间，则由于《清统志》在常人心目中具有颇高权威性，其书又为学者书斋所常备，因而影响远过于后者。民国时代的《海南岛志》、《海南岛新志》和《中国古今地名大辞典》都采用了这种说法，益发得到普遍传播。但核以史实，揆以事理，这种说法实际绝不可通。至少有下列三点无法解释：

1. 元帝初元时无法在岛上维持统治，不得已才罢弃珠崖。怎么可能在初元三年后四十余年的元始二年（2 年）[1] 又在岛上恢复统治？设有其事，何以绝不见记载？

2. 从武帝元封到昭帝始元设二郡十六县，从始元到元帝初元设珠崖一郡约十一县，都镇压不了岛上土人的叛乱，何以到平帝元始时竟能以一县统辖全岛？

3. 从汉武帝到汉元帝六十余年中，岛上人民叛乱了九次，终于不得不弃守。何以平帝时的朱卢县，竟能够平安无事一直维持到四百八十年后的南齐建元时？[2]

因此我们可以断言：《汉志》、《宋志》、《南齐志》的朱卢县，《续志》的朱崖县，绝不会在海南岛上。博白与合浦接壤，郁林（今玉林市）又与博白接壤，所以作为合浦郡属县之一的朱卢县故址，在今博白或玉林是很可能的。

两汉至宋齐合浦郡的朱卢（朱崖）县既不在海南岛上，可见这段历史时期大陆王朝未尝在岛上设治，全岛不在王朝版图之内。西汉后期及东汉一

---

1 《汉书·地理志》所据为此年簿籍。

2 《南齐书·州郡志》所载州郡县以建元时建制为准。

代这个岛为史传记载所不及。到了六朝时代，则以“珠崖洲”一名被称于当世。这显然是一个自然地域名，不再是政区名；尽管“珠崖”二字得名于原先的珠崖郡。

孙权曾经企图将海南岛重新收入版图，但是未能成功。《三国志·吴书·孙权传》载有“赤乌五年秋七月，遣将军聂友、校尉陆凯以兵三万讨珠崖、儋耳”。战役的结果如何，下文没有交代。但据《陆逊传》：

> 权欲遣偏师取夷洲[1]及珠崖，皆以咨逊。逊上疏曰：……将远规夷洲，以定大事，臣反复思惟，未见其利。万里袭取，风波难测；民易水土，必致疾疫。今驱见众，经涉不毛，欲益更损，欲利反害。又珠崖绝险，民犹禽兽，得其民不足济事，无其兵不足亏众。

又据《全琮传》：

> 初权将围珠崖及夷洲，皆先问琮。琮曰：……然殊方异域，隔绝障海，水土气毒，自古有之。兵入民出，必生疾病；转相污染，往者惧不能反，所获何可多致？

可见陆逊、全琮都以孙权于黄龙二年（230 年）“遣将军卫温、诸葛直将甲士万人浮海求夷洲”，于赤乌五年（242 年）“遣将军聂友、校尉陆凯以兵三万讨珠崖、儋耳”两次用兵是远规异域，不是在域内镇压叛乱。要是海南岛上原本设有一个朱卢（朱崖）县，是合浦郡的属县，珠崖怎么可以与夷洲相提并论？陆、全二人都反对这两次举动，预料将士必致疾疫，欲益更损。可是孙权不听诤谏，还是发了兵。结果据《孙权传》是“但得夷洲数千人还”；《陆逊传》则用了“得不补失”四字的总评价；《全琮传》则谓“军行经岁，士众疾疫，死者十有八九”。虽然史文过简，无从得知每一次战役的具体结果，但从三传的文义不难看出，孙吴这两次用兵都是得不偿失，绝不会取得显著成果。要是由于赤乌五年之役而孙吴竟然将西汉珠崖、儋耳二郡即海南全岛再次收入版图，史文绝不可能如此记载。

《三国志·吴书·陆凯传》：“赤乌中除儋耳太守，讨珠崖，斩获有功。”这说明了孙权用兵珠崖、儋耳，旨在得其土地人民，故发兵之前，先已任命了儋

---

1 今台湾岛。

耳太守。此役的主将是聂友，陆凯居副；陆凯被任命为儋耳太守，估计同时当以珠崖太守之职授聂友，只是由于《三国志》不为聂友立传，遂不见于史。不过二郡在赤乌用兵失败之后下场并不相同。儋耳以后不见记载，大约随陆凯从军前撤回后方，儋耳太守这个职名也就不再存在。而珠崖却到《晋书·地理志》所叙交州沿革中有一句："赤乌五年复置珠崖郡"，下文又有一句：晋"平吴后省珠崖入合浦"。

这两句话很迷惑人。这两句与两汉合浦郡朱卢（朱崖）县在岛上之说结合起来，便形成了《舆地广记》以来宋明清诸地理总志和各种《广东通志》、《琼州府志》等方志中的，海南岛自汉元帝以后直至宋齐数百年间全都在大陆王朝版图之内，除孙吴赤乌五年后短期置珠崖郡外，长期为合浦郡领地这一整套说法。

前人也有批驳、反对这套说法的。成书于清末的杨守敬《历代舆地图》，是正确地把海南岛划在王朝域外的，可是民国以来直到现今的方志、辞典，甚至历史地理专著，却谁也不理会它，依然照用《清统志》不改。其实早在明初，王佐著《琼台外纪》，便认为两汉朱卢（朱崖）县、吴珠崖郡应在海北的雷州一带，"珠崖自汉元之弃至梁大同凡五百八十年，而后内属"。正德《琼台志》尽管注意到了《外纪》的说法，并引录了几节原文，竟以琼州旧志未尝言珠崖曾治于雷，雷州诸志未尝言境内有珠崖郡县古迹为理由，遽尔否定《外纪》之说，仍然采用了"旧志"建武十九年即在岛上设县，"珠崖弃后仅八十六年即复"[1]之说。此后清道光《广东通志》卷六在考证历代郡县时曾怀疑"前汉已无其地（珠崖郡），后汉岂有置县（朱崖县）之事"？"地志以朱官、朱卢属今之琼州，其说不确矣"。但在卷三至五《郡县沿革表》里，又完全采用了琼州府"两汉初为珠崖郡，后为合浦郡地"，"初元三年废珠崖郡入合浦郡"这一套符合《清统志》的说法。

事实上朱卢（朱崖）县既不在海南岛上，置于吴赤乌五年、晋平吴省入合浦的珠崖郡，也并不在海南岛上，而是在海北雷州半岛上。《晋书·地理志》只记载了这个新朱崖郡的置省，而不说明这个郡的地理位置不同于西汉的朱崖郡，这是很大的疏忽。幸亏在《元和郡县志》里保存着明确记载。今本《元和志》岭南道有残缺，而琼州正在阙卷内。又幸亏《元和志》关于这方面的记载为《舆地纪胜》所引用，因而几句具有关键性的宝贵资料得以为我们看到。

1　从初元三年至建武十九年应为八十八年。

《舆地纪胜》琼州卷“州沿革”下有云：“吴大帝于徐闻县立珠崖郡。”注：“《元和志》在赤乌二年。”[1]又云：“于其地立珠官一县，招抚其人，竟不从化”，注：“此据《元和郡县志》。”

由此可知，原来孙权所立珠崖郡，不在海南岛上，是在雷州半岛的南端合浦郡的徐闻县境内。徐闻当为孙吴用兵海南的基地，故在用兵之前，先在此建立珠崖、儋耳郡。后来虽未能取得真正的珠崖、儋耳郡地，寄在合浦境内的这两个郡，其儋耳撤兵后当即废除，而珠崖却终孙吴一代被一直保留了下来，到四十年后晋平吴，才又将这个徒有虚名的郡还并合浦。孙吴不仅设了个珠崖郡，还设立了一个珠官县。设郡县的目的在于“招抚其人”，但其人“竟不从化”。其人即指海南岛上的土著。《初学记》卷八引晋初王范《交广二州记》曰：“朱崖在大海中，南极之外。吴时复置太守，住徐闻县，遥抚之。”与《元和志》所载符合。总之，孙吴曾设置珠崖郡是事实，但并未改变汉元帝弃珠崖以来的版图，海南岛仍在域外。

孙吴之后，南朝宋文帝元嘉八年（431年）曾“于交州复立珠崖郡”，见《宋书》本纪。这个郡也不可能在海南岛上，所谓“复”，是复孙吴之旧，非西汉之旧。且不久即罢，故不见于以大明八年（464年）为正的《宋书·州郡志》。大明中又曾遣将“南伐，并通朱崖道”，结果是“并无功”，见《宋书·南夷传》。

三、两晋宋齐时的朱崖洲

两晋南朝时称海南岛为“朱崖洲”，被认为在“南极之外”，除见上引《交广二州记》外，又见《太平御览》卷六十九引王隐、《晋书》卷一百七十二引《交州记》。可见其时海南岛不在王朝疆域之内，否则只能视为南极，不能目为在“南极之外”。但距王朝南极徐闻县甚近，所以徐闻和朱崖洲之间的人民是有来往的。《水经·温水注》所引“王氏《交广春秋》”[2]一段话，反映了当时大陆人对岛上情况的认识：

> 朱崖、儋耳二郡，与交州俱开，皆汉武帝所置。在大海中，南极之外，对合浦徐闻县。清朗无风之日，遥望朱崖洲如囷廪大。从徐闻对渡，北风举帆一日一夜而至。周回二千余里，径度八百里。人民可十万家。皆殊种异类，被发雕身；而女多姣好，白皙，长发美鬓。犬羊相聚，

1 “二”系“五”之误。

2 即《交广二州记》。《三国志·吴书·孙策传》裴注：太康八年，广州大中正王范上《交广二州春秋》。《新唐书·艺文志》作王范《交广二州记》一卷。

不服德教。儋耳先废;朱崖数叛,元帝从贾捐之议罢郡。

只说汉元帝罢郡,不说后来又曾设置朱卢县。说其人"不服德教",意即为王朝统治所不及。西晋时对岛上情况的这种描述,可以强有力地驳倒后人制造的两汉六朝岛上始终存在着王朝所设置的郡县的谬说。

《交广春秋》提到了其时岛上"人民可十万家",比三百二三十年前贾捐之请罢珠崖奏文中的二万三千余户增加了四倍多。这可以有多种解释。一是贾捐之文中的户数根据的是宣帝、元帝时簿籍所著录的户数,因人民逃役,比实际户口少。二是史籍所载王朝版图以外各部族户口,往往偏多,西晋初岛上实际户口并不到十万家。三是岛上土著在摆脱封建王朝的剥削后,凭借优越的自然条件,生产确有发展,导致了人口的滋生繁殖。同一时期大陆王朝户口总数从西汉末的千二百二十余万户跌落到西晋初的二百四十六万,十才剩二,与岛上的情况形成了鲜明的对照。

四、梁陈时的崖州

到了南朝后期梁陈时代,海南岛与大陆的关系有了变化。《隋书·地理志》珠崖郡:"梁置崖州。"《通典·州郡典》崖州:"梁置崖州。"《太平御览》卷一百七十二崖州:"《方舆志》曰:崖州珠崖郡……梁置崖州。"梁所置崖州既为海南岛上隋珠崖郡、唐崖州珠崖郡之前身,则汉元帝以后大陆王朝重新在岛上设置郡县,实始于梁。《陈书·南康嗣王方泰传》,太建四年迁使持节都督广衡交越等十九州,传文列举十九州名目,最后一个便是"崖",可证梁陈时确有崖州。又,《隋书·谯国夫人传》,仁寿初隋文帝赐夫人临振县为汤沐邑,赠其子仆为崖州总管[1],这个隋文帝时代的崖州,当因于梁陈之旧,而临振乃其属县之一。

可是《舆地纪胜》琼州下引《隋志》"梁置崖州"下又引《元和志》云:"又于徐闻县立珠崖郡,竟不有其地。"昌化军(汉隋儋耳郡、唐儋州)下在引《隋志》"梁置崖州"之上引《元和志》云:"自汉至陈,更不得其本地。"吉阳军(隋临振郡、唐振州)下引《元和志》云:"梁于徐闻县立珠崖郡。"则《元和志》认为梁所置崖州和孙吴珠崖郡是一样的,不在海南岛上,而在岛对岸的徐闻县境。

《隋书》、《通典》与《元和志》说法不同,是否二说之中有一说错了?

1 《通鉴》系此事于开皇十年,非是。

不然。

羁縻州的名称虽始起于唐贞观中，实际上在唐初和隋代，西南各边地都有一些明显是由于招慰蛮夷首领而设置的州县。这种措施，很可能在梁陈时已有。因此，自梁至隋初的崖州，大致可以推定：《隋书》和《元和志》记载之所以有出入，只是由于二者著录的体制不同。梁代的崖州应确在海南岛上，不过它的性质属于唐贞观以后的羁縻州，不同于王朝的正式郡县。也就是说，名义上是王朝的郡县，而实际上王朝统治权还未能在这里建立。《隋书》、《通典》是不问州郡的具体情况的，有名便录。而《元和志》对唐朝当代也例不载羁縻州，作者要就实际统治权已否建立而言，所以说"竟不有其地"，"自汉至陈，更不得其本地"。至于说"梁于徐闻县立珠崖郡"这句话，当由于孙吴时有此事而又误系于梁。

五、隋代珠崖、儋耳、临振三郡

隋炀帝大业六年（610年），"更开置珠崖郡，立十县"；同年，又分珠崖"置儋耳、临振二郡"，见《纪胜》引《元和志》。这三个郡才是在汉珠崖、儋耳郡故地今海南岛上的正式郡县，上距汉元帝弃珠崖凡六百五十六年。

全岛分置三郡后珠崖领舍城、澄迈、武德、颜卢四县，治舍城，见《隋志》、《旧唐志》；后又析置琼山县，见《寰宇记》。儋耳领义伦、毗善、昌化、吉安、感恩五县，治义伦，见《隋志》、《旧唐志》、《纪胜》昌化军引《琼管志》。临振领宁远、临川、延德、陵水四县，治宁远，见《隋志》，《纪胜》万安军、吉阳军引《元和志》，《旧唐志》。据唐宋以来诸地志，舍城、颜卢在今琼山县东南，琼山在今县南，武德在今文昌县北，澄迈在今县北，义伦在今儋县西北，毗善在今临高县西北，昌化、吉安在今昌江县西，感恩在今东方县南，宁远在今三亚市西，临川在市西北，延德在今乐东县西，陵水在今县东北。大致岛东北部为珠崖郡地，西北部为儋耳郡地，南部为临振郡地。

《隋志》所载系珠崖一郡时版籍，统县十，户一万九千五百。初置一郡与后分三郡据《元和志》既同在大业六年，则分郡后的户数，估计所增无多。姑以二万户计，则仅为三百三十年前西晋初十万户的五分之一，比六百六十年前汉元帝时还少三千户。这当然只是著录于郡县的编户数，全岛应该还有几倍于此数的人口未入版籍。

海南岛在隋代已成为中原王朝失宠得罪宗室官吏的谪逐避难之地。《隋书·滕嗣王纶传》：大业七年后"徙朱崖"，随后又"携妻子窜于儋耳"。

六、海南俚族归附高凉俚族首领冼夫人，海南岛乃重新归入大陆王朝疆域

不论梁陈二代还是隋代大业六年以前，史籍上绝未提到曾经用兵海南岛。那么，孙吴用兵三万未能征服的珠崖、儋耳，何以到了梁陈就会成为羁縻性质的崖洲，至隋大业六年又能进一步成为正式郡县呢？

这一变局的出现，其动力并非来自大陆王朝，而来自当时分布在海南海北俚族中的一个女中豪杰冼夫人。

五岭以南的土著各族，西汉以前中原人还不知其族别，一概称之为"越"或"蛮"，总称"百越"或"蛮夷"。越、蛮、夷都是对南方各族的泛称，不是族名。岭南族名最早见于记载的是《后汉书·南蛮传》中的"里"，分布于交趾、九真（今越南北部）和合浦（今广西钦、廉，广东高、雷，北至玉林、容县，东至新兴、开平一带）等郡。魏晋以后作"俚"。这是岭南各族中的主体族。西晋张华《博物志》称"交州夷名俚子"，不说交州夷有俚子而说"名俚子"，可知俚是交州夷中的大多数。《御览》卷七百八十五四夷引万震《南州异物志》：

> 广州南有贼曰俚。此贼在广州之南，苍梧、郁林、合浦、宁浦、高凉五郡中央，地方数千里。往往别村，各有长帅，无君主。恃在山险，不用城。

西晋时苍梧等五郡相当今广州以西南，西江两岸，南至于海，今广东的西南部、广西的南部。据万震这条记载[1]，可见其时王朝对这一广大地区的统治，大致只能达到交通大道和郡县治所的附近。至于分布在山险之地的俚族村落，则各村各有其长帅，既无君主，更不在王朝统治之下。《晋书·陶璜传》载，璜于晋平吴之初上言曰：

> 广州南岸周旋六千余里，不宾属者乃五万余户；及桂林不羁之辈，复当万户；至于服从官役，才五千余家[2]。

---

1 《隋书·经籍志》著录《南州异物志》一卷，"吴丹阳太守万震撰"。按宁浦郡本吴合浦北部都尉，晋太康七年改郡，见《宋书·州郡志》。吴又有高兴（熙）郡，太康中省并高凉，见《宋志》、《晋志》。引文言广州南五郡无高兴而有宁浦，乃西晋太康以后郡制，是万震虽仕吴为丹阳太守，其书则成于西晋。

2 《晋书·地理志》载广州"统郡十，县六十八，户四万三千一百四十"，乃太康元年户籍，与陶璜上疏差相同时，而数字相差甚远，未识何故。

正可与万震的记载相互印证。不过虽说其时的群落中有长帅而无君主，据《三国志·吴书·薛综传》，却早在东汉末孙吴初，已有所谓“高凉宿贼”，势力极为强大。吕岱于黄龙中出任交州刺史时，平讨叛逆，“章明王纲”，号称“威加万里，大小承风”，但“交州虽名粗定，尚有高凉宿贼”，而诸郡界上，仍未能绥定，“专为亡叛逋逃之薮”。薛综认方朝廷欲将吕岱调离交州，继任人选，“宜得精密检摄八郡，方略智计，能稍稍以渐能治高凉者”。按高凉本两汉合浦郡属县，汉建安末孙权割出建郡，见《宋志》。建郡的目的自在加强统治，但未能取得显著效果，故建郡十余年后的黄龙中仍以“高凉宿贼”著称。

以上薛综、陶璜、万震三人所述，大致是从东汉末至西晋初七八十年内西江流域的情况。此后百数十年历东晋至刘宋，《宋书·南夷传》载“大明中，合浦大帅陈檀归顺，拜龙骧将军。四年(460 年)，檀表乞官军征讨未附，乃以檀为高兴太守，将军如故”。则其时俚中酋豪已有被目为大帅，王朝授以将军称号，任以郡太守之职者。是其社会发展阶段，显已远较万震时代为进步。再者，这一地区的郡县，见于《宋书·州郡志》者共有二十二郡，见于《南齐书·州郡志》者共有四十一郡[1]，达西晋时五郡的四倍、八倍。郡县的增置，反映了王朝势力的渐次深入发展，唯居民的大多数仍应为俚族，其次为僚族。故《宋书·南夷传》谓：“广州诸山并俚僚，种类繁炽。”《南齐志》广州[2]章序云：“虽民户不多，而俚僚猥杂，皆楼居山险，不肯宾服。”越州[3]章序云：“夷僚丛居，隐伏岩障，寇盗不宾，略无编户。……元徽二年……始立州镇，穿山为城门，威服俚僚。……刺史常事戎马，唯以战伐为务。”大致可说明当时州郡与俚僚之间是相互对立，经常以兵戎相见的。

《隋书》诸志本为梁、陈、齐、周、隋五代史志，故《隋书·地理志》所叙岭南风俗，应兼指梁、陈、隋三代，有云：

> 其人性并轻悍，易兴逆节，椎结踑踞，乃其旧风。其俚人则质直尚信，诸蛮则勇敢自立。皆重贿轻死，唯富为雄，巢居崖处，尽力农事。……诸僚皆然。并铸铜为大鼓……有鼓者号为都老，群情推服，本之旧事尉佗于汉自称蛮夷大酋长老夫臣，故俚人犹呼其所尊为倒老也，言讹故又称都老云。

1　《宋志》广州共十七郡，南海等三郡不在此范围内，十四郡加越州八郡共为二十二。《南齐志》广州二十三郡，南海等三郡不在山地范围内，二十郡加越州二十郡及在此范围内交州一郡共为四十一。

2　州境相当今两广除粤北韶关、桂东北桂林等地区及划入越州之地以外。

3　治临漳郡，郡治今合浦县东北。州境相当今容县北流以南，茂名电白以西，北海合浦以东，南至于海。

文中“其人”当指编户汉民，别“俚人”于“诸蛮”之外，则以俚于诸蛮有主客众寡之别，不得相提并论之故。“诸獠”应为“诸蛮”之别称。言俚人呼所尊为都老乃本于汉初南越赵佗自称“蛮夷大酋长老夫臣”，可证六朝人熟知秦汉时南越国人即俚人。

俚族在西晋初还是“往往别村，各有长帅”的时代，约处于氏族社会阶段，经过二百余年，到了齐梁之际，显然已发展成不为村落所限、相当大规模的部落联盟。高凉的冼氏“世为南越首领，跨踞山洞，部落十余万家”，见《隋书·谯国夫人传》。“十余万家”未免夸大其辞，但其酋长冼挺被梁朝任命为“南梁州刺史”，又“恃其富强，侵掠傍郡，岭表苦之”，足见这一部族势力确很强大。冼氏“世为南越首领”，很可能就是晋初所谓“高凉宿贼”之后。不称俚酋、俚帅再称“南越首领”，这是史家好用雅称之故。

南梁州无考，殆为高凉州之讹。高以形近讹为南，凉以音近讹为梁。梁有高州治高凉郡，高凉州当即高州之俗称或别称。

《纪胜》引《元和志》：“梁讨平俚洞，置高州”，说明高州本俚洞地，经过一番讨伐后才置为州，冼挺可能是这个州的首任土刺史，高州始置于大通中，见《太平寰宇记》恩州条。由广州刺史萧励表请立州于高凉郡，以高州为名，以西江督护孙固为刺史，见《南史·吴平侯子励传》。大同中讨交州李贲，《陈书·高祖纪》见高州刺史孙冏。侯景反时高州刺史李迁仕反，见《隋书·谯国夫人传》。孙固等人都不像是土人，是梁世高州殆采用流土合治之制；孙固、李迁仕等乃流官刺史，而冼挺乃其土官刺史。至隋平王仲宣之乱，冼夫人子冯盎以功大拜高州刺史，始以土刺史兼流刺史之职于一身。故隋唐之际，冯盎之叛服遂为岭南安危之所系。

大约在梁武帝天监年间，公元6世纪初，在高凉冼氏门中，出生了一个中国史上的伟大人物、女中豪杰冼夫人。她一生建树了许多大有利于民族团结、国家安定的功业；其中最值得后人纪念的是，她把脱离了大陆将近六百年的海南岛，重新与大陆结合在同一政权之下。旧史对此事竟无明确记载，遂致千百年来湮没不彰，不为述史考史者所知。笔者察觉此事约已五十年，惜未能见诸笔墨。兹值海南建省之庆，撰为此文。希望能引起多方面的注意，并采用多种方式来共同纪念、歌颂这位为中华民族的团结、发展作出了伟大贡献的少数民族伟人！

冼夫人，冼挺之妹，隋封谯国夫人。《隋书》、《北史》皆有传。二传行文小异，记事相同。传中事迹，为《资治通鉴》采入梁大宝元年（550年）、陈永定二年（558年）、太建二年（570年）、隋开皇九年（589年）、十年（590年）诸年者为下列八条：

1. “在父母家抚循部众，能行军用师，压服诸越。每劝亲族为善，信义结于本乡。”

2. 大同初嫁为高凉太守冯宝妻。冯氏本北燕冯弘苗裔，国亡，宝曾祖以三百人浮海归宋，因留新会[1]。虽累“世为守牧，他乡羁旅，号令不行。至是夫人诫约本宗，使从民礼。每共宝参决辞讼，首领有犯法者，虽亲族无所舍纵。自此政令有序，人莫敢违”。

3. 侯景之乱时高州刺史李迁仕反，夫人止宝勿应迁仕之召，身自将千余人袭破之。

4. “及宝卒，岭表大乱，夫人怀集百越，数州晏然。”至陈永定二年遣其子仆“帅诸首领朝于丹阳”[2]。

5. 后广州刺史欧阳纥反，召仆至南海[3]，夫人“发兵拒境，帅百越酋长”迎陈师，纥徒溃散。

6. 陈亡，“岭南未有所附，数郡共奉夫人，号为圣母，保境安民”。隋遣韦洸安抚岭外，夫人“遣孙魂帅众迎洸入广州，岭南悉定”。

7. 未几，番禺俚帅[4]“王仲宣反，首领皆应之”，围广州，夫人遣孙盎讨斩逆党，进兵与隋师合击仲宣，败之，广州获全。“夫人亲被甲乘介马，张锦伞，领彀骑”，卫隋廷所遣巡抚岭南使者“裴矩巡抚诸州”，诸首领[5]“皆来参谒，还令统其部落，岭表遂定”。

8. 仁寿初“番州[6]总管赵讷贪虐，诸俚僚多有亡叛”，“夫人上封事言讷罪状，朝廷置讷于法”，“降敕委夫人招慰亡叛。夫人亲载诏书自称使者，历十余州谕诸俚僚，所至皆降”。

但传中另有：

> 越人之俗，好相攻击。夫人兄南梁州刺史挺恃其富强，侵掠旁郡，岭表苦之。夫人多所规谏，由是怨隙止息，海南儋耳归附者千余洞。

---

1 宋置新会郡，治今新会县北。

2 南朝都城建康为丹阳郡治，今南京市。

3 《隋书》本传误作“高安”，此从《北史》本传、《通鉴》。

4 《隋书》、《北史》本传皆作“番禺人”，《通鉴》作“番禺夷”，此从《隋书·裴矩传》。

5 见《隋书》本传者有苍梧首领陈坦、冈州冯岑翁、梁化邓马头、藤州李光略、罗州庞靖等。苍梧郡治今梧州市，冈州治今新会县北，梁化治今鹿寨县北，藤州治今县东北，罗州治今化州县。

6 《隋书·地理志》仁寿元年改广州为番州。

此条竟为《通鉴》所弃而不录。《通鉴》不录，影响所及，后世史家遂一概置此事于述论所不及。实际上这是一条极为重要的记载。海南岛西北部汉儋耳郡故地的千余俚峒，自此便在海北高凉冼氏统辖之下。本传系此事于冼夫人信义结于本乡，规谏乃兄勿事侵掠旁郡之后，未嫁冯宝之前，则其事当发生于梁大同初之前不久。姑作大同前一年中大通六年（534 年）计，上距汉元帝弃珠崖（前 46 年）凡五百八十年。

《隋书・地理志》："珠崖郡，梁置崖州。"统县十，治义伦。义伦故治即明清儋州故城，今儋县西北新州。其地正为汉儋耳郡地。然则梁朝之所以能在此设置崖州，自当由于这里的俚峒归附了高凉冼氏，而高凉冼氏臣属于梁朝之故。海南岛东北部比西北部距大陆近，梁设崖州之所以不在岛东北部而在西北部，也就是由于当时归附冼氏的是岛西北的汉儋耳郡故地诸峒，而不是岛东北的汉珠崖郡故地。

海南岛上的土著西汉时和岭南大陆一样被泛称为蛮、夷、越，汉元帝以后因不在王朝版图内，遂为历代记载所不及。自赵宋后岛人被称为黎，从黎应即俚推断[1]，六朝时的岛人自应与隔海相望岭南海北的主要民族同为俚族。梁时高凉冼氏十分强大，部族至"十余万家"，冼夫人又以信义著闻俚中，因而使隔海岛上的同族千余峒闻风归附，这就是海南岛重新加入大陆王朝疆域的来由。

如此大事而竟为千百年来史家所忽视，并为历代治沿革地理学者考证所不及，看来主要原因之一是由于史家忽视边区民族内部的分合，二是由于沿革地理学者误以为自汉至宋、齐岛上一直设有郡县，因而不理解梁置崖州和海南儋耳归附高凉冼氏的重要性。

冼夫人与冯宝结婚后，广州以西俚族中最大酋帅便由冯氏接替了冼氏。冼夫人对梁、陈、隋三代王朝一贯忠贞不贰，先后参与讨平反梁的李迁仕、反陈的欧阳纥、反隋的王仲宣之乱，多次抚定在梁陈、陈隋易代之际与王仲宣叛乱、赵讷贪虐所引起的岭南诸首领的叛涣。这使她本人受封为陈中郎将、石龙郡[2]太夫人，给卤簿一如刺史之仪；隋宋康郡夫人、晋谯国夫人，开幕府，置长史以下官属，给印章，听发落六州兵马，有急便宜行事；赐临振县汤沐邑一千五百户，卒谥诚敬夫人。丈夫冯宝也被隋追赠广州总管谯国公，并且使在她教育督导之下的子孙，都因功致位贵显。子仆起家阳春太守，封信都侯、

1　请参阅拙作《粤东初民考》一文，载《长水集》上册，实则改称俚为黎，中唐时已见记载，见下文。

2　此从《隋书》本传、《通鉴》。《北史》本传作"高凉郡太夫人"。

加平越中郎将，转石龙太守，卒后赠崖州总管、平原郡公，其妾冼氏也被授以宋康邑。孙魂拜仪同三司，暄拜罗州刺史，盎拜高州刺史。一门显赫，既是当地的大首领，又个个都是朝廷的命官。她去世于仁寿初，享年近九十。

就在冼夫人去世前后，仁寿元年（601 年），潮、成[1]等五州僚反，冯盎驰至京师请讨之。隋廷很赏识他的议论，就命他率兵进击。事平，授金紫光禄大夫，拜汉阳[2]太守。这下冯盎不再是本乡本族的土官了，进而成了隋朝高级官吏中的一员。大业中“从炀帝伐辽东，迁左武卫大将军”，大将军是正三品高官。

冼夫人在梁大同前未嫁时势力已达到海南岛的西北部，梁因而置崖州。自归冯之后至其卒约六十余年，卒后又十余年冯盎官至大将军，前后八十年中，冯氏家族的势力无疑在日益扩张。在海南岛上，隋仁寿初赐冼夫人“临振县汤沐邑一千五百户”，可见冯氏家族势力此前必已到达这里，即岛的西南部，隋从而在这里置临振县，并用以作为冼夫人的汤沐邑。不仅如此，与西南部同时或稍有先后，冯氏势力亦必已到达岛的东北部，这反映在隋朝的政区建置上，便是大业六年环岛分置珠崖、儋耳、临振三郡十余县。

大业六年后高凉冯氏子孙应该仍然是海南岛上的最大权势拥有者，冯氏和隋朝所设郡县双方基本上是协调合作的，但隋朝的权势势必由于分设三郡十余县而有所扩张，这就引起了与当地冯氏以外的首领之间的矛盾。就在这年的十二月，“朱崖人王万昌举兵作乱，遣陇西太守韩洪讨平之”，未几，“万昌弟仲通复叛，又诏洪讨平之”，见《隋书·本纪》、《韩洪传》。这说明了海南岛确已在隋朝实际控制统治之下。

七、唐代的高凉冯氏地方势力

隋亡，冯盎从中原“奔还岭表，啸署首领，有众五万”，又回到本乡当上了大首领。唐初承隋末丧乱，率土分崩，冯盎乘机吞并邻部，不久便据有“苍梧、高凉、珠崖、番禺之地”。[3] 武德四年冬，唐在消灭割据江湘的萧铣之后，遣李靖度岭招抚，隋牧守及各处俚僚酋帅相继降附。至五年（622 年）七月，冯盎“帅所部来降，以其地为高、罗、春、白、崖、儋、林、振八州[4]，以盎为上柱

1 潮州，治今潮州市；成州，治今封开县东南。

2 汉阳郡，治今甘肃礼县南。

3 《通鉴》系此于武德元年四月，不确。盎破广州帅高法澄、新州帅冼宝彻、智臣父子在武德三年，两《唐书》本传、《通鉴》同。言其所据之地大致以高凉（今高州至阳江一带）为根本，北抵苍梧（今梧州一带），东抵番禺（今广州一带），南有朱崖（海南岛）。

4 高州治今阳江县西。罗州治今化州县。春州治今阳春县。白州治今博白县。崖州治今琼山县东南。儋州治今儋县西北。林州治今桂平县南。振州治今三亚市西。

国、高州总管，封吴国公，徙越国，又徙耿国；以其子智载为春州刺史，智彧为东合州[1]刺史”。盎未降前或说盎割据岭南，援赵佗故事称南越王，并谓其时盎已“克平二十州，地数千里”。降后唐以其地为八州，当系合并二十州而成。其中崖州即隋珠崖郡，儋州即隋儋耳郡，振州即隋临振郡。海南岛沿袭了隋代分设三郡之局，仍在冯氏统治之下甚为明显。

冯盎降唐后，岭南大局已定，虽次年四月有南州刺史庞孝恭、南越州刺史宁道明、高州首领冯暄之反，七月有冈州刺史冯士翙之反，皆不久即被讨服。[2] 冯暄是冯盎的亲兄弟，冯士翙当是其族人。

冯盎本人这个岭南最大酋豪，尽管唐朝授以高州总管之职，让他继续统治投降以前的领地，但地方势力不免企图扩张，朝廷不免要设法加强一统集权，二者之间的矛盾是不可避免的。至贞观元年，“诸州奏称盎反，前后以十数”，盎又“久未入朝”，唐太宗“发江、岭[3]数十州兵讨之”。赖魏征以“盎反状未成，未宜动众”谏阻，“乃罢兵”，遣使“持节慰谕之”。盎乃“遣其子智载随使者入朝”。一场兵祸，幸得扼息。至贞观五年（631年），冯盎身自入朝；未几，敕盎帅部落二万为诸军前锋讨平罗窦诸洞僚[4]。自后盎还部落，子智载留长安。七年十二月，帝奉上皇“置酒故汉未央宫。上皇命突厥颉利可汗起舞，又命南蛮酋长冯智载咏诗，既而笑曰：胡越一家，自古未有也”，成为国史上封建盛世的佳话。冯氏终于降服了唐朝，唐朝报答冯盎的效忠是“前后赏赐，不可胜数”。“盎奴婢万余人，所居地方二千里，勤于簿领，结擿奸状，甚得其情”。二十三年卒，赠左骁卫大将军、荆州都督。[5]

冯盎卒后唐廷即撤销高州都督府[6]，遣使分高州为高、恩、潘三州[7]，以其子智戣（即智载）为高州刺史，智玳为恩州刺史，犹子子游（即子猷）为潘州刺史[8]，这当然是旨在分割冯氏势力之举。但冯氏兄弟的富贵仍极可观。智载

1　东合州治今海康县。

2　见《新唐书·南蛮传》下、《通鉴》。南州，即白州。两《唐书·地理志》谓武德四年置南州，六年改为白州，但《纪》、《传》则五年见白州，六年见南州。南越州，即越州，治今合浦县东北。冈州，治新会。

3　江岭，江南及岭南。

4　罗窦洞在窦州界内，窦州治今信宜县西南。

5　以上事迹据两《唐书·冯盎传》、《通鉴》。唯冯盎卒年旧传作贞观二十年，新传不纪年，此从《舆地纪胜》高州引《元和志》。

6　见《旧唐书·地理志》恩州条。

7　贞观二十三年分高州置恩州，见两《唐志》。《元和志》作永徽元年。潘州贞观八年改南岩州置，后废入高州，永徽元年复置，见《新志》。《元和志》作“永徽元年敕遣太常丞薛宝积析高州所管县为恩潘二州”。徙高州治良德，恩州治恩平，潘州治茂名，见两《唐志》。良德治今高州县东北，恩平治今县北，茂名治今高州县。

8　见《张说之文集》卷二十二《冯潘州墓志》。

累迁左武卫将军，卒赠洪州都督。[1] 子猷豪富强悍，入朝时载金一舸自随。高宗前后再遣御史"视其赀"，子猷或执使者而"奏其罪"，或强使者受其赂遗。[2] 礼部尚书许敬宗贪金宝，嫁女于冯盎之子[3]，不知是哪一个。

冯盎子侄辈仍然富贵已极，但到了孙辈，高、恩、潘一带老根据地的冯氏已衰落下来。其中冯道衡一家，不知遭逢过什么严重的不幸事件，道衡幼子就是玄宗宠幸的宦者高力士。力士贵显后请宰相张说为道衡作神道碑和墓志，竟已只知道他是冯盎之孙，搞不清楚是谁之子；神道碑说是智戣，墓志又说是智玳。[4]《新唐书·高力士传》也只提力士是冯盎曾孙，不及其祖与父是谁。道衡"以圣历之岁，终于本城，子幼家艰，丧礼盖阙"，妻麦氏与三子一女遂即离散沦落。幼子即高力士，以阉儿被岭南讨击使进入宫。旋因小过被逐出，内官高延福养为子，遂冒其姓。岁余复入禁中。开元中力士既贵显，岭南节度使为求得其母麦氏，迎还长安[5]；兄妹亦得"自拔于泥滓"，"同归上京"。玄宗皆授以位号。麦卒，赠越国夫人；夫道衡赠潘州刺史、广州大都督。[6]

高力士致位贵显，恩宠被及父母、兄妹，这当然不等于说冯盎子孙在高、恩、潘一带本土势力得到了复兴。开元十六年岭南泷州首领陈行范等反，陷四十余城。行范称帝，其下有冯璘称南越王。朝廷发兵讨之，皆被擒斩。这个冯璘是僚族首领，应与冯盎无关。[7] 大历初有"番禺贼帅"冯崇道与桂州叛将"阻洞为乱，前后累岁，陷没十余州。四年，李勉为岭南节度使，遣将讨斩之"[8]。这个冯崇道不知是否冯盎族人。总之，高凉冯氏的地方势力，自冯盎孙辈以后渐次陵替，这是可以肯定的。自开元、大历以后，岭南海北冯氏遂不见于史。

八、唐代海南五州与海南的高凉冯氏

隋大业六年在海南岛上分设三郡，入唐以后，改珠崖郡为崖州，改儋耳

1 见《新唐书·冯盎传附智戣传》。

2 《新唐书·冯盎传附犹子子猷传》。

3 两《唐书·许敬宗传》。

4 《张说之文集》卷十六《赠广州大都督冯府君神道碑》、卷二十二《冯潘州墓志》；《赠广州大都督冯府君神道碑》。

5 两《唐书·高力士传》。旧传谓得于潘州，新传谓得之泷州。

6 张说所撰神道碑、墓志。又《张说之文集》卷二十三《为将军高力士祭父文》。

7 两《唐书·杨思勗传》、《通鉴》。旧书本纪冯璘作冯仁智。

8 《旧唐书·李勉传》。

郡为儋州，改临振郡为振州。贞观五年，分崖州置琼州[1]；龙朔二年，又分崖州、振州置万安州[2]。崖、儋、振三州州县皆沿海地，万安州州县居岛之东南部，亦沿海地。唯独琼州州治距海已较远，所领县更有深入岛之中部者。[3]这个州大致已超出冯氏家族势力范围，而为唐朝自力招降"洞蛮"所开置。不通过当地的酋帅而直接由唐官治理，这就很容易引起土人的反抗。置州三十余年，乾封元年（666年），遂为"山洞蛮"所攻陷，历一百余年至贞元五年（789年）才由岭南节度使调兵讨复。从此便停废了贞观以来的崖州都督府，改在琼州设都督府，加琼、崖、振、儋、万安等五州招讨游奕使。[4]

唐代海南五州的户数，据《旧唐志》所载：崖州旧领县七，户六千六百四十六；儋州旧领县五，户三千九百五十六，天宝户三千三百九；琼州领县五，户六百四十九；振州领县四，户八百一十九；"万安州领县四，无户口"。"旧"当指贞观十三年大簿，其时崖州尚未分出琼州、万安州，故领县至七，户数较多；琼州陷没于乾封而恢复于贞元，此户数当指贞元后某年；振州户亦当为中晚唐某年数。贞观时，振州户必不止此数，姑作儋州户之三分二计，则贞观时全岛三州共有户一万三千二百四十。《新志》所载当为天宝或中晚唐某年户数：崖州八百一十九，琼州六百四十九，振州八百一十九，儋耳三千三百零九，万安州二千九百九十七，全岛五州共有户八千六百九十三。这里最值得注意的是户数逐步减少。贞观十三年在隋大业六年后二十九年，三州户合计一万三千，仅得隋大业估计数二万之65%。天宝元年或贞元五年在贞观十三年后一百零三或一百五十年后，五州户合计八千七百，亦仅得贞观户数之65%。

为什么会如此逐步减少呢？这是难以作出有把握的推断的。也许是由于发生过多次天灾人祸，也许是由于奴隶制、农奴制经济的发展，实际户口中不登王朝户籍的户口数越来越大，相应地登户籍者越来越少。后者的可能性似乎较前者还要大些。上文提到海北冯盎时代的高州，盎卒后分为高、恩、潘三州，这三州的面积远比海南岛五州为小，而两《唐志》所载天宝初户数高州为一万二千四百，恩州为九千，潘州为八千九百六十七，合计共三万零三百六十七，反而是海南五州户数的3.5倍。可见海北由于冯氏奴隶主势力的削弱消亡，封建王朝直接控制的加强，因而在较小地域内有较多编户；

1　置琼山县为州治，在今琼山县东南。

2　治万安县，今万宁县北。

3　如曾口县，在今澄迈县东南。

4　两《唐志》、《寰宇记》。

海南情况远远落后于海北，奴隶主经济势力还很强大，官府势力相形之下很弱小，此即《通典》论岭南风俗所谓“民强吏懦”，因而地虽大而编户反少。

说唐代海南岛上奴隶主的势力还很强大，并非出于臆断，确有实据。尽管中土已不存在这方面的记载，幸而在日本还保存着很说明具体情况的有关文献。天宝中鉴真和尚东渡日本，日本著名文人真人元开在鉴真圆寂后十六年，受随鉴真东渡弟子思托的请托，根据思托记录，将鉴真一行东渡的始末经过，撰成《唐大和上东征传》一卷。此书有幸流传了下来，书中载有天宝时海南岛冯氏的情况，摘录如下：

天宝七载，鉴真一行第五次东渡，约在舟山附近，遇大风，漂流十余日，“乃到振州江口泊舟”。州“别驾冯崇债遣兵四百余人来迎”，至州城，迎入宅内，住一年。“冯崇债自备甲兵八百余人送，经四十余日，至万安州。”“州大首领冯若芳请住其家，三日供养。若芳每年常劫取波斯舶二三艘，取物为己货，掠人为奴婢。其奴婢居处，南北三日行，东西五日行，村村相次，总是若芳奴婢之住处也。若芳会客，常用乳头香为灯烛，一烧一百余斤。其宅后，苏芳木露积如山。其余财物，亦称是焉。”“行到崖州界，无贼，别驾乃回。”至崖州，游奕大使张云出迎。“……彼州遭火，寺并被烧。和上受大使请造寺。振州别驾闻和上造寺，即遣诸奴，各令进一椽，三日内一时将来。”自崖州至澄迈上船，三日三夜达雷州。[1]

据此，可知盛唐时冯氏在海南还是很大的奴隶主。冯崇债、冯若芳是冼夫人的第几代孙虽已无考，其为高凉冯氏之裔当无可疑。冯若芳的奴婢居处南北三日行、东西五日行，地域之大，人数之多，不见得比贞观年间冯盎的“奴婢万余人，地方二千里”差。其豪奢生活，亦大致与高宗时的冯子猷相埒。冯崇债供养鉴真一行达一年，又亲自率领甲兵八百余人远送至崖州。已而鉴真要在崖州造寺，他又命令“诸奴”三日内各进一椽，营建成佛殿、讲堂、砖塔、释迦丈六佛像，其赀力之雄厚可想。若芳的财货奴婢多得自劫掠波斯舶，与《通典》论岭南风俗“浮掠不忌”之语正相符合。岭南风俗未必都是如此。海南岛地处僻远，社会发展阶段落后于大陆，又有控临海上交通线之便，从而形成俘掠不忌的风俗则是不足为怪的。

大致岭南俚族至南朝时已进入奴隶社会，奴隶主之间相互兼并，至梁前期以高凉洗氏为最大。自洗夫人嫁冯宝而冯氏取代洗氏为最大豪门，其子

1　汪向荣校注《唐大和上东征传》。振州江口应即今宁远河口。万安州治所其时移在陵水县东。澄迈县治在今县北海滨。《东征传》又叙及鉴真一行自雷州北行至桂州时，受到“都督上党公冯古璞”的礼遇。此人是否系出高凉冯氏，不敢断言。

孙散在海北、海南。海北盛于隋季唐初,至武周后式微;其在海南者则盛唐时仍为大奴隶主。《东征传》所载及之冯崇债、冯若芳,仅为鉴真和尚旅途经历所遇者耳,距对海南冯氏作全面描述尚远。再者,冯若芳这个大首领大奴隶主尚未能博得唐廷的一官半职,故《东征传》只称之为"州大首领",冯崇债仅为振州之别驾,乃州刺史之佐贰,秩从五品。故海南诸冯与唐廷之间的关系必不如海北,也就是说,盛唐时期唐廷对海南岛的控制,与当地酋豪的结合,其深度还赶不上初唐时期的海北。

天宝以后,海南岛史事见于记载者仅如下三则:

一、杜佑为岭南节度使时,"朱崖黎民三世保险不宾,佑讨平之",见《新唐书·杜佑传》。[1]

二、元和二年四月岭南节度使赵昌进琼管儋、振、万安六州六十二洞归降图,见《旧唐书·宪宗纪》。

三、咸通五年,遣辛、傅、李、赵四将率军深入黎洞,置忠州于其地,治今定安县西南黎母山下。屯兵七年,死亡过半,兵还州即废。见《舆地纪胜》引图经。明清琼州府方志、民国《海南岛志》皆载有此事,文字稍有出入。

三事皆说明唐朝的权力在逐步向山区扩张,时或遭遇强烈的抵抗。据两《唐书·地理志》,岛上自贞元至唐末只有琼、崖、儋、振、万安五州,而元和二年赵昌所进图乃有六州,岂当时亦曾新建州一如咸通中的忠州,兵还即废,故不为志舆地者所及耶?遗憾的是天宝时还在环海地带拥有大量土地奴婢的高凉冯氏后裔,后来下落如何,竟于史无征。

(原载《历史研究》1988年第5期)

1 杜佑任岭南节度使,起兴元元年三月,迄贞元三年三月,见《旧书·本纪》。改俚为黎,可能始见于此。

唐代羁縻州述论

关于唐代的羁縻州，《新唐书·地理志》卷末列有专篇，篇首有序，序的前半段是：

> 唐兴，初未暇于四夷。自太宗平突厥，西北诸蕃及蛮夷稍稍内属，即其部落，列置州县，其大者为都督府，以其首领为都督、刺史，皆得世袭。虽贡赋版籍，多不上户部；然声教所暨，皆边州都督、都护所领，著于令式。

这几句话说得不够清楚、全面，需要略予阐述：

1. 除羁縻州县和都督府外，还有比都督府更高一级的都护府，那就是屡见于史传，高宗显庆时平西突厥后置于西突厥本国的濛池、昆陵二都护府；两府各押领碎叶川以西、以东若干以西突厥部落及所役属诸胡所置的都督府和州，初隶安西都护府，长安后改隶北庭都护府。两府皆由西突厥汗族阿史那氏作都护，仍兼可汗称号，传子及孙，至则天时以本蕃地为突骑施部西突厥所占据，乃绝。故羁縻州实际共有都护府、都督府、州、县四级，习惯上总称羁縻州，又称蕃州。

又，唐初置折冲府以统府兵，贞观时天下共置府六百三十四，这种制度也曾推行于羁縻州地区。新、旧《唐书·地理志》载，高宗龙朔元年于于阗以西、波斯以东十六国除置都督府、州、县各若干外，又置"军府一百二十六"，《法苑珠林》卷三八引《西国志》作"折冲府一百四十七所"。

2. 四夷内属即其部落列置州县这种办法，并非创自太宗时代。高祖武德年间，已在幽（治今北京市）、营（治今辽宁朝阳市）二州境内设以奚部落所置饶乐都督府及鲜、崇二州，以契丹部落所置威、玄二州，以靺鞨部落所置燕、慎二州；又在四川、云南和贵州境内设置了约三四十个这一类性质的州县，分隶于茂州、南宁州、姚州、黔州等都督府。但其时可能还未将这些州县与普通州县予以区别。至太宗贞观时，由于大量设置了这种州县，才定制称为“羁縻州”,用以区别于普通州县;以此普通州县对羁縻州而言,即被称为“正州”。

3. “以其首领为都督、刺史,皆得世袭”,前一句的实质是说羁縻府州的都督、刺史就是该部落原来的首领(包括国王、可汗、叶护、俟斤等各色名目的君长),羁縻府州的辖境就是原来的部落(包括部落联盟或国)的领域,这片土地上的统治者仍然是原来的部落首领,保持他原有的称号与权力,而“都督”、“刺史”等则是唐朝所授予的一个称号。后一句的实质是说由于部落首领通常是世袭的,所以首领的兼衔都督、刺史等也是世袭的。应该补充说明的是:① 要是遇到部落首领的更代不是由于世袭而是由于篡夺,按惯例唐朝也就承认篡夺成功者的首领地位,并即由此人接替都督、刺史的职位。这虽不是通常所谓世袭,也可以说是一种广义的世袭;总之,部落首领由部落内部产生,唐朝例不干预,首领又例兼羁縻州长官的称号。② 地方官得世袭在唐代并不限于羁縻州,少数边远正州也有采用世袭制的,这是由于这些正州本来也是以归附的边族部落设置的,如剑南道茂州以西北的松、翼、维、当、悉等州。

4. “虽贡赋版籍,多不上户部”,这是说大多数羁縻州只是有一个府、州、县的名义而已,其版籍并不向唐朝呈报,也并不承担一定的贡赋。但也并不是凡羁縻州都是如此。《唐会要》卷七三开成三年安南都护马植奏当管羁縻州诸首领“愿纳赋税”;《寰宇记》卷七九戎州所领马湖江羁縻州四,中有商州一州,管县五,“供纳税赋”。《寰宇记》虽纂修于宋初,所记当为唐时情况。据此,则个别羁縻州可能纳税。当然所纳总要比正州为轻,也不一定有定额。至于羁縻州对朝廷有所贡献,则相当普遍,不过接受贡献的是大唐天子而不是户部,既不定期,又无定额,又有回赐,自不能与正州的“上贡”混为一谈。

5. “声教所暨”是一句不着边际的虚辞,唐朝四周的邻族邻邦,多多少少都会受到唐朝声教的影响,不能作为设不设羁縻州的标志。“皆边州都督、都护所领,著于令式”是一句最关紧要的话,说明凡羁縻州在“令式”上都隶属于边州都督府和都护府。可是这份令式现在已看不到。今所见以载于《新唐书·地理志》这一篇为最详,《旧唐书·地理志》分载于各道,较略;《唐会要》、《太平寰宇记》也有部分记载。但《新志》此篇所载也并不齐备,如见于两《唐书·西域传》昭武九姓国的康居、大宛等都督府,安息、佉沙等州;见于《新罗传》、《室韦传》的鸡林、室韦等都督府;见于《新志》卷末所录贾耽“从边州入四夷道里”“安南通天竺道”峰州西北的忠城等生僚州、汤泉等爨蛮州，驩州西南的棠唐（《寰宇记》驩州四至八到作裳）州，即为此篇所不载。又，篇中所载某府领州县若干，往往不著州县之名。

序的后半段是：

> 今录招降开置之目，以见其盛。其后或臣或叛，经制不一，不能详见。突厥、回纥、党项、吐谷浑隶关内道者为府二十九，州九十。突厥之别部及奚、契丹、靺鞨、降胡、高丽隶河北者为府十四，州四十六。突厥、回纥、党项、吐谷浑之别部及龟兹、于阗、焉耆、疏勒、河西内属诸胡、西域十六国隶陇右者为府五十一，州百九十八。羌、蛮隶剑南者为州二百六十一。蛮隶江南者为州五十一；隶岭南者为州九十二。又有党项州二十四，不知其隶属。大凡府州八百五十六，号为羁縻云。

序文之后分关内、河北、陇右、剑南、江南、岭南六道列举羁縻州名目。每道先分列突厥、回纥、党项等族名，标明以该族部落置羁縻州若干、府若干；次列府州名，按所隶属边州都督府或都护府排列，标明右隶××都×府。所举设有羁縻州的各族族名与序文相符。所隶属的是关内道的夏州、灵州、庆州、延州四都督府，单于、安北二都护府；河北道的幽州都督府、安东都护府；陇右道的凉、秦、临三州都督府，北庭、安西二都护府；剑南道的松、茂、嶲、雅、黎、戎、姚、泸八州都督府；江南道的黔州都督府；岭南道的桂、邕、峰三州都督府和安南都护府。诸道所举府州数目与序中稍有出入。府州下载有所领县名的只是少数，多数不载。府州下载有“招降开置之目”的也只是一部分，不载者甚多。又有在开置之目下载有后来沿革的，包括废置、分并、临设、收复及迁徙，也只是少数。“或臣或叛”则基本不载，也有个别例外。

诸边羁縻州建置的盛衰因时而异，《新志》此篇所著录，一方面西北许多太宗、高宗时开置，开元、天宝时已归废弃的，如安北都护府所领突厥、回纥，北庭都护府所领突厥诸府州仍被列入；一方面又录有以后永泰、大历、贞元，迟至开成年间才设置的一些剑南戎州都督府所领、岭南安南都护府、峰州都督府所领的“诸蛮”、“爨蛮”州，可见这八百五十多个府州（序作八百五十六，以序中各道府州数相加则为八百五十七，以诸道各族下所记府州数相加亦为八百五十七，诸道实列府州数为八百五十五）并不是某一时期同时实际存在的名数，而是不同时期的羁縻州凑在一起的总目。再者，除上文已提到的有些见于四夷传和贾耽“从边州入四夷道里”的羁縻州不见于本篇外，《元和志》载安南驩州管羁縻州六，峰州管羁縻州二十八（皆未载州名），本篇不及骓州领有羁縻州，峰州下只说领"蜀爨蛮州十八"，又可见唐代曾设置过的羁縻州而为本篇所不载者，为数是相当不少的。

羁縻州又有不隶于边州都督府、都护府而隶于不置都督府的边州的，如关内道羁縻党项，归德州隶于银州；又静边州都督府本篇隶灵州都督府，《旧志》亦隶银州。羁縻县有不隶于羁縻州而隶于正州的，如陇右道洮州领羁縻密恭县。

又，设过羁縻州的四边部落和国，亦有为序言及诸道列举所不及者，如河北道曾在百济故地设过五府一州，又曾以内迁新罗户设归义州，列入契丹州的师州除契丹部落外又杂有室韦部落；剑南道的保宁都护府"领牂柯吐蕃"，牂柯可包括于所谓"蛮族"中，吐蕃则应在"羌"、"蛮"之外。又曾在新罗、室韦本土设府，见两《唐书》、《唐会要》新罗、室韦传。

序文"又有党项州二十四，不知其隶属"，实即下文误列于陇右道党项州之末的乾封等九州和永定等十五州。原文以列举乾封、归义、顺化、和宁、和义、保善、宁定、罗云、朝凤九州，注"以上宝应元年内附"为一行；第二行为永定州，注永泰元年以永定等十二州部落内附，析置州十五，下列"宜芳州"，注"余阙"。其第三行低三格起为"右阙"二字。此二十四州应属山南西道，可由读两《唐书》、《唐会要》、《党项传》及《册府元龟》卷九七七知之。此诸州皆为山南西道所招降，自当隶属此道。《传》载宝应元年诣山南西道请州印者本为十州，除上列乾封等九州外，又有归顺州。归顺州见本篇关内道灵州都督府所领党项州，下注"本在山南之西，宝应元年诣梁州刺史内附"。盖本与乾封等九州同诣梁州而隶于山南西道，其后又迁关内道，故留于山南者但为九州。欧阳修著《新唐书》时所见簿籍在"右"下已阙所隶都督府，永叔未暇详考，故序中遂作"不知其隶属"，列表时误植于陇右道下。又，归顺、乾封等十州《元龟》称为羌浑部落，盖除党项外又杂有吐谷浑部落。

本篇虽将全部羁縻州分列于关内、河北、陇右、剑南、江南、岭南六道下，实则唐一代领过羁縻州的不止此六道。贞观中曾在河东道的并州、忻州境内侨置突厥部落的县，旋省(见河北道突厥顺州注)。万岁通天中，契丹攻陷营州，原为营州所领突厥、奚、契丹十一州曾徙置于河南道的宋、徐、淄、青等州，神龙初又北移侨寄于幽州境内(见河北道)。再加上文提到的宝应、永泰中内属山南道的党项二十四州，故唐分天下为十道，九道都设过羁縻州，只有淮南一道没有设过。

根据序言，羁縻州的特点应为：1. 设置于内附蕃夷部落；2. 以部落首领为都督、刺史(包括都护、县令)；3. 贡赋版籍，多不上户部。可是，稍事推究，就可以发现：

1. 以内附部落设置的州，不一定是羁縻州，也有列为正州的，尽管为数甚少。例如：关内道的丰州，为贞观初以降突厥所置。又有宥州，本为调露中以降突厥所置鲁、丽、含、塞、依、契"六胡州"，"以唐人为刺史"，几经分并迁移，开元末乃定为宥州。丰、宥二州都是正州。又，江南道、剑南道、岭南道，各有一些正州系"开山洞"、"开夷僚"、"招慰"蛮夷所置。

2. 以部落首领为都督刺史的，也不一定是羁縻州，也有少数是正州。例如：剑南道茂州都督府所领雍州和松州都督府所领当、悉、奉三州，《旧唐志》载明系以内附羌人部落置州，即以其首领为刺史。此外，茂领的冀州和松领的静、柘、恭、真、霸等州，虽史无明文，其地皆在羌族区域内，亦当以其部落首领为州官。至广德元年松州设吐蕃，"其后松、当、悉、静、柘、恭、保（奉州改名）、真、霸、乾（大历增置）、维、翼等为行州（治所不固定，经常迁移的州），以部落首领世为刺史、司马"，则明见《新志》松州条，但这些州两《唐书》都列入正州。

3. 上文已提到羁縻州也有纳赋的，是否以版籍即户口册上诸户部，似应为判别是正州抑羁縻州的标准。但序言就在"不上户部"上加了一个"多"字，可见并不是凡羁縻州即不以户籍上报户部。检两《唐书》，则《新志》本篇剑南松州都督府所领党项丛、岷等十三州及轨州都督府下注云"以上有版"，另五十八州下注云"以上无版"，则松领党项州有将近五分之一是有版的。《旧志》河北道侨寄于幽州界内的十九个羁縻州，每州皆载有户口数；陇右道侨寄在宗州界内的八个羁縻府，有合计户数；剑南道戎州都督府所领羁縻州十六，每州皆有户数；松州都督府所领羁縻州二十五，其中六州有户数。唯《新志》一概不载。

由上述情况看来，唐代正州与羁縻州的区别在法制上可能并未作出过明确的规定，所以有些州在《旧志》里是正州，而《新志》则列入羁縻。

以上专就《新唐书·羁縻州》篇予以阐释补证。另有两个必须澄清解答的问题是：一、羁縻州和未设羁縻州的称臣纳贡的部族或国家有无明确区别？二、羁縻州地区是不是唐朝的版图所届？即，羁縻州是不是唐朝的领土？

一

看来，前一问题的答案，只能和上文所讲的正州和羁縻州的区别一样，没有明确的规定。

有人提出过，唐朝对羁縻州是实行了有效的管理的；理由是：1. 都督、刺史都由唐朝任命或册封，接受唐朝的官职和俸禄；2. 唐朝也向他们征发军队和贡献，他们必须定期向唐朝进贡。

前面一条，关于任命、册封和官职的说法都符合历史事实，但唐朝对许多不设羁縻州的藩属朝贡国的国王、可汗等君长也经常进行册封和命官，并不能作为羁縻州长官所具的特点，并不能以此把羁縻州和一般藩守区别开来。

关于俸禄，《唐会要》卷一〇〇"归降官位"章有二条记载：其一，显庆三年八月，"置怀德（应作化）大将军，正三品，归化（应作德）将军，从三品，以授初投首领，仍隶属诸卫。不置贡数及月俸料"。其二，贞元十一年正月，"置怀化大将军，正三品，每月料钱四十五千文，杂料三十五千文；归德将军从三品，料钱四十千文"。又置以怀化、归德为称号的中郎将、郎将、司阶、中侯、司戈、执戟长士，各为正、从四、五、六、七、八、九品；各有月料钱，自三十五千文依次递减至十千文。

这两条记载看似矛盾，其实并不矛盾。前一条指授予留在本部或本国的初投首领的将军称号。这种将军是不限员数，也不给俸禄的。后一条指投降唐朝内迁的番邦首领，这些人事实上已成为唐朝的武职官员而不再是本部本国的首领，唐朝当然得不仅授予将军等官位，并按官品给以料钱。所以下文举了是月授归德将军的是上年在阵前投降的吐蕃首领论（吐蕃高官名）乞髯汤没藏悉诺硉和会昌二年封授回纥率众来降的王子嗢没斯等以文武官位（已不用怀化、归德等将军称号）。再者，不论是前一条还是后一条，指的都是授予所有归降蕃夷首领的官位，并不专指羁縻州的都督、刺史。所以同篇又载有总章元年授婆罗门卢迦逸多怀化大将军；天祐元年"授福建道佛齐国朝进奉使都番长蒲诃粟宁远将军"二条，而婆罗门（天竺）和佛逝（室利佛逝）二国都没有设置过羁縻州。因此，想用《唐会要》的记载作为羁縻州的都督、刺史都由唐朝发给固定俸禄的根据是说不通的。

唐代史料中还有一些关于授予蕃夷首领俸禄的记载，都不足以证成羁縻州长官有给禄之制。试为解析如下：

《册府元龟》卷九七四景龙二年四月，"右卫大将军员外置同正员、濛池都护、十姓可汗阿史那怀道加特进，禄料并依品给"。虽然濛池都护确是羁縻都护府的长官，但阿史那怀道是武后时内迁的阿史那斛瑟罗之子，斛瑟罗死长安，乃以怀道袭父职为可汗兼都护。这个可汗、都护是空名，也可以说是遥领。他在景龙二年四月以前官居员外右卫大将军，正三品，至是加上一个文官“特进”的衔头，《元龟》这一条只是说此后要按正二品特进的禄料给他了，与濛池都护这个职衔并不相干。

又，同书卷九七五天宝元年正月，“石国王遣使上表，乞授长男那居本鼻施官，拜大将军，赐一年俸料”。显庆三年曾以石国为大宛都督府，授其王为都督。但这一条是说天宝元年给了新拜大将军的石国王长子一年俸料，与羁縻都督之职无关。这位王子所受大将军的俸料也只限一年，属于特赐性质，并不是固定的俸禄。

又，《新唐书》卷二二一下《识匿传》：“天宝六载王跌失伽延从讨勃律战死，擢其子都督、左武卫将军，给禄居藩。”这是说识匿王因有助唐征讨而战死这样的殊功，所以要特予褒异，对他的儿子不仅授官，并且虽居本藩而给以禄俸。此系殊典，并非常制。

又，《元龟》卷九七五天宝十二载九月，“葛逻禄叶护顿毗伽生禽阿布思，制授开府仪同三司，封金山王，依旧充叶护，禄俸于北庭给”。十三载五月，“帝以葛逻禄叶护有禽阿布思之功，特降玺书：‘……今载以前俸禄，并令京军给付。后虑其辽远，任于北庭请受。’”葛逻禄三姓酋长虽于显庆二年被授为阴山、玄池、大漠（后又分为金附）三都督府的都督，但与此次给禄无关。此次是因为叶护顿毗伽立了生禽突厥叛酋阿布思一大功，所以既要正式承认其为葛逻禄叶护，又要授以从一品的开府仪同三司官位，封王爵；本人虽在藩，特旨要北庭都护府付以禄俸。十二载此旨大概未能实行，故次年又降玺书要当时在西域前线的京军给付自去岁授官封爵以来的俸禄，并重申对有大功的顿毗伽给禄是常制，规定交付地点在北庭。这也是特恩，非常制。

关于征调和进贡。《唐会要》卷七三安西都护府：“显庆四年正月，西蕃部落所置州府，各给印契以为征发符信。”这确是在显庆二年禽阿史那贺鲁，平定安西突厥全境，裂其地为都护府二，都督府及州各若干，用贞观时降唐的两个故西突厥可汗子孙阿史那步真、弥射为都护，用诸部降唐首领为都督、刺史，这是唐的国威在西突厥故地极盛时期所建立起来的对这些部落州府的征发制度。不过这种制度有很大的地域和时间局限性，它并不是一种长期实施于所有羁縻州地区的经制。论地域仅限于“西蕃部落”，即原西突厥汗国诸部。论时间则在发布此项诏令后的第三年即龙朔二年，已由于唐行军总管苏海政听信濛池都护步真的谗言，错杀了昆陵都护弥射，导致部落的叛乱、离散。又三四年后吐蕃“陷西域十八州”，唐为之罢安西四镇。次年，乃以部酋阿史那都支为匐延都督，欲赖以安辑其众。可是，弥射被杀后都支等已附于吐蕃，故不久都支又自号十姓可汗，连吐蕃，寇安西。此后，西突厥故地一直未能安定下来，事实上显庆二年所建诸羁縻府州连名义都不能维持多久，当然更不可能继续推行显庆四年所定凭印契征发的制度。

史料中有不少关于藩属上书唐朝，愿受调发、愿输粮于军前这一类记载，这正说明受调发征输不是一种制度，需要该国上书请愿。唐朝往往并不接受这种请愿。这应该是由于不论接受兵或粮，都不能不付出一定的代价，所以不能轻易接受。不仅愿受调发征输而已，诸蕃出兵助唐征伐的史事，亦不绝于书。例如安史之乱时，出兵"助国讨贼"的就有回纥、南蛮、大食和吐火罗、"西域九国"等众。但应注意，愿受调发征输也好，出兵助战也好，都不一定是设置过羁縻州的部族、国家。有的是从未设过羁縻州，只受过册封的蕃夷如回纥、个什蜜；其中还有和唐朝只有通使关系，且正在蚕食唐朝西边藩属的强大邻邦大食（阿剌伯）。他们之所以情愿应征出粮或征兵，只是由于从中可以获得好处。当然，绝不能以此作为唐朝能控制他们的论据，更与羁縻州和唐朝的关系这一论题绝不相干。

至于四边远近蕃夷向唐"朝贡"，这种记载是多得不可胜计的，却找不到一条记载足以说明羁縻州与非羁縻州藩属或邻国的朝贡有何区别，也找不到一条"必须定期"进贡的记载。《唐会要》卷九九贞元十三年黔中观察使王础奏：西南蕃蛮州刺史宋鼎等，"建中三年一度朝贡，自后更不许随例入朝。今年恳诉（请比户口殷盛的牂、柯二州），每年一度朝贡"云云。由此可见，唐朝不仅没有规定羁縻州必须定期朝贡，相反，对一些大概是比较小的州，还长期"不许随例入朝"呢！统一的定期朝贡制是没有的。

唐朝与藩属之间还通行一种纳质（遣子入朝留宿卫）制度，但也找不到羁縻州与非羁縻州之间有何差别。

总之，唐朝在羁縻州与一般藩属之间，并无明确的制度上的区别。

二

现在再来讨论一下羁縻州地区是否为唐朝版图所届，是不是唐朝的领土这个问题。这个问题在唐朝人看来可能是不成问题的，凡"著于令式"的羁縻州就是羁縻州，用不着再去对它们分门别类。但对现代的历史学者而言却是一个不容回避的重要问题。因为不了解羁縻州的实质，不把几百个羁縻州根据它们的实际情况作出必要的至少是粗略的分门别类，那就无法正确论述这个中国史上极重要的朝代的版图所届及其前后变化。特别是在画历史地图时，当然会更加感觉到难以处理，因为图上不能不画一条唐朝的边界线。过去的学者对此都采用了简单化的处理办法：要么以羁縻州为边州都督府、都护府所领，“著于令式”，又为两《唐书·地理志》所著录为据，认为凡羁縻州都是唐朝的领土；要么反过来认为羁縻州仅为“声教所暨”，不在唐朝直接统治之下，都不能算是唐朝的领土。试稍事推究，则可以断定，这两种简单化的办法都不符合于唐朝统治权实际到达的范围。

总的说来羁縻州情况十分复杂，因地域而异，因国族而异，又因时而变，差别甚大，不可一概而论。要对羁縻州作出应有的区别，先得认清以下两点：

1. 羁縻州基本上分两种：一种设置于边外各国、族原住地；一种设置于边外各族迁入内地后的侨居地。两种自应事先分清，不容混淆。说情况复杂指的是前者，后者是简单的。后者一称侨蕃州，其侨寄地本为唐朝正州正县的辖境；在此设羁縻州只是因为迁来的部族人口生活习惯与原住民不同，故用其部族首领为都督、刺史，便于夷夏分治，有分民而无分土，当然不会改变唐朝对当地的领土主权。唐代特别是前期曾有大量的边外各族迁入内地，所以这一类羁縻州为数很不少。两《唐书·地理志》所见河北道幽州境内的突厥、奚、契丹、靺鞨、降胡府州，关内道灵、庆、银、夏、延州境内，陇右道凉、戎、洮、临州界内的突厥、回纥、党项、吐谷浑府州县，山南道境内的羌、浑诸州，都属于这种性质。

2. 设在边外各族原地的羁縻州，“或臣或叛”，在其臣服时有些是可以列入版图的，既叛之后，便应承认其民族自主权，划归境外，不应视为境内的叛乱区域。有些地区的羁縻州先有一段时间服属于唐，后来为邻国所吞并，也应承认领土主权转移，不能因为边州都督府都护府的册籍上还保留着这些府州名目，不顾事实，硬说这块地方仍然是在唐朝版图之内。

认清了以上两点，对侨蕃州即毋须再事分析，对本土羁縻州则大致可分为下列几种情况：

一、有些边州时而由正州降为羁縻州，时而由羁縻州升为正州。如江南道黔中都督府所领牂、琰、庄、充、应、矩六州，武德、贞观时置为正州，开元、天宝中陆续降为羁縻。泸州都督府所领纳、萨、晏、巩四州，仪凤初置为正州，先天时降为羁縻。剑南道茂州都督府所领维、翼二州本为羁縻，后进正州；涂、炎、彻、向、冉、穹、笮七州《旧志》说本为羁縻，“相次为正”；《新志》仍列入羁縻。《新志》又说维州曾反复由羁縻进正，又降羁縻，又进为正。这可以说明唐朝能任意改革这一带州的建制，自应视为在版图之内。

二、有些羁縻州自始至终只是一个虚名，当然应视作唐朝境外的邻邦邻族。如靺鞨粟末部在武后末年已建国于太白山（长白山）北、粟末水（松花江）忽汗水（牡丹江）流域，地方五千里，编户十余万，胜兵数万人。中宗时遣使诏慰，其王遣子入侍。先天二年始以其地为忽汗州，拜其王为渤海郡王，授忽汗州都督。自是岁修朝贡。开元中曾从海道寇登州，唐发兵击之，无功而还。宝应中进封渤海国王。此后直至咸通，朝献册拜不绝。从渤海与唐二百年间的关系看来，忽汗州都督大约始终只是唐朝加在一个朝贡国之王头上的空名，不存在任何其他作用，渤海实质上是一个独立国，其接受唐朝的封授，不过是以小事大的一种礼貌而已。“渤海”只作国名，都督府名姓始终是忽汗州，《新志》作“渤海都督府”，误，《旧志》不载。

渤海如此，唐曾设置羁縻州于靺鞨黑水部及室韦部族内，都不能认为在唐朝版图以内。

开元十年有黑水靺鞨酋长来朝，拜勃利史刺史。十四年，从安东都护薛泰请，置黑水都督府，“以部长为都督、刺史，朝廷为置长史监之”。自后“迄帝世朝献者十五，大历世凡七，贞元一来，元和中再”。唯领州若干及州名皆不见记载。据此可知黑水靺鞨虽在渤海之北，开元后一段时间内唐对黑水府反而有一定的控制力，不像对忽汗州那样徒有虚名。这应该是由于唐设府前渤海本已建成颇具规模的国家，而黑水犹处于部落分散、互不统属时代。不过这种控制显然是很微弱的，距可以列入版图尚远，所以史乘里除记载几次朝贡外连领州若干都说不上。元和以后，渤海益强，黑水为所役属，遂不能自达于中朝，黑水都督府的名义也就不存在了。黑水都督府见《新志》，不见《旧志》。《新志》又载有靺鞨安静都督府，设置年代及方位皆无考。

室韦在渤海北、黑水西。两《唐志》皆不载建于室韦本土的羁縻州。唯《旧唐书》、《唐会要》的《室韦传》皆载有贞元、太和、开成、会昌中室韦都督或室韦大都督若干人来朝贡事，则自贞元至会昌，室韦部落中曾设有都督府。唯室韦分部至二十余，小或千户，大或数千，“不相臣制”，显然尚未形成部落联盟，故《新唐书》目为“非显夷”。见于记载的“都督”、“大都督”，不可能是统辖室韦全境的首领，只能是若干部落中的一部之长而已。且史文只称此辈为都督，别无爵位、将军等称号，可见唐朝仅以不重要的远夷相待，未尝列入藩属，当然更谈不上列入版图。

位于朝鲜半岛东南部分的新罗国，在唐初本与高丽、百济相攻而结好于唐。唐灭百济的次年即龙朔元年，诏以新罗国为鸡林都督府，授其王都督。两《唐志》皆不载此府。而史载自龙朔至开成，新罗朝贡不绝；凡记载到新罗王，例必加一个鸡林州都督或都督鸡林诸军事头衔，可见名义上此羁縻府的确一直存在着，达百八十年之久。但究其实质，则不过是一个有朝贡关系的邻国的别称。唐灭百济、高丽而不能竟有其地，新罗遂乘机吞并百济全境及高丽浿水（大同江）以南之地，唐无力干预阻止，只得册封授官如故。即此可见唐朝想用都督、刺史的名义来羁縻一些边裔部族或小国，实际上却有了羁縻州之名，不等于便能收到羁縻之效。

三、有些地区的羁縻州与唐的关系前后有变化，应按实际情况分清楚何时应为唐土，何时便不是唐土。《旧唐志》以天宝簿籍为据，《新唐志》更载及天宝以后，但两志所载羁縻州，有许多天宝时已不存在，作者不察，仍据簿录入，应据两《唐书》、《唐会要》等书四夷传及有关记载予以订正。属于这种情形的羁縻州甚多，情况的变化又颇为频数，不能悼述，略叙其梗概如下：

奚与契丹的本土近接唐河北道幽营州的北境。贞观二十二年，奚、契丹大酋豪并率部内属。唐以契丹部落为松漠都督府，领州十，大酋自领一州，别率所部分置九州（其弹汗州后内徙幽州境内，故《新志》府下但列八州）；旋又以别部置归诚州，不隶松漠府。以奚部落为饶乐都督府，领州六，大酋自领一州，别部分置五州（即《新志》所载）。授其酋长以都督、刺史及将军称号，封五等爵，赐姓李，皆隶属于营州都督府。至万岁通天元年松漠都督及归诚刺史因营州都督“岁饥不加赈给，视酋长如奴仆”而举兵反。可见自贞观设府州至是四十八年，这些奚、契丹部落确在营州都督统辖之下，应视为境内羁縻州。至是契丹既反，奚部响应，遂袭据营州，攻略河北诸郡。唐用大兵进讨，战事虽于次年结束，二部自此遂降附突厥。历二十年至开元初突厥势衰，又隶而归唐，乃复万岁通天前府州及官爵旧制，并以宗室或贵族女为公主妻其首领，其首领常身自入朝。复置营州都督府镇抚之。然开、天时仍时叛时降，叛则盗边，附突厥，公主或走入塞，或被杀；降即复其官爵。至德后虽朝贡不绝，以其“外附回鹘，不复官爵渠长”，故史载二部渠长皆但称首领或大首领。时二部之南已为世袭独立藩镇卢龙（幽州）节度使所割据，二部仅得以西出振武军（今和林格尔）与唐相接，交往甚稀。据此则开、天时松漠、饶乐二府大致尚可视为叛服不常的境外藩部，至德后只能等同于朝贡国。

辽水以东鸭绿江南北，初唐为高丽所有。总章元年平高丽，以其地为都督府九，州四十二，县百，授酋豪有功者为都督、刺史、县令，“与华人参治百姓”；置安东都护府于平壤，总兵二万镇之。此时的高丽故地应作为已纳入唐朝版图。但由于高丽民众的剧烈反抗，二年后都护府即被迫内徙辽东；又六年，撤除驻在各地的华官。此后都护府所得控制的地区，大致只限于辽东。《旧志》所载安东都护府所领高丽降户羁縻四府十州，有天宝合计户口数，应为当时都护府统辖所及，已仅得总章初平高丽时府州数的五分之一，其地皆在辽东。《新志》所载高丽降户州十四府九，不知据何时册籍，其不见于《旧志》者，故地皆无考。故辽东地区的高丽羁縻州，天宝以前应可列入唐朝版图。至德以后，安东都护府撤废，辽东羁縻州的下落不见记载。《新唐书·高丽传》的末尾是“后稍自国，至元和末遣使者献乐工”二语，据此，大致可定至德后辽东已不再为唐朝的羁縻州地区，高丽人又自建了政权，和唐朝的关系只是偶一通贡。

高丽以朝鲜半岛的南部本为东面的新罗和西面的百济二国地。新罗见上文。显庆五年唐灭百济，以其地为熊津等五都督府，各统州县，立酋渠为都督、刺史、县令，任命唐将为都统，总兵镇守。这一布局如能实现并能稳定下来，则百济故地的羁縻州自应引入唐朝版图。但事实上未能做到，百济人强烈抵抗，唐兵不能久留，五年之后不得不撤出，其地不久遂为新罗所并。因此百济羁縻州《新志》仅见于高丽降户州下附注，《旧志》根本不载。

贞观四年平突厥颉利可汗，剖其地列置府州；二十年破薛延陀，铁勒诸部降，请置唐官；翌年，即其部落列置府州，诸部请除大涂，号参天至尊道，置过邮六十八所，岁纳貂皮为赋。永徽元年禽突厥车鼻可汗，“于是突厥尽为封疆之臣”；漠北诸府州隶瀚海（后改安北）都护府，漠南诸府州隶云中（后改单于）都护府。此后“三十年北边无戎马警”。在这个时期内，漠南突厥诸府州应可视为在云中、单于都护府监领下的民族自治区，漠北铁勒诸部以回纥为首，“私自号可汗，置官吏”，似以视作境外藩部为宜。至高宗末突厥叛唐复国，旋即掩有铁勒诸部故地；天宝以后回纥代兴，复尽有其地。贞观和高宗初年设置在大漠南北突厥铁勒部落内的羁縻府州，自突厥复国后即或徙或废，不可能再存在于故地。《新志》所载安北都护府所领突厥州三府一，回纥州七府一，无论在开元、天宝时或以后，都是不存在的；要么已离开故地迁入内地而《新志》失注。这些府州《旧志》皆不载，应为天宝中实际情况。

显庆二年平定西突厥全境，在其本部设都护府二、都督府及州各若干，唐廷初意欲以其地收入版图，建立了一些相应的制度，但数年之后即叛乱相仍，无法维持，已见上文。至则天时其地已或入于东突厥，或为突骑施所并。得到唐朝扶持的西突厥可汗子孙昆陵、濛池二都护无法就国，只能长期寄居长安。原来设在西突厥部族中心地点的安西四镇之一碎叶镇，开元七年又被放弃，进一步丧失了对西突厥故地的控制力。同年，不得不册封突骑施首领为可汗。唐与突骑施只有册封通贡关系，未尝畀以都护、都督职衔。大历之后，葛逻禄部强盛，又取代突骑施成为碎叶川一带的主人。

西突厥故地的羁縻府州初隶安西都护府，长安以后改隶北庭都护府。《旧志》北庭都护府下载有羁縻六都督府十州，注云："以上十六蕃州，杂戎胡部落，寄于北庭府界内，无州县户口，随地治畜牧。"此十六府州当系天宝中见在府州，早已离开原住地而内徙寄在北庭府即庭州界内。《新志》载有昆陵都护府所领二十三都督府，其中六府以五咄陆部置，四部以葛逻禄部置，一部以处月部置，其余无注。这大概是录自初置北庭都护府的旧簿，包括了当时或尚留原住地或已内徙的全部府名（另有三州列于都护府之前，无考）。濛池都护府下不载所领都督府及州名，有可能五弩失毕部从未建立过羁縻州，也可能显庆时曾建立，经四十年变乱，至分安西置北庭都护府时，已不复存在。

总之，西突厥故地诸府州，开元七年以前大致可以碎叶川为界，以东也许可视为战乱相寻极不稳定的境内民族自治区，以西则尽管有时能控制不多几个城镇，但五弩失毕部的大片牧地，似难视为在版图以内。开元七年以后，羁縻州的名义可能已全部废弃，各部落与唐之间在和好时期一般也只存在册封朝贡关系。

天山以南，原役属于西突厥的城郭诸国，应分为葱岭东、西二区：葱岭以东，唐设有安西四镇（龟兹、焉耆、于阗、疏勒）及其所领守捉、城镇，屯兵戍守，西至设于喝盘陀（今塔什库尔干）的葱岭守捉。在此范围内，龟兹等四国和此外一些小国，应视为唐朝版图内的藩属国，所设羁縻州性质属于民族自治区。自贞观拓境有其地后，高宗武后时数叛乱，又曾没于吐蕃，开元、天宝时相对稳定。开元中慧超自天竺东返，过了播密（帕米尔）到达葱岭镇，就说"此即属汉，兵马见今镇押"。贾耽"入四夷道里"也说守捉见"安西极边之戍"。安史乱后，吐蕃先夺陇右、河西，四镇坚守达三十年，终于亦为吐蕃所陷。此区羁縻州《旧志》反载龟兹、毗沙（于阗）、疏勒、焉耆四都督府，《新志》于四府外又有"河西内属诸胡"州十二府二，疑为天宝时所增置。

葱岭以西，设置于药杀水真珠河（今锡尔河）北岸、河中地区及乌浒河（今阿姆河）两岸吐火罗地区，远抵波斯边境诸羁縻州，则设置之初也只能视作境外的藩属，后来渐渐连藩属都不能算了。这些府州县多数置于显庆二年平定西突厥后的次年。最远的一个波斯都督府，置于龙朔元年。其时波斯萨珊朝已在十年前为大食（阿剌伯）所灭，其王子率残部逃入吐火罗境，唐即置府于这个托庇于吐火罗、驻在疾陵城（今伊朗锡斯坦之席翼）的波斯残部内。这个东起葱岭西至波斯边境的广大地区，自显庆以后百余年间，一直是在唐、大食、吐蕃和西突厥余部几股势力争夺之下，因此这些小国在政治上的从属关系极不稳定。唐设置在这一区域内的羁縻州，也就时存时亡；即在其存在时期，对唐朝的关系也或密或疏，不断变化。总的说来，大势是大食势力逐步东向、北向发展，唐朝势力相应逐步撤退。试以国史记载和阿剌伯记载结合起来看，安史乱前，大致可分三个阶段：

1. 阿剌伯于 664 年东侵阿富汗，占领喀布尔(唐细柳州)。《新唐书・波斯传》于“以疾陵城为波斯都督府，即拜卑路斯(波斯王子)为都督”后，紧接着说“俄为大食所灭”，殆即指此役。是则波斯都督府存在的时间大约只有二三年。

2. 664 年后，阿剌伯曾退出喀布尔，至 669 年再度占领，旋即由此入侵印度；709 年阿剌伯渡阿姆河占领布哈拉(唐安息州，即安国)；710 年镇压吐火罗(唐月氏都督府)的反叛，俘其叶护；712 年击破康国(唐康居都督府)、石国(唐大宛都督府，都柘析城，今塔什干)与突厥的联军，占领康国的都城萨末建(撒马尔罕)。此后河中地区昭武九姓国曾为抵抗入侵者而求援于唐，唐以道远无能为力。《唐会要》载开元十三年(725 年)时康国、石国皆臣属于大食，“其境东西万里，东与突骑施相接”。新罗僧慧超约于后一二年自天竺东返，在其所撰《往五天竺国传》也说吐火罗、胡蜜(唐鸟飞州都督府)、康国、安国、曹国、米国、史国等都是“见属大食所管”。阿剌伯史亦载几经进占撤退，终于在 739 年将突厥人逐出，取得对阿姆、锡尔两河间各国的全面统治。唯锡尔河北岸的石国、拔汗那国，仍为唐朝的藩属。

3. 天宝九载(750 年)，唐安西节度使高仙芝劾石国无藩臣礼，袭虏其王，王子走大食乞兵；次年，仙芝将三万众与大食会战于怛逻斯城(今江布尔)，唐兵大败，自是石国臣大食。拔汗那则至十三载犹遣子入朝留宿卫。

除来自西南的大食外，来自东南的吐蕃也多次侵入这一地区。但大食吐蕃势力扩展到哪里，并不等于哪里就完全与唐朝脱离关系，唐朝的羁縻州不复存在。波斯都督府虽在高宗初年即建府后二三年即为大食所灭，其部族则直到开元、天宝时仍遣使来献，乾元初又“从大食袭广州，焚仓库庐舍，浮海走”，“大历时复来献”。从大食袭广州的应为一批降附大食的波斯人，遣使来献的应为流亡于吐火罗地区的龙朔中设置过波斯都督府的波斯人后裔。在今阿富汗东部的谢飓国(唐条支都督府，今加兹尼城)、罽宾国(唐修鲜都督府，今努里斯坦)，在今阿姆河流域的吐火罗国(月氏都督府)、石汉那国(悦般州都督府)、护蜜国(鸟飞州都督府)、骨咄国(高附都督府)、俱蜜国(至拔州都督府)，在开元、天宝时都还对唐维持着朝献册封关系，其中罽宾、吐火罗还维持到乾元年间。吐火罗在邻胡谋引吐蕃入侵时，唐曾“为出师破之”；乾元初吐火罗等“西域九国发兵为天子讨贼，诏隶朔方行营”。就是那个天宝中因高仙芝措置乖谬而反唐投向大食的石国，宝应、大历时又曾遣使朝贡。

所以会出现这种情况，当由于大食或吐蕃对这些小国的统治，还不能禁断它们与唐朝的交往，所以这些记载并不能作为唐朝统治或控制着这些小国的论据。俱蜜既“役属吐蕃”，而自开元至乾元其王不仅多次朝献受册封，还曾“身入朝”。这二条记载很可能说明这一地区在唐玄宗、肃宗、代宗时期的具体情况：实际已经在大食或吐蕃统治或控制之下，却和唐朝还维持着一定的关系。不过其时来朝献受册封都只称某国王或叶护，绝无称为某都督府都督的，很可能羁縻府州的名义业已不存在。

两《唐志》皆载有阿姆河两岸诸府州名，《新志》尤详。但两《志》皆脱载河中诸府州。两《志》所载西域府州，在列传中往往失载，所以河中地区曾设过的羁縻府州，可能不止见于列传的那几个。

唐与葱岭以西诸国的关系，当然会受到安史之乱的打击，但如上所述，有几国在乱后的大历年间，与唐仍有联系。直到贞元中安西四镇沦没于吐蕃，自此以后，葱岭西诸国不再见于记载。

自贞观元年至十年，招慰松州以西党项生羌部落置二十五（一作三十二）州，扩地西至积石山，皆隶松州都督府。《旧志》载有此二十五州名目、建置沿革及其至京师里数，领县数及县名，其中六州有户数。其时此二十五州应视为唐朝领土。但这条边界线只维持了十多年。《旧志》说“永徽以后，羌戎叛，制置不一”。此后吐蕃渐次东侵，松府羁縻州屡遭残破，党项部落或内徙关内道灵庆、银夏等州，其留处故土者皆为吐蕃役属。故史载仪凤时吐蕃幅员已东与松、茂、嶲接，可见松州以西诸羁縻州，应已悉数没入吐蕃。开元时仍如此，故两国约和时则吐蕃请互市于松州城西近处之甘松岭，战端重开则反复争夺恭州南境的安戎城。至天宝时，唐蕃战争唐方取得了几次胜利，唐界乃有所扩展，当即在此区域内设置了大量羁縻州，一部分是复置贞观旧州，大部分皆新置于“生羌部落”。《旧志》据天宝十二载簿，松府有“一百四州，其二十五州（即贞观旧州）有额户口，但多羁縻逃散，余七十九州皆生羌部落，或臣或否，无州县户口，但羁縻统之”。《新志》所载凡一府七十一州，其中一府十三州“有版”（除一州外皆在《旧志》贞观二十五州内），五十八州“无版”。天宝时唐所实际控制的党项州境界，比之贞观时孰大孰小，无可确考。其中《旧志》所谓“无州县户口”的七十九州，《新志》所谓“无版”的五十八州，显然都只是一个空名；《旧志》的"有额户口"二十五州，《新志》的"有版"一府十三州，也未必能恢复贞观时的旧体制，所以《旧志》说"多羁縻逃散"。

安史以后，天宝时代的松府党项羁縻州又有部分内徙，大部分重复没入吐蕃，从此唐地"剑南尽西山"，所有党项州遂全部是内地的侨州。贞元中西川节度使韦皋屡次击破吐蕃军于边境；九年，"西山八国及近界诸羌蛮又内附"，唐又在这些部落内设置了一些羁縻州，"然亦潜通吐蕃，故谓之两面羌"。见《唐会要》卷九九东女国。

武德及贞观初年开剑南道戎州以南诸蛮部落，至贞观八年戎州都督府领羁縻十六州，拓地南至今云南玉溪通海，东南至于南盘江，东至贵州兴义、普安一带，西包楚雄彝族自治州。既而又西展在洱海周围六诏地区设蒙舍、登沟等州。麟德元年改姚州为正州，置都督府，辖傍近及六诏诸州。约开元二十三年左右，张九龄为玄宗撰拟了《敕安南首领爨仁哲书》，见《曲江集》。生动地反映了今云南境内当时的羁縻州情况。其时南盘江以东以北为戎府所领，曲江以北为姚府所领，南盘江曲江以南则为安南都护府所领。敕书说到那几年里安南府首领归州刺史、潘州刺史，姚府首领昆州刺史、黎州刺史，戎府首领威州刺史、升麻县令，"时有背叛"，其事由则为部落之间"朋仇相嫌"，"兵戎相防"，而"都府不平，处置有失"，故由朝廷遣使捧敕前往"宣问"，谕以"卿等虽在僻远，各有部落，俱属国家"，应该"并识王化"，不要再"生梗"，"有须陈请，何不奏闻?"很清楚当时这些羁縻州尽管有点"背叛"，在体制上则分属于戎、姚、安南等三个都府，都是国家(唐朝)的领土。可是十多年后的天宝九载，早先的蒙舍州刺史，开元末已封为云南王的南诏首领起兵反唐，几年之后，便席卷了姚府全境和戎府所领在今云南境内的所有羁縻州。所以《新志》所载姚府及所领羁縻州的全部和戎府羁縻州的大部分，在天宝末年时事实上都是南诏的领土。

剑南道西陲党项、羌、傣羁縻州隶松、茂、雅、黎、嶲五州都督府，南境诸蛮、夷、僚羁縻州隶戎、姚、泸三州都督府。松、戎、姚三府已见上述。茂府所领涂、炎、彻、向、冉、穹、笮七州建于武德及贞观初，《新志》有建置沿革、领县名，《旧志》又有户口数及至京师里数。其地当在茂州附近，天宝时犹在版图之内。外此又有三十二州，《新志》作永徽增置于新附羌落，《旧志》作"析置三十一州"而不列名。嶲府《新志》作领十六州，《旧志》无。雅府《旧志》作领十九州，《新志》作四十七州。黎府《旧志》领五十四州，《新志》领五十三州。皆只有州名，无建置领县，方位无考，疑皆有其名而无其实。或天宝以前曾稍有接触，安史乱后遂绝。泸府《旧志》领州十，皆开置于仪凤、大足间，有领县名，其中纳、薛（萨）、晏、巩四州仪凤初置为正州，先天乃降为羁縻。《新志》领十四州，不见于《旧志》的四州有领县名而无置州年。十四州之地皆在今川南黔西北赤水河、南广河流域，应在唐朝领土范围之内。

江南道黔州都督府，《旧志》在府下说天宝元年领羁縻州五十，《新志》作领诸蛮州五十一，二志州名颇有出入。其地域则大致相当今贵州江口、石阡、开阳、黔西以西南，西至大方、晴隆、安龙，南至广西南丹、凌云。其中牂（今瓮安）、琰（今关岭）、庄（今惠水）、充（今石阡）、应（今三都）、矩（今贵阳）六州初皆为正州，开元、天宝中始降为羁縻，而六州之地西抵今关岭，东抵今榕江，分布甚广，非限于一隅，则当时黔府所领羁縻州，基本上应在唐朝有效控制之下，而在版图之内。但中晚唐时自今金沙、安顺、册亨以西可能渐次弃而不问，因而到宋代这一带出现了罗氏、罗殿、自杞等国。

岭南道桂州、邕州二都督府及安南都护府所领羁縻州，部落弱小，四周皆唐正州正县，自应作境内处理。唯安南所领在今云南曲江南盘江以南诸州，天宝后渐为南诏所并，至大中时安南府北界遂基本上退至今中越国界一线。

1986年8月26日

（原载尹达等主编《纪念顾颉刚学术论文集》，巴蜀书社1990年）

湖南人由来考[1]

上篇 历史上之陈迹——当时记载之一鳞半爪

上古秦汉湖南境内民族之推测

上古世荆、楚称为蛮夷。《诗》曰:“蛮、荆来威”,又曰:“蠢尔蛮、荆,大邦为仇”[2]是也。故更在楚南之今湖南地,几不为中原人所知。《尚书》中有所谓“崇山”,有所谓“苍梧”[3],其地皆在今湖南境,然当时中原人对于此诸地之知识,其模糊隐约盖与秦汉人之视蓬莱、方丈等耳。《春秋》桓公十三年蛮与罗子共败楚师,杀其将屈瑕[4]。罗,当今湘阴、平江二县境。文公十一年楚子伐麇。[5]麇,当今岳阳、临湘之地。自是湖南之东北境始入于历史时期。至诸夏势力之侵入湖南,则要始于战国初吴起相楚悼王,南并蛮、越,取洞庭、苍梧之地,于是湖南之东部湘、资二流域入于楚。其后复西向并吞沅、澧二流域,曰巫中[6],而湖南之全部皆入于楚矣。是时湖南境内之民族,除土著之蛮夷而外,外来之移入者,当即为湖北境内之荆、楚民族。观夫屈原以楚之王室,而徘徊于沅、澧之间,啸傲以汨罗之畔,是湖南之已为楚人所熟知熟至也可知矣。秦汉时之湖南人,盖即此时移入之荆、楚民族之后裔也。

秦昭襄王二十九年,遣将白起伐楚,略取蛮夷,即楚巫中之地置黔中郡。既灭楚,又即吴起所并洞庭、苍梧之地置长沙郡。[7] 自是长沙、黔中号南垂要地,中原资以南向镇服百越。秦始皇帝三十三年发逋亡人、赘婿、贾人略取陆梁地[8],

1 此系燕京大学研究院毕业论文,作于1931年;原名《中国内地移民史·湖南篇》,刊登于燕大《史学年报》,《方志月刊》转载时,编者改作此名。

2 《小雅·采芑》。

3 《尧典》。

4 5 《左传》。

6 《后汉书》卷一一六《南蛮传》。

7 《史记·秦本纪》。

8 《史记·秦本纪》。

汉武帝元鼎六年发江、淮、巴、蜀诸郡兵及罪人以平南越[1]，皆道出三湘。于是湖南地不仅为荆、楚人之所至，间亦有中原之人，以谪戍从征而来居是土者。然西汉时湖南四郡，曰长沙、零陵、桂阳、武陵。长沙据湘水下流，在诸郡之东北，距中原最近，而新莽易之曰填蛮郡。[2] 因名思义，其地蛮众之悍可知。零陵据湘水上流，当中原通南越之要道，然于汉武时号曰"初郡"，比之交趾九郡、西南夷七郡。[3] 长沙、零陵如此，湘水流域如此，则武陵、桂阳可知，沅、澧流域可知矣。南越王赵佗有曰："西北有长沙，其半蛮夷亦称王。"[4] 是即以政治关系言，是时湖南境亦未尝全隶于汉廷也。中原人之开始大量来移湖南，湖南之始为中原人所开发，其事盖促成于莽末更始之世。方是时中原大乱，烽烟四起，田园尽芜，千里为墟，百姓皆无以为生，必有南阳、襄阳诸郡之人，南走避于洞庭、沅、湘之间，筚路蓝缕，以启此荒无人居之山林旷土也。故西汉户口，元始为盛，东汉户口，永和为盛，以全国言，永和之户，不加于元始；然以长沙等四郡言，则百四十年间，户增四倍，口加五倍[5]，此非自然滋生所可致，外来之移殖者盖有以致之也。《前汉书》不志武陵、长沙诸蛮，而《后汉书》志其"寇乱"特盛，以此亦足证后汉世湖南境内汉民族之陡然增加，以致引起此种冲突也。[6]

三国争雄，荆州在其中。师旅所从出，东西南北之人萃焉。锋镝之所向，田园庐舍毁焉。湖南在是时盖为文化上一进步时期，生聚上一退步时期。

六朝时湖南所接受之外来移民

晋惠帝末年，巴氐李氏乱蜀，梁、益之人多有避地出峡者，史称巴、蜀流人布在荆、湘间者汝班、蹇硕等数万家。客势既盛，主乃生妒。以是此等流人每为旧百姓所侵苦，并怀怨恨。怀帝永嘉五年，正月，遂共推其魁杰杜弢

1 《汉书》卷九五《南粤传》。

2 《汉书·地理志》。

3 《汉书·食货志》晋灼注。

4 《汉书·南粤传》。

5 《汉书·地理志》、《续汉书·郡国志》。

6 湖南在东汉时不特户口激增，即在文化上亦为一积极进展之时期。《后汉书》卷一〇六《卫飒传》载：建武中飒"迁桂阳太守，郡与交州接境，颇染其俗，不知礼则。飒下车修庠序之教，设婚姻之礼，期年间邦俗从化"。后"茨充代飒为桂阳，亦善其政。教民种植桑柘麻纻之属，劝令养蚕织履，民得利益焉"。卷七一《宋均传》载：建武中均"调补辰阳长，其俗少学者而供巫鬼，故为立学校，禁绝淫祀，人皆安之"。又《卫飒传》注引《东观记》："元和中荆州刺史上言：臣行部入长沙界，观者皆徒跣，臣问御佐曰：'人无履亦苦之否？'御佐对曰：'十二月盛寒时，并多割裂，血出，燃火燎之。春温或胀溃。建武中桂阳太守茨充教人种桑蚕，人得其利。至今江南颇知桑蚕织履，皆充之化也。'"盖自此而湖南人始稍知华夏之衣冠礼乐，寖假而亦自比于中原人矣。

为主，据长沙反，攻破郡县，湘州刺史荀眺委城走广州。复南破广州之师，下零、桂诸郡；北败荆州之军，侵掠武昌、安城、邵陵、衡阳、长沙、宜都。诸太守内史，并为所害。一时湘州之全部，荆州之半部，皆为所有。其再明年，是为愍帝建兴元年，朝命始以征南将军王敦、荆州刺史陶侃讨之。前后数十战，迭败陶侃之师于石城、林鄣等处，旋以寡不敌众，将士渐多物故，至建兴三年八月，卒为陶侃所破。其杰将王真率众降，弢逃窜不知所往。计自初起以至于斯，前后凡五年，乱始平。[1]

此万余家梁、益流人虽遭斯厄难，“顿伏死亡者，略复过半”[2]，然其后百五十余年，降至刘宋泰始、元徽之际，其后裔犹多布在湘土者。王僧虔为湘州刺史，始表割益阳、罗、湘西三县缘江巴峡流民立湘阴县[3]，此移民之来自西方者也。

自永嘉祸作，中原沦于胡羯，遗黎南渡大江流域者，何啻数百十万。此在全国移民史上是为华夏民族之第一次大南徙。然接受此项移民之地域，以扬、荆言，扬倍蓰于荆；以荆州言，襄阳倍蓰于南郡；以南郡言，又以在今湖北境内者为多，在今湖南境者为少。此可以东晋南朝所置侨州郡县之多寡，略见其梗概。据《宋书·州郡志》、《晋书·地理志》，则是时侨郡之在今湖南界内者，有南义阳一郡、南河东半郡。

（一）南义阳郡 《晋志》：穆帝时“以义阳流人在南郡者立为义阳郡”。又曰：“安帝又侨立南义阳、东义阳、长宁三郡。”按《宋志》：“南义阳太守，晋末以义阳流民侨立。”别无义阳郡，是南义阳即义阳也。《大清一统志》：东晋义阳郡在今安乡、澧州界内，隋废，故治在今安乡县西南。东晋宋初郡所属县可考者凡三：曰平阳，本为郡，在今山西南境，江左侨立，晋末省为县。曰厥西，曰平氏，皆本属义阳，在今河南南境，随郡侨立。是今日安乡、澧州之地，当时曾有山西、河南之人移殖于斯土也。义阳郡在宋有户千六百零七，口九千七百四十一。

（二）南河东郡 《晋志》：江左“又以河东人南寓者于汉武陵郡孱陵县界上明地侨立河东郡”。《宋志》：南河东太守，“晋成帝咸康三年征西将军庾亮以司州侨户立”。据《大清一统志》，汉孱陵县地当今湖北之公安、松滋二县，湖南之华容、安乡二县，并澧州之一部分。南河东郡隋废，故治在今松滋县境。东晋、宋初郡所属县凡八：曰安邑、闻喜，本属河东郡，在今山西西部。

---

1 《晋书》帝纪、卷六六《陶侃传》、卷一〇〇《杜弢传》。

2 杜瞍与应詹书中语，见《杜瞍传》。

3 《南齐书》卷三五《王僧虔传》。

曰永安、临汾，本属平阳郡，在今山西西部。曰弘农，本为郡，在今河南西境，江左立侨郡，后并省为县。以上本属司州。曰谯，本属谯郡，在今安徽北境。曰松滋，本属安丰郡，在今河南东南境。以上皆本属豫州。曰广戚，据《宋志》。《晋志》作大戚，避隋讳而改。本属彭城，在今江苏西北境。以上本属徐州。

此八县某几县侨置于今湖北境，某几县侨置于今湖南境，已不可考。大体言之，则今日华容、安乡、澧州之地，当时曾有山西、河南及江苏、安徽北部之人，移殖于斯土也。南河东郡在宋有户二千四百二十七，有口万零四百八十七。此移民之来自北方者也。

隋唐时代之湖南其情形甚暗昧。东汉以来，历代史传之称述湖南"蛮乱"者，未尝有间。然自隋之开国以至于唐开元，中间百三四十年，未尝闻有一次"蛮乱"。开元而后，虽有一二次[1]，亦等闲视之。至唐末而始有群蛮肇起之记载[2]。岂隋唐全盛之际，湖南境内之蛮族已皆归化为王民乎？此以进化之史则衡之为不可通，抑亦事理所必无也。以情度之，意者隋唐帝国仅为一政治军事上之向外发展时代，对于南部国土之开发，殊鲜进步，故不为蛮族所嫉视乎？

下篇 今日湖南人之由来——后世追述之整理与统计

一、以五种方志氏族志表为据

《湖南通志》无氏族志。湖南诸府、州、县方志之有氏族志者，计凡五种：一曰道光《宝庆府志》；二曰光绪《邵阳县乡土志》；三曰光绪《武冈州乡土志》；四曰光绪《湘阴县图志》；五曰光绪《靖州乡土志》。邵阳、武冈即宝庆府所统州县，故实际上此诸氏族志所志及之地域，即宝庆一府、靖州一州、湘阴一县是也。

宝庆府东接衡、永二府，西接辰、沅、靖诸州，南接广西之桂林府，北接长沙府。占地几及全资水流域，并沅水上流一小部分。汉置昭陵、都梁、夫夷三县于此。宋置府，明清辖县四：邵阳、新化、新宁、城步；州一：武冈。邵阳即附郭县，民国废府，以府名为县名。武冈州易曰武冈县。十七年，复改宝庆曰邵阳。靖州前通道，后会同，左绥宁，右广西之锦屏。占地沅水上流一小部分。宋始置州，明清为靖州直隶州治所。民国废州曰靖县。湘阴县当湘水入洞庭之口。长沙在其南，岳阳在其北，左平江，右沅江、益阳。秦置罗

---

1 开元十二年有覃行璋之乱，见新、旧两《唐书》本纪及《新唐书》宦者《杨思勗传》。元和六年有辰溆州张伯靖之乱。见《新书》纪。

2 辰州为宋邺所据，溆州为昌师益所据，澧州为向瓌所据，见《新书》纪乾符六年。

县于此，刘宋始建湘阴。明清隶长沙府。三地合今七县，于全省七十五县为十分之一不及。以地域之广狭言，此诸县占地较广，约及全省面积六分之一。然此七县有在省境之中部者（邵阳、新化），有在省境之西南部者（武冈、新宁、城步、靖），有在省境之东北部者（湘阴），是以方位言，已五得其三。故虽只七县，而其情形实即全省大部分共通情形之代表。

道光《宝庆府志》，新化邓显鹤所撰[1]，经始于道光二十五年三月，越四年至二十九年六月成书。精当博洽，称一时名手笔。前志晋无氏族表，至是始创为《氏族表》十二卷。卷一表列爵，卷二表勋卫，卷三、卷四、卷五表邵阳，卷六、卷七、卷八表新化，卷九、卷十表武冈，卷十一表新宁，卷十二表城步。事属空前，赅备为难，故所列氏族颇多不详明其世系所自来者。《邵阳县乡土志》，邑人姚炳奎所主纂，经始于光绪三十二年，翌年成书。采府志之氏族表著为志，复增补而修正之，精密更有过焉。《武冈州乡土志》，邑人张德昌纂，光绪三十四年成书。其氏族志所列氏族少于府志所列三十余族，且两书太半不能相合。岂修此志者竟未见府志耶？抑以府志所列尽属谬误因割弃之而另创耶？诚不可得而知之矣。《靖州乡土志》，知州秀水金蓉镜所纂，光绪三十四年成书。《湘阴县图志》，邑人郭松焘撰。郭氏字筠仙，积学能文，官至侍郎，归老于乡，自任此志总纂。书成于同治中，而为藩司李某所扼，卒历若干年至光绪六年仅得以私资付刊。然其书搜罗广备，考证精详，虽《宝庆志》犹有未逮也。湘阴县方志始修于南宋淳祐中，明成化、嘉靖两续之，其书今皆已佚。存者有《康熙志》、《乾隆志》、《道光志》，皆无氏族表，此志始创之。

今以《宝庆志・氏族表》中所别列之列爵、勋卫二项与他族一并计算，则邵阳县氏族之见列者，有一百四十二族（列爵勋卫占二十二）；新化县氏族之见列者，有一百三十族（爵勋占四）；武冈州氏族见列者有八十五族（爵勋占八）；新宁县有十六族（爵勋无）；城步县有二十西族（爵勋占六）。邵阳县复依乡土志增二十三族，合得百六十五族。总计一府全五州县，共四百二十族。又《武冈州乡土志》别列武冈四十八族。《靖州乡土志・氏族志》共列靖州五十一族。《湘阴志》共列湘阴二百三十三族；亦有同出一源而分列为数族者，今仍之，亦有但于共列湘阴二百三十小注中提及之者，为整齐划一起见，今不计。

此一府、一州、一县约共七百族之湖南人中，有多少为土著，有多少系徙

1　邓显鹤，字南村，学者称湘皋先生，与欧阳绍辂并负重名于当时诗坛。尤邃于乡土掌故之学，著有《楚室》、《沅湘耆旧录》等书。

移而来者？此为本论文讨论之开端。

湖南地在古为苗、蛮所聚居，本非汉家之故国。依理除苗、蛮外，自无所谓土著；凡是汉人，莫非他处所徙移而来者。但徙移既久，年远代湮，子孙或不复能忆其祖宗所自来，乃有以土著称者焉。氏族志表中所列族姓有曰"世居某县某里"者，今姑认之为土著，则此七州县中土著与外来移民数目上之分配有如下表：

第一表

	邵阳	新化	武冈	新宁	城步	宝庆府	靖州	湘阴县	共	武冈州
土著	2	1			3	6	2	1	9	
外来移民知原籍	119	65	63	14	17	278	41	198	514	45
外来移民不知原籍	22	23	10	1	2	58	4	1	63	3
不明	22	41	12	1	2	78	4	33	115	
	165	130	85	16	24	420	51	233	704	48

说明：《武冈州乡土志》所列氏族不能与《宝庆志·武冈表》相合。故另列一项，不入统计。以下诸表皆仿此。

土著但得九族，占全数百分之一。外来移民知原籍、不知原籍合计得五百八十族，占全数百分之八十二。世系不明不知为土著抑外来者共一百一十五族，占全数百分之十七强。此百余族中能有几族为土著虽不可知，然以已知者之比例推之，则要亦不过三五族而已，全体合计，充其量不过百分之二三。

此九姓土著之中：宝庆府六族，其一曰邵阳之同庄李氏，世居邵阳西乡，其二曰邵阳之墨溪黄氏，世居邵阳墨溪。此二姓皆不似真土著。且李氏所记世系不过五代，第四代为元皇庆中进士，疑亦是宋世所徙来者；黄氏所记世系共十三代，第十一代为康熙武举，疑亦是元末明初所徙来者也。其三曰新化之石界扶氏，《表》云："世系未列。《宋史》所称梅山扶氏、苏氏，盖新化氏族之最古者也。"按扶氏初非新化一邑之姓，湖南各县有之者不少。在酃尤为庞然大族[1]，但他省罕睹，或果为土著也。《宋史》所称扶氏系梅山蛮之酋长，是新化之扶又为蛮族而非汉族也。其四曰城步之黔宁王沐氏。本姓李，元季徙濠州定远，从明太祖为养子，因姓朱。旋取李朱之所同改姓木氏，又加水旁，姓沐氏。致爵后还徙城步。李姓为天下最普通之姓，亦不知其果为真土著否也。此外城步凉国公蓝氏、颖国公杨氏，虽未明言为世居，然蓝

1　同治十二年《酃县志》卷一四《选举志》，扶氏选乡贡者得三十四人。

氏为苗蛮氏族中之大姓，东起闽浙，西至云贵，莫不有之；杨氏亦为西南溪峒中之大姓，而二族所托始之蓝昌见、杨再思二人本身又为据有溪峒之酋长，则此两族盖本为土著之蛮族，汉化而冒汉籍者也。靖州二族皆溪峒蛮酋之裔。一曰杨氏，亦系出杨再思，《表》云："今之诸杨，散居黔楚最繁，靖之六团里峒人，杨姓湖耳长官司，皆其后人，其为汉民者通道、会同、绥宁、靖之古二里尤多。"同是蛮酋杨再思之后，而或为峒人，或为汉民，可见此所谓蛮，此所谓汉，其区别不在乎种族之有异，而在乎风习之已否汉化也。一曰姚氏，系出姚明敖。《志》云："居中洞里下戈村，其兜鍪尚存。"姚明敖者，杨氏纳土后之靖州一蛮酋，于宋孝宗乾道三年曾"作乱寇边"，数月而平。[1] 湘阴一族，曰中堠焦氏。《表》云："其先曰琼，世居湘阴，元末从明太祖金陵，以功累擢福建卫指挥佥事。洪武十四年从征云南，道卒洞庭。子孙流寓长沙。琼传八世至俊，嘉靖中迁今地。"是所谓世居云者，始于琼之前乎？始于琼乎？始于琼之八世孙乎？辞意颇费解，要之其非为真土著则可知也。如此，表所列土著九族之中，其可信为真土著者，但有五族。此外四族当是迁徙已久，世系不明，致误作"世居"云云。

外来移民之有原籍可考者，五百一十七族。此五百一十七族之原籍为何地乎？换言之，此五百一十七族之今日湖南人，其祖先何自来居湖南乎？

兹请先依省别，列表如下：

第　二　表

	邵阳	新化	武冈	新宁	城步	宝庆府	靖州	湘阴县	共	百分比	武冈州
江　西	71	48	31	9	9	168	14	142	324	63.1	32
江　苏	12[2]	1	8		1	22	6	11	39	7.6	1
河　南	7	2	4			13	2	7	22	4.3	3
福　建	1	1	2	1		5	2	7	14	2.7	1
安　徽	2[3]		3			5	5	3	13	2.5	1
河　北	5		2			7	1		8	1.6	
山　东		1			1	2	2	2	6	1.2	2
广　西			2	1		3	2		5	1.0	
浙　江	1				1	2	2		4	0.8	

1　《宋史》卷四九四《西南溪峒诸蛮》下页二下。

2　诸志表有曰江南江左者，作江苏计。

3　诸志表有曰淮南者，作安徽计。

续 表

	邵阳	新化	武冈	新宁	城步	宝庆府	靖州	湘阴县	共	百分比	武冈州
四　川	1					1	1	1	3	0.6	
山　西	1					1			1	0.2	
陕　西								1	1	0.2	
湖　北	2	2	1		1	6		12	18	3.5	
湖　南	15	9	9	3	4	40	3	12	55	10.7	4
	118	64	62	14	17	275[1]	40[2]	198	513	100	44[3]

江西省最多，占全数几及三之二，湖南本省次之。此湖南诸族若再考求其祖贯，则其中太半当又系江西人也。江西以外之外省移民，合计不过百分之二十六；而其中又以江苏、河南、湖北、福建、安徽诸省为较多，此合而言之也。分言之：则江西移民于湘阴占百分之七十二，于宝庆占百分之六十一，于靖州占百分之三十五。自东北至于西南，以次递减，适与各地距江西之远近成正比例。湖南本省移民于宝庆占百分之十五，于湘阴占百分之七，于靖州占百分之八，则以宝庆居省境之中部，湘阴靖州僻在一隅故也，江西与江苏于各地皆居外省移民之第一、第二位，自余则参差无定序矣。然亦有以距离之远近以为转移者：如湖北移民唯湘阴、宝庆有之，而靖州独阙；广西移民唯靖州、宝庆有之，而湘阴独阙是也。

兹再进一步考求各省内部之分布状态，表如下：

第三表　甲　江西

	邵阳	新化	武冈	新宁	城步	宝庆府	靖州	湘阴县	共		武冈州
不知何府州县	8	7	20	2	3	40	5	7	52	}52	7
南昌　南昌	1	1	1		1	4	1	25	30	}88	1
新建							1	1	2		
丰城	3				1	4	1	44	49		
进贤		1				1		1	2		
奉新								2	2		
修水								3	3		

1　本二百七十八族，三族所徙自之地不知今属何省：一，连河套子岭；一，吾安；一，太平富金。

2　本四十一族。一族所徙自之地不知今属何省，曰武阳。按绥宁县境内马楚时曾置武阳寨，户为蛮所废。广西故有武阳县，宋废，因曰武阳镇。此所谓武阳系明时之武阳，不知何指。

3　本四十五族。一族所徙自之地不知今属何省，曰梅城。

续 表

		邵阳	新化	武冈	新宁	城步	宝庆府	靖州	湘阴县	共		武冈州
	清江	1	1				2		3	5	8	1
	新淦			1			1		1	2		
	新喻		1				1			1		
瑞州	高安		1			2	3		2	5	8	
	宜丰				1		1		1	2		
	上高	1					1			1		
	宜春								1	1	3	
	分宜	1					1			1		
	萍乡	1					1			1		
吉安	庐陵	17	7	1	2	2	29	1	17	47	152	1
	泰和	23	22	2	1		48	3	3	54		20
	吉水	4		2	2		8		20	28		1
	永丰								2	2		
	安福	9	6	3	1		19		2	21		
九江	德化								1	2	3	
	德安							1	1	1		
饶州				1			1		1	2	4	
	余干								1	1		
	德兴								1	1		
抚州								1		1	5	1
	金溪	2	1				3		1	4		
	大庾								1	1	1	
		71	48	31	9	9	168	14	142	324	324	32

说明：1. 原志表所记之县名有非今名者，易以今名，府州名仍之。府县名同列者，或府名为今县名。

2. 设有一族自泰和徙新化，再徙邵阳，如新化表列有此族则邵阳项下作为自新化移来，如新化表中不列此族，则邵阳项下作为自泰和移来。

3. 南昌县为南昌府治，凡称南昌府及南昌县者皆列南昌南昌项。余仿此。

4. 凡称洪州者列“南昌南昌”条，凡称吉州者列“吉安庐陵”条。余仿此。

泰和最多，丰城、庐陵次之，南昌、吉水、安福又次之。泰、丰、庐三县合计共得百五十族，较之江西以外各外省之总数，犹多十六族。六县合计共得二百二十八族，占全移民数十之四，全省移民数十之七。南昌卜丰城二县旧属南昌府，庐陵、泰和、吉水、安福四县旧属吉安府；民国废府，以吉安府所属属庐陵道。此外南昌府属庐陵道属（今道府制皆废，为便于称述起见，故引用之）又得三十族，合一道一府共得二百五十八族，占全省移民十之八。不知府州县者得百分之十六，其大部分当亦系庐陵道、南昌府人也。（例如《宝庆志》武冈表未言明何府州县二十族，泰和二族，《武冈州乡土志》未言明何府州县者七族，泰和二十族，二书虽不能相合，然由此可见《宝庆志》未明之二十族中，太半皆系泰和人也。）

此合而言之也。分言之，则于宝庆以吉安府为最多，于湘阴以南昌府为最多，可知江西南部人多移湖南南部，江西北部人多移湖南北部也。或以为由此足证南昌、吉安之所以独占多数于江西者，以今表所根据者仅为宝庆、靖州、湘阴一府、一州、一县之材料耳。若通省计之，则将不如是。此言不然，于宝庆虽以吉安为首，然次之者南昌也；于湘阴虽以南昌为首，然次之者吉安也；是知分论之虽有孰首孰次之别，合论之则同以吉安、南昌为首也。

第三表　乙　江苏

	邵阳	新化	武冈	新宁	城步	宝庆府	靖州	湘阴县	共		武冈州
不知何府州县	2		3			5			5		
江宁　上元 江宁	4		1			5	3	3	11		
苏州　吴								5	5		
松江		1				1			1		
武进								1	1		
无锡						1			1		
镇江	1					1			1		
溧阳					1	1			1		
淮安　山阳	1					1	1	1	2		
江都	2		1				3		1	4	
兴化			1				1			1	
高邮			1				1			1	
泰								1		1	
邳								1		1	
泰兴	2						2		1	3	
	12	1	8			1	22	6	11	39	

江宁最多，此有特殊原因，容后解释之。吴县（苏州）、江都（扬州）次之。此外县各一二族，散在江域及淮南。淮北唯邳县一族。

第三表　丙　河南

	邵阳	新化	武冈	新宁	城步	宝庆府	靖州	湘阴县	共	武冈州
不知何府州县		1	1			2			2	
开封　祥符	1					1			1	
荥阳			1			1			1	1
太康								1	1	
睢			1			1			1	1
宁陵	2					2			2	
安阳								1[1]	1	
汲							1		1	
辉								1[2]	1	
怀庆		1				1			1	
武陟	1					1			1	
南阳			1			1			1	
唐										1
新野								3[3]	3	
汝宁	1								1	
上蔡	2						1	1	4	
	7	2	4				2	7	22	3

县各一二族，大半散在省东北境黄河两岸，南部淮、汉流域亦得数族，西部崤、函、伊、洛之间无一族。

第三表　丁　福建

	邵阳	新化	武冈	新宁	城步	宝庆府	靖州	湘阴县	共	武冈州
闽侯			1			1			1	
罗源	1					1			1	
永福							1		1	
福清								1	1	

1　表谓其先曰韩溟，忠献之孙也。按忠献韩琦之谥，《宋史》卷三一二，韩琦相州安阳人也。

2　表谓其先曰邵维，宋康节公雍之弟。按《宋史》卷四二七，邵雍其先范阳人，父徙衡漳，又徙共城。雍年三十游河南，葬其新伊水上，遂为河南人。邵氏之为河南人自雍始，维为雍之弟，未必亦曾籍河南也，当从父籍共城为是。按共城即今辉县。

3　表谓出自汉上蔡侯邓隲，高密侯禹之孙也。按《后汉书》卷四六，邓禹，南阳新野人也。

续 表

	邵阳	新化	武冈	新宁	城步	宝庆府	靖州	湘阴县	共	武冈州
晋江								1	1	
上杭								1	1	
莆田			1	1		2	1	3	6	1
光泽								1	1	
漳浦		1				1			1	
	1	1	2	1		5	2	7	14	1

除光泽、上杭而外，其余十二族，皆在沿海地带；而莆田一县，独占其半数。

第三表 戊 安徽

	邵阳	新化	武冈	新宁	城步	宝庆府	靖州	湘阴县	共	武冈州
不知何府州县							1[1]		1	1
泗			1			1			1	
凤阳	1		2			3			3	
定远	1					1		1	2	
寿								1	1	
徽州							1		1	
休宁								1	1	
和							1		1	
含山							1		1	
六安							1		1	
	2		3			5	5	3	13	1

除旧徽州属二族而外，其余十一族，皆在江、淮之间；而凤阳一府得其半数。此有特殊原因，容后解释之。

第三表 己 河北

	邵阳	新化	武冈	新宁	城步	宝庆府	靖州	湘阴县	共	武冈州
不知何府州县	1					1			1	

1 《志》不言徙自，据《湖南文征・国朝文》卷一一九刘基定作《储石友先生死难行状》补。

续　表

	邵阳	新化	武冈	新宁	城步	宝庆府	靖州	湘阴县	共	武冈州
顺天　大兴	1		1			2			2	
三河			1			1			1	
顺义	1					1			1	
清苑	1					1			1	
广平							1		1	
怀来	1					1			1	
	5		2			7	1		8	

县各一二族。除广平而外，皆在北平附近。怀来后属察哈尔，为便于计算，仍置河北。

第三表　庚　山东

	邵阳	新化	武冈	新宁	城步	宝庆府	靖州	湘阴县	共	武冈州
不知何州县		1				1	1		2	1
曲阜								1	1	
阳信								1	1	
曹州							1		1	
牟平					1	1			1	
高密										1
		1			1	2	2	2	6	2

第三表　辛　广西

	邵阳	新化	武冈	新宁	城步	宝庆府	靖州	湘阴县	共	武冈州
桂林			1			1			1	
兴安							1		1	
全			1	1		2			2	
怀集							1		1	
			2	1		3	2		5	

除怀集一族而外，其余四族，皆在最接近湖南之桂林府境。

第三表　壬　浙江

	邵阳	新化	武冈	新宁	城步	宝庆府	靖州	湘阴县	共	武冈州
杭	1					1			1	
吴兴					1	1			1	
长兴							1		1	
绍兴							1		1	
	1				1	2	2		4	

第三表　癸　四川

	邵阳	新化	武冈	新宁	城步	宝庆府	靖州	湘阴县	共	武冈州
华阳							1		1	
巴	1					1			1	
江津								1	1	
	1					1	1	1	3	

第三表　子　山西　陕西

	邵阳	新化	武冈	新宁	城步	宝庆府	靖州	湘阴县	共	武冈州
山西　代	1					1			1	
陕西　鄜								1	1	

第三表　丑　湖北

	邵阳	新化	新宁	武冈	城步	宝庆府	靖州	湘阴县	共	武冈州
武昌	1					1			1	
沔阳	1					1		4	5	
襄阳		1				1			1	
黄冈								1	1	
麻城		1				1			1	
荆州　江陵			1		1	2		1	3	
监利								6	6	
	2	2	1		1	6		12	18	

全十七族皆在荆、襄以东；而沔阳、监利二县，与湖南接壤，占其太半。

第三表 寅 湖南本省

	邵阳	新化	武冈	新宁	城步	宝庆府	靖州	湘阴县	共		武冈州
不知何州县							1		1	}1	
长沙								4	4		
湘潭								1	1		
宁乡		1	1			2			2	}13	1
益阳								1	1		
湘乡	1	1				2			2		
安化		3				3			3		
岳阳	1					1		1	2		
华容			1			1			1	}7	1
平江								3	3		
临湘								1	1		
衡阳	2					2			2	}2	
武陵								1	1	}1	
溆浦			2			2			2	}2	1
黔阳			1			1			1	}2	1
麻阳			1			1			1		
零陵					1	1			1	}1	
靖县			1		1	2			2	}3	
会同							1		1		
邵阳		3	1	1	1	6			6		
新化	9		2	1		12			12	}23	
武冈	1	1		1	1	4			4		
城步							1[1]		1		
	14	9	10	3	4	40	3	12	55	55	4

于宝庆除本府外，以湘水流域为最多，沅水流域次之，澧水流域无一族。于湘阴湘水流域几占其全数，沅水流域得一族，澧水、资水二流域无一族。于靖州二族皆在接近州界之沅水上流。

湖南人之祖籍分布状态，既略如上列诸表所示，今试申论之：

表中最令人注意之一点，厥为江西省籍之占绝对大多数，得全数三

1 《表》云：其先曰再兴，仕宋，征苗由武冈、城步迁。南宋时武冈有二杨再兴，一汉人，绍兴初从岳飞伐金战殁于小商桥；一徭人，绍兴中迭起为乱。今城步新宁徭人尤多杨姓。此所谓城步徙来杨再兴之后人，疑系徭杨而非汉杨也。

之二，超过其他各省总和二倍以上。此实移民史上罕有之特殊情形，抑亦民族史上所应大书特书者也。此情形虽不为外省人熟知，亦不为“正史”、“要籍”所记载，然湖南本省人则往往有熟知之者[1]，湖南各地之方志亦往往有提及之者[2]。惜乎人之知之者不思加以细究，书之言之者太为轻描淡写耳。

与湖南接境之省份，计有江西、湖北、四川、贵州、广东、广西六省，何以湖南人绝大多数来自江西，而与其他五省关系极鲜？此则必先明乎各地开发先后之程度，始可以解之。古来华夏民族之根据地在黄河流域。黄河流域谷粟之丰，户口之盛，四方莫能与京，此无待乎吾人之辞赘。至南方之开发，则可分为三个时期：第一期肇端于东晋之渡江，六朝隋唐继之，其地域则古所谓扬州，今江、浙、皖、闽、赣诸省。[3] 第二期肇端于五代之纷乱，两宋元明继之，其地域则古所谓荆州，今湖北、湖南诸省。[4] 第三期是为明以后之西南云、贵、广西开发[5]。广东之开发与第二期差相同时而稍后[6]，而四川之开发则可列之于第一期而稍先[7]。湖南之开发属于第二期，是故开发之者，出发地必须为第一期已开发之地。据此，则六邻省中，广东、广西、贵州三省已无资格。四川之开发虽甚早，但只限于川北接近陕、甘一带[8]，南至于成都平原；其西南接近云、贵、湖南之地，向为西南夷、板楯蛮、巴蛮所聚居，历代未尝加意经营，故在此等地域尚未开发以前，四川人之移入湖南，其道犹不可

---

1 湖南故老传说，谓湖南人皆系江西移民之后裔，故湖南人自来称江西人曰江西老。老者老子之谓。易言之，即祖宗是也。

2 康熙十九年《浏阳县志》卷一四《拾遗志》有云浏鲜土著，比闾之内，十户有九皆江西之客民也。康熙四十四年《沅陵县志》卷末《杂记》有云，沅邑皆江右来者。民十二《永顺县风土志》第十五节人种及人数有云：土著而外，多迁自江西。

3 《晋书·王导传》曰：洛京倾覆，中州仕女避乱江左者十居六七。据《宋书·州郡志》、《晋书·地理志》，是时侨州郡之在今江苏、安徽境内者更仆难数。福建今以林、黄、陈、郑四姓为大族。据唐林谞《闽中记》，此四姓亦永嘉时所迁也。福州曰晋安，泉州为晋江，皆以晋时移民而得名。太史公曰：关中之地于天下三分之一，而量其富，什居其六。是秦汉时以陕西最为殷实。晋元帝谓诸葛恢曰：今之会稽，昔之关中。东晋之初，浙江已取陕西而代之矣。至唐韩愈遂有当今赋出天下，江南居十九之语。江南泛指今江、浙、赣、皖之地。“扬一益二”之谚，谓中国之盛，扬州为第一，而成都次之。

4 属本文所论范围。

5 明太祖定鼎金陵，徙旧民置云南，另徙江浙人口以实京师。至今云贵世家大族，犹能溯其世系自来至于江南。据云南人云，昆明城南数十里有江南会馆，中有碑记江南人之始迁者数百人皆明初以从征游宦而来者。广西上四府有“无湖不成广”之谚，言广西人大都来自湖南。是知广西之开发亦后于湖南之开发也。

6 北宋时官吏谪徙每以岭南为极远，遇赦则稍迁岭北衡、永诸地，可见广东在当时较之湖南尤为荒僻也。

7 四川于西汉时即已人才辈出。至汉末刘备以梁益区区千里之地，北抗中原之曹魏，东拒据有大江流域、珠江流域之孙吴，其富厚可知矣。

8 陕、甘为四川移民之出发地，正如山东、河南之为东南诸省移民之出发地。然自明末以来，情形又变。

通也。西晋末年虽以避兵难之故，一时梁、益流人布在湘土者十万，不幸遭逢祸变，流离死亡，荡然无复孑遗，其后竟无以为继者。至今湖南人之为四川人后裔者，盖千不得一，则以其道本属不经，除以意外原因偶然来徙者外，更无理由能使多数之四川人，得以湖南为其移殖之目的地也。至于湖北，地接古来文化最高、户口最密之河南，自东汉、三国以来，襄阳、江陵、江夏即并为天下之重镇，四方之人，多所萃止，声名文物，比盛于中原，其人自多有南走而徙于衡、湘间者矣。然此盖仅为历史上某一时期已过去之陈迹，其影响之及于今日者极鲜。近世以来，而湖南、湖北之经济情形，遂大非昔比。《宋史·食货志》云：

> 淳熙三年臣僚言：湖北百姓广占官田，量输常赋，似为过优。比议者欲从实起税，而开陈首之门。殊不思朝廷往年经界，独两淮、京西、湖北依旧，盖以四路被边，土广人稀，诱之使耕，犹惧不至，若履亩而税，孰肯远徙力耕，以供公上之赋哉？今湖北惟鼎、澧地接湖南，垦田稍多，自荆南、安、复、岳、鄂、汉、沔污莱弥望，户口稀少，且皆江南狭乡百姓，扶老携幼，远来请佃，以田亩宽而税赋轻也。……(卷一七四页九上)

湖北在汉晋时虽已有若干汉民族直接来自黄河流域生息其间，然自宋金分裂，而田畴尽废，土著往往而绝，第一期已然开发之成绩，遂归乌有。迨夫第二次重新开发之，则其人皆来自江左右矣。按鼎即明清之常德府，澧即清代之澧州直隶州，于宋属湖北，于今属湖南。于兹可见湖南之开发早于湖北之重新开发，而湖北之重新开发，先及于接近湖南之地，而后渐次北向扩展者也。是故南宋以后，湖南人移殖湖北则为可能，欲湖北人移殖湖南，则为倒行逆施，势所不可能也。

大抵自峡以东，汉民族在长江流域之扩展，由东而西。是以江西之开发，后于江东(泛指江、浙、皖)，而先于两湖。晋之渡江，浔阳郡(江西北部)已为多数侨民所归注[1]，至有宋而江南西路人才辈出，与浙、闽相颉颃[2]，可以想见其财富户口殷盛之一斑。以视荆湖南北，则其时盖犹土旷人稀，鲜经开发。赣、湘境地相接，中无巨山大川之隔，于是自密趋稀之移殖行动，自然发生矣。故江西人之开发湖南，鲜有政治的背景，乃纯为自动的经济发展。(下

1 《宋书·州郡志》、《晋书·地理志》。

2 1923年《科学杂志》载丁文江《历史人物与地理的关系》。

详）其时代，则两宋、元、明江西人口超越一般平衡线之时，正湖南省草莱初辟之际也。（下详）

江西省中，又以庐陵一道、南昌一府占绝对大多数，此其故盖有二：其一，境地最为接近湖南也；其二，赣江贯其中，田畴早辟，人烟最为稠密也。[1] 此外北境之九江府得三族。东境之饶州府得四族。抚州府得五族。南境通赣南道但得大庾一族，则以山岭重叠，地瘠而道阻，于全省为最迟开发之地故也。

江西人之移入湖南，其原因几纯为经济的。江西而外，外省人之移入湖南，则经济的原因之地位较低，另有政治的原因在焉。

政治的原因唯何？从征，谪徙，从宦，与夫明代卫所镇戍之制是也。湖南地自昔即为官吏谪徙之所，在唐宋为尤盛。其最著者，如刘禹锡之谪居朗州，寇准之谪居道州，皆于当地之文化风气，有深长之关系。[2] 间亦有以是而病卒于当地者，其子孙来守其墓，因入籍为当地人，如宋宁宗庆元中韩侂胄贬故相赵汝愚于永州，未至，道卒于衡，其后子孙转辗流徙于沅、湘间，至今犹多为湖南人[3]，是其例也。湖南之西南诸郡壤接溪峒，故又为历代蛮防之要地。自宋以来，征令时出，军旅迭经，以是而将吏之因从征而落籍其地者，亦不在少。如靖州之黄、姚、潘、明、蒙五姓，皆南宋中以征蛮而来，事定留居，是其例也。然人之以谪戍从征而流寓异乡者，大抵无眷属与俱，故其血属之能流传及于后世者殊少。因官知州、知县、训导、教授诸职而卜居者即稍多，而犹以明代卫所镇戍之制度，其造成之结果，最为远大。卫所云者，国家镇守四方之垦屯军政机关。卫设指挥，所设千户，其下所辖士卒，平居则耕耘以赡衣食，有事则效命疆场以为地方捍御。此辈兵将来自异乡，食采斯土，在明隶于卫籍，及国亡而列在平民。故凡明代卫所之所在，莫不有指挥千户之后裔焉。

宝庆在明：于邵阳有宝庆卫之设；于武冈则有守御千户所之设；其后岷王梗复自云南徙封武冈，置岷王府，于是腰金纡紫之徒，群相聚处于一城。氏族表以列爵勋卫别为二表以冠其余，兹去其同于各县表中所已有者，得四十族：

王爵二族　公爵二族　侯爵一族　伯爵一族　指挥十三族　千户

1　南昌、丰城、庐陵、泰和、吉水五县皆紧傍赣江。

2　《旧唐书》卷一六〇本传，《宋史》卷二八一本传。

3　《秋声馆遗集》卷九《赵氏谱序》。

十四族　百户五族　镇抚一族　云骑尉一族

此四十族之祖籍分布情形为：

江苏九　河北五　安徽四　江西四　河南三　本省三　湖北二　四川一　山东一　世居一　不知原籍七

靖州蕞尔小邑，僻在边隅，然以地处蛮夷之腹心，故亦为军防之重镇。洪武初既已置有靖州卫，三十年，复增设汶溪屯镇千户所，亦驻靖州。计氏族志所列明代移入靖州者二十三族，其中有六族即系受指挥千户之职而来者也。此六族祖籍之分布为：

江苏二　山东一　浙江一　江西一　不可考一

此外非必指挥千户而亦以膺镇戍之命来移者，又有二族：江苏一族，安徽一族。

试以此靖州八族合诸宝庆四十族统计之，则外省人之以是种原因来徙者，要以江苏为最多，得十三族，几及全数之半（三十八，见第二表）；河北、安徽次之，各得五族，然以与全数较（河北七、安徽十），则比例尤大；江西虽亦得五族，以与全数较（一百八十二），则渺不足重；自余皆不过二三族。何以江苏、河北、安徽三省独多，其原因殊简单。按江苏、安徽在明代合称南直隶，为太祖桑梓之邦，以是南直隶人之以从龙起义得军功而膺封爵者，不可胜计。迨夫全国底定，镇戍之责，自亦多所委任之矣。至河北则为燕王藩邸所在，故自永乐而后，新设卫所，其镇将往往以河北人为之。而江苏之所以以江宁为最多，安徽之所以以江淮之间为最多，河北之所以以北平附近为最多，其原因亦皆在于是也。[1]

湘阴县虽非卫所之所在，然历代以来，四方人士之因官而留居是邦者，亦不在少数。见于《氏族表》者，得十八族；而江西籍但居其四，其他外省人居其十三，本省人居其一。今请更以全宝、靖、湘七州县氏族中之以政治原因而来移者合计之，则共得七十族（不知原籍者除外）。其祖籍之分布有如下：

江苏十六　江西十一　河南十　安徽九　河北五　本省五　山东四　福建三　湖北三　浙江一　四川一　广西一　陕西一

再试以全移民数减去此种以政治原因来移者，配以百分，以与原来之百分比并列，则有如下表：

1　安徽、江淮之间，帝乡也。江宁，洪武、建文之都也。北平，永乐而后都也。

第四表

	全		减去政治移民	
江　西	324	63%	71%	313
其他外省	134	26%	18%	80
本　省	55	11%	11%	50
	实　数	百　分	百　分	实　数

本省无多变动。所可显见者，江西以减去政治移民而其比例益高，其他外省以减去政治移民而比例益低。于此足证政治原因于江西为不足重，而于其他外省移民为甚足重。设无政治的原因，则此诸省之湖南移民，更将远不及今日实际所有者也。

北六省中，以最近之河南为最多。中七省中，以最近之江西为最多。独南五省中，不以最近之黔、桂、粤为最多，而以福建为最多者，福建之开发，于南五省中为最早故也。福建人中，以沿海地带之人最为富有进取性，故此一地带人，又居福建移民之大多数。

广西亦有五族，四族皆在桂林府境。但桂林之与湖南，风俗、习惯、文化、语言相同，自然地理一气相连，与其谓为外省，无宁视之若本省，反较合理。

湖北得十七族，居外省移民之第四位。全十七族皆在荆襄以东，则以近世湖北之开发，亦是自东徂西故也。沔阳地势低洼，多水灾。谚有云："湖北沔阳州，十年九不收。"[1]以是沔阳人之以避灾流徙他处者甚多。

湖南本省得五十五族，仅后于江西，超过其他一切外省，良以境土密迩，迁徙便利，此为当然之现象。省境中以湘水流域为最多，沅、资次之，澧无一族，于此可知湖南各部分开发之先后也。湘阴所接受者长沙府六族，岳州府五族，常德府一族，皆位于省之东北境，洞庭湖附近。宝庆府境之内：新化对邵阳之移民有九族，对武冈二族，新宁一族；邵阳对各县皆有，合计六族；武冈对各县皆一族，合计四族；新宁、城步则只有接受，无输出，城步转而对府境以外更在西南之靖州，输出一族，于此可以推见各州县开发之程度，亦大略称是也。

以省为单位，既述其大概情形如上，于是更可作一分区之研究焉。试以

1　1931年11月3日天津《大公报》载《灾后之汉口》。

三大流域为单位，则此七州县所接受之各流域移民数，有如下：

黄河流域　有移殖关系者五省　共三十八族

长江流域　有移殖关系者六省（本省除外）　共四百零一族

珠江流域　有移殖关系者二省　共一十九族

试以河北、河南、山东、山西、陕西、湖北为湖南之北方，以江苏、浙江、安徽、福建、江西为湖南之东方，以广东为南方，以四川为西方，则此七州县所接受各区之移民数，有如下：

东方　三百九十四族　北方　五十六族　南方　五族　西方三族

可见湖南之开发，其功在乎本流域人，而与其他流域之关系极少；其功在乎东方人、北方人，而南方、西方之关系极少——不但极少也，实际南方广西四族，等于本省；此外广西一族，与西方四川一族，系以政治原因而来徙者，即谓之曰绝无关系，亦无不可。故此兹以湖南为目标之移民现象，质言之，即为一东北对西南之移民现象也。

东北对西南移民初非湖南一省所特具之情形，在整个中国内地移民史中，此乃一极普遍之事实。北方黄河流域不能言，中部、南部十二省中，除四川外，其大概情形，殆莫不如此。此趋势以江苏、浙江、安徽为起点——此三省人大多数系直接来自中华民族发祥地之黄河流域——西南而江西、福建，而湖南、湖北、广东，终至于广西、云南、贵州。故吾人若以东南五省人之移殖湖南为父子关系，则东北四省（陕西、湖北除外）人之移殖湖南，不妨称之为祖孙关系也。父子之关系切，祖孙之关系疏矣。[1]

上所历述，皆系对今日湖南人之祖先何自而来居湖南，——简言之，即“何自来”一问题之解答。何自来既大致得解，于是又一问题发生，即今日湖南人之祖先何时始来居湖南，——简言之，即“何时来”是也。今先以有原籍可考之外省移民徙入湖南之时代，依代列表如下：

第五表　甲

	邵阳	新化	武冈	新宁	城步	宝庆府	靖州	湘阴县	共	百分比	武冈州
东　汉								3	3	0.6	
晋	1					1			1	0.2	

1　北方偏西之陕、甘二省，本与江、浙、皖三省之关系甚鲜，故对湖南之关系更鲜，通七州县但得陕西一族。

续 表

	邵阳	新化	武冈	新宁	城步	宝庆府	靖州	湘阴县	共	百分比	武冈州
唐	1					1			1	0.2	
五代		3	1			4		18	22	4.9	
北宋	6	17				23	1	6	30	6.6	1
南宋	11	10	2		1	24	11	9	44	9.8	2
元	18	3	8	4	2	35	5	29	69	15.1	2
明	62	21	41	7	10	141	19	108	268	58.8	37
清	4	1				5	1	12	18	3.8	2
	103	55	52	11	13	234	37	185	456	100	42
不可考	1	1	2			4	1	1	6		

其原籍不可考者，虽不能知其为外省为本省，姑亦表之如下：

表五表　乙

	邵阳	新化	武冈	新宁	城步	宝庆府	靖州	湘阴县	共	百分比	武冈州
五代	1					1			1	2.3	
北宋	1	3				4			4	9.1	
南宋		1		1		2	1		3	6.8	
元	5	4	2			11			11	25.0	
明	13	2	6			21	3	1	25	56.8	3
清											
	20	10	8	1		39	4	1	44	100	3
不可考	13	13	2		2	19			19		

说明：一、各族迁徙，方式不同。有直接自外省移入此七州县者，有先移入湖南他府州县，然后再自该府州县移入此七州县者。兹表所列，取其入湖南之年代。又自湖南本省移入七州县者，亦不列。

二、《宝庆志·氏族表》中或有不言徙时，而言其始迁祖为谁，另于《世系表》中，可以得知其某世孙曾得何朝何代何年之功名者。今姑以其子孙得功名年代，作一世三十年上推之。《湘阴志》、《靖州志》、《武冈志》亦有类似此情形者。但极少，每志不过一二族。

二表所表示者相同：其一，五代以前湖南人之后裔之见存于今日之湖南者，已极鲜；其二，五代启其端，两宋、元、明继其绪，是为今日湖南人祖先移入湖南之极盛时代；其三，清以后，移殖状态静止，关系殊鲜。

五代以前，外省人之移入湖南省，或为因避世乱，以荒僻之地视同世外桃源而趋就之，表所列邵阳晋唐二族是其例也。或以获罪朝廷，谪徙从宦而来，表所列湘阴东汉三族是其例也。其徙迁之原因，太半皆为被动的，故至者不多，其能流传及于后世者尤鲜。至五代而江西人始有有组织自动的湖南开发行动，《湘阴志》引《益阳县志》："唐同光二年，高安蔡邦领洪州三百户来潭州开垦。"（"剑滩杨氏"条）潭州即明清之长沙府。据上表，唐一代三百年，其时外省移民之见存者，只一族。五代才五十年，而其见存者反有二十二族之多，是则蔡邦辈移殖之功效也。此风降及于两宋之世而益盛，甚至正史亦记载及之。《宋史·地理志》荆湖南北路四卷后序：

> 荆湖南北路……其土宜谷稻，赋入稍多。而南路有袁吉壤接者，其民往往迁徙自占，深耕溉种，率致富饶。自是好讼者亦多矣。

"率致富饶"盖为自动移民之一最大动力，犹如百年前欧洲人之移殖美洲，今日河南山东人之移殖东北是也。故其后裔之见存于今日宝庆等七州县者，犹有八十一族之多。北宋占其十之四，南宋占其十之六。按北宋百六十余年，南宋百五十年，而北宋时所接受之移民反见少于南宋者，则宋室之南渡，自有以致之。元代九十年间，其接受移民之速度，又有增进，甲乙二表合计共有八十族，几与三百余年之两宋相埒。明代是为各时代中最重要之一时代，即积极移民、开发，以底于成功之一时代也。二表合计，共有二百九十五族。二百七十余年间，其所接受之移民，超过其他各时代之总和。此二目九十五族之中，除十之一二系以政治原因被动来移者外，十之八九皆系以经济原因自动来移者。

明代之于西南方开发，功绩至伟，范围至广，既不仅限于此七州县，亦不仅限于湖南一省，云、贵、广西诸省现有汉民族之大部分，莫不为此时代所移入者。唯湖南自宋元以来，本已有相当开发，明代乃从而完成之。至云、贵、广西则于是时尚为草莱初辟时期，降至今日，犹未足语乎完成也。

各氏族志表中所列清代移入族数之所以大减于宋、元、明，其故当有二：一为地方人口至明而已达于相当饱和点，后此遂不复需要大量之外来开发者——此原因解释实际上移民数之所以少于前代。一为距诸志编纂之年代太近，此辈移民往往尚为单家只户，未得成为一氏族，故志表不列之——此原因解释志表所载，盖尤少于实际所有。

何以知湖南人口至明而已达于相当饱和点？此可以土地之开发程度证实之。太史公曰："楚越之地，地广人稀。"[1]班固曰："楚有江汉川泽山林之饶，江南地广，或火耕水耨。民食鱼稻，以鱼猎山伐为业。果蓏蠃蛤，食物常足。故呰窳媮生，而亡积聚，饮食还给，不忧冻饿，亦亡千金之家。"[2]此西汉时湖南之经济状态也。姚思廉曰："湘川之奥，土旷民闲。"[3]此南齐之湖南之经济状态也。降至南宋时而绍兴十二年知邵州吴稽仲犹有湖南、广西闲田甚多之言。[4] 更至明初而湖南地犹未尽利，洪武十七年以辰、永、衡、宝等处宜种桑而植者少，命淮徐取种二千石给其地，令民种之，以足衣食。[5] 是可知自西汉以至于明初，湖南经济始终未尝发达至一般平衡线，湖南人口始终未尝臻于饱和点也。然至明末清初而景象即判然不同。顾炎武曰："近年深山穷谷，石陵沙阜，莫不乂阙耕耨。"[6]更至清道光中而魏源有曰："今则承平二百载，土满人满，湖北、湖南、江南各省，沿江、沿汉、沿湖向日受水之地，无不筑圩捍水成阡陌，治庐舍其中，于是平地无遗利。且湖广无业之民，多迁黔、粤、川、陕交界，刀耕火种，虽蚕丛峻岭，老林邃谷，无土不垦，无门不辟，于是山地无遗利。"[7]一则人稀，一则人满，而转其机则在乎明初明末之间，故曰，湖南至明代而人口已达于相当饱和点也。而明代移民之真价值，明代开发湖南之功绩之可贵从可知矣。

总之：自五代以至于明，六七百年间，是为"如此今日"之湖南构成时期。微此六七百年间吾先民之经营奋斗，则湖南至今盖犹为榛莽地带，安得比于"中原"哉？

以上乃举湖南全省而言者。

自省境以内各部分之比较言之，则五代以前五族，湘阴得其三，邵阳得其二，足见此二县为多数汉民族所至，早于自余新化、武冈诸县。五代时潭州为江西移民开垦之目的地。虽但曰潭州，可以作湖南东北部一隅观也，故湘阴在此时所接受之外来移民特多，见存今日者犹有一十八族。[8] 宝庆亦有

---

1 《史记》卷一二九《货殖传》。

2 《汉书·地理志》。

3 《南齐书·州郡志》。

4 《湖南通志·杂志》三。

5 《湖南通志·杂志》六。

6 顾炎武：《天下郡国利病书》卷七四，第9页。

7 魏源：《古微堂内外集》卷六《湖广水利论》。

8 湘阴在五代时隶岳州，宋后始隶潭州。

五族。但据表，新化五代三族（甲表），其中一族系五代时徙至茶陵，五传始转辗至新化者。茶陵属潭州，此族大概即蔡邦所领三百户之一也。此外二族则仍是以避乱而来为蛮中客户者。邵阳一族（乙表），乃是以政治关系而被周行逢放至其地者。独武冈一族（甲表），五代时徙至邵阳，一传至武，未言以何故来徙。故五代一时期，乃长沙属——湖南东北部之开始经济开发时期，宝庆属——湖南中部偏西南犹未与也。宝庆在此时期所接受之移民，其性质犹大致与五代以前相同。

宝庆属之开发，盖始于北宋，稍后长沙一步。然只限于北境新化、邵阳二县，南境武冈、城步、新宁诸县犹未与也。二县中又以新化为特盛，所以然者，复有政治上之原因在。按新化与安化二县地自昔本为徭蛮所据，宋初号曰梅山蛮，时出侵扰附近州郡。神宗时王安石用事，开拓苗疆之议兴，乃以章惇经制湖南北蛮事，传檄蛮酋，勒兵入其地，逼以纳土。叛徭既平，因设县置治，招徕汉民耕垦之，于是蛮疆成为汉土。[1] 是为宋代西南开发之一大事件。甲表新化条下有八族，乙表新化条下全三族，皆系徙自熙宁、元丰年间者，当然此直接原因有以致之。

梅山之纳土在熙宁，熙宁时即有汉族人来至其地；靖州本亦为蛮疆，亦在熙宁中纳土，然以远在省境之最西南，且纳土后又中经变乱[2]，故除少数例外外，盖自南宋时其地始为汉族人所至。南宋时邵阳与新化之发展甚平衡，武冈后之，而新宁、城步亦渐为汉民族足迹所至。[3] 湘阴在南北宋时之发展，均不若五代之速。元代以湘阴、邵阳、武冈之发展为最，新化、靖州后之，新宁、城步则已开始入于开发时期。明代为各部分同时积极进展之时代，初无东西南北孰缓孰速之可分。除新化外，自余六州县明代一代所接受之移民，皆超过其他各时代之总和：于武冈占全数百分之七十九，于城步占百分之七十七，于新宁占百分之六十四，于邵阳占百分之六十，于湘阴占百分之五十八，于靖州占百分之五十一，于新化占百分之三十八。武冈、新宁、城步三邑僻在宝庆府之南部，于宋元时未尝加意开发，故至此遂崛起为新兴垦殖区，其接受移民之速率更超于新化、邵阳等已经相当开发诸地之上焉。三邑自明以前，汉之于蛮，每不过十之一二，经此转变，盖不旋踵而十得四五矣。[4]

---

1 2 《宋史》卷四九四《梅山峒传》、《诚徽州传》。

3 按新宁设县在南宋，城步设县在明。

4 然于城步则降至清代嘉、道之际，依然蛮多于汉。《宝庆府志》卷九《疆里表》一："城步五峒，其地广于八都，其民众于汉族。"盖于三邑之中，城步之开发又居最后焉。

时代愈后，移民迁徙之目的地愈在僻远，此自然之理也。见于上二表者，自汉晋以至于明，其序不紊。五代则湘阴，北宋则新化、邵阳，南宋则靖州，明代则武冈、新宁、城步；以此理推之，则清代移民之所及当更在僻远，不应在腹部。然见于上二表者，湘阴十二族、邵阳四族、新化一族、靖州一族，武、城、新则并无一族，适与此应有之趋势相反，此盖例外不经之现象也。或此仅为经一次世乱（明清鼎革）后初年之现象，故其移民乃是补充的而非开发的。中年承平而后，必有不然者矣。故魏源之言曰："湖广无业之民，多迁黔、粤、川、陕交界。"湖北与川、陕界，湖南与黔、粤界，与黔交界之处是在省境之西部，与粤交界之处是在省境之南部，皆于全省为最僻远之地也。

吾人既已概念地明了今日湖南人祖先之移入湖南——亦即"如此今日"之湖南之构成——为在何代，为在何代至何代，今兹当更进一步研究，即在某一代中，又以某几朝之成绩最为伟大，某几朝关系较轻？

东汉移入湘阴之见存者三族，其移入之时代在安帝建光年间。邵阳晋代一族，在武帝咸宁年间。唐代一族，在唐之季世。

五代移入湘阴者十八族，移入新化者三族，皆在后唐之同光中[1]，故同光实为湖南开发史上最可纪念之一日也。此时自江西移入湖南者盖不只蔡邦所领自洪州至潭州之三百户而已，他州人亦已有之。即如湘阴十八族中，白茅村许氏，九桥王氏，一都彭氏，桃林吴氏，铜盆里吴氏，其先并吉州人，亦于同光中迁湘阴。吉州与洪州接壤，意者当时吉州人中，必亦有若洪州之蔡邦其人者，率领乡人，大举来移斯土也。又新化三族，其先并吉州人。移入邵阳者二族，皆在五代之季世。[2]

自北宋以至于清，每代列一分朝表如下：

1 中湘阴一族转由长沙，明万历中徙阴。一族转由平江，旋徙阴。传十六世徙阴。一族转由醴陵，旋徙阴。一族转由巴陵，传十六世徙阴。然无论其为直接移入或为辗转来徙，其于五代同光中至湖南东北部则一也。又新化一族，转由茶陵，至新化时当已入宋。茶陵在五代或属衡州，或属潭州。

2 中一族徐氏，仕马楚。周行逢立而放之邵州，因家。周行逢之立在周显德三年。一族一传而至武冈。表列入武冈项下。

第六表　甲

	邵阳	新化	武冈	新宁	城步	宝庆府	靖州	湘阴县	共	武冈州		邵阳	新化	共
?	2	3[1]				5		1[2]	6					
初		1				1			1			1		1
建隆 960—962	1	3				4		1[3]	5					
大中祥符 1008—1016		1				1			1					
嘉祐 1056—1063								2	2					
治平 1064—1067	1					1			1					
中叶								1[4]	1					
熙宁 1068—1077	1[5]	4				5			5				2	2
元丰 1078—1085		4[6]				5			5				1	1
元祐 1086—1093							1[7]		1					
大观 1107—1110		1				1			1					
宣和 1119—1125								1	1					
	6	17				23	1	6	30			1	3	4

说明：设有一族自外省某地宋建隆中一徙邵阳，明洪武中再徙新化。如邵阳表列有此族，则新化项下作洪武计；如邵阳表不列此族，则新化项下作建隆计。

1　一族先徙衡阳，一传徙化。一族先徙湘乡，后裔明初徙化。
2　元季避乱丰城，明初复来徙。
3　先徙巴陵饶村，八传徙阴。
4　先徙邵阳，明嘉靖徙阴。
5　先徙新化，十传徙邵。
6　一族先徙邵阳，一传徙化。
7　先徙绥宁，后裔徙靖。

第六表　乙

	邵阳	新化	武冈	新宁	城步	宝庆府	靖州	湘阴县	共	武冈州	新化	新宁	靖州	共
?	2[1]		2[2]		1	5	1[3]	3[4]	9		1			1
绍兴 1131—1162	1					1	5[5]	1	7					
乾道 1165—1173							1		1					
庆元 1195—1200								1	1	1				
嘉泰 1201—1204	1					1		1	2					
开禧 1205—1207	1					1			1					
嘉定 1208—1224	1					1	1[6]		2					
理宗 1225—1264							1		1					
淳祐 1241—1252	1					1			1					
宝祐 1253—1258							1		1				1	1
景定 1260—1264														
咸淳 1265—1274	2					2	1	1	4					
景炎 1276—1278								2[7]	2					
季	2[8]	10[9]				12			12			1		1
	11	10	2		1	24	11	9	44	1	1	1	1	3

1　一族先徙衡阳，一传徙邵阳。

2　一族先徙溆浦，后裔元泰定中徙武。一族先徙会同，后裔洪武二年徙武。

3　先徙天柱，元末徙靖。

4　一族先徙衡山，传六世元初徙长沙，传四世明初徙阴。一族先徙平江，传九世徙阴。

5　一族先徙辰州，三传徙靖。

6　原文"宋嘉祐十年由吉安迁靖，今传二十六世"。按嘉祐系北宋仁宗年号，其时靖州犹为蛮族杨氏所据，当不至有汉人徙入。且嘉祐只八年，并无十年。自嘉祐至清末，亦不能但有二十六世，当是南宋宁宗嘉定之误，作嘉定。

7　一族先徙巴陵，再徙阴。

8　一族先徙安化，明洪武中徙邵为勋卫。

9　一族先徙邵阳，旋徙化。一族先徙湘乡，一传徙化。

第六表　丙

	邵阳	新化	武冈	新宁	城步	宝庆府	靖州	湘阴县	共	武冈州
?			1			1	3		4	
初	3					3		4[1]	7	1
元贞 1295—1296								2	2	
大德 1297—1307			1			1			1	
皇庆 1312—1313	2	1[2]				3		1	4	
中叶		1				1		2[3]	3	
泰定 1324—1327	2					2	1	2	5	
天历 1328—1329			1			1			1	
元统 1333—1334						1		1[4]	2	
至元 1335—1340			1[5]					2[6]	2	
至正 1341—1367	5[7]		2		2	9		7[8]	16	1
末	6[9]	1	2	4		13	1	8	22	
	18	3	8	4	2	35	5	29	69	2

	邵阳	新化	武冈	共
?	1			1
初	1	1		2
元贞 1295—1296				
大德 1297—1307		1		1
皇庆 1312—1313				
中叶	1			1
泰定 1324—1327				
天历 1328—1329				
元统 1333—1334				
至元 1335—1340				
至正 1341—1367				
末	2	2	2	6
	5	4	2	11

1　一族先徙长沙，传三世徙阴。

2　原文云“元皇祐元年”。按皇祐系宋仁宗年号，非元代之年号，依始祖九世孙系嘉靖岁贡推，则皇祐元年当系皇庆元年之误，作皇庆计。

3　一族先徙长沙，传六世徙阴。一族先徙平江，子徙阴。

4　先徙长沙下泥港，明洪武徙阴。

5　其确年已不可考，约在天历、元统之际。

6　一族先徙平江，子徙阴。元至元年号有二，一为世祖前至元，一为顺帝后至元，察原文词意，此当是后至元。

7　一族先徙武冈，一传徙邵。

8　一族先徙平江，明洪武中徙阴。一族先徙浏阳，明正统中徙阴。一族先徙华容，明洪武徙阴。

9　一族先徙新化，三传徙邵。一族先徙祁阳，明洪武徙邵。一族先徙长沙，明永乐徙邵。

第六表　丁

	邵阳	新化	武冈	新宁	城步	宝庆府	靖州	湘阴县	共	武冈州	邵阳	新化	武冈	靖州	湘阴	共	武冈州
?	1					1	1	1[1]	3								
初	20[2]	2	9	3[3]	4[4]	38		18[5]	56	11	4		3	1		8	2
洪武 1368—1398	23[6]	6[7]	13[8]			42	12	56[9]	110	18	6		2	2	1	11	
永乐 1403—1424	2	2	8[10]	1		13	1	1[11]	15	4	1		2			2	
洪熙 1425			1			1			1								
宣德 1426—1435							1	1	2								
正统 1436—1449								1[12]	1								
景泰 1450—1456	1	1				2	1		3								
天顺 1457—1464		1	3		1	4		1	5								
成化 1465—1487	1	2	1[13]	1		5		8	13								
中叶			1		1	2		3	5								
弘治 1488—1505	3		1	1		4			4			1				1	
正德 1506—1521	2	2			1	6	1	2	9		1	1				2	
嘉靖 1522—1566	6	1	2	1		12	1	8[14]	21							1	
隆庆 1567—1572		1	3	1		3		1	4								
万历 1573—1619	1	1	1		1	6		1	7								
天启 1621—1627	1					1			1								
崇祯 1628—1643							1	1	2	1							
末			1			1		5	6	3							1
	62	21	41	7	10	141	19	108	268	37	13	2	6	3	1	25	3

1　先徙长沙，十一传至湘阴。原文云，明时由江南西路吉安府迁，按江南西路系宋时之称，吉安府系明以后之称。是则此族之徙究在宋在明，未可必也，姑仍以置之明。

2　一族先徙新宁，三传至邵。

3　一族先徙邵阳，三传至宁。

4　一族先徙靖州，弘治徙城。

5　一族先徙湘潭，传三世徙阴。一族先徙巴陵，传九世明季徙阴。

6　一族先徙零陵，康熙中徙邵。

7　一族先徙邵阳，七传徙化。一族先徙邵阳，永乐徙化。

8　一族先徙邵长，一传徙武。

9　一族先徙湘潭，传四世徙阴。一族先徙长沙，传十二世徙阴。一族先徙长沙，传三世永乐中徙阴。一族先徙湘潭，传四世成化初迁阴。一族先徙华容，传十三世徙阴。一族先徙长沙，嘉靖中徙阴。

10　一族先徙长沙，一传徙武。

11　先徙平江，子徙阴。

12　先徙临湘，清康熙中徙阴。

13　一族先徙邵阳，二传徙武。

14　一族先徙湘潭，旋徙阴。

第六表　戊

	邵阳	新化	武冈	新宁	城步	宝庆府	靖州	湘阴县	共	武冈州
初		1				1	1		2	
顺治 1644—1661	1					1		1[1]	2	
康熙 1662—1722	1					1		9	10	1
雍正 1723—1735								2	2	
乾隆 1736—1795	1					1			1	
嘉庆 1796—1820	1					1			1	1
	4	1				5	1	12	18	2

北宋以熙宁、元丰之间为最多，合计十三族。初年(包括初、建隆二项)次之，合得七族。南宋以末季为最多(包括咸淳、景炎、季三项)，约得全数十之四。元代亦以末季为最多(包括至正与末二项)，超过其他各朝之总和，约得全数十之五点五。明代以初年为最多(包括初与洪武二项)，超过其他各朝之总和，约得全数十之七。清代以康熙为最多，而清师之底定湖南，在顺治末年，康熙实湖南之清初也。熙宁、元丰之所以独盛于北宋，其原因系于政府之开发招徕，已见上述。此外则皆盛于初年或末年。盖朝代鼎革之际，兵革扰攘，人民每多自冲要之处，流徙转移于穷乡僻壤以避祸，及夫乱事既平，故国之田园已芜，流寓地之经营方兴，于是乐于斯土而不复思返矣。是其迁徙之原因，无关乎政府之奖励，乃为人民自动的寻谋生路。元末明初尤为西南移殖之极盛时期，吾人若假定诸志表中所谓元末即指至正一朝，所谓明初即指洪武一朝，则至正、洪武五十八年间，此七州县所接受之外省移民之见存者，计有二百二十九族，几及自汉至清全移民史时代——一千七八百年——之半。

第一问题为何自来，第二问题为何时来，既已并见上释。最后吾人所欲加以解释者，为第一问题与第二问题之相互关系，亦可目之为第三问题，即“何时，何自而来?”亦为之分代列表如下：

第　七　表

		邵阳	新化	武冈	新宁	城步	宝庆府	靖州	湘阴县	共		武冈州
汉	河南								3	3	}3	
晋	江西	1					1			1	}1	
唐	山西	1					1			1	}1	

1　先徙长沙，康熙徙阴。

续 表

		邵阳	新化	武冈	新宁	城步	宝庆府	靖州	湘阴县	共		武冈州
五代	江西		3	1			4		18	22	}22	
北宋	江西	4	17				21		4	25		
	江苏	2					2			2	30	
	河南							1	1	2		
	湖北								1	1		
南宋	江西	11	9	1		1	22	5	7	34		1
	江苏							2	1	3		
	河南		1	1			2		1	3	44	
	福建							2		2		
	山东							1		1		
	广西							1		1		
元	江西	15	3	4	3	2	27	3	28	58		1
	福建	1		1			2		1	3		1
	安徽			1			1	1		2		
	浙江	1					1			1	68	
	广西			1	1		2			2		
	四川							1		1		
	湖北	1					1			1		
明	江西	38	15	24	6	6	89	6	83	178		30
	江苏	10	1	7		1	19	4	10	33		1
	河南	5	1	3			9		2	11		3
	福建		1	1	1		3		3	6		
	安徽	2		2			4	4	3	11		1
	河北	5		2			7			7	268	
	山东		1			1	2	1	2	5		2
	浙江					1	1	2		3		
	广西			1			1	1		2		
	四川	1					1		1	2		
	陕西								1	1		
	湖北	1	2	1		1	5		3	8		
清	江西	2	1				3		1	4		
	河南	2					2			2		
	福建								3	3	18	
	河北							1		1		
	湖北								8	8		
		103	55	51 [1]	11	13	233	36 [2]	185	454	454	

1　武冈知籍知时者本五十二族，中一族地名不知今属何省，曰太平富金。

2　靖州知籍知时者本三十七族，中一族地名不知今属何省，曰武阳。

汉、晋、唐三代共五族，而北方之河南、山西居其四。以是足证五代以前，外省人之移入湖南者，大都来自北方也。五代为“今日湖南人”祖先之开始移入时代，而是时外省人之至宝庆、湘阴者二十二族，竟无一族非江西。北宋中外省人之入宝庆者二十三族，而江西居其二十一。湘阴六族，江西居其四。靖州一族，系河南人，则系因官而宋也。总五代、北宋五十二族，江西居其四十七，非江西但有五族，十之一耳。故此一时代，吾人可名之曰“纯江西时代”，此时代江西而外之外省移民，为江苏、河南、湖北三省之人，他省尚未与也。按此三省人之移入湖南者，历代合计，为数亦仅后于江西，而胜于其他各外省。是则移民人数之多寡，盖与移民史之久暂为适成正比例者。南宋四十四族，非江西居其十。元代六十八族，非江西亦居其十。合计百十二族，非江西居其六之一。各方之宋移者，至是稍杂。然靖州南宋十一族，非江西居其六，考其实，则福建二族、江苏二族、山东一族，皆“征蛮”而来；广西一族，系因官而来。其情形与江西移民之以开垦旷土为目的者，迥乎不同。此一时代，吾人姑名之曰“初期混杂时代”。明代为西南移民之极盛时代，亦即移民分子最为复杂之一时代，计移入此七州县者，其祖籍共有十二省区。十八省中之未至者，西北之山西、甘肃，西南之云南、贵州，南方之广东而已。江西籍得百七十八族，非江西籍得八十九族，非江西籍居全数三之一，江西籍二之一。故此一时代，吾人可名之曰“大混杂时代”，亦即“后期混杂时代”。此大混杂时代构成之原因有二：其一，为明代镇戍制度之结果，非江西外省人之因此入籍宝庆者二十五族（占全数六十七八分之三），入籍靖州者五族（占全数十二几二之一）；其二，则有系于移民状态之自然发展者也——一地方当初开发时，社会生活程度过于简陋，生产组织缺少变化，远方之人，于该地之风土情形既不熟悉，单家只户，昧然来徙，殊难战胜此陌生的自然，以求得生存，故必为邻省之人，始能有此胆量以赴之也。及夫开发已有相当成绩，社会各方面日臻繁荣，不必耕者始有食，不必织者始有衣，生存之机会渐益宽大，于是五方八处之人，皆得猬然而集矣。

自五代以至于明，无论为纯为杂，其以江西人为外省移民之主体则一。独唐代则不然。清代外省移民共十八族，而湖北得其八，几及二之一，居第一位，江西反退居第二位，福建、河南，亦见增高。吾人虽不能据此遽为断定江西自是即失去其首席地位，但至少可谓时至清代，湖北、福建之人，已继江西人之后而亦为湖南移民中之重要分子矣，故此一时代，则名之曰“转变时代”。《武冈州乡土志·氏族志序》云：“兹称大姓望族，自元末明初由江右迁来者十之七，明末国初由闽、鄂、河南、皖省及邻近府县迁来者十之三。”此言最足以代表清代湖南移民之特殊性。

上述系指外省移民而言者，至湖南本省人之移入此七州县，其情形又稍有不同，表如下：

第　八　表

	邵阳	新化	武冈	新宁	城步	宝庆府	靖州	湘阴县	共	百分比	武冈州
五　代								2	2	1.8	
北　宋		3	1			4			4	3.5	
南　宋	4	2	1			7	2		9	8.0	
元	2	3	2	1		8		5	13	11.5	
明	14	8	7	3	8	40	1	31	72	63.7	
清	4	1	2			7		6	13	11.5	
	24	17	13	4	8	66	3	44	113	100	

说明：原湖南本省人之移入宝庆等七州县者，只五十五族。本表以他省人之自本省他县转徙而来者亦列入之，故多出五十八族，共一百一十三族。例如：某族本江西泰和县人，元代徙湖南湘乡县，至明由湘乡入邵阳。第五表甲所列，取前一时代，此表所列，取后一时代。

不同者何在？明以前诸代地位之降低，明与清二代地位之增高是也。此必须与外省移民各时代之百分数并列而后明：

第　九　表

	外　省　移　民	本　省　移　民
明以前	37.4%	24.8%
明	58.8%	63.7%
清	3.8%	11.5%

明以前诸代之地位降低约百分之十三，明代增高约百分之五，清代增高约百分之八。于是足证时代愈后，则本省移民亦愈为繁剧也。

清代之本省移民特盛，故本省移民之特殊情形，即是清代之特殊情形。再以时代为单位，列比较表如下：

第　十　表

	湖　南	湖　北	江　西	其他外省	
清以前	18%	2%	60%	20%	百　分
	100	10	318	108	实　数
清	13	8	4	6	实　数
	42%	25%	13%	20%	百　分

其他外省于清代、清以前各占百分之二十，初无更变。所异者，湖南、湖北地位之增高，江西地位之降低是矣。按湖北与湖南今虽分列各为一省，然在历史上果曾同属于一省，于自然地理上人文地理上皆不可为分者也。由是益可证两湖之地在明以前大部皆开发未臻成熟，故其移民状态多为接受的而少有输出的；时至清代，湖南与湖北之人口密度已增高至差可比拟于邻近江西等省，故其接受移民之需要，日渐退减，而输出移民需要，日渐加增——对本省比较迟开发地之输出之繁剧，特其征象之一端耳。[1]

清代江西人之移入湖南者并不多，是则谣所谓“江西填湖广”[2]之湖广，盖太半系指湖北而言，湖南关系殊鲜也。

二、以二十三种文集并《湖南文征》中之族谱序等文字为据

上章以宝庆等五种府州县地方志中之氏族志表为据，阐发湖南移民之大概情形，略已无遗。今请更以二十三种明清二代湖南人所作之文集，并湘潭罗汝怀所辑《湖南文征》中之谱牒序等文字为据，亦作为统计表若干幅，以证前所言者，是否为一般之现象，抑一部之特殊情形。

然地方志为搜集一地方之文献而作，文集中之谱牒等文字则为作有个人之酬酢而作，氏族志志一地方之族姓，虽不能云谓全无缺漏，要可以十得其八九，族谱序、墓志铭所载，则于其一人之所识者，犹或未全，遑论全地方之氏族？例如茶陵族姓以陈、谭、周、李为大[3]，然通此二十余种文集，但能告吾人以一谭姓之自来，外此则为刘、彭、罗、胡诸文，于陈、周、李三大姓并无所及，以是可知此种散篇文字之结合，其为史料之价值，实远在方志氏族志表之下也。故根据此种史料所得之结论，其与上章同者，果有互相映证之功，其不与上章同者，亦不能以是而推翻上章之结论也。

文集刊行之多寡，以地方文化程度之高低为转移。故本文所采之二十三种之作者，长沙府人独占其十八，岳州府人占其二，衡州府人占其二，此外六府四州竟无一人。以是而其记载所及之族姓，亦以长沙府为最多，共得九十五族（湘阴除外）；岳州府次之，共得二十族；此外衡、永、郴、桂、湘南诸郡合得二十二族。今即以此为单位，合列“徙自”、“徙时”各一表如下。至西部常德、辰、澧诸郡，则但得七族，未免太少，因不列焉。

1　宝庆、靖州当云贵高原之斜坂，据苗岭与武陵之山汇，故地势特高，魏默深所谓山地是也。湘阴濒洞庭南岸，地势卑湿，至今每当湘江水涨，附近尽成泽国，曩日更可知矣。魏默深所谓向日受水之地是也。

2　魏源《古微堂内外集》卷六《湖广水利论》。

3　《怀麓堂后集》卷三《茶陵谭氏族谱序》。

第十一表

	长沙善化	其他长沙府属九县	岳州府	衡永郴桂	共	
江西	2	13	6	7	28	78
吉安府卢泰二县	3	17	1	5	26	
其他		6			6	
南昌府	3	2	2	1	8	
临江府		1		1	2	
瑞州府	1	1			2	
九江府		1			1	
赣州府		1	1		2	
建昌府		1	1		2	
袁州府			1		1	
江苏		1			1	14
苏常二府	2	4	1		7	
宁镇二府	1		1		2	
淮扬二府				1	1	
徐州府海州	1	1		1	3	
浙江　杭湖二府	2				2	6
宁绍二府	4				4	
安徽　徽州府	2	1		1	4	5
凤阳府	1				1	
福建		2			2	2
河南		1	1		2	2
山东			1	1	2	2
山西		1			1	1
广东				2	2	2
云南			1		1	1
湖北	2	1		1	4	4
湖南　长沙府	4	2	2		8	16
衡州府		1		1	2	
宝庆府		3			3	
常德府		1			1	
道州			1		1	
乾州	1				1	
	29	62	20	22	133	
	四族不可考		一族不可考			

说明：本表族数太少，分县计则嫌过于纷繁，但以省计则嫌过于笼统，故取府制，一依《大清会典事例》所载，以其为光绪间之制也。

第十二表

	长沙善化	其他长沙府属九县	岳州府	衡永郴桂	共	
东汉		1			1	1
唐		1	1	1	3	5
季	1		1		2	
五代		1	2		3	8
后唐		3			3	
后晋			1		1	
后周		1			1	
北宋		2	1	2	5	10
仁宗神宗	1	4			5	
南宋		5		1	6	14
高　宗		3	1		4	
孝宗宁宗		2		2	4	
元	1	5			6	10
末		2	2		4	
明	2	2		1	5	43
初洪武永乐	3	10	4	5	22	
中叶	3	5	1	2	11	
末	1	2	1	1	5	
清				3	3	18
顺康雍	5	1			6	
乾嘉道	7	2			9	
	24	52	15	18	109	
	十九族不可考		六族不可考	四族不可考		

以徙自而论：江西最多，居第一；湖南本省次之，居第二；江苏又次，居第三；此与上章所得结论全同。江西居全数百分之五十八强，湖南居全数百分之十二强，江苏居百分之十强，此与上论大同而小异。然考江西比例数之所以见低者，实由于长沙、善化（即今长沙一县）二邑之特殊情形所造成，非此诸府州共通之现象也。试以此二邑与他州县分列，各配以百分而视之，则其间因果甚明：

第十三表

	江西	江苏	浙江	安徽	福建	豫鲁晋	粤滇	湖北	湖南		
长沙善化	9	4	6	3				2	5	29	实数
	31%	12%	21%	10%				7%	19%	100	百分比
其他	60	10		2	2	5	3	2	11	104	实数
	66%	9.5%		2%	2%	5%	3%	2%	1.05%	100	百分比

其他州县之百分比几与上论尽同，江西得三之二，本省得十之一，其他外省得四之一。长、善独异，江西但居三之一，江、浙、皖三省大盛，合得百分之四十余，几占全数之半。则以长、善为湖南之省会，一省政治经济重心之所在，远方之人，颇多因商因宦而来者故也。江、浙、皖三省之人为近五百年来中国人中最为活跃之分子，以是其人之来移长、善者亦特多。浙江六族之中，宁、绍居第四，安徽三族之中，徽属居其二，宁、绍、徽属之人，固为擅于经商宦游者也。

江西省之中，又以吉安府为最多，南昌府次之，其他各府属无甚轩轾之分，此亦与上论全同。更可证吉安、南昌实为全湖南人祖先自来之大本营，非仅宝庆、湘阴而已也。移入长沙府属者亦以吉安府人为最多，而南昌府人居次，则上论所谓江西南部人移湖南南部，江西北部人移湖南北部之言，于此必须为之加一注释，即在此种场合而言，所谓湖南南部，盖不仅指宝庆、衡、永、郴、桂诸郡而已，即长沙府属之大部分，亦在其范围之内，所谓湖南北部者，则仅限于湘阴以北，岳州、澧州等接近湖北之地；而湘阴者，盖于政治区域虽属长沙，然于移民区域言则属于岳州。作者未尝亲至两湖，但习闻两湖人之言曰，湖南自湘阴、平江而北，其俗即不类于湖南，而富有“湖北味”。然则习俗之不同，果与其人之血统自来，有深切之关系。良以湘阴、平江而北之人，其祖先为南昌人，自此以南之人，其祖先为吉安人，而南昌、吉安之俗，固本不相同也。

且平江、湘阴而北之湖南人，以其为南昌人之后裔之故，而富有“湖北味”，则自此直可以想见即湖北省之人，其大半当亦为南昌人之后裔也。[1]

江苏省中，不复以宁、镇之人为最多，而以苏、常之人为最多，此则以上章所列州县多为军事上之重镇，而此章所列者并无此特性也。苏、常二府之人盖又为江苏人中最活跃之分子，故除有特殊原因外，其对外移民，当亦常

1 此推论是否完全确实，有待异日研究。

居江苏各府之冠也。

以徙时而论：明代最盛，居百分之三十九点四；清代次之，居百分之十六点八；南宋又次，居百分之十二点八；北宋与元又次之，各居百分之九点二；再次为五代，得百之七点三；再次为唐，得百之四点六；再次为汉，得百之一。此则与上章所得结论，颇多差异之处：其一，明代地位之相对地降低；其二，清代地位之大为增高；其三，明以前亦相对地略有增高。何以有此差异，总其原因，不外二点：

一、上章所论列之七州县，其地在湖南全省中比较为迟开发之地，故其所接受之元明以前移民特少，本章所论列诸郡县，皆为比较早开发之地，故其所接受之元明以前移民亦较多。唐世有五族之多，岳州、长沙各得其二，衡、永得其一，可证长、岳开发之独早于他方也。然自大体言之，则五代实依然不失为今日绝大多数长、岳人祖先之开始移入时期。故志之言曰："其族姓多旅处，自五代、宋、元以来无改其田庐丘垄者，殆指不胜屈。"[1]

二、清康熙间两湖分省，以长沙为湖南省会，长沙之都市性质，以是大形发达。以经济文化生活之进展，于是本省各州县之人，有慕其繁华逸乐而来居者。以政治军事中心之形成，于是四方外省之人，有膺守土治民之责而来移者。故自设省而后，康、雍、乾、嘉百余年间，以长沙为目的地之移民趋势，遂顿然大盛。影响所及，遂致全府之各时代移民比例，亦为变更。然试一考其实，则接受此种移民者，大抵皆仅限于长沙之都市区域而已，与乡村区域之关系为极鲜也。王湘绮之言曰："长沙分立善化，善化多流寓，自为风气。"[2]按清以长沙、善化二县为长沙府之附郭县，而都市区域，地属善化。可证此为省会所在之特殊情形，故自为风气而不与他方同也。据表，清代移民十八族，其中十二族皆移长、善，其余各地但得六族而已。

第一点所以解释明以前比例数增高之故，第二点所以解释清代比例数增高之故，至于明代之所以见低，则即是由于清与明以前之见高之故，兹不复论。

（又上章以外省移民与本省移民分别而论，故见于表中之清代移民比例数特低。本章所表以族数太少，未分本外省，是亦清代所以见高之故也。按实际清代十八族中，六族皆徙自本省，明代四十五族中，本省但得五族。）

1　同治十三年《平江县志》知县麻维绪序。

2　欧阳述《浭畬诗稿》王闿运序。

三、结论及其他

根据上二章讨论所得，兹请以数语总括全篇之要旨，俾读者得一简当明确之概念：

一曰：湖南人来自天下，江、浙、皖、闽、赣东方之人居其什九；江西一省又居东方之什九；而庐陵一道、南昌一府，又居江西之什九。

二曰：江西人之来移湖南也，大都以稼穑耕垦；江苏、安徽、河南、山东人之来移湖南也，大都以为官作宦，以经商服贾。而长沙都会之地，五方杂处，尤多江、浙、皖长江下流之人。

三曰：江西南部之人大都移湖南南部，江西北部之人大都移湖南北部，而湖南南北部之分，以湘阴、平江作之界。

四曰：湖南人来自历古，五代、两宋、元、明居其什九；元、明又居此诸代之什九；而元末明初六七十年间，又居元、明之什九。

五曰：五代以前，湖南人多来自北方；五代以后，湖南人多来自东方。南宋以前，移民之祖籍单纯，几尽是江西人；南宋以后，移民之祖籍渐臻繁杂，始多苏、豫、闽、皖之人。清代以前，江西移民与其他外省移民相较，其他外省相差悬如；至清代而湖北、福建之人，有崛起而与江西并驾齐驱之势。清代以前，本省移民与外省移民相较，本省移民地位甚低；至清代而本省移民之地位，有崛起而超越于外省移民之上之势。

正论既结，兹请更略述与本问题有关系之三数琐事。

湖南人之祖先既太半皆系江西人，以是江西人之风习赋性，自为构成湖南人之风习赋性之主要分子。江西人以刻苦耐劳著，于妇人为尤甚，此风亦承袭于衡、湘间。宋范致明云："江西妇人皆习男事，采薪负重，往往力胜男子，设或不能，则阴相诋诮。衣服之上，以帛为带，交结胸前后，富者至用锦绣。其实便操作也，而自以为礼服。……巴陵、江西、华容之民，犹间如此，鼎、澧亦然。"[1]又如宗祠兴于江西，宋世已甚盛行；至今湖南各处亦多有之，吴敏树所谓吾乡族姓"聚则有祠堂，有谱牒"是也。江西人重宗祠，尤重先人庐墓，故其人之来移湖南者，往往已更历数世，支繁派衍，然犹以时归省庐墓不肯辍，所以不忘本也。

唐宋时湘中人家多居板屋，宋神宗时章惇开梅山，有诗云："人家迤逦多板屋，火耕硗确石畲田。"[2]自江西人至而其俗乃变，刘长信《刘氏砖屋房义仓记》云：

1　宋・范致明《岳阳风土记》。

2　同治十年《新化县志・风俗》。

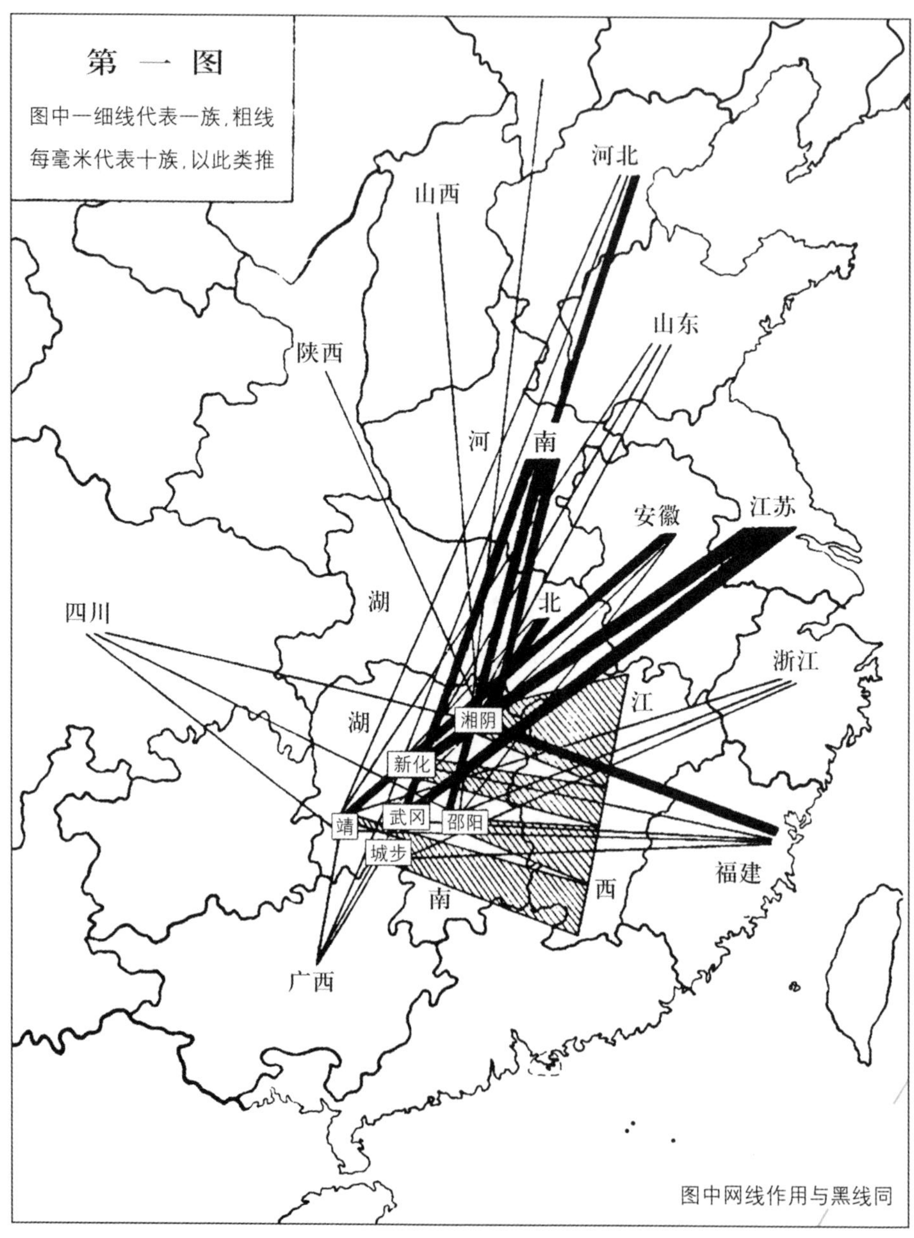
第一图
图中一细线代表一族，粗线每毫米代表十族，以此类推
河北
山西
山东
陕西
河
南
安徽
江苏
湖
北
四川
浙江
江
湖
湘阴
新化
靖
武冈
邵阳
城步
南
西
福建
广西
图中网线作用与黑线同

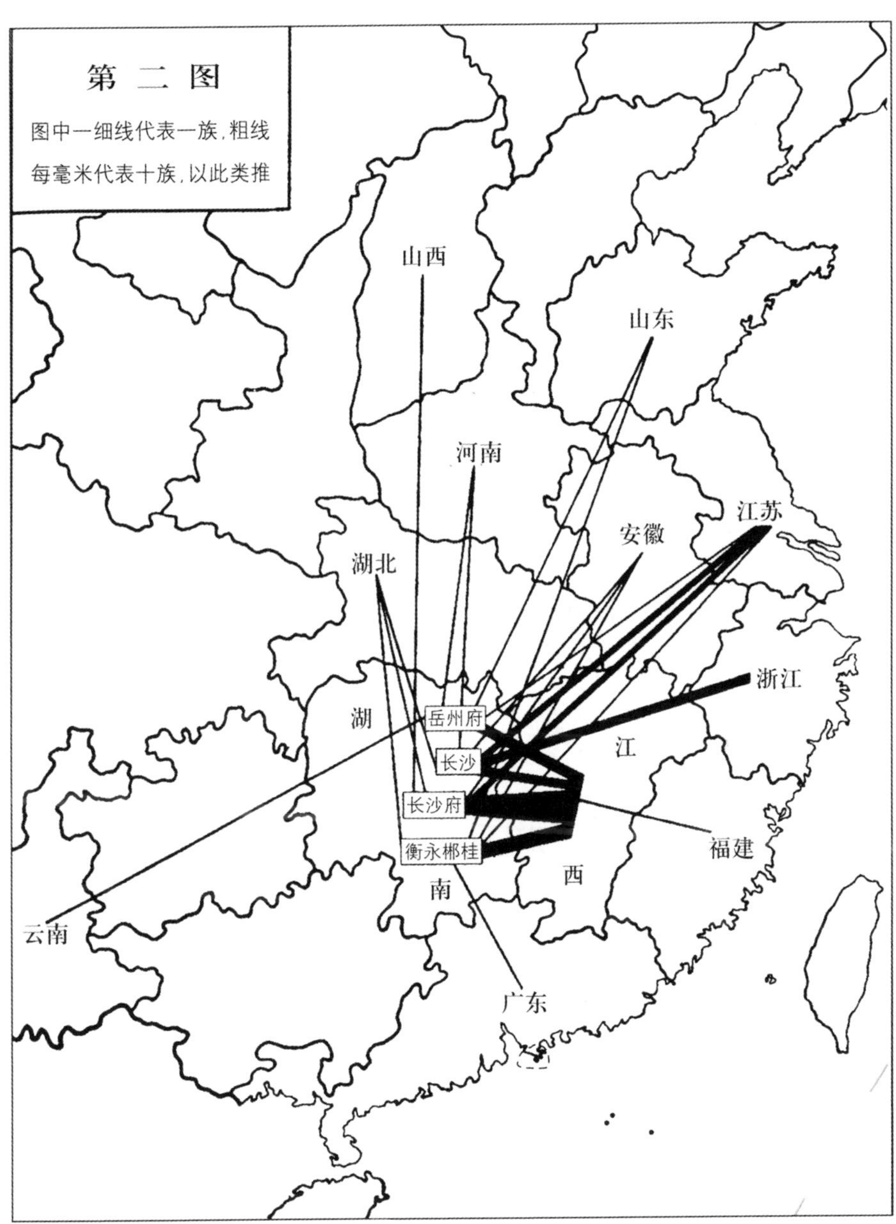
第二图
图中一细线代表一族，粗线每毫米代表十族，以此类推
山西
山东
河南
江苏
安徽
湖北
浙江
岳州府
长沙
长沙府
衡永郴桂
湖
江
福建
西
南
云南
广东

> 新宁刘氏五大房，皆来自江西。吾砖屋房迁宁邑为最早。……新宁屋皆板壁，利贤公因江西之旧，筑砖屋以居。……是为砖屋房。[1]

今则比闾之内，已罕见有板屋者矣。

江西人好祀许逊，以是许祖行宫、许真君庙，亦遍于湖南。康熙《浏阳县志》卷一四《拾遗志》：

> 许祖行宫，在县治东关外。许逊，汝南人。弃官修道，……后逐蛇在南昌水晶宫，逊飞升仙去，江右居以大建宫观祀之。浏鲜土著，比闾之内，十户有九皆江右之客民也，故亦建许祖行宫于浏地。

是其原委也。许祖行宫一名许真君庙，俗名万寿宫。以其为江西人特有信仰之所寄，故所在万寿宫即成为实际上之江西会馆。湖南全省七十五县之中，有若干县有此项建筑，有若干县无之？此盖为研究江西人移入湖南最有兴味之一问题也。惜乎《湖南通志》并无此种记载，各府州县志则或有或无，难以作统计表。今但以作者浏览所及，略举数例于下：

> 浏阳　曰许祖行宫，在县治东关外。（见上）
>
> 平江　曰许真君庙，在城内上面街，康熙中建。[2]
>
> 龙山　曰万寿宫，在城南。[3]
>
> 永顺　曰许真君庙，在东门外，乾隆年建，嘉庆二十三年重修。[4]
>
> 保靖　曰万寿宫，又乡都祠庙之中，九都、十二都、十三都皆有江西庙。[5]
>
> 靖州　曰万寿宫，即江西省乡祠。[6]

浏阳、平江在省境之东边，与江西接界；龙山、永顺、保靖、靖州在省境之极西，与川、黔、桂接界；以是可见此项建筑，遍及于湖南全境。

江西人之会馆曰万寿宫；江西而外，其他各地人之客居于湖南者，福建

1　光绪十九年《新宁县志》。
2　同治十三年《平江县志·民祀》。
3　光绪三年《龙山县志》卷一〇《祀志》下。
4　同治十三年《永顺县志》。
5　同治十年《保靖县志》。
6　光绪五年《靖州直隶州志》。

人有天后宫，湖北人有封哲宫，湖南本省各府之人又有各不相同之崇祀，各建祠宫以为会馆。今亦为之举例如下：

平江　有封哲宫，在北城三德街，祀鲁班。乾隆十年湖北客民等倡众建。[1]

龙山　有东岳宫，在城西，附祀三闾大夫。又称三闾宫。常德府人建。

有南岳宫，在城南。唐霄将军万春附祀。长沙府人建。

关圣大帝宫，宝庆人建。

南将军庙在城北，祀唐南霁云，汉马伏波将军配祀。辰州府人建。[2]

永顺　有天后宫。[3]

保靖　有天后宫。有浙江宫。[4]

靖州　有广济宫，即长沙府乡祠。有寿佛官，即衡州府乡祠。有太平宫，即宝庆府乡祠。[5] 有永州会馆。[6] 有三元宫，即江、浙、皖三省乡祠。有忠烈宫，即贵州省乡祠。[7] 有玉虚宫，即广东省乡祠。有福建会馆。[8]

永顺、保靖、龙山三县旧属土司辖地，清雍正间始改土归流[9]，故其地之汉人自什九皆是雍正而后移入者。观夫上所列此诸地所有之会馆，则可知此辈外来移民中，除江西人外，又多福建人及本省长、辰、常、宝之人也。是与吾人前论所谓清代移民之特殊情形，适能相合。

前论谓时至清代，湖南之接受移民之需要，已日渐退减，而输出移民之需要，日渐加增，对本省比较迟开发地之输出之繁剧，特其征象之一端耳。此为一端，则另一端为何事乎？曰：向外发展是也。

明清之际战乱，四川人口大减。事定之后，两湖之人，大举入川垦荒，谚

1 同治十三年《平江县志・民祀》。
2 光绪《龙山县志》。
3 同治十三年《永顺县志》。
4 同治《保靖县志》注。
5 《靖州乡土志》。
6 光绪五年《靖州直隶州志》。
7 《靖州乡土志》。
8 光绪五年《靖州直隶州志》。
9 同治《永顺县志》、同治《保靖县志》、光绪《龙山县志》。

所谓"湖广填四川"[1]是也。此移殖急流起于清师底定四川之初(康熙二年),康熙十年,已有定各省贫民携带妻子入蜀开垦者准其入籍之诏。降至于雍正初而其风犹未尽艾,雍正六年有劝湖广、广东、江西之民毋轻去其乡之谕。[2] 陈鹏年湘潭人,康熙末叶官江苏布政使。其《高唐李氏族谱序》中有云:"余比年出官吴中,家园日远,时聆邻壤之民,挈家入蜀,巴蜀之民罢焉,风俗流失,无逾此者。"[3]是则所谓"湖广填四川"之湖广,湖南人所占,当非少数。此以经济原因而外徙者也。

咸、同中太平军兴,佐清室平定之者,湖南人之功为最。一时湘军、楚军之名,著于天下。自是而后,湖南人尤多以军功而胙茅土于四方者。东至苏、皖,南至闽、浙,西至黔、蜀,北至关、陇,莫不有之。[4] 同治间陕甘"回乱",波及新疆,诸城先后失守。光绪二年,诏以左宗棠为陕甘总督,率所部湘军出关规复之。翌年,南北路俱平。其军队屯驻当地,其后多落籍为民人。至今湖南人与西北陕、甘人,东北之平、津人,鼎足而为新疆省中汉人之三大派。此以政治原因而外徙者也。故吾人于此又可得一结论焉。其言曰:

湖南在清初以前是为接受移民地域,在清初以后是为输出移民地域。

附或问代答二则

或问:天下最不可信之文籍,厥为谱牒。今子以谱牒为依据,而作内地移民史,安能得史实之真相耶?对曰:谱牒之不可靠者,官阶也,爵秩也,帝皇作之祖,名人作之宗也。而内地移民史所需求于谱牒者,则并不在乎此,在乎其族姓之何时自何地转徙而来。时与地既不能损其族之令望,亦不能增其家之荣誉,故谱牒不可靠,然唯此种材料则为可靠也。今请即就湖南范围以内,举数例为证:

安化田头萧氏 "萧氏之先,出于宋大夫萧叔大心,以采邑为氏。至汉文终侯何以功第一封于酂。……其居吾邑之田头,盖昭明太子之后,有讳俭者,观察湖南遂家焉。后因马氏之乱,迁于江西。宋神宗时开梅山,置安化县。其孙国清乃由泰和转徙于此。……今观其谱牒,断

1 魏源《古微堂内外集》卷六《湖广水利论》。

2 《皇朝通典·食货典》户口。

3 《道荣堂文集》卷四。

4 同治《平江县志》麻维绪序。

以始迁之国清为祖,盖以传信也。……”[1]

田头萧氏之是否为萧叔、萧何、昭明太子之后,是不可知。然其为萧国清之后,宋神宗时迁自江西泰和,则吾侪殊无理由以否认其为真确。盖萧国清既非名人,江西泰和亦非萧氏郡望所著之地,使兹谱而存心作伪,则昭明太子之后湖南观察使萧俭既已家湖南矣,又何必言宋神宗时复自江西迁,以自乱其系统乎。

安化小淹杨氏 “……而弘农之杨,出自晋武公,亦以邑氏。……吾里小淹之杨,其先亦出弘农,顾世次已邈,自其祖某公由兴国州迁此……”[2]

小淹杨氏之是否系出弘农,是不可知。然其不言自弘农迁而言自江西兴国州迁,则可信也。

长沙马氏 “我湖南马氏其先盖出汉伏波将军,世居扶风。唐显庆中有为吉州永新令者,遂留家豫章。明永乐间晚益公自江右徙居衡州,再徙长沙。……”[3]

豫章马氏之是否出于马伏波(援),是不可知。然长沙马氏不言徙自扶风而言徙自豫章,则可信也。马伏波以征蛮卒于湖南[4],使兹谱而存心伪托,则言马伏波死后子孙留家可矣,又何必言绕道自豫章来徙乎?

此言材料之可信者也。其有不可信者,本文不采之。例如:

巴陵王江刘氏 “刘之先长沙定王以汉懿亲而食南国,……定王之祐纪于南国,而诸刘之盛因之,岂不以天哉。”[5]

词意含糊,因托始于汉懿亲之食采南国,是不可信也。

---

1 《陶文毅公集》卷三八《田头萧氏族谱序》。

2 《陶文毅公集》卷三八《小淹杨氏族谱序》。

3 《道荣堂文集》卷四《马氏族谱序》。

4 《后汉书》卷五四《马援传》。

5 《柈湖文集》卷三《王江刘氏族谱序》。

> 城步颖国公杨氏 “其先曰章，华阴人。章十一世孙曰震，字伯起，汉太尉。震三十世孙曰幼言。幼言曾孙曰居忠，自淮南徙溆州。生再思，再思因唐李之乱，据有溪峒，附于马楚。楚武穆王为之请命于梁。梁开平四年，命再思为诚州刺史，加授尚书左仆射。……”[1]

杨氏为西南溪峒著姓，散在靖州、通道、绥宁、城步、新宁一带。五代以至于宋初，杨氏据靖州四县之地，号曰溪峒诚徽州。统二十二州峒，皆以杨氏作之刺史。宋神宗熙宁时始纳土置郡县。[2] 其后哲宗元祐中犹有杨晟台之乱[3]，明英宗正统中犹有新宁蛮杨文伯之乱。[4] 至今此诸地溪峒犹多杨姓，数以万计。[5] 是杨氏之为苗蛮民族也可知，而此处托始于汉太尉杨震，荒谬难稽，断乎不可信也。

本篇所列湖南族姓总计约有七八百之多，势不能一一加以细考。今兹姑以作者观察所及，凡有所辨论考证者，皆附注于正文或表格之下，疏漏在所不免焉。

或问：方志中有人物传，有流寓传，此非亦是移民史之史料乎？今作者宁广采诸家文集中之族谱序、墓志铭等散篇文字，而反不采此种较为现成之材料者，固何为耶？对曰：是有故，盖以流寓传之大部分虽貌似史料，而实际并非真史料，流寓传之一部分与夫人物传之载明族姓自来者，虽确为史料而非今日所宜用，且其价值亦远不若氏族志、族谱序等之足重。

（一）流寓传所载，或为短期之寄寓，三五年而他去，或仅游历经境，作片刻之羁留。以其为名人也，故史志备载之，然与移民果何关？故曰，虽貌似史料而实际并非真史料也，此种记载，自根本不能采用。

（二）流寓传所载，亦有因流寓而终其身于斯地者；一百篇人物传中，亦或有一二篇载明其族姓所从来者。然流寓之终其身于斯地者，未必及长子孙。人物之明其世系自来者，每皆近在一二世之内。是此种史料所表示者，其关系仅止于一时而已。其人在宋，不能知其后裔之是否能传及于元。其人在元，不能知其后裔之是否能传及于明，故曰虽为史料，而非今日所宜用也。且氏族志、表、谱牒序等文字，列载一姓之世系自来，此其姓必已成族于斯地也。而流寓传、人物传所载，则其关系仅止一身一家而已，故曰，其为史

---

1 《宝庆府志》氏族表列爵。

2 3 《宋史》卷四九四《诚徽州传》。

4 光绪十一年《湖南通志》八三引《明史》。按《明史》本纪未见。盖据列传。不知何传，俟考。

5 《武冈州乡土志·徭种志》、《靖州乡土志·志人类》、《宝庆府志》卷九《疆里表》一村团。

料之价值，亦远不若氏族志、族谱序等之足重也，此种记载，非根本不能采用，本篇为舍远取近、舍轻取重起见，既已采氏族志、族谱序等较为美善之材料，故暂置此种于缓用。

附　根据书目

道光《宝庆府志》　清新化邓显鹤撰　道光二十九年刊本

《湘阴县图志》　清湘阴郭嵩焘撰　光绪六年刊本

《靖州乡土志》　清秀水金蓉镜纂　光绪三十四年刊本

《邵阳县乡土志》　清邵阳姚炳奎纂　光绪三十三年刊本

《武冈州乡土志》　清武冈张德昌纂　光绪三十四年刊本

《湖南文征》　清湘潭罗汝怀辑　同治十年刊本

《怀麓堂集》　明茶陵李东阳著　乾隆壬午刊本

《姜斋文集》《王船山先生遗集》第四十六　明衡阳王夫之著　同治四年湘乡曾氏刊本

《道荣堂文集》　清湘潭陈鹏年著　乾隆壬午诗文集本

《知耻斋文集》　清湘乡谢振定著　道光十二年重刊本

《陶园全集》　清湘潭张九镇著　道光癸卯重刊本

《岣嵝集》　清衡山旷敏本著　乾隆四十年刊本

《陶莨江集》　清安化陶必铨著　嘉庆丙子刊本

《墨香阁集》　清茶陵彭维新著　道光二年家刊本

《陶文毅公全集》　清安化陶澍著　道光淮北士民公刊本

《秋声馆遗集》　清湘潭欧阳勋著　咸丰八年刊本

《李文恭公全集》　清湘阴李星沅著　同治诗文集本

《守默斋杂著》　清善化何应祺著　同治辛未刊本

《寒香馆文钞》　清善化贺熙龄著

《胡文忠公全集》　清益阳胡林翼著

《曾文正公文集》《全集》第七　清湘乡曾国藩著　光绪二年刊本

《天岳山馆文钞》　清平江李元度著　光绪六年刊本

《绿漪草堂全集》　清湘潭罗汝怀著　光绪九年家刊本

《思益堂集》　清长沙周寿昌著　光绪十四年刊本

《罗罗山文集》　清湘乡罗泽南著　民国甲子上海会文书局诗文集石印本

《梓湖文集》　清巴陵吴敏树著　光绪癸巳刊本

《虚受堂文集》 清长沙王先谦著 光绪庚子刊本
《湘绮楼文集》 清长沙王闿运著 光绪庚子全集本
《谭浏阳全集》 清浏阳谭嗣同著 民国上海文明书局排印本

（原载《方志月刊》第6卷第9期，1933年）

近代湖南人中之蛮族血统

汉民族自古以来，只以文化之异同辨夷夏，不以血统之差别歧视他族。凡他族之与华夏杂居者，但须习我衣冠，沐我文教，即不复以异族视之，久而其人遂亦不自知其为异族矣。故汉民族同化异族之能力，极其伟大；其血统在世界各民族中，最为复杂。

历史上异族之与汉族发生同化作用者，以来自北方者为著。盖北方民族之武力特盛，往往能入据中原，创建朝代，垂数十百年之久，其人既具有新兴民族之朝气，又处于战胜者之优势地位，用能建功立业，多所表见，史册煌煌，载甚纂详。北方民族之移入中原者，自以卜居于北部者居大多数，故自来言民族史者皆知今日中国北部人口中，富有鲜卑、突厥、回纥、契丹、女真、满洲等族之血液。以此为据，或又引而伸之，遂谓中国人血液愈北愈杂，愈南愈纯粹，其说颇为一般人所崇信。殊不知按之史实，则北方人中固多东胡、北狄人之血液，南方人中，亦不少蛮族之血液，北方人之血液固极复杂，南方人之血液，亦不得谓为纯粹，流俗之见，可谓知其一而不知其二者也。

北方之异族为客，多以武力入主中原，故其来踪去迹，较为显而易见；南方之异族为主，多为汉族政权所统治，故其混合同化之迹，隐晦难寻。自来治西南民族史者，未必人人皆抱优胜劣败、蛮种日就灭亡之谬见，然而终不肯明言蛮族之已并合于汉族者，亦以苦于史籍所载之不足以证成其说耳。无论史籍上关于此类事实之记载，在北为习见不鲜[1]，在南为绝无仅有。即以私家谱牒而言，北族也往往肯自认出于夷狄[2]，于内迁之由来、通婚之经过，历历可按。南方之蛮族，则当其始进于文明，自无谱牒一类之记载，迨夫知书习礼，门第既盛，方有事于谱牒，则或已数典而忘祖，或欲讳其所从出，不得已乃以远祖托名于往代伟人，臆造其徙移经过。易世而后，其讹误遂至于莫可追究，民族混合之迹，荡焉无遗。又如以姓氏推定族系由来一法，在

1 如唐代、明初，多北族人显功业于中土，《唐书》、《明史》皆明载其族系之由来。

2 作者曩读河北省各府县志，见其中即多有此类记载，惜当时未予摘录。就一时记忆所及，则如永清之贾氏乃金后，新河之脱氏乃元后。

北方亦为人所常用，在南方则扞格难行。盖北方民族之姓氏与汉姓截然有别，读史者见拓跋、长孙、尉迟、宇文，即可知其为鲜卑；见耶律，即可知其为契丹；见完颜、石抹，即可知其为女真；此诸姓不特显扬于北魏、辽、金当世，并能著迹于国亡百年之后，故鲜卑诸族血统之常存于中土，亦昭然若揭焉。而南方民族则不然。南方民族之语言与汉语同为单音系统，以是其姓氏亦属单音，以单音之姓氏，译为汉字，结果除极少数外，自与汉姓完全无异。汉族有张、王、刘、李、赵，蛮族亦有张、王、刘、李、赵，人但知其为张、王、刘、李、赵，设非语言习俗有异，乌可得而知其是否汉族耶！

史籍既无记载，谱牒又曲讳而掩饰，姓氏又不足以辨族系，然则吾侪欲于今日一般南方人中，踪寻业经汉化之蛮族遗裔，欲于久已混合之民族血统中，探索蛮族之因子，得非为不可能乎？是亦不然，要在吾侪能善用史料耳。史籍无明白记载，可以侧面以推测之；谱牒而有讳饰之嫌，可因其伪而求其真；姓氏本身虽无从辨别民族，然但须区以地域，证以古今望族、蛮酋姓氏之因缘迁变，则蛛丝马迹，未始无线索可寻也。三者之中，尤以姓氏一端最富于普遍性，其应用之范围最广。兹篇所述，即为以此种方法研究而得之结果，其他史料有可作旁证者，间亦附见焉。

湖南自战国时虽已有中原人生息其间[1]，然其时蛮多汉少，蛮族所受华夏文化之影响盖极微，故西汉一代，无蛮事之记载。汉末王莽之乱，中原人士，始大举移殖荆湘[2]，至东汉时而蛮汉间冲突迭生，"蛮乱"时闻矣。其时接触既繁，蛮族中一部分人口，当已颇染汉化。范书《南蛮传》记东汉一代蛮乱，多有以五里六亭善蛮讨平者，此所谓"五里六亭善蛮"者，盖即后世所谓"熟傜"、"熟苗"也。各蛮族皆有"生"、"熟"之分，而"生"、"熟"之分，初无种族上之根本不同，不过因其汉化程度之深浅，予以区别而已。故生熟随时代而推移，其始为生，既而进于熟，熟之斯极，遂变而为"汉"矣。是则东汉时之熟蛮，迟至魏、晋、六朝时，当已尽变为汉，惜今所传魏、晋、六朝载籍之涉及湖南人与事者极少，故莫可得而考。自汉而后，迄于隋唐，湖南境内之"省地"日拓，蛮疆日缩，汉族政权之势力愈益深入，蛮族之汉化程度亦愈益增高。迨至唐末，中原方疲于内争，自无力以统制边疆，一时蛮中酋豪渠帅，遂纷纷崛起，斥逐官吏，割据郡县，小者称雄峒寨，大者率仿中朝制度，自署为知州刺史，叙置属吏。朝廷因其成局，往往假于符命，于是湘西一带归于土

1　说见拙作《中国内地移民史·湖南篇》(即本书所载《湖南人由来考》)上篇。
2　见本书所载《湖南人由来考》。

司统治者，垂数百年。宋熙宁、崇宁间，新党用事，开疆拓土之议兴，章惇辈数用兵以征不服，而南江诚、徽、梅山诸蛮，遂复为王土；独北江因仍未革，历元明二代，至清雍正间始改土归流。湘南衡、永、郴、桂一带，虽无建州立郡传世久远之土司，然自宋庆历以来，变乱迭兴，至清道光间犹然。每一乱定，朝廷辄增置吏司，加意抚治，故州县之名号虽多因旧，而昔之溪峒，今日率成省地。唐末以来史载蛮事渐繁，《宋史·西南溪峒诸蛮传》尤为详赡，蛮中豪帅姓氏，多所著录。今试以唐宋时各地之蛮族大姓与各当地明清以来之著姓对比，其中多有相合者；而同为一地之蛮姓，以著称于唐宋时者与著称于明清时者相较，则转多不同。此其故可熟思而得也。盖蛮姓之著录于史与否，无论为朝廷之顺民或叛逆，皆可为已否与汉族发生相当接触之征，故其著录于唐宋时者，更历数世，至明清而大率已变为汉；其著录于明清时者，在唐宋时当犹辟处于深山穷谷间，与汉族极少接触者也。[1] 准此以观，则唐宋时逼处蛮疆之汉，其中必有一部分为著称于魏、晋、六朝时之蛮，而明清以来著称之蛮，又当为异日之汉也。特以史料关系，吾侪今日所可得而考者，仅为此种不断之蜕变过程中间之一段——即唐宋之蛮变为近代之汉——已耳。[2]

兹请先就近代湖南氏族中秉有蛮族血统者，举其彰彰显著者，一一敷陈如下：

向氏　向氏为湖南蛮姓中之最早见于记载者。后汉建武二十三年，武陵蛮精夫[3]相单程作乱[4]，相氏疑即向氏，相、向同音，一姓而异译也。相单程之乱，武威将军刘尚发诸郡兵万余人溯沅水入武溪[5]击之，一军悉没，明年春，单程下攻临沅[6]。又明年，伏波将军马援击破之，援旋即病卒于军，谒者宗均抚降之。此役为湖南蛮汉冲突之第一声，而相氏实为其魁帅。其根据地在沅水中游，即今武陵西南之辰、沅一带也。唐宋以来，向氏遍处于资、沅、澧三水之间。唐乾符六年石门蛮向瓌陷澧州[7]历三十余年至梁乾化二年降于马楚。[8] 宋靖康以来，“盗贼”盘踞澧州所属，独慈利县向思胜等五人素

1　此指大体而言。亦有族类极繁者，则虽为一姓，其各部分同化时代，往往先后相去颇远。详见下文。

2　此亦指大体而言。实则近代湖南人中亦有汉晋及明清时之蛮族后裔可寻，唯远不及唐宋之多耳。

3　蛮中名渠帅曰精夫。

4　《后汉书·南蛮传》。

5　五溪之一，在今泸溪、乾县。

6　今武陵县西。

7　《唐书·僖宗纪》。《五代史·雷满传》但作澧阳人，然《唐书·邓处讷传》亦作石门峒酋。

8　《五代史·楚世家》。

号溪峒归明，能保境安民。[1] 元顺帝至正十四年，澧州峒酋向思永兵劫石门县[2]，此向氏之见于澧域者也。石晋天福中溪州彭士愁为刘勍所破，遣诸蛮酋长向存祐等纳款于勍。[3] 宋熙宁中招纳誓下州[4]峒蛮向永胜，以其地归版籍[5]，此向氏之见于酉（沅水支流）、澧之间，即宋世北江之地者也。宋世辰州所属蛮司分南北江，北江即州北唐溪州之地，南江则州西南沅水南北，北包武溪，南逾沅水，唐锦、奖、叙三州之地。[6] 南江溪峒凡十六州，曰富、曰鹤、曰保顺、曰天赐、曰古，则向氏居之。富州故城在今麻阳县东北[7]，在南江诸州中最号富强，其酋通汉，光宪、光普、行猛、永丰、永晤皆受朝命知州事。[8] 熙宁中章惇经制南北江，六年，光晤献先朝所赐剑及印来归顺，余州以次降[9]，此向氏之见于沅域者也。宋初梅山峒[10]有舒、向二族，后苏氏居之，数侵夺舒、向二族地[11]，此向氏之见于资域者也。

除北江一带之桑植上下峒、驴迟峒三土司，传袭至清雍正年间始尽革除外[12]，其余澧、沅一带之向氏，自熙宁以来，盖已渐次汉化，安于耕读，隶于编户。故明清两代蛮中酋豪遂不复以向氏称，而言湘西北显姓望族者，向氏必屈一指焉。据《湖南通志·选举表》[13]，向氏列名于科第者，以辰、沅、永三府为中心，西至乾州厅，北迄澧州、石门、慈利，南起靖州、绥宁、武冈、城步，东抵武陵、桃源、安化。（自安化以东，宁乡、长沙、湘阴、平江、巴陵、临湘、攸县、茶陵、衡山亦间有之。）其中尤以溆浦向氏为最盛。溆浦向氏在明代有举人二人，副榜二人，恩岁贡生二十二人，阖县中称第一族；清代有进士二人，举人七人，恩赐副榜一人，拔贡四人，恩岁贡二十四人，为全县第二族，仅次于舒氏。按溆浦介资、沅之间，东北接安化，东连新化，以地望测之，则溆浦之向氏，当即宋初卜居于安化、新化一带（即梅山十峒）者，其后为苏氏所侵

1 《宋史》卷四九三《西南溪峒诸蛮传》。

2 光绪《湖南通志》苗防三引《澧州志林》。

3 《九国志》卷一一《彭师暠传》。

4 清永顺府一带，详见彭氏条。

5 《宋史》卷四九三《西南溪峒诸蛮传》。

6 大致如此，其详不可得而考。《宋史·溪峒传》曰：南江诸蛮自辰州达于长沙、邵阳。北江当并有湖北旧施南府之地，南江当并有贵州旧黎平府之地。

7 《太平寰宇记》江南道。

8 又有万通、贵升、光泽三人名见于史。

9 《宋史》卷四九三《西南溪峒诸蛮传》。

10 详下文扶氏条。

11 《宋史·梅山峒蛮传》。

12 《湖南通志》苗防五附《土司考》引《永顺府志》。

13 光绪十一年修刊本。此所谓清代仅指是年以前，下文同。凡述近代科举人物而不注出处者，悉据此志。

夺，乃西迁于此也。次于溆浦者，为黔阳向氏，黔阳向氏之进于文明特早，在宋末宝祐年间，已有进士一人，时距熙宁之纳土，约一百八十年。在明代有进士一人，举人三人[1]，岁贡十三人[2]，为全县第一族；清代有举人一人，拔贡一人，恩岁贡十四人[3]，为全县第二族，仅次于杨氏。黔阳，宋南江之地也。此外旧辰州府属之沅陵、辰溪、泸溪，旧沅州府属之芷江、麻阳，明清各有举贡若干人，唯为数不多。永顺一府清雍正七年改土归流新设，自乾隆中叶以来，向氏充贡者，阖府共得八人，道光而后，更有登乡榜者二人。乾州厅明镇溪军民千户所之上十里地，汉弁与土官并置，犹是羁縻之意；清康熙四十三年，始改土归流，裁所设厅。[4] 自乾隆以来向氏充贡者，得三人。辰、沅、永三府及乾州，皆宋南北江之地也。澧州向氏较之辰、沅为后进，澧州、石门、兹利，清代并有获举贡者。此三州县与上述唐宋之蛮中向氏之地域，适相吻合。此外散在省境各方之向氏，武陵、桃源疑出自澧州一系；靖州、绥宁、武冈、城步，疑出自南江一系；自安化以东，则为后来自西部诸系移去者，中以平江为最盛。

舒氏　舒氏亦著称于宋世蛮中。南江、梅山一带，舒、向二族往往连称，唯不见于澧域。梅山之舒已见上述。南江诸州则曰叙、曰峡、曰中胜、曰元，并舒氏居之，其酋德郛（叙州）、德言、君强（元州）、光银（中胜州），皆受朝命。熙宁中，峡州舒光秀以刻制其众不附，六年，富州向氏既归顺，光银、光秀等亦相继降。[5] 四州之地，在今芷江及黔阳县境[6]，中以叙、峡二州为大。[7]

舒氏与向氏情况极相仿佛，不特在蛮中为然，即汉化而后亦然。向氏以溆浦为盛，舒氏亦复如是。溆浦舒氏在明代有举人三人，恩岁贡八人，次于向、李而为全县第三族。在清代有进士一人，举人七人，副榜一人，恩赐举人二人，恩赐副榜一人，拔贡八人，恩岁贡二十九人，其盛况遂超出向氏之上，一跃而为全县第一族。黔阳向宠孙以宋末宝祐间成进士，而同县舒孟桂亦以宝祐四年登科，与文天祥同榜。唯黔阳向氏之盛仅次于溆浦，舒氏则明清二代合计仅副榜一人，贡生三人，犹不及沅州在明代有举人一人，贡生四人，

1　同治《黔阳县志》作五人。

2　《县志》作十五人。

3　《县志》作十七人。

4　同治《永绥厅志·建置》。

5　《宋史·溪峒传》。

6　叙、峡、中胜在黔阳县境，“元”一作“园”，在芷江县境。可据《寰宇记》、《元丰九域志》、《舆地广记》、《宋史·地理志》参证得之。

7　《宋史·溪峒传》张翘之言。

武冈在清代有举人一人，拔贡一人，恩岁贡二人。舒氏分布所及之地域与向氏亦略同，而不及向氏之广，除上述数地外，计辰之辰溪，沅之麻阳、乾州，常之桃源，澧之石门及长沙、浏阳、邵阳皆有之。[1]

田氏 田氏蛮最早著于澧中：东汉元初二年，武陵澧中蛮田山、高少等攻杀长吏。[2] 刘宋元嘉十八年，天门澧中蛮田向求等为寇。[3] 自后不见于史。西溪[4]田氏稍晚出，而传世最久。刘宋元徽中，有西溪蛮王田头拟及其弟娄侯子都之乱。[5] 宋建隆四年，前溪州刺史田洪赟归顺。[6] 乾德四年，下溪州刺史田思迁来贡。[7] 元明以来，田氏世袭施溶州、腊惹洞、田家洞三处土司，降至清雍正五年始纳土。[8] 南江田氏在五季及宋世颇极一时之盛，与舒、向二族鼎足称雄，据有奖、锦、懿、晃四州。懿州则万盈、处崇、汉琼、汉希、汉能，奖州则处达，锦州则汉希、汉琼、保全，晃州则汉权，皆受朝命。[9] 熙宁六年向、舒二氏先后降，独田氏有元猛者桀骜难制，惇遣左侍禁李资将轻兵往招谕，竟为所杀。惇进兵破懿州，南江州峒悉平。遂置沅州，以懿州新城为治所[10]，即今芷江县治也。其奖州则在今县治之西，锦州在今麻阳县西，晃州即今晃县之地。盖宋世南江三姓，向处东北，舒处东南，而田处其西，故其开化亦较迟于二姓。舒、向宋以后无闻，田氏则虽经纳土，仍世为溪峒土官。承平时颇赖以挟束苗蛮，若郡县力弱，往往引蛮作乱，侵陵省地。宋靖康多故，泸溪县无守御，徙治于沅陵之江口，蛮酋田仕罗等遂雄据其地。[11] 淳熙中沅州仡伶为寇，遣归明官田思忠往招抚之。[12] 元置五寨长官司，明置筸子坪长官司于故锦州之北鄙，并以田氏世官之。[13] 其余辰、沅沿边土指挥、土守备等，田氏亦居其太半。[14] 五寨、筸子坪二司，至清康熙四十六年始归裁革，改设凤凰厅。[15]

---

1 所谓有无，皆系指列名于方志选举表者而言，下文同。

2 《后汉书·安帝纪》注引《东观记》。

3 《宋书》卷九七《蛮夷传》。

4 五溪之一，在旧永顺府及川鄂接壤之地，约当宋世所谓北江。

5 《南齐书·豫章文献王嶷传》。

6 《宋史·溪峒传》。洪赟名见于《九国志》作汧赟，天福中为彭氏部属，降于马楚。

7 《宋史·溪峒传》。

8 《湖南通志》苗防五《土司考》引《永顺府志》。

9 此外又有五溪统军都指挥司田汉度。

10 《宋史·溪峒传》。

11 《宋史·溪峒传》淳熙七年前知辰州章才邵言。

12 《宋史·溪峒传》。

13 道光《凤凰厅志》沿革附《废土司考》。

14 参永绥、凤凰等志事记。

15 道光《凤凰厅志》沿革附《废土司考》。

近代湖南田氏之列名于方志选举表者，以麻阳、凤凰为最盛，锦州蛮之后裔也。麻阳，明代有举人一人，恩岁贡二十二人，为全县第一族；清代有拔贡四人，恩岁贡十九人[1]，阖县中仅次于张、滕二氏，唯张氏恐非一族。凤凰，清代有恩岁贡二十人，嘉庆后有拔贡二人，道光后有举人二人，其中一人光绪初又成进士，为全县第一族。其余南江一带，芷江、黔阳、乾州、靖州、武冈皆有田氏列名科第，中以武冈较盛。[2] 西溪田氏之后裔，其盛况迥不及南江。永顺、龙山、永绥三厅县清代共有举人二人，贡生四人。辰州四县介南北江之间，除东边溆浦一县外，三县皆有田氏。中以沅陵、辰溪为盛。[3] 澧中田氏蛮虽唐宋以来无闻，然其遗裔安土重迁，至今犹有宅居于故土者。澧州六邑除东端安乡一县外，五邑皆有田氏。中以石门、永定、澧州为盛[4]，石门即六朝时天门郡所在也。近代湖南田氏除上述数地外，常德之武陵、桃源、沅江，岳州之平江、华容、临湘，长沙之善化、益阳、湘阴、湘乡、醴陵、攸县，永州之零陵、道州、宁远皆有之，唯田姓较为普通，其中能否有半数以上为蛮族后裔，在未知其迁徙从来以前，殊不敢臆测。

彭氏　宋世“北江蛮酋最大者曰彭氏，世有溪州，州有三，曰上、中、下溪，又有龙赐、天赐、忠顺、保静、感化、永顺州六，懿、安、远、新、给、富、来、宁、南、顺、高州十一，总二十州皆置刺史，而以下溪兼都誓主，十九州皆隶焉，谓之誓下州”。[5] 唐溪州旧治在今龙山县东南，五代马楚徙治于今永顺县东南，宋咸平后广立诸州，因号旧治曰上溪州，新治曰下溪州。永顺、保静即今县所因。其余诸州，大抵皆在清永顺府境西北，逾省界有鄂之来凤、川之酉阳等县地。北江二十州不尽为彭氏所有，然彭氏世袭下溪州刺史，实为二十州盟主，其威力足以侵陵并号令诸州。[6] 其酋豪之见于史载者：唐末有溪州刺史士愁，昆弟强，能诱胁诸蛮，锦、奖诸州皆归之，统兵万余人，数寇澧、朗、辰边境，石晋天福中，为楚将刘勍所破，降于马氏。其子师暠入质长沙，历事希广、希萼，官至强弩指挥使，领辰州刺史，后随希萼归江南，卒于金陵。[7] 宋初有

1　据同治《县志》。《湖南通志》清恩岁贡仅九人，相差一倍以上，未识何故。

2　明清举人各一，清贡生二。

3　沅陵明举三人，清贡二人。辰溪明贡六人，清贡二人。

4　澧，明贡六人，清进一人，举一人，拔一人，贡一人。永，清副一人，贡十二人。石，明贡二，清拔一，贡十。据同治《直隶州志》。

5　《宋史・溪峒传》。

6　同上：彭仕羲尝杀誓下十三州将，夺其符印，并有其地，贡奉赐与悉专之。旋以大兵临之，仕羲乃陈本无反状，愿以二十州旧地复贡奉内属。

7　参《五代史・楚世家》、《通鉴》卷二八二、《九国志・彭师暠传》。士愁，《五代史》作士然，《九国志》作士愁，此从《通鉴》。

知溪州允林、师皎[1]，其后允殊、文勇、儒猛、仕端、仕羲、师晏相继为下溪州刺史，又有上溪州刺史文庆、师宝，忠顺州刺史文绾，知龙赐州师党等。[2] 熙宁六年章惇经制南北江，誓下州峒蛮彭德儒等先以其地归版籍；九年，师晏遂降。朝廷以其地隶辰州，列置寨戍，令出租赋如汉民。元丰以后，有彭仕诚者复为都誓主，复立保顺、永顺、渭、龙赐、蓝、吉等州，并以彭氏知州事。[3] 自是而后，北江弃于羁縻者更数百年。明以其地分属永顺、保靖二宣慰司[4]，至清雍正四、五年始先后改土归流，立永顺、保靖、龙山三县，置永顺府以辖之。[5]

永、保二司虽至清代始归版图，然彭氏之读书习礼，接受汉族文化，实远在其前。明成化中许土官子弟入附近儒学。[6] 弘治十六年定制，以后土官应袭子弟悉令入学，如不入学，不准承袭。[7] 正德初永顺彭明辅以辰州府学生嗣宣慰使，从征十余次，颇以礼法自守，诸峒翕然向慕。[8] 足征明代强迫土官子弟入学，在永、保已颇收相当效果。迨夫改流立学，则向之翕然向慕于礼法者，自必能迅即列名于庠序矣。清自乾隆二十五年而后，永顺一府彭氏有岁贡五人[9]，永顺有拔贡六人，保靖有拔贡一人，光绪初又有中乡榜者一人。

蛮中之彭氏限于永、保，而近代湖南之彭氏则几遍及于全省。按近代湖南汉族大抵宋明时迁自江右，而彭氏世为江右著姓；永、保之彭既迟至清初犹为土官，自不容有外徙之举，则永、保而外，近代湖南之彭氏，与蛮族当绝无关系也。

覃氏　覃氏蛮东汉时著于溇、澧之间：建初三年，溇中蛮覃儿健等反。永元四年，溇中、澧中蛮覃戎等反。[10] 唐宋时著于五溪：唐开元十二年，五溪首领覃行章乱。[11] 石晋天福中，溪州彭士愁为刘勍所破，遣诸蛮酋长覃行方等纳款于勍[12]。宋熙宁中，章惇经制南北江，招纳誓下州峒蛮覃文猛、覃彦

1　其时犹仍唐制但为溪州，未分诸州。

2　乾德中又有溪州团练使允足、溪州义军都指挥使允贤，天禧中又有儒猛之子仕汉、儒霸、儒聪，天圣中又有文绾之子儒索，熙宁中又有师晏之兄师彩。

3　《宋史·溪峒传》。暠降年见《本纪》。

4　又有隶于湖北施州卫宣慰司者。

5　《湖南通志》苗防五引《土司考》。

6　《明史》卷六九《选举志》。

7　《明史》卷三一《土司保靖传》。

8　《天下郡国利病书》卷七七《湖广》六。

9　同治《桑植县志》彭氏恩岁贡六人，此作五人，颇疑此志有脱漏，实数或数倍于此。

10　《后汉书·南蛮传》。

11　《唐书·宦者杨思勗传》。

12　《九国志·彭师暠传》。

霸，各以其地归版籍。元丰八年，辰州江外“生蛮”覃仕稳等愿内附。元祐三年，罗家蛮寇钞，诏都誓主彭仕诚及都头覃文懿等，至辰州约束之。崇宁中辰州覃都管骂，纳土输贡赋。[1] 元明以来复著于溇、澧间：慈利之茅冈司，石门之添平所，并以覃氏世袭长官千户，降至清雍正十二三年始先后纳土。[2] 明洪武三年有慈利土官覃垕之乱[3]，清康熙八年又有茅冈覃应昌之乱。[4]

溇、澧之间蛮中虽在东汉与明清时并有覃氏，然二者时代既相隔如是之久，显然不能属于同一系统。覃儿健、覃戎一系之后裔，盖已久经汉化。至元明以来世官茅冈、添平一系，其起而与汉族发生接触，当犹在向氏、田氏之后。不然则自魏晋以至于唐宋，中间千有余年，覃氏不容不一见于史也。故近代澧州一带之列名于选举表者，其中极大部分，疑当为东汉时溇中蛮之后裔；唯茅冈等土司既废于雍正时，则乾嘉而后，二系之人，亦未始不能并跻于衣冠儒雅之列也。澧州覃氏以石门为最盛，计明代有恩岁贡三人，清代有进士一人，举人二人，副榜一人，拔贡二人，贡生三人。[5] 以人数论虽不及同邑张、陈、王、杨、田五姓，然除田氏外，四姓恐皆非一族，且四姓无进士，田则并无举人，是覃氏实为全邑斯文之首族。除石门外，永定、澧州亦有覃氏，永定较盛。[6] 又永顺府属之桑植亦有覃氏，按桑植实有故安福所之地，安福旧与添平并隶九溪卫，因疑桑植之覃即安福之覃，与添平之覃当同属一系也。又常德府属四县皆有覃氏，武陵、龙阳为盛[7]，当系东汉时溇中蛮后裔之南徙者。五溪覃氏后裔之著闻者，曰沅陵、曰辰溪、曰黔阳，唯盛况远不及溇中。此外全省唯宝庆、靖州二属，清代亦有覃氏。

符氏扶氏　符、扶为一姓之异译。符一作苻，唯近代湖南人中有符无苻。符氏五代宋初为叙州及梅山蛮长。后汉乾祐中，朗州马希萼诱辰、叙州及梅山蛮共击破长沙，府库累世之积，皆为叙州蛮酋符彦通所掠，彦通由是富强，称王溪峒间，刘言、王逵皆畏忌之。其后彦通去王号归于王逵，逵承制以为黔中节度使。[8] 梅山，汉益阳县南鄙地，三国吴置高平县，梁以后省，隋

1　《宋史·溪峒传》。
2　《湖南通志》苗防五《土司考》引《澧州志林》。
3　《明史》本纪、邓愈传。
4　《慈利县志》事纪。
5　同治《澧州直隶州志》。
6　明举人一人，清拔贡一人，恩岁贡三人。
7　武，明举二，贡一人，清拔贡一人。龙，明举一人，贡一人。
8　《通鉴》卷一九一、一九二。一九一作苻彦通，一九二作符彦通。

唐为蛮僚所据。[1] 自唐末光启以来，数寇潭、邵二州。[2] 宋太平兴国二年，其左甲首领符汉阳[3]、右甲首领顿汉凌，寇掠边界。嘉祐末，知益阳县张颉收捕其头目符三等。[4] 熙宁五年，乃以湖南转运副使蔡煜经制招抚，率兵由宁乡大沩山而入，使人因浮屠往谕其酋扶氏，遂解发稽首降，传檄而定。析其地为二：以下梅山置安化县，上梅山置新化县。自是鼎、澧可以南至邵，潭、邵间不复有夷僚之患。[5]

叙州蛮一系，其后裔今皆作符氏，沅州府属三邑并有之，而不甚显著。[6] 梅山蛮一系，今或作扶氏，著于新化、酃县、桂东；或作符氏，著于益阳、宁乡，北由龙阳延及永定、慈利、永顺。新化与酃、桂相去极远，第扶为希姓，理应同出一源，惜中间迁徙之迹未能得其谱牒以证实之耳。酃县扶氏最盛，明代有恩岁贡十六人，清代有举人一人，贡生一人，桂东次之，明清二代共有恩岁贡十人。新化虽为扶氏本土，反不及外徙者，仅清代有拔贡一人，恩岁贡二人。新化全邑凡一百二十七村，中有三村以扶氏为大姓[7]，益阳、宁乡旧皆与梅山接壤，而益阳特盛，明清二代共有进士一人，举人三人，贡生五人。其北邻龙阳，亦有举人一人，贡生二人。

苏氏　梅山旧号称十峒[8]，其酋长当非止一人。宋太平兴国后有苏方者入居之，数侵夺舒、向二族。[9] 自后遂与扶氏并雄于十峒间，熙宁时峒主苏甘等相偕纳土归顺。[10]

近代湖南苏氏散处于长、岳、常、宝、衡、永、澧、桂、靖诸属，并无一显著之集中地点。名登选举表者，除绥宁一县有贡生十八人外，其余每邑率不过数人。其中有几分之几当属梅山苏氏之后，殊无从推断。唯新化之苏，本县县志亦自承为蛮裔，自无可疑议。新化各村以苏氏为大姓者，计有六村；清

1　《大清一统志》。

2　《唐书·邓处讷传》、《通鉴》、《宋史·梅山峒传》。

3　《宋史·梅山峒传》作苞汉阳，《翟守素传》作包汉阳，由苻误苞，复由苞误包也。唯《田绍斌传》作符汉阳不误。《通志》兵事二引《旧志》作汉阳人扶氏，扶即符，汉阳人则汉阳之误。

4　《宋史·梅山峒传》。

5　《宋史·梅山峒传》、同治《新化县志》政典二引刘挚《蔡煜墓志》，《湖南通志》杂志二引吴致尧《开远桥记》。

6　芷江清贡一人，沅州府学清贡一人，据《湖南通志》。黔阳明贡一人，据同治《县志》。麻阳明荐举一人，据同治《县志》。

7　同治《县志》。

8　《唐书·邓处讷传》。

9　《宋史·梅山峒传》。

10　同治《新化县志》政典引旧《县志》，《湖南通志》杂志二引《宝庆府志》，邓显鹤《楚宝增集·书〈蔡煜传〉后》，并作如是云。苏甘名见《县志》引《东坡文集》。

代有举人二人，拔贡二人，岁贡一人。[1] 益阳、邵阳、武陵密迩梅山，绥宁相去亦不远，其苏氏为蛮族后裔之可能性亦多。

杨氏 后汉元初三年，零陵蛮羊孙、陈汤等抄掠百姓[2]，羊氏颇疑即后世之杨氏。杨氏唐末以来繁衍于省境西南隅“溪峒诚、徽州”[3]一带。五季时飞山[4]有承磊者，附于叙州蛮潘全盛，为楚将吕师周所杀。既擒全盛，承磊族人再思以其地附于楚。[5] 旋复自署为诚州刺史，以其族姓散掌州峒，号十峒首领，值天下乱，再思能保据一方，著威惠。[6] 没后民怀思之，至今庙祀不绝。[7] 宋太平兴国四年，首领杨蕴始内附。其后通宝、政岩[8]、政岩子通塩，相继受朝命知诚州事[9]；通汉及其子光倩，知徽州事。[10] 熙宁八年有光富者，率其族姓二十三州峒昌运、晟情等归附。继有昌衔者，亦愿罢进奉、出租赋为汉民。明年，诚州刺史光僭亦降，于是十峒悉为王土。元祐二年，诚州有杨晟台者乘间起而作乱，朝廷方务省事，遂复以其地予蛮。旋以故隶沅州之渠阳为诚州，命光僭之子昌达及昌等同知州事。[11] 崇宁元年，知徽州杨光衔光附。[12] 二年，知荆南舒亶承蔡京命开复诚州，其酋晟臻等二千余人并纳土；改诚州为靖州，徽州为莳竹县。[13] 莳竹，即今绥宁县境也。既而靖州西道杨再立亦纳

---

1 同治《县志》。

2 《后汉书·南蛮传》。

3 名见《宋史·蛮夷二·诚徽州传》，今靖州、通道、绥宁、城步、新宁一带。

4 峒名，在今靖州界内。

5 《湖南通志》苗防二引《通鉴》，查《通鉴》未见此条，《明一统志》靖州马王城条亦作如是云，当别有所据，待查。再思原作再兴，按再兴南宋时人，其为再思之误可无疑。

6 再思事迹不见正史，靖州及各属邑志据杨氏谱牒及当地碑碣载之，其言不尽可信，然再思确有其人，著有威德，当无可疑。其地在唐为溪峒诚州，再思既雄长诸峒，则《志》云为诚州刺史，亦属可信。光绪《靖州乡土志》引胡长新《杨再思墓志》称：再思唐昭宗朝由淮南丞迁辰州长史，结营靖州飞山，与李克用同受昭宗绢诏征兵，道长梗阻。众奉为诚州刺史，威名日著，称令公焉。奉唐正朔。卒于后周显德四年。宋开宝中追封英惠侯。子十二，受土分镇滇黔。按梁乾化元年吕师周擒潘全盛于飞山，明见史载，则是前诚州不容为杨氏所有。受昭宗绢诏奉唐正朔之说，尤悠谬难稽，不足信也。光绪《靖州直隶州志·政绩》，置再思于五代末宋初，大致不误。族姓云云二句，据《宋史·蛮夷二·诚徽州传》。

7 《湖南通志》卷七六、七七《祠庙》三、四：绥宁、会同、通道并有飞山庙，云祀宋杨再思，城步飞山庙云祀宋杨业，以当地民间称再思为令公而混淆也。在靖州者曰威远侯庙，云祠宋刺史杨再思。据《乡土志》又有飞山宫、渠阳庙，并祀再思。据《直隶州志》州西十五里有再思墓。

8 据《靖州乡土志》引龙极亨《二侯祠记》，政岩系再思之子，通宝系政岩之子，但《宋史》通宝在前政岩在后。

9 《宋史·蛮夷二·诚徽州传》。

10 《宋史·本纪》庆历元年、《溪峒传》。

11 《宋史·蛮夷二·诚徽州传》。

12 《宋史·本纪》。

13 《宋史·本纪》。晟臻一句《湖南通志》苗防二引《宋史·本纪》，查《本纪》实无，不知何据。晟臻之名并见于各州县志。

土输贡赋。[1] 诚、徽州虽经收入版图,然杨氏族类极繁,实未尽隶编户。南宋初杨氏犹为靖州、绥宁等处溪峒首领,迭求入贡。[2] 明洪武四年,绥宁有大寨杨之叛。[3] 其在东偏者,归化尤晚,以新宁、城步为著。新宁旧隶武冈,自绍兴中有徭人杨再兴[4]及其子正修、正拱之乱,降而复叛,历二十余年始擒斩之[5],因其旧地置县,抚治徭民。至明正统十四年又有苗酋杨文伯之乱。[6] 城步于元末有赤水土官杨完者者,原名通贯,能以兵法部勒其众,受行省之招,先后克复湖广、江浙,屡败张士诚兵,仕至江浙行省左丞。已而行省丞相达识帖睦迩忌其专,设计诱破其军,完者及其弟伯颜皆自杀。追赠谭国公,谥忠武,伯颜卫国公,谥忠烈。[7] 至明代,先后有杨状子[8]、杨昌富[9]、杨盛松[10]之乱,清乾隆五年又有莫宜峒苗杨清保之乱。[11] 至今西起靖州东抵新宁一带,溪峒中犹多杨姓。[12]

诚、徽州杨氏在宋世有北迁于辰、沅者。淳熙六年,卢阳西据僚杨添朝寇边,卢阳即今芷江。七年,前知辰州章才邵言,沅陵之浦口顷为徭、僚侵掠,民皆转徙,而田野荒秽,守猝无远虑,乃以其田给靖州仡伶杨姓者俾佃作,杨氏专其地将二十年。[13] 仡伶一作"仡佬",即"僚"之音转。其时辰、沅蛮族不一,而仡伶最著,杨氏实其渠帅也。明以后目杨氏为苗,洪武三十年,有卢溪县苗长杨二赴京师奏准轻赋。[14] 至今湘西苗中犹有杨氏。[15]

---

1 《宋史·溪峒传》。

2 《宋史·溪峒传》绍兴十年、十四年。

3 《靖州志·事纪》。

4 《宋史》有二杨再兴,一为曹成将,降于岳飞,绍兴十年战死小商桥,英名彪炳,《宋史》有传。《宋史》不著何许人。据《新宁县志》则为县之盆溪里人,至今有杨统制祠堂,确凿可据。此杨再兴亦新宁人,亦著于绍兴中,旧志往往误以为一人者。不知飞将绍兴十年已死,此夫夷洞主则至二十四年始被杀,岂得为一人之改节乎?

5 《宋史·溪峒传》绍兴二十四年,《本纪》绍兴十五年、二十四年。

6 康熙《新宁县志》沿革,艺文《筑城记》作景泰初,乱起正统,而定于景泰初也。

7 《新元史》卷二二一本传。同治《城步县志》据杨氏族谱称系出再思之第三子正修,正修分居赤水真良乡,宋太平兴国四年纳款内附,五年敕授正权等兄弟诰十一道,完者其裔也。同完者起兵卒谥忠烈者,乃其叔正仁。

8 《湖南通志》苗防三引《宝庆府志》永乐十二年。

9 光绪《靖州志·戎功纪》天顺四年。

10 同治《城步县志·兵纪》嘉靖十四年。

11 同上《兵纪》。

12 《靖州志》卷二苗寨,寨长三十七人,中有七人杨姓。《武冈州乡土志·徭种志》莸溪徭里大姓十六,杨居其一。光绪《新宁志》卷三云,今之苗民尚多杨姓。同治《城步志》艺文《峒粮碑纪》呈禀人及首事人有杨氏三人。

13 《宋史·蛮夷二·峒传》。

14 《湖南通志》苗防三引明侯加地《边哨考》。

15 同治《永绥厅志·剿抚考》,清代镇箪苗乱,其酋除石、龙、吴、麻、廖外,间有杨、张等姓。

杨氏族类至繁，因而其汉化时期，前后颇不一律。如上所述，有至今仍为峒民，迄未同化者，然亦有在宋世已入登科录者。熙宁中诚州刺史杨光潜既降，乃为其子曰俨请于其侧建学舍求名士教子孙，诏潭州长史朴成为徽、诚等州教授[1]，遂开此邦文教之先河。其孙晟，政和间以岁贡入太学，登会选，曾孙立中，绍兴中继擢甲第。[2] 向之蛮夷豪族，曾几何时，竟成诗礼名家。南宋时靖州特置新民学以教养溪峒归明子弟[3]，其中就学者，自以杨氏为多，故靖州之杨开化特早。陶冶既久，降至明清而掇科第、历仕宦者遂不绝于途，靖州四属，杨氏并为甲族，族望之盛，湘西南无出其右者。计靖州，明代有举人二人，拔贡二人，恩岁贡生十四人；清代有拔贡一人，优贡一人，恩岁贡二十人。[4] 绥宁，明代有进士一人，举人二人，恩岁贡十四人；清代有拔贡一人，恩岁贡十二人。[5] 通道明代有举人一人，恩岁贡十八人；清代有副贡一人，拔贡二人，恩岁贡二十人。[6] 三邑在明皆为第一族；在清皆为第二族，靖次于储氏，绥次于黄氏，通次于吴氏。会同，明代有恩岁贡十二人，次于梁、唐而为第三族；清代有举人二人，恩岁贡九人，次于梁、唐、林而为第四族。[7] 城步之杨，自元末完者以武职起家，其苗裔尤多显贵。明颖国公杨洪正统间镇宣府，立功边陲，为一时名将最，史称乃六合人[8]，据《县志》则实为县之大竹坪人，完者之后，谱名忠洪，至今治北杨氏世勋墓犹巍然存，确凿可据。弘、正间有分居荆州者，其三世孙逢时登万历丙子解元、壬辰进士。即居邑里者，郎官刺史，代不乏人云。[9] 计明代有举人二人，恩岁贡八人；清代有举人三人，拔贡二人，恩岁贡二十二人，并为全县第一族[10]，且远在他族之上。[11] 新宁之杨于诚、徽各邑中最为晚进，其盛况亦迥不相及。明代虽有举人四人，然贡生只二人；清代仅贡生一人。武冈邻接新宁、城步、绥宁，其杨氏亦当出自诚、徽，计明清二代各有举人二人，明贡一人，清贡六人。辰、沅及三厅杨氏之盛，转在新宁、武冈之上。泸溪、黔阳、芷江、凤凰四邑皆列第一二

1 《宋史·蛮夷二·诚徽州传》。

2 宋嘉定间钟兴撰《新书院记》，见《靖州直隶州志》艺文。

3 《宋史·本纪》绍兴十四年。《靖州乡土志》载有新民学古迹。

4 光绪《靖州直隶州志》。

5 据《湖南通志》，以《州志》有清无明也。《州志》清代恩岁贡有十七人，仍不及黄氏。

6 据《湖南通志》。明举人一人原作会同人，依《州志》考。《州志》清代拔贡四人，恩岁贡二十四人，仍不及吴氏。

7 据《湖南通志》。《州志》清代恩岁贡十二人，同治《县志》清代恩岁贡十四人，与梁、唐、林相去仍远。

8 《明史》卷一七三本传。

9 同治《县志》人物。

10 据《湖南通志》。同治《县志》明贡生作十人，清贡生作三十五人，当有例贡在内。

11 城步僻陋，明清二代合计仅有举人三人，而杨得其二。各族贡生率不过四五人，清代至多不过十二人。

族，其他各县亦稍有之，独溆浦无。计泸溪明举二人，贡三十九人，第一族；清贡九人，第三族。黔阳明举二人，贡十六人，第二族；清举三人，拔四人，贡十一人，第一族。芷江明举一人，贡十五人，第二族；清举一人，拔二人，贡三人，仍第二族。[1] 凤凰清举三人，贡十五人，第二族。麻阳、辰溪明代皆有举人，沅陵、永绥清代皆有举人，乾州、辰溪清代皆有拔贡，余不俱列。此外省境各县大抵皆有杨氏，长沙、常德、澧州所属较盛，未敢断言与蛮族有无关系。

上述诸氏，皆在唐宋时为蛮中酋豪显姓，而明清以来又为各该当地及其附近之望族。若谓今日之望族，皆系唐宋后自他方移来，而适与当地往日之蛮姓相合，衡以古今天下事理，当无如是之巧。故吾侪固不得遽谓今日各该地此诸姓之每一个人皆系蛮裔，特至少其中有极大部分秉有蛮族血统，此则可以断言者也。

或颇以此说与诸家谱牒所载相左为疑。殊不知谱牒本不可轻信，而此诸姓之自言其所从出，尤属荒谬无稽，断不可信。有识者试稍一复按其说，实不难立验其伪。今考诸家假饰之词，大体不外乎二类：其一，为征蛮而来，事定卜居，或殁于王事，子孙留家，如麻阳之田[2]、会同之杨[3]是其例；其二，自承为土司之后，但谓土司系出汉祖，如永、保之彭、溆浦之舒、城步之杨是其例。前一说所称之始祖姓氏时代及其征蛮事迹，大抵可信，然必为土著而非客籍，而此土著，实为蛮族之已经归化者，亦非先时从他方移来之汉族也。饵“熟蛮”以利禄，使征“生蛮”，此为历代常用之政策，初无足奇，而后世子孙之所以奉此人为始祖者，亦以其前不过为蛮中一小民，至此而始致身通显，肇开阀阅耳。不然则何以征田氏蛮者适为田氏，征杨氏蛮者适为杨氏耶？其为事理所不可许，勿待辨也。至后一说则其事在他省或他姓虽非决无，特在湖南之彭、舒、杨，则可证其必伪，分别论列如下：

一、永、保彭氏谱称其先永顺有老蛮头吴著冲者，延江西吉水县彭氏助理，彭氏以私恩结人心，日渐强盛。至唐末彭瑊遂逐走著冲，据有其地；梁开平间归顺，署为溪州刺史。瑊没，子彦晞袭，彦晞即晋天福中率奖、锦诸蛮降

1　次于张氏，然张氏恐非一族。

2　同治《县志・宦绩传》田德明。

3　同治《县志・选举表》附人籍场景五。

于楚，名载于《五代史》之士愁也。[1] 今按彭瑊名见《九国志》、《通鉴》，乃庐陵[2]土豪吉州刺史玕之弟。梁开平三年，吴兵下袁、吉，玕率宗族部曲奔于楚，楚王殷表玕为郴州刺史，为子希范娶其女。[3] 是则彭氏为楚国戚，家世荣显，安有屈身为蛮头助理之理？且开平四年（开平之末一年）瑊犹在吉州，为吴将敖骈所围[4]，更焉得同时又分身为溪州酋帅，与吴著冲争雄长于蛮中乎？吉州之彭与溪州之彭既并著于一时，使其固为同宗，何以五季诸史，竟无一言提及乎？汉乾祐末，唐师灭楚，马氏旧臣皆入朝金陵，溪州之彭师暠，仕唐为殿直都虞侯[5]，而史称彭玕宗族耻于事仇，独留楚不去，亦可证师暠非彭瑊之后也。窃意唐末溪州蛮中有吴、彭二氏，曾一度发生争战，结果彭胜吴败，彭氏自此遂得世为诸蛮首领，或为史实；特其人为彭玕兄弟，则殆如风马牛不相及，断乎为绝无关系者也。[6]

二、溆浦舒氏谱称系出唐舒元舆，元舆遭甘露之祸，其弟元道、元褒等皆编管远州，后多为土刺史。[7] 今按《唐书》元舆本传，元舆三弟，元褒已先卒，元肱、元迥并及诛，安得更有诸弟编管远州乎？

三、城步杨氏称系出关西杨震伯起之后，屡传至再思，徙靖州之飞山。[8] 伯起与再思渺不相及，其出于假托，尤显然可见。且飞山之杨初不始于再思，说见上文杨氏条。

抑尤有进者，上述诸蛮姓每不仅为湖南一省所独有，中如向、田、覃，湖北旧施南府一带亦多有之。[9] 舒氏、彭氏亦见称于四川之黔南、夔州蛮[10]，杨氏尤为贵州苗巨姓。[11] 诸姓族类分布如是之广，足证其自上古以来，必已定居于国境西南部，曾历数千年之长养滋息，故堪臻此。若谓唐宋后始徙自他方，人非蚁蝼，繁衍安得有如是之速乎？即此一端，吾侪但须细一体会之，则诸家悠悠之说，可以概置不论矣。

---

1 同治《龙山县志・土司考》彭氏世系表。

2 据吉州《彭氏谱》则实为吉水人，见《十国春秋补遗》引。

3 《通鉴》卷二六七，《九国志》卷一一本传。

4 《通鉴》卷二六七。

5 《通鉴》卷二九〇。

6 彭氏冒称为彭瑊之后，府县志皆信以为真，雍正五年永顺彭肇槐纳土，诏安插江西吉水县原籍，甚至朝廷功令，亦直认无疑，故不殚辞烦，特据史传以驳斥之。

7 《湖南通志》杂志十九引《溆浦县志》。

8 同治《县志・人物》。

9 《宋史・溪峒传》、《明史・土司传》。

10 《宋史・溪峒传》。

11 《明史・土司传》播州杨氏。

诸家假设其祖籍所在，往往归之于江西，如会同之杨，永、保之彭之托始于金溪、吉水是也。又溆浦舒氏，诚、徽杨氏之另一说亦谓出于进贤、泰和。[1]此其故盖以江西移民本占湖南今日汉族之绝大多数，为适应环境计，自以托籍江西为最有利，且最可见信于人耳。实则历代征伐四裔者，宋以前以北方人为多，明代以淮域人为多，江右自来罕闻焉。

除上述诸姓外，又有其蛮族之祖不甚显称于史籍，或虽显称而不在省境之内，而其汉化之裔，实繁衍于今日省境之内者，亦胪举之如后。上述诸姓其祖籍皆在湘西，兹所举者，则亦有在省境东南部者。唯湘南诸蛮之宗族既不如湘西之大，且其姓氏又往往为汉姓中之极普遍者，故吾人以姓氏推断今日之汉出于昔日之蛮，在湘西之可信成分较多，在湘南则瞠乎不及，今虽一体论列，然览者幸勿等量而齐观焉。

梅氏　冉氏　南北朝时蛮中大酋豪多梅氏：魏泰常八年，蛮王梅安率渠帅数千入朝。[2]宋封酉阳蛮梅虫生为高山侯，梅加羊为扞山侯[3]，升明初，晋熙蛮梅式生起义师斩晋熙太守。[4]核其滋蔓之地，当在今豫、皖、鄂三省境内。《魏书·南蛮传》称又有冉氏、向氏者，陬落尤盛。明代冉氏世长四川之酉阳宣慰司。[5]近代湖南省境北边之石门、安乡、武陵、桃源、沅江等县并有梅氏，石门又有冉氏，颇疑澧域蛮中本有此二姓，特未尝见称于史乘，或系自川、鄂等省移来者。石门冉氏在明代有举人二，岁贡九，除张氏外，全县各族莫能及之。入清颇衰微，仅有岁贡一人。[6]

鲁氏　刘宋时雍州蛮帅鲁奴子掳龙山，屡为边患。[7]北魏景明三年，鲁阳蛮鲁北鷰等聚众攻逼颍川。[8]元至元二十八、九年，叉巴桑木溪鲁万丑及其兄三代舟入寇辰州。[9]盖自南北朝以来，鲁氏久滋育于豫、鄂西境蛮中。明代湖南省境北部洞庭左右澧州、桃源、华容、平江各县皆有鲁氏，桃源尤盛，疑中间不少蛮裔也。入清颇衰微，仅华容见岁贡一人。

文氏　南北朝时荆、雍、豫州蛮中又有文氏。宋大明四年豫州蛮文小罗

1　诚、徽杨氏见《靖州乡土志》人物类，余见前注。

2　《魏书》卷一〇一《蛮传》。

3　《南齐书》卷五八《东南夷传》。

4　《宋书》卷九七《豫州蛮传》。晋熙，今安徽怀宁、潜山一带。

5　《明史·土司传》。

6　同治《澧州直隶州志》。

7　《宋书·荆雍州蛮传》。龙山，今河南宝丰县东南。

8　《魏书》卷一〇一《蛮传》。鲁阳，今河南鲁山。

9　《湖南通志》苗防三引《辰州府志》。叉巴，今湖北宣恩县境，桑木溪当在其附近。

等讨擒司马黑石徒党。[1] 齐建元二年黄蛮文勉德寇汶阳。[2] 魏兴光中蛮王文武龙降，诏拜南雍州刺史。正始四年梁永宁太守文云生六部自汉东遣师归附。正光中梁义州刺史边城王文僧明等率户万余举州内附。[3] 其地大约在大江以北，西起沮、漳，东至大别山南北。然《宋史》庆历七年，衡、永徭乱既平，诏补唐和徒党文运等为峒主[4]，是则湘南蛮中实亦有文氏，唯不甚著称耳。近代湖南文氏遍于衡、永、郴、桂、长、常、岳、澧、辰诸属，唯西北及西南部罕见。北以桃源为盛，明清二代合得进士二人，举人五人，贡生十四人。东以醴陵、攸县、衡山为盛，醴陵共有举人三人，贡生十五人；攸县[5]共有进士二人，举人十五人，贡生十二人；衡山共有进士二人，举人一人，拔贡三人，贡生十人。南以东安为盛，元代有进士一人，明清有举人三人，贡生十一人。在东部南部者，疑当与宋代本省境内之蛮徭文氏有关，在北部者，疑当与南北朝时之荆、雍、豫州蛮有关。

龚氏　宋淳熙中，泸溪诸蛮龚志能等占据县治故地。[6] 明正德四年，宜章莽山徭酋龚福全叛，攻陷郡县，数年之间，湘、赣、粤三省边境千里之内，悉为波及。[7] 此龚氏之见于本省蛮中者。此外宋代有黔州蛮首领龚行满、夔州蛮首领龚才晃，明代酉阳宣抚司所属有部长龚俊[8]，则在今川、鄂边境一带。近代湖南龚氏几遍于全省，而以澧属诸县及武陵、泸溪为较盛。澧州明清二代合计有进士二人，举人九人，拔贡二人，贡生八人；慈利有举人二人，贡生五人[9]；武陵有进士一人，举人五人，拔贡一人，贡生二人；泸溪有贡生十人。在常、澧一带者疑当与黔、夔二州蛮有关，在泸溪者自当为宋代当地蛮族之裔。衡、郴二属不见有龚氏一人列名科第表，足见龚福全之后人，犹未完全汉化。

奉氏　明洪武十八年，宁远“土贼”奉虎晚等流劫村市。[10] 崇祯九年，广

1　《宋书》卷九七《豫州蛮传》。《南史》作文山罗。

2　《南齐书》卷五八《东南夷传》。汶阳，今湖北远安县北。

3　《魏书》卷一〇一《蛮传》。

4　《宋史·溪峒传》。

5　攸县文氏在宋世已有进士二人，其邻县茶陵亦有一人。

6　《宋史·溪峒传》。

7　《湖南通志》苗防三。

8　《宋史·溪峒传》、《明史·土司传》。

9　同治《澧州志》。

10　道光《永州府志》徭俗。

西富川长塘源徭"贼"奉四等犯永明。[1] 十年，江华徭奉天爵父子倡乱。[2] 奉氏甚稀见，明代宁远有贡生二人，清代江华、祁阳各有贡生一人[3]，当与奉虎晚、奉天爵等为同宗。近代湖南之奉氏以新化为最盛，明代有举人二人，贡生四人，今境内有奉家、锡溪、龚塘三村，皆以奉为大姓。[4] 据《县志》称奉家及江东二村在明代尚有未尽同化之徭[5]，足证奉家村附近，实为历代徭人聚居之地，唯奉氏之变蛮为汉，则当在明代以前。今之溆浦徭有七姓，奉居其一。[6] 溆浦与新化接壤，二地奉氏盖属于同一宗派，只以文野有别，世人遂目之为异族矣。

粟氏　粟氏为广西蛮巨姓，东北延蔓于省境之沅、靖、城步一带。宋淳化二年，晃州管砂井步蛮人粟忠获古晃州印一钮。[7] 元祐二年，渠阳蛮杨晟台结西融州蛮粟仁催为寇。[8] 清乾隆五年，城步横岭峒苗粟贤宇作乱。[9] 近时通道县有苗里四，其一曰粟家。[10] 近代湖南粟氏长沙、武冈、常宁、沅陵、黔阳、桃源、华容等县皆有之，而每邑不过二三人。独会同甚盛，明清二代有进士三人，岁贡十三人，见于县志人物传者，有十二人。会同在靖属北端，距晃州不远也。通道粟氏尚未得列名科第，仅清代有例贡一人。[11]《沅陵志》称沅邑皆江右来者，北河粟姓一户独系老籍，今其家腊犹从秦时令，族丁甚蕃[12]，可证粟氏实为湘西南之土著民族。

雷氏　蛮中雷氏湘北著于朗、澧：唐中和元年，武陵蛮雷满袭破朗州，诏以为朗州留后；天祐中满卒，子彦恭自立，梁开平三年为马氏所灭。[13] 宋绍兴初澧州有雷德进之叛。[14] 湘南著于九疑、夫夷：明洪武初九疑徭乱，雷姓等皆被胁从[15]；十八年，发兵剿平之，余党未绝，命招主雷瑄等入峒招降之。[16] 清道

1 道光《永州府志》事纪。
2 同治《江华县志》兵防、寇变。
3 《府志》。
4 同治《县志·舆地》。
5 同上书，《学校》。
6 《湖南通志》苗防五引《溆浦县志》。
7 《宋史·溪峒传》。
8 《宋史·诚徽州传》。
9 同治《城步县志·兵纪》，《湖南通志》苗防五及《靖州志》并作绥宁徭。
10 光绪《靖州直隶州志·疆域》。
11 《靖州志》。
12 康熙《沅陵县志·杂记》。
13 《通鉴》卷二五四《僖宗纪》，《五代史·雷满传》。
14 《宋史·本纪》绍兴五年，《溪峒传》绍兴七年。
15 光绪《宁远县志·人物》。
16 道光《永州府志·徭俗》。

光二十七年，新宁有黄背峒雷再浩之乱。[1] 至今武冈徭峒中，雷氏犹为大姓。[2] 湘南雷氏中有开化极早者，道州、郴州、蓝山、临武四邑，南宋晚叶已有人成进士。明清二代雷氏布在衡、永、郴、桂、长、常、澧、岳各属，而以与九疑接壤之桂属四邑为最盛。蓝山明代有举人五人，贡生三十人，为全县第一族；入清衰落，有举人一人，拔贡一人，贡生一人。嘉禾，明崇祯十二年始置，清代有拔贡一人，贡生十一人，为全县第四族。桂阳、临武，明清二代合得进士一人，举人二人，拔贡二人，贡生十五人。[3] 王闿运云：州境诸族，大抵从宋元至今宅田相承，唯雷氏盖自汉以来。[4] 夫以习见于蛮中之姓氏，又为自汉以来之旧族，则其为蛮裔也可无疑矣。次于桂属者，即为新宁及永属各邑，夫夷、九疑之地也。新宁有举人一人，贡生八人。永州阖府共得进士一人，举人三人，拔贡四人，贡生二十八人。湘北各属盛况远不及湘南，中以澧、岳为较盛。

蓝氏　清道光十七年，新宁徭蓝正樽为乱。[5] 今武冈徭中以蓝为大姓之一。[6] 二县虽有蓝氏，但犹未开化。其已开化者，其东零陵、祁阳、宜章有之，其西城步、绥宁、麻阳有之，其北新化、茶陵、醴陵、长沙、巴陵、桃源、慈利有之，而以城步为著。明初功臣凉国公蓝玉，据《县志》实为邑之扶城峒人。其先昌见，为杨再思之部族；玉，昌见之十四世孙也。祖某徙濠州，遂为定远人。其后玉既族诛，有妾匿西平侯沐春家，遗腹生子昌建。蓝氏之居扶城者，惧祸皆改姓秦氏。至成化初禁锢已解，沐氏乃使昌建率其眷族归原籍扶城，于是城步始复有蓝氏，至今蓝、秦二氏不通婚。[7] 自今视之，昌建果为玉之子与否殊不敢必，唯凉国及近代城步蓝氏之为蛮裔，其先曾为再思之部属，则可信也。清代城步蓝氏有贡生一人，列名《县志》人物传者二人。其西邻绥宁有拔贡一人。

骆氏　宋绍兴九年，宜章峒民骆科作乱。[8] 近代湖南骆氏以宜章之紧邻临武为盛，明代有举人一人，贡生五人，清代有贡生二人。此外宁远、新田亦

1　光绪《新宁县志·事纪》。

2　《武冈州乡土志·徭种》。

3　同治《桂阳直隶州志》。

4　同上卷一三《礼志》。

5　光绪《新宁县志·学校》。同治《城步县志·武备》，道光十六年，新宁苗蓝沅发作乱；光绪《靖州志》作李沅发，以不见于本县志，孰是待考。

6　《武冈州乡土志·徭种》。

7　同治《城步县志·人物》。

8　《宋史·溪峒传》。

有骆氏，距宜章不远。

潘氏　梁开平中溆州蛮酋潘全盛寇扰楚边；乾化元年，吕师周擒全盛于飞山峒。[1] 宋政和初“贼”潘宗邑犯沅州。[2] 明洪熙元年，蓝山“贼”潘康生等诱众作乱。[3] 清咸丰中，靖州南路八峒潘通发反，八年剿平；同治三年，潘老帽勾结降苗复反。[4] 近代湖南潘氏以安乡、黔阳为盛，黔阳一系疑与蛮族有关，以其地即唐之叙州所治也。计明清二代共有举人一人，拔贡二人，贡生十四人。[5] 靖属潘氏开化较迟，仅靖州、通道各有贡生二三人，而苗寨犹多潘氏为寨长。[6]

梁氏　宋淳熙中徭蛮梁牟等寇沅州，劫墟市。[7] 近代靖属各邑及武冈、城步一带多梁氏，疑与此有关。会同紧邻沅州，尤称极盛，计明代有贡生十九人，清代有举人一人，拔贡七人，恩岁贡二十七人，为阖县首族。

吴氏　龙氏　石氏　麻氏　廖氏　吴、龙、石、麻、廖五姓为近代湘西镇筸一带苗中巨姓。镇筸苗，明以前无闻，明永乐三年辰州招抚筸子坪生苗廖彪等，十二年，有筸子坪“贼”吴者泥、吴亚麻等之乱。[8] 宣德中有镇筸苗吴毕即、石计聘、龙三、吴不跳等之乱。[9] 自弘治、嘉靖而后，镇筸苗乱几岁岁不绝，辰、沅沿边各邑，备受其患。降至清乾隆六十年而有石柳邓、石三保、吴半生、吴八月、吴陇登之巨变，动七省大兵，历时三年，国库为之亏竭，仍乃荡平。道、咸时又时有举动，同、光以来，始告平静。[10] 镇筸苗中除间有李、刘、孙、杨、侯、白、黄等姓外，其什之八九，皆系此五姓。[11] 大抵明初以吴姓为盛，弘、正后以龙姓为盛，清康、乾间著闻者多为吴、石二姓，道、咸以来，吴、石、龙并盛，麻、廖视三姓稍逊焉。明及清初苗疆土官大率为田氏，至咸丰而吴、龙、麻亦为土官矣，其间演化之程序，大略可睹。清自康熙后题准苗、徭一体应试，旋又于民籍正额之外，另为苗、徭定专额，号曰“新生”。嘉庆初既定镇筸，朝廷加意教化，于苗疆增设义学书院；十二年又奏定永、乾、凤三厅苗生

1　《通鉴》卷二六七《梁纪》，飞山在今靖州界。
2　《湖南通志》苗防二引《沅州府志》。
3　同上苗防三引《明大政记》。
4　光绪《靖州志·事纪》。
5　同治《黔阳县志》。
6　光绪《靖州志》，靖州苗二十四寨，寨长三十七人，潘居其十。
7　《宋史·溪峒传》淳熙十年李大性言。
8　《明史·土司保靖传》。
9　《湖南通志》苗防三引《辰州平苗考》。
10　详见《湖南通志》苗防及沿边各府县志。
11　诸志或即称镇筸“生苗”为五种苗，五种即五姓也。

乡试另编字号，满十五名即额外取中一名[1]，于是登乡榜者亦接踵矣。永绥截至道光末苗籍举人凡十九人，石氏九人，龙氏四人，麻氏一人，此外张、杨各二，田氏一人；凤凰截至嘉庆末凡二人，吴、龙各一；此乃见于永、凤《厅志》者。《通志》汉籍与苗籍不分列，姑认凡属此五姓者皆系苗籍，则永绥石氏又得一人，凤凰吴氏又得四人，龙氏又得一人，又麻氏新得二人。乾州独少，仅石氏一人。盖历次镇筸苗乱首领以吴、石、龙为著，而三厅科第人物，亦以此三姓为多云。清制新生乡试另编字号，而出贡则与民籍一体办理，故有苗举人而无苗贡生。以新进之吴、石、龙等姓与久经汉化之田、杨等姓较量，自不免相形见绌，故三厅贡生吴氏仅五人，龙氏三人，廖氏一人。

镇筸苗汉化特晚，故五姓之在三厅境内者，虽已读书应试，人皆知其为蛮，彼亦自认为蛮。三厅而外，其邻近一带亦不乏此五姓。如泸溪西接乾、凤，县多石氏，明代有举人四人，明清各有贡生九人，为全县第四族；又廖氏清代有举人一人，拔贡二人，贡生二人；亦有吴、龙而不多。麻阳北连凤凰，县多龙氏，明代有举人一人，贡生七人，清代有拔贡一人，贡生十人，为全县第六族。泸溪之东曰沅陵、辰溪，沅陵石氏，明清共有举人十人，拔贡二人，贡生五人，为全县第二族；辰溪麻氏，清代有举贡各一人，虽不多，然此姓在湖南全省除永、凤而外，只见于此邑。辰溪之南曰黔阳，黔阳多廖氏，明进士一人，清拔贡一人，明清贡生共六人。麻阳之南曰芷江，芷江多龙氏，清恩赐举人二人，拔贡一人，明清贡生共七人。乾、永北接永、保，永顺全府皆有吴氏，保靖又有石氏而不多。凡此者，其人皆已列名民籍，自以为汉族矣，然以地望测之，其先世自当以蛮族为多，且与近代之镇筸苗，血统关系必不甚疏远。

吴、龙二氏不特为镇筸苗大姓，又为靖州苗巨族。吴氏尤甚[2]，且自宋以来，即著闻于辰州迤南一带。宋淳熙十一年，沅州生界仡伶副峒官吴自由率峒官杨友禄等谋为乱。[3] 元延祐二年，辰、沅峒蛮吴于道为寇。[4] 明洪武中叶，靖州有吴面儿、吴朝万之乱[5]；嘉靖二十年，城步有吴光亥之叛。[6] 清康熙五年，通道又有吴老潘之祸。而吴氏实为通道清代科第首族，龙氏明清二

---

1 详见各志艺文、奏议及学校门。

2 光绪《靖州志》苗寨寨长三十七人，吴居十四，龙居其三。

3 《宋史·溪峒传》。

4 《元史·仁宗纪》。

5 光绪《靖州志·戎功纪》。

6 同治《城步县志·兵纪》。

代，并盛于绥宁、会同，靖州、城步及其近邻武冈，亦皆有此二姓。通道在明代以杨氏为首族，吴氏仅贡生一人，至清代吴氏激增，计有举人一人，拔贡四人，贡生二十三人，遂超越于杨氏之上。窃尝闻人种学常例，凡新兴民族当其始进于文明，其能力特强，每能发扬于一时，久而渐衰，然则通道杨、吴二族科第人物之盛衰嬗递，岂由于二族之开化，本有先后之别耶？

张氏　张氏唐宋时见于湘西蛮中。唐元和六年，辰、溆州首领张伯靖反。[1] 宋熙宁中，章惇招纳誓下州峒蛮张景谓。[2] 张氏为天下最普遍之姓，吾侪自不得据此便谓今日湘西之张，多出于蛮族；然今日虽全湘皆有张氏，而以湘西为特盛，如芷江、麻阳及乾州三邑皆以张氏为首族，除乾州以开发未久人数不多外，芷、麻但以贡生计，皆有四五十人之多，则吾侪实亦不敢不怀疑今日湘西之张，其中为绝无蛮裔也。反观湘南蛮中自来不闻有张氏，故近代湘南张氏，其盛况亦远不及湘西，桂阳属四县贡生但得十六人，郴属六县但得二十七人，永属最多，八县合计亦不过六十人。

陈氏　李氏　邓氏　唐氏　黄氏　此五姓为湘南蛮中著姓。陈最先见，后汉元初三年，零陵蛮陈汤等抄掠百姓。[3] 李次见，南齐永明三年，湘州蛮陈双、李答等寇掠郡县。[4] 邓、唐、黄皆始见于宋庆历中蛮徭之乱，其中首领有邓文志、唐和、黄文晟、黄士元诸人。[5] 自后此五姓蛮酋迭为乱于衡、永、郴、桂一带，屡见不鲜，历南宋及元，至明代稍衰，入清始罕闻。[6] 此五姓中之李、陈为天下习见之姓，邓、唐、黄亦习见于湖南全省，然以湘南为特盛，其情形恰似湘西之张氏。今试以郴、桂、永与辰、沅一一对比：则李氏贡生，郴州得二百人，桂阳亦几二百人，永府最少，亦百八十人，而辰属仅八十人，沅属仅六十人；陈氏，永府百六十人，桂阳几九十人，郴州最少，亦六十人，而辰属乃不及十人，沅属三十余人；邓氏，永府七十余人，桂阳四十人，郴州五十余人，而辰属仅十二人，沅属二十余人；黄氏，郴州百三十人，永府九十人，桂阳五十余人，而辰属仅十二人，沅属三十余人；独唐氏，辰属三十余人，沅属几二十人，郴、桂皆仅十余人为例外，然永府百八十人，是其繁衍中心点终在湘南也。

1　《唐书·宪宗纪》。
2　《宋史·溪峒传》。
3　《后汉书·南蛮传》。
4　《南齐书·蛮传》。
5　《宋史·溪峒传》。
6　参考湘南各府县志。

湖南蛮姓之见于历史记载者甚多，除上所举述者外，又有高、詹、宋、昌、刘、魏、王、杜、万、伍、皮、夏、何、贞、姚、孟、白、墨、谋、苗、观、蔡、曹、周、房、盘、罗、熊、谭、蒋、区、莫、欧、蒙、赵等姓，以其后裔不甚显著，兹不备述。然今日湖南人之属于此诸姓者，虽未可确指，其中要不无有蛮裔在也。

即以上所举述者而言，已可见蛮族血统在今日湖南全部人口中所占之成分，殊不在少数。试据方志选举志为湘西各县作一统计，则蛮姓人数占全县人数少或五六分之一，多至三分之一以上。此所谓"蛮姓人数"，其中自必有汉族分子参杂其间，然此所谓非蛮姓人数之中，亦当有一部分含有蛮族血统，双方对消，则此比数距事实或非过远也。（列表如下）

县　名	全县人数	蛮姓人数	蛮姓所占比例	蛮　　姓	依　　据
溆　浦	213	86	0.40	向、舒、文、龚	通志贡生
泸　溪	261	107	0.41	龙、杨、文、向、石、龚、吴、田、廖、张（计半数）	同上
沅　陵	181	30	0.17	石、向、田、舒、文、覃、吴、张（半）	康熙县志举贡
辰　溪	317	40	0.22	麻、覃、向、杨、舒、田、龚、张（半）	道光县志举贡
永　绥	48	11	0.22	杨、龙、吴、龚、张（半）	同治厅志举贡
乾　州	52	16	0.30	廖、杨、舒、吴、田、向、龙、张（半）	通志贡生
凤　凰	79	38	0.49	杨、吴、田	同上
芷　江	284	59	0.21	杨、向、田、龙、舒、张（半）吴、符	同上
麻　阳	345	125	0.31	杨、龙、田、潘、向、龚、舒、蓝、符、张（半）	同治县志举贡
黔　阳	356	130	0.31	向、舒、杨、廖、田、覃、粟、潘、龙、符、石	同治县志举贡
靖　州	498	82	0.16	杨、龙、吴、姚、潘、向、田、覃、梁	光绪州志举贡
绥　宁	160	43	0.27	杨、龙、向、吴、蓝、石	光绪州志举贡
会　同	175	72	0.41	粟、梁、龙、杨、石、吴	同上
通　道	152	74	0.49	杨、吴、潘、梁、粟	同上
桑　植	72	12	0.17	向、覃、田、彭、张（半）	同治县志举贡
永　顺	27	7	0.26	向、符、杨、田	通志贡生
保　靖	29	4	0.14	彭、向、张（半）	同上

续 表

县　名	全县人数	蛮姓人数	蛮姓所占比例	蛮　　姓	依　　据
龙　山	27	7	0.26	田、舒、杨、向、彭、鲁	同上
城　步	252	65	0.26	杨、龙、吴、向、蓝、雷	同治县志举贡
石　门	317	55	0.17	冉、覃、梅、龚、田、文、舒、向	同治澧州志举贡

湘南蛮姓较为隐晦，不便统计，以意度之，此部分之开化较湘西为早，则其人口中所含之蛮裔或亦较少。至东北长、岳各属，自属更少。但兹篇所论因以姓氏为线索，故所谓蛮裔，仅限于父系方面；使吾人能得母系方面材料而并计之，则今日湖南全省人口之中，其可确保为纯粹汉族者，恐绝无仅有矣。世有惑于优胜劣败之说，以为蛮族日就于消灭，今日南方人为纯粹汉族者，读此文其可以知其谬乎！且清季以来，湖南人才辈出，功业之盛，举世无出其右，窃以为蛮族血统活力之加入，实有以致之；然则蛮汉之不同，不过因其开化有先后之别耳，在种族本质上固无优劣之可言也。

（原载《史学年报》第2卷第5期，1939年）

晋永嘉丧乱后之民族迁徙

西晋末，五胡崛起中原，晋室倾覆。元帝东渡立国于建康，收辑人心，乂安江左，南方荆、扬、江、湘、交、广之地，赖以得全。于是中原人民之不堪异族统治者，相率避难斯土。初犹侨寄思归，终以二百余年中原不复，习久而安，乃不复有北风之想，其后裔遂长为南方之人矣。是役为吾中华民族发展史上之一大关键，盖南方长江流域之日渐开发，北方黄河流域之日就衰落，比较纯粹之华夏血统之南徙，胥由于此也。然以事出于人民自动，无关朝廷法令，故正史纪传罕有载及之者；读史者虽熟知有此事，而于当时迁徙之情形，乃竟不能悉其梗概焉。

虽然，在现存史料范围之内，欲求了解此次民族迁徙之概况，其道亦非无由。其道唯何？曰，由于侨州、郡、县之纪载是。良以是时于百姓之南渡者，有因其旧贯，侨置州、郡、县之制。此种侨州、郡、县详载于沈约《宋书·州郡志》、萧子显《南齐书·州郡志》及唐人所修之《晋书·地理志》中。吾人但须整齐而排比之，考其侨寄之所在地及年代等等，则当时迁徙之迹，不难知其大半也。兹编所述，即为依据是种纪载，并佐以列传中材料，研究所得者。唯地理参差，于晋江左及南北朝为尤甚，沈约生方其时，犹有“巧历不算”《州郡志》序之叹，何况千数百年后之今人？故疏漏阙略谅所不免，但求能无大疵耳。

本西晋十九州，后分为二十一州。东晋初立，但在荆、扬、交、广、江、湘六州，徐州一半，豫州唯得谯城；司、兖、豫、冀、幽、并、平、雍、凉、秦、青及徐之淮北尽没北族，梁、益、宁则为巴氐李氏所据。东晋治下之地接受移民，北族治下之地输出移民；李氏则颇能与民休息，其民甚少外移，后又为晋所并，遂亦转而接受移民。见于晋、宋、齐《志》者，北方诸州并有输出移民，独平州无[1]；

1 《宋志》云：自夷狄乱华，司、冀、雍、凉、青、并、兖、豫、幽、平诸州一时沦没，遗民南渡，并侨置牧司。但遍查诸志，皆无以平州移民所创立之侨郡县。《宋志》盖概括言之，非是实指也。

接受移民只限于江域诸州，宁、交、广三州无。[1] 盖以平州僻阻辽域，所遭兵革之祸较浅，即须播徙，亦多近迁朝鲜，罕有远走江南者；宁、交、广，处荆、扬、江、湘、梁、益之南，北人之南渡者，极少有能越荆、扬诸州而至于此诸州者也。兹先以现行省制划分接受移民区域，分别论列如下。

江　苏

江苏省所接受之移民，较之其他各省为特多，以帝都所在故也。见诸《宋志》者，计有侨郡二十三、侨县七十五。[2] 其中来自北方诸省者，以山东占极大多数（十五侨郡、三十九侨县），河北次之（一侨郡、五侨县），河南、山西、陕西又次之（河南一郡、二县，山西三县，陕西一郡、一县），独甘肃无。而本省及安徽省境内淮南、北之人，又多有侨在江南、北者（本省三郡、二十一县，安徽二郡、三县）。至侨民麕集之地，则江南以今之江宁、镇江、武进一带为最，江北以今之江都、淮阴诸县地为最。

兹据《宋志》，表苏省境内之侨州、郡、县如下。并以东晋、宋初及南齐之制之异于是者，列入备考焉。以次各省仿此。表中凡地名不标，见于备考中之侨地标以“____”号。

郡　名　统　县	本地	侨地[3]	备　　考
			东晋曾侨置魏郡（河南），统肥乡、元城（河北）；广川郡统广川（河北）；高阳郡统北新城、博陆（河北）；堂邑郡统堂邑（江苏）于江宁。宋元嘉中省，以其民并建康。
南徐州	江苏	镇江	东晋曾侨立兖州、青州、并州于此。
南东海郡　郯	山东	镇江	晋元帝初，郡及三县并侨在常熟境，后徙。又有襄贲（山东）、祝其、厚丘（江苏），寄治丹阳。
朐　利城	江苏		

1　此据侨州、郡、县之纪载而立言。实际其时中原流民之栖止地，自不限于侨州、郡、县之所在。林谓《闽中记》：永嘉之乱，中原仕族林、黄、陈、郑四姓，先入闽。客家初次南徙，据近人研究，亦在此时，则中原人有远徙福建、广东者，唯本篇所述，专从大处着想，故未遑及此。

2　《宋志》于晋、宋、齐三志中为最精，且《晋志》纪侨州、郡、县略而不尽，南齐时则已多并省，故兹篇论列，每举《宋志》以为表率。

3　本地侨地在今某省某县，悉据《大清一统志》。凡侨县之无确地可考者，即以其所隶郡之侨地为侨地。例如，承侨在何地不可考，以兰陵郡侨在武进，亦作武进。

续表

郡名统县	本地	侨地	备考
南琅邪郡	山东	句容	齐永明中，徙郡治江宁。
临沂		江宁	晋元帝初，曾以琅邪国（山东）流人立怀德县，侨在江宁。宋初，郡又领阳都、费、即丘（山东）。齐又领谯（河南），本宣祚，平阳郡（山西）民立。
南兰陵郡　兰陵　承	山东	武进	宋初又领合乡（山东）。
南东莞郡　莒　东莞　姑幕	山东		宋初又领盖（山东）。
临淮郡　东阳	安徽	武进	宋初又领盱眙（安徽）。齐又领浚（江苏）。
海西　射阳　淮浦　淮阴　广陵	江苏		
长乐	河北		初置郡，后并省为县。
淮陵郡　徐	安徽		宋初又领广阳（河北）、下相（江苏）。
司吾	江苏		
阳乐	河北		
南彭城郡　吕　武原　抒秋　僮　下邳　北陵	江苏		宋初又有南下邳郡，领良城（江苏）。又有南沛郡（江苏），并省入此郡。齐又领彭城（江苏）。
傅阳　蕃　薛　开阳	山东		
洨	安徽		
南清河郡　清河　东武城　绎幕　贝丘	山东	疑亦在武进内	
南高平郡　金乡　高平	山东		宋初又领巨野、昌邑（山东）。
湖陆	江苏		
南平昌郡　安丘　东武　高密	山东		宋初又有南高密郡，领淳于、黔陬、营陵、夷安（山东）。又有乐陵郡（山东）。
新乐	河北		
南济阴郡　城父　冤句　单父　城阳	山东		宋初又领句阳、定陶（山东）。
南濮阳郡　廪丘	山东		宋初又领鄄城（山东）。
榆次	山西		

续表

郡名统县	本地	侨地	备考
南泰山郡　南城　武阳	山东	疑亦在武进内	宋初又有广平郡(河北)，寄治镇江，领广平、易阳、曲周(河北)，元嘉中省并来属。
广平	河北		
齐阳郡	河北		
鄄城	山东		
考城	河南		
南鲁郡　鲁　西安	山东		宋初又领樊(山东)。
			东晋曾侨置燕国(河北)，疑亦在武进境内。
淮阳郡	河南	淮阴	本流寓郡，并省来配。
上党	山西		
晋宁(济岷郡流寓来配)	淮阴	宿迁	
			宋末失淮北，侨立兖州东平郡、济北郡于淮阴。《齐志》，北兖州东平郡，领寿张(山东)。又有阳平郡(河北)。又高平、济北、泰山、鲁(山东)、新平五郡荒。
济阴郡　定陶	山东	睢宁	
顿丘	河北		
南兖州	山东	江都	东晋曾侨立青州、徐州于此。宋初南沛郡领有符离、洨、竹邑(安徽)，侨在江都。又领抒秋(江苏)，侨在无锡。
建陵(属海陵郡)	江苏	泰县	
山阳郡	山东	淮安	
秦郡　秦	陕西	六合	宋初又领平丘、外黄、雍丘、浚仪(河南)。
尉氏	河南		
			齐徙齐郡来治六合，领临淄、西安、昌国、益都(山东)、宿豫(江苏)。
北淮郡　晋宁　宿预　甬城	江苏	江都、高邮、泰县一带	《齐志》，建元四年，罢四郡，以并广县郡。郡地约当此三县境。
北济阴郡　定陶　冤句　馆陶　阳平	山东		
上党	山西		

续 表

郡名统县	本地	侨地	备考
下北邳郡 僮 下邳	江苏	江都、高邮、泰县一带	
东莞郡 莒 诸 东莞	山东		
柏人	河北		
			东晋曾侨立辽西郡，统肥如、真定、新市（河北）、路（山西）。宋以并广陵郡。又曾侨置幽州在高邮境。又曾置司州于徐，冀州于江北，当亦在此一带。宋初又有南东平郡；统范、蛇丘、历城、朝阳、寿张、平陆（山东）；南平原郡，统平原、高唐、茌平（山东）；雁门郡，统楼烦、阴馆、崞、广武、马邑（山西）；济岷郡，统营城、晋宁（山东）；南齐郡，统临淄（山东）（又领西安，后配南鲁郡）；后并入广陵郡。
			明帝末失淮北，侨立青州、冀州于灌云，青州领齐郡、北海郡。《齐志》，青州北海郡，领都昌、广饶、胶东、剧、下密、平寿（山东），与州同治。齐郡初与州同治，后徙。东莞、琅邪二郡领即丘，南东莞、北东莞（山东），治东海。冀州（河北）以北东海郡为实土，治沭阳。

《宋志》，“南徐州备有徐、兖、幽、冀、青、并、扬七州郡邑”（南徐州，今镇江、武进一带），实查则又有司州之广平郡，后省为县，豫州之南鲁郡，领鲁县，并隶南徐州。五方杂处，无远勿至，盖以此州为最。

安　徽

安徽省境内侨民之来自北方诸省者，以河南占极大多数（八侨郡、五十四侨县），河北次之（一侨郡、六侨县），山东、山西又次之（各三侨县），陕、甘二省无。而本省及江苏省境内淮南、北之人，亦多侨在大江南北（本省四郡、十三县，江苏一郡、六县）。江北所接受之移民较江南为多，此与苏省境内之情形相反。侨在江南者都聚于下游芜湖附近一隅，江北则散处江、淮间，自滁、和以至于颍、亳，所在皆置侨郡县。

郡名统县	本地	侨地	备考
淮南郡	安徽	当涂	东晋侨立襄城郡（河南），领繁昌、定陵等县。又立上党郡（山西），领上党、襄垣等县。后省并来配。
当涂		南陵	
逡遒		宣城	
繁昌	河南	繁昌	
定陵		青阳	
襄垣	山西	芜湖	
			东晋曾侨立豫州于芜湖、当涂。明帝世，宣城曾为南豫州治。时失淮北，侨立高平郡于淮南当涂，领高平、金乡（山东）。旋又立睢陵（江苏）。时本当涂已废，当系指此侨当涂。
阳平郡　濮阳	河北	灵璧	宋初又领廪丘（山东）。濮阳本流寓郡，并省来配。
馆陶　阳平	山东		
燕　朝歌（属钟离郡）	河南	临淮	宋初有东燕郡，领燕白马、考城（河南）、平昌（山东），并省来配。
乐平	山东		
			明帝失淮北，侨立豫州于临淮。
虞（属马头郡）	河南	怀远	又领零县，《志》云，晋安帝立，疑系灵县（山东）之侨县。
济阳	河北		
顿丘	河北	滁	东晋立顿丘郡（河北），领沛县（江苏），并省来配。
谷熟（属新昌郡）	河南	和	
鄼		全椒	
考城	河南	盱眙	《齐志》，又领长乐（河南），疑是侨立。
信都（属盱眙郡）	河北		
睢陵	江苏		
			东晋曾侨立高密郡（山东）于盱眙。元嘉中，南兖州亦曾治此，后徙。
南沛郡　沛　萧　相	江苏	天长	
南豫州	河南	和	
雍丘（属历阳郡）	河南	和	
龙亢	安徽	含山	

续表

郡名统县	本地	侨地	备考
南谯郡　山桑　谯　铚　城父	安徽	全椒	《齐志》，又领北许昌（河南）、曲阳（江苏）。
蕲		巢	
扶阳	江苏	无为	
南汝阴郡　汝阴　慎　宋	安徽	合肥	
阳夏　安阳	河南		
南梁郡　睢阳　蒙　宁陵　虞　南汲　陈	河南	寿	宋初又领阳夏、安丰（河南）。《齐志》，又领北谯（安徽）、梁（河南）。
阴安　（属晋熙郡）	河北	桐城	郡领有南楼县，《齐志》作南楼烦（山西），疑系侨立。
			庐江郡今舒城地。《齐志》领有和城、西华（河南）。
颍川郡　邵陵　临颍	河南	巢	《齐志》，又领南许昌（河南）。
曲阳	江苏		
陈留郡　浚仪　小黄　雍丘　白马　封丘　襄邑　尉氏	河南	寿	宋初又领酸枣（河南）。
汝南郡　上蔡　平舆　北新息　真阳　安城　南新息　临汝　阳安　西平　瞿阳　安阳	河南	江淮间	
陈郡　项　西华　阳夏　苌平　父阳	河南	淮江间	《齐志》，又领南陈（河南）。
南顿郡　南顿　和城			
汝阳郡　汝阳　武津			
西汝阴郡　汝阴　宋	安徽		《齐志》，又领固始、新蔡、汝南（河南）。
安城	河南		
楼烦	山西		
豫州	河南	寿	豫州郡、县在淮西，而寄治于此。
			《齐志》又有西南顿郡，领西南顿、和城（河南）、谯（安徽）、平乡（河北）；北谯郡领谯、蕲（安徽）、宁陵（河南），并侨治于寿。

续　表

郡名统县	本地	侨地	备考
蒙 魏　（属谯郡）	河南	蒙城	故为郡，并省来属。
长垣	河北	亳	
安城 楼烦　（属汝阴郡）	河南 山西	阜阳	
陈留郡　小黄　浚仪　白马　雍丘	河南	亳	宋初又领酸枣（河南）。

今江南有当涂、繁昌二县，其名皆得于东晋世所立之侨县。按当涂，西晋故属淮南郡，今怀远县地；繁昌，故属襄城郡，今河南临颍县地，睹名思义，犹可想见当时河南、淮南人之走在江南也。

湖　北

湖北一省可划分为三区而论。一、江域上游，江陵、松滋一带，其侨民多来自山西、陕西、河南，又有苏、皖之淮域人。二、江域下游，武昌、黄梅一带，其侨民多来自河南，亦有安徽之淮北人。三、汉水流域，上自郧西、竹溪，下至宜城、钟祥，而以襄阳为之中心；是区所接受之移民倍于本省其他二区，而以来自陕西者为最多，河南、甘肃次之，河北、山西、安徽、四川又次之。

郡名统县	本地	侨地	备考
南新蔡郡　苞信 慎　宋	河南 安徽	黄梅	
			东晋曾侨立豫州于黄冈，旋徙。荆州西阳郡，今黄冈地，领义安县，泰始二年以来流民立，不知系何地流民。《齐志》，又领期思（河南）。
汝南　（属江夏郡）	河南	武昌	
			《齐志》有义阳郡，侨在孝感，领平舆、平阳、平春（河南）。
新兴郡　定襄　广牧 新丰	山西 陕西	江陵	宋初又领云中、九原（山西）、宕渠（四川）。
			东晋侨立义阳郡于南郡界，宋废。

续表

郡　名　统　县	本地	侨地	备　　考
南河东郡　闻喜　永安 松滋　谯	山西 安徽	松滋	宋初又领广戚(江苏)、弘农(河南)、临汾、安邑(山西),孝建中省。弘农,本东晋侨郡,并省来配。
			《晋志》安帝又侨立长宁郡于荆州,查汉、晋旧无长宁郡。
雍州	陕西	襄阳	梁州、秦州并曾侨治于此。宋初,雍州又领北上洛郡,疑即梁州之北上洛郡。又领北京兆郡,统北蓝田、霸城(陕西);义阳郡,统平氏、襄乡(河南)。
京兆郡　新丰　杜	陕西	襄阳	宋初又领蓝田、南霸城(陕西)、卢氏(河南)。《齐志》,又领魏(河北)。
			始平、扶风、冯翊(陕西)、河南(河南)、广平(河北)、义成(安徽)等郡,并曾侨治襄阳,后徙。
始平郡　始平　武功 平阳	陕西 山西	均	
义成郡　义成 万年	安徽 陕西	均	宋初又领下蔡、平阿(安徽)。
扶风郡　郿	陕西	谷城	宋初又领魏昌(河北)。
冯翊郡 高陆	陕西	宜城 钟祥	《齐志》,又领莲勺(陕西),在钟祥境。
			《齐志》,齐兴郡治上蔡(河南),在钟祥境。
南天水郡　略阳　河阳 西华阴	甘肃 陕西	宜城	西戎流寓立,初领冀(甘肃)。
华山郡　华山　蓝田	陕西	宜城	胡人流寓立。
新兴郡　(巴、汉流民立) 东关　(建平流民) 吉阳　(益州流民)	楚川陕一带 四川	竹溪	宋初又领新兴县(巴东夷人)。
新安　(建平流民)(属上庸郡)	楚川界	竹山	
北上洛郡　北上洛	陕西	郧西	

续 表

郡 名 统 县	本地	侨地	备 考
			《齐志》又有齐兴郡，在郧阳境，领略阳（甘肃）。
南上洛郡 上洛 商	陕西	襄阳、南阳一带	
弘农郡 卢氏 圉 邯郸	河南 河北		明帝末立，寄治五垄，今地待考。

今省境内有松滋县，亦得名于东晋之侨县。按松滋，西晋故属安丰郡，今安徽霍丘县地。

江 西 湖 南

江西、湖南二省处皖、鄂之南，距中原已远，故流民之来处者较少，且其地域仅限于北边一小部分。

江西

县 名	本地	侨地	备 考
松滋 （属寻阳郡） 安丰	安徽	九江	东晋侨立松滋、安丰、弘农三郡，后省为县。宋元嘉中，又以弘农（河南）省并松滋。

湖南

郡 名 统 县	本地	侨地	备 考
南义阳郡 平氏 厥西	河南 湖北	安乡	东晋侨立平阳郡（山西），后省为县。宋孝建中，以并厥西。
			东晋又侨立东义阳郡，属荆州，不知其地。
湘阴 （巴峡流民立）（属湘东郡）	四川	湘阴	

四 川

四川省境内共有十余侨郡、数十侨县，然其情形至为简单：侨民除绝少数系河南人外，尽皆来自陕西、甘肃及本省之北部；侨地除彭山一地外，尽皆侨在成都东北、川陕通途附近一带。彭山亦接近成都。

郡　名　统　县	本地	侨地	备　　　考
白水郡　（仇池氐流寓立）	甘肃	昭化	领新巴等六县。
永昌　（以侨户立） （属成都郡）		成都	以何地侨户立不可考。
怀宁郡　（秦、雍流民立） 西平	甘肃		
万年　治平	陕西		治平当系始平之误。
始康郡　（关陇流民立）	陕甘		领始康等四县。
南汉　（汉中流寓）（属宋兴郡）	陕西		
巴西郡　阆中　南充国 安汉　平州 西充国　益昌　晋兴 汉昌	四川	绵阳 安 彰明	
江阳郡　江阳　汉安 绵水	四川	彭山	
南阴平郡　阴平	甘肃	德阳	
晋熙郡　（秦州流民立）	甘肃	绵竹 德阳	领晋熙、苌阳二县。
安固郡　略阳　桓陵　临渭　清水 下邽	甘肃 陕西		
南汉中郡　南郑　南苞中 南沔阳　南城固 南长乐	陕西		
北阴平郡　阴平　桓陵 南阳　顺阳	甘肃 河南	梓潼	桓陵本安郡民，流寓立。
武都郡　武都　下辩 汉阳　略阳　安定	甘肃	剑阁	略阳、安定系本郡民流寓配。
南新巴郡　新巴　晋安 晋城　汉昌 桓陵	四川 甘肃		
南晋寿郡　晋寿　兴安 兴乐　邵欢　白马	四川	彭	

续表

郡名统县	本地	侨地	备考
天水郡　上邽　西	甘肃		
			元嘉中曾立北巴西郡（四川），属益州。《齐志》又有扶风郡，领华阴、茂陵（陕西），今地不可考。
			又有宋宁郡，免吴营侨立；宋兴郡，免建平营侨立，并寄治成都。

河　南

河南省之大部分属黄河流域，南境旧南阳府及光州、信阳一带则属淮、汉流域。此淮、汉流域刘宋及萧齐皆据有之，故亦侨置郡县，以处北土流民。其中大半都来自本省北部，而宛、邓、丹、沘之间，亦有来自陕西、甘肃及河北南部者。

郡名统县	本地	侨地	备考
新蔡郡　新蔡　鲖阳　东苞信　固始	河南	固始	
西苞信	河南	商城	
			弋阳郡，今潢川地，《齐志》，领有上蔡、平舆（河南）。
曲阳　（属颍川郡）	江苏	郾城	
司州	河南	信阳	
南汝南郡　平舆　北新息　真阳　安城　南新息　安阳　临汝	河南	信阳、安陆一带	
许昌　（属南阳郡）	河南	南阳	
池阳　（属新野郡）	陕西	新野	
槐里　郑　（属顺阳郡）	陕西	淅川	
清水　（属顺阳郡）	甘肃	淅川	
河南郡　河南　新城　河阴	河南	新野	宋初又领阳城、缑氏、洛阳（河南）。
广平郡　广平	河北	邓	宋初又领易阳、曲周、邯郸（河北）。

续表

郡名统县	本地	侨地	备考
北河南郡　新蔡　汝阴	河	南	明帝末立，寄治宛中。
苞信　上蔡　固始 缑氏　新安　洛阳	南	阳	
			元嘉末，司州曾侨立于汝南，旋徙。
			东晋末，刘裕北平关洛，曾侨置河内郡于洛阳，领温、野王、轵、河阳、沁水、山阳、怀、平皋、朝歌（河南）；东京兆郡于荥泽，领长安、万年、新丰、蓝田（陕西）、蒲阪（山西）。

陕　西

陕西自终南山以南属汉水流域，曰汉中，东晋及宋、齐皆据有之。其侨民几尽皆来自甘肃、四川及本省之北部。

郡名统县	本地	侨地	备考
长乐 安晋 }（蜀郡流民） 延寿　（属魏兴郡） 宣汉　（建平流离民）	四川	石泉	
宁都　（蜀郡流民） （属安康郡）	四川	汉阴	
南上洛郡　上洛　商 渠阳　农阳	陕西	白河	宋初又领阳亭（陕西）。
			宋初，梁州有北宕渠郡，领宕渠，本巴西流民（四川）。
秦州	甘肃	南郑	《齐志》，秦州又领仇池郡（甘肃）。
武都郡　下辩　上禄	甘肃		宋初又领河池（甘肃）、故道（陕西）。
陈仓	陕西		
略阳郡　略阳　上邽	甘肃		宋初又领清水（甘肃）。
安固郡　桓陵　南桓陵	甘肃		郡县并张氏在凉州始立。
西京兆郡　蓝田　杜　鄠	陕西		
南太原郡　平陶	山西		宋初又领清河、高堂（山东）。

续 表

郡名统县	本地	侨地	备考
南安郡　桓道　平陶	甘肃	南郑	
冯翊郡　莲芍　频阳　高陆　万年　下辩	陕西		
	甘肃		
陇西郡　襄武　临洮　河关　狄道　大夏　首阳	甘肃		
始平郡　始平　槐里	陕西		
金城郡　金城　榆中	甘肃		
安定郡　朝那	甘肃		
天水郡　河阳　新	甘肃		
西扶风郡　郿　武功	陕西		
北扶风郡　武功　华阴　始平	陕西		
			孝建中，以氐民立广长郡，成阶县（甘肃），寻省。
宕渠　（属华阳郡）	四川		郡寻徙治四川广元县境。
北阴平郡　阴平	甘肃		宋初又领绵竹、资中（四川）。
平武	四川		青旨（甘肃）。
南阴平郡　阴平	甘肃	汉中、川北一带	

山　东

山东省全境皆属北部中国，然亦有侨州、郡、县者，以刘宋尝据有省境今黄河以东南之一大部分也。试分省境为三区，则东端登莱半岛于输出输入两无关系，河以西北为输出区，中间一段为输入区。外省侨民大都来自河北，亦有河南之河以北及山西人。

郡名统县	本地	侨地	备考
北济阴郡	山东	单	
离狐	河北		
发干　（属东安郡）	山东	沂水	

续 表

郡名统县	本地	侨地	备考
阳平　（属鲁郡）	山东	曲阜	
阳平郡　顿丘	河北	汶山	
乐平	山东		
平原		宁阳	
元城	河北	东平	
馆陶	山东		
太原郡　太原	山西	长清	
冀州	河北	历城	
广川郡　广川　武强　中水	河水	长山	宋初又领枣强（河北），大明中省。
平原郡　平原　鬲　安德　般　平昌　茌平　高唐	山东	邹平	
广宗	河北		
清河郡　清河　武城　绎幕　贝丘　零　鄃	山东	淄川	
安次	河北		
乐陵郡　东陵　阳信　厌次　泾沃	山东	博兴	
新乐	河北		
魏郡　安阳	河南	历城	
魏　肥乡　蠡吾　顿丘	河北		
聊城　博平	山东		
临邑		临邑	
河间郡　乐城　城平　武垣　章武　南皮　阜城	河北	寿光	
顿丘郡　顿丘　卫国　阴安	河北	章丘	
阳平	山东		

续 表

郡名统县	本地	侨地	备考
高阳郡　安平　饶阳 高阳　新城	河北	临淄	
鄚	河南		
勃海郡　蓚　长乐	河北	高苑	宋初又领浮阳、高城（河北），大明中省。长乐本为郡，疑是东晋侨立，省为县。
重合	山东		

因上所述，若更以接受移民性质上之差异为准，则此九省又大致可划分为二大区，六小区：

甲，东区，包括江域下游及淮域。是区以河域下游，山东、河北及河南东部之人为移民主体，内分三小区：

一、江苏之大江南北——以山东及本省北部人为移民主体，河北、皖北副之。

二、安徽省及河南之淮以南，湖北之东部，江西之北边——以河南及安徽北部人为移民主体，河北、苏北副之。

三、山东之河以南——以河北及本省之河以北人为移民主体。

乙，西区，包括江域上游及汉域。是区以河域上游，甘肃、陕西、山西及河南西部之人为移民主体，内分三小区：

四、湖北江域上游及湖南北边——以山西人为移民主体，河南副之。

五、四川省及陕西之汉中——以甘肃及陕西北部人为移民主体，川北副之。

六、河南、湖北二省之汉水流域——以陕西及河南之西北部人为移民主体。

依此划分法，作晋永嘉丧乱后民族迁徙大势图。

如图所示，是永嘉丧乱后民族迁徙之大势，为北之东部人徙南之东部，北之西部人徙南之西部。虽四川人以李特、谯纵先后为乱之故，亦有北走汉中、东走湖北湖南者（见以上各表），然究属少数例外也。

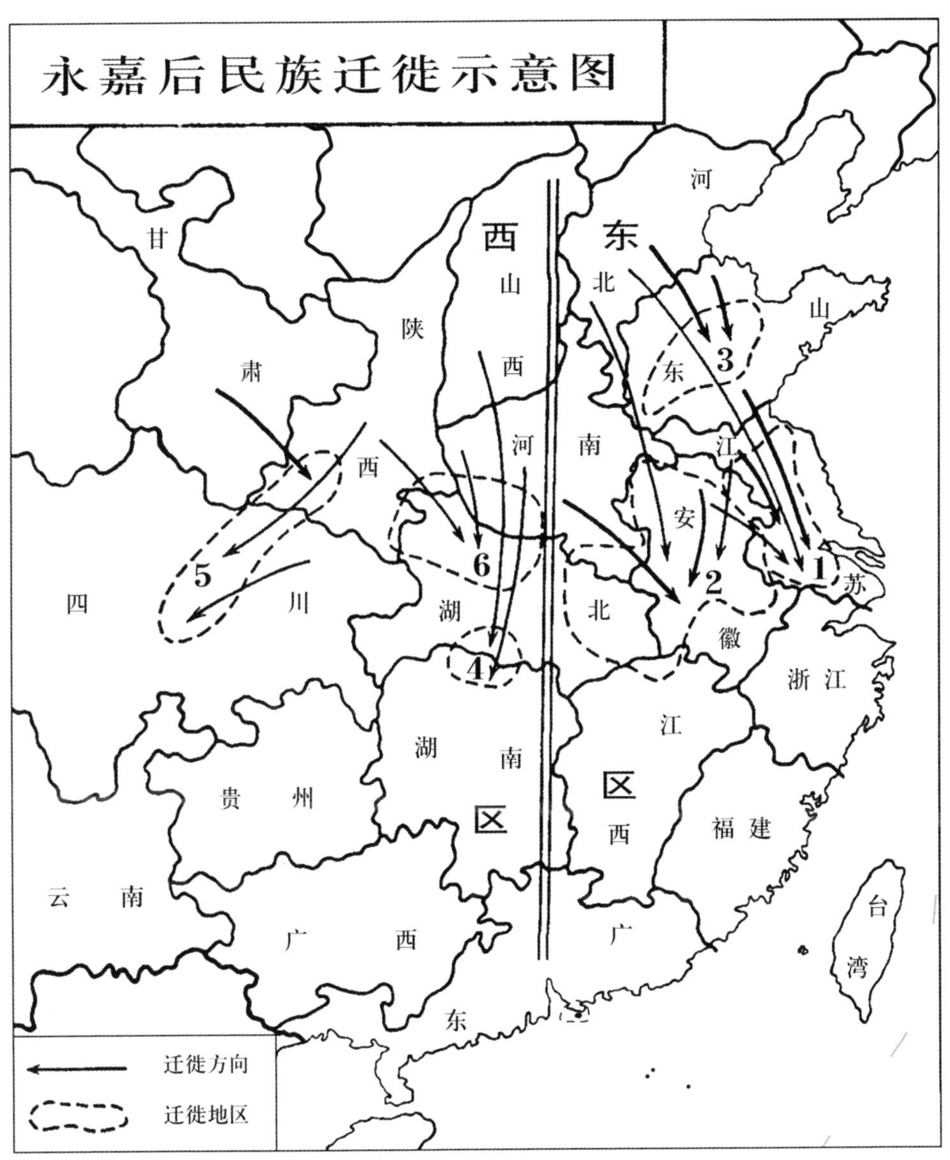
永嘉后民族迁徙示意图
西
东
甘
肃
陕
西
山
西
河
南
北
河
山
东
江
安
苏
徽
浙江
四
川
湖
北
湖
南
区
区
江
西
福建
贵
州
云
南
广
西
广
东
台
湾
1
2
3
4
5
6
迁徙方向
迁徙地区

若即以侨州、郡、县之户口数当南渡人口之约数[1]，则截至宋世止，南渡人口约共有九十万，占当时全国境人口约共五百四十万之六分之一。西晋时北方诸州及徐之淮北，共有户约百四十万（《晋书·地理志》），以一户五口计，共有口七百余万，则南渡人口九十万，占其八分之一强。换言之，即晋永嘉之丧乱，致北方平均凡八人之中，有一人迁徙南土；迁徙之结果，遂使南朝所辖之疆域内，其民六之五为本土旧民，六之一为北方侨民是也。南渡人户中以侨在江苏者为最多，约二十六万；山东约二十一万，安徽约十七万，次之；四川约十万，湖北约六万，陕西约五万，河南约三万，又次之；江西湖南各一万余，最少。以是足知此次民族播徙，其主要目的地乃在江域下游，而与中上游之关系较浅。至中上游之开发，则犹有待于唐、宋、元、明之世。

江苏省中南徐州（见前）有侨口二十二万余，几占全省侨口十之九。南徐州共有口四十二万余，是侨口且超出于本籍人口二万余。有史以来移民之盛，迨无有过于斯者矣。

中原遗黎南渡，虽为民族一般之趋势，然其简要以冠冕缙绅之流为尤盛。《王导传》曰："洛京倾覆，中州仕女避乱江左者十六七。"考东晋、南朝虽立国江左，然其庙堂卿相，要皆以过江中州人士及其后裔任之。尝统计《南史》列传中人物，凡七百二十八人（后妃、宗室、孝义不计），籍隶北方者五百有六人，南方但得二百二十二人，则导之言询非虚语也。自是而后，东南人物声教之盛，遂凌驾北土而上之。文中子曰："江东中国之旧也，衣冠礼乐之所就也。"（《中说·述文篇》）杜佑作《通典》，其叙扬州（今江、浙、皖、闽、赣诸省）一节，有曰："永嘉之后，帝室东迁，衣冠避难，多所萃止。艺文儒术，斯之为盛。今虽闾阎贱品，处力役之际，吟咏不辍，盖颜、谢、徐、庾之风扇焉。"

南徐州所接受之移民最杂、最多，而其后南朝杰出人才，亦多产于是区，则品质又最精。刘裕家在京口（镇江），萧道成萧衍家在武进之南兰陵（武进），皆属南徐州。故萧子显称南徐州曰："宋氏以来，桑梓帝宅，江左流寓，多出膏腴。"南徐州之人才又多聚于京口。今试于列传中查之，则祖逖范阳遒人，刘穆之东莞莒人，檀道济高平金乡人，刘粹沛郡萧人，孟怀玉平昌安丘人，向靖河内山阳人，刘康祖彭城吕人，诸葛璩琅邪阳都人，关康之河东扬人，皆侨居京口。

1　侨州、郡、县之户口数，非即南移人口之确数，以侨郡县所领，非必尽是侨民，而本土郡县所领，亦非尽本土之民也。然以之当约数，当可无大误。

中原人民南迁，其所由之途径，颇多可寻。如汉水为陕、甘人东南下之通途，故南郑、襄阳为汉域二大都会，同时亦为陕甘移民之二大集合地。金牛道（即南栈道）为陕、甘人西南下之通途，故四川省境内之侨郡县，皆在此道附近。时邗沟已凿，穿通江、淮，故沟南端之江都及其对岸之镇江、武进，遂为山东及苏北移民之集合地。淮域诸支流皆东南向，故河南人大都东南迁安徽，不由正南移湖北也。

南迁之时代，亦略有先后可寻。大抵永嘉初乱，河北、山东、山西、河南及苏、皖之淮北流民，即相率过江、淮，是为第一次。元帝太兴三年，以琅邪国人过江者侨立怀德县于建康，盖为以侨户立郡县之第一声。其后并侨置徐、兖、幽、冀、青、并、司诸州郡于江南北；明帝继之，又置徐、兖诸侨郡县于江南。

《宋志》序："自夷狄乱华，司、冀、雍、凉、青、并、兖、豫、幽、平诸州一时沦没，遗民南渡，并侨置牧司。"

南徐州序："晋永嘉大乱，幽、冀、青、并、兖州及徐州之淮北流民相率过淮，亦有过江在晋陵郡界者。……徐、兖二州或治江北。江北又侨立幽、冀、青、并四州。"

《晋志》司州后序："元帝渡江，亦侨置司州于徐。"

《晋志》徐州后序："明帝又立南沛、南清河、南下邳、南东莞、南平昌、南济阴、南濮阳、南太平、南泰山、南济阳、南鲁等郡以属徐、兖二州。"

成帝初以内乱引起外患，江、淮间大乱，于是淮南人及北方人之向之侨在淮南者，更南走渡江，是为第二次。

《宋志》扬州淮南郡："中原乱，胡寇屡南侵，淮南民多南渡。成帝初，苏峻祖约为乱于江、淮，胡寇又大至，民南渡江者转多，乃于江南侨立淮南郡及诸县。"

南徐州："晋成帝咸和四年，司空郗鉴又徙流民之在淮南者于晋陵诸县。"

南豫州："成帝咸和四年，侨立豫州，……治芜湖。"

自康、穆以后，“胡亡氐乱”，中原兵燹连年，而以关右所遭之破坏为最甚，于是陕西、甘肃之人，多南出汉水流域；时桓温已灭蜀，故亦有南走四川境者，是为第三次。

《宋志》雍州：“胡亡氐乱，雍、秦流民多南出樊、沔。晋孝武始于襄阳侨立雍州，并立侨郡县。”

秦州：“晋孝武复立，寄治襄阳。安帝世，在汉中南郑。”

西京兆郡、西扶风郡：“晋末三辅流民出汉中侨立。”

益州安固郡：“晋哀帝时，民流入蜀，侨立此郡。”

怀宁郡，晋熙郡，并秦、雍、关、陇流民，晋安帝立。

宋武帝北平关洛，复有青、冀、司、兖之地。自宋武帝没，南北交相侵略，而宋人屡败。少帝世既已失司州，文帝世，魏人又大举南侵，以至于瓜步（六合县东南），至明帝世而淮北四州及豫州、淮西并没北庭，于是其民多南渡淮水；又文帝世氐人数相攻击，关陇流民亦多避难，走在梁益，是为第四次。

《宋志》司州：“少帝景平初，司州复没北虏。文帝元嘉末，侨立于汝南。”

南兖州北淮郡、北济阴郡、北下邳郡、东莞郡，并宋末失淮北侨立。

兖州：“宋末失淮北，侨立兖州，寄治淮阴。”又侨立东平郡子淮阴，侨立济南郡于淮阳。泰始五年，侨立高平郡于淮南当涂县界。

徐州：“明帝世，淮北没寇，侨立徐州，治钟离。”

青州：“明帝世失淮北，于郁州侨立青州。”

雍州冯翊郡、秦州冯翊郡，三辅流民出襄阳、汉中，元嘉中侨立。

益州南新巴郡、南晋寿郡，元嘉中以侨流于剑南立。

《齐志》梁州：“宋元嘉中，……氐虏数相攻击，关陇流民多避难归化。”

此后，魏一于北，齐、梁、陈篡夺于南，治乱之势既非昔比，而中原人民南迁之风，亦因之大杀。魏兵之屡下江、淮，南人既多被虏北迁[1]；至孝文帝立

1　最著者如宋元嘉二十八年，魏太武帝自瓜步退归，俘广陵居人万余家以北（《南史》卷二）。西魏恭帝元年，下江陵，虏其百官士庶以归，没为奴婢者十余万（《北史》卷九）。

而崇经礼士，浸浸华化，于是中原士族向之避难在江左者，又相率慕化来归。[1] 自晋江左以来之移民趋势，至是乃为之一变；而中原之文化物力，始得稍稍复兴。[2] 不过南渡乃是正流，北旋究属返响，隋唐而后，南北文野声名之比，终非汉魏之旧矣。

（原载《燕京学报》第 15 期，1934 年）

1 最著者如刁雍、韩延之、王慧龙，俱南土亡命，效力魏室有殊功。王肃、刘芳俱世仕江左，因难入魏，时孝文改制，朝章国典，多出其手。儒者如沈重、何妥，文学如王褒、庾信，并系梁室遗臣，被征入北(《北史》各本传)。

2 隋文中子作《元经》，以魏、周继晋、宋为华夏中统，虽立言礼乐，但可以由此窥见南北朝治乱盛衰嬗递之一般也。

论《五藏山经》的地域范围

一、绪论

《五藏山经》简称《山经》，是《山海经》全书中最为平实雅正的一部分。它不像《山海经》的其他部分（海外南西北东经、海内南西北东经、大荒东西南北经、海内经）那样，形式上是地志，内容则以记载神话为主，而是从形式到内容都以叙述各地山川物产为主，尽管也杂有神话，比重不大。所以《山海经》其他部分可以说都是语怪之书，而《五藏山经》则无疑是一部地理书。

《山经》先按方位对作者见闻所及的大地分为南山经、西山经、北山经、东山经、中山经五个区域，每一区域又分为某山经之首、某次二经、某次三经……若干山系，每一山系都按方向道里依次叙述每一山区的特征、物产及其形态和用途、出山之水及其流向归宿等；它的具体内容远比和它时代相去不远的《禹贡》来得详细，具有很高的地理学价值。

但是，要正确理解《山经》的地理学价值是困难的。这是因为：一、闳诞迂夸是《山海经》全书各部分的共性，《山经》作为这部书的一个组成部分，虽然大部分内容不同于其他部分，基本上是据实而书的，却免不了有一部分是诡谲荒怪的，或采自当时流传民间的神话性的传说，或出于作者的幻想和臆测。不先把这些予以剔除，当然就谈不上了解哪些是当时的实际地理知识。二、《山经》也和《山海经》其他部分一样，错简很多，文字讹舛很多，现在已无法恢复本来面目。三、书中的山水名大部分既不见于先秦其他文献，也不见于汉晋以后诸家舆地书，因而也就难以指实其确切地望。四、从郭璞、郦道元直到清代学者，对此书部分山川所作的解释，有可信的，但也有不可信的，需要一一予以重新审定。

今本《山经》总共记载着四百四十七座山（此系今本所载实数，各经结语凡若干山，与此稍有出入），其中见于汉晋以来记载，可以指实其确切地理位置者，约计为一百四十座山左右，不及总数三分之一。这一百四十座山的分布又极不平衡。其中半数属于中山经，另外半数分属于南西北东四山经。就各经而言：中山经共有一百九十七山，七十山可指实，占了三分之一以上。

南山经共有三十九山，可指实的只有三座，仅占十三分之一。西山经共有七十七山，可指实者较多，约三十六座，还是不到半数。北山经共有八十八山，可指实者约二十五座，不及三分之一。东山经最差，四十六山中可指实者只有二座，仅占二十三分之一。在这种情况之下，要正确理解《山经》，就存在着一个突出的难以解决的问题，即《山经》所记载的地域范围有多大？它的四方极远处各达到了什么地方？本文之作，目的即在试图解决这个问题。

先让我们看看古今学者对这个问题曾经有过怎么样的论述。

郭璞注《山海经》，对各山所在只有极少数几个注以今地，极远诸山一般都不注。就以注释所及的几十座山而言，东南抵今浙江余姚（南次二经句余山），西南至今四川荥经（中次九经崃山），西北至今甘肃敦煌（西次三经三危山）、青海积石山（西次三经），东北至今河北昌黎（北次三经碣石山），东至今山东泰安（东山首经泰山）。

郦道元《水经注》在叙次某山某水时往往引证《山海经》，远比郭注所及为多，其地域范围亦较广大。南抵今广西桂林西北洛清江发源处（南次三经祷过山），西北抵今新疆巴音郭楞州北天山（北山首经敦薨山），北抵今内蒙古察右前旗（北次二经梁渠山），其余各方略同郭注。自此以后直到清代吴任臣的《山海经广注》、毕沅的《山海经新校正》、郝懿行的《山海经笺疏》，基本上都不超出《水经注》所提到的范围。

到了19世纪末叶，一方面域外地理知识传播到了中国，一方面《山海经》这部书引起了外国汉学家的注意，于是双方都有人把《山经》的四远所届解释到遥远的地区去。国内有吴承志的《山海经地理今释》，把西山经地域解释为远达新疆西部、帕米尔高原、阿富汗和西藏的阿里；北山经远达外蒙古、黑龙江和东西伯利亚；东山经远达奉天、吉林、黑龙江、朝鲜、日本和俄属远东地区与库页岛；只有南山经因原稿于作者身后散佚，未刊布，不知到达了哪里。国外有爱德华·维宁（Edward Vining）的《一个湮没无闻的哥伦布》（*An Inglorious Columbus*）[1]，把东山经解释为叙述到了北美洲和中美洲一些地区，把东次三经的无皋之山，指实为加利福尼亚州圣巴巴拉附近的两座山头，在山上“南望”所见“幼海”，指实为圣巴巴拉海峡。吴承志的书刊布于本世纪20年代，但五六十年来，国内学者谁也没有理会更没有采用他的说法。郑德坤提到了这部著作[2]，认为吴氏的根本错误乃是要在古人粗浅的地

1 未见原书，转引自《中国史研究动态》1981年第一期所载《欧美学者对古代中国人到美洲问题的研究》一文。

2 《层化的河水流域地名及其解释》，载《燕京学报》第十一期。

理知识中求文明人的地理知识，结果是造成了天渊之差。可是在国外则维宁的说法近年来仍然有人在予以宣扬，并进一步有所发展。[1]

上举这些古今中外学者，谁也没有对《山经》四远所届这个问题作过全面的论述。从郭璞到郝懿行，只是解释了一小部分他们认为可释的山川，大部分处于边远地区的山川都没有注释。吴承志倒是注释了西山北山东山三经全部山川，但凭臆妄断，可信者殆十中无一。西方学者只是论述了他们所感兴趣的东山经。只有本世纪 20 年代末日本小川琢治在他的《支那历史地理研究》一书中，专题论述了“五藏山经所知的世界”(第七章第二十三节)，结论很笼统，只说包括了“支那本部”的大部分地方，周边在什么地方不明确，没有一一论证四方极远的山川的具体位置。30 年代顾颉刚先生在其《五藏山经试探》(载 1934 年北京大学《史学论丛》第 1 册)，徐旭生在其《读山海经札记》(《中国古史的传说时代》附录 3)都涉及这个问题，都是很简略地谈了一谈，主要根据前人的注释，基本上没有自己的新见解。正是因为如此，所以时至今日，居然还有人信从东山经讲到了美洲这样非常耸人听闻的说法。可见把这个问题再提出来认真探索一下，是十分必要的。

二、方向和里距

在具体探索《山经》各经极远处的几座山的地理位置之前，有必要先搞清楚《山经》记载的两个问题：

(一) 全书二十六经(南山三经、西山四经、北山三经、东山四经、中山十二经)，每一经从第二山起都首叙“又某向若干里曰某山”，所叙方向是否可信？

1977 年我为了考证《山经》时代河水下游的经流，对北次三经自第十九谒戾山以下所出的水道作过一番比较仔细的研索[2]，幸喜除少数几条外，大多数都被我找到了相当的今水道。由水道推及其所出之山，也就知道了《山经》某水所出的某山的确切地理位置，从而使我对此经所载方向得出了如下两点认识：

1. 就某山在前一山的某向而言，完全正确的不多，二十四山中只有五山；完全错误的也不多，也只有五山。此外十四山全都是有偏离，多数偏离 45°，或以东南为东，或以东北为北，或以西北为北，……少数有偏离 90°的，如

1　见 1979 年 1 月 14 日美国《星期日快报》。

2　《〈山经〉河水下游及其支流考》，载《中华文史论丛》第七辑，1978 年 7 月。

以东南为东北。

2. 就整个一经而言，所载大方向是正确的。此经共四十七山，自第一归山至第二十四锡山，八山作“又东北”，八山作“又东”，四山作“又北”，二山作“又东南”，一山作“又南”，基本方向是自西南趋东北。实际锡山在今河北邯郸西北，归山指今山西中条山脉西端某山，锡山正在归山东北。自第二十五山景山以下经文全作“又北”，实际是从邯郸北至山西长城以外，基本上是正北。

近来我又选择了另外几篇经就这个问题进行验证。这几经都有半数以上山岳有确地可指，据以探讨，结论应该是比较符合实际情况的。

1. 西山首经凡十九山，自第一钱来山（今潼关东陕豫接壤地带）至第十四嶓冢山（今甘肃天水西南），基本上都可以指实地望，经文自第二山起皆作“又西”若干里曰某山，实际除少数为正西外，大多数都是西偏南或西偏北，而总方向则确为自东而西。

2. 西次四经凡十九山，自第一阴山（今陕西黄龙县北黄龙山脉中某山）至第十白于山（今同名，在陕西定边、吴旗境内），经文作北若干里者八，作西若干里者一，总方向应为北偏西，实则白于山在阴山正西北，稍有偏差。但就前一山与后一山之间的方位而言，则有时是完全错的。如经作区水所出申山“北二百里曰鸟山，辱水出焉”，区水今陕西延河，发源靖边、安塞县界上，辱水今秀延河，发源今长子、安塞县界上，后者实在前者之东稍南。第十一申首山在白于山“西北三百里”，当即今宁夏盐池县西北之山；申首山“又西五十五里”为泾谷山，实则泾谷山在今甘肃天水县东南，远在申首山之南偏西千余里（古里），二山根本连接不起来，当系错简所致。自泾谷山至第十八鸟鼠同穴山（今渭源县西南），经文皆作又西若干里，实际则为西向稍偏北。这七座山据经文当在一至十一诸山之西北，但实际在诸山之西南。第十九崦嵫山采自传闻，无可指实。

3. 中山首经凡十五山，前十山自甘枣山至吴林山，经文皆作“又东”，所指为山西中条山脉自今永济蒲州镇南东抵平陆县北，确为自西而东。自吴林山至第十四阴山皆作“又北”，指自平陆东北经浮山县北牛首山、霍山至介休县南阴山，方向基本符合。唯阴山至第十五垣曲县北鼓镫山，实为正南，而经作东北，那是错的。颇疑鼓镫山本当在吴林山、牛首山之间，则全经自第一甘枣山至第十五阴山，方位无一不合。

4. 中次四经凡九山，经文皆作“又西”，实则自今河南宜阳东南之第一鹿蹄山起至今卢氏西南之第七熊耳山，应为西偏南，自熊耳山至今陕西洛南西北之第九谨举山，应为西偏北。

5. 中次六经凡十四山，经文皆作“又西”，所指为谷洛之间与河洛之间诸山，起今河南洛阳西南近郊第一平逢山，迄灵宝西南第十四阳华山，方向为西偏南，基本符合。

6. 中次七经凡十九山，经文仅一山作“又东南”，二山作“又北”，其余皆作“又东”。可指实者十二山，起自第六放皋山即今河南伊川县南鸣皋山，东北经嵩山至第十七役山即今中牟县北牟山，实际方向为东偏北，基本符合。唯敏山实在役山西南，大騩山实在敏山南，经文皆误作“又东”。

由此可见，这六篇经中的方向，基本情况和见于北次三经的是一样的。可以补充两点：1. 山与山之间多数只是稍有偏差，基本正确；也有错误的，不多。但有时一个错误，可以影响全经，如西次四经中的申首山“又西五十五里曰泾谷之山”，中山首经中的阴山“又东北四百里曰鼓镫之山”。2. 就全经或十个八个一组山而言，有的基本正确，有的仅稍有偏离，只有个别例外，如西次四经经文总方向是东南指向西北，而实际自泾谷山以下七山反在此前诸山的西南。

（二）每一经自前一山至后一山之间皆载有里距，经末又载有此经自第一山至最后一山的总里数。二十六经中，只有东次二经、四经、中次四经、五经各山之间里距加起来与经末总数相符，其余二十二经都有出入。但除中山首经、三经、十二经出入甚大，可能出于后人窜改外，其余十九经出入都不大，当由于传抄致误。问题是，这些里数的可靠程度如何？这也可以从上举北次三经等七篇中找出答案：

1. 北次三经共四十七山，四十六个里距相加共为一万二千四百四十里，经末所载总数为一万二千三百五十里，相差仅九十里，不及百分之一。各山之间的里距就《〈山经〉河水下游及其支流考》一文所考定地望的沁水发源处谒戾山以下二十九山而言，经文里距大于实际里距者十二处，小于实距者十处，基本符合者三处。[1] 经文里距累计共得八千一百余里，折合今里约五千七百里，实际里距累计得四千五百，二者约为 5∶4，相差不算太大。但自谒戾山北抵末一山治水（今永定河）发源处錞于毋逢山，实际里距只有四百五十里，故经文总数与实距约为 12.5∶1，相差极大。若就此经全经而言，自第一归山北抵錞于毋逢山，经末总数为一万二千三百五十里，折合今里为八

1　按古里百里折合今里七十里计算。二十九山本应为二十八个里距数，因其中有三座山确址无考，并入下一山计算，故只有二十五个里距。

千六百四十五里，而实距只有千里稍赢，亦达 8.2∶1。何以相差会如此之大？道理是很简单的。由于一经中各山并不在一条直线上，即使基本上是一个方向，例如东向，实际下一山在前一山的正东方向是绝无仅有的，什九都是或偏北，或偏南，呈“〰”或“⋀⋁”等形，所以自 1 至 3 的距离，当然小于 1 至 2 和 2 至 3 的和，自 1 至 10 的距离，当然要比九个间距之和差得很多。一经或多至数十山，经末例皆采用各山之间的累计数作为全经的总里距，那当然要比实距大上好几倍了。这种情况是各经普遍存在的。除此之外，这一经还有一个特殊原因，那就是由于末一个錞于毋逢山经文说在上面一个帝都山之北五百里，而实际前者反在后者之西南约四百八十今里，单是这一山的差误就达八百三十今里。要是没有这一差误，则錞于毋逢山应在谒戾山之北千二百八九十今里，经文里距与实距就只有 4.4∶1；全经自第一山至末一山相距应为千八百余里，经文里距与实距就只有 4.8∶1 了。

2. 西山首经自第二松果山（今陕西华阴县东南二十七里）起西至第十四嶓冢山（今甘肃天水县西南六十里），经文里距累计为一千四百一十二里，折合今里九百八十八，实际距离约为九百里，经距为实距的 1.1 倍，相差甚少。

3. 西次四经自第一阴山（今陕西黄龙县北约八十里）北偏西至第十一申首山（今宁夏盐池县西北），经文里距累计为一千七百二十里，折合今里一千二百，实际距离约为六百六十里，经文里距约为实距的 1.8 倍。自第十二泾谷山（今甘肃天水东南约七十里）西至第十八鸟鼠同穴山（今渭源县西南约二十五里），经文里距累计为一千四百五十里，折合今里一千有零，实距约四百里，经距为实距的 2.5 倍。两段都相差不多。但由于申首山泾谷山之间的方向错误（见上条），若把两段连接起来计算，则经文为西北二千二百六十今里，实距为东偏南一千零七十里，那就根本无法谈什么比数了。

4. 中山首经自第一甘枣山至第十吴林山，经文里距累计为三百八十里，折合今里二百六十六，实距约一百六十里，经距为实距的 1.7 倍。自吴林山北至第十四阴山，经文里距为一百五十七里，折合今里一百一十，实距约四百五十里，实距反大于经距四倍有余，这种情况是很少见的，但却不是唯一的。

此经又有一特点，即他经各山里距累计数与经末总数相差都不大，较大的也到不了一倍，独此经和中次三经相差达数倍之多。此经经末总数为六千六百七十里，而经文累计仅得九百三十七里，相差竟达 7∶1。中次三经二数之差亦达 5.5∶1。颇疑此二经经末总数是山经的原文，而各山里距乃出于后人窜改。改了各山之间的里距而未改经末总数，以致出现今本那样两个数字相差达五至七倍这种反常现象。若此种推断不为无理，则此经各山间里距原数，当六七倍于今本，自吴林山以上经距当在实距十倍以上；自吴林山以下，经距仍应大于实距，约为 1.5∶1。

5. 中次四经自第一鹿蹄山至第九谨举山，经文里距为一千六百七十，折合今里一千一百七十，实距约为四百五十里，经距约为实距的 2.6 倍。

6. 中次六经自第一平逢山西至第十四阳华山，经文里距累计为八百零二里（经末总数为七百九十里），折合今里五百六十里，实距约为三百六十里，经距为实距的 1.6 倍。

7. 中次七经自第六放皋山至第十七役山，经文累计里距为三百九十二里，折合今里二百七十四，实距约为三百二十里，实距反为经距的 1.1 倍强。若计入第十八、十九敏、大騩二山，则因实际在役山之西南而经文误作敏山在役山东三十五里，大騩在敏山东三十里，自放皋至大騩经文累计总凡四百五十七里，折合今里三百二十，而实距缩短为仅约二百一十里，经距乃为实距的 1.5 倍。

根据这七经的例子，可知《山经》所载里距的实际情况大致是：

1. 经文里数的可信程度很差，各山间的里距正确的极少，一般都不正确，至于经末总数，则与实际距离相去更远。

2. 经文各山之间的里距有的大于实距，有的小于实距，至经末总数或合计几个山的里距，则经文一般都大于实距，小于实际的只是个别例外。

3. 经末总数大于实距，有时可达七八倍、十几倍。

另外还有一点也值得注意：《山经》对晋南、陕中、豫西河渭伊洛地区（中山首经至七经和西山首经渭南部分）记述得特别详细，而详细和正确一般是成正比例的，因此在这一地区之内，经文里距与实距相差最小，一般不到两倍。离开这一地区越远，就越不正确，经距与实距之比就可以从两倍多直到十多倍。

三、南山经

现在我们对经文中的方向和里距有了一定的认识，就可以书归正传，按《山经》原来的次序南西北东中逐一讨论其边远山川所到达的地域了。

南山经　南山三经，方向都是自西而东。

首经总名䧿山，“凡十山，二千九百五十里”（今本所载只有九山，二千七百里）。“其首曰招摇之山，临于西海之上。……丽麐之水出焉，而西流注于海。”招摇以东依次为堂庭山；猨翼山；杻阳山，怪水出；柢山；亶爰山；基山；

青丘山，英水出；"箕尾之山，其尾锌于东海。……汸水出焉，而南流注于淯"。

全经自堂庭以下八山皆不见他书记载，唯西首招摇山又见本书《大荒东经》："有招摇山，融水出焉"；又见《吕氏春秋·本味篇》："招摇之桂"，高诱注："招摇，山名，在桂阳。"郭璞对此山也作了注："在蜀伏山，山南之西头滨西海也。"

前人对此经的注释，亦即以此三条记载为据而予以推阐。

郭璞虽然作了注，但"在蜀伏山"四字疑有脱讹，无从据以证实招摇山的地望。毕沅《山海经新校正》、郝懿行《山海经笺疏》都说疑"伏"为"汶"字之讹，认为郭璞以招摇山为蜀地的汶山，即岷山。今按，蜀地于《山经》属中山经区域，不属南山经；岷山已见中次九经，安得又作为南山首经之首山？"在蜀伏山"无疑不能像毕、郝二氏那样解释，但不知究应作何解释，更难推断郭注是否符合经文原意。

毕、郝二氏的注都引了《大荒东经》那一条，毕曰"即此"，郝曰"非此"，二人判断不同，却都没有说明何以"即此"、"非此"。今按，广西兴安县西有大融江，一作大榕江，南流至灵川县界合漓江。[1] 现今这条大融江首尾不过数十里，但我们设想当秦始皇以前，史禄尚未凿渠沟通湘漓分湘入漓时，大融江岂不正该被目为漓水的源头？其时自今灵川以下的漓江，当然很可能也被称为融水。全祖望说："漓水一名融水"[2]，说盖本此。漓丽音近，漓水可能即丽麐水的省称。毕沅殆以此为据，故曰"即此"。是则招摇山应即今龙腾县东大融江发源处之山。

至于郝懿行何以断言"非是"，那可能是由于此山去海甚远，漓水南流入西江，西江东流折南入海，与经文丽麐之水西流注海不合之故。

小川琢治继承并发展了毕说。他认为鹊（鵲）山乃鸛山之讹，鸛山即灌湘之山，本应列在此经，今本错入南次三经。灌湘山以在灌水、湘水之间得名，即今海洋山。招摇山在海洋山之西北，故经文列为鹊山之首；大融水即丽麐水发源于此山的西麓。[3] 但他对这个招摇山何以去海那么远，何以丽麐水不是西流而是东南流，并未作出解释。

毕、郝二注虽然都引了《吕氏春秋·本味篇》的高诱注，但对高说的是非

1 清《一统志》桂林府山川。

2 吴卓信《汉书地理志补注》引《地理志稽疑》有此语，王先谦《汉书补注》引此语作"全祖望云"，查今通行本《汉书地理志稽疑》无此语。

3 《支那历史地理研究》，第214—220页。

皆不置一辞。小川氏则由于确信招摇山即大融水所出之山，所以他就明确指斥高说不确，认为招摇山应地属桂阳郡的西邻零陵郡。

徐旭生没有理会《大荒东经》那一条，只引用了《吕氏春秋》的高诱注。他说：高说"未知有误否？如不误，则桂阳郡在今湖南南境，此经各山或指骑田、萌渚、大庾及赣闽二省各山矣"。[1]

徐氏对高说犹未敢遽尔置信。近年由于长沙马王堆汉墓出土了汉初长沙国西南隅深平防区图[2]，用这幅图来印证南山经的记载，我们竟可以得出这样的结论：原来高诱招摇山在桂阳之说是确然可信的。

汉代既有桂阳郡，又有桂阳县。桂阳郡境相当今湖南东南郴县附近及广东北江上游今韶关附近共二十余县地，桂阳县治即今广东连县治。桂阳县治见马王堆出土深平防区图。源出连县北方山的连江，实际上是东南流至英德县南连江口会合北江南流入海的，但在深平防区图内，则画作源出县北，流经县治西，西南偏西流一大段直到接近海边处才折东入海，基本上可以说是西流。由此可见高诱所谓"在桂阳"，指的是桂阳县；以桂阳县北之山为招摇山，以出山之水为西流入海，这是完全符合于汉以前人对这一带的地理知识的。

然则招摇山即今连县北湘粤界上的方山。这座山现今距海约七百里，约当汉里千里，《山经》时珠江三角洲尚未成陆，经文所谓"临于西海之上"的"西海"，丽麐水"西流注于海"的"海"，应指今珠江三角洲一带当时的海面。这一带北距方山也还有将近五百里，经文说"临于西海之上"当然是不正确的，这反映了作者对岭南山川远近的知识是很模糊的。

招摇以东诸山，当即今湘粤、赣粤界上，并不应兼指萌渚岭。东端箕尾山"其尾踆于东海"的"踆"字，郭注"古蹲字，言临海上，音存"。箕尾山可能指广东潮汕附近滨海某山，也可能指福建厦门附近滨海某山，因为全经共计二千九百五十里，折合今里约二千里，自方山至潮汕海滨相距约千里，至厦门海滨约千二百里，按《山经》一般里距为实距的数倍估计，不能再远了。

我们作出这样的结论，并不等于否定《大荒东经》"有招摇山，融水出焉"这一条，否定招摇山指今大融江所出之山，融水指今漓江一说。但高诱以招摇山为在桂阳之说既然是符合于南山经的记载的，所以我们认为《大荒东经》的招摇山应是另一招摇山，不是这个南山经的招摇山。由此又可以得出

1　《中国古史的传说时代》附录三《读山海经札记》。

2　谭其骧：《二千一百年前的一幅地图》，载《文物》1975年第二期及《长水集》下册。

这么一条结论：南山首经所载山川的地域应包括今广东连县以东之地，可能还包括福建西南一角，但不包括广西。广西在当时不属于《山经》地域范围而属于《大荒经》。

此经所载四水，我们只能知道丽麈水指今连江，其他三水皆无可指实。当时人对这一组山的南麓的地理情况是不清楚的，只知道南有大海，却错误地认为丽麈水是西流入海的，看来对其他三水的记述也未必正确。

南次二经“凡十七山，七千二百里”(今本所载为七千二百一十里)。“首曰柜山，西临流黄。”柜山以东依次为长右山；尧光山；羽山；瞿父山；句余山；浮玉山，“北望具区，东望诸毗……苕水出于其阴，北流注于具区”；成山；会稽山；夷山；仆勾山；咸阴山；洵山；虖勺山；区吴山；鹿吴山；漆吴山，“处于东海，望丘山其光载出载入，是惟日次”。

十七山中有三座山可证实今地：

一、句余山，郭注：“今在会稽余姚县南句章县北，故此二县因此为名云。见张氏《地理志》。”《水经·沔水注》：余姚县“因句余山以名县，山在余姚之南，句章之北也”。余姚即浙江今县，句章故治在今鄞县南六十里，则句余山应指今四明山之东北隅。毕、郝二注皆作在清归安县(今湖州)东，误。

二、浮玉山，山为苕水所出，故知即今天目山。具区即今太湖。今苕溪源出天目山，北流注太湖，与经文合。天目有东西二峰，浮玉山能北望具区，当指东天目。诸毗，郭注“水名”。“东望诸毗”，盖言自浮玉山“东望溪浦，溠牙相毗，并汇于太湖，因名之”，见《太平寰宇记·湖州乌程县》毗山条。

三、会稽山，即今绍兴县南会稽山。

会稽山在天目山东南，四明山又在会稽山之东，距海已近，而经文列句余山于浮玉山之西，显系错简。这三座山既在今浙江境内，应在此经的东半段，今乃列于西半段即前九山之中，更可见整个南次二经错乱之甚。唯漆吴山为全经东端一山则应不误，因为它已处于东海之中了。当指舟山群岛中某岛，可能即指舟山本岛。从漆吴山上望见的丘山，即舟山本岛以外的舟山群岛诸山。

此经的东端是很清楚的，但西端则很不清楚。由于除句余等东段三山外，其他十四山无一可考，所以我们只能作一个极粗略的推断，估计其西端柜山应指今湖南西部某山。这是因为：一、“柜山西临流黄”，流黄当即《海内西经》的“流黄酆氏国”，亦即《海内经》的“流黄辛氏国”，郭注：“即酆氏也。”《海内经》说：“西南有巴国，……有国曰流黄辛氏”，是则流黄应为巴族诸国之一。古代巴族分布地，约西起今四川嘉陵江流域，东包今鄂西南清江流域及湘西土家族苗族自治州。此流黄国约当在今湘西土家族苗族自治州的东部，桓山约当为今常德、桃源西南某山。二、此经凡七千二百里，折今约五千里，约为自湘西东抵舟山岛二千二三百里的两倍有余，符合于经文所载里距的一般情况。

南次三经“凡一十四山，六千五百三十里”（今本所载为一十三山，五千七百三十里）。首曰天虞山；依次而东为祷过山，“浪水出焉，而南流注于海”；丹穴山，“丹水出焉，而南流注于勃海”；发爽山，“汎水出焉，而南流注于勃海”；旄山之尾；非山之首；阳夹山；灌湘山；鸡山，“黑水出焉，而南流注于海”；令丘山；仑者山；禺槀山；南禺山，“佐水出焉，而东南流注于海”。

此经最难证实。全经唯有浪水见于《水经》：“浪水出武陵镡城县北界沅水谷，……至南海番禺县西分为二，其一南入于海，其一又东过县东南入于海。”郦注引此经祷过之山条为释。按秦汉镡成县辖有今湖南西南隅黔阳、靖县等县，兼包黔东南、桂北数县地，沅水经其北界。若从《水经》之说，则浪水所出的祷过山应在今湘西黔东沅水河谷，《山经》这一组山大致应西起黔东南，东经湘南、赣中，达于闽北或浙南。但发源于沅水河谷的水道，绝不可能南流入海；湘南赣中诸水，皆北流归注长江，亦与丹水、汎水、黑水南流注海不合；可见祷过山不会在沅水河谷，这一组山不可能在黔东南、湘南、赣中一带。

杨守敬在他的《水经注疏》里指出浪水不可能出沅水谷，认为浪水上游应相当于源出广西义宁县北的义江。义宁今并入临桂，故治即今县西北五通镇。义江即今洛清江上游。徐旭生以杨说为据，又看到丹、汎、黑三水皆南流入海，遂谓“则此经所称各山，当为广西、广东北境各山”。他却忘记了他自己已说过南山首经各山“指骑田、萌渚、大庾及赣闽二省各山”，怎么可能三经各山又指广西广东北境各山呢？同一南岭山脉，怎能分属二经？可见此说也说不通。

吴任臣《山海经广注》引刘会孟说，谓鸡山在云南，黑水即澜沧江。郝氏笺疏据经文鸡山“其上多金”，而《汉书·地理志》、《续汉书·郡国志》益州郡滇池县下皆作“有黑水祠”，《续志》永昌郡博南县“南界出金”，刘昭注引《华阳国志》“西山高三十里，越得澜沧水，有金沙，洗取融为金”，因谓“博南西山疑即鸡山，澜沧水即黑水”。案博南县故址在今云南永平县南，博南西山即永平、保山间澜沧江东岸之山。徐旭生指出鸡山在祷过山东三千余里，而云南则在广西之西，认为郝说“盖误”。按南山首经西起今粤北，二经西起今湘西，皆在黔桂之东，何以三经竟得有黔桂以西云南境内的山川，这确是说不通的。黑水当以水呈黑色得名，天下水道水呈黑色者到处可有，怎么能说只有澜沧江才是黑水？

上引诸说皆不可信，那么此经诸山是不是无可推究了呢？这倒不见得。此经首列天虞山，郝氏笺疏："山当在交广也。《艺文类聚》卷八引顾微《广州记》云：南海始昌县西有夫卢山，高入云霄，……疑即斯山也。天虞、夫卢字形相近，或传写之讹。"看来郝氏此疑是疑对了的。南朝始昌县故治在今广东四会县北。夫卢山，《太平寰宇记》作"芙芦山，一名扶卢山，在县东四十里，高千丈"。设使经文天虞山确指夫卢山，则迤东诸山，约当为南岭以南，北回归线南北南崑、罗浮、高砜、鸿图、铜鼓等山，其东段当指向东北在今福建省内；涀水、丹水、汎水约当今之滨江、流溪河、增江等水。海旁出为勃[1]，其时今广州以南中山以北大片珠江三角洲尚未成陆，南海在此伸入大陆形成一大海湾，当即经文丹水、汎水所注之勃海。黑水可能指韩江，佐水可能指九龙江或晋江。经文在祷过之山下有云："多犀兕，多象"；在发爽之山下有云："多白猿"。这些动物虽然在南岭以北也有，但不会很多，经文这几个"多"字，正足以说明这一组山应在南岭以南。唯此经长达五六千里，比南山首经倍而有余，首经既约当于今连县以东的南岭，四会以东南岭以南，似难于容得下这么长一组山。不过我们在上面论述《山经》里距时业已指出过，《山经》的里距有时只有实距的七八分之一乃至十几分之一，那么根据这一点，当然不足以否定我们三经在南岭以南这一结论。

总括上文所考，南山经地域范围，应东起今浙江舟山群岛，西抵湖南西部，南抵广东南海，包括今浙闽赣粤湘五省地，不包括今广西、贵州、云南等，也不包括广东西南部高、雷一带和海南岛。

四、西山经

西山经　西山四经。

首经总名华山，自东而西"凡十九山，二千九百五十七里"（今本所载为二千八百一十七里）。自第一钱来山至第十三大时山，其水皆北流注于渭，相当今陕西渭水南岸华山和秦岭山脉诸山。大时，《广韵》引作太畤，毕释即今太白山，当是。第十四嶓冢山"汉水出焉"，即今甘肃天水西南西汉水发源处嶓冢山。自嶓冢以西天帝、皋涂、黄、翠四山皆无考。第十九"曰騩山，是錞于西海。……淒水出焉，西流注于海"。郭注："錞，犹堤埻也。"《玉篇》：

1 《史记·高祖本纪》索隐引崔浩云。

“埻，犹堤也。”西海，毕、郝都说即今青海，当是。汉武帝时，“羌乃去湟中，依西海、盐池左右”，见《后汉书·西羌传》；王莽时讽羌酋使献西海之地，开以为西海郡，见《汉书·王莽传》、《后汉书·西羌传》；皆指今青海。䰢山既“錞于西海”，当即今日月山。淒水出䰢山，而西流注于海，当即今倒淌河。青海、日月山和倒淌河，是青藏高原与河西湟水流域之间的天然界线，西山首经所载山川正好西止于此。自华山山脉东端西距日月山约二千一百里，折合汉里约二千九百余里，与经文里数正相符合。

西次二经自东而西“凡十七山，四千一百四十里”（今本所载为四千六百七十里）。东起钤山，当即《水经·河水注》中黑水所出的西山，即今陕西延安市东南汾川河发源处。西至第六龙首山，毕释即今陕甘界上陇山，当是。此下十一山皆无考。第七鹿台山可能即今宁夏固原县南六盘山。自此以西，殆已出作者所掌握的实际知识之外，所载或采自传说，或出于臆度，故绝无一山可指实。第八鸟危山“鸟危之水出焉”，第十四皇人山“皇水出焉”，都是“西流注于赤水”，而赤水正是一条无可指实，仅见于传说[1]的发源昆仑山东南流的大水。

鹿台以西既无文献可征，只得姑且依据里距推度：自钤山至鹿台经作一千二百二十里，实距约为今里六百有余；自鹿台至莱山经作三千六百五十里，三倍于钤山、鹿台间距离，合今里约当为二千里。西山首经在湟渭之南，西次三经约当今甘、青间祁连山脉，故此经西段应在河湟之北，祁连之南，西端莱山约当指今甘、青界上疏勒河、党河上游诸山中某山，可能即今青海祁连县西北的托来山。

西次三经自东而西“凡二十三山，六千七百四十四里”（今本所载为二十二山，六千六百四十里）。第一“曰崇吾之山，在河之南”，当指今甘肃景泰以东、宁夏中宁以西黄河南岸某山。第八“曰昆仑之丘”。根据《十六国春秋·前凉录》张骏时酒泉太守马岌的话和《史记·秦本纪》、《司马相如传》正义所引《括地志》，昆仑山即酒泉南山，去县八十里，当即今地图上肃南裕固族自治县西北甘青界上的祁连山主峰，标高5564。黑河、大通河、托来河、疏勒河皆发源于此峰附近，这几条河当即经文出于昆仑的河水、赤水、洋水和黑水。河水“南流而东注”，赤水“东南流”，洋水“西南流”，黑水“西流”。今黑河在祁连山南一段及大通河皆东南流，疑经文“河水”指前者，赤水指后者；托来

1　见西次三经昆仑之丘、《庄子·天地篇》、《穆天子传》、《文选》注引《河图》，又屡见本书海外、海内及大荒经。

河、疏勒河皆西北流，疑即经文“洋水”、“黑水”，而所载流向不尽合。古人不知河水真源，推想河为中原第一大水，则其发源处必为西方最高大的山岳，河出昆仑之说殆由此而起。又知昆仑在中原的西北，因而就认为自昆仑南流东注之水为河水上源。至于这条水的下游是否真的就是积石以下的河水，这在当时是无从验证的。赤水东南流而为皇水、鸟危水所注，则纯属想象。

经文所载自崇吾山至昆仑丘为二千四百一十里，约合今里一千七百弱，直距约为一千二百里左右。依此比例推度，则昆仑西去极西翼望山凡四千二百三十里，约合今里二千九百有余，直距约当为二千里有奇，翼望山应指今新疆婼羌县西南阿尔金山脉某山。

此经第三为不周之山，“东望泑泽，河水所潜也”。郭注、《水经·河水注》和《史记·大宛传》正义引《括地志》都说泑泽即盐泽（今本郭注盐泽讹作蒲泽），亦即蒲昌海。按，盐泽或蒲昌海即今新疆罗布泊。若泑泽果然就是罗布泊，那么西次三经的西境就该远在罗布泊以西，至少包有今新疆的大部分。但此说实际并不可靠。《唐韵》、《集韵》都说“泑音黝，水黑色也”。盖凡水与泽呈黑色者皆得以泑水、泑泽为名，非必专指一水一泽。不周山在崇吾山之西六百七十里，约当为今甘肃天祝藏族自治县境内之毛毛山。自此山东望所及之泑泽，很可能是腾格里沙漠中古代一盐池，不可能是远在西方数千里外的罗布泊。经言泑泽为“河水所潜”，当由于当时流俗率以沙漠中渊而不流的泑泽为河水所潜，还没有像汉以后那样专以蒲昌海为河水所潜。第二为长沙之山，“泚水出焉，北流注于泑水”。第七为槐江之山，“丘时之水出焉，而北流注于泑水”。泑水所注的泑水，可能指今石羊河，丘时水所注的泑水，可能指今额济纳河，都与泑泽无涉，与蒲昌海更不相干。毕、郝皆以泑泽即蒲昌海释泚水所注泑水，非是。

自昆仑以西，第十三积石山、第十八三危山皆见于《禹贡》。但《禹贡》的积石山在今青海化隆回族自治县东南黄河北岸，远在昆仑山东南千数百里以外，显然不是这个在昆仑以西二千一百里的积石山。三危山有二说，一说在今甘肃渭源县鸟鼠山西南[1]，一说即今敦煌县东三危山。[2] 依前说则更在积石之东，且与西山首经的嶓冢山、西次四经的鸟鼠同穴山相近，而去此经所载诸山颇远，宜不得为此经之三危。依后说则翼望山在此山之西九百三

1 见《史记·夏本纪》索隐引郑玄、《续汉书·郡国志》刘昭注引《地道记》。

2 见《左传》昭九年杜预注，《史记·五帝本纪》、《夏本纪》正义引《括地志》。

十里，折合今里六百有余，约当在今甘新边界以西百数十里处。积石、三危二山，都有可能本在昆仑之东，今本列在昆仑之西，系错简所致。若然，则翼望东距昆仑应较今本为近，那就到不了甘肃省界以西了。

三危之西，第二十山曰天山。按《汉书·霍去病传》师古注："匈奴呼天为祁连。"此"天山"并指今祁连山脉或迤西阿尔金山脉中某山。传言霍去病"攻祁连山，扬武乎觻得"，觻得即今张掖，估计这个天山很可能指的就是今张掖县西南的祁连山[1]，本应在昆仑之东，错简在此。

西次四经"凡十九山，三千六百八十里"（今本所载为三千五百八十五里）。先是自南而北从第一阴山到第十白于山。阴山即《水经·河水注》蒲水所出阴山，在今陕西黄龙县北。白于山今同名，为北洛水所出，在吴旗、定边、靖边三县境内。但实际第七诸次山为诸次水即今佳芦河所出，在今榆林县北，第八号山在佳县之北，都在白于山之北。第十一申首山在白于山西北三百里，可能指今宁夏盐池县西北标高一千五百七十二之山。此下当有错脱。从第十二泾谷山以下是自东而西。泾谷山见《水经·渭水注》，在今甘肃天水县东南。第十八山为渭水所出鸟鼠同穴山，在今渭源县西南。再往西已超出作者的地理知识范围，便采用了见于《离骚》的传说中的日没所入的崦嵫山，作为这一列山的极西一山。经云："苕（或作若）水出焉，而西流注于海"，这个海当然也是想象中的海，并无真实依据。

西山首经以真实的海为西极，四经以想象中的海为西极，二、三经里距（四千一百四十、六千七百四十四）较大于首、四经而不说西抵于海，可见作者对这两列山的西极以外的地理情况虽然已不清楚，却确知并不是海。作者虽不免有时采用一些未经证验的传说，有时凭想象虚构一些情况，但总的说来，还是比较认真地反映了他所掌握的地理知识的。

总括西山经地域范围，东起山陕间黄河，南起陕甘秦岭山脉，北抵宁夏盐池西北、陕西榆林东北一线，西南抵鸟鼠山、青海湖一线，西北可能到达新疆东南角的阿尔金山，但不包括罗布泊以西以北。

五、北山经

北山三经：首经自南而北凡二十五山，五千四百九十里（今本所载为五千六百八十里）。

从第一单狐山北至第九石者山，虽不见于其他载籍，但据出山之水的流

1　古人专指张掖西南之山为祁连山，见《史记·李将军传》正义引《括地志》。

向与归宿，略可推知其大致方位。单狐山“滏水出焉，而西流注于泑水”。第二求如山“滑（涓）水出焉，而西流注于诸毗之水”。第三带山“彭水出焉，而西流注于芘湖之水”。这三座山应各为今宁夏、内蒙古界上贺兰山的一部分；滏、滑、彭三水出山西注泑、诸毗、芘湖等水，这几条古水道今已消失于腾格里沙漠中。第四谯明山、第五涿光山、第六虢山、第七虢山之尾、第九石者山都有出山之水西流注于河；第八丹熏山“熏水出焉，而西流注于棠水”，这几座山应各为今内蒙古套内卓资山的一部分，熏水所注棠水亦当西流注于河。

自第十边春山北至第十七敦薨山，最难考索。边春山“多葱”，郭注“或作春山”。按春山见《穆天子传》，旧释即葱岭；《水经·河水注》引《西河旧事》云葱岭“上生葱”，引郭义恭《广志》曰葱岭“其山多大葱”，因此毕、郝都认为边春山“疑即葱岭”。敦薨山“敦薨之水出焉”，山、水皆见于《水经·河水注》。郦道元所载敦薨山指今新疆焉耆北面的天山，敦薨水指今开都河。又，边春山有“杠水出焉”，第十三灌题山有“匠韩之水出焉”，杠水、匠韩水、敦薨水三水都“西流注于泑泽”，故毕、郝即以郦亭之敦薨山、水为此经之敦薨山、水，并以蒲昌海即今罗布泊为敦薨等三水所注的泑泽。但经文明说敦薨水西流注于泑泽，而《水经注》中的敦薨水则东西二源都是南流注于敦薨之薮，溢而为海，自海又南流注于河，既不是西流而是南流，又不是注于泑泽而是注于河，敦薨水注河后河水又东注于泑泽，也不是西注，显然与经文不合。可见郦氏指天山、开都河为敦薨山、水，尽管他引证了《山经》此条，却不等于郦所谓敦薨山、水就是《山经》的敦薨山、水。郦说应为后起之说，非《山经》本意。再者，今陕西甘肃于《山经》属西山经范围，新疆更在陕甘之西，《山经》若讲到新疆的山水，自应列入西山经，不可能列在北山经。

总之，毕、郝二氏把这几座山解释成在新疆境内是错的。经文既列这八座山于套内谯明、石者等山之北，依地望推度，自应在河套之北。但套北只有自西而东的狼山和阴山山脉，事实上并不存在这么一列长达数千里的自南而北的山。看来经文这八座山之前都说“又北”若干里，其中极大部分“又北”应为“又东”之误。若然，则出于此诸山“西流”注于泑泽诸水，实际应为北流注于狼山阴山以后大漠以南沙碛中诸泽。所注非一泽，而色若黝黑，故概称为泑泽。对这八座山眼下我们只能姑作如此推度。虽然是一种极为大胆的推度，似乎总比旧说把它们放到新疆去要强一些。

自第十八少咸山起至第二十五堤山凡八山，可指实地望者一是少咸山，经曰：“敦水出焉，东流注于雁门之水。”山及二水皆见《水经·㶟水注》。雁门水即今山西阳高县、天镇县境内的南洋河，敦水即今自阳高县南东北流至天镇县西注入南洋河一水，少咸山即今大同、阳高二县界上标高二千一百四十五的采凉山。二是第十九狱法山，经云："瀼泽之水出焉，而东北流注于泰泽。"三是第二十五堤山，经云："堤水出焉，而东流注于泰泽。"按泰泽见北次三经，在雁门山"北水行四百里"。雁门山见《水经·㶟水注》，为雁门水即今南洋河所出，跨今山西阳高县北内蒙古丰镇县东界上。故泰泽可能即今内蒙古凉城县东之岱海，也可能是察哈尔右翼前旗东北的黄旗海（旧作奇尔泊，一名苏木海子）。此经瀼泽水、堤水所注泰泽，看来应分指二泽，瀼泽所注应为今之岱海，堤水所注应为今之黄旗海。岱海之南有二水自凉城东南长城北侧西北流折东北入海，当即此经之瀼泽水。黄旗海北有二水自察哈尔右翼中旗境内东南流入海，当即此经之堤水。故狱法山当指凉城东南标高二千零四十六的那座山，堤山当指察哈尔右翼中旗东或南堤水发源之山。

又有第二十北岳山，吴、毕、郝三家都认为就是今山西浑源县的北岳恒山。按，汉唐所谓北岳恒山，皆指今河北阜平县东北大茂山，至明代始移指今浑源的移恒山，是则《山经》之北岳，岂得已指今之恒山？若说今恒山在《水经·㶟水注》里叫玄岳，玄为北方色，故玄岳于古可能早已有北岳之称；则以经云北岳山"诸怀之水出焉，而西流注于嚣水"，第二十一浑夕山"嚣水出焉，而西北流注于海"相验证，也讲不通。发源于恒山的浑河确系西流，可以当经文诸怀水，但浑河所注的桑干河是列入北次三经的浴（治）水，不可能又是此经的嚣水。所以北岳山不可能是今之恒山。根据诸怀水和嚣水的流向推断，北岳山大体应指今大青山东段察右中旗与四子王旗界上的一座山，有水名大清河自此山西北注锡拉木伦河，即经文诸怀水；锡拉木伦河（一作塔布河）即经文嚣水，发源于武川县北耗赖山即经文浑夕山，北流至四子王旗北境潴为查干诺尔与哈沙图查干诺尔，古代水面应较今宽阔连成一片，故称为海。

此外第二十二北单山、第二十三罴差山、第二十四北鲜山虽无从指实，大致亦当在今内蒙古乌兰察布盟东南部一带。北鲜山"鲜水出焉，而西北流注于涂吾之水"。今甘肃合黎山下张掖河，一名合黎水，一名鲜水，见《史记·夏本纪》正义引《括地志》。然张掖河于《山经》应属西山经范围，非此鲜水。汉时匈奴中有余吾水，见《汉书·匈奴传》，即今蒙古人民共和国境内土拉河，远在大漠之北，不得为此鲜水所注。

据上所考，狱法山不在少咸山之北而在西，浑夕山也不在北岳山之北而在西，这类方向的差误为经文所习见，不足为异。唯堤山不应反在北岳山、浑夕山之东南，可能系错简所致。

北次二经自南而北"凡十七山，五千六百九十里"（今本所载为十六山，五千二百四十里）。

第一至第四山皆可指实。首曰管涔山，即今山西宁武县西南管涔山。次曰少阳山，即今交城、静乐县界上关帝山。第三县雍山，即今太原市西南晋祠西山，一名龙山。第四狐岐山，在今孝义县西。唯四山次序实为自北而南（少阳在管涔西南，县雍在少阳东南，狐岐又在县雍西南），而经文皆作又北若干里，方位全部颠倒。[1]

第五白沙山至第十一北嚣山皆无考，以第十二山以下在今长城以北推之，此诸山似当在今山西雁北地区。

第十二梁渠山，"脩水出焉，而东流注于雁门"，山、水皆见《水经·㶟水注》。水即今东洋河，山即东洋河发源处，在今内蒙古兴和县西南。第十四湖灌山，"湖灌之水出焉，而东流注于海"。水即沽水，今白河，东南流至天津入海；山即今河北独石口北白河发源处，沽源县境内大马群山。[2] 据此推度，则梁渠、湖灌二山间的第十三姑灌山，约当在今张北、康保一带；湖灌山北千一百里第十六敦题山，"錞于北海"，此北海疑即今克什克腾旗西达来诺尔，也有可能指今阿巴嘎旗南查干诺尔，敦题山即在这两个诺尔的近处。

北次三经总名太行山，"凡四十六山，万二千三百五十里"（今本所载为四十七山，万二千四百四十里）。西南起归山，指今山西中条山脉西端某山，东北至第二十四锡山，在今河北邯郸县西北。自此以下，北至第三十四泰戏山为虖沱水所出，在今山西繁峙县东；第三十七高是山为滱水即今唐河所出，在今灵丘县西北；第四十三伦山为伦水即今涞水所出，在今河北涞源县西；第四十四碣石山为绳水即《水经》圣水所出，即今北京房山县大房山；第四十五雁门山，即今山西阳高、内蒙古兴和、丰镇界上雁门山；第四十六帝都山在泰泽中，泰泽约为今内蒙古察右前旗黄旗海或凉城县岱海。全经所叙山川北止于此；第四十七錞于毋逢之山为浴水所出，"浴"为治字之讹，治水即今桑干河[3]，桑干河发源于山西朔县，远在雁门山和泰泽的西南，经文列于泰泽之北是错的。

北山首、二、三三经，方位是自西而东，今本三经的北段诸山应多错简，以致首经的少咸山、二经的梁渠山反在三经的泰泽之东，二经的湖灌山反在

1　今本少阳山条作"又西二百五十里"，郝引藏经本西作北。盖古本本作北，今本作西出于后人窜改。

2　考见《〈山经〉河水下游及其支流考》。

3　此经山川方位的考证见《〈山经〉河水下游及其支流考》和本文北山首经。

三经的雁门山、泰泽之东。但总括北山三经而言，说北山经的地域范围是西起今内蒙古、宁夏腾格里沙漠贺兰山，东抵河北太行山东麓《山经》河水下游，南起山西中条山，北至内蒙古阴山以北直抵北纬四十三度迤北一线，这大概是不会错的。

前人自郭璞以下，都把北次三经的碣石山和《禹贡》导山、《汉志》骊城县、《水经·濡水注》的碣石山混为一谈，因而认为北山经东界到达了渤海北岸今河北东北部昌黎县的碣石山一带。唯有徐旭生指出《山经》碣石"所出之绳水东流注于河，则山在河西。河故道自今天津入海。北至今昌黎乐亭入海之说，以地势验之，殊无可能。考《续汉书·郡国志》九门县有碣石山，九门在今藁城一带"。徐氏知道《山经》碣石不是冀东的碣石，殊为有见，但他仍然未能找到这个碣石山的确切位置。拙撰《〈山经〉河水下游及其支流考》先考定了绳水即《水经》圣水，从而明确了碣石山在今北京市西南，北山经的东界限于冀中《山经》河水下游，东北不超过今天津市的渤海湾西岸。

渤海北岸的碣石山和碣石以北的燕山，燕山以东的辽西、辽东诸山，既不见于《北山经》，也不见于《东山经》。而这一地区是和北次二经的湖灌山、敦题山、北海一样，都是在公元前3世纪初业已加入了燕国的版图的。经文载及湖灌等山海而不及碣石等山，这是由于《山经》作者并没有掌握当时华夏诸国的全部山川，故书中脱漏甚多，连中原的桐柏山、淮水都不见于《中山经》，《北山经》不载碣石以北、以东诸山，是不足为怪的。

六、东山经

东山四经，首经自北而南，"凡十二山，三千六百里"（今本所载为三千五百里）。

"首曰樕螽之山，北临乾昧，食水出焉，而东北流注于海。"郭注：乾昧"亦山名也"。毕释："以声求之，疑食水即时水也。"其说良是。东方于先秦为齐鲁之地，东山经从齐都附近叙起是很自然的。据《水经·淄水注》，时水源出齐城西南二十五里，距临淄最近。其水"平地出泉，……西北径黄山东，又北历愚山东……又屈而径社山北"。《元和志》青州临淄："社山在县西北二十五里，一名愚公山。"黄山当即樕螽山，愚山、社山即乾昧。

第二藟山，"湖水出焉，东流注于食水"。毕谓湖水"疑即《地理志》之巨淀湖水"，郝谓《地理志》"右北平俊靡灅水南至无终东入庚"，疑藟山因灅水为名，藟灅声同；灅水即湖水，庚水即食水。毕是郝非。《汉志》藟水即今河北遵化沙河，庚水即今蓟县蓟运河，去齐地甚远，不得因灅藟声同妄相比附。

《汉志》齐郡广县:"为山,浊水所出,东北至广饶入钜定。"《水经·淄水注》"巨淀即浊水所注也。……水出广县为山,……又北流注巨淀"。藟,郭注"音诔"。藟、为声近,故藟山当即为山,即今益都县西四十里九回山;湖水即浊水及所注巨淀,即今益都、寿光县境内的北洋河和北洋河所潴寿光县北境业已湮废的清水泊。

第三栒床山,"识水出焉,而北流注于湖水"。识,郭注"音枳";毕曰"以声求之,疑即淄水",亦是。《水经·淄水注》:"淄水又东北,马车渎水注之,首受巨淀",盖马车渎受巨淀,故亦称湖水,淄、湖相会,此经作识注湖,郦作马车渎注淄,实际是一回事。淄水发源今淄博市旧博山县东南岳阳山,当即经文栒床山。

第四勃齐山无考。第五番条山"减水出焉,北流注于海";第六姑儿山,"姑儿之水出焉,北流注于海"。毕、郝皆无释。疑减水即《水经·济水注》中的陇水,今孝妇河;姑儿水即《济水注》中的杨渚沟水,今獭河。孝妇河发源今博山西南凤凰山,即经文番条山,獭河发源今章丘、邹平界上长白山,即经文姑儿山。郦注陇水、杨渚沟水皆北流注济水,《山经》时济水、漯水下游当在今莱州湾以西入海,故减水、姑儿水得北流入海。

第七高氏山,"诸绳之水出焉,东流注于泽"。毕、郝皆以诸绳之水为《水经·淄水注》中的渑水。按渑水发源临淄城东,《山经》高氏山、诸绳水应在长白山以西南,地望不合。

第八岳山,"泺水出焉,东流注于泽"。泺水见《春秋》桓公十八年;《说文》:"齐鲁间水也。"《左传》杜注:"泺水在济南历城县西,北入济。"即今济南市泺河(小清河源)。故岳山应指市西南泺水发源处,是泰山的一个支脉。后世泺水或入济,或导为小清河源,《山经》时则东流注于泽,其泽约当在今历城县东或章丘县北。郝疏引用了《说文》、《水经注》关于泺水的记载,又说"计其道里,疑非此"。殊不知此经诸山起自东北迤逦西南来,自姑儿山即今长白山历高氏山至于岳山,经文的泺水,岂不正应该就是《说文》、郦注中的泺水?

第九豺山,第十独山,应在今历城、长清二县境内。第十一泰山,即今泰安县北泰山主峰。"环水出焉,东流注于江。"江,郭注"一作海"。按《水经·汶水注》,环水"出泰山南溪,南流……《山海经》曰'环水出泰山,东流注于汶'",知今本"注于江"固误,郭所见一本"江"作"海",亦非,应作汶。

第十二竹山,"錞于江"。郝谓"江"亦当作汶,殆是。山当在今大汶河南岸,故得有"激水出焉,而东南流注于娶檀之水"。

总括此经所记山水，当北起莱州湾以西海滨，中经鲁中鲁山、泰山山地，南至于汶河以南。自第一山至第十二山，直距约为五百五十十里，折合汉里七百八九十里，经文作三千五六百里，约为实距的四倍半左右。

东次二经自北而南，“凡十七山，六千六百四十里”。

首空桑山，郭注：“此山出琴瑟材，见《周礼》也。”按《周礼·春官·大司乐》“空桑之琴瑟”，郑注：“空桑，山名。”即郭注所本。但郑、郭皆不及出在何处。今考《淮南子·本经训》，“共工振洪水以薄空桑”，高诱注：“空桑，地名，在鲁也。”张衡《思玄赋》旧注：“少皋金天氏居穷桑，在鲁北。”穷桑即空桑。《史记·孔子世家》正义引《括地志》：“女陵山在兖州曲阜县南二十八里。干宝《三日纪》云：‘征在生孔子空桑之地，今名空窦，在鲁南山之空窦中。……今俗名女陵山。’”《太平寰宇记》兖州曲阜县亦作少皋登帝位之穷桑在鲁北，引干宝所载孔子生地与上引略同，而空桑作穷桑，空窦作孔窦。是则空桑既是山名，又是地区名，地居鲁都曲阜之北，又兼有城南之地。依地势推断，空桑山当指曲阜北今小汶河南岸某山。经云此山“北临食水，……西望滑泽”。今小汶河即《水经·汶水注》的淄水，淄、食音近，故空桑山所临食水应指此水。滑，郭注音旻，毕、郝都说疑即汶之异文。滑泽当在大小汶河会合处，汇而成泽。吴任臣与郝都认为食水即首经出樕螽山的食水，这是错的。首经的食水是齐地的食水，是《水经·淄水注》中的时水，这个二经的食水则是鲁地的食水，是《水经·汶水注》中的淄水。两条食水中隔今鲁中山地，相去甚远。首经从齐都近郊樕螽山叙起，此经从鲁都附近空桑山叙起，采用了同样的编写体例。

第三峄皋山，疑即今邹县东南峄山。《禹贡》徐州“峄阳孤桐”，《史记》秦始皇二十八年“东行郡县，上邹峄山”，这是周秦间一个很著名的山。

全经十七山，除以上二山外，其余皆无可指实。吴任臣以《水经·渠水注》中的今河南开封附近的沙水释出于第九卢其山的沙水；吴、毕、郝皆据《庄子·逍遥游》“藐姑射之山，汾水之阳’，《隋书·地理志》临汾“有姑射山”释第十姑射山，在今山西临汾城西；据《汉书·地理志》河南郡有缑氏县，《隋志》县有缑氏山释第十四缑氏山，在今河南偃师，皆误。河南于《山经》地属中山经，山西于《山经》属北山经，东山经的山水，不可能在河南，更不可能在山西。以地势推之，诸山当在今鲁南滕、枣庄、苏北邳县、徐州，南至今皖北淮北、濉溪一带。第四葛山之尾，第五葛山之首，疑即今沛县东南之葛墟岭和邳县西南的葛峄山。第十七硜山，疑即今宿县西北睢阳山，山南临睢水，东北古有浬湖，在《水经·睢水注》里还是一个南北百余里、东西四十里的大泽，今湮。经云硜山“南临硜水，东望湖泽”，硜水殆即睢水，湖泽即指滭湖。

自小汶河南岸空桑山历峄皋山、葛山首尾南至睢水北岸硜山，约计为汉里千里左右，经作六千六百里，为实际里距的六倍有余。

东次三经“凡九山，六千九百里”(今本所载为六千四百里)。

九山皆无可指实。今按“首曰尸胡之山，北望殍山”，郭注殍音详。尸胡山疑即今烟台市北之罘山，殍山疑即今蓬莱县北长山岛。尸胡音近之罘，殍长亦音近。《史记·秦始皇本纪》：二十八年登之罘，立石颂秦德；二十九年登之罘刻石；三十七年至之罘，射杀巨鱼。《封禅书》：始皇东游海上，祠齐地所谓八神，五曰阳主，祠之罘。之罘乃齐地海上名山，故《山经》列为一经之首。全经自一山至次一山皆作水行若干里，当由于山皆滨海，无陆路可通，“水行”就是遵海而行。

自尸胡山南二千里折东千里至第五胡射山，疑即今荣成县之成山角。又南三千四百里至第九无皋山，“南望幼海，东望榑木”。无皋山疑即劳山。幼海，郭注“即少海也”，指劳山西南的胶州湾。榑木，郭注“扶桑二音”。按《吕氏春秋·求人篇》“禹东至榑木之地”，《为欲篇》“西至三危，东至扶木”，《淮南子·览冥训》“朝发榑桑，日入落棠”，《海外东经》“汤谷上有扶桑，十日所浴”，是榑木即扶木，亦即榑桑、扶桑，故郭注云然。扶桑是传说中东方极远之地，自劳山东望，茫无涯涘，想象中彼岸应即扶桑，故曰“东望榑木”。

自之罘岛循海而东而南至劳山，约计得汉里千一二百里，经作六千九百里，也是实距的六倍有余。

东次四经“凡八山，一千七百二十里”。

“首曰北号之山，临于北海，……食水出焉，而东北流注于海。”郝疏认为北号山即首经“樕蠡之山，北临乾昧，食水出焉”之乾昧。按上文已考定乾昧应为临淄西北社山，距海尚远，不得为“临于北海”的北号山，北号山应为食水下游今小清河畔一丘阜，临于莱州湾。食水自临淄来流经山下，东北注海，故首经谓“樕蠡之山，……食水出焉”，指源出，而此经所谓“北号之山，……食水出焉”，应仅指流出。

自北号山南六百二十里为东始山，“泚水出焉，而东北流注于海”。东始山当指今临朐县东、昌乐县南某山，泚水当指《水经·巨洋水注》里的尧水(今尧河)、丹水(今大小丹河)、洈水(今大于河)中的某一水。

自东始山东南七百里折东北四百里为第八太山，“鉤水出焉，而北流注于劳水”。太山即《水经》巨洋水、汶水所出朱虚县泰山，《史记·封禅书》、《汉书·郊祀志》中和《汉书·地理志》琅邪郡朱虚县下的东泰山，一名沂山，《周礼·职方》青州山镇曰沂山，郑注“一名东泰山”。今仍名沂山或东泰山，在临朐县东南，接沂水县北界。鉤水疑当作朐水，即《水经》巨洋水，郦注：巨洋水“即《国语》所谓具水矣，袁宏谓之巨昧，王韶之以为巨蔑，亦或曰朐瀰”。今名瀰河。劳水疑即郦注尧水，今尧河。尧河下游与瀰河合，瀰大尧小，故郦注叙尧水作东北注巨洋水是正确的；此经颠倒了二水的干支关系，故曰朐水入劳。太山应在东始山之南或西南，经作东南七百里又东北四百里，东南应为西南之误。

自北号山南至太山，实距约为二百五六十里，折合汉里为三百五六十里，经文作一千七百二十里，约为实距的五倍。

总括东山经地域范围，北起莱州湾，东抵成山角，西包泰山山脉，除二经南段大致到达今苏皖二省北境外，其余三经首尾全在今山东省境内。

七、中山经

既称中山经，似应与《山经》地域的边界无涉，但实际中山经中的中次九经地处巴蜀，是夹在西山经和南山经之间的一个西南边区。

中次九经，总名岷山，自西而东偏北，“凡十六山，三千五百里”（今本所载为三千六百五十里）。

首女几山，“洛水出焉，东注于江”。毕谓山即《隋书·地理志》蜀郡双流县之女伎山，当是。但洛水实出什邡县西北章山，去双流甚远，经文误。

次岷山，“江水出焉，东北流注于海”。按古籍所谓岷山，范围甚广。《史记·夏本纪》正义引《括地志》“岷山在岷州溢乐县南一里，连绵至蜀二千里，皆名岷山”。溢乐县故城即今甘肃岷县。岷山的北端起于此。《汉书·地理志》蜀郡湔氐道：“《禹贡》岷山在西徼外，江水所出。”湔氐道故城在今松潘县北，其西北徼外实为岷江发源地。然此经所谓岷山，宜不得指此。郭注“岷山今在汶山郡广阳县西，大江所出”。广阳县本汉汶江道，晋改名，隋改汶江县，即今茂汶羌族自治县。《元和志》茂州汶山县下云：“按汶山即岷山也，南去青城石山百里，……即陇山之南首也。”盖自茂汶南至今灌县之青城山，是岷山的南段。自今双流北去松潘岷江发源处约当为汉里千里左右，去茂汶约为汉里三百有余，经云岷山在女几山东北三百里，则所指自应为茂汶之山，郭注是正确的。以岷江为出自茂汶的岷山，应为汉初以前人的认识，至汉武帝收冉駹之地置郡县，才知道江源出于湔氐道徼外。

第三来山(来一本作崃),“江水出焉,东流注于大江”。郭注:“邛来山,今在汉嘉严道县,南江水所自出也。”《汉志》蜀郡严道有“邛来山,邛水所出,东入青衣”。是则来山即邛来山,江水即《汉志》邛水,郭以为南江水。《初学记》卷八引此经作“峡山,邛水出焉”,“峡”系崃之讹,“邛”当为后人据《汉志》所改。按严道今四川荣经县,邛水即今荣经河,来山即荣经河所出县西南大相岭。荣经河东北至雅安注青衣江,故《汉志》谓邛水入青衣,经作江水东流注于大江,江水应兼指《汉志》邛水及受邛以下一段青衣水。

第四崌山,“江水出焉,东流注于大江”。郭于江水下注云“北江”。毕引《海内东经》“岷三江,……北江出曼山”,谓崌山即曼山,曼蒙音近,即今四川名山县西蒙山。郝氏说同。蒙文通[1]不承认出于崌山的北江就是《海内东经》岷三江中的北江,但又认为崌字系岷字之讹,而这个岷山即《水经·沫水注》中所载沫水出于其西的岷山,“山即蒙山也”。蒙山据《水经·青衣水注》为青衣水所出,旧说或作在名山县西,或作在芦山县东,验以今图,既为青衣江发源处,则应指宝兴县北境山,与芦山、大邑、崇庆、汶川西境接壤。

第五高梁山,据《寰宇记》剑州剑门县:“大剑山亦曰梁山,《山海经》云:高梁之山,西境岷峨,东引荆衡。”则高梁山即今剑阁、广元县界上大剑山。

自第六蛇山至第十六贾超山凡十一山,今地皆无考,要之应在今剑阁以东四川东部。由此可见,见于中次九经的《山经》地域,西南边境是四川盆地的西北边缘,起自荣经西大相岭,经宝兴北蒙山、茂汶岷山,至剑阁北大剑山一线。自西而东,经文第三来山,应列第一,第四崌山应列第二,第二岷山应列第三,第一女几山应为章山列第四,下接第五高梁山。今本次序颠倒,或系错简所致,也可能《山经》作者对这几座山的方位本来并不清楚,是原文之误。

综上所考,作《山经》地域范围图。

八、后论

摸清楚了《山经》地域范围,现在可以让我们试以《山经》地域与《禹贡》所载地域范围作一比较:

东方　《禹贡》“海岱惟青州”,“海岱及淮惟徐州”,“淮海惟扬州”,篇末言禹域四迄云,“东渐于海”。东山首经、三经、四经多次提到海,南次二经滂水东流注于海,漆吴山处东海。可见二书地域都是东至于海,基本相同。

1　《略论〈山海经〉的写作时代及其产生地域》,载《中华文史论丛》第一辑,1962 年。

《禹贡》扬州东南境仅及三江、震泽，而《山经》提到了句余、浮玉、会稽、漆吴等山，比较详细，虽由于二书体制不同，也可能是反映了《山经》作者对东南沿海地区山川的了解有过于《禹贡》作者。

西方　《禹贡》"黑水西河惟雍州"，黑水指今甘肃额济纳河。"导弱水至于合黎，余波入于流沙。"弱水即今山丹河，西合黑水上游，此下弱水即黑水，西过合黎山后北流经额济纳沙碛注于汉唐时代的居延海（泽）。《禹贡》、《山经》时代还不知道有这个泽，故《禹贡》但云"余波入于流沙"，而西次三经有泑水为源出槐江山（今张掖县北）的丘时水所注，应即《禹贡》的黑水、弱水，经文亦不及此泑水所注。槐江山之东有泰器山，"观水出焉，西流注于流沙"。可见两书作者对这一带的知识只知道是一片流沙，都还不知道黑水下游穿过流沙潴成一海。《禹贡》既以黑水为雍州西界，篇末言禹域四讫，又说"西被于流沙"，这是由于黑水没入流沙，故或言黑水，或言流沙，所指地区实一。《禹贡》言禹域西尽于此，禹域之外附见于雍州的又有昆仑、析支、渠搜西域三国。渠搜确地无考。释者或以为即《汉书·地理志》朔方郡的渠搜县，在今内蒙古杭锦旗北，则在北而不在西；或据《隋书·西域传》谓即隋世之拨汗国，即今苏联境内费尔干纳盆地，则距雍州西界又过远。昆仑，当在昆仑山附近，今酒泉县南甘青界上一带。析支即河曲羌，在青海湖之南黄河屈流处。

昆仑、析支为域外，则雍州境内三苗所宅的三危，当然不可能是昆仑西北今敦煌东南的三危山，应从《尚书》郑注引《地记》在鸟鼠山西南，《续汉书·郡国志》刘昭注引《地道记》在汉陇西郡首阳县境内（故治今渭源县东北）。又，"浮于积石"的积石，也不可能是析支西南《括地志》、《元和志》中的大积石山，即今青海省东南的阿尼玛卿山，只能是《括地志》、《元和志》中的小积石山，即《水经·河水注》中的唐迷山，在今化隆县东南，今图或犹标出作积石峡。

据上考，则《禹贡》所载西境包括域内外，西止于北起额济纳河，西南经今酒泉附近一带，折东南至于今青海湖南黄河河曲一线。《山经》西山首经西至西海溇水，略与析支远近相当。西次二经西至莱山，约与昆仑相当。唯西次三经西至更在昆仑丘之西十四山的翼望山，约在甘新接壤地带或新疆东南的阿尔金山，超出《禹贡》范围相当远。

《禹贡》"华阳黑水惟梁州"，此黑水难以确指。胡渭《禹贡锥指》以汉世泸水当之，卢训黑，其说可通。汉魏泸水指今金沙江而以雅砻江为其上游。又，梁州"西倾因桓是来"，导山中条亦首起西倾，西倾山今同名，在甘川界上，桓水即今白龙江发源于此。故《禹贡》梁州西境，较中山经范围为广。

南方 《禹贡》“荆及衡阳惟荆州”，这是说荆州南界在衡山之南。衡山即今湖南衡山，南界虽未明说，要之不可能远抵五岭，更不可能达于南海。导水“导黑水至于三危，入于南海”。发源于敦煌或渭源的水都不可能入于南海，所以事实上并不存在这么一条黑水，说黑水入于南海，当然也只是凭臆测推度而已，并非实有所指。可以断言，《禹贡》所载地域南界距衡山不远。《山经》地域范围在这方面远远超出了《禹贡》，南山首经略当南岭山脉，南次三经更在南岭之南，此二经中的海、东海、勃海无疑皆指今南海。

北方 《禹贡》冀州不提北界，所见山川以恒水、卫水、碣石山为最北。又导山北条太行之北有恒山。碣石山古今同名，在今河北昌黎县北。恒山今河北阜平县东北大茂山，俗名神头。恒水以源出恒山之恒水为上游，自今唐县以下即《山经》滱水，今唐河。卫水以源出灵寿县境之卫水为上游，下游即《山经》虖沱水，今滹沱河。以此为据，则北山经正北方所包地域，远远超过《禹贡》。唯《山经》的碣石非《禹贡》的碣石，《禹贡》的碣石不见于《山经》，故《山经》东北方地域反较《禹贡》为近。

概括上文所作《禹贡》、《山经》二书所载地域的比较，可以简化为这么几句结论：《山经》地域南方从《禹贡》的约北纬二十六度“衡阳”推广到了二十二度的南海，北方从《禹贡》的不到北纬四十度的恒山、碣石扩展到了超过四十三度的蒙古高原，南北都延伸了约纬度四度；东至于海，二书相同，西方《山经》从《禹贡》的黑水、昆仑伸展到了“翼望”，至少也有经度四度；唯西南、东北二隅《山经》地域较小于《禹贡》，相差约经度一二度。所以总的说来，《山经》地域要比《禹贡》大得多。

二书所载四至远近的不同，应该可以反映二书写作时地的不同，近人多据此以立说，但由于对二书，特别是对《山经》山川的地望没有搞清楚，因而据以得出的关于写作时地的结论，也就成了问题。略举数例如下：

顾颉刚先生[1]认为《山经》所载山川于周秦河汉间最详最合，故作者之国籍当不外乎此；《禹贡》、《山经》“境域广狭颇相似”；《山经》于齐鲁吴越多以想象成篇，《禹贡》改正了《山经》“蹈虚”处；《禹贡》荆州南至衡阳，《山经》全书不见衡山，当由于“其时河汉间人犹未尝闻其名也”；“因以推知《禹贡》之著作必在《山经》之后”，“《禹贡》若出于战国之季，则《山经》之作其在战国之初或春秋之末乎？”

---

1 《五藏山经试探》，载北京大学《史学论丛》第一册，1934 年。

蒙文通根据碣石山在北山经里“绳水出焉，而东流注于河”，山距海尚远；在《禹贡》里冀州“夹右碣石入于河”，“导岍及岐，……至于碣石入于海”，山已滨海而犹在陆上；到《水经·禹贡山水泽地所在》里变成了“在临榆县南水中”，则已沦入海中；认为历史上渤海海岸是逐渐向西扩展的，《山经》所载地理情况远在《禹贡》所反映的地理时代之前。又根据《山经》不载渠水，《水经注》中的役水注入渠水，而中次七经中的役水“北流注于河”，渠水即战国梁惠王所开鸿沟，因而断定《山经》这部分的写作不能晚于公元前360年即梁惠王十年开凿鸿沟之前。又根据《山经》把巴蜀荆楚地区包括在中山经内，中次九经对岷江中上游地区记载了八水十六山，特别详细，认为《山经》系“属于西南地区的古巴蜀文化”，“很可能是接受巴蜀文化以后的楚国作品”。袁珂[1]根据徐炳昶(旭生)所释中山经地域大部分都在战国楚国统辖范围内，认为《山经》系战国中年以后楚人的作品。

上引诸说只有顾先生以《山经》作者为周秦河汉间人一条是合理的，因为《山经》所载山川确以这一带为最详最合；其他说法都不能成立。

《山经》的地域远比《禹贡》大，不能说“颇相似”。东山经所载齐鲁山川比《禹贡》多得多，一部分是可以证实的，一部分难以确指今地，当由于古今名称变异之故，遽以蹈虚目之是不妥当的。南次二经所载吴越山川中就可以证实的已比《禹贡》多，怎能说是想象成篇？南次三经和首经都在衡山之南，作者的南方知识远比《禹贡》丰富，怎能仅因其不见衡山便说它反不如《禹贡》？《山经》所载地域多为《禹贡》所不及，当然不能据以作出《禹贡》必在《山经》之后的推断。

见于古籍记载的碣石山有好几个。《禹贡》冀州、导山和北山经三处所见碣石实各有所指，蒙氏不知，遽以为同指渤海北岸秦皇汉武所登的碣石，即《禹贡》导山的碣石，从而得出的海岸西移，《山经》所反映的时代在《禹贡》之前的推断，当然也不可信。

《山经》虽专载山川，但名山大川不见于今本《山经》者多得很。江淮河济四渎中的淮水尚且不见于《山经》全书，北次三经中的泲水是否果如毕释即济水的上游沇水，也是问题。可见《山经》不载渠水，未必能作为其时尚无渠水的确证。《水经注》役水于中牟东北注渠，而渠水以北，又有济水、别濮水分河水东流，略与渠水平行，大河则更在别濮之北。若认为《山经》役水入河足证其时渠水未开，岂得谓济、濮亦未开？若说役水可穿济、濮二水入河，

1　《山经写作的时地及篇目考》，载《中华文史论丛》第七辑，1978年。

则何以不可以说穿渠、济、濮三水入河，其时实际上渠水也已存在？蒙氏之说能否作为中山经作于鸿沟未凿以前的确证既然还是问题，那么我们当然更不能像有的同志那样，据此便断言整部《山经》都写作于前360年以前的战国前期。

中山经虽然包括了中次九经所载巴蜀地区，但中山共十二经，只有九经一经是巴蜀山川[1]，八、十、十一、十二四经属战国楚地，其余七经都在战国周秦韩魏之地，所以蒙、袁二氏所说《山经》系战国楚人作品之说，当然也不可信。

然则根据《山经》的地域范围，应对《山经》的写作时地作出怎样的推断才比较合理？答案是：

论写作地点，应该肯定顾颉刚先生的周秦河汉之间说。

论写作时代，先得把顾先生的《山经》早于《禹贡》说颠倒过来，明确认定《山经》在《禹贡》之后。因为《山经》的地域既比《禹贡》大，记载也比《禹贡》详密，人的知识是逐渐进步的，地域大而详密的《山经》自应在地域小而简略的《禹贡》之后。至于今本《山经》中有许多山川方位极不正确，一部分当然是由于当时观察未臻精密，但主要是后世错简所造成的，不能据此便认为《山经》作者的地理知识不及《禹贡》作者。

断定《山经》在《禹贡》之后比较容易，要进一步定出《山经》写作的具体时代来是比较困难的。

就华夏诸国军事、政治势力达到《山经》中的边区而言："东至于海"，春秋时即已如此，最早。北山经包括了赵武灵王北略胡地的全部地区和燕昭王将秦开所取东胡的部分地区，则已在战国后期公元前300年左右。南山经包括了秦始皇所开南越地的一部分，更在秦统一六国以后的公元前3世纪末。西山经超出了战国和秦时的以河为境，包有整个河西走廊，这更是汉武帝时代公元前121年匈奴浑邪王降汉以后的事。

我们当然不能认为一定要等到政治势力到达了这些地区，《山经》作者才能获得这些知识。边区地理知识不一定要通过军事征服、政权统辖到达

1　蒙氏又认为中次十经"有首阳山及涿山，首阳即鸟鼠，涿山即蜀山，则所载当是梁州西北地区"。按鸟鼠山在今甘肃渭源县西南，见西次四经，则此中次十经之首阳山不得为鸟鼠山。涿蜀古通，然谓此涿山即蜀山氏之国则无据。毕以《寰宇记》南阳县西三十里之蜀（一本作独）山当之，较优于蒙氏所从郝氏说。首阳山经文一作首山，在涿山东北二百四十里，今襄城县南五里有首山，横亘九里，县西诸山迤逦直接嵩华起于此（《清统志》许州山川），在南阳蜀山之东北二百七八十里，疑即经文之首山。故中次十经诸山应在今河南南阳以东北，与中次十一经在今南阳西北及东南诸山相接，不可能与中次九经同在《禹贡》梁州今四川境内。

该地才获得，往往在此前早已通过人民之间的来往，主要是为了通商而或由中原人亲历其境，或由接触到的边区人民口传而获得。但这种人民之间的来往除个别特例外，一般是不见于记载的。所以我们只能作这样的推断：经过河西走廊通向西域，是从远古以来一条沟通欧亚大陆东西方的交通贸易大道，位于这条大道上的河西走廊的地理情况，完全可以远在汉武帝以前即已为中原人所知。至于北方的蒙古高原和南方的五岭以南，都是一些经济文化很落后的地区，中原和这些地区间的通商不会很早，通商亦当限于边境接壤地带，不可能深入其地。《山经》能对这些地区记载得相当详细，很可能是在中原政权征服了这些地区以后，即使早一点也早不了好久。因此，《山经》的具体写作时代，估计不可能早于战国晚年，很可能已在秦始皇统一六国以后，也许是在对南越用兵而尚未完全征服的过程中，所以《南山经》只见广东的山川而不见广西山川。

元人吾丘衍在其《闲居录》中说过：《山海经》“中间凡有政字皆避去，则知秦时方士所集无疑”。他说的是《山海经》全书，当然包括《山经》在内。他的说法正好和我们的研究结果相符。可怪的是，六七百年来，吾丘氏的卓识，竟绝不为人所重视，现在是应该予以确认的时候了。

《山经》地域虽然较《禹贡》九州范围大得多，但比我国现在的版图却又小得多。如图[1]：东北辽、吉、黑三省全部不在内，内蒙古、河北东北部也不在内，西北新疆最多只有东南一小角，极大部分不在内，西藏全部、青海大部分不在内；西南滇、黔、桂三省全部不在内，川、粤西部也不在内；东南台湾不在内，既然四至都到不了现今的国界，当然不可能超越国界到达邻国，更不可能远越太平洋到达北美洲。

那么吴承志和一些欧美学者为什么会把某些《山经》山川误解为远离中土的绝域呢？大概有这么两个原因：

一是由于他们不理解《五藏山经》与《海外四经》实质上是一部著作的前后两部分，前者专叙海内山川，后者专叙海外，绝不相混，绝不复出。这一点蒙、袁二氏已经阐述得很清楚，无可置疑。所以《山经》里的山川，绝不能在海外，不可能在朝鲜、日本，更不可能在太平洋彼岸北美洲。

二是由于他们不懂得本文上文所阐释了的：《山经》所载方位不尽可信，特别是里距的可信程度更差；经文中的里距一般都大于实距，有时甚至可大到九倍乃至十几倍。既然不懂得这一点，那就难怪要把首尾长达六千余里

1　原图略。

的西次三经的一些山川放到帕米尔、阿富汗去，把首尾长达万二千余里的北次三经的一些山川放到外蒙古和西伯利亚去了。

不过东山经四篇，二经、三经较长，各为六千余里，折合今里为四千余里，从山东半岛往东，四千余里只到得了黑龙江或日本，到不了苏联远东地区和库页岛，更不用说北美洲了。何况首、二两经，根本不是自西而东，而是自北而南，三经中只有一山“又东水行千里”；四经中作东向、东南向、东北向的五山合计不过千一百古里？就是把东山四经的方向都作为“又东”，把里距连接起来，总数也不过一万八千余里，折合今里一万三千余里[1]，可是太平洋两岸相距至少在二万四五千里以上！不管怎样算法，把东山经某些山川说成在北美洲、中美洲，把无皋山和幼海说成是北美加利福尼亚州圣巴巴拉的山头和海峡，那是无论如何说不通的。

（原载李国豪等主编《中国科技史探索》国际版，
上海古籍出版社 1982 年）

1　维宁把《山经》中的五百里折成一六六哩，三百里折成一百哩，可见他是按今华里三里折合一英里计算的，他不知道古今里距长短不同，古里只等于今里的 0.7 里。

论丁文江所谓徐霞客地理上之重要发见

徐霞客晚年，为西南万里之游，经苗倮之乡，极人所不堪之苦，遇盗者再，绝粮者三，百折不回，至死无悔。丁文江为霞客撰年谱，尝论及所以使之然之故，结论曰："然则先生之游，非徒游也，欲穷江河之渊源，山脉之经络也。此种求知之精神，乃近百年来欧美人之特色，而不谓先生已得之于二百八十年前。故凡论先生者，或仅爱其文章，或徒惊其游迹，皆非真能知先生者也。"诚哉斯言。然霞客作万里遐征之志虽在乎此，而霞客之成就却不在乎此。丁氏知其一而不知其二，竟谓霞客于西南地理上多所重要发见，一一揭示而誉扬之。其言差谬，贻误后学不浅。是丁氏亦非真知霞客者也。盖霞客之成就，仍在其游迹文章，霞客能到人所不能到，写人所不能写，此霞客之所以为"千古奇人"，《游记》之所以为"千古奇书"（钱谦益语）也。至其论江河之渊源，山脉之经络，则于小处如辨枯柯河之入潞江而不入澜沧，碧溪江之即漾濞河下流，虽间有所获；于大处如以南盘为右江上流，大金沙为龙川江别名，反多疏失。于身所未历、目所未击者，往往误前人之所不误，如谓北盘导源于寻甸杨林之水，龙川、大盈会流于入缅之前是也。于所身历目击处，仅足以订正一二《大明一统志》之误耳。如言澜沧江之独流南下而不东合礼社于定边（今蒙化南），北盘之东下都泥而不南注右江是也。而《明统志》一书，实为古来舆地书中之舛谬最甚者，顾亭林尝极论之（《日知录》卷三一），本不足以代表明以前国人之地理知识。于霞客所见较之《明统志》则霞客为胜矣，若以较之古人，则尤且不及，无论有过。丁氏不加考索，遽以此等处皆目为霞客之创获，夫岂不贻误后学，岂为真知霞客者哉？吾侪今日纪念霞客，首须真正了解霞客，余故不惮烦而为之辨焉。

丁氏所谓霞客地理上之重要发见凡五：南北盘江之源流，一也；澜沧江、潞江之出路，二也；枯柯河之出路及碧溪江之上流，三也；大盈、龙川、大金沙三江之分合经流，四也；江源，五也。自余考之，中唯最不重要之第三项，诚足以匡正前人，已引见上文；其余四项，皆断乎绝无"发见"之可言。兹依次论列如下。

僻居乏书，无论其他，即霞客所引证辨订之《大明一统志》，亦不可得见。兹所举以代表明以前之地理知识者，唯《汉书·地理志》、《水经注》二书，代表明人之地理知识者，唯《天下郡国利病书》、《读史方舆纪要》及《明史·地理志》三书而已。《利病书》等虽成于清初，唯所采皆明人旧籍，所载皆明人旧说。亭林、宛溪足迹未至西南，不容有所创获，又卒于康熙中叶以前，其时天主教教士所绘制之舆图犹未竣事也。《明史·地理志》表进于大内舆图竣事之后，而其误处如以澜沧为富良上流，以右江为两盘下流，与明人之说同出一辙，知修史诸臣深明限断之义，但以前代图籍为本，亦未尝受大内图之影响也。

一

崇祯十一年霞客入滇之初，自仲夏至季秋，遍历沾益、曲靖、越州、陆凉（今陆良）、临安（今建水）、石屏、阿迷（今开远）、弥勒、广西（今泸西）、师宗、罗平、黄草坝（属贵州）、亦佐（今罗平北）、寻甸、嵩明诸地，其游之目的，全在探南北盘江之源。今本《游记》缺自亦资孔入境至广西府一段，唯《盘江考》全文俱在。此考都二千余言，即霞客五阅月间深研穷索之总成绩也。丁《谱》誉为我国言地理学最重要之文字，并标举其“发见”凡三事：“旧志（《明统志》）以明月所、火烧铺二水[1]，为南北盘江之源，至先生始知北盘尚有可渡，南盘尚有交水”，一也。“北盘下流，初无人能言其详，旧志至以郁江之右江当之。至先生始知其由安南县下都泥河，出罗水渡，下迁江”，二也。“南盘发源于沾益之炎方（驿名），然不即东南流，反曲折西南八百余里，成一大半圆，会石屏、临安之泸江，始由罗江而东”，三也。而“先生之误，一在以南盘为右江之上流”，“二在以寻甸杨林之水为可渡河之上流”，“前者盖误于旧志之以右江为盘”，“后者则先生误信沾益人龚起潜及《一统志》之旧说”。

今按《汉书·地理志》牂柯郡夜郎县，豚水东至广郁。《水经注》，温水出牂柯郡夜郎县。豚水即今北盘江，温水即今南盘江，二水同出于夜郎，而夜郎故治，实在今沾益、宣威之间（《云南通志稿》），正交水、可渡发源之所。《元史·地理志》，沾益州据南盘江、北盘江之间。沾益故治在今宣威之北，距可渡尤近。至明月所、火烧铺二地，汉时当属平夷县或谈藁县，元时当属罗山县或亦佐县，不得以夜郎、沾益概之。是可渡为北盘之源，交水为南盘之源，自汉至元，千数百年来学人已习知之，何待霞客之发见？霞客所见，仅足以

1　出亦资孔驿西南十五里小洞岭，岭东水经火烧铺北出合北盘江，岭西水经明月所南下会南盘江。

证古人之是，辟《明统志》之妄耳，安得遽谓为发见？[1]

北盘下流，《汉志》但言豚水东至广郁，郁水（郁林郡广郁县下）首受夜郎豚水，东至四会入海。文辞含混，莫由知其经历之详。然《水经·温水注》已有较明晰之记载：豚水东经且兰县，谓之牂柯水，又东南经毋敛县西，又经广郁县，为郁水，又东北经领方县北，又东经布山县北，又经中留县南与温水合。且兰（故治在今都匀北）、毋敛（故治在今独山南）之西，则今之安南是也，领方（故治在今宾阳西）、布山（故治在今贵县南）之北，则今之迁江是也，是则北盘之经安南下迁江，六朝人已知之矣，又何待霞客之发见？[2] 且《明统志》之误，在两盘江会流以后，会流以前未尝误，霞客不信北盘南下泗城（今凌云）西北者香渡会南盘之正说，乃妄谓自安南东铁桥以下东南合平州（今平舟）诸水入泗城东北境，是直以今紫云、罗甸间之格必河为北盘经流，其谬岂在《明统志》之下哉？[3]

南盘之自沾益西南流，会泸江始折而东北，霞客未尝以此为前人所不知，亦未尝谓旧志有误，而丁《谱》亦列以为发见之一，更不知其何所见而云然。班志、郦注虽不载泸江，然既载俞元、毋棳二桥水并东注于温[4]，俞元之桥即今抚仙湖下流，毋棳之桥即今曲江，是班、郦何尝不知南盘之曲折西南流？曲江会南盘于今华宁县东，夫既知至于华宁矣，安知其不知至于开远？《明史·地理志》于沾益以下罗平以上，凡江流经行诸州县下，皆注称有盘江，无一或缺，亦载及抚仙湖、曲江、泸江诸水之入盘，又于曲靖府南宁县下总叙云：南盘江下流环云南、澄江、广西三府之境，至罗平州入贵州界，足见其于南盘之曲折西南流，知之甚悉，初不下于霞客也。

丁《谱》所谓霞客之发见凡三，自余考之，无一非前人所已知。而丁《谱》所指陈霞客之误凡二，以为皆由于误采旧志之说，自余考之，其以南盘为右江之上流，果明人之通病，至其以寻甸杨林之水为可渡河之上流，而不知其实下牛栏入大江，此则前人类多知之，《一统志》亦不误。霞客不察，误从沾益人龚起潜之妄说耳。何以知前人类多知之？班志、郦注，涂水出益州（建宁）郡收（牧）靡县南山腊谷，西北至越嶲入绳。涂水即今牛栏江，绳水即今金沙江，收靡故治在今会泽、寻甸之境（《云南通志稿》），涂水上流在收靡之南山，正霞客所谓寻甸杨林之水矣。《利病书》（卷一〇八）引前人《金沙江源流》

---

1 《明统志》之妄，明人中亦非仅霞客知之。《方舆纪要》、《明史·地理志》载两盘之源，皆不从《明统志》之说。北盘始于乌撒（今威宁），较霞客知之尤悉，唯南盘始于沾益西南，失之稍近。

2 中留故治在今武宣西南，北盘下流之黔江，实经其北，郦注微误。

3 自那地以下不曰经东兰而曰出永顺，又误以刁江为北盘经流。

4 班云毋棳桥水东至中留入潭，潭水即今柳江，桥水入温而后，温、桥可通称也。

及杨士云《议开金沙江书》，皆云牛栏江源出寻甸，流注金沙，《方舆纪要》亦从之。何以知《一统志》不误？牛栏江上流，自寻甸以下，实经沾益西北境。[1]《一统志》但言寻甸之水东入沾益（《游记》九月二十三日引），未尝言其合于可渡，本是也。霞客惑于龚起潜之说，以为“确而有据”，先有成见，遂谓入沾益必合于可渡，此霞客之武断，安得以《一统志》代尸其咎耶？

二

崇祯十二年暮春，霞客自大理西南行，经永昌（今保山）至于腾越（今腾冲），腾越处龙川、大盈二江之间，霞客既纵揽近郊山水，《游记》于四月十六日有文论大盈、龙川及金沙三江之经流。略曰：《志》言芒市西之麓川江，与腾越东之龙川江，源流相同，是麓川即龙川。《志》又言龙川江出峨昌蛮地，南流之缅太公城（今 Mandalay，曼德勒）合大盈江；又言金沙江源出芒市西南之青石山，流入大盈江；是金沙江又龙川之别名。“盖峨昌蛮之水，流至腾越东，为龙川江，至芒市西，为麓川江，以与麓川为界也。其在司（芒市）境，实出青石山下，以其下流为金沙江，遂指为金沙之源，而源非出于山下可知。又至干崖（今盈江）西南，缅甸之北，大盈江自北来合，同而南流，其势始阔，于是独名金沙江而至太公城。孟养之界，实当其南流之西，故指以为界。（《志》言孟养东至金沙江，南至缅甸，北至干崖。）非孟养之东又有一金沙南流，干崖之西又有一金沙出青石山西流（《志》言大盈江自干崖西流至比苏蛮界注金沙江），亦非大盈江既合金沙江而入缅（《志》言大盈江注金沙江入于缅），龙川江又入缅而合大盈。大盈江所入之金沙即龙川下流，龙川所合之大盈，即共名金沙者也。”丁《谱》按云：“《一统志》言大盈、龙川、麓川及缅甸之金沙江，讹误至不可解，先生始订正其源流。”“按今图考之，先生之言，无一不符。唯金沙江之源流，先生言之不详，盖大盈合槟榔江为太平江，再合金沙江，下流至太公城，始与龙川合也。”然自余考之，则霞客此段文字，唯谓麓川即龙川不误，而此点《纪要》（云南大川）、《明志》（陇川司）固明言之，知为明代治舆地学者所熟知，初无待霞客之发明。其余所论，但见其谬，不见其符。明人所谓金沙江，实指大盈江之下流[2]，而伊洛瓦底江自八莫以下通称焉。《纪要》（云南大朴、腾越、缅甸、孟养、南甸、干崖）、《明志》（缅甸、孟养）皆知之。其水在孟养之东，麓川之西，与芒市无涉。《志》于芒市青石山

---

1 在寻甸曰阿交合溪，至沾益曰车洪江。

2 大盈江至干崖司西南，槟榔江自北来会，此下或称大盈，或称槟榔，又西南至比苏蛮界，称金沙江，即今太平江，而大盈之名不废。

下云云，妄耳，顾宛溪能辨之，而霞客不能，且据以立龙川下流即金沙之说，遂铸成大错。夫正统间麓川（一作陇川）既平，思机发走金沙江外，窃据孟养，负固不服。其后大举进剿，总督王骥率官军及木邦、缅甸、南甸、干崖、陇川等司士兵，由干崖至金沙江。机发列阵据守于西岸。大军既济，大破之，逾孟养至于孟那。诸部皆震詟曰："自古汉人无渡金沙江者，今王师至此，真天威也。"（《明史·麓川土司传》）此役为明代一大武功，史载其用兵经历，至为翔实，可确证金沙江实在干崖、南甸、陇川诸司之西。（《孟养土司传》亦可证）《纪要》、《史》、《志》以大盈江下流当之是也。若金沙为龙川下游，则诸司并在金沙之西，机发之自陇川之孟养，不得曰亡走江外；王骥之进剿，机发焉得临江拒守？且骥于是年之前已再征麓川，大兵数出入其地，又何来自古汉人无渡金沙江之说乎？[1] 明人记本朝武功之书不少，想霞客皆未寓目，而其游踪又止于腾越近郊，未尝出关一步，乃欲悬揣千里以外之山川脉络，宜其讹失矣。至龙川、金沙二江之会流处[2]，实在缅甸今之吉沙城（Katha），《一统志》龙川江条作在太公城，虽相去匪近，究同属缅地，霞客乃谓在入缅之前，斯则误旧志之所不误，非特言之不详而已也。[3]

三

霞客初自大理至腾越，已历澜沧、潞江，既而由腾越东返，又自永昌循澜沧绕道顺宁、云州（今县），北经蒙化，还于鸡足山。《游记》于三月二十八日、四月十一日、十六日、八月初九日，俱有文论二江之出路，略云：澜沧"东南经顺宁、云州之东，南下威远（今景谷）、车里，为挝龙江，入交趾至海。《一统志》谓赵州（今凤仪）白厓睑礼社江至楚雄定边县（今蒙化南）合澜抢入元江府（今县）为元江。""今按铁锁桥东有碑，亦乡绅所著，止云自顺宁、车里入南海，其未尝东入元江可知也。"潞江"或言东与澜沧合，或言从中直下交南"。"以余度之，亦以为独流不合者是。""于是益知高黎贡之脉，南下芒市、木邦而尽于海，潞江之独下海西可知矣。""前过旧城（云州），遇一跛者，其言独历历有据，曰潞江在此地西三百余里，为云州西界，南由耿马而去，为渣里江，不东曲而合澜沧也。澜沧江在此地东百五十里，为云州东界，南由威远州而

1 如霞客之说，则孟养在芒市西南、麓川之南，此蛮莫孟密之境也。弘治中孟养思陆叛，渡江（指金沙）侵据其地。

2 明人以大盈为金沙之源，故此处金沙亦兼得大盈之称。

3 《志》于大盈江言至比苏蛮界注金沙江，入于缅，"注"当作"称"，霞客不知，又错认金沙江为龙川，致有此谬。

去，为挝龙江，不东曲而合元江也。于是始知挝龙之名，始知东合之说为妄。”丁《谱》据此大书曰：“自先生始，始知礼社（即红河）、澜沧、潞江为三江，分道入南海。”

今按澜沧、潞江分道入海，此元人朱思本已著之于图（《纪要·云南大川》引）。朱图通行明代，故李元阳（《纪要》引）、杨慎（《利病书》卷一〇八引）、《方舆纪要》、《明史·地理志》并从其说。或人之说，果未尝见信于通人也。霞客辟之，虽有功于朱图，安得便谓自霞客始知之？且朱图绘潞江经木邦、缅甸下于南海，是也；霞客乃谓从中直下交南，非矣。是霞客所见，实犹不及朱思本之正确。又霞客据“高黎贡之脉南尽于海”，断言潞江独流入海，此可证潞江不西合于金沙，不可证不东合于澜沧也。[1]

澜沧不东合礼社于定边而南下威远、车里，此亦明代学者所公认，故《纪要》、《史》、《志》皆直书不疑。《一统志》纂修诸臣不学，至误采东合之谬说，然亦著南下之正说（《游记》八月初九日引），又安得便谓自霞客始知之？《纪要》，澜沧江经车里九龙山下，亦谓之九龙江，九龙即“跛者”所谓挝龙矣。是则九龙之名，当亦习见于明人舆地书，不待访于“跛者”而后知。且明人皆不知澜沧直下老挝、真腊，误谓东南达交趾为富良江而入于海。霞客述挝龙下流入海处不作在真腊而曰在交趾，知亦未尝真知澜沧之出路，未尝不以礼社、澜沧为合流于交趾也。霞客所辨者，只为礼社、澜沧不合流于定边耳，丁氏遽以为霞客并二江之分道入海而知之，诚不知其何所见而云然？

崇祯十三年，霞客自丽江“西出石门金沙”，取道东归，其《江源考》盖即作于是年。《考》之主旨在阐明江源当以金沙为正，而岷江特中国之支流。略曰：江源出昆仑之南“犁牛石，南流经石门关，始东折而入丽江，为金沙江，又北曲为叙州（府治今宜宾）大江，与岷山之江合”。“岷江经成都至叙，不及千里，金沙江经丽江（府治今丽江）、云南（府治今昆明）、乌蒙（府治今昭通）至叙，共二千余里”，世所以“舍远而宗近”，良由“岷江为舟楫所通，金沙江盘折蛮僚溪洞间，水陆俱莫能溯。在叙州者，只知其水出于马湖（府治今屏山）、乌蒙，而不知上流之由云南、丽江，在云南、丽江者，知其为金沙江，而不知下流之出叙为江源。云南亦有二金沙江”，“云南诸志，俱不载其出入之异，互相疑溷，尚不悉是一是二，分北分南，又何辨其为源与否也”。丁《谱》曰：“知金沙江为扬子江上游，自先生始，亦即先生地理上最重要之发见也。”

今按金沙江出吐蕃界，经共龙川、犁牛石下，谓之犁牛河，南至丽江巨津

1　山脉本非必为分水，然此乃前人通病，不足为霞客咎。

州(故治在今丽江西北三百里)入境,犁讹为丽,以江内产黄金,又得金沙之名,《利病书》引前人《金沙江源流》载之綦详,杨士云《议开金沙江书》、《明史·地理志》所述略同,知亦明人之通识,非自霞客始知之。[1] 至金沙江北流至宜宾合于岷江,此则千数百年前之班志、郦注已明言之。班志越嶲郡遂久县,绳水出徼外,东至僰道入江。《水经·若水注》:绳水出徼外,南经旄牛道至大莋,与若水合,自下绳、若通称,东北至僰道入江。绳水即今金沙江,僰道即今宜宾,遂久在今永胜北,隔金沙江与丽江对,旄牛在今汉源大渡河之南。是两汉六朝人,不特知金沙之出于丽江徼外,且知上流更在汉源之西之巴安一带,殆即明人所谓共龙川犁牛石矣。[2] 明人之知金沙江虽无甚逾于前人,然亦未尝并前人所知者而忘之。夫正统间王骥始议开金沙江以通川滇水道,其后嘉靖、隆庆、天启屡绍述其说(《利病书》、《纪要》引),岂有不知金沙为叙府大江之上游者?诸臣论疏所著江流经行程站道里,至详且备,岂有不知其远于岷江者?霞客所云在叙者,不知上流之由于云南、丽江,在云南、丽江者,不知下流之出叙,此盖乡曲小民之见耳,不足以语乎学人者也。至金沙江与大金沙江出入之异,霞客所见云南诸志容有疑溷,自余所见明代通儒之作,固无一不辨析昭然。霞客谓金沙江水陆俱莫能溯,亦非事实。元至元十四年诏开乌蒙道,所过城寨,水陆皆置驿传(《利病书·金沙江考》),则自乌蒙以下,元世尝通驿传矣。明嘉靖中姜驿驿丞言,木商结簰筏自本司江流六日即抵马湖(《利病书·毛凤韶疏通边方河道议》),则自金沙江巡检司以下,明世畅行簰筏矣。

霞客所知前人无不知之,然而前人终无以金沙为江源者,以岷山导江为圣经之文,不敢轻言改易耳。霞客以真理驳圣经,敢言前人所不敢言,其正名之功,诚有足多,若云发见,则不知其可。丁《谱》曰:先生之发见,“惜无继起者为之宣传,其文遂埋没于县志及《游记》中,直至康熙中派天主教教士制全国地图时,始再发见金沙之出路,而欧人遂谓中国人未尝知江之真源,数典而忘其祖,亦吾国学者之耻也”。欧人之知有天主教教士,而不知有霞客,盖犹丁氏之知霞客而不知有孟坚、郦亭矣。

1941年12月9日脱稿

(原载浙江大学文科研究所史地学部《徐霞客先生逝世三百周年纪念刊》,1942年)

---

1 霞客谓江过石门,始名金沙,微误,巨津州在石门北,已著金沙之称矣。

2 若水即今雅砻江,大莋在今会理西。

积极开展历史人文地理研究

自然地理和人文地理是地理学的两大分支，同样，历史地理学也包括历史自然地理和历史人文地理两大部分。建国以后将近三十年，人文地理遭受冷落，大致和社会学、法律学等学科一样，长期废而不讲。我们历史地理学也受其影响，只注重历史自然地理，忽视历史人文地理，除了历代的疆域政区不能不讲外，对人文地理的其他方面，绝少有人肯花力气去钻研。但人文地理的研究成果其实颇有益于国家的经济文化建设，所以西方国家一贯很重视。我国从70年代末以来，也在积极重建这门学科。最近几年地理学界的人文地理队伍已日益壮大，并取得了不少研究成果。历史地理学方面，也相应把部分力量转移到了历史经济、人口、城市、文化等历史人文地理领域。但是总的说来，历史人文地理的发展还是很迟缓的，还远远不足以阐明我们这个历史悠久、广土众民国家的历史时期人文地理的发展过程。这就必然会影响中国人文地理学的健全创立和发展，因为当代的人文地理现象都植根于历史时期的人文地理现象，不了解历史人文地理，也就讲不清楚当代人文地理。所以，积极开展历史人文地理的研究，不仅对历史地理十分必要，对整个地理学界来说也具有重大意义。我在80年代几次学术会议上既提出过历史地理工作者应重视历史人文地理研究的意见，也曾做过两次有关历史人文地理的报告，但目前的情况还不能令人满意，因此我想利用这次会议的机会，对开展历史人文地理研究谈一些看法。

我们的祖国是一个伟大的文明古国。几千年来，我们的祖先创造了各个方面的丰富文化，这是我们民族的宝贵遗产，人文地理的研究成果就是其中的一部分。我们的祖先对人文地理现象的记录和研究，至少可以追溯到成书于二千多年前的《禹贡》。而在司马迁的《史记·货殖列传》和班固的《汉书·地理志》卷末所载的“域分”、“风俗”中，对战国至西汉各地人民的生产、生活情况，农商工矿各业的盛衰和风尚习俗的差别，都有极其生动具体的叙述。既写出了区域的特点，又指出了区域之间的联系和影响；既指出了形成各区经济文化差异的环境因素，也阐述了各区的差异各有其历史渊源。

从中人们不仅可以发现很多记载当时人文地理现象的珍贵资料，而且完全能够得出这样的结论：我国近二千年前的学者在人文地理区域的划分、区域特征、人地关系等方面的观察和研究，已经达到了相当高的水平。

应该承认，由于地理学在我国古代一直没有形成一门独立的学问，它的分支人文地理学自然更不可能得到系统的发展。像《汉书·地理志》中这样完备的全国区域地理总论，在以后的正史地理志中大多数根本没有，只有《南齐书·州郡志》、《隋书·地理志》和《宋史·地理志》稍有类似的记载。但是，汉以后正史地理志忽视人文地理方面的记述，不等于汉以后的人文地理情况就无踪迹了。任何历史时期，都有或多或少足以说明其时人文地理现象的文献传世，只是古人没有作出概括性的叙述，那就必须有待于我们花大力气把大量散在各种文献中的有关资料搜集整理出来，予以利用。例如，《宋史·地理志》的分路论风俗太简略，难以充分显示当时各地的经济文化概貌。可是，《舆地纪胜》和《方舆胜览》这两部地理总志所搜集的诗文里，却保留着大量足以阐明南宋时代各府州从生产生活到社会习俗的资料。《明史·地理志》虽然根本不谈风俗，可是明代论及各地经济人文情况的著作相当丰富：丘濬的《大学衍义补》和章潢的《图书编》都有这方面的资料，谢肇淛的《五杂俎》的地部是颇为出色的论著，清初顾炎武所编纂的《天下郡国利病书》、李培所辑集的《灰画集》都搜罗了许多可贵的原始资料和颇有见地的学者论述。明代地理著作中特别值得重视的是万历王士性所撰《广志绎》一书，虽然篇幅不多，却是一部突出的高质量的著作。其中人文地理部分，尤为精致多彩。作者根据他一生的亲身经历和敏锐的观察，对明朝全国十五省中的十四省（只缺他没有到过的福建一省）的经济、文化地理的各个方面，都作出了极为精到的分析和记述。所以我在1985年冬，在桂林召开的全国徐霞客学术讨论会上曾作过一个报告，指出王士性在人文地理学方面的成就，比之于在他以后约四十年的徐霞客对自然地理的贡献，至少是在伯仲之间，甚至可以说有过之而无不及（见《长水续编》，人民出版社1994年；并见《纪念徐霞客论文集》，广西人民出版社1987年）。本来在明末清初百年之内，王士性其人、《广志绎》其书是很受时人重视的，冯梦龙、曹溶、顾炎武都备极推崇。但此后三百年竟然再没有人提起。这是由于乾嘉考据学兴起后，讲地理的专讲建置沿革，从而《四库提要》仅将此书列入存目，并且作出了“其体全类说部，未可据为考据也”那样极为轻蔑的评价，以致此后以舆地之学名家的学人，绝无一人再重视此书。这是一种绝不合理的偏见。五四以后地理学界又流行重自然轻人文的风气，所以徐霞客受到丁文江以来广大地理学者的尊崇，却谁也不知道有王士性《广志绎》其人其书。现在我们既要建立中国的人文地理学，那就必须充分重视这方面的前人遗产。所以我认为呼吁地理学界对这部书予以重视，是完全必要的。

自然地理现象，特别是在不受到或很少受到人类活动影响的条件下，其复杂程度及变化发展的速度完全取决于自然本身。但一个地区的人文地理现象的存在与否、复杂程度及发展变化的速度除了同样受到自然条件的制约以外，很大程度上取决于人类的活动和人类社会的发展变化。因此，像中国这样一个历史悠久、文化发达、人口众多、幅员辽阔的国家在以往曾经存在过的人文地理现象，是绝大多数其他国家所无法比拟的。例如我们可以研究春秋战国时期的学术思想的地理分布和差异，可以研究唐代诗人、学者、艺术家的地理分布，但在一千年前还处于文明初期的国家，或者在当时的疆域相当狭小的国家，这样的课题不是根本没有研究对象，就是毫无实际意义。所以，我们可以把历史人文地理比喻为我国的一座富矿，等待着我们去开挖。在很长的时期内，我们不必到外国去寻找矿源。这同时也意味着，我们面临的任务是相当繁重的。

与自然地理现象相比，人文地理现象的变化和发展一般要迅速得多。在中国有文字记载的数千年间，气候、水文、地形、地貌、植被等地理要素也在不断变化，有的甚至已经发生了相当巨大的变化，如一些河流、湖泊已完全消失，黄河下游已经改道了很多次，但总的说来变化是非常缓慢的，尤其是一些基本状况并没有显著的不同，已经发生的变化大多还有踪迹可寻。但这几千年间的人文地理现象就大不相同了，经济、政治、文化、社会、民族等各个方面，无论是以全国为范围的总的状况，还是以各个地区为单位的区域状况，几乎找不到基本不变的方面。拿《史记》、《汉书》中的记载与今天的实际相比，大概很难找到多少相似的情况了。即使就中国最稳定的农业生产而言，土地利用、作物品种、生产工具、耕作制度、产品加工等方面的地域分布与差异也不断改变，更不用说一些发展变化迅速的现象了。

与自然地理现象不同之处还在于，以往的人文地理现象大多已无法通过实地考察和其他技术手段来发现，而只能依靠文献资料的记载。这正是我们的优势所在，因为中国悠久的历史给我们留下了浩如烟海的文献记载，给我们提供了进行历史人文地理研究的基本条件。当然，由于历史的局限，传世的文献资料中存在着大量不科学、不准确、不真实的内容，尤其是缺少准确的数量记录。但是在剔除了这些错误成分之后，毕竟还可以获得比较可靠的原始资料，为我们提供了其他途径无法替代的基础。以历史人口地理的研究为例，法国的成绩是举世公认的，而法国学者的主要资料就是过去二三百年间的直接、间接的人口调查记录。中国人口调查的历史比法国长得多，资料也丰富得多。即使不考虑官方的户口资料，只要我们对现存的家谱进行一番全面、科学的研究，至少对14世纪以来的人口地理的研究就有了可靠的资料和数据基础，要达到和超过法国目前的研究水平是完全有可能的。

近年来，随着现代化的研究设备和方法的引进，一些学者认为文献资料的重要性已经降低了，甚至已经是可有可无了。这种看法是错误的，是不利于学术进步的。传统的文献资料研究方法当然有很大的局限，在历史人文地理的研究中尤其不应该墨守成规。但是新的研究手段也不是万能的，同样离不开基本的资料和数据。实际上，新的研究手段不但没有降低文献资料的重要性，而且对资料的准确性提出了更高的要求。还是以历史人口地理研究中利用家谱资料为例，传统的抄写摘录、分类汇编、脑记手算不仅工程浩大，容易产生误差，而且只能就事论事，很难找出普遍规律。如果我们在摸清基本情况的前提下，设计出一个随机抽样的方案，然后将有关的数据输入电脑，计算过程就能很快完成；再运用一些成熟的、得到过验证的模型或方法，就能得出比较可靠的、有一定代表性的结论。很明显，影响结论正确性的主要因素，第一是输入的数据是不是既准确又有代表性，第二是运用的模型或方法是不是可靠。要是没有文献资料，或者没有严格、准确地运用文献资料，就不会有准确而有代表性的数据输入。可靠的模型或方法也无一不是建立在大量可靠数据反复计算试验的基础之上。所以我认为，中国历史人文地理研究的文献资料优势并没有失去它的意义。在传统方法与现代手段相结合的过程中，中国的历史人文地理学者大有用武之地，也大有希望。

另一方面，人文地理现象一般也有其延续性和继承性。因此如果没有对以往人文地理现象的理解，就不可能对现在的人文地理现象有足够的认识。要研究当代的人文地理，历史人文地理的研究成果是不可或缺的。要认识当前中国的国情，中国历史人文地理的研究成果也是不可或缺的。例如要研究当代中国的政区地理，就一定要了解历史政区地理。像县这一政区，已经存在了二千多年。有相当一部分县的名称和治所，二千多年来一直没有改变过。现在一级政区中的主体——省，也已有了七百多年的历史；目前省级界线的基本格局在14世纪晚期就已经形成了。如果不了解这些情况，就无法解释目前省界存在的种种问题和矛盾，也就无法为未来的改革找到合理的方案。

中国历史人文地理需要并可能研究的方面与门类极为广泛。论人口则应推究各时代宽乡与狭乡的变化，各地区间的人口流动以及由其他原因导致的增殖与减耗，还要注意各地区的民族构成和各民族的移动、扩散、分化与融合过程。论产业则要探索各地粮食生产和经济作物的品种及产量高低，手工业和矿业的特色盛衰，作为商品的行销范围等，又要估算其获利轻重对当地经济荣枯的影响。论交通则要研寻各水陆线路的开辟、移动、兴废。论聚落城市的形成隆替，既要阐明各地区乃至全国的布局，又要指陈其工商业联系地区的范围。论疆域政区的沿革，既要考究建置分并、辖境治所的或沿或革，也要阐明其所以然和对经济、政治、文化各方面的影响。论文化则要注意到各种文化现象的地理分布和地理差异。各个历史时期都有不同于此前此后的经济区域和文化区域，恰当地指出各区的地域及其特色，是论述这一时期人文地理的重要内容。经济区域当然是由不同的生产方式和生产关系形成的，而文化区域的形成因素则主要是语言、信仰、生活习惯、社会风气的异同。全国和各大区域内的经济重心和文化重心以及人物产地随着时代的推移往往也有所变动。这些都是中国历史文化地理亟待开拓的大有可为的研究领域。1982 年以来在中国社会科学院的领导组织下，我们有一批人正在编绘一部大型的《中华人民共和国国家历史地图集》，内容包括自然地理和人文地理的各个方面。属于人文地理方面的，有疆域政区、农牧业、手工业、矿业、城市分布和规制、民族分布和迁移、人口分布、宗教、文化事业、人才分布等图组。复旦大学中国历史地理研究所承担了疆域政区、交通、人口、文化等组。我们将配合这些图幅的编绘工作，将这些方面的研究成果陆续予以发表，希望能引起国内外同行们的兴趣，从而也加入到中国历史人文地理研究的队伍中来。

作为人文地理主体的人类社会和人类活动比自然状况要复杂得多，也具有更多的特征，所以在研究中国历史人文地理时很难找到普遍性的模式或方法。我们当然应该并且必须学习国外先进的研究方法，引进先进的研究手段，特别是在人文地理这样一个起步很晚、目前又进展不大快的学科。但是中国历史人文地理的研究客体比外国要丰富得多，其中相当大一部分是中国所特有的，不可能从国外找到现成的模式。所以我们必须在学习国外经验的基础上，开创中国自己的学科理论和方法。这固然对我们的学科建设提出了更高的要求，但也意味着这门学科具有更广阔的前景，每个有志献身于这门学科的学者都可以大有作为。

所以，尽管现在可能还为时过早，但我还是要大胆地预言：历史人文地理将是中国历史地理研究领域中最有希望、最繁荣的分支。在中国实现现代化的过程中，历史人文地理研究必将作出自己的贡献，这是其他学科所无法替代的。

（原载《历史地理》第10辑，上海人民出版社1992年）

中国文化的时代差异和地区差异

大约从本世纪十年代中期五四运动前夕起，中国思想界掀起了一场持续达十多年之久的关于中西文化（或作东西文化）比较的论争，比较两种文化的差异，阐述其特点，并评议其高下优劣。这场论争名为中西或东西文化的比较，实质上并没有比较中西文化发展的全过程，只是比较了中国封建社会的文化和西方资本主义的文化。也就是说，主要不是中西或东西的对比，而是封建社会文化与资本主义社会文化对比；比的主要是不同社会发展阶段的文化，而不是不同地域、民族的文化。这种讨论逐步引导人们注意到当时的中国社会是什么性质，因而到了20年代后期，中西文化的讨论随即为中国社会性质的论战所取代。整个中国学术界不谈中西文化比较差不多已有六十年之久。解放前，大学里都还开有"中国文化史"一课，解放后，连这门课也撤销了，在中国通史、断代史课中，一般也都侧重于政治、经济、军事而忽视文化。这对于正确、透彻地认识我们这个国家、民族的历史和现状当然都是不利的。近几年来，风气有所转变，又有人谈论、探索中国文化的特点和中西文化的比较了，本次讨论会[1]也以此为主题，这是很可喜的。

不过，我觉得我们现在再来讨论中西文化（东西文化）比较，首先对中国文化、中西文化或东西文化这几个词义的认识应该和六十年前有所不同，更要正确一些、紧密一些：

1. 无论是评议中国文化还是西方文化，都应该包括其全部文化发展过程，"中国文化"不应专指中国封建时代的文化，"西方文化"不应专指其资本主义社会文化。最好能将双方全部文化发展过程进行对比，不能的话，也该以双方的相同发展阶段进行对比。这要比过去那种以不同社会发展阶段进行对比合理得多，有意义得多。

2. 中国文化不等于全部东方文化，西欧文化不等于全部西方文化。不宜将中国和西欧文化的对比看作是中西文化的比较，更不能视同东西文化

1　1986年1月6日至10日由复旦大学主办的国际中国文化学术讨论会。

的对比。

3. 中国自古以来是一个多民族的国家，各民族在未完全融合为一体之前，各有本族独特的文化。所以严格地说，在采用“中国文化”这个词时，理应包括所有历史时期中国各族的文化才是。只是由于汉族占中国人口的极大多数，整个历史时期汉族文化较其他各族为先进，所以通常都将“中国文化”作为汉族文化的代名词，这等于是习称汉文为中文，汉语为中国话一样，也未始不可通融。但是，犹如讲中国通史不应局限于中原王朝的历史一样，今后我们开展中国文化的研究与讨论，或编写一部中国文化史，切不可置其他兄弟民族的文化于不问，专讲汉族文化。

4. 姑以“中国文化”专指汉族文化，汉族文化几千年来是在不断演变中的，各个不同时代各有其不同体貌，也不能认为古往今来或整个封建时代一成不变。中国文化各有其具体的时代性，不能不问时代笼统地谈论中国文化。

5. 姑以“中国文化”专指历代中原王朝境内的文化，任何王朝也都存在着好几个不同的文化区，各区文化不仅有差别，有时甚至完全不同。因此，不能把整个王朝疆域看成是一个相同的文化区。也就是说，中国文化有地区性，不能不问地区笼统地谈论中国文化。

五四前后一般认为中国文化就是孔子思想，就是儒家的学说，就是纲常名教那一套，我看不能这么说。儒学孔教从来没有为汉族以外的兄弟民族所普遍接受，例如藏族早先信苯教，后来改信藏传佛教即喇嘛教；蒙古族本信萨满教，后来也信了喇嘛教；维吾尔族在蒙古高原时本信摩尼教，西迁新疆后改信佛教，宋以后又自西向东逐步改信了伊斯兰教。所有少数民族都各有其独特的信仰与文化，只有少数上层分子在入居中原后才接受儒家思想。

那么能不能说儒学、礼教是以汉族为主体民族的历代中原王朝境内的占统治地位的思想文化呢？我看也不能。这一方面是因为几千年的汉文化在不断变化，有时代差异，另一方面是因为同一时代汉民族内部文化又因地而异，有地区差异，所以不存在一种整个历史时期或整个封建时期全民族一致的、共同的文化。本文想专就历代中原王朝范围内的文化简略陈述一下两方面的差异，希望能引起研究中国文化的同志们的注意。

一

中国文化的时代差异，这几乎是读史者人所共知的常识，本用不着我在此辞赘，但也不妨概括地指陈一下：

1. 上古姑置不论。自孔子以后，经战国、秦到西汉初期，儒家学说一直未取得思想界的支配地位；战国是儒、墨、道、名、法、阴阳、纵横等百家争鸣时代，秦代尊尚法家，同时又盛行阴阳神仙之术，汉初则以黄老为显学。

2. 汉武帝“罢黜百家，独尊儒术”，此后的两汉号称为儒家的经学极盛时期。但经学大师董仲舒、刘向所宣扬的实际上是以阴阳五行附会儒术的一套，大谈其天人相应、祸福休咎、灾异，与孔孟以仁政、礼教为核心的学说已大异其趣。至西汉末乃发展为虚妄荒诞的谶纬之学。一般儒生治经专重章句，支离破碎，一经说至百余万言。所以两汉经学根本谈不上弘扬了儒家思想。当时人们头脑中的主导思想是鬼神、符瑞、图谶。王充在其《论衡》里痛诋这一套世俗虚妄之言，读其书者颇为之折服。但王充是僻处江东的会稽人，《论衡》这部书是直到汉末建安中由会稽太守王朗带到中原的许都后才得到传播的，所以王充其人，《论衡》其书，对东汉的思想文化产生不了多大影响。

3. 魏晋时代思想界的主流是玄学，先是何晏、王弼祖述老庄，并用老庄来解释儒家的经典《周易》，使之玄学化，《老》、《庄》、《易》遂并称三玄。既而发展到嵇康、阮籍“非汤武而薄周孔”，“越名教而任自然”。其时佛教已初步得到传播，道教开始形成。儒家经典尽管仍为京师及地方各级学校里的必修课目，但支配人们精神世界的，释、道、玄的势力已压倒了儒家的礼教。

4. 到了东晋十六国南北朝时代，佛道大行。梁时单是首都建康就有五百寺，由于僧尼不登户籍，“天下户口，几亡其半”。梁武帝、陈武帝、陈后主，都曾舍身佛寺为奴，由群臣出钱赎回。北魏孝文帝时，“寺夺民居，三分且一”。东西魏、北齐周对峙时期，两国僧尼总数达三百万左右，占总人口数的十分之一。茅山道士陶弘景是梁武帝的“山中宰相”。北魏自太武帝信奉寇谦之的天师道后，后此诸帝初即位，都要去道坛受符箓。南北世家甲族如南朝的琅玡王氏、北朝的清河崔氏，都世代信奉天师道。儒家的经学在南朝的国学中“时或开置”，“文具而已”，“成业盖寡”。北朝在北魏盛时重视学校与经学过于南朝，至孝昌以后，“四方求学，所存无几”。北齐时国学“徒有虚名”，“生徒数十人耳”。儒学在这个时期显然已极度衰微。

5. 隋唐时期佛道二教发展到执思想界之牛耳，一时才智之士，往往以出家为安身立命的归宿。儒学亦称昌明，孔颖达的《五经正义》，是一次经学注疏的大结集，举世传习，历久不衰。统治者三教并重，一统政权并不要求思想统一。民间信仰则趋向于佛道。

6. 理学是宋儒所创立的新儒学。自宋以后，这种新儒学对社会上层分子的思想意识确是长期起了相当深巨的支配作用。但理学虽以继承孔孟的道统自居，其哲学体系实建立在佛教禅宗和道教《参同契》的基础之上，以儒为表，以释道为里，冶三教于一炉，所以无论是程朱还是陆王，宋明的理学绝不能与孔孟的学说等同起来。宋以后儒者主张排斥二氏者尽管代有其人，那是极个别的所谓“醇儒”，多数士大夫则都是既读圣贤书，同时又出入甚至笃信佛道。纲常名教这一套固然产生了巨大的影响，但人们所毕生追求的却是功名利禄，他们所顶礼膜拜、崇信敬畏的不是儒教中的先圣先贤，而是佛、菩萨、玉皇大帝、十殿阎王以及各色神仙鬼怪。

明代理学之盛不亚于宋，且看谢肇淛所撰《五杂俎》所描述的明代士大夫精神面貌：

> 世之人有不求富贵利达者乎？有衣食已足，不愿赢余者乎？有素位自守，不希进取者乎？有不贪生畏死，择利避害者乎？有不喜谀恶谤，党同伐异者乎？有不上人求胜，悦不若己者乎？有不媚神谄鬼，禁忌求福者乎？有不卜筮堪舆，行无顾虑者乎？有天性孝友，不私妻孥者乎？有见钱不吝，见色不迷者乎？有一于此，足以称善士矣，我未之见也。（卷十三《事部》）

可见当时极大多数士大夫嘴上讲的尽管是修、齐、治、平、仁、义、道德，头脑里却无非是富贵、鬼神、钱财、女色。

北京是当时的首都，江南是当时文化最发达的地区，而苏州为其都会，按理说，北京、苏州两地的风尚，即便不能完全遵守周孔的礼教，总该相去不远，实际情况却大相径庭。

> “京师风气悍劲，其人尚斗而不勤本业”，“土人则游手度日，苟且延生而已”。“奸盗之丛错，驵侩之出没，盖尽人间不美之俗，不良之辈，而京师皆有之。”“长安有谚曰：‘天无时不风，地无处不尘，物无所不有，人无所不为。’”
>
> 姑苏“其人儇巧而俗侈靡。士子习于周旋，文饰俯仰，应对娴熟，至不可耐。而市井小人，百虚一实，舞文狙诈，不事本业。盖视四方之人，皆以为椎鲁可笑，而独擅巧胜之名”。（卷三《地部一》）

在这两个封建文化最发达的城市里，谢氏似乎并没有闻到一点点忠、孝、仁、义、温、良、恭、俭的周孔之教的气息。

如上所述，可见中国文化一方面随着时代的演进而随时在变，各时代的差异是相当大的，绝不能认为存在着一种几千年来以儒家思想为核心或代表的一成不变的文化。另一方面，五四以前，无论是从孔子以诗书礼乐教三千弟子以来的二千三四百年，还是从汉武帝“罢黜百家，独尊儒术”以来的二千年，还是从宋儒建立理学以来的七八百年，儒家思想始终并没有成为任何一个时期的唯一的统治思想。两汉是经学和阴阳、五行、谶纬之学并盛的时代，六朝隋唐则佛道盛而儒学衰，宋以后则佛道思想融入儒教，表面上儒家思想居于统治地位，骨子里则不仅下层社会崇信菩萨神仙远过于对孔夫子的尊敬，就是仕宦人家，一般也都是既要参加文庙的祀典，对至圣先师孔子拜兴如仪，更乐于上佛寺道观，在佛菩萨神仙塑像前烧香磕头祈福。总的说来，控制当时整个社会精神世界的，是菩萨神仙，而不是周公孔子孟子。《五杂俎》里有一条对这种情况说得极为精彩明白：

> 今天下神祠香火之盛，莫过于关壮缪，……世所崇奉正神尚有观音大士、真武大帝、碧霞元君，三者与关壮缪香火相埒，遐陬荒谷，无不尸而祝之者。凡妇人女子，语以周公孔夫子，或未必知，而敬信四神，无敢有心非巷议者，行且与天地俱悠久矣。（卷十五《事部三》）

除了崇信菩萨神仙之外，还有形形色色数不清的各种迷信，如算命、看相、起课、拆字、堪舆、扶箕、请神、捉鬼等，无一不广泛流传，深入人心。甚至如近代史上负盛名的进步思想家魏源，也是一个堪舆迷。他在江苏做官，在镇江找到了一块“好地”，竟不惜把他已在湖南老家安葬多年的父母骸骨，迢迢千里迁葬过来。我们怎么能说五四以前中国封建社会文化就是孔孟一家的儒家思想呢？

二

中国史上自秦汉以后中原王朝的版图都很广大，各地区的风土习尚往往各不相同。任何时代，都不存在一种全国共同的文化。过去研究文化史的同志们，对这种文化的地区差异一般都没有予以足够的注意，在此我举几个朝代为例，简要指出各区间的显著差异。

（1）在汉武帝独尊儒术约百年之后的成帝时，刘向将汉朝全境划分为若干区域，丞相张禹使僚属朱赣按区叙次其风俗，后来为班固辑录于《汉书·地理志》的篇末。根据此项资料，其时全国只有齐地“士多好经术”，鲁地“其好学犹愈于他俗”，三辅（京都长安附近，今关中平原）的世家“好礼文”，此外各地区全都没有提到有儒家教化的影响，相反，到处流播着各种不符合儒学礼教习俗。例如：

> 三辅“富人则商贾为利，豪杰则游侠通奸”。“濒南山近夏阳多阻险，轻薄易为盗贼，常为天下剧。”“郡国辐凑，浮食者多，民去本就末。”“列侯贵人车服僭上，众庶放效，羞不相及，嫁娶尤崇奢靡，送死过度。”六郡（今甘肃东部、宁夏、陕北）则“不耻寇盗”。蜀士以文辞显于世，但“未能笃信道德，反以好文刺讥，贵慕权势”。以上为秦地。
>
> 中原的河内则“俗刚强，多豪杰侵夺，薄恩礼，好生分”。周地则“巧伪趋利，贵财贱义，高富下贫，喜为商贾”。郑地则“男女亟聚会，故其俗淫”。卫地“有桑间濮上之阻，男女亦亟聚会，声色生焉，故俗称郑卫之音”。陈地则“其俗巫鬼”。南阳则“俗夸奢，上气力，好商贾”。宋地虽“重厚多君子，好稼穑”，但沛、楚“急疾颛己”，山阳“好为奸盗”。
>
> 河北的赵、中山则“丈夫相聚游戏，悲歌慷慨，起则椎剽掘冢，作奸巧，多弄物，为倡优。女子弹弦跕躧，游媚富贵，徧诸侯之后宫”。太原、上党“多晋公族子孙，以诈力相倾，矜夸功名，报仇过直，嫁娶送死奢靡”。钟代以北“民俗懻忮，好气为奸，不事农商，……故冀州之部，盗贼常为它州剧”。燕地则还保留着战国以来“宾客相过，以妇侍宿，嫁娶之夕，男女无别”之俗。
>
> 楚之江南则“信巫鬼，重淫祀”。吴人以文辞显，“其失巧而少信”。

就是儒教最昌盛的齐鲁二地，齐“俗弥侈”，其士“夸奢朋党，言与行缪，虚诈不情”，鲁地“去圣久远，周公遗化销微，孔氏庠序衰坏”，“俭啬爱财，趋商贾，好訾毁，多巧伪，丧祭之礼，文备实寡”，也不能算是风俗淳厚的礼义之邦。

(2)《隋书》的《志》本为《五代史志》，以南北朝后期梁、陈、齐、周和隋五代为论述对象。其《地理志》将隋炀帝时全国一百九十个郡按《禹贡》九州编次，各于州末略叙其风俗。

九州之中，兖、徐、青三州十五郡（今山东和河南河北与山东接境的一小部分，江苏淮北部分，安徽淮北的东部）被肯定为教化最良好的地区。兖州五郡，“有周孔遗风，……多好儒学，性质直怀义”。徐州四郡，“贱商贾，务稼穑，尊儒慕学，得洙泗之俗”。青州四郡“多务农桑，崇尚学业，其归于俭约”，但齐郡（今济南）“俗好教饰子女淫哇之音”，东莱“朴鲁”“少文义”，是其缺失。

尚儒风气次于兖、徐、青三州的是豫、冀二州。豫州十六郡（今河南大部分、安徽淮北的西部、山东西南的一部分、陕南东部及鄂西北一部分）基本被肯定为“好尚稼穑，重于礼义”，独帝都所在的河南（洛阳）则被讥为“尚商贾，机巧成俗”。冀州三十郡，在今河北中南部的七郡“人性多敦厚，务在农桑，好尚儒学，而伤于迟重”；今河南黄河以北的河内、汲二郡“俗尚于礼”，基本被肯定；唯介在其间的魏郡、清河则被讥为“浮巧成俗”，“轻狡”；在今山西中南部的七郡基本被肯定为“重农桑，朴直少轻诈”，唯“伤于俭啬，其俗刚强”；自今山西北部北至河套东北五郡和河北北部东至辽西六郡“地处边陲”，其人“劲悍”“勇侠”，风教异于内郡；唯涿郡（今北京）、太原“人物殷阜”，“多文雅之士”。

以上五州是黄河下游两岸即所谓关东地区。

自关以西的雍州，即基本为儒家声教所不及。长安附近关中平原三郡，风气很坏：“人物混淆，华戎杂错；去农从商，争朝夕之利，游手为事，竞锥刀之末；贵者崇侈靡，贱者薄仁义；豪强者纵横，贫窭者穷蹙；桴鼓屡惊，盗贼不禁。”三辅以北以西的古“六郡”之地，比较淳朴，性质直，“尚俭约，习仁义，勤于稼穑，多畜牧，无复寇盗”。自此以北缘边九郡（陕北、宁夏至河套）及河西诸郡则“地接边荒，多尚武节”。

秦岭以南长江上游的梁州，唯蜀地“颇慕文学，时有斐然”；“人多工巧，绫锦雕镂之妙，殆侔于上国”；然“多溺于逸乐”，“贫家不务储蓄，富室专于趋利，其处家室则女勤作业，而士多自闲”；“小人薄于情礼，父子率多异居”；“其边野富人，多规固山泽，以财物雄役夷僚，故轻为奸藏，权倾州县”。汉中与巴地则“质朴无文，不甚趋利；性嗜口腹，多事田渔，虽蓬室柴门，食必兼肉；好祀鬼神，尤多忌讳，……崇重道教，犹有张鲁之风”。汉中以西蜀郡以北诸郡则“连杂氐羌，人尤劲悍；性多质直，务于农事，工习猎射，于书计非其长矣”。

长江中游的荆州，“率敬鬼，尤重祠祀之事”；“丧葬之节，颇同于诸左云”；全州二十二郡中，只有南郡襄阳“多衣冠之绪，稍尚礼义经籍”。

以长江下游为中心的扬州地区比梁州荆州更为广大，东北起今苏皖鄂豫的淮南，中间为长江以南的今苏皖沪浙闽诸省市，南至五岭以南的今两广和越南北部。其中淮南八郡被誉为“尚淳质，好俭约，丧纪婚姻，率渐于礼”。江南岭北十八郡则大抵“信鬼神，好淫祀，父子或异居”，又分为二区：“吴中”七郡（以太湖流域为中心，西包皖南宣城一带，南包浙江宁绍金衢）“君子尚礼，庸庶敦庞，故风俗澄清，而道教隆洽”，评价最高；此外十一郡（今江西福建二省及皖南浙西之旧严徽二府，浙南之旧温处台三府）风教皆不及“吴中”，尽管也“君子善居室，小人勤耕稼”，但豫章等郡有妇女“暴面市廛，竞分铢以给其夫”，丈夫举孝廉即逐前妻，庐陵宜春等郡又往往有畜蛊害人的恶习。五岭以南十九郡风气更差，人性“轻悍，易兴逆节”，俚僚则既“质直尚信”，又“重贿轻死，唯富为雄”，“父子别业，父贫乃有质身于子者”，“俗好相杀，多构仇怨”。

总括《隋书·地理志》所载，当时被誉为尊儒重礼的，只有中原二十一郡荆扬十七郡共三十八郡，仅占全国一百九十郡的五分之一；就是在这三十八郡中，也还夹杂着不少违反儒教的风俗。至于其他五分之四的地区（按郡数计），则几乎没有受到什么儒教的影响：中原经济发达地区机巧轻狡侈靡成俗，边郡失之于刚强劲悍，南方梁荆扬三州则普遍信鬼神好淫祀。长江流域尊儒重礼的郡数已接近中原，这当然是永嘉乱后中原士族南迁的结果。

(3)《通典·州郡典》载天宝年间的三百多府郡，也是按《禹贡》九州分区记叙，州末各记上一段风俗。据此，其时：

冀州的山东（今河北）“尚儒”，“仗气任侠”，而邺郡（今安阳附近冀豫接壤一带）“浮巧成俗”；山西人勤俭，而河东（今晋西南）“特多儒者”；并州（太原及迤北）“近狄，俗尚武艺”。兖州（今冀东南鲁西）“人情朴厚，俗有儒学”。青州（今山东济南以东）“亦有文学”。徐州（鲁南苏皖淮北）“自五胡乱华，数百年中，无复讲诵，况今去圣久远，人情迁荡”，但又说“徐兖其俗略同”。豫州只说“周人善贾，趋利纤啬”，而不及他郡。中原这几州儒学的声势，比百五十年前《隋志》所载，大致并没有什么进展，唯山东、河东多世族，故独擅儒术。

关中的雍州京辅因“五方错杂，风俗不一，称为难理”；其西北诸郡“接近胡戎，多尚武节”；“其余郡县，习俗如旧”。

长江流域上游梁州的蜀土“学者比齐鲁”。下游扬州“人性轻扬而尚鬼好祀”如旧，而江东因永嘉之后“衣冠避难，多所萃止，艺文儒术，斯之为盛”。中游荆州“风俗略同扬州”，“杂以蛮僚，率多劲悍”。

五岭以南于九州外别为一区，“人杂夷僚，不知教义，以富为雄”，“民强吏懦，豪富兼并，役属贫弱，俘掠不忌”，“轻悍易兴逆节”。

总的说来，盛唐时代的儒学兴盛地区，北方则山东、兖州，南方则吴中，略如隋旧；唯以蜀土比齐鲁，可能比隋代有所发展。

(4)《宋史·地理志》将崇宁时的二十四路合并为十二区，区末各有一段论风俗，较《汉志》、《隋志》更为简略，兹参以《太平寰宇记》、《舆地纪胜》所载，略述如下：

中原诸路中，京东“专经之士为多”，河北“多专经术”，京西洛邑“多衣冠旧族”，文教称盛。京东二路大率“皆朴鲁纯直”，“重礼义，勤耕纴”；唯兖济“山泽险迥，盗或隐聚”，登莱高密“民性愎戾而好讼斗”。京西二路“民性安舒”。河北二路“质厚少文”，“气勇尚义，号为强忮”。此外河东则“刚悍而朴直”，“善治生，多藏蓄，其靳啬尤甚”。陕西二路“慕农桑，好稼穑”，“夸尚气势，多游侠轻薄之风，甚者好斗轻死”；唯蒲解本隶河东，“俗颇纯厚”；被边之地，“其人劲悍而质木”；“上洛多淫祀，申以科禁，其俗稍变”。

南方的江南东、西，两浙，福建四路是当时全国文化最发达的地区，尤以福建为最，多响学，喜讲诵，好为文辞，“登科第者尤多”。但这几路普遍“信鬼尚祀，重浮屠之教”；两浙“奢靡，奇巧”；江南“性悍而急，丧葬或不中礼”；江南福建皆“多田讼”。此外则淮南二路“人性轻扬”。荆湖南路“好讼者多”，此路“俗薄而质”，归、峡“信巫鬼，重淫祀”。川峡四路“民勤耕作，……其所获多为遨游之费”，“尚奢靡，性轻扬”；“庠塾聚学者众”，文士辈出，而“亲在多别籍异财”。涪陵之民，“尤尚鬼俗”。广南二路“民婚嫁、丧葬、衣服多不合礼，尚淫祀，杀人祭鬼”，“人病不呼医服药”。

这里有值得注意的两点。一、两宋是理学最昌盛的时代，可是除福建一路的“喜讲诵”当即指此外，其他各路记载里竟概未涉及。当然，京东、河北、两浙、江南和蜀中的“文学”、“经学”，不可能完全与理学无涉；要之，由此可见，即使在宋代，理学怕也未必已为读书人所普遍接受。二、文化最发达的地区两浙、江南、福建，同时又是普遍信鬼、尚祀、重浮屠之教的地区，可见宋代的儒家尽管已“冶三教于一炉”，但至少在民间佛道的权威显然还是比周孔之教高得多。

(5)《元史》、《明史》、《清史稿》的《地理志》不载风俗；元明清三代的《一统志》中《元统志》今残存已不及百分之一，《明统志》、《清统志》所载风俗一般仅趋录前代旧志陈言，不反映当代情况。所以中国文化在这六百多年中的地区差别并无现成资料可资利用，现在我只能就明朝一代，杂采诸书零星材料，略事阐述：

据清人黄大华所辑《明宰辅考略》，自永乐初至崇祯末，历任内阁大学士

共一百六十三人。兹按明代的两京十三布政使司，表列这一百六十三人的籍贯如下：（内一人待考）

南直	27（今江苏20，安徽4，上海3）	广西	2
贵州	0		
浙江	26	江西	22
北直	17（今河北长城以内）	湖广	12（今湖北8，湖南4）
山东	13	河南	11
福建	11	广东	5
四川	9	陕西	2（今陕西2，甘、青、宁0）
山西	5	云南	0

明制内阁大学士皆由翰林出身，所以这张表大致可以反映各地区文化程度的高下：南直、浙江、江西三省共得七十五人，占全国总数45%；加福建省共得八十六人，四省占总数53%，是全国文化最发达的地区。其中又以相当今苏南、上海的五府得十九人，浙江的嘉湖宁绍四府得二十人，江西吉安一府得十人，福建泉州一府得五人，尤为突出。中原的北直、山东、河南、山西四省合四十六人，占总数28%。此外陕西、湖广、四川、广东、广西共得三十人，占18%。其中陕西二人都是最接近中原的同州人，广西二人都是地接湖广、省会所在的桂林人。十五省中，云贵二省全都不出一人。所以全国人才分布的总形势是东南最盛，中原次之，西北西南最为落后；西北的陕西当今陕甘青宁四省区之地只出二人，西南的广西和云贵三省也只出二人。

致位宰辅必须经由科举，应科举必须读儒家的经典，但当时的儒学代表人物不是位极人臣的大学士或名魁金榜的三鼎甲，而是以道义名节自励，讲求修、齐、治、平之道的理学家。《明史》将一代著名理学家除少数几个有事功列于专传者外，编次为《儒林传》二卷，共著录一一五人。兹表列到一一五人的籍贯如下：

江西	35	浙江	26	南直	18
福建	9	陕西	7	河南	6
山东	5	广东	5	湖广	2

山西	1	四川	1	北直	0
广西	0	云南	0	贵州	0

东南四省占了全国总数76.5%，北方四省仅占16%，此外中南西南三省合占7%。除西南广西、云、贵三省无人外，奇怪的是，畿辅之地北直竟亦无人，十五省中缺了四省，总的分布形势基本与宰辅相同，而荣枯之差更大。这应该是由于宰辅出自科举，科举各省有定额，故分布面比较广，比较平衡，而理学的授受传播则自应由近而远，僻远处更难为传播所及。可见科举和儒术虽然是两回事，二者都足以代表当时文化盛衰的地区差异。

为了企求早日完成这篇讲稿，我未能为《明史·文苑传》中人物作出分省统计，逆料做出来的结果与宰辅儒林不会有多大差别。

多出卿相、名儒、文人学士的地区，一般当然就是儒术礼教最昌盛的地区。如上表，《明史·儒林传》中的人物以江西为最多，这是与明人著作《文武库》[1]中所记江西风俗正相符合的。全省十三府，其中南昌、饶州、广信、九江、建昌、抚州、临江、吉安、袁州九府，都被赞许为"家有诗书"，"人多儒雅"，"比屋弦诵"，"尚礼崇德"，"力学知廉耻"，等等。万历中王士性所著《广志绎》，备载十四省（不及福建）民俗，他省皆不及儒术，独称"江右讲学之盛，其在于今，可谓家孔孟而人阳明矣"（卷四）。但江右风俗悖于礼教者亦不在少。通省则"少壮者多不务穑事，出营四方，至弃妻子而礼俗日坏，奸宄间出"（《文武库》）。其外出又不是经营正经工商业，往往用堪舆星相等术数，赖谭天悬河的辩才以骗取钱财（《广志绎》卷四）。各府则南昌"薄义而喜争"，建昌"性悍好争讼"，瑞州"乐斗轻死，尊巫淫祀"，赣州"好佛信鬼，嗜勇好斗，轻生致死"，南安"多讼"（《文武库》）。

浙江出宰辅仅次于南直，理学之盛仅次于江西，而绍兴一府科名儒学之盛，又甲于浙江。然为顾亭林詈为"天下之大害"，"百万虎狼"，窟穴于自京师各部至各级地方衙门的胥吏（《郡县论》），正是浙江的绍兴人。

南直的文化中心，首推南京、苏州、扬州三处。成书于万历晚期的谢肇淛《五杂俎》，痛诋苏州人的儇巧，已见上文。南京则以秦淮烟月、旧院名妓著称（《广志绎》卷二）。而扬州人多以买童女经过一番如何做好姬妾的专业教养后以厚直出售为业，俗称"养瘦马"，以致"广陵之姬"成为名闻四远的名产，达官巨贾"欲纳侍者类于广陵觅之"。且业此者并不限于平常人家，"即

1　清初李培将此书辑入《灰画集》，序中只提到此书为张文升所藏，不著撰人姓名。

仕宦豪门，必蓄数人，以博厚糈，多者或至数十人”（《广志绎》卷一、《五杂俎》卷七、《野获编》卷二三）。三处如此，则南直风尚之多弊可见。

南宋朱熹家居建阳，一生活动长期皆在闽中，故世称其学为“闽学”，其影响直到明代还很深。建宁、延平、邵武、汀州上四府，有“小邹鲁”之称（《灰画集》引《方舆胜略》）。谢肇淛是福州长乐人，自诩“吾邑虽海滨椎鲁，而士夫礼法，甲于他郡。……市不饰价，男女别于途，不淫不盗，不嚣讼，不逋赋”。但谢氏又承认“今之巫觋，江南为盛，江南又以闽广为甚。闽中富贵之家，妇女敬信无异天神”，“惑于地理者，惟吾闽为甚”，“最可恨瘟疫一起，即请邪神”。而闽广人好男色，尤甚于他处；福州又往往“乘初丧而婚娶，谓之乘凶”（《五杂俎》）。丘濬又指出“溺子之俗，闽之建剑为甚”（《大学衍义补》）。沈德符极言闽人之重男色，至以“契兄弟”比之于伉俪；甚者又有壮夫娶韶秀少年，与讲衾裯之好，称“契父子”（《野获编补遗》）。如此种种恶俗在福建的广泛流行，可见所谓“小邹鲁”，所谓“最讲礼法”，只是一些士大夫闭目塞听所作的自我吹嘘而已。

封建文化最发达的东南四省尚且不能按儒学的要求澄清社会风尚，其他地区当然更谈不上了。看来山东的“士大夫恭俭而少干谒，茅茨土阶，晏如也”，河南的风俗有“淳厚质直”之誉，多半是由于地瘠民贫而导致的，与儒学的教化未必有多少关系。所以山东、河南皆多盗，“宛洛淮汝睢陈汴卫”一带，又有“同宗不相敦睦”，“同姓为婚多不避忌，同宗子姓，有力者蓄之为奴”这一类违反礼教的陋俗。“又好赌，贫人得十文钱，不赌不休，赌尽势必盗，故盗益多。”（《广志绎》卷三）中原如此，西南广西、云贵等地民夷杂处，诸夷仍其旧俗，华人什九皆各卫所的戍卒，其不谐于名教更可想见。

三

总上所述，可见姑且不讲全中国，即使未讲秦汉以来的历代中原王朝，专讲汉族地区，二千年来既没有一种纵贯各时代的同一文化，更没有一种广被各地区的同一文化。虽然儒家学说一直是二千年来中国文化的一个重要组成部分，却从没有建立起它的一统天下，犹如基督教之于欧洲诸国，伊斯兰教之于穆斯林国家那样。各时代风俗习尚的地区差异，更充分说明了好儒尚礼的地区一般只占王朝版图的一小部分，很难到得了一半。而在这小部分地区内，即使能做到“家有诗书，人多儒雅，序塾相望，弦诵相闻”，支配人们精神世界的，却不可能是纯正的孔孟思想，不杂二氏之说，不信鬼神。他们的行为准则，也不可能完全符合儒家的道德标准、伦理观念。

自五四以来以至近今讨论中国文化，大多数学者似乎都犯了简单化的毛病，把中国文化看成是一种亘古不变且广被于全国的以儒学为核心的文化，而忽视了中国文化既有时代差异，又有其地区差异，这对于深刻理解中国文化当然极为不利。今天我在这里讲的虽然很粗疏，很浅薄，若能因而引起一些同志们的注意，稍稍改变一下过去那种中国文化长期不变、全国统一的看法，则不胜幸甚！

我强调中国文化的时代差异和地区差异，不等于我否定中国文化有它的共同性。共同性和差异性是辩证地同时存在的。中国毕竟是一个长期统一的国家，汉族毕竟是一个历史悠久的具有强烈的共同意识的民族，不可能没有文化的共同性。什么是不因时而变因地而变的共同的中国文化呢？这个问题不包括在我今天的讲题之内，本可以不讲。不过凡是热情参加中国文化的讨论的同志们，大概没有一人不是在迫切关心中国文化的发展前途的。中国文化的共同性何在？这是直接关系到中国文化的前途的关键问题。

我以为中国在一个国家里，汉族在一个民族里，一贯对待不同文化采取容许共存共荣的态度，不论是统治阶级还是被统治阶级都是如此，因此儒佛道三教得以长期并存，进一步又互相渗透，同时又能接受伊斯兰教、基督教等其他宗教，这就是中国文化的共同性，也就是中国文化的特点。因此，中国（汉族地区）尽管发生过三武之厄，佛教皆不久即复兴；尽管在朝廷上发生过几次佛道之争，却从没有发生过宗教战争；即使最高统治者皇帝非常虔诚地信仰某一种宗教，却从没有强迫过他统治下的任何一民族一地区的人民改变信仰。尽管有一些和尚道士受到统治者备极尊崇的礼遇，也曾参与治政，却从没有搞过政教合一。这种早已形成，长期坚持的兼收并蓄的文化开放传统，使整部中国史只能出现政治上的封建集权大一统，任何时期都做不到思想文化的统一。秦始皇不能，汉武帝不能，唐宗、宋祖、成吉思汗、朱元璋也不可能。这些帝王不是不想做，但做不到。秦汉一统王朝做不到，一到魏晋南北朝时代，专制政权的衰落，使思想文化更得到了自由发展的机会，所以这一政治上的分裂时期，在学术思想上、文学艺术上的活跃与进步，远远超过秦汉。隋唐以一统王朝而能在文化发展上取得丰硕的成果，那是由于输入、吸收、融合了多种周围各族各国的文化之故。中国之所以能长期继续发展，汉族之所以能长期屹立于世界先进民族之林，繁衍为占全国人口大多数的主体民族，对不同文化采取兼收并蓄的开放态度，应该是主要原因之一。中国的封建统治在政治上以专制著称，但从来并不严格限制其臣民的思想文化倾向与宗教信仰。范缜坚持他的神灭论;虔诚的佛教徒萧子良、萧衍以帝王之尊,无可他奈何。就是到了君主专制发展到最高度的明清时代,统治者也只要求应试的士子在试卷上必须按经义代圣贤立言,却并不管你所信仰的到底是圣贤还是神仙,是周公、孔子、孟子、程、朱,还是释迦牟尼、耶稣基督或安拉真主。我认为这正是中国文化的主要优良传统。今后我们必须继续遵循这条道路去推进中国文化在新时代新形势下健全地向前发展。当前我国在经济上实行对外开放对内搞活的政策,理所当然,在文化上也应该采用同样的政策。文化上的对外开放,就是大胆地接受吸收外国的优良文化;对内搞活,就是真正地做到百家争鸣、百花齐放。

(原载《复旦学报(社会科学版)》1986 年第 2 期)

地方史志不可偏废　旧志资料不可轻信

我于1932年至1934年在北平图书馆(今北京图书馆的前身)工作时，曾为该馆所收藏的地方志编了一部馆藏目录，以后就再也没有对地方志或地方史做过什么专门的研究工作。但作为一个历史地理学者，在几十年的研究工作中，却随时要接触和使用地方史、地方志，因此逐渐对地方史志的源流、相互关系和使用价值等问题有了一些粗浅的看法。现在，各地已经开始或正在筹备纂修地方史志，对地方史志的研究也已取得了一定的进展，不少专家发表了很多精辟的见解。今天我也谈两点看法，供大家参考。

一、地方史志不可偏废，应该并重

这次会议的名称是"中国地方史志协会成立大会"，既是地方史，又是地方志；初看觉得有点不大习惯，但仔细一想，我完全赞成这个名称，因为我们当前既应该有地方史，又应该有地方志，二者是不可偏废的。讲到这里，我首先要对清朝著名的方志权威章学诚(实斋)开一炮。章学诚有名的理论就是所谓"志"即是"史"，方志就是一方之史。我认为这种看法是迂阔之谈，并不可取。

事实上，自古至今，地方史和地方志这两种著作一直是同时并存的，不能强求合并，统一为一种体裁。

我们不妨简单回顾一下地方史、地方志的渊源和演变。

这两种著作大体上都是起源于汉朝，现在所知最早的是东汉的作品。

东汉的《越绝书》和《吴越春秋》，在《隋书・经籍志》、《旧唐书・经籍志》和《新唐书・艺文志》中都列于杂史；东晋的《华阳国志》，《隋志》列于霸史，两《唐书》列于伪史。现在有不少人把这几种流传到今天的汉晋著作看成是最早的地方志，实在是不恰当的。因为这几种书的内容显然是地方史，而不是地方志，所以隋唐的《经籍志》和《艺文志》都不列于地理类下，而列入杂史、霸史或伪史一类。不过地方志的渊源确乎也可以追溯到汉朝，从《华阳国志・巴志》里可以看到，东汉桓帝时巴郡太守但望的疏文里提到了《巴郡图经》，可见在此以前已有了"图经"。图经就是一方的地图加上说明，图就是地图，经就是说明，这就是方志的滥觞。

东汉以后，从隋唐到北宋，图经大盛，到南宋以后，才改称为"志"。当时由朝廷责成地方官编写地方志，每州或郡都要编写，以后县以上行政单位编写志书成为制度。据朱士嘉先生的统计，流传到现在的有八千多部。

东汉以后的地方史有各种名称，见于隋唐《经籍志》、《艺文志》的，有《会稽典录》、《建康实录》(今存)、《敦煌实录》等，还有某地的"耆旧传"、"先贤传"、"人物志"、"风俗传"等。这些书都列于史部旧事类、杂传类，不入地理类。唐末以后地方史远比地方志(即图经、方志)少，但一直沿袭到清朝，并未断绝。如江苏扬州有汪中的《广陵典录》、姚文田的《广陵事略》；苏州有吴昌绶的《吴郡通典》；南京有陈作霖的《金陵通传》。四川宋代有郭允蹈的《蜀鉴》，清代有张澍的《蜀典》、彭遵泗的《蜀故》。云南更多，唐代有樊绰的《蛮书》，明代有杨慎的《滇载记》、倪辂的《南诏野史》，清代有冯甦的《滇考》、师范的《滇系》和倪蜕的《滇云历年传》，民国有袁嘉谷的《滇绎》，等等。民国时各省还都有此类著作，不过不大有名。

在地方志盛行以后，仍然不断有人写地方史，这一点可以证明两者是不能互相代替的，而是并行不悖的。特别是建国以来的三十多年间，各地编写的地方史比地方志还多，一般说来其成就还在新编地方志之上。所以绝不能说有了地方志就可以不要地方史了，两者是完全可以也应该同时并存，相互补充的。

从内容来看，因为两者都是以某一个地区为记叙对象的，所以关系极为密切，以致往往互为渗透，史中往往有志的内容，而志内也难免有史的成分。但两者毕竟还是有区别的，主要表现在以下三个方面：

(一) 地方史是以记叙过去为主的，尽管有时不免提到一些现状。而志则是以记叙现状为主的，当然也需要追溯一下过去。关键是两者的主题不同，各有各的侧重方面。

(二) 地方史主要是记述该地区几千年来人类社会的活动，包括生产斗争和阶级斗争、生产力和生产关系的变化发展，物质文明和精神文明的变化发展，重大的政治、经济、军事事件，等等。当然，历史时期该地区的自然界若有重大的、显著的变化，如黄河决口、地震、大灾等也应加以记录，但主要的记述对象是社会现象，而不是自然现象。即使记录了自然现象，侧重点也是它们对人类社会的影响。

地方志则不然，至少是对自然和社会两者并重的，应将当地的地形、气候、水文、地质、土壤、植被、动物、矿产等各个方面都科学地记载下来。同时对社会现象的记载也与地方史不同：史以大事为主要线索，记录政治、军事、经济、社会、文化等方面的重大变化，志则分门别类、面面俱到；史的体裁接近于纪事本末体，志则用书志体，对农、林、牧、副、渔、工、矿、交通、人口、民族、风俗、制度、职官、文化、教育、人物、古迹等，一一予以叙述。

（三）既然地方史是以记载过去为主，以记载社会发展为主，所以写地方史主要须依靠史料，作者应做的工作主要是收集、整理史料，用历史唯物主义的观点加以分析、鉴别，科学地记述历史发展的过程。很古的、没有文献记载的要搞考古发掘，有遗迹、遗物存在的要进行实地（物）调查。但仅仅进行考古调查，而没有史料根据，很多历史问题还是无法说清楚的。去今还不太远的史事，也需要向群众作调查，作实地考察，但这一般只限于最近数十年内的历史。

地方志以记述现状为主，主要是依靠调查采访。一部分没有现成资料的完全要依靠调查；一部分虽然有现成的资料，也要通过调查予以核实补充。所谓现状，当然不单是指今年或近几年，至少应该包括建国以来的三十多年，还应该包括当地最后一部旧志修成以后的一段时间。旧社会留下的现成资料，由于当时制度的腐败、多数作者立场的错误和长期的散失，需要重新调查，自不待言。即使是建国后各主管部门整理汇编的资料，也必须加以核实补充。因为毋庸讳言，在党的十一届三中全会召开以前，特别是在“文化大革命”的十年浩劫中，不少资料中或多或少有假话、大话、空话，少数甚至完全颠倒黑白。又由于“左”的影响，很多重要的资料被斥为“封资修”而任其散失或付之一炬。因此必须重新调查，改正假话，去掉大话，充实空话，填补空白。由于志是以现状为主的，所以大多数问题有可能通过调查采访得到解决。

编地方志比编写地方史需要的人力更多。一般说来，编地方史的工作可以由史学工作者担负起来，编地方志则需要有经济学者、社会学者、史学工作者、地学工作者等多方面的通力合作。

二、采用旧方志的材料必须仔细审核，不可轻信

流传至今的方志有八千多部，这是我国特有的巨大的文献宝库。这些方志中包含着大量可贵的史料，给我们今天进行社会科学和自然科学的研究，提供了重要资料。到目前为止，我们对这项遗产的研究、发掘和利用还是远远不够的。

但是这绝不等于说，旧方志中的材料都是正确的、可信的。就我看到过的方志而论，修得好的是少数，大多数是差的，甚至是很差的。地方史一般是私人著作，作者多少是个学者，总的说来质量较高。而地方志除了少数几部出于名家手笔外，多数是地方官限于朝廷功令，招集地方上的举人、贡生、秀才等一些乡曲陋儒修成的。这些人大多只会做代圣立言的八股文，根本不懂得著述的体例，不懂得前朝的典章制度，更不会做学问，因此在他们的作品里往往夹杂着许多错误的记载，甚至是错误百出。有些地方志是每修一次便增加若干错误，越修越差，越修越错。

旧方志之所以具有保存价值，主要在于它们或多或少保留了一些不见于其他记载的原始史料。至于经过方志作者之手的记叙，那我们就必须对每一条都进行审慎的考核，绝不能轻易置信。绝不能因为旧方志上有了，现在修新地方史志时就照抄照搬。

这里举几个具体例子，说明旧方志的记载往往靠不住：

（一）方志中有不少关于古城遗址的记载，其中有的与《汉书·地理志》、《水经注》以及《元和郡县志》、《太平寰宇记》等总志不同。一般人往往以为总志记载范围广，容易出差错，地方志出于本地人之手，一般都比较明确而具体，总要比总志靠得住些。特别是对地方志上写着“故址犹存”等字样的，更以为凿凿有据，深信不疑。但事实并非如此。

70年代初，在湖南长沙马王堆三号汉墓中发现了一张西汉文帝年间长沙国西南部的地图（相当于今湖南省南部九嶷山周围几个县和相邻的广东、广西各一角）。这张地图从各方面看都是相当准确的。在地图上可以看到泠道（今湖南宁远东）、南平（今湖南蓝山东）、舂陵（今湖南宁远东北）这三个县的位置，和《水经注》及一些唐宋总志上的记载基本符合。而光绪《湖南通志》上关于这三个县故址的记载却不同于《水经注》和唐宋总志，核以马王堆地图，很明显是错误的。如南平县故址，据《水经注》、《太平寰宇记》、《舆地纪胜》的记载，应即今蓝山县东七里“古城”，与马王堆地图中的位置正相符合。光绪《湖南通志》却另创在今县东北五十里土桥墟之说，与马王堆地图明显不符，显然是错的。《通志》的根据是土桥墟所在的乡叫南平乡，其实明清时的乡名未必袭自秦汉县名，怎么能以此为据，否定《水经注》和唐宋总志的记载呢？关于泠道、舂陵二县的故址，情况也与此类似。而60年代新修的《湖南省志》偏偏不相信正确的《水经注》和唐宋总志的记载，竟沿袭了光绪《湖南通志》的错误。可能作者认为地方志总比《水经注》等可信，也可能只管照抄旧志，根本没有用其他古籍加以核对（参拙撰《马王堆汉墓出土地图所说明的几个历史地理问题》一文，载《文物》1975 年第 6 期；收入《长水集》下册，人民出版社 1987 年）。

（二）对一个地方的建置沿革，各种书里往往有不同的说法，不能认为说得越具体就越正确，更不能认为一定是后来居上。

以上海建镇的年代为例，方志上共有三种说法：嘉靖、万历《上海县志》等的“宋末”说，清初的方志和《大清一统志》的绍兴中说，嘉庆《上海县志》的熙宁七年说。表面看，后两说都比前一说明确，应该比较可信；特别是熙宁七年说有具体年代，似乎是最靠得住的。实际上这两说是完全错误的。而前一说虽然比较笼统，倒是符合历史事实的。

嘉庆《上海县志》载：“熙宁七年，改秀州为平江军。缘通海，海艘辐凑，即于华亭海设市舶提举司及榷货场为上海镇，上海之名始此。”这条记载至少有四点大错：1. 上海建镇根本不在熙宁七年（详下述）；2. 宋制州分四等：节度、防御、团练、军事，唯节度州方得有军额。秀州是军事州，根本不可能有军额。而且平江乃苏州军额，苏、秀壤地相接，岂得亦以平江为名?! 3.《宋会要》有市舶司一章，详载北宋初至嘉定以前市舶司的建置沿革，绝未提到上海，因此不可能在熙宁七年设市舶司；4. 上海得名于聚落在上海浦上，并非初名华亭海，至是改名为上海。上海得名于聚落形成之初，约在五代或宋初。

成书于熙宁之后元丰年间的《元丰九域志》，在县下例载属镇，而秀州华亭县下只载青龙一镇，可见其时上海并未设镇。

成书于绍兴之后绍熙年间的《云间（即华亭）志》，卷上专立镇戍一目，所载还只有青龙一镇，可见其时上海仍未设镇。

而弘治《上海志》卷五《儒学》下，提到咸淳中已有“监镇”董楷，已称作为“诸生肄习所”的古修堂为“镇学”，又在卷七《惠政》下称董楷以咸淳中“分司上海镇”，可见宋末咸淳年间上海确已建镇。

60 年代上海《文汇报》上曾进行过上海建镇年代的讨论。当时有的同志力主熙宁说，理由就是嘉庆《上海县志》的记载明确而具体。“言之凿凿，当必有据。”其实是上了嘉庆志错误的当（参拙撰《上海得名和建镇的年代问题》，载《文汇报》1962 年 6 月 21 日；收入《长水集》下册）。

（三）对历史上一些名人，方志往往喜欢拉为本地人，用本地的古迹附会，更不可轻信。

秦末农民起义的领袖陈胜，《史记·陈涉世家》和《汉书·陈胜传》都说是阳城人。这个阳城究竟在哪里，原来只有两种说法：三国吴韦昭，唐张守节，元胡三省，清顾祖禹、齐召南、钱大昕认为是秦汉颍川郡的阳城县，故治在今河南登封县境；唐颜师古、清徐松认为是《汉书·地理志》汝南郡的阳城侯国，故治在今河南商水县境。但在《大明一统志》里又说阳城在今安徽宿县南，其说当以当地的方志为本，应该是一种流传于宿县一带的说法，所以凡是安徽的地方志，无论是《江南通志》、《凤阳府志》、《宿州志》等都采用了此说，而且指出当地还有阳城故址。1959年有人就以此为据著文提出陈胜是宿县人，有的历史课本和辞书也曾采用过这种说法。

实际上宿县境内古有阳城，这在唐宋以前的记载里是找不到任何根据的。那么这个"阳城故城"又是从哪里来的呢？原来两汉时的沛郡（或沛国）领有一个谷阳城，在谷水之阳。曹魏时县废城存，东魏又置谷阳郡，隋唐废郡为县，唐显庆初县废，但城垣直到宋初可能还存在，所以《太平寰宇记》宿州蕲县下载有"谷阳城"，而不作"谷阳故城"。谷阳故城在今灵璧县境西南隅，西去宿县不足十里。然则宿县一带相传旧说"阳城"故址在今县东南阳沟集一带，这个"阳城"显然是谷阳城之讹，也可能是当地人对谷阳城的简称。谷阳城变成了"阳城"，大泽乡又在宿县境内，这就很自然地把这个"阳城"附会成陈胜的家乡了（参拙撰《陈胜乡里阳城考》，载《社会科学战线》1981年第2期；收入《长水集》下册）。由此可见，安徽各种地方志里众口一词的陈胜是宿县人说是不可信的。

类似的例子很多，如杨家将的故事流传甚广，北方各省到处有其"遗迹"，方志上记载得很多，这些十之八九是靠不住的。50年代我曾陪苏联专家游八达岭长城，见到有好几处竖着木牌介绍说杨延昭曾在此驻守练兵等。弄得我左右为难，说这些写得不对吧，让外国人以为我们的古迹说明都靠不住；照这样讲吧，明明是错的，因为宋兵最北只打到过幽州（今北京）城下，就在高梁河上打了败仗退回去了，宋朝的将领杨延昭怎能跑到幽州城以北去镇守或练兵呢？我想这些介绍大概也是根据地方志来的。我们新修方志的时候，千万不能不加分析研究，来个照抄不误。

再如孟姜女、梁山伯与祝英台的"遗迹"也到处都有，屡见于方志，当然都是传说而已，不能信以为真。我并不反对将传说、民间故事载入方志，美丽动人的传说是地方文化的一部分，当然应该在方志中有一席之地，问题是应该注明是传说，不能把传说当成历史。

在"文化大革命"中，"四人帮"曾经把《庄子》中盗跖骂孔子的寓言当作真人真事大肆宣扬，于是各地都从方志中找盗跖的遗迹。有的说他是某县人，有的说他曾在某地起义，又说在某地打过一个大胜仗，……多至二三十处。但真正靠得住的，敢说一处也没有。

（四）方志中有不少关于灾异的记载，有些可以补正史之不足，是非常宝贵的资料，但也有些是靠不住的，不经过认真核对，绝不能全部照抄。近几十年来又有些人不查正史和其他资料，单纯根据方志资料编制历史时期的地震、水旱灾年表，这种做法是不大可能得出正确的结论的。

现存的方志一般都是明清时修的，再远也不过宋元，所载灾异若与修志时间相去不远，大致是可信的。但如果讲到很古的时代，那就必须追查它的根据。如果没有可靠的古代文献为依据，那就绝不可信。以明清方志为据，叙述上古三代如何如何，而不交代出处，这在史料学上是不允许的。作者是明人、清人，如果没有可靠的史料根据，怎么可能知道千年以前此地发生过地震、水灾或旱灾呢？不仅上古三代不可信，就是所载汉唐的灾异，若在汉唐记载中找不到依据，也不可信。有时我们可以找到它们的依据，无非是正史《五行志》。但由于各时代行政区划不同，前代《五行志》的资料用在明清方志里也不见得对。例如某一部山西县志可能记载一条唐开元某年大水，根据是《唐书·五行志》里记载着该年并州水，而此县唐时属并州。但《唐书》记载只是说该年并州遭水，并不等于并州每一县都遭水。这个县的情况如何，如没有其他材料，就不能肯定这一年必定也有水灾。如果根据这些方志作统计资料，就更成问题。比如说此州辖十县，明清修方志时，有的县采用了这条材料，有的县却没有采用，同一史料来源，取舍不同，结果很可能统计成此年五县有灾，五县无灾。这样的结果能符合历史事实吗？

50年代，南京的一位老先生写过一篇《黄河中游历史上的大水和大旱》（载《地理学资料》第1期），作者的依据是清代和民国的五十一种方志，结果很不理想，显然不能正确反映历史上这一地区水旱灾害的实际情况。该文附表一《黄河中游历史上大水年份表》中西安府一栏，历史上大雨、暴雨、久雨年份四十八个，其中唐代占二十七个。有人根据两《唐书·五行志》予以核对，发现有圣历二年(699年)、开元二年(714年)、开元二十九年(741年)、天宝十二载(753年)、至德三载(758年)、永泰元年(765年)、大历四年(769年)、开成元年(836年)等八个年份都是黄河中游大水，而表中脱载。另一份大旱年表，如果我们拿正史《五行志》和《明实录》来核对，则发现脱漏更多。他在另一篇《地方志中关于黄河清的记载》中，也根据方志排出唐代有十五次河清，仅据《新唐书·五行志》就发现有四次脱漏。因此他得出的结论“1 700多年来，共77年有河清记载，平均每百年‘河清’五次许，每百年至少一二次”就无法使人接受了。

前一时期看到一份《山西省气候历史资料初步整理》，也是以方志为根据的。稍稍翻阅一下，就发现了不少问题。如浮山县置于唐武德二年(619年)，但表中却载该县公元前 423 年、前 177 年和前 142 年为大旱年；绛县置于汉，而表中载公元前 661 年为大旱年。这些资料的可靠性是非常值得怀疑的。

一般说来，明清人记载明清的灾异是可信的，但由于方志纂修人的粗枝大叶，不学无术，也往往会搞错。最近看到地震历史资料编委会 1981 年第 4 期简报，举了几个方志资料转抄改作致讹的例子，很能说明问题。转引二例：

其一，乾隆《邵武府志》卷二四载“康熙六十年辛丑，光、泰旱。建宁地震”。而光绪《邵武府志》的纂修人却看漏了一个“旱”字，因此在该书卷三十光泽县、泰宁县和建宁县条下分别记为“(康熙)六十年辛丑地震”。就这样，原来是一个县地震，竟变成了三个县地震。

其二，顺治十三年刊《高淳县志》卷一有这样一段史料：“顺治七年庚寅地震。八月十日恩诏，民间拖欠钱粮，前诏已免元、二、三年，今再免四年。”但二十六年后的康熙二十二年刊《高淳县志》卷二十，这段文字变成了“顺治七年庚寅八月十日地震”，把下诏的时间搞错为地震的时间了。其后的乾隆、光绪《高淳县志》及民国《江苏通志稿》以讹传讹，均作“七年庚寅八月十日地震”。《清史稿·灾异志》也记作“八月初十日，高淳地震”。

这两条记载原始资料并不错，但以后越修越错，这样的教训是值得我们在新修地方史志时吸取的。遇到不同的记载，一定要找齐各种方志相互核对，找出原始资料，才不至于因袭前志的错误。同时采用的资料一定要注明出处，搜集的口头材料也应该加以说明。

前面讲了许多方志记载不可靠的事例，这并不是要否定旧方志的价值。正如前面已经指出的，方志中保留了大量珍贵的原始资料，其中很多已经不见于其他记载了。关键在于我们如何利用，如何通过分析、比较、核对，确定哪些是第一手的材料，哪些是可靠的材料，哪些是可以利用的材料。我们议论分析旧方志的弊病，指出它们的谬误，正是为了更好地利用它们，最大限度地发挥它们的作用。

旧方志中不少材料不见于正史及其他史籍，因此成了解决历史问题的唯一依据。例如宋代是否曾在上海设置市舶司的问题，离开了方志就解决不了。

日本学者藤田丰八在《宋代之市舶司与市舶条例》一书中，根据《宋会要》、《宋史》未提及在上海设司，便认为明曹学佺《名胜志》中“宋即其地立市舶提举司”一语出于明人传说，不可置信。实际上《名胜志》之说当本于方志，而方志中此说却有确凿的史料依据。弘治《上海志》载有宋人董楷在咸淳五年所作两篇文章。其一是《古修堂记》，篇中有云：“前司缪君相之。”其二是《受福亭记》，篇首即曰：“咸淳五年八月，楷忝市舶司，既逾二载。”据此，宋咸淳年间上海有市舶司无可置疑。

《宋会要》只修到宁宗朝为止；《宋史》修纂时以《实录》为依据，亦唯宁宗以前有完书，故于理宗、度宗二朝事多阙略。因此，《宋会要》、《宋史》不见上海设司，不能据此就断言上海在宋末也没有设司。但是如果没有方志保存董楷这篇文章，则此事就难以得出令人信服的结论，因为《名胜志》一语并非原始资料，仅凭这一点是不够作出定论的。

方志中的《艺文》一类，辑录了许多前人的诗文，这些文字一般没有经过修志者的改动，反映了各个时代各个方面的情况，是最可贵的第一手材料。但清代中叶以后，方志往往删去诗文，《艺文》但载书目，这并不是好办法。今后修方志，如果这些内容容纳不下，应该采取章学诚的办法，另编文征，使这些资料能保存下来。

方志中还有一些材料，尽管从正面看是绝不可信的，似乎是毫无价值的，但从反面看，这些史料却反映了历史的某一个侧面，是很能说明问题，很有价值的。例如方志中所载的户口，一般都不大可靠，我们如果相信了这些数字就要上当，但它们往往说明了当时政治、经济和社会的一个侧面。

如嘉庆《丹徒县志》记载该县永乐十二年有户四万二千三百七十五，成化十八年有户三万零九百五十九，正德六年有户三万零二百九十，万历二十四年有户二万九千零一十九。在没有发生大规模战乱灾害的情况下，该县一百八十多年间人口越来越少，这显然是不可信的。如果说丹徒县人口的减少是因为外流了，那么就应该有接纳这些人口的地区，而这些地区的人口增长率就应该高于正常的增长率。实际上并不存在这种情况。相反，像丹徒县这样的户口减少并非个别例子，因此这反映了明朝土地兼并严重、吏治日益腐败、册籍欺隐日甚一日这样一个普遍性的弊病。

再如隆庆《长洲县志》载隆庆五年该县总计人户十一万五千七百八十七户，男妇二十九万四千一百一十六，男子二十二万一千二百五十五口，妇女七万二千八百六十一口。男子数为女子数的三倍有余，显然是不可能的。这个数字本身不可信，但可以说明当时的户口统计从解决赋税对象出发，主要针对男子，重男不重女，因此妇女的统计极不完全（当然男子的统计也不完全，甚至根本不反映实际人口数）。

所以说，即使像这样错误的方志资料，对我们今天的研究工作还是有用的。我们还应该把它们保存下来。即使将来普遍修成了高质量的新地方史志，旧方志也不会失去它们的价值。以前在“左”的思想的影响下，特别是在十年内乱期间，旧方志大量损失流散，有的已经销毁散佚，有的虽然还有那么几部，也已成了大图书馆的孤本秘籍，远远不能满足整理研究的需要。因此有计划地翻印一些价值高、流传少的旧方志和方志稿本，是当前一项十分紧迫的任务。

（本文是据作者1981年7月25日在太原市召开的中国地方史志协会成立大会上的讲演稿整理的，刊于《江海学刊》1982年第1期。其他报刊论文集也多有刊载，但大部分未经本人审阅。1982年，某刊拟编历史论文集，索此稿，作者因对《江海学刊》所刊稿再作校核，修改增补，但后因故未刊。现据原稿录出，并作了一些文字上的修改。）

与缪彦威论《招魂》庐江地望书[1]

彦威尊兄撰席：

手教诵悉。弟于舆地之学，虽究心有年，然仅局于秦汉以后。至于先秦，则略窥大抵而已，迄未尝有所论列。良以文献阙佚，立说难得确证，不敢以悬揣之谈，盗名欺世也。屈宋辞人之言，事实半为采藻所掩，尤有扑朔迷离之感，向以畏途视之。故所询《招魂》庐江地望，亦素未留意者。得书后始检原文，细读一过，考之于《汉志》、郦注，颇喜粗有所获，今备陈之：

汉后庐江之名著于皖，其水据班志所载，即今芜湖东之青弋江，而巢湖上下游诸水及大江自彭蠡以下一段，地当古庐子国之南，疑亦足以当庐江之称。然皆非《招魂》乱词所谓庐江也。

乱所谓庐江，在今湖北宜城县北，其地于《汉志》为中庐县。《沔水经》："又东过中庐县东，维水自房陵县维山东流注之。"注："县即春秋庐戎之国也。县故城南有水出西山，名曰浴马港。候水诸蛮北遏是水，南壅维川，以周田溉，下流入沔。"庐江之为浴马抑维川不可知，要之必居其中之一。盖《招魂》所招者怀王之魂，而乱所述一段行踪，乃作者追记曩年扈驾自襄、沔至于郢都之景象也。（末二句复归招魂本旨）自襄沔至郢，庐江实所必经矣。然则何以知兹所称庐江在鄂而不在皖？此可以乱本文证之。乱下文云："倚沼畦瀛兮遥望博，青骊结驷兮齐千乘"；再下云："与王趋梦兮课后先"；又云："湛湛江水兮上有枫"；而终之以"魂归来兮哀江南"，与鄂西北地形悉能吻合。汉水西岸自宜城以南即入平原，故尔遥望博平，结驷至于千乘。平原尽则入于梦中。《汉志》，编有云梦官。编县故城，约当在今荆门县境。自梦而南，乃临乎江岸，达于郢都也。若以移之皖境，则无一语可合。巢南、江南及青弋左右皆丘陵丛错，安得齐驾千驷？梦之称虽所指广泛，然不闻于鄂蕲以东。贯庐江然后至于大江，则大江青弋，非兹所谓庐江，尤属断可无疑。且招魂欲使返于故居，楚之故居而濒于大江者，郢都也，皖境大江南北，皆不足

1　此书约作于1942年，缪彦威（钺）同志用以作为浙江大学中国文学史讲义之附录，重庆某刊曾发表。

以当之，亦显然易见者。由此观之，则斯篇实屈子所作而非宋玉所作，史公之说果较王逸辈为可信。

鄙见如是，高明以为然否？维希进而教之为幸，又近来考证《楚辞》地理者甚多，不知此说已否为他人所发也。

专此敬颂

著祺

弟其骧顿首

七洲洋考

早在1874年，西方汉学家迈厄斯在《中国评论》第3期中就以我国旧籍中的七洲洋为今之西沙群岛。夏德在《通报》第5卷中、夏之时在《中国坤舆详志》中都持此说。一百多年来，这个说法影响很大。东西汉学家如伯希和、藤田丰八等，我国治西域南海史地学者如冯承钧、向达[1]等，以至解放前后所有涉及南海诸岛历史的报刊文章，都沿袭了这种说法。虽然伯希和在《〈真腊风土记〉注》的增订本（1951年作为遗著出版）中已改以七洲洋为七洲列岛附近海面[2]，却并未引起人们的重视，这种实际上绝对错误的说法继续流通。时至今日，认真整理南海诸岛的历史已为我国历史学界一项迫切需要完成的重要任务，我们不能容许错误的说法再广为传播下去了。因此，写这篇短文澄清一下这个问题是十分必要的。

一

宋、元、明记载中，七洲洋皆指今七洲列岛附近海面。

七洲洋始见于南宋人著作《梦粱录》，宋代只此一条。[3] 在元代文献中凡三见：《元史·史弼传》、《真腊风土记》、《岛夷志略》。明初郑和下西洋时载及七洲洋的则有《星槎胜览》。今将这些早期记载摘录如下：

吴自牧《梦粱录》："若欲船泛外国买卖，则是泉州便可出洋。迤逦过七洲洋，舟中测水，约有七十余丈。……海洋近山礁，则水浅，撞礁必坏船。全凭南针，或有少差，即葬鱼腹。自古舟人云：'去怕七洲，回怕昆仑。'……若商贾止到台、温、泉、福买卖，未尝过七洲、昆仑等大洋……"

---

1 伯希和《〈真腊风土记〉注》，藤田丰八《〈岛夷志略〉注》，冯承钧《西域南海史地考证译丛》，向达《两种海道针经》。

2 本文初次发表时，曾误以此说始于夏之时，也未提及伯希和遗著中的正误，承夏鼐同志来函指出，现据夏鼐同志意见改正，附注于此，并致谢忱。

3 《宋史·二王本纪》载元将刘杰追宋端宗至七洲洋，《宋史纪事本末》作七里洋。两个"七"字都是"九"字之误。"里"字则系"星"字之误。九星洋一名九洲洋，在今珠海县九澳岛稍北。详见《宋端宗到过的七洲洋考》。

《元史·史弼传》:至元二十九年"十二月,弼以五千人合诸军,发泉州,……过七洲洋、万里石塘,历交趾、占城界,……入混沌大洋"。

周达观《真腊风土记》:"自温州开洋行丁未针,历闽广海外诸州港口,过七洲洋,经交趾洋,到占城。"

汪大渊《岛夷志略》:"昆仑山……下有昆仑洋,因是名也,船贩西洋者必掠之,顺风七昼夜可渡。谚云:'上有七州,下有昆仑,计(针)迷舵失,(人)舟就(孰)存。'"

费信《星槎胜览》:"昆仑山,其山节然瀛海之中。……俗云:'上怕七洲,下怕昆仑,针迷舵失,人船莫存。'"

上引五条记载中的七洲洋,很清楚指的都是今海南岛文昌县东七洲列岛附近的海面,不可能指西沙群岛的海面,更不可能指西沙群岛。试论证如下:

(一) 七洲洋水深七十余丈,约为二百余公尺,与今地图七洲列岛附近海深线在五十至二百公尺之间大致相符。西沙群岛附近洋面深度为一千公尺左右,与"七十余丈"不符。若岛屿附近水浅处,则有撞礁之险,非海舟停舶处。

(二) 史弼用兵爪洼,先经万里石塘,然后历交趾、占城界,可见此万里石塘应指今西沙群岛;叙七洲洋又在万里石塘之前,可见应指今海南岛东侧海面。若七洲洋即万里石塘之海面,则史文无须复出万里石塘四字。

(三) 周达观行程历闽广诸港口以后,过七洲洋,以经交趾洋到占城之前。按:占城在今越南中部,交趾洋指自海南岛至占城海面,则七洲洋自应指交趾洋北之海南岛东侧,不可能反指在交趾洋东南的西沙群岛海面。

(四)《梦粱录》、《岛夷志略》、《星槎胜览》三书中七洲皆与昆仑对举,昆仑洋指昆仑山下即昆仑岛下的洋面,则七洲洋自应指七洲山即七洲列岛下之洋面。宋元以来,皆称西沙群岛为石塘、长沙、千里或万里石塘、千里或万里长沙,无称七洲者,可见七洲洋应指七洲附近的洋面,不可能指石塘或长沙的洋面。

西沙群岛由三十多个岛、礁、滩、沙组成,其中较显著的亦达十五个,绝不止七数。唯整个群岛又可分成东西两部分:永乐群岛在西,较显著者八岛,俗称下八岛或西八岛;宣德群岛在东,较显著者七岛,俗称上七岛或东七岛,渔民也有称之为七洲的。《中国坤舆详志》之所以以西沙群岛当古籍中的七洲洋,当由于此。但宣德群岛可以叫七洲,整个西沙群岛不能叫七洲;且宣德有七洲之称不见于古籍,古籍中七洲皆明指文昌县东的七洲列岛。

夏之时显然是犯了以偏概全、混淆古今的错误。

(五) 诸书屡及七洲、昆仑,这是由于此二处为当时往返闽粤与南海诸国间航道所必经。既为航道所必经而又有险,故有去怕、上怕、下怕之谚。若万里石塘则“避之则吉,遇之则凶”(《岛夷志略》),岂得为航道所经? 至七洲洋之所以可怕,则端在舟过此处时若掌握南针“少差”,便会碰上万里石塘,“针迷舵失,人船莫存”。昆仑洋之可怕,亦当在航线若偏东,即有触及南沙群岛的危险。

七洲、昆仑都是有相当高度的岩岛,“节然瀛海之中”,因而得与明清针经中的乌猪、独猪、外罗、占笔罗等山并列,成为指引海道航向的指标。至于西沙、南沙诸岛,都是些海拔很低而礁盘很大的珊瑚洲,远处看不见,等到船至近处看得见了,便有触礁之险,怎得成为大海中的航标?

郑和下西洋以后,正统六年(1441年)行人吴惠奉命出使占城册封嗣王,是明朝官员航行南海的又一大事。传世明代著作如慎懋赏《海国广记》、王鏊《守溪长语》、《震泽纪闻》、严从简《殊域周咨录》、黄佐《广东通志》等,皆载及此事。诸书所载吴惠的航程都是发东莞县,次日过乌猪洋(今下川岛附近),又次日过七洲洋、铜鼓山,又次日见大周山(二山都在海南岛东岸),又次日至交趾洋。可见所谓七洲洋只能是指海南岛东北的七洲列岛附近。

明代中晚期有三部讲海道的专书,都提到了七洲洋:《海语》、《顺风相送》、《东西洋考》。

《顺风相送》共八次提到七洲洋,有地望可指者凡五处:(一)“定潮水消长时候”条说:船过七洲洋,贪东七更见万里石塘。可见七洲洋不等于万里石塘的洋面,后者在前者之东七更路程。后者即今西沙群岛,则前者无疑指七洲列岛附近洋面。(二)“各处州府山形水势深浅泥沙地礁石之图”条系七洲洋于乌猪山之下、独猪山之上。(三)“浯屿往大泥、吉兰丹。”(四)“太武往彭坊针路。”(五)“广东往磨六甲针。”三条都说七洲洋在乌猪山西南,又西南为独猪山。可见七洲洋专指七洲山附近,西南不超过今万宁县的独猪山即大周山或大洲头。

张燮《东西洋考》中载及七洲洋一段最为详晰:

“乌猪山”:注云:“用单申针十三更:取七洲山。”

“七洲山、七洲洋”:注引《琼州志》:“在文昌东一百里,海中有山,连起七峰,内有泉,甘洌可食。”又注曰:“俗传古是七洲,沉而成海。舶过,用牲粥祭海厉,不则为祟。舟过此极险,稍贪东,便是万里石塘,即《琼志》所谓万州东之石塘海也。舟犯石塘,希脱者。”

这里和上引《顺风相送》"各处州府山形水势"条都将七洲洋系于七洲山之下,可见七洲洋自应指七洲山下的洋面。这里虽未引"去怕七洲"这一古语,但很具体地说到了"舟过此极险",险在于"稍贪东便是万里石塘","舟犯石塘,希脱者",这是对"去怕七洲"的很好解释。由此可见七洲之可怕不在于七洲洋本身,而在于掌握针向偏东时便有撞到万里石塘即西沙群岛的危险。再者,这里又明确指出万里石塘所在的海面名为石塘海,它是在万州之东,而七洲洋在万州之北。

《顺风相送》载七洲洋"一百二十托水"。《东西洋考》载七洲洋"打水一百三十托"。每托约合五尺,一百二三十托,与《梦粱录》所载七洲洋水深约七十丈基本符合。

明代记南海三书中,唯独黄衷《海语》在暹罗条下有云:"自东莞之南亭门放洋,南至乌猪、独猪、七洲。"原注:"三洋名。"七洲洋既列于万州独猪洋之后,似应在独猪洋之南,接近西沙群岛。但从明代其他诸书全都列七洲洋于独猪山之前看来,《海语》此条显然是颠倒了次序。我们当然不能认为其他多数记载都错了,反而这条七洲在独猪之南的孤证是可信的。

总上所述,足证明以前文献记载中的七洲洋,指的都是仅限于今海南岛东侧七洲列岛附近的海面。

二

清代图籍中的七洲洋,有广狭二义:狭义沿袭明以前旧义;广义则范围极广,包括西沙群岛海面在内,但亦不专指西沙群岛海面。

狭义的如约成书于18世纪初的针经《指南正法》,书中凡十一处提到七洲洋。其中有些条文内容基本上与《顺风相送》相同,不赘叙。特别值得提到的是另有一条自宁登洋(即广州伶仃洋)往高州的航线,一条自大担(即金门大担岛)往交趾(指越南北部红河三角洲)的航线,一条自宁波往东京(指越南河内)的航线,这三者都经过七洲洋。试问,七洲洋若指西沙群岛洋面,这三条航线怎么可能会绕道经过这个洋面?当然只能是指七洲列岛附近才能解释得通。

又如《泉州府志》、《同安县志》中关于18世纪初广东水师副将吴升巡视琼州府海域的记载都说是"自琼崖历铜鼓,经七洲洋,四更沙,周遭三千里"。铜鼓山、七洲洋在海南岛东侧,四更沙在海南岛西昌化县境,这条巡视路线显然是从琼州府治附近出发顺时针方向,自北而南,自东而西,又自南而北,自西而东,绕岛一周,与三千里之数基本符合。若说是南下巡视到了西沙群岛,再折而西北绕经四更沙东返琼州,那就不止三千里了。何况这条记载的目的是在宣扬吴升不畏艰险，躬自巡视，若果真到了西沙群岛海面，岂有不提远处的石塘或长沙，只提近处的铜鼓山、四更沙之理？

又如记载18世纪后期航海经历的谢清高《海录》有云："自万山始，既出口，西南行过七洲洋，有七洲浮海面故名，又行经陵水……"这个七洲洋也很清楚，指的是陵水以北七洲列岛附近海面。

舆图中如嘉庆二十二年的《大清一统天下全图》（明清档案馆藏），也把七洲洋注在海南岛以东万里长沙以北。直到宣统元年的《广东舆地全图》，七洲洋也注在七洲之南、铜鼓嘴之北。

广义的七洲洋始见于18世纪初陈伦炯的《海国闻见录》。此书在"南洋记"一节中，说七洲洋在"大洲洋而外"，又说自北而南，过了"琼之大洲头"才过七洲洋，可见它所指的七洲洋，已确从明以前的旧义指大洲头以北，改为指大洲头以南。但是不是指的就是西沙群岛的海面呢？也不是。同书在"南澳气"一节中又说万里长沙（西沙、中沙二群岛）之南为七洲洋，更南为千里石塘（南沙群岛）；在"昆仑"一节中又说七洲洋南境直抵大小昆仑山。可见此书所谓七洲洋范围极广，北起海南岛东南隅大洲头，南抵越南东南北纬八度多的昆仑山，都包括在内。这个"七洲洋"是包括西沙群岛海面在内的，但并不专指西沙群岛海面。

这种广义的用法，又见于道光王寅刻本《海录》卷首的地图中，七洲洋三字拉长注于海南岛与昆仑山之间，长沙、石塘皆在其东。这幅图为一般丛书本《海录》所无，疑非《海录》所原有，而系道光壬寅刻本刻书者录自他书，故七洲洋的含义与《海录》书中用法不同。

又见于19世纪中叶徐继畬《瀛寰志略》的"南洋滨海各国图"和"南洋各岛图"中，七洲洋三字注于琼州、昆仑之间，长沙、石塘之西南。又见于19世纪70年代的郭嵩焘《使西纪程》，其中有云："……在赤道北一十三度，过瓦蕾拉山，安南东南境也，海名七洲洋。"在北纬十三度瓦列剌岬以外的海面还叫七洲洋，可见这个七洲洋是伸展到西沙群岛以南的洋面的，与《海国闻见录》相同。

如上所述，则七洲洋的广狭二义，在有清一代都是长期通用的。

总之，不论是明以前的七洲洋旧义也好，清代的七洲洋广狭二义也好，七洲洋都不指或不专指西沙群岛洋面，更不等于就是西沙群岛。西沙群岛在旧籍中只作石塘、长沙或万里、千里石塘长沙等，从来没有被称为七洲；西沙群岛海面的专称只有见于《东西洋考》的石塘海，从没有被称为七洲洋。

（原载《中国史研究动态》1979年第6期）

郭著《李白与杜甫》地理正误

一、碎叶

李白先世隋末被窜于碎叶，郭老认为唐代碎叶有两处，一为“中亚碎叶”，又其一为“焉耆碎叶”。焉耆碎叶，其城为王方翼所筑，筑于高宗调露元年(679 年)。[1]

按：郭老所谓“中亚碎叶”，城在碎叶水即今楚河南岸，见于玄奘《大唐西域记》卷一(碎作素)、《通典·边防典》石国注引杜环《经行记》、《新唐书·地理志》北庭大都护府及卷末贾耽记边州入四夷道里。又谓别有一“焉耆碎叶”，盖本于《新唐书·地理志》羁縻州焉耆都督府下注云：“有碎叶城，调露元年都护王方翼筑，四面十二门，为屈曲隐出伏没之状云。”其实细读两《唐书·裴行俭传》、《王方翼传》，可知方翼所筑碎叶城，就是碎叶水上的碎叶城；通观两《唐书》记载，只有这一个碎叶城，不存在第二个碎叶城。但著名的唐代安西四镇初置时是龟兹、于阗、疏勒、碎叶四镇，后来又罢碎叶，以焉耆备四镇(两《唐书·龟兹传》、《焉耆传》)。欧阳修殆因此而误以为碎叶即焉耆，故列碎叶城于焉耆都督府下。郭老不察，致误信谬说。[2]

又，郭老以“焉耆碎叶”城筑于调露为据，就认为生于隋末的李白当然不会生于“焉耆碎叶”，这句话是不能成立的。假如焉耆境内确有一地名为碎叶，则生于其地筑城以前的人，何尝不能说是生于碎叶？

又，郭老谓碎叶即今托克马克，在今苏联哈萨克境内。按：托克马克在今苏联吉尔吉斯共和国境内，不属哈萨克。

二、条支

李阳冰《草堂集序》中述李白家世有云：“中叶非罪，谪居条支。”郭老认为所以不说谪居碎叶而改为条支，是因为碎叶城属于条支都督府。又说，唐

1　见《李白与杜甫》，第 3、6 页。

2　请参阅邹逸麟、赵永复：《唐代的碎叶城》，载《复旦学报(社会科学版)》1980 年《历史地理专辑》。

代的条支都督府，"旧不详其地望所在"。李白乐府《战城南》云："去年战，桑干源；今年战，葱河道；洗兵条支海上波，放马天山雪中草。""诗中条支与葱河（喀什噶尔河）、天山连文，表示其地望相接"；"此唐代条支既与葱河、天山等接壤，自当包含碎叶。是则所谓条支海，或条支都督府所辖之海，如非伊塞克湖（热海），当即巴尔喀什湖。因而条支都督府所辖地即今苏联境内的哈萨克一带，是毫无疑问的。"[1]

按：郭老这一段推论是极为荒谬的。《草堂集序》中的"条支"和《战城南》中的"条支海"，都是文人用典，不能指实为确系谪居于条支其地，洗兵于条支之海。《汉书・西域传》：乌弋山离"行可百余日乃至条支，国临西海"，"自条支乘水西行可百余日，近日所入云"。《后汉书・西域传》："班超遣甘英使大秦，抵条支，临大海，欲渡。"船人极言海水广大，往往经岁始得渡，英乃止。故条支一名，汉后遂成为中土人心目中西方极远地区的代名词，李阳冰与李白诗文中的条支与条支海，即用此义。郭老竟以条支为唐代的条支都督府，在今苏联哈萨克一带；条支海为今伊塞克湖或巴尔喀什湖；又以碎叶为条支都督府属邑，自以为"毫无疑问"，实则大误特误。

唐条支都督府为高宗龙朔元年（661 年）所置安西吐火罗道十六都督府之一（《新唐书・地理志》羁縻州），其地本为漕矩吒国（见《大唐西域记》卷十二），显庆时为诃达罗支国，武后时又改名为谢飓国。《新唐书・西域传》有谢飓专条，言及其四邻及城邑甚备：

> 居吐火罗西南，……东距罽宾，东北帆延，皆四百里；南婆罗门，西波斯；北护时健。其王居鹤悉那城，地七千里，亦治阿娑你城。

郭老连正史列传都不查，遽云"旧不详其地望"，未免太疏忽。

吐火罗，今阿富汗东北境阿巴德一带；罽宾，今阿富汗东境巴基斯坦界上；帆延，今阿富汗中部巴米尔一带；婆罗门即印度，此处指今巴基斯坦；波斯，今伊朗；护时健，今阿富汗西北境；鹤悉那，今阿富汗首都喀布尔西南之加兹尼；唯阿娑你（《大唐西域记》作鹤萨罗）无考。由此可见，这个谢飓国即条支都督府，应在今阿富汗西南境，其王都即都督府治则为今加兹尼。这块地方北距碎叶城有数千里之遥，中间隔有阿姆河两岸吐火罗道诸府州，锡尔河两岸昭武九姓国诸府州和锡尔河北岸的西突厥濛池都护府诸府州，碎叶城怎

1　见《李白与杜甫》，第 4—5 页。

么可能飞越这么许多府州悬属于条支都督府？何况碎叶川本为西突厥地，介在五弩失毕与五咄陆之间；碎叶城自贞观末即为唐安西四镇之一，至开元七年(719年)始因十姓(即西突厥)可汗请居碎叶而罢镇，事见两《唐书·西突厥传》、《西域传》；一个唐朝设在西突厥地区的重镇，又怎么可能隶属于吐火罗道的羁縻都督府？今阿富汗的东北境可以说与葱岭相接，在今阿富汗西南境的条支都督府就说不上与葱岭相接。何况葱河在葱岭之东，天山更在葱岭之北，条支怎么可能与葱河、天山相接？即令如郭老所说条支在碎叶一带，南去葱河亦有千里，去天山数百里，也说不上相接。阿富汗西南境去海甚远，哪儿会有什么条支海？伊塞克湖唐时名热海，一名大清池，一名咸海，见《大唐西域记》、《经行记》、贾耽记入四夷道里；巴尔喀什湖唐时名夷播海，见《新唐书·地理志》北庭大都护府；二湖去条支都督府及古条支国各远达数千里，又怎么可能会叫起条支海来？

考证历史时期的地理，自当取证于历史记载。文学作品旨在比兴，但求典雅，不求真实，是作不得史证的。郭老置两《唐书》纪传于无睹，竟想用迷离恍惚、不着边际的一二诗句来解决条支的地望问题，这就难怪会得出如此稀奇古怪的结论来了。

三、河西

杜甫于天宝末选授河西尉，不就。《官定后戏赠》诗中有“不作河西尉，凄凉为折腰”句。郭老说：“河西县在唐代有两处：一属于云南，在蒙自附近，天宝后没入南诏；一属于四川，在宜宾附近。估计杜甫被任为县尉的是后者。”[1]

按：郭老所提到的唐代两个河西县，是从1931年商务印书馆出版的《中国古今地名大辞典》里抄下来的。由于抄得欠仔细，既有抄错的地方，又没有抄全。

《地名大辞典》“河西县”下第一条是：“唐置，故城在今云南河西县东北，……天宝末没于蛮，为步雄部，后阿僰蛮易渠夺而居之；元时内附，后置为州，……降为县；明属云南临安府；清因之；今属云南蒙自道。”第二条是：“见河滨县条。”第三条是：“唐置，今阙，当在四川旧叙州府境。”

《辞典》第一条即郭老所说“在蒙自附近”一处所本；《辞典》说今属蒙自道，郭老就说成是“在蒙自附近”。殊不知民国初年的蒙自道辖境甚广，道属

1　见《李白与杜甫》，第160—161页。

诸县未必都在道治蒙自附近。河西县于1956年并入通海县，故治在今通海县西河西镇。河东西南去蒙自达三百三十里，中隔通海、建水、开远等县，怎么能说是在蒙自附近？

《辞典》第三条即郭老所说"在宜宾附近"一处所本，因为宜宾是旧叙州府附郭县。但《辞典》编者显然是因为查不到明确的资料，所以先说"今阙"，然后"当在四川旧叙州府境"，这只是姑作如此推测而已。到了郭老手里，竟变成用肯定语气说是"在宜宾附近"，跟《辞典》原意已不一样了。

《辞典》第二条叫读者去查河滨县条。河滨县下有一条是："唐置，寻更名河西，后省，故治在今陕西朝邑县东。"郭老若查到了这一条，就该说"河西县唐代有三处"了。可是他竟没有肯再多花一二分钟去查看这一条，所以就认为河西县在唐代只有两处了。

郭老知道杜甫被任为河西尉在天宝末，而唐朝设在云南的州县天宝中已没于南诏，所以他作出了杜甫应被任为在今四川宜宾附近的河西县尉的结论。

郭老十分信赖《地名大辞典》，殊不知这部辞典对唐代的河西县既没有列全，对列出来的三个，所述沿革、地望又都不确。

第一条：解放以前的云南河西县，始置于元，不始于唐。《辞典》误作唐置，系袭自《清一统志》云南临安府沿革，而《清一统志》又袭自《元史·地理志》；此二书都说元代的河西县就是唐初西宗州的河西县。按：唐武德四年置西宗州，贞观十一年更名宗州，"北接姚州，领县三：宗居、石塔、河西"，见《旧唐书·地理志》剑南道、《新唐书·地理志》羁縻州、《太平寰宇记》剑南西道。这个羁縻宗州既然北接姚州，姚州故治在今云南姚安县稍北，所以《清一统志》云南楚雄府沿革把宗州说成在清镇南州即今南华县境内是基本合理的。宗州的州治虽在宗居县，羁縻州辖境一般不可能很大，河西县也应在今南华县一带，绝不可能远在南华县治东南四五百里外的今通海县河西镇。《元史·地理志》述前代沿革多误，这一条显然也是错的。

第三条：《辞典》为什么说是"当在四川旧叙州府境"呢？我们可以找出它的来历。原来两《唐书·地理志》、《太平寰宇记》中的宗州都列在戎州都督府之下，戎州都督府所管羁縻州很多，《辞典》编者搞不清这些州的具体方位，所以只得先说"今阙"，又因唐戎州即明清叙州府的前身，便又加上了一句"当在四川叙州府境"。殊不知唐戎州都督府的辖境极为广大，特别是在唐初未置姚州都督府以前，唐朝置在今云南东北部、东部、中部地区的羁縻州，全在它的统属之下，宗州即其中之一。所以唐代戎州都督府所领的河西县，实际上就是在今云南境内的羁縻宗州所领的河西县,并不在今四川境内。

因为《辞典》这两条本来就写得不对,郭老以此为据所作出的推断,当然也就不能成立。一、唐代不仅没有一个河西县在今蒙自附近,也没有在今通海县西境的河西县。二、唐代并没有在今四川宜宾附近的河西县,《辞典》第三条所指河西县,实在今云南姚安县南南华县治附近。这个河西县当于天宝九载南诏攻陷姚州时已没入南诏,杜甫以天宝末授河西尉,当然不可能是这个县。何况,唐置羁縻州县于边疆少数民族部落,州县的长官就由部落酋领充任,所以就是在天宝九载以前,杜甫是汉人,也不可能去做这个羁縻县的县尉。

《辞典》河滨县条说河滨寻改名河西,也是错的。河滨县不见《通典》、《元和志》、《寰宇记》;据两《唐志》,此县系武德三年析同州朝邑县所置,贞观元年省,没有改过名。《辞典》编者可能因为《清统志》说河滨县故址在朝邑县东,《读史方舆纪要》又说朝邑县东有河西城(此城当即贞元七年以后河中府的河西县故址,见下文),遂混而为一。

由此可见,郭老即使把《辞典》三条河西抄全了,也并不能解决杜甫"不作河西尉"的河西在哪里的问题。要解决这个问题,光靠查《地名大辞典》是不行的,还得查查两《唐书·地理志》和唐宋地理总志《元和郡县志》、《太平寰宇记》等书。

这些书查下来就可以知道,原来唐代除在云南的那个羁縻河西县外,还有两个正县也叫河西,近在长安以东三四百里内。

一个是武德三年分同州郃阳县所置,乾元三年改名为夏阳县,至宋熙宁三年复省入郃阳,故址在今陕西郃阳县东南四十里。

一个是河中府的附郭县,故址即今山西永济县蒲州镇。这个河西县最初系开元八年分河中府附郭河东县所置,同年仍省入河东。乾元三年再置,罢同州朝邑县以其地为本县辖境。至大历五年(一作三年)复置朝邑县还属同州,又析朝邑五乡、河东三乡为本县辖境。至贞元七年,迁治府西四里安远城。宋熙宁三年复省入河东。

在这两个河西县中,在今山西永济县蒲州镇的那个,开元中置而即罢,此后要到乾元三年才复置,在天宝年间并不存在,所以杜甫于天宝末被选授为河西尉,这个河西县无疑是在今陕西郃阳县东南的那一个。

1980年11月28日

(原载《历史地理》第2辑,上海人民出版社1981年)

《汉书·地理志》选释引言

"正史"地理志是我国古代地理著述中最基本最重要的一部分。二十四部"正史"中,有地理志的共十六部。在十六种地理志中,《汉书·地理志》是值得我们特别重视的一种。这是由于:

第一,《汉书·地理志》是第一部正史地理志,也是我国第一部以疆域政区为主体、为纲领的地理著作。《汉书》全书的体例虽仿自《史记》,《汉书》的"志"就是《史记》的"书",但《史记》八书中并无地理一书,专为地理作志,始自《汉书》。《汉志》(《汉书·地理志》的简称,前人专讲沿革地理的著作,习惯上都简称各正史地理志为《汉志》、《续汉志》、《晋志》等)以前的地理著作,如《山海经》、《禹贡》、《职方》等,一般都以山川为主体,以著作者所拟定的地理区域为纲领,不注重疆域政区;至以一朝某一时期的疆域为范围,把当时的政区建置全部记录下来,先立此为主体、为纲领,然后分条附系其他山川物产等项,就这样一种著述体制——我们可名之曰疆域地理志——而言,也是《汉书·地理志》所开创的。后世继《汉志》而作的各正史地理志,当然都是疆域地理志;就是六朝以后所兴起的,现存《元和郡县志》以下的历朝地理"总志",内容虽较正史地理志有所扩展,性质并无二致,也是疆域地理志。《汉书·地理志》既是疆域地理志的始祖,因而二千年来,所有这一类著作,不管它讲的是什么时代、什么地区(只要在《汉志》记载所及范围以内),如果它要推本溯源,追寻建置来历,最后必然要归结到《汉志》的记载上去。所以前人认为不读《汉书·地理志》,就无法从事历代疆域政区沿革的研究,这一看法基本上是正确的。

第二,《汉书·地理志》不仅是正史地理志中最早的一部,并且也是最好的一部。它的好处有二:其一,它在各郡县条下的附注,内容很丰富,计有户口数字,山岳陂泽的方位,水道的源流,水利的设施,具有历史意义的城、邑、乡、聚,重要的关、塞、亭、障,著名的祠庙、古迹,当地的特产,官家设置在各地的工矿企业等等各项。后世的各史地理志,在个别方面间有超过它的,总的说来,往往反而赶不上它。其二,《汉志》在志末又辑录了西汉成帝时刘向所言的《域分》，朱赣所条的《风俗》；所谓《域分》、《风俗》，实际上是一篇以《史记·货殖列传》为基础，而予以补充、扩展、改编，比《货殖列传》更加完备的全国区域地理总论。以后的正史地理志大多数根本没有这一部分，只有《南齐书·州郡志》、《隋书·地理志》和《宋史·地理志》稍有类似的记载，但远不及《汉志》全面而扼要。《汉志》既然具有这二大好处，因此它一方面是一个保存着许多珍贵的古代地理资料的宝库，一方面又是我国地理学史中一部划时代的代表作。

第三，《汉书·地理志》的记述对象不单限于西汉当代的地理，它又"采获旧闻，考迹《诗》、《书》，推表山川，以缀《禹贡》、《周官》、《春秋》，下及战国、秦、汉"；换言之，它不仅是一部地理著作，同时也是一部历史地理著作。汉以前古籍里所记载到的地名，很多都是由于《汉志》用汉地予以注释，因而后人才能知道它们的正确位置（但《汉志》的注释也有一部分并不可信）。所以任何人想研究西汉以前的古代地理，也都离不开这部《汉书·地理志》。

第四，《汉书·地理志》是以我国历史上最强盛的王朝之一西汉的全部疆域政区——东至今日本海，西至玉门、阳关，南至今越南中部，北至阴山——为记述对象的，所包括的地区范围既很辽阔，对边疆地区的记载也比较详悉。其他正史地理志很少有赶得上它的。两汉隋唐时为我国中古时代的盛世，就以《续汉志》、《隋志》、《唐志》和它相比：《续汉志》地区范围大致和《汉志》相当，缩小得不多，但整个北边由于政区建制撤销了许多，记载就很简略；《隋志》、《唐志》在东北西南的地区范围都远不及《汉志》广阔，西北方面地区虽有所扩展，记载也不及《汉志》详悉。因此，《汉书·地理志》又是一部研究古代边疆地理的必读之书。

《汉书·地理志》是一篇具有重大价值的古代地理著作，但要读通它却颇不容易。其所以不容易，除了一般古籍共有的情况，即由于长时期的传抄翻刻造成了许多文字上、排列上的讹误错乱外，还有它的特殊情况：

首先是，志文往往失之过简，非经参证其他有关史料，即无从理解它的正确含义。

其次是，它有它一定的编撰义例，却又往往为例不纯，因而读者不仅应该懂得它的义例，又要能够辨别哪些地方是合乎义例的，哪些地方是不合乎义例的，才不致因泥于义例而转生误解。

再其次是，它是一部地理著作，但编者班固对地理似乎并不曾下过多大工夫，他只是博采西汉以前地理学家的著述汇为一编，既无意于研讨前人记载是否正确，遇前人记载有异说时，也未能判断孰是孰非；更有前人记载本来不错，可是所载的地理情况到后来已发生了变化，班固不察，还是照原样纂录入志，因而使不同时代的地理情况并列于一篇之中，相互矛盾。这都给读者带来了许多困难。

最后还有一点，那就是由于志文很简略，又可能有错误，而古今的地理情况也可能有所变动，因而读者遇到志中记载和后世地理情况有出入时，就很难判断这一记载到底属于下列三种情况中的哪一种：1. 古今地理情况变了，记载不错；2. 和实际情况并不相符，可是它确实反映了当时的地理知识水平；3. 完全是班固搞错的。这一判断作不出或作得不对，当然就会影响对《汉志》资料的正确运用和评价。

《汉书·地理志》的重要与难读，旧时代的学者早已注意到了，曾经为志文的全部或一部做过注释工作的，不下数十家之多。清末王先谦作《汉书补注》又把诸家的注释汇于一篇，为近人读《汉志》提供了不少方便。但这些旧释往往失于枝蔓烦琐，并且这些注释家的功力多数都集中在校勘训诂方面，很少能够正确地指出原著的得失，注意到阐发原著的科学价值。这样的注释是不符合于当前的时代要求的。本释文的写作，目的是想在前人研究成绩的基础之上，取其精华，去其糟粕，并进一步有所提高，使《汉书·地理志》这一篇古代地理名著，能为现代青年学者所掌握，从而运用它来为当前的科学研究——历史地理和地理学史的研究服务。限于学力，自知实际写出来的东西和理想中的目标距离尚远，诚恳地希望读者多多予以批评和指正！

（原载侯仁之主编《中国古代地理名著选读》第1辑，
科学出版社1959年）

《山经》河水下游及其支流考[1]

《山海经》这部书，由于后代读者不能理解它的内容，长期以来一直被斥为荒诞不经之言。清代考据之学兴起，先后有吴任臣、毕沅、郝懿行、吴承志等人对《山海经》作了注释，广征博引，确是下了不少工夫，但都距离真正充分理解这部书尚远。单就山川方位而言，就往往把经文中依次排列的山川，解释成一南一北、一东一西相去极远的两座山或两条水。例如，对《北次三经》的高是之山、滋水解释为在今山西北部，却对"其北五百里"的沂山和般水解释为在今山东境内（郝懿行）。锡山、牛首水解释为今河北邯郸县西北紫山和牛照河，而对"又北二百里"之景水、海泽解释为河水注于渤海（吴承志）。这样的注释，当然难以使读者提高对本书科学价值的认识。

对《山海经》科学价值的忽视，也充分反映到对黄河史的研究上。古今所有研究黄河的学者多以《尚书·禹贡》篇里记载的河水为最早的大河故道。从司马迁开始，一直到清代研究黄河变迁的名著——胡渭《禹贡锥指》、现代研究黄河的巨著——岑仲勉《黄河变迁史》，叙述黄河的历史，都从《禹贡》大河讲起，对《山海经》根本不予理会。

实际上《山海经》中《山经》部分包含着很丰富的有关黄河下游河道的具体资料，《山经》的著作年代虽然难以具体确定，但它是先秦著作是绝无问题的，一般都认为在《禹贡》之先。只是由于《山经》中对河水本身只有"昆仑之丘，河水出焉，而南流，东注入无达"；"积石之山，其下有石门，河水冒以西流"（《西次三经》）这么几句，缺乏像《禹贡》导河一节那样对河水下游河道有具体流路的记载，因此，《山经》里有关河水的具体记载竟长期以来不为人所重视。但我们如把《北山经》中注入河水下游的支流，一条一条摸清楚，加以排比。再以《汉书·地理志》（以下简称《汉志》）、《水经》和《水经注》时代的河北水道予以印证，就可以相当具体地把这条见于记载的最古的黄河故道在

1　此文初稿，本系《中国自然地理·历史地理篇》水系变迁中的一节及其附考，脱稿于1977年10月。顷者，《中华文史论丛》将复刊，索稿于余，而余方在病中，不克执笔。赖邹逸麟同志热诚相助，乃得将初稿改编为专题论文以应《论丛》之征。书此志谢。1978年5月5日，于上海龙华医院。

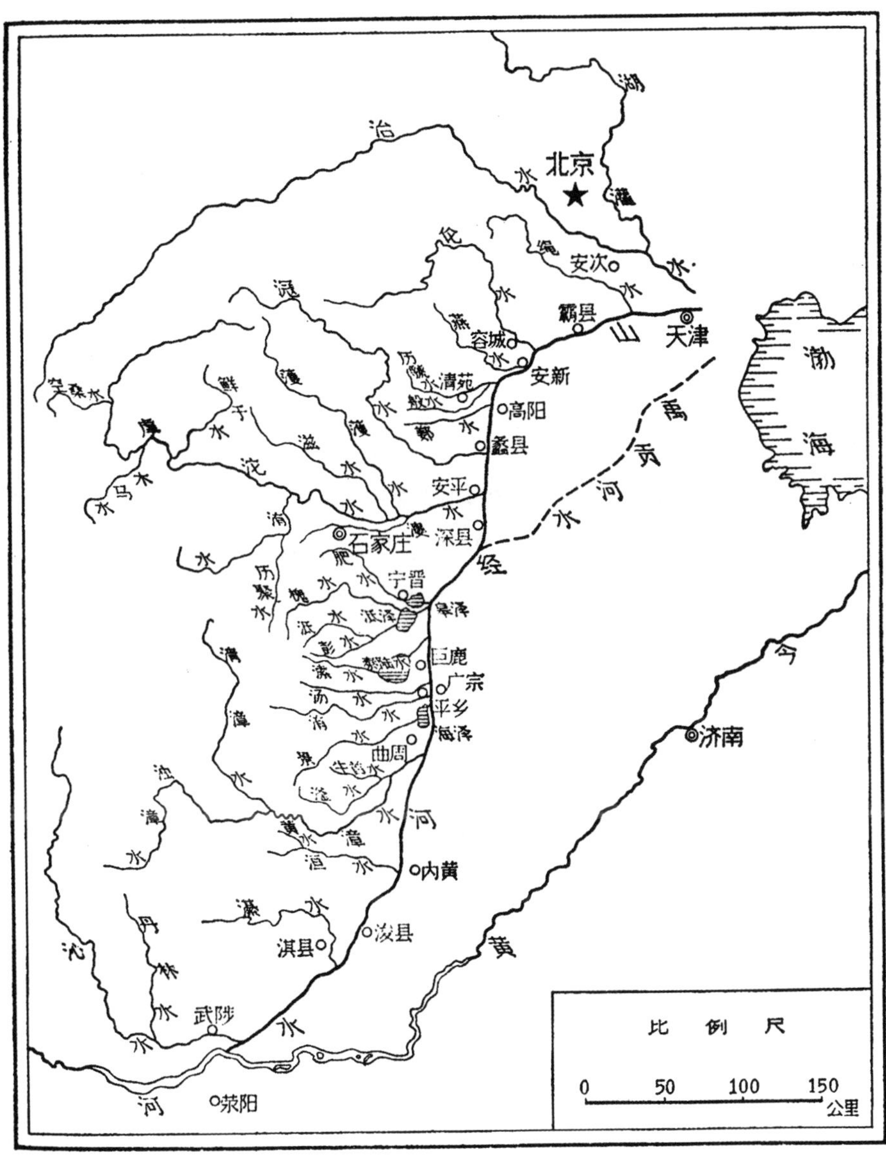

山经河水下游及其支流图

地图上显示出来。

下面即将《北山经·北次三经》中河水下游支流逐条予以考证。

沁水　丹林水　　《北次三经》自西南而东北第十九山曰谒戾之山，“沁水出焉，南流注于河。其东有林焉，名曰丹林，丹林之水出焉，南流注于河”。沁水即《汉志》、《水经》沁水，今沁河。据《水经·沁水注》，古沁水自今武陟县治（木栾店）以下，又东流经县东十六里武德故城南，又东南入河，与今沁河自县治西南折南流入黄河不同。丹林水即《汉志》绝水，《水经·沁水注》丹水，今丹河。《沁水注》引此经直作丹水，无林字。丹水入沁而经云入河，盖谓合沁入河。

婴侯水　汜水　　谒戾山又有“婴侯之水出焉，北流注于汜水”。《水经·汾水注》引此经作“谒戾之山，婴侯之水出于其阴，北流注于祀水”。婴侯水即今平遥县东南中都水，祀水（汜水）即县东贺水，二水合流后西流注于汾水。二水不属于河水下游支流。

濝水　　第二十山曰沮洳之山，“濝水出焉，南流注于河”。濝水即《汉志》、《水经》淇水，《水经注》引此经亦作淇水。《汉志》淇水入河同此经。东汉末曹操于淇水口遏淇水东入白沟，故《水经》淇水下游为白沟。今淇河南流至浚县西南淇门入卫河，略同曹操故迹，汉以前淇水则自此更南流入大河。

黄水　洹水　　第二十一山曰神囷之山，“黄水出焉，而东流注于洹”。据《水经·洹水注》，黄水乃汉隆虑县即今林县境内洹水之北源。洹水即《汉志》、《水经》洹水，今安阳河。此经不及洹水所注，按《水经》洹水“东过内黄县（故城今内黄县西北二十里）北，东入于白沟”，自此以上白沟本大河故道，即《汉志》所谓“邺东故大河”，则《山经》时洹水当在此入河。《汉志》洹水“东北至信成（故城今清河县西北）入张甲河”，自内黄以东乃战国后所形成，非洹水故道。

滏水　欧水　　神囷山又有“滏水出焉，而东流注于欧水”。按《汉志》、《水经》滏水（今滏阳河上游）在漳水北，此滏水、欧水在漳水南，不知所指。

黄泽　　《北次三经》第十四山曰虫尾之山，“薄水出焉，而东南流注于黄泽”。第十六山“曰小侯之山，明漳之水出焉，南流注于黄泽”。此黄泽在沁水之西南，不得为《汉志》、《水经》内黄县界内荡水所注之黄泽。

漳水　　第二十二山曰发鸠之山，“漳水出焉，东流注于河”。漳有清漳、浊漳二源，此经以二源会合以后为浊漳，与《水经》同，较《汉志》、《说文》以合流后为清漳为合理。《汉志》漳水“东北至阜成（故城今阜城县东）入大河”,《水经》漳水“东北过平舒县(故城今大城县治)南东入海”,此乃后世迁变。古大河在汉晋斥漳县(故城今曲周县东南)南会漳水,见《水经·浊漳水注》。

清漳水　第二十三山曰少山,“清漳之水出焉,东流于浊漳之水”。指清浊二漳会合以前之清漳水。

牛首水　滏水　第二十四山曰锡山,“牛首之水出焉,而东流注于滏水”。牛首水即《汉志》、《水经·浊漳水注》中的牛首水;源出邯郸县西北,今上游犹名牛照水,流经县北曰西河,又东注于滏阳河。《汉志》、《水经注》牛首水东入白渠水,此段白渠水即今滏阳河;汉世及汉前之滏水则更在白渠之东;故《山经》牛首水入滏处应在今肥乡或成安县界。经文不及滏水源流。按《汉志》魏郡武始县“漳水东至邯郸入漳”,“漳水”系“滏水”之误,“邯郸”系“邯沟”之误。武始故城在今武安县南,东北去邯郸五十里。邯沟故城在今肥乡县西北十里。是汉世滏水上游同今滏阳河,东南流经磁县城南后,应东北流至肥乡县界入漳。《山经》滏水同。《水经·浊漳水注》滏水入漳处在今临漳县境邺城附近,此乃后世迁变。

景水　海泽　第二十五山曰景山,“景水出焉,东南流注于海泽”。景水即《汉志》、《说文》寖水。寖同浸,景寖音近而变。《水经》作洺水,今曰洺河。《淮南子·地形训》“釜出景”,高诱注“景山在邯郸西南”。是景山即今武安县南鼓山,洺河出其北麓,滏阳河出其南麓。《汉志》寖水下游“东北至东昌入虖池河”,此后世迁变。《山经》景水应自今永年县(临洺关)东与今洺河别而东流至曲周县北注于海泽。《初学记》州郡河北道引《水经注》云:“洺水东北径广平县故城东,水积于大泽之中,为登泉,南北四十里,东西二十里,亦谓之黄塘泉。”《水经·浊漳水注》谓白渠水所潴之鸡泽,“东北通澄湖”,准以地望,澄湖亦即登泉。广平故城在今鸡泽县东二十里,泽在其东,应在今曲周县北境。洺水即《山经》景水,则澄湖即《山经》海泽。《山经》不及海泽所归,据其时大河经其东,知泽水应泄出东注于河。

第二十六山曰题首之山,“无水”。

洧水　第二十七山曰绣山,“洧水出焉,而东流注于河”。洧应读若有,即《汉志》、《说文》渪水,有渪音近而变。今沙河县北沙河。《汉志》渪水“东北至任(今任县东)入寖”,此后世迁变;《山经》洧水约当东流至今平乡广宗界上入河。

汤水　第二十八山“曰松山,阳水出焉,东北流注于河”。按《太平寰宇记》邢州沙河县有“汤山在县西北七十一里”,下引《山海经》云:“汤山,汤水出焉。”《太平御览》卷四五河北诸山有汤山条，引《山海经》云云同《寰宇记》，而不及山在何州县。今本《山海经》不见《寰宇记》、《御览》所引云云，疑此条松山阳水即汤山汤水之抄讹，准以地望殊合。汤水应即《汉志》出襄国（今邢台县）之蓼水。《寰宇记》龙冈县下云：“蓼水一名达活水，……出襄国西石井冈。”盖“汤”缓呼之为“他郎”，又音变为“达活”。今邢台县西北约四十里有谈话村，“谈话”又“达活”之音转。其地距沙河县旧治正七十余里。《汉志》蓼水“东至朝平（故城在今任县南和间）入湡”，此乃后世迁变。古汤水当自邢台东流至今巨鹿广宗界上入河。今堙。

滦水　泰陆水　　第二十九山曰敦与之山，“溹水出于其阳，而东流注于泰陆之水”。按《寰宇记》赵州临城县“敦与山在县南七十里，泜水所出”。邢州内丘县蓬鹊山“在县西六十三里。《地理志》云，中丘（故城今内丘县西十里）逢山长谷，渚水所出”。内丘县西六十余里，正当临城县西南七十里，是蓬鹊山即敦与山，泜水、渚水皆出此山。《寰宇记》虽分系于临城内丘二县，于《汉志》则皆出中丘，泜水出西山穷泉谷，当指此山之阴，渚水出逢山长谷，当指此山之阳。是《山经》溹水即《汉志》渚水。水之上游今曰柳林河，源出内丘县西，东流至县治南，此下已堙。《山经》溹水约当东流至今隆尧县境入泰陆水。《寰宇记》任县下有“溹水在县西一十五里，从龙冈县北来”，与《山经》溹水地望不合，当是另一溹水。泰陆水即《汉志》及后世大陆泽。经不言泰陆水所注，参以《水经·浊漳水注》漳水“径南宫县故城西，其水与湡澧通为衡津”，湡澧即大陆泽尾闾，此处漳水即《山经》大河故道，则泰陆水应东北泄出入河。其时景水、洧水、汤水皆入河不入泰陆水，是泰陆面积当犹不甚广阔。

泜水　彭水　　敦与山又有“泜水出于其阴，而东流注于彭水”。泜水即《汉志》泜水，今泜河。唯经所谓泜水仅限于合彭以上一段，合彭以下被目为彭水。《隋书·地理志》赵郡房子县“有彭水”。隋房子县故城在今临城县西南，地接内丘。《寰宇记》内丘县有“沙沟水源出鹊山，东流经县北五里”。《清统志》引旧志“沙沟水出蓬山，东流八十里至唐山县界入泜河”。鹊山、蓬山皆蓬鹊山之简称，亦即敦与山，则沙沟水即《山经》之彭水，疑即得名于源出蓬山。沙沟水上游即《清统志》发源内丘县西，流经县北之李阳河，惟李阳河下游入大陆泽而不入泜，此乃后世之迁变。今唯县北以西有水，以东已堙。泜彭会合后《山经》目为彭水，《汉志》目为泜水，故《汉志》但著泜水而不及彭水，《山经》彭水之下游，即《汉志》之泜水也。

槐水　泜泽　　敦与山又有“槐水出焉，而东流注于泜泽”。按槐水见

《寰宇记》赵州平棘县引《水经注》、赞皇县引《隋图经》，即今槐河，出赞皇县西北，东流经元氏县南高邑县北。又有济水，见《汉志》、《续汉志》常山郡房子县，《说文》、《元和郡县志》赵州赞皇县，即今济河，或作泲河，出赞皇县南，东流经高邑县南。据《清统志》，旧时二水合于柏乡县北，又东至宁晋县界入宁晋泊。《山经》以槐水为干流，故有槐水而不及济水，《汉志》以济水为干流，故有济水而不及槐水。《寰宇记》赞皇县下引《隋图经》云槐水"亦曰济水"，非是。泜泽，《水经·浊漳水注》中作泜湖，顾名思义，当得名于为泜水所潴。《山经》虽不详彭水所归，彭水下游既即泜水下游，自当入泜泽。泽又为槐水所注，以地望推之，应相当于明清时代宁晋泊之西南部，今堙。《汉志》济水作入泜而不作入泜泽，则以《山经》及《水经注》盖就其夏秋水盛时而言，而《汉志》乃就其冬春水枯时而言。

历聚水　洧水　　第三十山曰柘山，"历聚之水出焉，而北流注于洧水"。历聚水出于在敦与山（今赞皇、临城、内丘县界上诸山）与维龙山（今元氏获鹿县界上封龙山）之间之柘山，其水北流，以地望推之，应即《水经·浊漳水注》中之泽发水，今冶河，一作松溪河。泽发水北流注《汉志》绵蔓水即《浊漳水注》之桃水，今绵河，一作桃河，应即此经洧水。

肥水　皋泽　　第三十一山曰维龙之山，"肥水出焉，而东流注于皋泽"。维龙山即飞龙山，一作封龙山，在今获鹿县南元氏县西北界上。《汉志》常山郡石邑县，"井陉山在西，洨水所出，东南至廮陶（故城今宁晋县西南）入泜"。石邑故城在今获鹿县东南。是则石邑西之井陉山，实指飞龙山，肥水应即《汉志》洨水，今洨河。《汉志》洨水入泜，明清时洨水入宁晋泊，则肥水所注皋泽，应相当于明清宁晋泊之西北部。今堙。

敞铁水　大泽　　维龙山又有"敞铁之水出焉，而北流注于大泽"。待考。

木马水　　第三十二山曰白马之山，"木马之水出焉，而东北流注于虖沱"。木马水即《水经注》三会水（《寰宇记》忻州定襄县引），今牧马河。白马山今仍古名，在忻县西南六十里。

空桑水　　第三十三山"曰空桑之山，无草木，冬夏有雪。空桑之水出焉，东流注于虖沱"。空桑山当即今云中山主峰，海拔二六四五公尺。空桑水当即今云中水，东流入滹沱河。

虖沱水　溇水　　第三十四山曰泰戏之山，"虖沱之水出焉，而东流注于溇水"。虖沱水《汉志》作虖池河，《水经注》作滹沱河，即今滹沱河。《山经》虖沱水东流至今晋县注入溇水。《水经·浊漳水注》有井陉山水，"出井陉山，世谓之鹿泉水”。《元和志》、《寰宇记》获鹿县下皆云：隋置鹿泉县于此，以鹿泉得名。“鹿泉出井陉口南山下。”“井陉口在县西南十里。”石邑县下皆云：“鹿泉水一名井陉水，南去县十里。”鹿、漤音近，鹿泉应即《山经》之漤水。《浊漳水注》鹿泉水东注绵蔓水，此所谓绵蔓水于《汉志》实为大白渠水。《山经》漤水自今获鹿以下当循此道东流。唯《汉志》大白渠水东南入斯洨水，《山经》漤水既为虖沱水所注，则应在今晋县附近会虖沱水，东北流取道汉之虖池河，至今安平县东入于河。

液女水　沁水　　泰戏山又有“液女之水出于其阳，南流注于沁水”。待考。

濩濩水　　第三十五山曰石山，“濩濩之水出焉，而东流注于虖沱”。濩，读若户；泒，读若孤；濩泒一声之转，濩濩水应即《汉志》泒河、《水经》泒水。此经虖沱水所出泰戏山与濩濩水所出石山相接，与《汉志》所载虖池河与泒河（今本误作从河）同出代郡卤城（故城今繁峙县东一百里）符合。《说文》“泒水起雁门葰人（故城今繁峙县稍南，盖其时并卤城入葰人）戍（今本误作成）夫山”，而郭璞注此经虖沱水曰：“出雁门卤成县南武夫山。”武夫无疑即戍夫，则虖沱与泒水所出实一山之两麓，故《元和志》代州繁峙县径谓“泰戏山一名武夫山”。《通典》繁峙县“有虖池河，源出县东南泒阜山”，则此山又有泒阜之名，当得名于为泒水所出。《寰宇记》繁峙县“泰戏山一名武夫山，亦名平山，亦曰氏天山，今曰派山”。氏天乃戍夫之误，派乃泒之讹。是泒阜山又得简称为泒山。明以后泒山又讹作孤山，有大小孤山之别，见《方舆纪要》。要之，由濩濩水所出山之与虖沱水所出山之相接，亦可证濩濩水即泒水，今大沙河。唯《汉志》、《说文》泒河独流入海，《山经》时代濩濩水自今新乐以下应东南流至晋县西北注于虖沱水。

鲜于水　　石山又有“鲜于之水出焉，而南（一本南上有西字）流注于虖沱”。鲜于水以地望推之，当即今源出五台山西南流注于滹沱河之清水河。盖五台与泰戏、戍夫连峰接峦，故水源亦被目为石山之一部分。

皋涂水　漤液水　　第三十六山“曰童戎之山，皋涂之水出焉，而东流注于漤液水”。待考。

滋水　　第三十七山曰高是之山，“滋水出焉，而南流注于虖沱”。同《汉志》、《水经》滋水。中上游同今滋河，下游应自今新乐县南南流至藁城县北入滹沱河。按滋水源出今行唐县西北，在清水河、大沙河、滹沱河三源之南，高是山则远在此三源之北今灵丘县西北（《寰宇记》），滋水源不得在此，《山经》误。

滱水　高是山又有“滱水出焉，东流注于河”。即《汉志》、《水经》滱水，今唐河。唯汉世滱水东南流至今蠡县南后，折北流会易水，又折东流入海；《山经》时代则汉之滱水自蠡县以下至入海乃当时大河经流，故滱水仅限于上游东南流一段，在今蠡县南注于河。

鄴水　　第三十八山曰陆山，“鄴水出焉，而东流注于河”。此水不见《汉志》、《水经》。今按《汉书·王子侯表》载有中山靖王子将梁侯朝平。《水经·滱水注》有堀沟，“上承清梁陂，又北径清凉城东，即将梁也。汉武帝元朔二年封中山靖王子刘朝平为侯国。其水东北入博水”。是则将梁当得名于将水上有梁，将水即《山经》之鄴水。将梁城后讹为清凉城，在今清苑县（南大冉）东南二十里。郦道元时清梁陂水东北流为堀沟入博水，此乃后世改道，古鄴水当出自今唐县或望都某山，东流偏北经今清凉城又东注于河。《清统志》保定府界河条载“又有清凉河，在清凉城北”，殆其遗迹。

般水　　第三十九山“曰沂山，般水出焉，而东流注于河”。般水即《汉志》博水，般博一声之转。今曰望都河。《汉志》中山国望都：“博水东至高阳入河。”汉世博水所注实为滱水，盖以此段滱水曾为《山经》河水经流，故流俗仍称为河。般水所出沂山，郭注音祁，即《水经·滱水注》苏水所出近山，沂近形声皆近。此山约当在今唐县东北，苏水出其东北麓，博水即般水出其东南麓。今望都河东流经清苑县南合方顺河为府河，东北流至安新县南入白洋淀。《汉志》博水当在今安新县西部旧安州界（汉高阳县北境）入滱，《山经》般水即在此入河。

燕水　　第四十山曰燕山，“燕水出焉，东流注于河”。燕易音近，燕水应即《汉志》出中山国北新城西北东入滱之易水，亦即《水经》受滱以前之易水，今雹河。其水出自今易县西南。《御览》卷四五引《隋图经》“燕山在易县东南七十里”，东南当系西南之误。据《水经·易水注》，易水东流至浑埿城南，东合滱水，《山经》燕水注于河亦当在此。浑埿城即今安新县治。

历虢水　　第四十一山曰饶山，“历虢之水出焉，而东流注于河”。饶山，应即尧山，在今完县西，一名伊祁山，则历虢水应即《汉志》濡水，今为源出伊祁山之祁水，下游为满城清苑境内之方顺河。《水经·滱水注》云：濡水“东北径乐城（今保定市东南三十里）南，又东入博水，自下博水亦兼濡水通称矣”。故《山经》般水入河，历虢水亦得作入河。饶山历虢水在燕山燕水之南，今本《山经》列在燕山燕水之北，当系错简。

第四十二山曰干山，“无水”。

伦水　　第四十三山“曰伦山，伦水出焉，而东流注于河”。伦水即《汉志》涞水、《水经》巨马河，今拒马河。伦山即《水经》巨马河所出涞山。沦涞一声之转。伦水东流注于河，即《汉志》“涞水东南至容城（故城今容城县西北十五里）入河”。汉世涞水所注实为滱水，以其曾为《山经》大河故道，流俗仍称为河。涞水即伦水入河处，当在今容城县东。

绳水　　第四十四山“曰碣石之山，绳水出焉，而东流注于河”。绳水即《水经》圣水，绳圣一声之转。据《水经·圣水注》所叙圣水源流，碣石山应指圣水上游所出大防岭，即今房山县大石河所出大房山，亦有可能指圣水东源广阳水所出西山，即今小清河所出北京西郊潭柘山。《史记·孟子荀卿列传》：驺衍如燕，昭王“筑碣石宫，身亲往师之”；《正义》：“碣石宫，在幽州蓟县西三十里，宁台之东。”宫以碣石为名，殆当由于自宫西眺得见二十里外碣石山之景色。圣水东南流至今涿县东有桃水即今北拒马河，首受涞水东流来会，自下盖桃圣通称，故《汉志》不著圣水而系桃水于涿郡涿县之下云：“首受涞水，分东至安次入河。”此所谓“入河”即入滱，而《山经》时绳水所注则确为大河。《水经》滱、易与巨马合流后称巨马河，则《水经》云圣水“东过安次县南，东入于海”，应解作过安次县南合巨马而入海。

雁门水　　第四十五山曰“雁门之山，无草木”。按《水经·㶟水注》引此经作“雁门之水，出于雁门之山”；《北山首经》有少咸之山，“敦水出焉，东流注于雁门之水”；《北次二经》有梁渠之山，“修水出焉，而东流注于雁门”；皆可证经文“雁门之山”下本有“雁门之水出焉”句，传抄脱去。雁门水即今南洋河及洋河。敦水为阳高县境内南洋河一支流。修水即《汉志》于延水，今东洋河。

泰泽　　雁门山北行“至于泰泽，其中有山焉，曰帝都之山”。此泽《海内西经》作大泽，疑即今凉城之岱海，亦得为察哈尔右前旗之苏木海子。不属于河水下游流域。

治水　　第四十七山“曰錞于毋逢之山，北望鸡号之山，西望幽都之山，浴水出焉”。郭注：“浴即黑水也。”郝懿行《山海经笺疏》：“郭知浴水即黑水者，据《海内经》‘幽都之山，黑水出焉’而为说也。”按此经谓浴出錞于毋逢山，而《海内经》作出幽都山，二说有别。盖二山本连麓，水有二源，各出一山，此经浴水与《海内经》黑水虽同指一水而所指水源不同。水即《汉志》、《说文》治水，《汉书·燕剌王传》作台水，此经当本作治水，治浴形近，传抄致讹。《水经》作㶟水，《水经注》又见桑干水之称，今上游曰桑干河，下游曰永定河。永定河宋辽以来有卢沟、卢沟河之称，卢意即黑，卢沟意即黑水。《汉志》治水“东至泉州（故城今武清县旧治东南四十里）入海”。《水经》㶟水“东至渔阳雍奴县(故城今武清县旧治东)西入笥沟”,笥沟即沽水下游。《山经》不及治水流注何水,疑当入沽,说见湖灌水条。

湖灌水　《北次二经》自南而北第十四山曰湖灌之山,“湖灌之水出焉,而东流注于海”。此水当即《汉志》、《说文》之沽水,《水经》之沽河。盖缓呼之为湖灌,急呼之则为沽。今上游曰白河,下游称北运河。湖灌水入海,与《汉志》沽水“东南至泉州入海”,《说文》沽水“东入海”同。湖灌水虽独流入海,但其在汉泉州县境内之河口段,与河水河口段相去甚近,河水必时或决入湖灌水,湖灌水于《水经》称沽河当由于此。沽有河称而位于沽西之治水即㶟水未尝称河,疑当由于《山经》时与《水经》时相同,治水在汉雍奴县境入沽,故河水北决时入沽而不入治。《北山经》云:北次二经“凡十七山”,北次三经“凡四十六山”,今本《二经》才十六山,《三经》则为四十七山,意者此二经之间颇有错乱。湖灌山偏东,疑当列在《三经》,而毋逢山帝都山偏西,疑当列在《二经》,若然,则《二经》为十七山,《三经》为四十六山,与经文合。

根据上面各条考证,综合起来可以清楚地看出《山经》时代河水下游的河道:

一、从今河南荥阳广武山北麓起东北流,至今浚县西南古宿胥口,走的就是《汉书·地理志》、《水经》、《水经注》里的河水。中间在今武陟县东有沁水(今沁河),在今淇县东南有瀤水即《汉志》、《水经》淇水(今淇河)北来注之。

二、从宿胥口北流至今河北曲周县东南会合西来漳水(上游即今漳河),走的是《汉志》的“邺东故大河”,中间洹水口以南内黄县境内一段,是《汉志》的清河水,也就是《水经》的白沟。在今内黄县西有洹水(今安阳河)西来注之。

三、会漳以后又北流,走的就是《汉志》、《水经》里的漳水,在今曲周县东北有海泽即《水经注》澄湖水注之。在今平乡广宗界上有洧水即《汉志》湡水(上游即今沙河)西来注之。在今广宗巨鹿界上有汤水即《汉志》蓼水(今堙)西来注之。在今巨鹿县东北与折而东去的《汉志》漳水别,继续北流同《水经》漳水;有泰陆水即《汉志》及后世大陆泽水来会。

四、自此以下,走的是《汉志》信都“故章河”即寖水下游,于《水经》仍为漳水。北流至今宁晋县东南有泜泽(旧宁晋泊西南部)水泄出注之;至今宁晋县东有皋泽(旧宁晋泊西北部)水泄出注之;又东北流至今深县南。

五、自此以下与东去的《汉志》寖水、《水经》漳水别,北流至今蠡县南会西北来滱水即《汉志》、《水经》滱水(上游即今唐河),这一段在《汉志》、《水经》时代已淤断。中间在今安平县东，滏水即《汉志》、《水经》虖池河（今堙）汇集西北来虖沱水（今滹沱河）、滋水（上游即今滋河）、濩濩水即《汉志》、《水经》泒水（上游即今沙河），西来注之。

六、合滱以下又北流，走的就是《汉志》、《水经》的滱水，至今安新县东南，燕水即《汉志》、《水经》易水（今雹河）西来注之。中间在今清苑高阳界上有郏水（今堙），在今安新县西有般水即《汉志》博水（今望都河），合历虢水即《汉志》濡水（今祁水、方顺河）西来注之。

七、合燕以下东北流仍走《汉志》滱水，至今容城县东南，伦水即《汉志》涞水（今拒马河）自西北来注之，又东北流至今霸县附近，这一段在《水经》时代已淤断。

八、又东走《汉志》滱水即《水经》巨马河至今天津市区入海。中间在今安次县南有绳水即《水经》圣水（上游今房山县大石河或小清河，下游今堙）自西北来注之。

简括地说就是：宿胥口以上同《汉志》大河；宿胥口以下走《汉志》邺东故大河，汉时除中间一段是当时的清河水外无水；今曲周县东北以下走《汉志》漳水；今巨鹿县东北以下，隔一小段《汉志》无水地段，接走《汉志》信都故漳河即寖水；今深县至蠡县间一段《汉志》无水；自今蠡县南以下走《汉志》滱水入海，下半段也就是《水经》的巨马河（见附考）。

摸清楚了《山经》河水下游的流路，最后还得谈一谈下列两个问题：

一、《山经》河水下游故道是否与《禹贡》河水下游相同？答案是否定的。

如上所述，《山经》河水近海一段经由《汉志》滱水入海。而《禹贡》的近海段，据《尔雅・释水》九河条和《汉书・沟洫志》许商、韩牧等言，是九河中的最北一支徒骇河，也就是汉代民间还保留着徒骇河古称的虖池河下游（见《汉书・地理志》勃海郡成平县条），可见两者并不是一回事。两者的异同具体说来就是：自今深县南以上，二者相同，自此以下，《山经》河水流路见上述，《禹贡》河水折东与《山经》河水别，再走一段《汉志》寖水至今武邑县北，此下东北流走《汉志》虖池河至今青县西南，又东北走《汉志》虖池别河至今天津市区南部入海。这是禹河的干流，亦即“又北播为九河”中的最北一支徒骇河。除徒骇外，据《汉书・沟洫志》，九河中又有胡苏、鬲津二河，西汉后期分别见于东光（故城在今东光县东）、鬲县（故城在今德州东南）界中。

二、《山经》河水与《禹贡》河水的时代孰先孰后？我们认为既然《禹贡》河道西汉人还能指出它的河口段九条岔流中三条的所在地位，估计距汉应较近。《山经》河道已不为汉人所道及，汉后历代考论古地理的学者，谁都不知道在《禹贡》大河之外另有一条《山经》大河，估计它的时代应较《禹贡》为早——这是见于记载的最早一条黄河故道。

附考一：《汉志》滱水下游故道

《汉志》滱水下游故道，自今安新县西安州镇（即《郦注》依城）以上，应同《郦注》。此下应东流与易水会于《郦注》浑埿城（即今安新县治）东南，与郦氏《易水注》同。志于中山北新成下云："桑钦言易水出西北，东入滱"，不言东至某县，过郡几；《水经》"滱水又东过博陵县南，又东北入于易"，过博陵后不复言过某县而径作入易；皆可证二汉时易滱合处去北新成（故城今徐水县西南二十里）博陵（故城今蠡县南十五里）不甚远，与《易水注》所述之浑埿城东南合。《滱水注》中之滱水"径依城北，又东北径阿陵县故城东，东北至长城注于易水"。阿陵故城在今任丘县东北二十里陵城村，其东北之长城当指战国燕长城之在今文安县界内者。滱水东展至此，当在魏晋以后，非二汉之旧。

自今安新县治东南以下，《汉志》滱水应东北流经今雄县西北十五里汉易县故城之北，此以代郡广昌下志文"涞水东南至容城入河"知之，涞水即今拒马河。容城故城在今县北十五里。滱水曾为古大河所经流，故汉世滱水亦称滱河，"入河"即入滱。涞水自西北来，入滱处在容城界内而不在易县界内，故知其时滱水经流当在易县之北。

《易水注》云：易水经浑埿城南"东合滱水，自下滱易在受通称矣"，故汉世易县城下之滱，于先秦即以易水著称。易县古称临易（《燕世家》集解引《世本》），殆即以其城濒临易水而得名，即《汉志》之滱水也。

《汉志》滱水自易县以下，故道无可确知，仅知其东过安次县。

附考二：《水经》易水巨马河下游故道

滱易二水合流以下，《汉志》称滱，《水经》称易。《汉志》之涞水，即《水经》之巨马河。而《水经》易水与巨马河之下游，与《汉志》之滱涞亦不尽相同。

《汉志》易水至今安新县治稍东南入滱，涞水至今容城县东南汉易县城对岸又入滱，故自易县城北以下，三水即合而为一滱，东流入海。至《水经》则但言易水"东过容城县南"，巨马河"东南过容城县北"，巨马水既不言至容城入易，易水亦不言过易县北，知其时二水下游，当已有迁移。易水当自今安新县南变向之东北流为东流，经今雄县南东去。巨马当自今白沟镇西变向之南流合易为东流经今白沟镇、霸县城信安镇北至今天津市区入海，形成后世宋辽间之白沟即界河。而《汉志》时代自今安新县东北过汉易县城下趋今霸县一段滱水，殆已堙废。

但《水经》言易水“又东过容城县南，又东过安次县南，又东过泉州县南，东入于海”，巨马河“又东南过容城县北，又东过勃海东平舒县北，东入于海”。似二水各自独流入海，则又不然。盖二水下游若分道入海，则易在南巨马在北，不应易水所经反为在北之安次（故城今安次县治廊坊西北十里古县村）、泉州（故城今武清县武清镇东南四十里），巨马所经反为在南之东平舒（故城今大城县治）。因疑二水下游在安次以上必已合而为一，合后二名仍可通称，此水自北言之则为过安次泉州之南，自南言之则为过东平舒之北，所指实一水而称名则易与巨马可并用。二水合处不可确指，约在安次上游不远处。易水经雄县南东向偏北流，至此入巨马。

（原载《中华文史论丛》第7辑，1978年）

西汉以前的黄河下游河道

黄河以善决善徙著称，但传世先秦著作中，只有少数几次人工决开黄河用以浸灌邻国的记载，绝无一语道及黄河曾改过道；《史记·河渠书》虽然从大禹导河叙起，讲到黄河的决徙却是从"汉兴三十九年孝文时"开始的。因此，大禹以后汉兴以前黄河曾经决徙过几次，决在哪里，徙从何道，是一个千百年来异说纷纭、至今莫衷一是的问题。笔者治黄河史已数十年，对这个问题早先是信从清人胡渭的说法的；后来察觉了胡氏之说并不可信，可又提不出一种足以自信的看法来。直到最近一二年，才逐渐形成了一套既不同于胡氏，也不同于古今其他学者，而自信应该比较符合于历史实际的看法。现在把它写出来，希望能得到同志们的指正。

一、汉以前黄河下游改过几次道？

首先要解决的一个问题是，汉兴以前黄河下游改过几次道？对这个问题，前人有两种说法：

一种根据《汉书·沟洫志》所载王莽时大司空掾王横所引《周谱》里"定王五年河徙"一句话，认为这是汉以前唯一的一次改道。从东汉班固[1]、北魏郦道元[2]、南宋程大昌[3]到清代的阎若璩[4]、胡渭[5]，都是这样理解。胡渭认定《周谱》的"定王五年"指春秋时的定王五年，即公元前602年。他把有史以来到清初历代黄河的改道归纳为五大徙，即以这一次为五大徙的第一徙。这种说法影响极大，此后二百数十年直到如今，讲黄河史的著述一般都采用其说。解放初期岑仲勉先生虽然别创定王五年不指春秋时的定王五年而指战

1 《汉书·叙传》："夏乘四载，百川是导，唯河为艰，灾及后代。商竭周移……"

2 《水经·河水注》："河之入海，旧在碣石，今川流所导，非禹渎也。周定王五年河徙故渎，故班固曰商竭周移也。"

3 《禹贡山川地理图》卷上《历代大河误证图叙说》："周定王时河徙故渎，则已与禹贡异。汉元光……"

4 《四书释地续·河入海》："禹于帝尧八十载癸亥告成功，……后一千六百七十六年为周定王五年己未，周谱曰河徙，……此河入海之一变也。……汉武帝……"

5 《禹贡锥指》卷一三中之下及下，文长不备录。

国时的后定王五年(前464年)之说,但也认为汉以前只此一徙。[1]

另一种是不相信《周谱》这句话,认为汉以前根本没有改过道。这种看法始见于清嘉道间焦循所著《禹贡郑注释》,最近史念海同志撰为《论〈禹贡〉的导河和春秋战国时期的黄河》一文[2],采焦说而又有所阐发,结论也认为根本不存在周定王五年河徙这么回事,春秋战国时黄河下游河道一直没有改变过,见于《汉书·武帝纪》元光三年的“河水徙从顿丘东南流入勃海”,才是历史时期的第一次河徙。

先让我们从事理上推究一下这两种说法是否站得住。

上古记载疏阔,发生过的历史事件没有被传世的文献记载下来的,何可胜计?周定王五年河徙这一条,不见于《史记·河渠书》,也不见于所有先秦记载,若不是《周谱》提到而被王横引用,这一条也不会传下来。先秦经传和《史记》可以有所脱略,怎么可以断定《周谱》记了这一条,便是上古黄河史的全部记录?定王五年这一徙,便是上古唯一的一次河徙?可见认为汉以前黄河只改过一次道的说法是讲不通的。

焦循说:“《周谱》固史公所熟见者,而定王河徙,纪、表、书、传无一言及之,盖考之不得其实,宁从其阙耳。”这是他不信定王五年河徙这条记载的一条重要理由,却是一条完全不成其为理由的理由。试问:先秦史事见于先秦载籍而不见于《史记》的岂在少数,难道这些史事之不见于《史记》都是由于司马迁考之不得其实而宁从其阙?事实恰恰相反,至少凡《左传》与《史记》记事有出入处,业经前人考定,几乎全都是《左传》可信而被《史记》遗漏了,搞错了。史事之可信与否,怎么可能以《史记》载不载为断?

胡渭认为周定王五年河徙,决口在今河南浚县西南古宿胥口。此前的黄河就是“禹河”(指《禹贡》河),自宿胥口北出经《汉书·地理志》魏郡邺县东“故大河”,“北过降水,至于大陆”。此后的黄河就是西汉大河,自宿胥口东行漯川至今濮阳西南古长寿津与漯别而东北入海。史念海同志列举春秋史事,断定“周定王五年黄河无在宿胥口改道事”,理由是相当充分的。但是,《周谱》本来只说定王五年河徙,没有说徙在宿胥口,念海同志的论证,只是驳倒了胡渭徙在宿胥口的说法,却并不能因而就断定这一年整个黄河下游都不可能发生改道,就否定《周谱》定王五年河徙这一条记载的可靠性。由此可见,说汉以前黄河从没有改过道,同样也是讲不通的。

1　《黄河变迁史》第五节至第八节。

2　载《陕西师大学报(哲学社会科学版)》1978年第一期。

前人两种说法都讲不通，那么汉以前的黄河下游究竟该是怎样一种情况？这需要从河北平原的上古城邑聚落分布说起。我们打开汉以前的历史地图考察一下各个历史时期的城邑聚落分布，不难发现这么一种引人注意的现象，那就是：从新石器时代经历商周直到春秋时代，河北平原的中部一直存在着一片极为宽广的空白地区。在这一大片土地上，没有发现过这些时期的文化遗址，也没有任何见于可信的历史记载的城邑或聚落。新石器时代的遗址在太行山东麓大致以今京广铁路线为限，在鲁中山地西北大致以今徒骇河为限，京广线以东徒骇河以西，东西相去约自百数十公里至三百公里，中间绝无遗址。商周时代的文化遗址和见于历史记载的城邑聚落则太行山东麓东至于今雄县、广宗、曲周一线，鲁中山地西北仍限于徒骇河一线，中间的空白区仍达百数十至二百数十公里。春秋时代邯郸以南太行山以东平原西部和泰山以西平原东部的城邑已相去不过七八十里，但自邯郸以北，则平原东西部城邑的分布仍然不超过商周时代的范围。平原中部的空无城邑地区，要到战国图里才归于消灭。在战国图里，这一带出现了高阳（今县东）、安平（今县）、昌城（今冀县西北）以东，武城（今县西）、平原（今县南）、麦丘（今商河西北）以北，鄚（今任丘北）、狸（今任丘东北）以南，东至于平舒（今大城）、饶安（今盐山西南）十多个城邑，虽然密度还比较差，却已不再呈现空白了。

河北平原中部春秋以前为什么长期存在一大片空白，到了战国何以会消灭这片空白？这只能用黄河下游情况的变化来予以说明。这一巨大的变化来自人类改造自然的业绩，质言之，是河北平原古代劳动人民在黄河两岸修筑堤防的结果。

《汉书·沟洫志》载：西汉末年贾让在他的《治河三策》里提到，“堤防之作，近起战国”。从策文看来，贾让说的堤防已不是指保护居民点的小段河堤，而是指绵亘数百里的长堤，就是在河北平原上黄河下游东岸的齐堤和西岸的赵魏堤。但贾让没有说清楚起于战国的什么时候。根据《水经·河水注》，前358年时，河水有一条决流从汉白马县（故城今滑县东南）南通濮、济、黄沟，后来“金堤既建，故渠水断”，则前358年时尚无河堤。又据《史记·赵世家》前322年齐魏伐赵，赵决河水灌之，齐魏因而罢兵，则其时当已有堤。可见齐魏赵之间亦即河北平原的堤防之作，约当起于战国中叶，前4世纪40年代左右。

在没有堤防之前，黄河下游每遇汛期，当然免不了要漫溢泛滥；河床日渐淤高，每隔一个时期，当然免不了要改道，情况大致和近代不筑堤的河口三角洲地区差不多。在这种情况之下，人类当然只能在近山麓一带汛期淹不到的高地定居，至于广大平原中部，那就只能任其荒芜不治，不可能形成聚落，更不可能出现城邑。这就是春秋以前这一带一直是地图上的一大片空白之故。战国图上所出现的上述那十多个城邑，都是进入前3世纪后才见于历史记载的，约在黄河两岸筑起堤防之后的半个世纪。可见堤防的兴筑，很快就为河北平原带来了惊人的变化，由于黄河的经常性泛滥和频数性改道被控制住了，土地迅速得到了垦辟，大大小小的居民点和城邑也就逐步布满了这块原来的空白地区。

理解了河北平原古代城邑聚落分布的战国前后的巨大变化，也就很自然地会对汉以前黄河下游的改道问题得出一个正确的结论：很显然，在战国筑堤以前，黄河下游的改道绝不是一次二次，更不会是亘古不改，而应该是改过多次，很多次。

正是由于战国筑堤以前的河北平原是一片榛莽，荒无聚落，黄河在这里改道对人类生活发生不了多大影响，不足以引起人们的重视，至少并不被认为是严重灾难，所以尽管多次改道，却基本上一次都没有被史家记载下来。发生于周定王五年的那一次，可能影响较大，因而为《周谱》作者所记录，但也说不上很严重，所以仍然不见于别的记载。

解决了这个问题，我们又可以附带解决另一个问题，即，战国以前的黄河下游流经什么地区？在哪里入海？

旧时代学者相信《尚书·禹贡》篇是大禹时的作品，《禹贡》里叙述的河水下游，显然是流经河北平原注入渤海的，对这一点是大家一致公认的，并无异议。异说始于二十多年前岑仲勉氏所著《黄河变迁史》。因为近代学者已考定《禹贡》乃战国时作品，岑氏乃创为战国以前黄河下游就是齐鲁境内的济水之说，认为《禹贡》里流经河北平原的河水，是战国时周定王五年黄河改道才形成的。岑说绝不可通，史念海同志已列举了不少论据予以驳斥，现在我们可以再加上一条有力的反证，那就是，战国以前黄河若不是流经河北平原，为什么河北平原会有一大片没有城邑聚落的空白区？这是包括岑氏在内任何人都回答不了的。

二、两条见于先秦文献的黄河下游河道

见于先秦文献的黄河下游河道有两条：

一条是人所熟知的“禹河”，即见于《禹贡》的河。这条河古人以为是夏禹以来的河道，今人以为是战国时的河道，虽有所不同，但古今人（除笔者

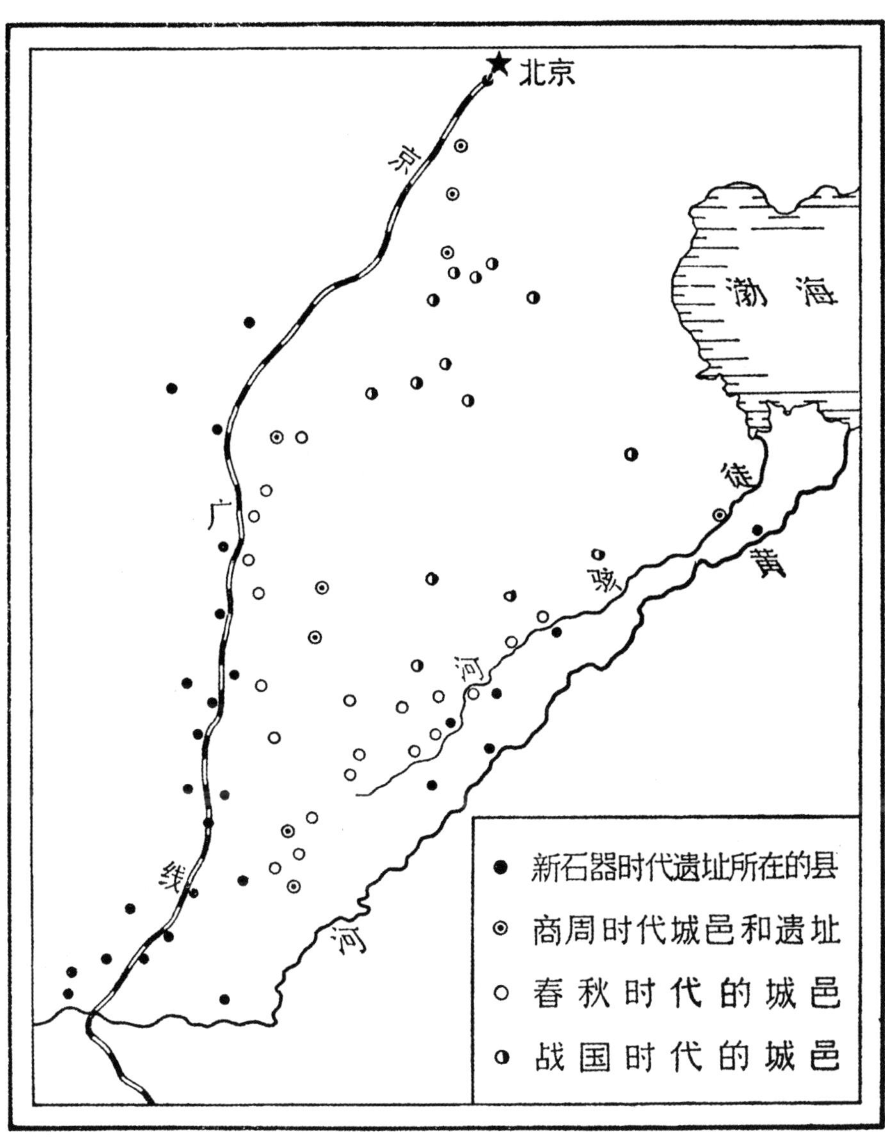

先秦各个时期河北平原城邑与文化遗址分布图

外)都认为是见于记载最早的一条,又是先秦文献中唯一的一条河道,则是相同的。

《禹贡·导水》章关于河水下游的叙述是“东过洛汭,至于大伾;北过降水,至于大陆;又北播为九河,同为逆河入于海”这么几句话,尽管很简单,我们可以用《汉书·地理志》、《水经》、《水经注》等所载河北水道,推定其具体经流如下:

洛汭,即洛水入河处。大伾,山名,在今河南浚县东郊;但古代所谓大伾,应包括县城西南今浮丘山。古河水东过洛汭后,从今河南荥阳广武山北麓起东北流,至今浚县西南大伾山西古宿胥口,是为“东过洛汭,至于大伾”,走的是《汉志》、《水经》、《水经注》中的河水。

降水,即漳水。大陆,一片极为广阔的平陆。古河水从宿胥口缘大伾西麓北流,经《水经注》中的宿胥故渎和一段白沟,下接《汉书·地理志》中的邺县东“故大河”至今河北曲周县南会合自西东来的漳水,到达曲周以北一片极为广阔的平陆,是为“北过降水,至于大陆”。

“又北播为九河”,是说河水自进入大陆后北流分为九条岔流。“同为逆河入于海”,是说九河的河口段都受到渤海潮汐的倒灌,以“逆河”的形象入于海。九河中的最北一支是干流,相当于《水经》中的漳水,于《汉志》为自今曲周县南北流至巨鹿县北的漳水、自今宁晋县东南东北流至今武邑县北的“故章河”即寖水下游、自此以下东北流至今青县西南的虖池河和自此以下的虖池别河。

九河可能只是泛指许多条岔流,不是实数;但《尔雅》、《释水》已指实为徒骇、太史、马颊、覆鬴、胡苏、简、絜、钩盘、鬲津九条河。《汉志》说勃海郡成平县(故城今交河县东北)境内的“虖池河民曰徒骇河”,可见流经汉成平县一带的汉虖池河,原是《禹贡》时代的徒骇河,亦即黄河下游九河中的干流;黄河改道后这一段河道为虖池河所夺,但直到汉代民间仍然保留着徒骇河这个古称。除徒骇外,胡苏、鬲津二河,汉代还分别见于东光(故城今县东)鬲县(故城今德州东南)界中,见《汉书·沟洫志》。此外太史、马颊、覆鬴三河应在徒骇南、胡苏北,简、絜、钩盘三河应在胡苏南、鬲津北。九河未必同时形成,也未必同时有水,很可能是由于大陆以下的河水在一段时期内来回摆动而先后形成的。

关于《禹贡》河的河道,史念海同志的看法和上述颇有不同,在这里不需要一一讨论,只有一点不能不提出来澄清一下,即《禹贡》河与宿胥口的关系问题。

胡渭创为周定王五年河徙宿胥口之说，判定此前禹河自宿胥口北出经《汉志》鄴东故大河，“北过降水，至于大陆”，此后则自宿胥口东行漯川至长寿津北折行《汉志》河水即王莽河。史念海同志力驳胡说，论证定王五年黄河并无在宿胥口改道事，证据坚强，可成定论。但定王五年是否有如胡渭所说那样的改道是一回事，禹河是否是从宿胥口北出行鄴东故大河是另一回事；驳倒了胡渭的前一说，不等于连后一说也给驳倒了。

《水经·河水注》：“河水又东径遮害亭南，……又有宿胥口，旧河水北入处也。”又《淇水注》，汉建安九年曹操“于淇水口下大枋木以成堰”，遏淇水令东注“合宿胥故渎，渎受河于顿丘县遮害亭东黎山西北，会淇水处立石堰遏水令更东北注，魏武开白沟，因宿胥故渎而加其功也。故苏代曰：决宿胥之口，魏无虚顿丘，即指是渎也。淇水又东北流谓之白沟，……东北流径内黄县故城（今县西北）南，……屈从县东北与洹水合”。郦道元虽未明说自宿胥口北入的旧河就是禹河，但对这条宿胥故渎是“受河”的河水故渎，在战国苏代以前业已存在，至曹操时始遏淇入此渎而称为白沟，北至内黄县东北会洹水，是说得很清楚的。内黄以北，于汉世为鄴县之东。所以胡渭说《汉志》鄴东故大河的上游就是郦注中起于宿胥口的宿胥故渎即白沟，是符合于这一带的地势和水道源流的，是正确的。史念海同志因否定定王五年河徙宿胥口而连带否定宿胥故渎系河水故道，那就等于完全否定了郦道元在《淇水注》和《河水注》里关于宿胥故渎的记载，但我们既拿不出比郦道元更早更确切的反证来，怎么能轻易否定郦的记载呢？

念海同志因为要否定宿胥故渎是《禹贡》河的故道，又创立了两点新说法：一是说宿胥故渎是淇水的故道；二是说《禹贡》河和《汉志》河一样，也是起自濮阳长寿津别漯川北流，禹河北流至戚城折西北流至内黄折北流为《汉志》鄴东故大河，汉河则自戚城东北流至馆陶折东入今山东境。但这二说皆于史无征。前一点显与郦注背谬，已见上述。后一点亦复如此。《河水注》所载自长寿津北出的明明只有一条王莽河即西汉大河故渎，何尝另有一条从戚城西北去的古河道呢？这条古河道既不见于郦注，又有什么依据呢？看来这两点新说法都不容易站得住，所以这里对《禹贡》河道的解释仍然采用了胡渭的说法。

《禹贡》河之外，另一条见于先秦文献的黄河下游故道是见于《山海经·山经》的河道。由于《山经》中并无叙述河水经流的专条；又由于《山海经》这部书多载神话，连通人如司马迁都“不敢言”，一向不为历代学者所重视，因此二千多年来，这条《山经》河竟湮没不彰，绝不为世人所知。直到三年前才算由笔者根据《北山经》、《北次三经》所载的入河诸水,用《汉志》、《水经》和《水经注》所载的河北水道予以印证,居然把它钩稽了出来,详见拙撰《〈山经〉河水下游及其支流考》(见本书)。现在我们所知道的《山经》河水下游河道,要比《禹贡》河更清楚一些,在这里我们无须详叙,概括起来是:自今武涉以下北至今深县南同《禹贡》河,自此以下《禹贡》河东北去,《山经》河则北流会合虖沱水,又北流至今蠡县南会合滱水,此下走的就是《汉书·地理志》中的滱水,北流至今清苑县东折而东流,经今安新县南、霸县北,此下也就是《水经》的巨马河,又东流至今天津市东北入海。

这两条见于汉以前文献的黄河故道,孰先孰后?我在三年前探讨这个问题的过程中,时而认为《山经》河应在前,理由是:一、《山经》、《禹贡》二书的著作时代,近代学者一般都认为《山经》在《禹贡》之前[1];二、《汉书·沟洫志》载西汉人论治河,多能言《禹贡》九河所在,应距汉较近,《山经》河则汉人无一语道及,盖距汉已远。时而又认为可能《禹贡》河在前,理由是:一、《山经》所载河水支流远较《禹贡》为详密,密者理应在疏者之后;二、汉人言《禹贡》河而不言《山经》河,这是由于儒生尊重《禹贡》而忽视《山经》,不足以反映时代之后先。但等到动笔写那篇《〈山经〉河水下游及其支流考》时,一则为了图行文简洁明快,二则为了好让自己的研究成果——考出《山经》河水下游故道——显得更重要一点,竟把后面一种想法略去不提,径自根据前面那种想法,作出了《山经》河在《禹贡》河之前,是见于记载的最早一条黄河故道的结论。文章发表之后,承史念海同志移书商榷,他不以我这个结论为然。论据之一是《山经》河绝不见于春秋及战国初期记载,而见于赵武灵王时的记载,已在战国后期,则似不能较《禹贡》河为早。这一点我是不同意的,辨见下文。论据之二是《禹贡》是儒家经典《尚书》的一篇,在汉武帝以后已成为当世显学,西汉人不仅有主张以经义治水的议论,而且还准备见诸实施——疏凿九河故道,这是作为显学应有的现象。至于《山海经》在汉则并有识之士太史公亦不敢言,如何能与《禹贡》相提并论?所以这一时期人的道及与否,不能据以判断两条河道的孰先孰后。这一点是我先前曾经想到过的,不过念海同志讲得更为透彻。经他这么一提,迫使我不能不对原先的结论重新考虑。

我在答复念海同志的信中,曾表示愿意放弃《山经》河在先说,改主《禹

1　主此说者可以顾颉刚先生为代表,见《五藏山经试探》,载《史学论丛》第一期(1934 年),又见《禹贡注释》,载《中国古代地理名著选读》第一辑(科学出版社 1959 年)。

贡》河在先；这在当时也就等于是承认《禹贡》河是见于记载的最早的一条黄河故道。但后来在我对汉以前黄河故道再次作一番通盘考核之下，终于又得出了另一种结论：这两条河孰先孰后现在我们还找不到足够的资料可据以作出判断，而这个问题不解决，对全部黄河史而言并不太重要，因为这两条河谁也不是见于记载的最早的黄河故道。

三、《汉书·地理志》中的河水下游河道形成于什么时候？

第三条见于文献记载的黄河下游河道是《汉志》河，即见于《汉书·地理志》的河水。这条河道不仅见于《汉书·地理志》，又见于《汉书·沟洫志》，又见于《水经·河水注》，其具体经流是：宿胥口以上同《山经》、《禹贡》；自宿胥口东北流至今濮阳县西南长寿津，即《水经注》里见在的河水；自长寿津折而北流至今馆陶县东北，折东经高唐县南，折北至东光县西会合漳水，即《水经·河水注》中的"大河故渎"（一称"北渎"，用别于《水经注》见在河水自长寿津东出；一称"王莽河"，因此渎至王莽时空，世俗遂有此称）；此下折而东北流经汉章武县（故治今黄骅县伏漪城）南至今黄骅县东入海。

这条河道是什么时候形成的？古今学者有三种说法：

（一）汉河即禹河说，这是二汉六朝时通行的说法。

汉武帝元光三年（前132年），河决濮阳瓠子，历二十余年至元封二年（前109年），武帝亲至瓠子，命从官督卒数万人筑塞决口，功成，《史记·封禅书》说是"复禹之故迹焉"，《河渠书》也说是"复禹旧迹"，《汉书·沟洫志》同。按，元光三年以前、元封二年以后的黄河，走的都是《汉志》河，可见司马迁、班固都认为《汉志》河（西汉大河）就是禹河，是大禹以来的旧迹。再从《汉书·沟洫志》所载从成帝时冯逡直到王莽时韩牧等人的议论看来，他们也同样认为当时的大河基本上就是禹河，只是由于下游九河已填灭失其故道，因而决溢频仍。其后孟康注《汉书·沟洫志》，也以王莽河为禹河，郦道元注《水经》河水篇，即引证了孟康的话，又说大河故渎所经元城县（治今大名县东）北的沙丘堰，是《禹贡》"播为九河"所自始，可见他也认为西汉河就是禹河。《河水注》篇末说"河之入海，旧在碣石，今川流所导，非禹渎也"，这是说郦时见在的河水即东汉后河水不是禹渎。下文又提到"周定王五年河徙故渎"和"汉武帝元光三年，河又徙东郡，更注渤海"，但皆不言所徙为何道。

（二）始于周定王五年（前602年）说，这是近二百七八十年来通行的说法。

《汉书·沟洫志》载王莽时大司空掾王横说："禹之行河水，本随西山下东北去。《周谱》云：'定王五年河徙。'则今所行，非禹之所穿也。"这是最早一家否认汉河就是禹河的说法。根据这几句话虽然不能断言王横认为西汉河(今所行)始于周定王五年，但至少可以说很有这种可能，因为"今所行，非禹所穿也"这句话是紧接于"定王五年河徙"一句之后的。但王横这句话经历了千数百年并未引起学者们的重视。本横说而加以阐发，明确坐实"自黎阳以下，水经所称大河故渎，一名北渎，俗谓之王莽河者，即周定王时所徙，西汉犹行之，至王莽时遂空者也"(《禹贡锥指》卷十三中之下)，并定此次河徙为历史上黄河第一次大改道的(同书卷十三下)，是清康熙中叶时的胡渭。自此以后，大多数清代学者和近代学者都采用了这种说法。

(三) 始于汉武帝元光三年(前132年)说。自宋至今学者，主此说者亦不乏其人。

《史记·河渠书》"同为逆河，入于勃海"，《集解》引瓒曰："《禹贡》云，夹右碣石入于海[1]，然则河之入海，乃在碣石也。武帝元光二年，河徙东郡，更注勃海，禹之时不注勃海也。"按，《禹贡》"鸟(岛)夷皮服，夹右碣石入于河"，本意只是说鸟(岛)夷从海外来贡，航道右边经过碣石，再进入河口，不等于说河在碣石入海。即使作河在碣石入海理解，禹河穿河北平原东北流，所入的海当然也是渤海，怎么能说禹之时不注渤海？可见臣瓒于地理一无所知，其言本不足重视。但后人往往以元光河徙为黄河一大变，实滥觞于此。

《汉书·武帝纪》"元光三年春，河水徙从顿丘，东南流入勃海"。臣瓒所谓元光二年河徙东郡本此。"二年"系三年之误，"东郡"系举顿丘县所属之郡名。臣瓒只是把此次河徙作为禹后改变禹河故道一大事，尚未明言《汉志》河水即肇始于此徙。至南宋程大昌撰《禹贡论》及《禹贡山川地理图》，才断言汉河起于元光顿丘的改流。宋末王应麟说"禹时河入海，盖在碣石。……而河入勃海，盖汉元光三年河徙东郡所更注也"(《困学纪闻》卷十)，仍然是臣瓒的旧说。清嘉庆间洪颐煊撰《汉志水道疏证》，采用了程大昌说。稍后焦循撰《禹贡郑注释》，乃大为程说张目，力反胡渭汉河始于周定王五年之说。胡渭"举十五证以明鄴东故大河为禹河之旧"，焦循则以为"鄴东之河不徙于定王五年，其证亦有九"。他的结论是："自春秋至于战国，大河皆行鄴东，至汉武帝元光三年河始徙于顿丘东南，史文甚明。……王莽河即武帝时顿丘之徙河。……必以定王之徙即在顿丘，实无文献之征也。"在当代学

---

1 《尚书》原文作"夹右碣石入于河"，《汉书·沟洫志》师古注引臣瓒亦作"入于河"，此作"入于海"系传抄之误。

人中，已故岑仲勉先生(《黄河变迁史》第八节)和史念海同志也采用此说。程焦岑史四人对春秋战国乃至汉初的河道的看法虽各不相同，但一致认为元光三年顿丘河决是一件划时代的大事，《汉志》河水是从这一年才开始形成的。

上述这三种说法哪一种对？答案是都不对。

判定汉河不可能就是禹河(《禹贡》河)，理由有三：

一是与《禹贡·导河》经文不合。《导河》说“至于大伾，北过降水”，《汉志》河水流经大伾后不是北流而是东流，不合者一。《导河》说“北过降水，至于大陆，又北播为九河”，《汉志》河水会合漳水处在勃海郡阜城县，不是在大陆南而是远在大陆之北，不合者二。《沟洫志》许商言九河在自鬲以北至徒骇间，《汉志》河北过降水处不仅反在大陆北，亦且已在九河区域之内，不合者三。郦道元认为“播为九河”始于元城馆陶间的沙丘堰，则大陆、降水，转在九河之北，不合者四。

二是与《汉书·地理志》不合。《汉志》说魏郡邺县“故大河在东，北入海”，明说在西汉见行河水之外有一条在邺东的故大河。若汉河即是禹河，怎么会另有一条“故大河”？

三是胡渭、焦循列举了二十四证证明汉以前黄河曾经走过《汉志》所谓邺东故大河，这二十四证虽然有不少并不能成立，却也绝不能说全都站不住。若汉河即是禹河，那么对这些史文将作何解释？

判定胡渭汉河始于周定王五年说不可信，理由有四：

第一，王横只说“《周谱》云定王五年河徙”，郦道元抄变作“周定王五年河徙故渎”，都没有讲到徙前走的是哪一条道，徙后走的又是哪一条道。说徙前走邺东故大河即禹河，徙后即改走《汉志》河，完全出于胡渭臆断，于文献无征。

第二，自宿胥口东流至长寿津，自长寿津北流至今大名县东，这一段汉河所经流的地方，周定王时都在卫国境内；长寿津稍东南，就是卫国国都濮阳所在。定王五年河徙若是从宿胥口溃决冲出这么一条新道，卫国必然遭受极大的灾难。周定王五年当鲁宣公七年，据《春秋》、《左传》，这一年春天卫国曾遣使到鲁国会盟，冬天卫侯又亲自与鲁侯、晋侯、宋公、郑伯、曹伯会于黑壤，如果卫国当年曾遭此大灾，岂有“卫之君臣既不以灾告，诸侯亦不以灾吊”之理？这一点焦循指出在前，史念海同志又加以阐发在后，的确可以驳倒胡渭的说法。

第三，焦循所举定王五年后河仍在邺东诸证，其中第二证“春秋设誓必举当前之物，……昭公三十一年(前511年)(公)在乾侯(今成安县东南),……地正在邺东,公居此而以河为誓,河必径于此邑”;第六证“魏世家魏文侯任西门豹守邺,而河内称治,索隐云,按大河在邺东,故名邺为河内”;都是确凿无可置疑的,可见并不能说定王五年黄河就离开了这条故道改走《汉志》河。

第四,五代北宋时凡河决浚、滑,决流必然是东下澶、濮、曹、单、郓、济,即从今濮阳继续东流进入山东境内;只有在澶州(濮阳)境内决口,才可能北流进入今河北境内。这是当地的地势所决定的。所以周定王五年河徙若果然是从宿胥口决而东流,那就应该从濮阳继续东流形成像东汉大河那样的河道,断不可能在长寿津出现一个接近九十度的拐角,折而北流走《汉志》河。

判定汉河始于武帝元光三年说不可信,也有如下四条理由:

一、元光三年一年之内,黄河发生了两次决徙:第一次是“春,河水徙从顿丘,东南流入勃海”,第二次是夏五月濮阳瓠子之决。第一次只见于《汉书·武帝纪》,《史记·河渠书》和《汉书·沟洫志》都是只字不提。第二次《武帝纪》记载了“河水决濮阳,泛郡十六,发卒十万救决河,起龙渊宫”二十个字,《河渠书》的记载就相当详细,既点明了决口的具体地点是瓠子,又提到了决流的趋向是“东南注巨野,通于淮泗”;既提到了“天子使汲黯、郑当时兴人徒塞之”,又交代了塞河工程的结果是“辄复坏”;下面又接叙当时的丞相田蚡图私利劝阻武帝不要用人力强塞,“而望气用数者亦以为然,于是天子久之不事复塞也”。一共用了一百多字。《汉书·沟洫志》同。

要是顿丘之决真的是冲成了《汉志》河那么一条道,经历东郡、魏郡、清河、平原、信都、勃海等好几个郡好几十个县才入海,这是何等重大的灾难,何况就发生在司马迁活着的时代,《河渠书》中怎么会只字不及?顿丘之决若当真形成了后此百有余年的汉大河经流,那就要比瓠子之决在二十三年后即告堵塞重要得多,何以司马迁竟会对后者详哉言之,对前者反不缀一辞,轻重颠倒一至于此?万一司马迁竟是由于一时疏忽而脱载了重要史事,班固的时代距此亦不过百数十年,他能够在《武帝纪》里记上有此一决,何以在《沟洫志》里对此也不给补叙上几句?总之,从《史》、《汉》对元光三年两次河决记载的详略可以看出,顿丘之绝不可能是一次重要的决口,更不可能由于有此一决就决成了《汉志》大河。

二、瓠子决后二十三年,元封二年夏四月,汉武帝自临决河,发卒数万人塞瓠子决,从臣自将军以下“皆负薪填决河”,“于是卒塞瓠子”。司马迁称颂此役为“复禹旧迹”。若说《汉志》河就是元光三年的顿丘决流,司马迁何至于昏愦乃尔，竟会把二十三年前的另一条决流目为“禹迹”？竟会把仅仅堵塞二十三年前黄河在夏天的一条决流，使它改走春天的另一条决流的功绩，称为“复禹旧迹”？司马迁错得如此荒唐，班固又何以全文照抄，不予改正？

三、瓠子初决，塞而复坏。“是时武安侯田蚡为丞相，其奉邑食鄃，鄃居河北，河决而南，则鄃无水菑，邑收多”，田蚡因而对武帝说，“江河之决，皆天事，未易以人力为强塞，塞之，未必应天”。武帝遂“不事复塞”。鄃县故治在今平原县西南，地处《汉志》河的西北岸。元光三年以前河水必然早就是流经鄃县的东南，县境经常遭受河患，所以田蚡知道河决西南对他有利，若说这条流经鄃县东南的河水是二三个月前才形成的决流，那怎么能说“鄃居河北”，田蚡又怎么会知道不塞瓠子对他有利，塞瓠子对他有害？

四、从秦汉之际到武帝元光三年以前，黄河经流地点见于记载者有：

《史记·秦始皇本纪》：三十七年出巡，归途自山东半岛东端并海而西，“至平原津而病”。《淮阴侯列传》：汉三年汉王使韩信将赵兵击齐，“信引兵东，未渡平原，闻汉王使郦食其已说下齐，韩信欲止。范阳辩士蒯通说信曰……于是信然之，从其计，遂渡河”（《汉书·韩信传》同）。这两条资料说明秦汉之际平原是黄河的一个渡口。

《史记·高祖本纪》：三年，汉王在河北，“使卢绾刘贾将卒二万人骑数百，渡白马津入楚地”（《荆燕世家》、《汉书·高帝纪》、《荆燕吴传》同）。这说明此时黄河流经白马津。

《史记·高祖本纪》：六年，田肯说高祖曰：“夫齐，东有琅邪即墨之饶，南有泰山之固，西有浊河之限，北有勃海之利。”（《汉书·高帝纪》同）说明此时黄河在齐赵之间，是齐的西界。

《史记·高祖本纪》：十年，陈豨反；十一年，豨将张春渡河击聊城，汉使将军郭蒙与齐将击，大破之（《汉书·高帝纪》同）。说明此时黄河在聊城之西。

《汉书·武帝纪》：建元三年（前138年）春，“河水溢于平原”。这一条说明黄河流经平原的史料，时间下距河徙顿丘仅仅六年。

总括以上这些史料，自秦皇至汉武初年的黄河自宿胥口以下东经白马津，北经齐赵之间聊城、平原之西，这不是很清楚说明了这条黄河是和《汉志》河水一模一样的吗？怎么能说这是一条元光三年顿丘决流所形成的新道呢？

由此可见，胡渭把河徙顿丘理解为只是黄河史上一次影响不大的未几即塞的决口，的是不移之论，而岑仲勉说“那是极重要的变迁，应该列入胡渭所谓黄河大变之一”，史念海同志也说“的确是一宗大事”，却很难解释得通。

胡渭认为顿丘之决是从顿丘东北“至东武阳夺漯川之道，东北至千乘入海者也。漯川狭小不能容，故其夏又自长寿津溢而东以决于濮阳，则东南注巨野，通淮泗，而北渎之流微，漯川之水涸矣。及武帝塞宣房[1]，道河北行二渠，则正流余归北渎，余波仍为漯川，顿丘之决口不劳而塞，故志（《沟洫志》）略之”（《禹贡锥指》卷十三下）。虽然并无史料依据，却是合情合理的推断。

附带提一提关于《武帝纪》“河水徙从顿丘东南流入勃海”这一句的句读问题。勃海在顿丘东北，从顿丘东南流不可能注入勃海。故《通鉴》引此文仅作“河水徙从顿丘东南流”，删去“入勃海”三字。又在《考异》里列有一条：“《汉书·武帝纪》云，东南流入勃海。按顿丘属东郡，勃海乃在顿丘东，此恐误，今不取。”这是认为错在“入勃海”。胡渭、阎若璩则认为史文不错，而是东南二字应当连上读，即决处在顿丘的东南，不提决河的流向而只提决河的归宿是注入渤海（《禹贡锥指》卷十三下，《潜丘札记》卷三）。后此治黄河史者一般都沿用了阎、胡二氏这种读法。其实这种句读法是违反古人的行文惯例的。说班固会写出这样的句子来，未免太奇怪了。看来《通鉴》认为《汉书》这句话有错误是对的，不过不应删去“入勃海”三字，应该改“南”字为“北”字，因为不是入渤海而误作入渤海的可能性是很小的，而误北为南的可能性则很大。读点应从一般行文惯例放在“丘”字之下。从顿丘东北流入渤海，正应该如胡渭所指出那样夺漯川入海。

前人的三种说法都不对，那么，《汉志》河形成于什么时代这个问题究竟应该怎样解答才算正确？这需要和《禹贡》河、《山经》河的时代问题合起来一起探索。

四、春秋战国时代的黄河下游

西周以前的黄河下游，我们只知道它和东周秦汉一样，也是流经河北平原注入渤海的，至于具体流路，由于文献不足征，已无法推断。要讲具体流路，只能从春秋战国讲起。

《山经》、《禹贡》是战国时代的著作，《汉志》是汉代的记载，但我们不能说战国著作中的河道，就是在战国时才形成的，也不能说，《汉书》中的河道，就是在汉代才形成的。河道形成的时代，一般都要比它见于著录的时代早若干时间。就这三条河道而言，我们至少可以把它们上推到春秋时代，这是有史料足资印证的。

1　塞宣房即指塞瓠子。元封二年卒塞瓠子，筑宫其上，名曰宣房宫，见《河渠书》、《沟洫志》。

《汉志》河在这三条河道中见于著录最晚，但它在历史记载中出现却最早。《左传》僖公四年（前656年）管仲曰："昔召康公……赐我先君履，东至于海，西至于河，南至于穆陵，北至于无棣。"管仲说西周初期齐太公时齐的四履已东至于海西至于河，那是不可信的；却说明了管仲说这句话的齐桓公时代，齐国的西境已到达了黄河。齐国在二十八年前（鲁庄公十年，前684年）才灭掉谭国（今山东历城县东），此时到达的黄河当然只能是今山东境内的《汉志》河，约当为流经高唐、平原的那一段[1]，不可能是远在今河北中部的《禹贡》、《山经》河。这条资料说明至迟在春秋前期，《汉志》河业已形成。

又据《左传》襄公十四年（前559年）和哀公二年（前493年），当时在今濮阳县北七里的戚是临河之邑；据《水经·河水注》，戚城正位于大河故渎的东岸。这说明了春秋中、后期的河水也就是《汉志》河。

又据《水经·河水注》引《竹书纪年》，梁惠成王十二年（前358年），楚师在白马口"出河水以水长垣之外"。《史记·田齐世家》威王二十四年（前333年）威王曰："吾臣有朌子者，使守高唐，则赵人不敢东渔于河。"白马、高唐，都是《汉志》河流经的地点。

又《史记·赵世家》武灵王十九年（前307年）王谓公子成曰："吾国东有河、薄洛之水，与齐、中山同之。"按，汉晋时经县（故城今广宗县东）西有漳水津，名薄洛津，见《续汉书·郡国志》、《史记集解》引徐广曰、《水经·浊漳水注》。薄洛之水和薄洛津，是水以津得名，还是津以水得名虽不可知，要之，薄洛之水必流经薄洛津。这条水道于汉晋南北朝时是漳水，在《禹贡》、《山经》里则为"北过降水，至于大陆"那一段河水。赵武灵王不称这条水道为河水而别称为薄洛之水，与河水并举，可见其时的河水应别有所在。到哪里去了呢？不可能有别的道，只能是在走《汉志》河的河道。其时薄洛之水上游在赵国境内，下游为中山国地，河水即《汉志》河的西岸是赵地，东岸是齐地，所以武灵王说这两条水是赵"与齐、中山同之"的水。

以上三条，说明战国中期的河水也是《汉志》河。

又据《史记·乐毅列传》、《田单列传》，乐毅下齐七十余城，独即墨与莒未下，会燕昭王卒，子惠王立（前279年），惠王使骑劫代乐毅，田单攻杀骑劫，"转战逐燕，北至河上，尽复得齐城"。河以南都是齐城，这只能是《汉志》河。田单若一直打到《禹贡》河或《山经》河，那史文就该提到他侵夺了赵地和燕

---

1 史念海同志认为管仲所说齐地西至于河的河水在濮阳附近，这是不可能的。春秋时自濮阳北至今大名，东至今鄄城莘县皆卫地，齐地西止今聊城，距离濮阳馆陶间一段《汉志》河尚远。

地，但事实上并无其事。

又《国策·秦策》黄歇说秦王[1]：齐地“东负海，北倚河”，时在昭王三十四年（前 273 年）。韩非以秦始皇十四年（前 233 年）入秦，《韩非子·初见秦》篇有曰：“决白马之口以沃魏氏。”这二条又说明战国后期的黄河走的也是《汉志》河河道。

此外在先秦文献特别是战国文献中，还可以找出若干条资料足以说明当时的黄河下游与《汉志》河水相同，兹不一一列举。

那么，我们能不能说司马迁以汉河为“禹迹”是正确的，春秋战国时代的黄河始终就是这条《汉志》河呢？当然不能。首先，记载禹迹的《禹贡》篇中的河水就与《汉志》河不同，这一点上文业已阐明。再者，春秋战国时有些史事中提到的“河”，也显然不同于《汉志》河而符合于《禹贡》河、《山经》河。

上文提到过的《左传》昭公三十一年（前 511 年）公在乾侯以河为誓，《史记·魏世家》魏文侯任西门豹守邺而河内称治（亦见《河渠书》）。这两条，焦循用以证周定王五年后河水仍在邺东，我们当然也能用以证春秋后期和战国初期的黄河，曾经走《禹贡》河、《山经》河而不走《汉志》河。

又一条是胡渭提到过的《礼记·王制》篇“自东河至于西河，千里而近”。西河指今山陕间黄河，东河应指宿胥口以北的《禹贡》、《山经》河，才符合“千里而近”。若指长寿津以北的《汉志》河，那就超过千里了。胡渭以此作为周定王五年以前的材料虽未必确，但《王制》篇出自汉初儒生之手，所依据的应是春秋战国时期的资料，用以证实春秋战国时黄河确曾走过《禹贡》、《山经》中的河道，则是一条站得住的论据。

春秋战国时记载中出现的河水既有许多是与《汉志》河相同的，又有一些是符合于《禹贡》、《山经》河的，那么，河水取道这两条河道中的每一条的具体起讫年代，应该是从什么时候到什么时候？由于资料不足，对这个问题我们无法作出明确的答复。估计有两种可能：一是在这四五百年中，黄河以经流《汉志》河为常，但曾不止一次决而改走《山经》、《禹贡》河。一是有一个相当长的时期自宿胥口以下同时存在着一股东流如《汉志》河，一股北流如《山经》、《禹贡》河。若确是后一种情况，那么当然又有可能时而以东股为干流，时而以北股为干流。常态应是以东股为主，故见于记载者较多，但却并没有一种先秦文献把它的具体经流记载下来，而只见于秦以后的《汉书·地理志》和《水经注》。以北股为主应是变态，故见于记载者较少，可是《山经》、

1　此篇《国策·秦策》作“张仪说秦王曰”；按篇中有张仪之后事，《秦策》误。

《禹贡》作者所根据的恰好是这种资料。

《山经》河与《禹贡》河自今深县以上相同，自今深县以下不同。上引三条资料中所提到的河水都是二者相同部分，所以无法判断此时河水自今深县以下走的是二者中的哪一条道。

马王堆汉墓帛书《战国纵横家书》谓起贾章："且使燕尽阳地，以河为境。"《韩非子·有度》：燕昭王"以河为境"。这两句话都是极言燕昭王后期（前3世纪八九十年代）燕幅员之广。这里所谓"以河为境"的"河"，依当时形势推度，不会是《山经》河，因为《山经》河以北原是燕的腹心之地，燕若以这一线为境，不值得夸耀。也不像是《汉志》河，因为《禹贡》河以南《汉志》河以北是赵国的"河间"地，其时"燕赵共相，二国为一"，燕不会去侵占赵地。所以此时的河很可能是介于《山经》河与《汉志》河之间的《禹贡》河。

现在还找不到一条先秦史事记载中的"河"是符合于今深县以下的《山经》河水的。根据《山经》所载河水所受支流极为详确，和《汉志》博水"东至高阳（治今县东）入河"（中山国望都）、卢水"亦至高阳入河"（中山国北平）、涞水"东南至容城（治今县北）入河"（代郡广昌）、桃水"东至安次（治今县西）入河"（涿郡涿县）这几条志文中的"河"在汉代实际已是滱水的经流竟被称为"河"这两点看来，估计这一河段虽不知其始，理应在去汉不远的战国某一时期还是一条见在的河道。

既然《汉书·地理志》中有如上四条以滱为河的志文，那么能不能说《山经》河到汉代还是见在的黄河的一股呢？不能。这可以用《汉书·沟洫志》和《地理志》的记载来予以证明：

必须先有自今浚县西南古宿胥口北至今深县南的《山经》河上游，才可能有高阳、容城、安次的《山经》河下游。浚县濮阳一带是西汉一代治河的重点区域，但《沟洫志》备载武帝以来时人治河诸计议，绝无一人提到过当时或汉初存在着这么一股河道。贾让《治河三策》中的上策是"徙冀州之民当水冲者，决黎阳遮害亭（亭在宿胥口侧，见《水经·河水注》），放河使北入海，河西薄大山，东薄金堤，势不能远泛滥，期月自定"。这条起自遮害亭西薄大山东薄金堤的贾让理想中的河道，基本上就是《禹贡》、《山经》中的河道，但他却不说这是一条故道，只作为理想提出。王横说"禹之行河水，本随西山下东北去"，也只是模模糊糊说西山下有一条故道，推之于遥远的大禹时代。若这条河道在西汉当代曾经是见在的河水，汉廷议河诸臣包括贾让在内何至于昏蒙无识至此？

《地理志》载：洹水“东北至信成（治今清河县西）入张甲河”（河内郡隆虑）；漳水“东北至阜城（治今县东）入大河（上党郡沾）[1]；寖水“东北至东昌（治今武强县南）入虖池河（魏郡武安）”；虖池河“东至参户（治今青县南）入虖池别河”[2]；泒河“东北至文安（治今县东北）入海”（代郡卤城）[3]；滱水“东至文安入大河”（代郡灵丘）[4]。从这几条志文看来，可知这几条发源于太行山自西而东的水道，在汉代是穿越河北平原直到平原东部才以河水、虖池等河和海为其归宿的，这是《禹贡》河、《山经》河当时已不存在的确证。若还存在，哪怕是“残破不全”，当然不可能有这么多条水横绝河水流到平原东部去。

《汉志》博、卢、涞、桃四水不作入滱而作入河，当由于当地民间对这一段滱水仍然沿袭着《山经》时代的旧称称为“河”，班固不事考核，径予采录之故。这种情况在《汉志》里是经常出现的，不单是这四条而已。如斯洨水“东至鄡（治今束鹿县东）入河”（真定国绵蔓），此“河”指的是《汉志》信都县北的“故章河”，实为寖水的下游。这是《山经》、《禹贡》时代的河水故道，河徙后为漳水所经流，其后漳水又南移如《汉志》漳水，这段河道即被称为故漳河，民间仍径称为“河”。又如泜水“东至堂阳入章河”[5]，此“章河”指的也是故章河，是《禹贡》、《山经》时代的河水，非《汉志》漳水，更非《汉志》河水。可见不能认为凡《汉志》提到的“河”，都是西汉当时的“河”，实际包括有若干汉以前的旧河在内；实际虽已非“河”，民间却还沿袭旧称称之为“河”。《汉志》这些资料不能用以证明在章武入海的河水正流之外，当时另有被称为汉的河水支津或岔流，却可用以证实在春秋战国时的确存在过《禹贡》河和《山经》河。

《禹贡》河、《山经》河存在时代的下限虽无文献可征，估计应断流于战国齐、赵、魏沿汉筑堤之时。见于汉代记载的金堤，都在《汉志》河的两岸，可见齐、赵、魏所筑河堤是沿着《汉志》河筑的。自筑堤以后，此前的东（《汉志》河）西（《禹贡》、《山经》河）二股河同时存在，迭为主次之局，当即不再存在。

《史记·项羽本纪》载项羽救赵之役，先“遣当阳君、蒲将军将卒二万渡

1　阜，今本《汉志》作“邑”。《尚书》孔《疏》、《史记·索隐》引此条并作阜。汉无邑成县，阜城县位于河水西岸，知作阜是。

2　户，今本《汉志》误作“合”，据齐召南《官本考证》改。

3　泒，今本《汉志》误作“从”，据杨守敬《晦明轩稿》《汉志从河为泒河之误说》改。

4　“入大河”应作入海。汉大河在章武（今黄骅）入海，远在文安东南百数十里，文安境内不得有大河。且其南泒河虖池别河入海，其北治水、沽水亦入海，滱水夹在其中，自应入海。详见拙撰《历史时期渤海湾西岸的大海侵》（见《长水集》下册，第92页）。

5　泜，今本《汉志》误作“沮”；章，今本《汉志》误作“黄”，据王念孙《读书杂志》改。

河救巨鹿”，已而“乃悉引兵渡河”。前二年我曾经以此为据，认为《禹贡》、《山经》河在秦汉之际时还未断流。其实这条记载并不能证实这一看法。当时流经巨鹿之东的漳水，原是《禹贡》、《山经》时代的河水，当地人自然还会沿用着“河”的旧称，我们实在没有理由说可以断言用“河”字就一定是见在的黄河。张守节《正义》在“渡河”下注云“漳水”，这是有道理的。

以上讲的是春秋战国时代黄河下游的正流干流。用几句话概括起来是：战国筑堤以前，常走东股即《汉志》河，有时走西股即《禹贡》、《山经》河；西股自今深县以下有时走南支《禹贡》河，有时走北支《山经》河。筑堤以后，西股断流，专走东股，一直沿袭到汉代。

但春秋战国时代河北平原上出现过的黄河河道不光是这二股三支正流干流而已，除此而外，还有若干决流和岔流，虽或存在的时间较短，或容纳的黄河水只是一小部分，却也构成了当时黄河下游河道的一部分。这些河道有的是黄河决流所冲制成的，有的则是被黄河占夺的邻近水道的一部分。

何以知道在正流干流之外，还出现过若干岔流、决流？这是我们从《汉志》、《水经》里除当时的河水以外另有一些河北平原水道也被称为河这一点看出来的。

岑仲勉认为河是水道的通称，“北方有水便是河”(《黄河变迁史》第四节)。我们认为这句话只能通用于唐宋以后。唐宋以前，“河”是黄河的专称、正称，“黄河”或“浊河”只在文人笔下偶一用以形容其黄浊，只能算是一种别称或雅称。那时河既然是一条水道的专称，当然不可能又用作通称。唐宋以后“黄河”代替了“河”成为这条水道的专称、正称，别的水道才可能也称为河。

古代“河”既是黄河的专称，那么《汉志》、《水经》里为什么会出现别的水道被称为“河”？这只能是由于这些水道或其一部分曾经是黄河或其岔流的一部分，因而被称为“河”或××河，后来黄河虽然离开了这条水，河的称呼却被沿用到了后代。

《汉书·地理志》中除河水外，河北平原水道称河的计有十二条：

清河水(魏郡内黄)

屯氏河(魏郡馆陶)

鸣犊河(清河郡灵县)

屯氏别河(清河郡信成)

张甲河(清河郡信成)

笃马河(平原郡平原)

故章河（信都国信都）

虖池河（代郡卤城）

虖池河民曰徒骇河（勃海郡成平）

虖池别河（河间弓高）

泒河（代郡卤城）

又滱水自高阳以下或称滱（中山国北新成易水）或称河（中山国望都博水、北平卢水、代郡广昌涞水、涿郡涿县桃水）

《水经》中河水外称河之水有七条[1]：

巨马河（专篇）

沽河（专篇）

瓠子河（专篇）

滹沱河（即虖池河，本有专篇，今本佚）

商河（见河水篇）

清河（见淇水篇）

潞河（见沽河篇）

在这十多条被称为“河”的水道中，屯氏河、鸣犊河、瓠子河是西汉黄河决流所形成的，见《汉书·沟洫志》。屯氏别河出屯氏河，张甲河又出自屯氏别河，见《地理志》、《水经·河水注》，其形成自当在屯氏河之后。除这五条以外，其余诸河，估计都应该曾经是春秋战国时代黄河干流或其岔流的故道。

诸河具体经流年代已无可稽考，只能作出如下一些推断：

先秦黄河经行《汉志》河道时，时或在平原高唐一带决口，决流便走《汉志》笃马河或《水经》商河东流入海。又据《水经·河水注》，漯水于高唐城南“上承于河，亦谓之源河”，亦应为黄河走《汉志》河时的决流或岔流。

走《山经》、《禹贡》河道的那一股黄河，时或在内黄以北决出东北流，便形成了《水经》里的清河，下游东光以下仍循《汉志》河水入海。清河屡见战国记载（《赵策》苏秦从燕之赵始合从说赵王、张仪为秦连横说赵王，《齐策》苏秦为赵合从说齐宣王），约当前4世纪后期。黄河流经此道当然在这一时期之前，至是河已改走《汉志》河，这一河道不再为黄河水所灌注，水源仅限于内黄以南的洹、荡等水，浊流变成了清流，因而被称为清河。

---

1 此外又有叶榆河篇，叶榆河即今云南洱海。这个“河”字不是汉语，是采用了当地少数民族的语言，意即湖泽，与黄河无关。

黄河全流毕出《汉志》河时，《山经》、《禹贡》河水故道自宿胥口北出一段断流，这就是《水经·淇水注》中的“宿胥故渎”。稍北一段有黎阳诸山之水循河水故道北流至内黄会合洹水，这就是《汉志》出内黄县南的清河水。内黄洹口以北至今曲周南会漳一段故道断流，《汉志》魏郡邺“故大河在东”指此。

《汉志》滱水下游原先是漳水的一段，《山经》、《禹贡》时代曾为河水所夺，因而在《汉志》信都国下又有“故章河”之称。

《汉志》虖池河（《水经》滹沱河）和虖池别河的下游，曾经是《禹贡》河水下游的一段。

《汉志》滱水下游和《水经》巨马河下游，就是《山经》河水下游的一部分。

《山经》河东决或《禹贡》河北决，曾走过泒河下游。

《山经》河北决，曾经过沽河下游。

五、结论十二点

本文论述所及的问题比较多，为了帮助读者理清头绪，所以在结束本文之前，不嫌辞费，再把全文所有论点简括列举如下：

1. 汉以前至少可以上推到新石器时代，黄河下游一直是取道河北平原注入渤海的；岑仲勉东周前黄河下游即济水之说，极不可信。

2. 黄河下游在战国筑堤以前，决溢改道是屡见不鲜的事。其时河北平原中部是一大片人烟稀少荒芜寥落的地图上的空白地区，黄河在这里决溢改道，对人民生活的影响很小，因而也就为一般古代文献记载所不及。

3. 见于《周谱》记载而为王莽时王横引用过的周定王五年那一次“河徙”，是汉以前唯一的被记载下来的一次改道，但绝不能说事实上汉以前只改过这一次道。

4.《周谱》只说“定王五年河徙”，没有说在何处决口，从何道徙向何道，我们没有任何理由可以否定这条记载的可靠性，不能因为胡渭对这一次河徙所作的解释不可信，就连带把《周谱》这条记载根本否定了，从而得出春秋战国时黄河从没有改过道的结论。

5. 黄河下游河道见于先秦文献记载的有二条：一《禹贡》河，二《山经》河。这二条河道自宿胥口北流走《水经注》的“宿胥故渎”，至内黄会洹水，又北流走《汉志》的邺东“故大河”，至曲周会漳水，又北流走《水经》漳水至今深县南，二河相同；自此以下，《禹贡》河走《水经》漳水东北流经交河青县至天津市东南入海，《山经》河北流走《汉志》滱水经高阳、安新折东经霸县至天津市东北入海。

6. 见于《汉书·地理志》、《沟洫志》和《水经注》的西汉河道，既不是“禹之旧迹”，也不是形成于周定王五年的河徙，更不可能迟至汉武帝元光三年河决顿丘才形成。

7.《汉志》河具体经流虽到汉代才见于著录，却是见于记载的最早一条黄河下游河道（始见于前7世纪中叶记载），并且是春秋战国时代长期存在着的河道。

8.《禹贡》、《山经》河见于历史记载较晚于《汉志》河（始见于前6世纪后叶），也比较不常见。有可能先有《汉志》河，某年从宿胥口北决而形成《禹贡》、《山经》河。

9.《禹贡》河与《山经》河孰先孰后，现尚无法作出判断。

10. 春秋战国时代，黄河下游以走《汉志》河为常，也曾不止一次走《禹贡》、《山经》河；也有可能东（《汉志》河）西（《禹贡》、《山经》河）二股曾长时期同时存在，二股迭为干流，而以东股为常。此外，汉代的笃马河、泒河、沽河、清河、商河等，也应曾为黄河决流所走过。

11. 战国筑堤以前，黄河下游曾多次改道，先后走过上述这些河道，但黄河流经每一条河道的确年已不可考。

12. 在前4世纪40年代左右，齐与赵、魏各在当时的河道即《汉志》河的东西两岸修筑了绵亘数百里的堤防，此后《禹贡》、《山经》河即断流，专走《汉志》河，一直沿袭到汉代。

1980年6月10日

（原载《历史地理》创刊号，上海人民出版社1981年）

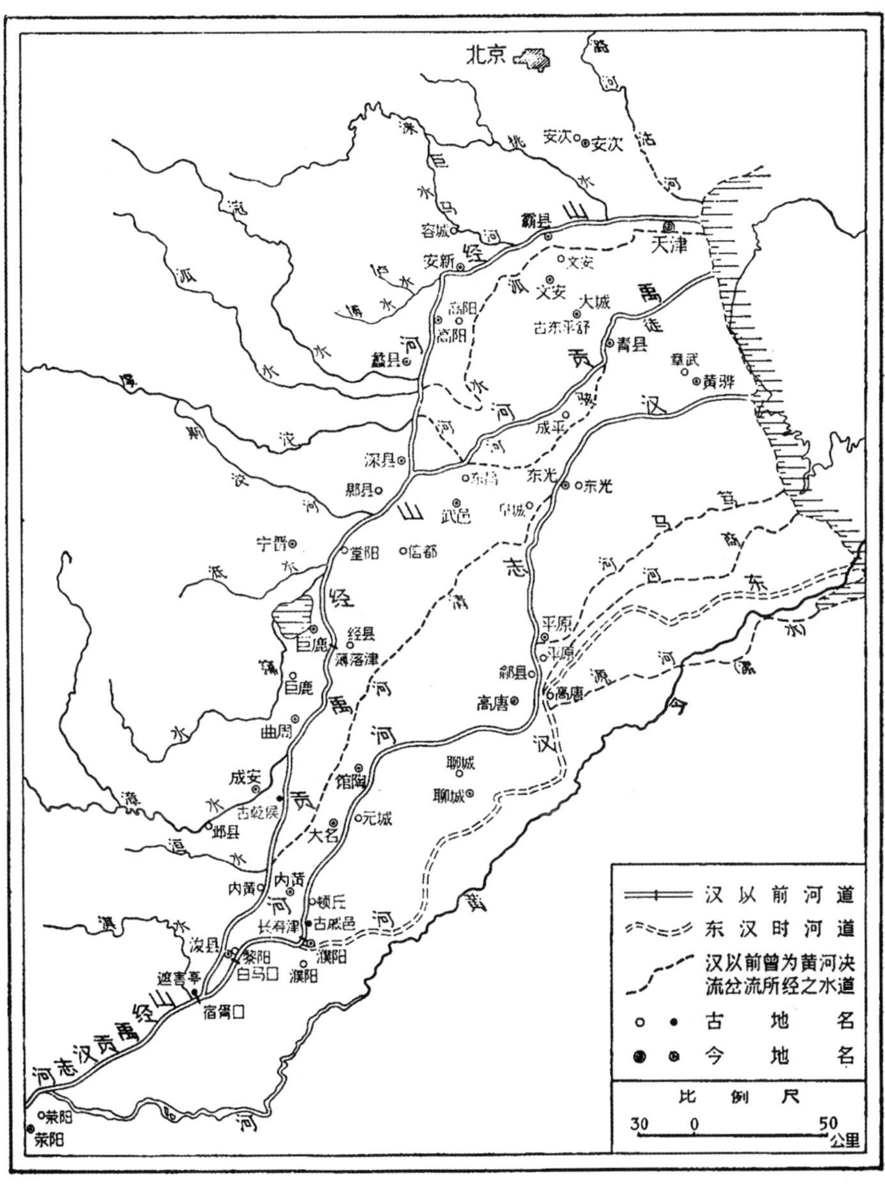

汉以前黄河下游河道形势图

何以黄河在东汉以后会出现一个长期安流的局面

——从历史上论证黄河中游的土地合理利用是消弭下游水害的决定性因素

一

提起黄河，人人都知道它在解放以前是一条灾害性很严重的河流，经常闹漫溢、决口、改道。这是历史事实。但从整个历史时期看来，黄河水灾的频率与严重性并不是前后一律的。我在1955年5月为中国地理学会所作的一次题为《黄河与运河的变迁》的讲演词[1]里，已着重指出了这一点。在那篇讲演词里，我把从有历史记载以来直到解放为止全部黄河历史，分成唐以前和五代以后前后二期，指出黄河在前期决徙次数并不很多，基本上利多害少，只是到了后期，才变成决徙频仍，有害无利，并且越到后来闹得越严重。同是这条黄河，为什么前后情况大不相同？我把原因归之于整个流域内森林、草原的逐渐被破坏，沟渠、支津、湖泊的逐渐被淤废。直到今天，我还认为这种看法基本上不错。可是尽管不错，却解决不了黄河史上一个很突出的问题。这个问题是：自有历史记载以来的几千年内，黄河的灾害并不是一贯直线发展，而是中间有过一个大曲折的；森林与草原既然在逐渐被破坏，沟渠、支津与湖泊既然逐渐在被淤废，那么黄河的灾害按理应该是一贯直线发展的，何以会中间出现大曲折呢？在那篇讲词里，我只是含糊笼统地说河患前期少而后期多，所以乍听起来，似乎并不存在什么问题。可是只要我们把前后二期黄河的决溢改道稍稍具体排比一下，马上就可以发现：前期的灾害诚然比后期少，但在前期本身范围内，显然并不是越到后来闹得越凶。那么又是为了什么呢？说老实话，当时我并不能解答这一问题。

现在让我们先把唐以前即前期黄河决溢改道的具体情况叙述一下。在这一期中，又可以分为三期：

第一期，从有历史记载即殷商时代起，到秦以前。在这一千几百年的长

1　载《地理知识》1955年第八至九期。

时期内，关于黄河决溢改道的记载很少。商代屡次迁都，过去有人认为与黄河决溢有关；实际上这只是一种推测，并无充分论据。西周时代，也并没有这方面的记载。春秋时代有一次改道，就是周定王五年那一次[1]，通常称为黄河第一次大改道。战国时代溢了一次[2]，决了三次[3]；而三次决口都不是黄河自动决，都是在战争中为了对付敌人用人工开挖的。这时期河患记载之所以如此之少，一方面应该是由于上古记载缺略，一方面也是由于那时地广人稀，人民的耕地居处一般都选择高地，虽有决溢不成灾害之故。再有一方面也不容否认，那就是其时森林、草原、支津、湖泊还很多，事实上在一般情况下，也确乎不会轻易决口改道，除非是遇到特大洪水。

第二期，西汉时期。从汉文帝十二年（前 168 年）起到王莽始建国三年（11 年）止一百八十年中，黄河决溢了十次之多，其中五次都导致了改道，并且决后往往听其漫流，历久不塞。要是决后即塞，从当时情况看来，决溢次数势必更多。决溢所造成的灾害很大，泛滥所及往往达好几个郡，好几十个县，坏官亭民居以数万计，浸灌良田至十余万顷。当时下游濒河十郡，每郡治堤救水吏卒多至数千人，岁费至数千万。[4] 可见西汉一代的河患是很严重的。因而也就引起了历史学家的重视，司马迁就写了《河渠书》，班固就写了《沟洫志》。这两篇书的内容虽不是完全讲黄河，但主要是讲黄河；从篇后的“太史公曰”和“赞”看来，作者载笔的动机也显然是有感于河患的严重。

若是单把第一和第二两期比较起来看，虽然中间的变化太大，未免觉得有点突然，毕竟还是合乎原来所假定的河患日趋严重的规律的，还不容易看出问题。问题显示在：到了第三期，河患却又大大地减轻了。

第三期，东汉以后。黄河自王莽始建国三年决后不塞，隔了将近六十年之久，到东汉明帝十二年（69 年）夏天，才发动了数十万劳动人民，在我国历史上著名水利工程师王景的主持之下，大致按着始建国以来的决河经流，从荥阳（故城在今河南荥阳县东）到千乘（故城在今山东旧高苑县北）海口千有余里，大规模地予以修治。到第二年夏天，全部工程告竣（西汉以前黄河在今河北境内入海，此后即改由山东入海）。[5] 从此以后，黄河出现了一个与西汉时期迥不相同的局面，即长期安流的局面。从这一年起一直到隋代，五百

1　见《汉书・沟洫志》。

2　见《水经・济水注》引《竹书纪年》。

3　见《水经・河水注》引《竹书纪年》，《史记・赵世家》肃侯十八年、惠文王十八年。

4　见《汉书・文帝纪》、《武帝纪》、《成帝纪》、《沟洫志》、《王莽传》。

5　见《后汉书・明帝纪》、《王景传》。

几十年中，见于记载的河溢只有四次[1]：东汉一次[2]，曹魏二次[3]，西晋一次[4]；河水冲毁城垣一次，晋末[5]。到了唐代比较多起来了，将近三百年中，河水冲毁城池一次，决溢十六次，改道一次[6]。论次数不比西汉少，但从决溢的情况看来，其严重程度显然远不及西汉。就是景福二年（893年）那次改道，也只是在海口地段首尾不过数十里的小改道而已。总之，在这第三期八百多年中，前五百多年黄河安稳得很，后三百年不很安稳，但比第二期要安稳得多。

在河患很严重的第二期之后，接着出现的是一个基本上安流无事的第三期，这一重大变化应如何解释？历史记载有所脱略吗？东汉以后不比先秦，流传至今的文献极为丰富，有些小范围内的决溢可能没有被记录下来，较大规模的决徙不可能不见于记载。从《后汉书》到两《唐书》所有各种正史都没有河渠或沟洫志，这当然是由于自东汉至唐黄河基本上安流无事，无须专辟一篇之故；否则，《史记》、《汉书》既然已开创了这一体制，后代正史皆以其为圭臬，绝不至于阙而不载。再者，成书于东汉三国时的《水经》和北魏的《水经注》、唐代的《元和郡县志》中所载的黄河经流，几乎可以说完全相同，并无差别，更可以证实在这一时期内的黄河确乎是长期安流的。

东汉以后黄河长期安流既然是事实，所有讲黄河史的人，谁也没有否认过，那么，我们要讲通黄河史，当然就有必要把导致这一局面出现的原因找出来。我个人过去一直没有找出来，因此在1955年那次讲演里只得避而不谈。前代学者和当代的历史学家与水利学家谈到这一问题的倒很不少，可是他们的解答看来很难令人信服。诸家的具体说法虽不完全相同，着眼点却是一致的。他们都着眼于王景的治导之法，都认为东汉以后黄河之所以“千年无患”[7]，应归功于王景的工程技术措施“深合乎治导之原理”。清人如魏源[8]、刘鹗[9]，近人如李仪祉[10]，以及今人如岑仲勉[11]，都是如此看法。《后汉书·王景传》里所载关于王景治河之法，只有“商度地势，凿山阜，破砥绩，直

1　专指发生在下游地区的，在中上游的不计。

2　见《后汉书·桓帝纪》永兴元年、《五行志》。

3　见《晋书·傅祗传》；《三国志·魏志·明帝纪》太和四年、《宋书·五行志》。

4　见《晋书·武帝纪》泰始七年、《五行志》，《宋书·五行志》。

5　见《水经·河水注》；《元和志·郓州卢县》。

6　见两《唐书·五行志》及高宗、武后、代宗、宪宗、文宗、懿宗、昭宗纪，《元和志·郓州》，《寰宇记·滨州》。

7　五代宋初黄河决溢次数虽已很多，灾害很严重，但或仅小改道，或改后不久即恢复故道。到宋仁宗庆历八年（1048年）才大改道至今天津入海，从永平十三年算起至此将近一千年。

8 9　见《再续行水金鉴》卷一五四、一五八引。

10　见《科学》七卷九期；《水利月刊》九卷二期，1935年。

11　见《黄河变迁史》第八节七。

截沟涧，防遏冲要，疏决壅积，十里立一水门，令更相洄注”三十三个字。诸家为这三十三个字所作的解释，估计至少在万言以上。直到最近，1957年出版的黄河水利委员会所编的《人民黄河》，也还是如此看法，只是加上了这么一句：“当然”，黄河在王景后数百年间“决溢次数少的原因可能还另有一些”。只说“可能”，并未肯定。到底另有一些什么原因，也未交代。

我认为这种看法是不符合于历史真实情况的。即令王景的治导之法确乎比历史上所有其他治河工作者都远为高明（其实未必），他的工程成果顶多也只能收效于一时。要说是一次“合乎治导之理”的工程竟能使黄河长期安流，“功垂千载”，这是无论如何也讲不通的。首先，这次工程的施工范围只限于“自荥阳东至千乘海口”，即只限于下游；工程措施只限于上引三十三个字，这三十三个字用现代语概括起来，无非是整治河床，修固堤防，兴建水门。稍有近代科学知识的人都知道，黄河的水灾虽然集中于下游，要彻底解除下游的灾害，却非在整个流域范围内采取全面措施不可，并且重点应在中上游而不在下游；单靠下游的修防工程，只能治标，谈不上治本。王景的工程正是一种治标工作，怎么可能收长治久安之效呢？其次，就是下游的防治工程，也必须经常不断地予以养护、培补、加固，并随时适应河床水文的变化予以改筑调整，才有可能维持久长。试问，在封建统治时代，有这个可能吗？何况，王景以后的东汉中后叶，不正是封建政权最腐朽无能的时代吗？东汉以后的魏晋南北朝时代，不正是长期的割据混乱时代吗？在这样的时代里，难道有可能始终维持着一套严密而有效的河防制度吗？

工程技术因素说讲不通，那么，能不能用社会政治的因素来解释呢？我们不否认社会政治因素有时会对黄河的安危发生巨大的作用。最明显的例子是：解放以前经常决口，甚至一年决几次，新中国建立以后，就没有决过。过去还有许多人把五代、北宋的河患归罪于五代的兵祸，把金、元、明的决徙频仍推咎于宋金、金元间的战争，听起来似乎也还能言之成理。可是，我们能拿西汉来比之于解放以前，拿东汉来比之于解放以后吗？即使勉强可以说唐代的政治社会情况比西汉强，总不能说东汉、魏、晋、南北朝比西汉、唐强吧。魏晋南北朝跟五代、宋金之际同样是乱世，为什么黄河的情况又截然不同呢？可见社会政治因素说同样讲不通。

前人并没有解决得了这个问题，而这是一个黄河流域史里必须要解决的问题，对整个儿中国史而言，也是一个很重要的问题。

二

要解决这个问题，必须先从黄河下游决溢改道的根本因素讲起。稍有地理常识的人都知道：降水量集中在夏秋之季特别是夏季，河水挟带大量泥沙，是黄河善淤善决的两个根本原因。近几十年来的水文实测资料又证明：决溢改道虽然主要发生在下游，其洪水泥沙则主要来自中游。因此，问题的关键应该在中游，我们应该把注意力转移到中游去，看看中游地区在各个历史时期的地理条件是否有所不同，特别是东汉以后数百年间，比之前一时期和后一时期是否有所不同。

黄河中游上起内蒙古河口镇大黑河口，下迄河南秦厂沁河口。就河道而言，可分为三段：第一段，自河口至山西禹门口；第二段，自禹门口至河南陕县；第三段，自陕县至秦厂。就流域而言，相应可分为三区：第一区，包括内蒙古河套东北角的大黑河、沧头河流域和晋西北、陕北东北部、伊盟东南部的山陕峡谷流域；第二区，包括山西的汾水、涑水流域，陕甘二省的渭水、泾水、北洛水流域和河南弘农河流域一角；第三区，包括豫西伊洛河流域和晋东南沁丹河流域。

根据黄河沿岸各水文站近几十年来的实测记录，这中游三区跟下游水灾之间的关系大致是这样的：

一、洪水　下游发生洪水时的流量来自上游的向不超过百分之十，百分之九十以上都来自中游。中游三区夏秋之际经常有暴雨，由于地面蓄水能力差，雨后立即在河床中出现洪峰。三区的暴雨都经常能使本段黄河河床里产生一万秒立方米以上的洪水。如两区或三区暴雨后所形成的洪峰在黄河里碰在一起，那就会使下游河床容纳不了，发生危险。而这种洪峰相遇的机会是很多的，尤以产生于第一第二两区的洪峰相遇的机会为最多。

二、泥沙　情况与洪水有同有不同。同的是中下游河床中来自上游的泥沙很少。在流经陕县的巨量泥沙中，来自洞口镇以上的只占百分之十一。在河口上游不远处的包头市，每立方米河水中的多年平均含沙量只有六公斤。不同的是中游三段河流的输沙量极不平衡。第一段由于该区地面侵蚀剧烈，干支流的河床比降又很大，泥沙有冲刷无停淤，故输沙量多至占陕县总量的百分之四十九，河水的含沙量则自包头的六公斤到禹门口骤增至二十八公斤。第二段由于泾、渭、北洛的含沙量虽很高，但各河下游都流经平原地区，禹门口至陕县的黄河河谷也相当宽阔，有所停淤，故流域面积虽远较第一段为大，而输沙量反而较少，占陕县总量的百分之四十，河水含沙量到陕县增为三十四公斤。陕县是全河沙量最多的地点。此下的第三段，伊洛、沁丹各河的含沙量本来就比第一第二段各支流少，并且各河下游有淤积，黄河自孟津以下也有淤积，故输沙总量即不再增加。

如上所述，可见中游三区中，第三区对下游的关系比较不重要；它只是有时会增加下游一部分洪水，而并不增加泥沙。对下游水患起决定性作用的是第一第二两区；因为淤塞下游河道的泥沙，十之九来自这两区，形成下游暴涨的洪水也多半来自这两区。

因此，问题的关键就在于这两区的水土流失情况，在于在整个历史时期内，这两区的水土流失是直线发展，一贯日渐严重化的呢，还是并不如此？

一地区的水土流失严重与否，决定于该地区的地形、土壤和植被。黄河中游除少数山区外，极大部分面积都在黄土覆盖之下。黄土疏松，只有在良好植被保护之下，才能吸蓄较多的降水量，阻止地面经流的冲刷。植被若一经破坏，一雨之后，土随水去，水土流失就很严重。加以本区的黄土覆盖极为深厚，面蚀很容易发展成为沟蚀，原来平坦的高原，很快就会被切割成崎岖破碎的丘陵，水土流失也就愈益严重。所以历史上各个时期的水土流失严重与否，又主要决定于植被的良好与否。

历史时期一地区的植被情况如何，又主要决定于生活在这地区内的人们的生产活动，即土地利用的方式。如果人们以狩猎为生，天然植被可以基本上不受影响。畜牧与农耕两种生产活动同样都会改变植被的原始情况，而改变的程度后者又远远超过前者。因为人们可以利用天然草原来从事畜牧，只要放牧不过度，草原即可经久保持，而要从事农耕，那就非得先把原始森林和原始草原予以斫伐或清除不可。

但同样从事农耕，其所引起的水土流失程度，却又因各地区的地形、土壤条件不同而有所不同。就黄河中游第一第二两区而论：第一区的河套东北角地区和第二区的关中盆地和汾、涑水流域，大部分面积是冲积平原和土石山区。冲积平原由于地势平坦，土石山区由于石厚土薄，不易形成沟壑，故开垦后所引起的水土流失一般比较轻微。第一区的山陕峡谷流域和第二区的泾、渭、北洛河上游地区，几乎全部是黄土高原或黄土丘陵；黄土深厚，地形起伏不平，故一经开垦，面蚀与沟蚀同时并进，水土流失就很严重。

由此可见，在这对黄河下游水患起决定性作用的中游第一第二两区之中，最关紧要的又在于山陕峡谷流域和泾渭北洛上游二地区；这两个地区在历史时期的土地利用情况的改变，是决定黄河下游安危的关键因素。

三

在进入有历史记载的早期，即战国以前，山陕峡谷流域和泾渭北洛上游这二地区基本上应为畜牧区，射猎还占着相当重要的地位；农业想必不会没有，但很不重要。这二地区与其南邻关中盆地、汾涑水流域在地理上的分界线，大致上就是当时的农牧分界线。在此线以南，早自西周以来，即已进入农耕时代；在春秋战国时代是以农为主的秦人和晋人的主要活动地区。在此线以北，迟至春秋，还是以牧为主的戎狄族活动地区；自春秋中叶以至战国，秦与三晋逐渐并吞了这些地区，但畜牧仍然是当地的主要生产事业。产于晋西北今吉县石楼一带的“屈产之乘”[1]，在春秋时是有名的骏马。战国末至秦始皇时，乌氏倮在泾水上游的乌氏地方（今甘肃平凉县西北），以畜牧致富，其马牛多至用山谷来计量。[2]

《史记·货殖列传》虽作于汉武帝时，其中关于经济区域的叙述则大致系战国至汉初的情况。它把全国分为山西、山东、江南、龙门碣石北四个区域，山西的特点是“饶材、竹、穀、纑[3]、旄、玉、石”，龙门碣石北的特点是“多马、牛、羊、旃裘、筋角”。当时所谓山西本泛指函谷关以西，关中盆地和泾渭北洛上游西至黄河皆在其内。但篇中下文既明确指出其时“自汧、雍以东至河、华”的关中盆地是一个“好稼穑，殖五谷”的农业区域，可见此处所提到的“材、竹、穀、纑、旄”等林牧业特产，应该是泾渭北洛上游及其迤西一带的产物，这一带在当时的林牧业很发达。龙门碣石北的特产全是畜产品，碣石指今河北昌黎县北碣石山。龙门即今禹门口所在的龙门山，正在关中盆地与汾涑水流域的北边分界线上。可见自龙门以北的山陕峡谷流域，在当时是一个以畜牧为主要生产活动的区域。同传下文又云：天水、陇西、北地、上郡“西有羌中之利，北有戎翟之畜，畜牧为天下饶”。天水陇西二郡位于渭水上游，北地郡位于泾水上游，上郡位于北洛水上游和山陕峡谷流域。下文又云：杨与平阳“西贾秦翟，北贾种、代。种、代，石北也。地边胡，数被寇。人民矜懻忮，好气，任侠为奸，不事农商。……故杨、平阳陈掾（犹言经营驰逐）其间得所欲”。杨在今山西洪洞县东南；平阳在今临汾县西南；秦指关中盆地；翟指陕北高原故翟地；种、代在石北，“石”指今山西吉县北石门山，“石北”约相当于现在的晋西北。这条记载生动地说明了当时晋西北人民的经

1 “屈产”二字，《公羊传》僖公二年何休注解作产马地的地名，《左传》杜预注解作产于屈地。今石楼县有屈产水。古屈邑在今吉县境内。

2 见《史记·货殖列传》。

3 《史记·货殖列传》司马贞《索隐》：“穀，木名，皮可为纸。纑，山中纻，可以为布。”

济生活与风俗习惯。试和它的近邻晋西南汾涑水流域即当时所谓“河东”的“土地小狭，民人众，都国诸侯所聚会，故其俗纤俭习事”一对比，很显然前者是畜牧射猎区的情况，后者是农业商业高度发展地区的情况。正由于石北跟河东是两个迥然不同的经济区域，因而通贾于这二区之间的杨与平阳二地的商人，能得其所欲，杨与平阳也就发展成了当时有名的商业城市。

《汉书·地理志》篇末朱赣论各地风俗，也提到了渭水上游的天水、陇西二郡“山多林木，民以板为室屋”，泾洛上游和山陕峡谷流域的安定、北地、上郡、西河四郡“皆迫近戎狄，修习战备，高上气力，以射猎为先”，用以印证作于西周末至春秋初的《国风》秦诗中所描述的当地人民经常以“车马田狩”为事的风气。这种风气并且还一直维持到“汉兴”以后，西汉一代的名将即多数出身于这六郡的“良家子”。

战国以前黄河下游的决徙很少，我以为根本原因就在这里。那时的山陕峡谷流域和泾渭北洛上游二区还处于以畜牧射猎为主要生产活动方式的时代，所以原始植被还未经大量破坏，水土流失还很轻微。

四

到了秦与西汉时代，这二区的土地利用情况就发生了很大变化。

秦与西汉两代都积极地推行了“实关中”和“戍边郡”这两种移民政策。“实关中”的目的是为了“强本弱末”。所谓“本”就是王朝的畿内，即关中地区；把距离较远地区的一部分人口财富移置到关中，相对地加强关中，削弱其他地区的人力物力，借以巩固封建大一统的集权统治，就叫做“强本弱末”。“实关中”当然主要把移民安顿在关中盆地，但有时也把盆地的边缘地带作为移殖目的地。例如秦始皇三十五年徙五万家于云阳[1]，汉武帝太始元年、昭帝始元三年、四年三次徙民于云陵[2]，云阳和云陵都在今淳化县北，即已在泾水上游黄土高原范围之内。“戍边郡”就是移民实边，目的在巩固边防。当时的外患主要来自西北方的匈奴，所以移民实边的主要目的地也在西北边郡；所包括的地区范围至为广泛，黄河中游全区除关中盆地、汾涑水流域以外都包括在内，黄河上游、鄂尔多斯草原和河西走廊地带也都包括在内，而其中接受移民最多的是中游各边郡和上游的后套地区。

秦汉两代“戍边郡”的次数很多，每次规模都很大。秦代是两次：

1　见《史记·秦始皇本纪》。

2　见《汉书·武帝纪》、《昭帝纪》。

第一次，始皇三十三年，蒙恬“西北斥逐匈奴”，“取河南地”，“筑四十四县”，“徙適戍以充之”。[1] 这次移民历史记载上虽没有提到人数，既然一下子就置了几十个县，想来至少也得有几十万。所谓“河南地”应该不仅指河套地区即当时的九原郡，迤南的陕甘北部即当时的上郡和北地二郡也应包括在内。其时蒙恬统兵三十万，负责镇守北边，即经常驻扎在上郡。

第二次，始皇三十六年，“迁北河榆中三万家”。[2] “北河”指今河套地区的黄河，榆中指套东北阴山迤南一带。

这两次移民实边规模虽大，对边地的影响并不太大。因为始皇一死，蒙恬即被杀，接着就爆发了农民大起义，“诸秦所徙適戍远者皆复去”，匈奴“复稍度河南，与中国界于故塞”。[3] 但也不会毫无影响。因为“复去”的只限于“远者”，可见適戍在较近处的即未必复去。

此后约四十年，汉文帝听从了晁错的计议，又“募民徙塞下”。这次是用免罪、拜爵、复除等办法来劝募人民自动迁徙的，所收效果可能相当大，因而“使屯戍之事益省，输将之费益寡”。[4] 其时汉与匈奴以朝那（今甘肃平凉县西北）、肤施（今陕西榆林南）为塞，此线之南，正是泾洛上游和山陕峡谷流域。

此后又四十年，汉武帝元朔二年，卫青复取河南地，恢复了秦代故土。就在这一年，“募民徙朔方十万口”。[5] 此所谓“朔方”，亦当泛指关中盆地以北地区即后来朔方刺史部所部上郡、西河、北地、朔方、五原等郡，而不仅限于朔方一郡。

此后元狩三年又徙“关东贫民”于“陇西、北地、西河、上郡”，“及充朔方以南新秦中，七十余万口”。[6] 元鼎六年，又于“上郡、朔方、西河、河西开田官，斥塞，卒六十万人，戍田之”。[7] 陇西郡辖境相当渭水上游西至洮水流域，北地郡相当泾水上游北至银川平原，西河、上郡相当北洛水上游及山陕峡谷流域。“新秦中”含义与“河南地”略同。

此外，元狩五年又曾“徙天下奸猾吏民于边”[8]，很可能有一部分被迁到

---

1 见《史记·秦始皇本纪》、《匈奴列传》。四十四县《本纪》作三十四县，此从《匈奴传》、《六国年表》。

2 见《史记·秦始皇本纪》。

3 见《史记·匈奴列传》。

4 见《汉书·晁错传》。

5 见《汉书·武帝纪》。

6 见《汉书·武帝纪》、《食货志》。《本纪》在“上郡”下又有“会稽”，疑衍。

7 见《汉书·食货志》。

8 见《汉书·武帝纪》。

黄河中游一带。天汉元年“发谪戍屯五原”[1]，五原郡辖境相当今河口镇上游包头市附近的黄河两岸。

这么许多内地人民移居到边郡以后，以何为生？可以肯定，极大多数是以务农为本的。汉族是一个农业民族，凡汉族所到之处，除非是其地根本不可能或极不利于开展农耕，不然就不会不以务农为本。反过来说，若不是可能开展农耕的区域，也就不可能使大量的习惯于农业生产的汉族人民移殖进去。山陕峡谷流域、泾渭北洛上游及其迤北的河套地区，除鄂尔多斯草原西部外，就其地形、土壤、气候等自然条件而言，本是一个可农可牧的区域。而当时的统治者，也正是采用了“先为室屋，具田器”[2]的措施来强迫或招募人民前往的。城郭的建立与人民的定居生活是密切联系着的，有了以务农为本的定居的人民，才有可能建立城郭，从而设置郡县。秦汉时代在这一带设置了好几个郡，数以百计的县（西汉西河、上郡、北地、安定、陇西、天水六郡领县一百二十六，云中、定襄、五原、朔方四郡领县四十九。秦县确数无考，从始皇三十三年在河南地一次置县四十四推算起来，总数当不少于一百），也可以充分证明当地的人民主要是定居的农民（汉武帝后凡归附游牧族居于塞内者，别置属国都尉以统之，这一带共置有五个。一个属国的人口数估计不会比一个县多）。

从未开垦过的处女地在初开垦时是很肥沃的，产量很高，因而当时的“河南地”又被称为“新秦中”。“新秦中”的得名不仅由于这一地区在地理位置上接近秦中（渭水流域），主要还是由于它“地肥饶”、“地好”，在农业收成上也不下于秦中。苍茫广漠的森林草原一经开垦，骤然就呈现了一片阡陌相连、村落相望的繁荣景象，这一事件显然引起了当时社会上普遍的注意，“新秦”一词因而又被引申作“新富贵者”——即暴发户的同义语，一直沿用到东汉时代。[3]

正因为在这一带从事农业开垦的收益很好，所以垦区扩展得很快。汉武帝复取河南地初次募民徙朔方事在元朔二年（前127年），到了二十年后的元封年间，竟已“北益广田，至眩雷为塞”。[4] 眩雷塞在西河郡的西北边，约在今伊克昭盟杭锦旗的东部。杭锦旗东部在今天已属农牧过渡地带，自此以西，即不可能再从事农业生产活动。汉代的自然条件可能跟今天稍有不同，

1　见《汉书·武帝纪》。

2　见《汉书·晁错传》。

3　见《汉书·食货志》注引应劭曰。

4　见《汉书·匈奴传》。

但差别不会很大，可见当时的垦区事实上已扩展到了自然条件所容许的极限。

汉武帝以后至西汉末百年之间，这一带的人口日益增殖，田亩日益垦辟；尤其是在宣帝以后约七十年内，匈奴既降，北边无事，发展得当然更快。兹将《汉书·地理志》所载平帝元始二年（2年）时这一带各郡的户口数，分区表列如下：

地区		郡	户	口
黄河中游	大黑河沧头河流域	云中、定襄	76 862	336 414
		雁门 1/4 [1]	18 286	73 363
	总数		95 148	409 777
	山陕峡谷流域	西河	136 390	698 886
		上郡 2/3	69 122	404 439
		河东 1/3	39 482	160 485
	总数		244 994	1 263 760
	泾渭北洛上游	上郡 1/3	34 561	202 219
		冯翊、扶风 1/5	90 295	350 778
		北地、安定 3/4	80 390	265 484
		天水、陇西 2/3	76 223	332 115
	总数		281 469	1 150 596
	关中盆地	京兆尹	195 702	682 468
		冯翊、扶风 4/5	361 183	1 403 114
	总数		556 885	2 085 582
	汾涑水流域	太原 3/4	127 398	510 366
		河东 5/6	194 414	802 427
	总数		321 812	1 312 793
黄河上游	河套地区	朔方、五原	73 660	367 956

山陕峡谷流域和泾渭北洛上游二区户数各达二十余万，合计五十余万，口数各达百万以上，合计二百四十万，这在二千年前的生产技术条件之下，

1 按县数计算。如雁门郡领县十四，一县今地无考，可考者十三县中，郡治善无及沃阳、中陵三县在沧头河流域，即作 1/4 计。

是很了不得的数字！试看自周秦以来农业即已高度发展，在当时又为建都所在，并在郑、白等渠灌溉之下，被誉为“膏壤沃野千里”的关中盆地亦不过五十余万户，二百多万口，就可以知道这两个户口数字对这两个新开发地区而言，是具有何等重大的意义了。

这二区从此以畜牧射猎为主变为以农耕为主，户口数字大大增加，乍看起来，当然是件好事。但我们若从整个黄河流域来看问题，就可以发现这是件得不偿失的事。因为在当时的社会条件之下，开垦只能是无计划的、盲目的乱垦滥垦，不可能采用什么有计划的水土保持措施，所以这一带地区的大事开垦，结果必然会给下游带来无穷的祸患。历史事实也充分证实了这一点：西汉一代，尤其是武帝以后，黄河下游的决徙之患越闹越凶，正好与这一带的垦田迅速开辟，人口迅速增加相对应；也就是说，这一带的变牧为农，其代价是下游数以千万计的人民，遭受了百数十年之久的严重的水灾。

五

王莽时边衅重开，宣帝以来数世不见烟火之警的边郡，从此遭遇了兵连祸结的厄运。不久，内地又爆发了农民大起义和继之而起的割据战争。东汉初年统治者忙于对付内部问题，无力外顾，只得放弃缘边北地、朔方、五原、云中、定襄、雁门、上谷、代八郡，徙人民于内地。匈奴遂“转居塞内”，“入寇尤深”，以致整个“北边无复宁岁”。一直到建武二十六年（50年），上距王莽开边衅已四十年，才由于匈奴南单于的降附，恢复了缘边八郡，发遣边民“归于本土”。[1] 但自此以后，边郡的建制虽是恢复了，西汉时代的边区旧面目却再也没有恢复过来。终东汉一代，这一带的风物景象，跟西汉迥不相同。

就在恢复缘边诸郡这一年，匈奴南单于率领了他的部众四五万人入居塞内；单于建庭于西河的美稷县（今伊克昭盟准噶尔旗），部众散居在西河、北地、朔方、五原、云中、定襄、雁门、代等郡。到了章帝、和帝时代，又有大批北匈奴来降，分处北边诸郡。永元初年南单于所领户至三万四千，口至二十三万七千，胜兵五万；新降胡亦多至二十余万。已而新降胡叛走出塞，但不久还居塞内者仍以万计。[2] 除匈奴外，东汉时杂居在这一带的又有羌、胡、休屠、乌桓等族，其中羌人为数最多。西汉时羌人杂居塞内的只限于湟水流

1 《后汉书·光武纪》、《匈奴传》。

2 《后汉书·匈奴传》。

域。王莽末年和隗嚣割据陇右时内徙者且多，散居地区日广。东汉建武、永平中又屡次把边塞的降羌安插在渭水上游的陇西、天水和关中盆地的三辅。此后日渐滋息，中叶以后，除陇西、汉阳（即天水）、三辅外，泾洛上游和山陕峡谷流域的安定、北地、上郡、西河亦所在有之。当时在黄河中上游的羌人共有八九十种之多，每种大者万余人，小者数千人。顺帝时单是"胜兵"即"合可二十万人"，可见总人数至少也得有五六十万人，比匈奴还要多些。胡、休屠、乌桓等人数较少，但他们有时也能聚众起事，攻略城池，那么每一股总也得有几千或万把人。把所有这一带的边疆部族合计起来，总数当在百万左右。

这么多入居塞内的边疆部族以何为生？当然因部族与所处地区的不同而有所不同。但总的说来，无疑是以畜牧为主。匈奴恐怕根本没有什么农业生产可言。《后汉书》里记载那时汉与匈奴之间或匈奴内部的战争，经常提到的战果除斩首或首虏若干人外，只是说获马牛羊若干头，从未提到有什么其他财物。说到匈奴的居处也都是用的庐落或庐帐，而不用室屋或庐舍等字样。正因为他们在入居塞内后仍然保持着在塞外时的原有生活方式，所以才有可能在一旦被迫举起反抗汉朝统治的旗帜后，往往就举部出塞，甚或欲远度漠北。可以设想，要是农业对他们的经济生活已经占有一定比重的话，那么他们在反汉后就不可能再想到走上回老家这条路了。羌人部落中是存在着农业生产的，《后汉书·西羌传》里曾四次提到羌人的禾谷。但同传提到马、牛、羊、驴、骡、骆驼或畜产的却多至数十次，每一次的数字少者数千或万余头，多者至十余万头或二十余万头；《段颎传》末总结他对镇压羌人起义的战功是凡百八十战，斩三万八千六百余级，获牛、马、羊、骡、驴、骆驼四十一万七千五百余头。可见畜产是羌人的主要财富，牧业在他们经济生活中的重要性远过于农业。历次羌人起义之所以使东汉朝廷无法应付，重要原因之一是"虏皆马骑"而汉兵"以步追之"，所以汉羌之战和汉匈之战一样，基本上也是农业族与游牧族之间的战争。

以畜牧为主的边疆部族有这么许多，现在再让我们来看看以务农为本的汉族人口有多少？

西汉边郡汉族人口之所以能够繁殖，原因有二：一、移入了大量的内地人口；二、边境长期安宁无事。这二个条件东汉都不存在。一、东汉从没有推行过移民实边政策，就是在建武年间恢复边郡之初，也只是发遣原有的边民归于本土而已。而原来的边民在经历了四十年之久的流离死亡之余，能够归于本土的当然是不多的。二、通东汉一代，尤其是安帝永初以后，大规

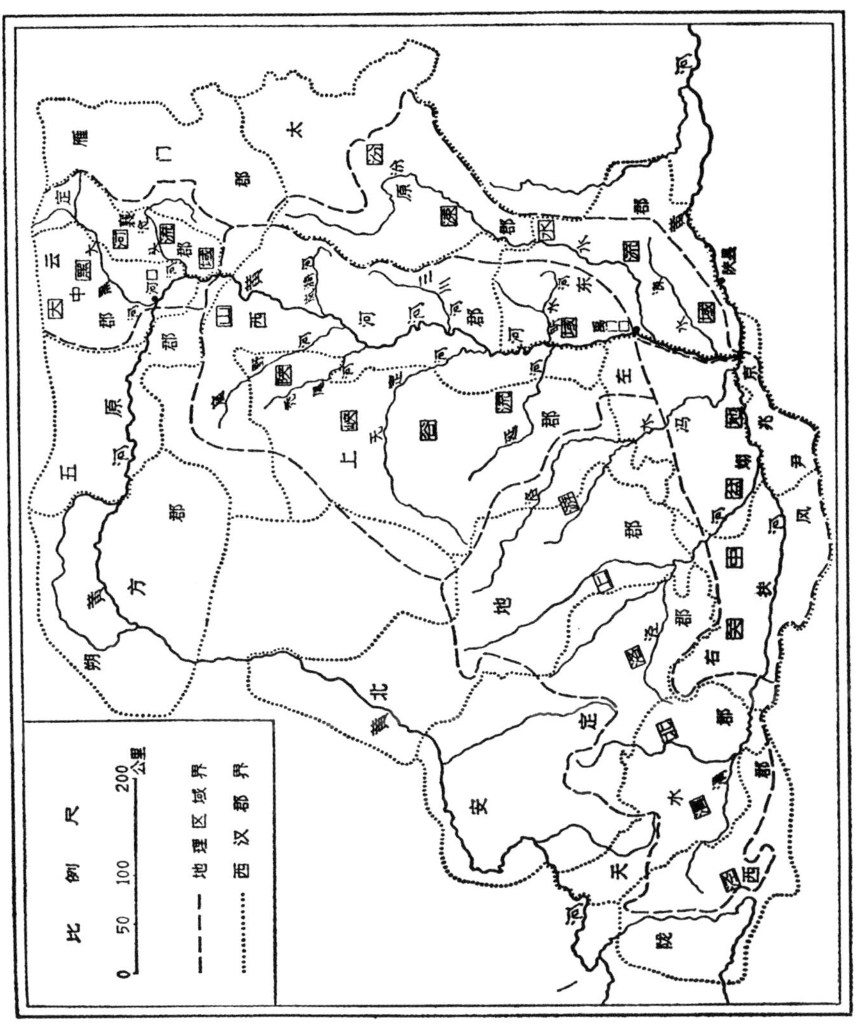

两汉时期黄河中上游地区图

模的“羌乱”和较小规模的匈奴的“反叛”，鲜卑、乌桓的“寇扰”，几乎一直没有停止过。因此，东汉边郡的汉族人口，不仅不可能日益繁息，相反，倒很可能在逐渐减少。《续汉书·郡国志》所载的是顺帝永和五年（140 年）的户口数，其时还不过经历了第一次大羌乱（107 年至 118 年），第二次大羌乱（140 年至 145 年）才刚刚发生，已经少得很可惊了。兹将黄河中游及河套诸郡户口表列于下，并用括号附列西汉户口以资比较。

郡　　名	领　县	户	口	
朔方、五原	16 (26)	6 654 (73 660)	30 800 (367 956)	
云中、定襄	16 (23)	8 504 (76 862)	40 001 (336 414)	边区
西河、上郡	23 (59)	10 867 (240 073)	49 437 (1 305 494)	
北地、安定	14 (20)	9 216 (107 186)	47 697 (353 982)	边区
汉阳、陇西	24 (27)	33 051 (114 334)	159 775 (498 172)	
京兆、冯翊、扶风	38 (57)	107 741 (647 180)	523 860 (2 436 360)	内地
河东、太原	36 (45)	124 445 (406 759)	770 927 (1 643 400)	

据表，有两点很值得注意：一、至少在边区十郡范围之内，汉人已变成了少数族，因为十郡的总口数不过三十二万，而这一带正是总数在百万左右的羌胡等族的主要分布区。二、比之西汉的编户，各郡全都减少了好几倍，甚至一二十倍，而减少得最厉害的，正是与黄河下游河道安危关系最为密切的西河、上郡、北地、安定等郡。

第一次大羌乱时，汉廷曾内徙陇西、安定、北地、上郡寄治于汉阳、三辅，至延光、永建时乱定复归本土。第二次大羌乱爆发后，又徙上郡、北地、安定寄治三辅，朔方寄治五原，并将西河郡治自平定（今伊克昭盟东胜县附近）南徙离石（今山西离山县）。此后战乱日亟，除安定外，其他四郡就一直未能迁还旧治。可见自永和五年以后，这一带的户口不会有所增加，只会更加减少。

以务农为本的汉族人口的急剧衰退和以畜牧为生的羌胡人口的迅速滋长，反映在土地利用上，当然是耕地的相应减缩，牧场的相应扩展。黄河中游土地利用情况的这一改变，结果就使下游的洪水量和泥沙量也相应地大为减少，我以为这就是东汉一代黄河之所以能够安流无事的真正原因所在。

六

黄河中游边区和河套地区的变农为牧，在东汉末年以前，还不过是开始阶段；到东汉末年黄巾起义以后，才是这一变局的成熟阶段。

自永和以来，东汉政权对这一带边郡的统治，本已摇摇欲坠。勉强维持了四十多年，等到灵帝中平中内地的黄巾大起义一爆发，终于便不得不把朔方、五原、云中、定襄、西河、上郡、北地七郡的全部和安定郡的一部分，干脆予以放弃(同时又放弃了桑干河上游代郡、雁门二郡各一部分)。汉政权一撤退，在当时的历史条件下，即在汉廷与羌胡之间进行了长期的战争，从而制造了尖锐的民族矛盾情况之下，汉民是无法再在这些地区留住下去的。于是“百姓南奔”，出现了“城邑皆空”、“塞下皆空”[1]的局面。其实“城邑皆空”应该是事实，整个儿“塞下”是不会空的，只是由原来的胡多民少的王朝边郡，进一步变成了清一色的羌胡世界的“域外”而已。所以在此后不满十年的献帝初平中，蔡文姬被虏入胡，竟在她的《悲愤诗》里，把她途经上郡故地说成是“历险阻兮之羌蛮”，把西河故地匈奴单于庭一带的景象说成是“人似禽兮食臭腥，言兜离兮状窈停”。

自此以后，黄河中游大致即东以云中山、吕梁山，南以陕北高原南缘山脉与泾水为界，形成了两个不同区域。此线以东、以南，基本上是农区；此线以西、以北，基本上是牧区。这一局面维持了一个很长的时期，极少变动。晋西北虽在曹魏时即已恢复了今离山县以南地区的郡县建置，但其地迟至南北朝晚期，仍系以畜牧为生的“山胡”根据地，汉人想必只占少数(详下文)。陕北则直至十六国的前、后秦时代，才在北洛水中游设置了洛川、中部(今黄陵)等县，其时上距汉末撤废边郡已二百余年。实际二秦的版图所届远在洛川、中部之北，其所以不在那里建置郡县，正反映了生活在那里的极大多数人民，还是居无常所的牧民，没有什么村落邑聚，因而也就不够条件设置郡县。姚秦末年赫连勃勃就在这一带建立了夏国，还是不立郡县，只有城堡；直到后来取得了关中盆地，夏国境内才算有了郡县。

1　见《元和志》关内道、河东道缘边诸州。

当然在这条线以东、以南，那时并不是就没有牧业。事实上自东汉末年以来，此线以东的今山西中部南部，也变成了匈奴的杂居地；此线以南的关中盆地的氐羌人口，只有比东汉末年以前更多。牧业的比重，想必也是有所增加的。但这些地区的自然条件毕竟更适宜于农耕，汉族人口毕竟还占着多数，因此，羌胡等族入居到这里以后，往往很快就会弃牧就农。匈奴以黄巾起义时入居太原一带，后五六十年，在曹魏末年，当地的世家豪族即"以匈奴胡人为田客，多者数千"[1]，就是一个很好的例子。西晋末五胡起事首领之一上党羯人石勒，出身于"为人力耕"的雇农，也是一个例子（石勒又善于相马，可见仍不脱游牧族本色）。[2] 所以这些地区尽管在民族成分上杂有不少羌胡，但在经济上则始终是以农耕为主的区域。

同样，在这条线以西、以北，也并不是完全没有农业。一方面是汉人有时会被逼徙到这里。例如赫连勃勃破关中，就曾虏其人筑城以居之，号吴儿城，在今陕北绥德县西北。[3] 另一方面是羌胡等族当然也有一部分会渐渐转业农耕。例如赫连勃勃的父亲卫辰在苻秦时代曾经遣使"求田内地"[4]，可见农业在卫辰统治下的部族经济中已占有一定的重要性。但迁来的汉人为数既不多，又由于这里的自然条件和社会条件跟汾水流域关中盆地大不相同，羌胡等族的转业农耕极其缓慢，所以在北魏道武帝初年击破卫辰时，见于历史记载的俘获品仍然是"马牛羊四百余万头"[5]，而没有提到粮食。后四十余年，太武帝灭夏，将陕北陇东等地收入版图，仍然是"以河西（指山陕间的黄河以西）水草善，乃以为牧地，畜产滋息，马至二百余万匹，橐驼将半之，牛羊则无数"[6]，可见这一区域直到入魏之初，上去汉末已二百四十余年，畜牧还是当地的主要生产事业。

历史上的魏晋十六国时代是一个政治最混乱、战争最频繁的时代，而在黄河史上的魏晋十六国时代，却偏偏是一个最平静的时代。原因在哪里？依我看来，原因就在这里。

七

全面突破汉末以来所形成的那条农牧分界线，使农耕区域比较迅速地

1 《晋书·王恂传》。
2 《晋书·石勒载记》。
3 《元和志·绥州》。
4 《晋书·苻坚载记》。
5 《魏书·铁弗传》、《食货志》。
6 《魏书·食货志》。

向北扩展，那是北魏以后的事。北魏在灭夏以后百年之间，就把郡县的北界推到了今银川平原、无定河、窟野河、蔚汾河一带。此后，又历七八十年经西魏、北周到了隋代，一方面在北魏原来的范围内增建了许多郡县，一方面又向北扩展，在河套地区设立了丰、胜等州。东汉中叶以前在这一带的政区建置规模，至此便基本上得到了恢复。据《隋书·地理志》所载，大业五年(609年)设置在黄河中游边区和河套地区的十八个郡[1]的总户数共约有五十五万，也几乎赶上了西汉末年的六十余万户。

郡县的增建，户口的繁殖，当然反映了农耕区域的扩展。但我们能不能根据隋代在这一带郡县的辖境和户口的数字已接近于西汉，就说这一带的土地利用情况大致上也恢复了西汉之旧呢？不能。事实上自北魏至隋，这一带的牧业经济比重始终应在西汉之上。

原来这一带在秦与西汉时的由牧变农，是一下子把牧人——戎狄赶走了，迁来了大批农民——汉人，所以变得很快，并且比较彻底(当然牧业还是有的)。北魏至隋这一时期内的农牧变化可跟秦汉不一样。这时原住本区的稽胡——一种以匈奴后裔为主体，杂有东汉魏晋以来曾经活动于本区的其他部族血统的混合族——绝无向邻区或塞外迁出的迹象，相反，在本区内的稽胡族一直很繁衍，遍布于全区。“自离石以西，安定以东，方七八百里，……种落繁炽。”[2]所以本区在这一时期内的由牧变农，主要不是由于民族迁移——汉族的迁入，而是由于民族同化——稽胡的汉化。而这一转化过程是极其缓慢的。并且在这方七八百里的广大地区之内，各部分的进展速度也极不平衡。

汉族迁入本区，在十六国时代即已有之，已见上述。约至北魏晚期，稽胡的大部分由于“与华民错居”，已转入定居生活，“其俗土著”，“分统郡县，列于编户”。但毕竟仍“有异齐民”，故不得不“轻其徭赋”。一部分居于“山谷阻深者”，则犹“未尽役属”。土著列于编户的，“亦知种田”[3]，也就是说，会种田，不过种田并不是他们的主要生产活动。至于“山谷阻深者”，大致仍依畜牧为生，所以北齐初年高洋平石楼(今山西石楼县)山胡(即稽胡)，所虏获的还是杂畜十余万。[1] 到了隋代，据《隋书·地理志》所载各地风俗，自今鄜县、合水、泾川以南一带，才算是“勤于稼穑，多畜牧”，到达了农牧兼重阶段；

1 陇西、天水、平凉、安定、北地、弘化、盐川、上郡、延安、雕阴、朔方、榆林、定襄、五原、灵武、文城、龙泉、离石。

2 3 《周书·稽胡传》。

1 《北齐书·文宣纪》。

自今宜川、甘泉、庆阳以北，则还是由于“连接山胡，性多木强”，显然其农业比重又不及鄜县、合水、泾川以南。以语言与生活习惯而言，北周时“其丈夫衣服及死亡殡葬与中夏略同，妇人则多贯蜃贝以为耳及颈饰”，“然语类夷狄，因译乃通”。[1] 到了隋代，丹州（今宜州县）的白室（即稽胡）因使用了汉语，“其状是胡，其言习中夏”，被称为“胡头汉舌”。[2] 自丹州以北的稽胡族中，想必还保留着不少的“胡头胡舌”。一直到唐初，历史上还出现拥有部落数万的稽胡大帅，可见其汉化过程还没有彻底完成。[3]

正由于稽胡的汉化过程——在经济生活上就是由牧变农的过程——极其缓慢，到唐初还没有完成，所以自北魏至隋，这一带的郡县虽续有增建，户口虽日渐繁殖，但黄河下游安流无事的局面仍能继续维持。

当然，尽管这一过程极其缓慢，对下游河道不会不发生一定的影响；尤其是到了隋代，户口数字既已接近于西汉，尽管是半农半牧，水土流失的程度必然已远远超过魏晋南北朝时代。隋祚若不是那么短促，再能延长几十年，那么西汉或五代以后的河患，很可能在隋代也会出现。

八

有唐一代二百九十年，这一带的土地利用情况及其对下游河患的关系，应分为安史乱前、乱后二个时期来讲。

安史之乱以前土地利用的基本情况是：

1. 设置郡县的地区有超出隋代原有范围之外的，如在窟野河流域设立了麟州一州三县。郡县数字也有所增加，从隋大业的十八郡九十四县，到天宝元年增为二十六郡[4]一〇八县。这反映了农垦区域的分布较前稍有推广。

2. 公私牧场占用了大量土地。

自贞观以后，唐朝在这一带设置了许多牧监、牧坊，由公家经营以养马为主的畜牧业，其规模之大，远远超过西汉时代的牧苑。西汉牧苑养马总数不过二三十万匹。唐代单是陇右群牧使所辖四十八监，以原州为中心，跨秦、渭、会、兰四州之地，“东西约六百里，南北约四百里”，“其间善水草腴田皆隶之”。麟德中马至七十万六千匹；天宝中稍衰，十三载，总马牛羊凡六十

1 《周书・稽胡传》。

2 《元和志・丹州》引《隋图经》。

3 据《旧唐书・吐蕃传》，大历中郭子仪部下犹有稽胡。此后即不再见于记载。

4 秦、渭、泾、原、宁、庆、鄜、坊、丹、廷、灵、会、盐、夏、绥、银、宥、麟、胜、丰、慈、隰、岚、石二十四州，单于、安北二都护府。

万五千六百匹、头、口。自陇以东，岐、邠、泾、宁间设有八坊，“地广千里”，开元十九年有马四十四万匹。夏州亦有群牧使，永隆中“牧马死者十八万四千九百九十”，总数当不止此。又盐州设有八监，岚州设有三监。[1]

牧监、牧坊以外，据《新唐书·兵志》说：“天宝后诸军战马动以万计，王侯将相外戚牛驼羊马之牧布诸道，百倍于县官。”这几句话说得当然有些夸大，但当时军队和贵族都畜养着相当数量的牛驼羊马应该是事实。这些牧场虽然遍布于诸道，本区由于自然条件适宜于畜牧，地理位置外接边防军驻地，内近王侯将相外戚麕集地的京畿，所占比例也应该比之于其他地区为特多。

3. 人民的耕地初期远比隋代少，极盛时也不比隋代多。

唐初承隋末农民大起义与割据战争之后，户口锐减，贞观初全国户不满三百万[2]，不及隋大业时的三分之一。本区一方面在梁师都、刘武周、郭子和、薛举割据之下，统一最晚，一方面又遭受了突厥的侵扰，当然不会比其他地区情况好，只会减少得更多。经百余年到了天宝极盛之世，本区二十六郡在天宝元年的总户数仍不过三十三万。[3] 安史乱起前夕天宝十三四年全国总户数比天宝元年约增百分之六七[4]，则本区约有户三十五万左右，较之隋大业有户五十五万，相差很远。其时人民为逃避赋役而隐匿户口的很多，据杜佑估计，实际数字要比入籍数字多二分之一强[5]，依此推算，仍不过略与大业户数相当。郡县编户基本上就是农业人口，所以贞观天宝间本区的编户始终不比隋代多，可以反映其时的耕地面积大致上也并未扩展。

总上三点，正好用以解释同时期黄河下游的情况：一、由于这一带基本上是农业区，跟东汉以后北朝中叶以前基本上是牧区不同，北朝中叶以来的变牧为农，对下游河道已发生了一定的影响，而唐承其后，因而下游也就不可能完全免于决溢之患，先后出现了九次。二、初年编户锐减，故自武周以前，有溢无决；其后生齿日繁，就出现了开元年间的两次决口。三、由于编户始终没有超过隋代，又有大片土地被用作公私牧场未经开垦，因而虽有决溢，并未改道，河患的严重性远不及西汉。

---

1 《元和志·原州》、《全唐文》卷三六一、《册府元龟》卷六二一、《新唐书·兵志》。

2 《通典·食货典·户口》。

3 《新唐书·地理志》。

4 据《通典》、《唐会典》所载天宝元年与十三年、十四年户数比较而得。

5 《通典·食货典·户口》。

安史以后，各方面的情况都有变动，最明显的是：一、郡县建置有所减缩。广德初陇右为吐蕃所占领，历八十余年至大中初始收复。唐末又放弃了河套地区的丰胜等州。二、编户锐减。建中初全国户数仅三百万[1]，开成、会昌间仍不足五百万。[2]《元和志》中本区只有十州载有户数，较之天宝，有的只剩下了几十分之一，最多亦不过三分之一左右。[3]

既如此，那么安史以后的下游河患何以非但不见减少，仍有九次之多，并且还出现了改道？

要解答这个问题，首先，得懂得编户数字并不等于实际户口数字。一般说来，编户数字总比实际数字少，而历史上各个时期由于生产关系不同，赋役制度不同，编户数字与实际数字的距离又有所不同。安史前后均田制的彻底崩溃，租庸调之变为两税法，使唐代后期民户隐匿逃亡，有过于开元天宝时。因此，安史乱后编户大减，在肃代之际应该是实际情况，到了开成、会昌时代，全国编户数已接近五百万，从当时各处逃户往往达三分之二[4]推算起来，实际户数恐怕已不会比天宝年间的千三四百万[5]少。本区地处边陲，比较难于恢复，但也不会少得太多。

其次，得看看耕地到底是增是减，农牧比重有何改变。

安史乱后被日益剧烈的土地兼并和苛政暴敛赶出自己原来的田地的农民，除了一部分变成了庄园主的佃户，一部分潜窜山泽，“聚为寇盗”外，又有一部分逃往他州外县，依靠垦辟“荒闲陂泽山原”为生。对于这种垦荒的农民，政府为安集逃散，增辟税源计，明令五年之内不收税，五年后再收税。农民在这一法令之下的对付办法很妙：免税限期之内，努力垦辟，一到满期，又复逃弃，另辟新荒。[6] 就是这样一逃再逃，以致这一时期的农业尽管是较前衰退了，而耕地却在不断地扩展。

再者，安史乱后陇右陷于吐蕃，至大中初收复，听百姓垦辟[7]，即不再恢复原来的牧监。岐、邠、泾、宁间的牧坊，乱后“皆废，故地存者，一归闲厩。旋以给贫民及军吏，间又赐佛寺道观几千顷”。元和中一度收原来的岐阳坊地入闲厩，“民失业者甚众”，长庆初复“悉予民”。其时本区著名的牧监只有

1 《资治通鉴》建中元年。

2 《唐会典》卷八四，开成四年、会昌五年。

3 隰州元和户反多于天宝，应有讹误。

4 据《册府元龟》卷四八六，元和六年李温奏；《旧唐书·李渤传》元和十五年疏。

5 《通典·食货典·户口》，此系杜佑估计数字。

6 《唐会要》卷八四；《陆宣公奏议·均节赋税恤百姓》。

7 《册府元龟》卷五〇三。

银州的银川监和岚州的楼烦监，养马仅数千匹。[1] 可见本区(不包括河套地区与鄂尔多斯草原)原来的牧监、牧坊，至是极大部分都变成了耕地，存者无几；耕地不是减缩了，而是增加了。就农牧比重而言，已自乱前的以农为主农牧兼营，变而为几乎是单纯的农业区。

末了，还得让我们想一想，其时扩展的耕地可能在什么地方？在那样的社会条件之下，平原地带富于灌溉之利的好田地当然是属于各级地主的，逃户和一般小农所得而垦辟的，当然只能是原来的牧场和弃地，包括坡地、丘陵地和山地。而这些地区一经垦辟，正是水土流失最严重的地区！

至于郡县的减缩，由于陇右陷于吐蕃时汉民并未撤退，唐末放弃的丰、胜二州又在河套地区，所以对下游河道不会发生多大影响。又，武周时内徙党项于庆州夏州一带，至唐末形成割据势力，但党项本“土著有栋宇”，农牧兼营，所据区域大部分在黄河上游与鄂尔多斯草原，汉民亦未迁出，对下游的影响也不大。

明白了上述这一番道理，不仅唐代后期郡县缩、编户减而河患不减这一问题得到了解答，并且还可以用以解释五代以后出现的类似情况，例如元代。

九

唐代后期黄河中游边区土地利用的发展趋向，已为下游伏下了祸根。五代以后，又继续向着这一趋势变本加厉地发展下去，中游的耕地尽“可能”地无休止地继续扩展，下游的决徙之患也就无休止地愈演愈烈。国营牧场随着政治中心边防重心的东移而移向黄河下游和河朔边塞。农民在残酷的封建剥削之下，为了生存，唯有采取广种薄收的办法，随着原来的地势起伏，不事平整，尽量扩大垦种面积。黄土高原与黄土丘陵地带在这样的粗放农业经营之下，很快就引起严重水土流失，肥力减退，单位面积产量急剧下降，沟壑迅速发育，又使耕种面积日益减缩。还是为了生存，农民唯有继续扩展垦地，甚或抛弃旧业，另开新地。就这样，“越垦越穷，越穷越垦”，终至于草原成了耕地，林场也成了耕地，陂泽洼地成了耕地，丘陵坡地也成了耕地；耕地又变成了沟壑陡坡和土阜。到处光秃秃，到处千沟万壑。农业生产平时收成就低，由于地面丧失了蓄水力，一遇天旱，又顿即成灾。就这样，当地人民的日子越过越穷，下游的河床越填越高，洪水越来越集中，决徙之祸越闹

1 《新唐书·兵志》,《通鉴》中和二年。

越凶。就这样，整个黄河流域都陷于水旱频仍贫穷落后的境地，经历了千有余年之久，直到解放以后才见转机。

总之，王景不是神仙，宋元明清的治河人员也不会都是低能儿；下游河防工事的技术和经验应该是跟着时代的演进而逐步提高、丰富的，贾鲁、潘季驯、靳辅等这一班人，只会比王景高明，不会反而比他差。这一班人的每一次努力之所以只能收功见效于三年五载，至多不过一二十年，而王景之后竟能出现千年之久长期安流的局面，关键不在于下游修防工事的得失，而在于中游土地利用情况的前后不同。这就是我对于今天这个讲题的答案，也可以说是我对于整个儿历史时期黄河安危的总看法。这看法到底是不是讲得通，是不是符合于历史真实，谨请诸位指教！

话讲到这里还不能就此结束，我们还得结合历史经验谈一谈当前黄河中游的土地利用规划，并稍稍瞻望一下黄河流域的前景，这应该是同志们所最关心的。

黄河中游山陕峡谷流域和泾、渭、北洛上游这两区，按其自然条件而言，本来是应该农、林、牧兼营的地区。农耕只应该在不容易引起水土流失的平地上精耕细作地进行，不应该扩展到坡地、台地上去，这是地理学家、水利学家、农学家们早就作出的科学结论。我们在上面所讲的历史事实更充分证实了这一点：什么时期的土地利用合乎此原则，那么本区与下游同受其利，反之，则同受其害。因此，当前我们建设社会主义新中国，要根治黄河水害，开发黄河水利，繁荣整个流域经济，那就必须对中游这二区的土地利用予以充分注意，作出缜密合理的安排与规划。否则，不仅当地人民的生活无法改善提高，下游也不可能单单依靠三门峡水库就获得长治久安。因为三门峡水库的容积不是无限的，中游的水土流失问题不解决，要不了一百年，泥沙就会把水库填满。

那么，我们现在是怎样地在对付这一问题的呢？请诸位放心，像这样的大事，党和政府当然是极为关心注意着的，并且多年来早就采取了一系列的具体措施，正在有效地把千年以来的不合理现象予以改正。

采用了什么措施？是不是把所有非平坦地区的耕地一下子全部或大批予以退耕，还林还牧？不，这是不可能的。当地人民的粮食必须自给自足，不能依靠外援，此其一。当地农民的生活水准原来就很低，不能再使农民因耕地退耕而受到损失，此其二。因此，健全的方针应该不是消极地单纯地耕地退耕，而是积极地综合地发展农、林、牧，结合着农、林、牧生产的提高和收益的增加，逐步移转或减缩耕地，变土地的不合理利用为合理利用。具体的措施是四化：1. 山区园林化。封山育林，同时利用所有荒坡、荒沟、荒地，大量植树种草。这样做不仅增加了林、牧业收入，并且对蓄水保土、调节气候、改良土壤都发生良好作用。2. 沟壑川台化。在沟壑中打坝淤地，制止沟蚀，变荒沟为良田。这样做既有效地控制了水土流失，又为逐步停耕坡地，把耕地从山上坡上转移到沟川准备了条件。3. 坡地梯田化。用培地埂的办法，起高垫低，把坡地修成一台台的梯田。4. 耕地水利化。打井，挖泉，开渠，修水库，天上水、地面水、地下水一齐抓，节节蓄水，层层灌溉。3、4 二项都是改造现有耕地、提高产量、减少水土流失的有效措施。

用一句话概括四化，就是改进农业生产，并从单纯的农业经济逐步向农、林、牧综合经营发展。短期内虽然还不能不以农为主，远景规划则以达到土地充分合理利用，水土流失基本消灭为目标。我们完全有理由相信，在党的英明领导之下，依靠群众，发动群众，彻底解决黄河中游的土地利用问题，从而永远保障下游免于决溢之害，将是在不久的将来就可以做到的事！

1962 年 1 月，就 1961 年 5 月在复旦大学科学报告会上所作的讲演词改写定稿。

（原载《学术月刊》1962 年第 2 期）

海河水系的形成与发展

河北平原的几条主要河流，或从西北而东南，或从西而东，或从西南而东北，都流向今天津市，在市区内汇合成一条大河东流入海，这是海河水系的基本情况。这种情况是什么时候形成的呢?

清代学者认为《禹贡》篇里的河水（黄河）就是流经天津海河入海的，在入海之前，先已会合了河北平原的降（漳）、恒（滱）、卫（滹沱）诸大水，所以在《禹贡》时代，海河水系已基本形成，不过那时的海河只是黄河水系下游的一部分，尚未独立。到王莽时黄河离开河北平原改道从山东入海，海河水系随即成为一个独立的水系。现代的地理学者认为海河水系的形成决定于天津的成陆年代，天津未成陆时，河北平原诸大水应各自在天津市附近当时的渤海湾西岸入海，天津一经成陆，这几条大水也就在那时在天津合流而形成海河。

实际这两种看法都是错的，正确考释《禹贡》，就可以知道其时的黄河虽然流经河北平原，注入渤海，但并不流经今天津市区，所以就谈不上河北平原诸水在天津会合形成海河。见于《汉书·地理志》的西汉时代和见于《说文》、《水经》等书的东汉中叶以前的河北平原水系，也还是分流入海的，未曾汇合成为一河。海河水系的形成是在东汉末年建安年间，公元3世纪初。天津的成陆最近已由考古资料证明，最晚不迟于战国。可见天津成陆在前，海河形成远在其后，两事相距至少有四五百年。水系形成以后它所包括的范围曾经发生过多次变动。近代海河水系西南包括清水、小丹河，东北包括潮白河在内，这种情况大致南北朝后期或隋代即已出现。人工疏凿对海河水系的形成和发展都起着很大的作用。

一、《禹贡》河水和《汉志》河水下游不经天津海河

清初考据学大师胡渭在其所著《禹贡锥指》一书中，花了很大力气考证“禹河”（即《禹贡》中的河水故道），自谓“导河一章，余博考精思，久乃得之”。他对自河北平原中部至渤海湾西岸一段禹河故道所作出的结论是：汉代的

漳水下游就是禹河故道，具体路线，“以今舆地言之”是“自巨鹿又北历南宫”等十五州县，“至天津镇注于渤海”。又说：漳水自成平（故治今交河县东）以下至入海一段，“在西汉时犹为大河”。胡渭所谓汉代的漳水，实指《水经注》中的漳水；天津镇即雍正以后的天津府城，今天津市旧城区。可见胡渭认为《禹贡》时代和西汉时代海河即已存在，是当时的黄河下游的一部分。

《禹贡锥指》刊行于康熙四十四年，即1705年。自此以后，乾隆年间官修的《大清一统志》和有清一代乃至近代学者论述历代黄河变迁的著作，差不多全都沿用了胡渭这种说法，几乎已视为定论。可是这种说法实际上是经不起认真考核的，我们只要仔细研读一下《汉书·地理志》、《水经》和《水经注》，就可以知道《禹贡》时代的黄河应在今青县以东、黄骅以北、静海县东南、天津市南的北大港一带入海，西汉时代的黄河应在今黄骅县境入海，都不经过天津的海河，都在海河以南即已注入渤海。

在《禹贡锥指》以前，明季陈祖绶在其《皇明职方地图》的《河岳图》中，已把“古徒骇河”画作自天津入海。徒骇河即禹河下游分为九河后的最北一支，亦即河水干流。可见把禹河理解为从天津海河入海，这种说法并非创自胡渭。然清代以至近代学者之所以采用此说，实由于信从《锥指》的考证，因为《锥指》是过去二百几十年来一部声望极高，被大多数学者推崇为考证精详的权威性著作。所以我们今天要破除这一错误的说法，必须从驳倒《锥指》的论点入手。

《禹贡》导河末二句是“又北播为九河，同为逆河入于海”。这是说黄河下游岔分为九派，在入海之前都受到海水的顶托。《尔雅》释水列举“九河”之名，以徒骇居首。《汉书·沟洫志》载成帝时许商言：“古说九河之名，有徒骇、胡苏、鬲津，今见在成平、东光、鬲界中，自鬲（津）以北至徒骇间，相去二百余里。”《锥指》卷三根据许商的话，推定徒骇河是九河中最北一派，亦即“禹河”的干流，这是可信的。又说许商上言三河，下言三县，则徒骇在成平，胡苏在东光，鬲津在鬲县，也是正确的。《汉书·地理志》在勃海郡成平县下有云：“虖池河，民曰徒骇河”[1]，更可见徒骇之名，至西汉时犹在成平县民间沿用。《锥指》卷十三中之下说：“《水经》所叙漳水自平恩以下皆禹河之故道”，也是基本正确的。[2] 问题是，《水经》漳水亦即禹河的河口段在哪里？在

1 《清一统志》河间府古迹说成平故城在今交河县东；据《水经·浊漳水注》，应在交河县东北。

2 只能说基本正确，因《水经》平恩（今曲周东南）以下的漳水，不全是禹河故道。自乐成、陵县（今献县东南）西南至成平县东北一段，《水经》漳水经二县之南，而禹河故道则应为汉代的滹沱河，经二县之北。

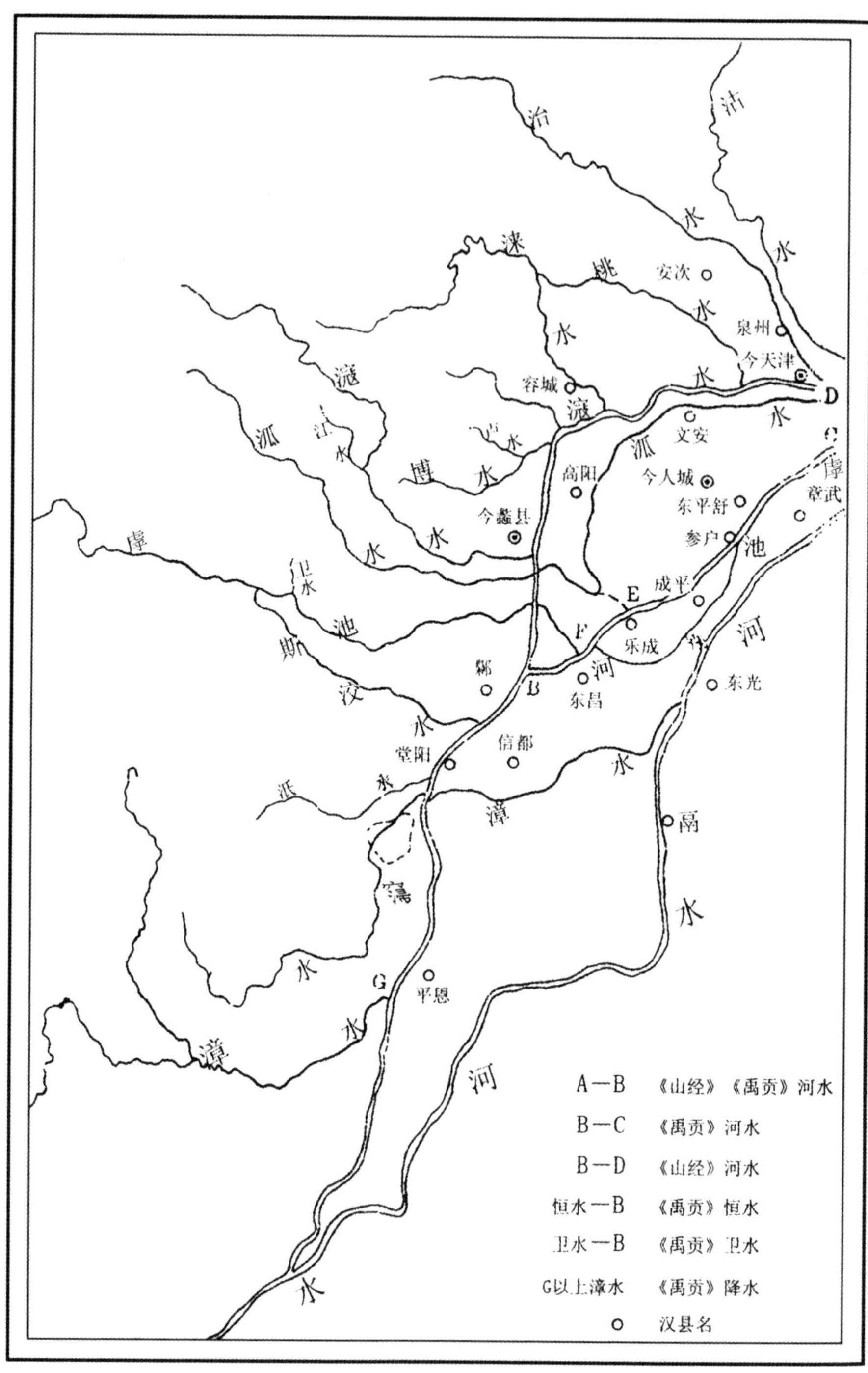

何处《禹贡》《汉志》时代河北平原水道图(水道名称从《汉志》)

入海？胡渭认为《水经》漳水"径成平县南，又东北径章武县西，又东北径平舒南，东入海"这一段，以今舆地言之，是历"交河、青县、静海、大城、宝坻，至天津镇注于渤海，即古徒骇河之故道也"(卷十三中之下)。这是不对的。

《水经》"平舒"是东平舒的省文。汉东平舒故城《清一统志》采用《寰宇记》的说法，认为即今大城县治；《锥指》作"在今大城县县界"。按，《寰宇记》之说不大确切。《水经·浊漳水注》引应劭曰："平舒县西南五十里有参户亭，故县也。"东汉参户亭即西汉参户县治，故城即今青县西南三十里木门镇(《清一统志》)。汉里一里约为今里十分之七，则东平舒故城应在今青县东北约五六里处。不论是今大城县治或大城县界或青县东北，总之，东平舒故城应远在今天津市区西南百里以上。漳水既然是流经东平舒南东入海的，那么入海处便只能在东平舒故城东，或东偏北一带，断不可能在经过东平舒县南后，又东北流百数十里经过天津市区才东流入海。东平舒县北，两汉有文安县，县境也在天津西南。漳水若流经天津入海，为什么《水经》和《注》都不说在流过东平舒县南之后，又东北流经文安县东？

西汉成平县境的虖池河，是禹河干流徒骇河的一段，《汉志》虖池河"东至参户入虖池别"[1]，虖池别河"东至平舒入海"。[2] 所以西汉参户以下的虖池别河，也就是禹河故道《水经》漳水的河口段，也是在东平舒县境入海的。

大致写作于西汉初年的《山海经·海内东经》篇末所载二十六水，虖沱水作"东注渤海，入越章武北"。《汉志》参户以下的虖池别河，在这里被目为虖沱河，其入海处则说成在章武北。汉章武县，据《元和志》即唐沧州北一百里鲁城县治。据《清一统志》引《旧志》，在州东北八十里。按，唐宋沧州故城在今沧州市东南四十里，明初徙今市(《清一统志》沧州故城条)。汉章武故城在唐宋州北一百里，明清州东北八十里，应在今黄骅县西北隅，值青县之东，于汉为东平舒县之东偏南。故"入越章武北"，与《汉志》虖池别河、《水经》漳水过东平舒县南东入海正相符合。

今天津市区位于汉文安县的东偏北，泉州县的东南。如上所考，禹河河口段是《海内东经》的虖沱河、《汉志》的虖池别河、《水经》的漳水河口段，这三种记载都只说在章武北或东平舒东入海，都没有说在文安东北或泉州东南入海，所以禹河不会由今天津海河入海，应在今青县之东，黄骅之北，静海东南，天津市南境的北大港一带入海。

---

1 见代郡卤城。"户"今本误作"合"。"别"下当脱"河"字。

2 见河间国弓高。

胡渭之所以以禹河为由天津海河入海，这是由于他先定西汉大河由此入海，又以为自汉成平县以下，禹河即西汉大河之故。殊不知《禹贡》河与《汉志》河的海口并不在一处，不特禹河不由天津海河入海，西汉河河口段也与今海河无涉。

胡渭不是不知道《汉志》明说河水“至章武入海”，也不是不知道章武故城距今天津市甚远[1]，徒以近世有从沧州北流之卫河（南运河）至天津汇合大清河、北运河由海河入海，又见自章武故城以北，海河以南，卫河以东，汉世别无他县治所厕于其间，遂臆断今天津市区为汉章武县地，《汉志》“至章武入海”即指由天津海河入海。胡氏此说之不通是很明显的：

（一）西汉渔阳郡泉州县故城在今武清县旧治东南四十里[2]，天津旧城区西北去泉州故城不过六十余里，而南距章武故城约有一百二三十里之遥，按常理天津在汉代自应属泉州不属章武。

（二）《汉志》既有虖池别河东至东平舒入海，又有泒河“东至文安入海”。[3] 东平舒、文安二县都在今天津西南，假使今天津在汉代是章武县的辖境，那么这二县怎么可能有濒海之地为虖池别河泒河入海所由？

（三）除虖池别河、泒河二水外，《汉志》又载有治水“东至泉州入海”，沽水“东南至泉州入海”。[4] 假如大河北至今天津东入海，那么此四水就都该入河，不可能入海。四水既皆入海，足见汉大河不可能经由天津海河入海。

《锥指》专考大河故道，没有遍考汉代渤海湾西岸其他诸水，所以不容易发现他这种禹河西汉河都自今天津入海之说是说不通的。其后道光末陈澧著《汉书地理志水道图说》，光绪末杨守敬作《前汉地理志图》，都是将《汉志》所载水道全部画在图上的，那就似乎可以发现、纠正《锥指》的错误了。无如陈、杨二氏皆见不及此，仍然采用《锥指》的说法，而对《汉志》关于虖池别、泒、沽、治四水的记载，则不惜肆意予以曲解。陈澧将虖池别河和“从河”（陈氏解作虖池河的别派）都画成自河西绝河而过东入海，又于海河之北画上两条治、沽二水的尾闾与海河并行入海。杨守敬则强释《汉志》虖池别、泒、治、沽四水“入海”都是由河入海，干脆把渤海湾西岸诸水画得和近代海河水系基本一样，河水是今之卫河、海河，虖池别等四水都在天津或天津西南注入

1　《锥指》卷十三中之下作汉章武县在沧州北一百里，盖以《元和志》为据而不知唐宋沧州在明清沧州之东南四十里。即使在今沧州北一百里，北距天津市犹在百里以上。

2　《清一统志》顺天府古迹引县志。

3　见代郡卤城。今本“泒”讹作“从”，据杨守敬《晦明轩稿·汉志从河为泒河之误说》改。杨氏此考极精密，无可置疑。

4　见雁门郡阴馆，渔阳郡渔阳。

河水。按照陈氏的画法，四水都入海是符合于《汉志》了，无奈虖池别河、“从河”怎么可能绝河而东流入海？难道说是架了渡槽？有这样宏伟的工程的话，为何不见于记载？且章武怎么可能北越东平舒、文安二县辖境而有今天津市区之地？东平舒、文安二县又怎么可能东越章武县境而有濒海之地？陈氏大概也想到了这一矛盾，因而他索性在图说中把天津县注释为汉章武县，在图上把章武二字注于天津之侧。但章武故城在今沧州东北八十里，在汉文安、东平舒的东南，文献记载是明确而相互符合的，怎么可以任意把它搬到沧州之北二百二三十里，东平舒、文安二汉县的东北去呢？按照杨氏的画法，那么四水入海之地岂不应该和河水一样都在章武吗？何以《汉志》要把它们分别系于东平舒、文安和泉州？可见陈、杨二氏既然采用了胡渭的汉大河由天津海河入海这种错误说法，那就无法把渤海湾西岸诸水画得符合于《汉志》的记载。

再者，《汉书·沟洫志》载许商言：“自鬲（津）以北至徒骇间，相去二百余里；今河虽数移徙，不离此域。”徒骇于汉为成平的虖池河和参户以下至东平舒入海的虖池别河。单凭许商这两句话，即可知汉大河绝不可能逾成平、参户、东平舒（今交河东北、青县西南、东北）一线而北至今天津入海。想不到胡渭、陈澧、杨守敬这三位著名学者，竟然都没有注意及此。

可能有人要为杨守敬辩护：《汉志》代郡灵丘县下载，“滱河东至文安入大河”；滱河上游即今唐河，其下游应在泒河之北，滱河既然是入大河的，那么在滱南的泒河、虖池别河当然也不可能独流入海，解释成由河入海应该是正确的。又，滱河既在文安县境泒河之北“入大河”，河、滱合流处应距今天津旧城区已不远，那么把此下的河水解释成流经今天津会合治、沽二水后东流由今海河入海，也可以说基本上是合乎情理的。这种想法也许正是当年杨守敬在《前汉地理志图》中那样画法的根据。因为看到了《汉志》滱河这一条，就把《汉志》中其他许多不符合这样画法的记载全都视若无睹了。

实际《汉志》说滱河入大河显然是错的。在滱北的治、沽二水入海，在滱南的泒、虖池别也入海，夹在中间的滱河怎么可能入河？杨守敬情愿相信滱河入大河一条记载，而不相信治、沽等四水都作入海的记载，根本原因还是由于他和胡渭、陈澧一样，昧于历史时期的水系是在变化的，硬要以古水道比附今水道，先定下一个禹河、西汉河北流入海是循今卫河、海河入海的基调，对所有不符合于这一基调的记载，就只能或者予以曲解，或者置之不理了。

说到这里，可能又会有人要为《汉志》辩护：《山海经·北山经》也说“高是之山，滱水出焉，东流注于河”，《说文解字》也说“滱水起北地灵丘，东入河”，在《汉志》前的《山经》和在《汉志》后的《说文》都说滱水入河，岂不正可以证明《汉志》滱河入大河之说是正确的？

殊不知《山经》时代河水经河北平原中部北流至今蠡县东，循《汉志》涿郡、勃海郡境内之滱河东流入海，其时滱水约当在今蠡县东南入河，所以《山经》说滱水“东流注于河”是不错的，但入河处不在汉文安县境。《汉志》河水下游业已离开《山经》河水故道，不经河北平原中部而自豫东北经鲁西南、冀东南入海，故《山经》中的滱水入河以下的河水，在《汉志》时代即为滱河所经行，在此时记述滱河的归宿，自应作东至文安入海，不应仍作入河了。许慎不查一查当代的情况而直抄旧文献作入河，已属失误；而班固则杂采诸记，糅合成志，既根据当代的情况指出滱河下游“东至文安”，却又采用了前一时期的旧文献仍作入河，那就更荒谬得可笑了。我们岂能因为《汉志》、《山经》、《说文》作入河相同，便不加分析，轻易肯定《汉志》这条记载，不惜无视或曲解与此不符的其他记载？

怎么会知道《汉志》涿郡、勃海郡境内的滱河，就是《山经》时代的河水下游呢？这是先从《汉志》的记载中得到启发，然后用《山经》的记载予以证实的。

《汉志》泜水“东至堂阳入黄河”[1]，斯洨水“东至鄡入河”，博水“东至高阳入河”，卢水“亦至高阳入河”，涞水“东南至容城入河”，桃水“东至安次入河”。[2] 按，《汉志》河水自今鲁西北流经冀东南入海，堂阳、鄡、高阳、容城、安次这些县都在河北平原的中部[3]，都不是河水所经过的地方；用《汉志》所载河北诸水相互证验，则泜水和斯洨水实当入寖，博、卢、涞、桃四水实当入滱。古人以“河”为大河的专称，何以班固会对这六条水所注入的寖、滱二水不称寖、滱而称河，这是很值得研索的问题。

---

1 “泜”，今本误作“沮”，据王念孙《读书杂志》四之六、段玉裁《说文解字注》改。《汉志》例不称大河为黄河，此条原文当作“入河”。盖后人知堂阳非汉大河所经，见《汉志》信都国信都下载有“故章河在北”一语，堂阳去信都不远，乃在“河”上擅增一“章”字；隶书章、黄二字形近，后又讹章为黄。今按，“故章河”是《汉志》时代以前的章（漳）河，在《汉志》时代已为寖水的下游，和《汉志》中在寖水以东的漳水是两回事。泜水东至堂阳所入，是“故章河”而不是当时的漳水，所以在“河”上增一“章”或“漳”字，并不符合《汉志》所载水道经流。再者，若班固原意作入漳，则但当作“入漳”，亦不得于“漳”下缀一“河”字。清代几位学者不明乎此，或以为本作章河；或以为本作漳河；或以为本作横河，“横”、“衡”古通，横河即《禹贡》衡漳，“黄”乃“横”之烂文。皆非。

2 泜水见常山郡元氏。斯洨水见真定国绵曼。博水见中山国望都。卢水见中山国北平。涞水见代郡广昌。桃水见涿郡涿。

3 据《清一统志》，堂阳故城在新河县西，鄡县故城在束鹿县东，高阳故城在县东，容城故城在县北，安次故城在县西北。

按,《说文》水部也说涞水“东入河”,《汉志》信都国下博县注引应劭曰亦作博水“入河”,由此可见,《汉志》把这几条水记作入河,不会是班固偶然搞错或笔误,更不会是后世传抄传刻之误,而是和许慎、应劭一样,同出于某种古文献。这六条记载中所谓“河”,指的确是大河,不是像清代几位学者那样认为指漳河、虖沱河,或河水所汇注的淀泊。[1] 这六条应该和滱河条下作入河一样,不是笔误,也不是无根之谈,班固所犯的错误乃是盲目地袭用旧文,没有能够按西汉后期的实际情况予以订正。《史记》八书中无地理篇,班固能在《汉书》中开创一篇《地理志》,纂录了多种资料,使这些珍贵资料得以流传于后世,厥功甚伟。但他不是一位地理学者,他也许根本发现不了他所纂录的资料是有矛盾的,也许发现了而没有能力辨别是非(即符合或不符合于西汉后期情况),作出判断,予以统一。正因为这样,所以在《汉志》里才会存在着一些使后人迷惑不解的记载。

然则《汉志》所录泜水等六水入河的记载,应该写作于什么时代?

《汉志》堂阳以下的簩水,即信都县北的“故章河”,即漳水故道。胡渭论证这段漳水故道就是《禹贡》时代的河水经流,这是正确的,所以《汉志》泜水、斯洨水作“入河”,符合于《禹贡》时代的情况。唯禹河自汉信都以下即东北流循汉之虖池河、虖池别河入海,并不经过汉之高阳、容城、安次等县,可见《汉志》博、卢、涞、桃四水所入的“河”,不是《禹贡》时代的河。遍稽古籍,发现《山海经·北山经》滱水“东流注于河”,此下又有鄚、般、燕、历虢、伦、绳六水都是“东流注于河”,才悟到《山经》时代的河水,应不同于《禹贡》河水,禹河自汉信都以下东北流,《山经》河则自信都之北北流,自汉陆成县今蠡县以下,走的就是《汉志》中的滱河下游,北流经汉高阳县西,折而东流经容城等县南,又东入海,所以在《山经》中才会有六条水都在滱水之北东流入河。而《汉志》中的博、卢、涞、桃四水,验以地望,正当在高阳、容城、安次等县境内入滱,可见《汉志》此四水和博、涞之间的濡、徐、易等水,大致应相当于《山经》中的鄚、般等六水,四水所入的“河”,应即《山经》时代的河水。由此可见,《汉志》泜水等六水作入河确有来历,但其所本并非西汉后期的记载,而是相当于《山经》时代的古老记载。

1　赵一清、王念孙、洪颐煊认为泜水所入是漳河,前文已予辨正。洪颐煊《汉志水道疏证》又以为斯洨水所入之“河”也是漳河,陈澧《汉书地理志水道图说》认为是虖沱河;实则斯洨水所入和泜水一样,也是簩水下游即“故章河”。陈澧又说博、卢、涞三水所入即今西淀,桃水所入即今东淀,二淀为河水所汇,故曰入河。此说更悠谬。二淀当形成于宋何承矩兴塘泺之后。《水经注》叙巨马、易、滱三水都没有提到入淀泊,且西汉大河下游远在今冀东南东光、南皮、沧州、黄骅一带,与后世二淀之间中隔与大河基本并行的虖池别、虖沱、泒等水,河水怎么可能穿越这些水道西北逆流数百里汇为东西二淀?

总上所考，则西汉大河不由今天津海河入海应可成为定论。但单凭《汉志》河水"至章武入海"这句话，难以确定入海处在地图上的位置。所幸《志》末据成帝时刘向所言赵地"域分"，提到了章武是勃海郡"河以北"诸县之一，因而属赵分。由此可见，西汉河水的河口段在章武县南。章武故城在今黄骅县西北隅已见上文，则西汉河应在今黄骅县境入海。

《禹贡》河和《汉志》河都不经过今天津市区，倒是上面提到的《山经》时代河水，其下游即《汉志》"至文安入大河"的滱河，亦即《水经》"东过泉州县南，东入于海"的易水[1]；文安东北、泉州东南距今天津不远，其入海处很有可能在今天津市区或近郊，但绝无迹象已有市区以东的海河。《山经》中并无从河水东南岸注入河水的水，见于《北次二经》的湖灌水，应即《汉志》、《说文》中的沽水，其时亦与《汉志》、《说文》时代同，入海而不入河，当然谈不上其时业已形成海河水系。

二、海河水系形成于东汉末建安年间

成书于东汉中叶公元2世纪初的《说文解字》，所载河北诸水的归宿，基本上和《汉书·地理志》相同；泒水、沽水、㶟水皆作入海，㶟水即《汉志》的治水，滱水亦误作入河。

《水经》一书中，各篇所反映的情况有先有后，大不相同。圣水下游即《汉志》桃水，《汉志》作"东至安次入河"，而此作"东过安次县南，东入于海"，似应采自早于《汉志》的记录，其时安次县南的滱(易)、泒等水下游还是一片汪洋，被目为海。易水、巨马河两篇应为比《汉志》晚一些的记录。易水下游即《汉志》滱河下游，巨马河的下游亦即易水下游，《汉志》滱河"东至文安"，而《经》作易水"东过泉州县南，东入于海"，巨马河"东过东平舒县北，东入于海"；泉州在文安东北，东平舒在文安东南，反映了此时易水亦即巨马河的河口段比《汉志》时代的滱河有所伸展。浊漳水篇中见"乐成陵县"，郦《注》说本乐成县，陵字乃桓帝所加，则此篇应写作于桓帝即位之年(146年)以后。其叙浊漳水下游作"东北过成平县南，又北过章武县西，又东北过平舒县南，东入海"，与《汉志》虖池别河的经流相同，水各已变[2]，其入海处则仍在东平舒县东，与《汉志》时代同。以上这几篇反映，直到东汉桓帝时代，河北平原自西南向东北流的漳水和自西向东流的易水(下游合巨马河后一称巨马河)

1 易、滱会合以下，《汉志》称为滱，《水经》称为易。

2 《水经》漳水下游，即《汉志》"故章河"及虖池别河。

都还是独流入海的，还没有汇合为一，海河水系尚未形成。

但是，反映在淇水、沽河两篇中的情况，却与漳、易等篇迥然不同。

淇水篇载淇水“东北过广宗县为清河”，而清河下游在过浮阳县西之后[1]，又东北过涉邑、乡邑、穷河邑、漂榆邑才入于海。涉邑即章武故城，见《水经·浊漳水注》。乡邑、穷河邑虽无可确指，大致应在今静海县境和天津市西郊一带。漂榆邑更在下游，杨守敬《水经注图》置于天津以东，大致正确。[2] 沽河篇载：“又东南至泉州县与清河合，东入于海。清河者，泒河尾也。”可见在这两篇里，自西南向东北流的清河，已与自西北向东南流的沽河在泉州县境内汇合，东流入海，汇合处正应在今天津，汇合后的“泒河尾”正应相当于今之海河，海河水系此时已形成。

怎么会出现这种新情况的？是什么时候开始出现的？这需要从清河的变化说起。清河的逐步伸展，是海河水系形成的关键。

从最早的清河起到见于《水经》记载的清河，其起讫和经流都经过多次变迁。尽管文献记载疏略，但大致情况犹可考见，约可分为六期：

《水经·河水注》：“河水又东径遮害亭南，……又有宿胥口，旧河水北入处也。”《禹贡锥指》虽然把禹河的尾闾部分搞错了，唯其考定禹河应自汉黎阳今浚县西南汉遮害亭东的宿胥口，别《汉志》河水而北流，行《水经·淇水注》的宿胥故渎、白沟，至汉内黄县东北洹口以下，行《汉志》所载邺东“故大河”，下接《水经》漳水东北流，则是正确的。又，见于《北山经》的河水，自汉信都县以下虽与禹河不同，自信都以上，依方位、地势推断，应与禹河相同，也是走的自宿胥口北流合漳这条道。

最早的清河，应出现于河水在宿胥口改道东流，走《汉志》大河的时候。河既东去，相当于《水经注》中自黎阳以上的白沟和宿胥故渎这一段《禹贡》、《山经》河故渎，因地势高昂，应即断流。唯自黎阳以北的汉内黄县（故治今县西）境起，故道为出于黎阳诸山的泉流所汇注，仍循《水经》白沟《汉志》邺东“故大河”北流会合漳水。因此道本为河所经行，而向之浊流，至是变清，始被称为清河。此时清河首尾大约不超过三百里，源流不长，所受支流仅为今汤阴、安阳境内几条小水，流量亦不丰，故不见于记载。这是清河的第

1　汉浮阳县隋改名清池，唐宋金元为沧州州治，在今沧州市东南四十里，见《清一统志》天津府古迹沧州故城。

2　《淇水注》引《魏土地记》曰：“高成县东北一百里，北尽漂榆，东临巨海，民咸煮海水，借盐为业。”据《寰宇记》、《清一统志》引旧志，高成故城在今盐山县东南。漂榆约与高成东北百里处南北相值，可知应在天津市区以东。

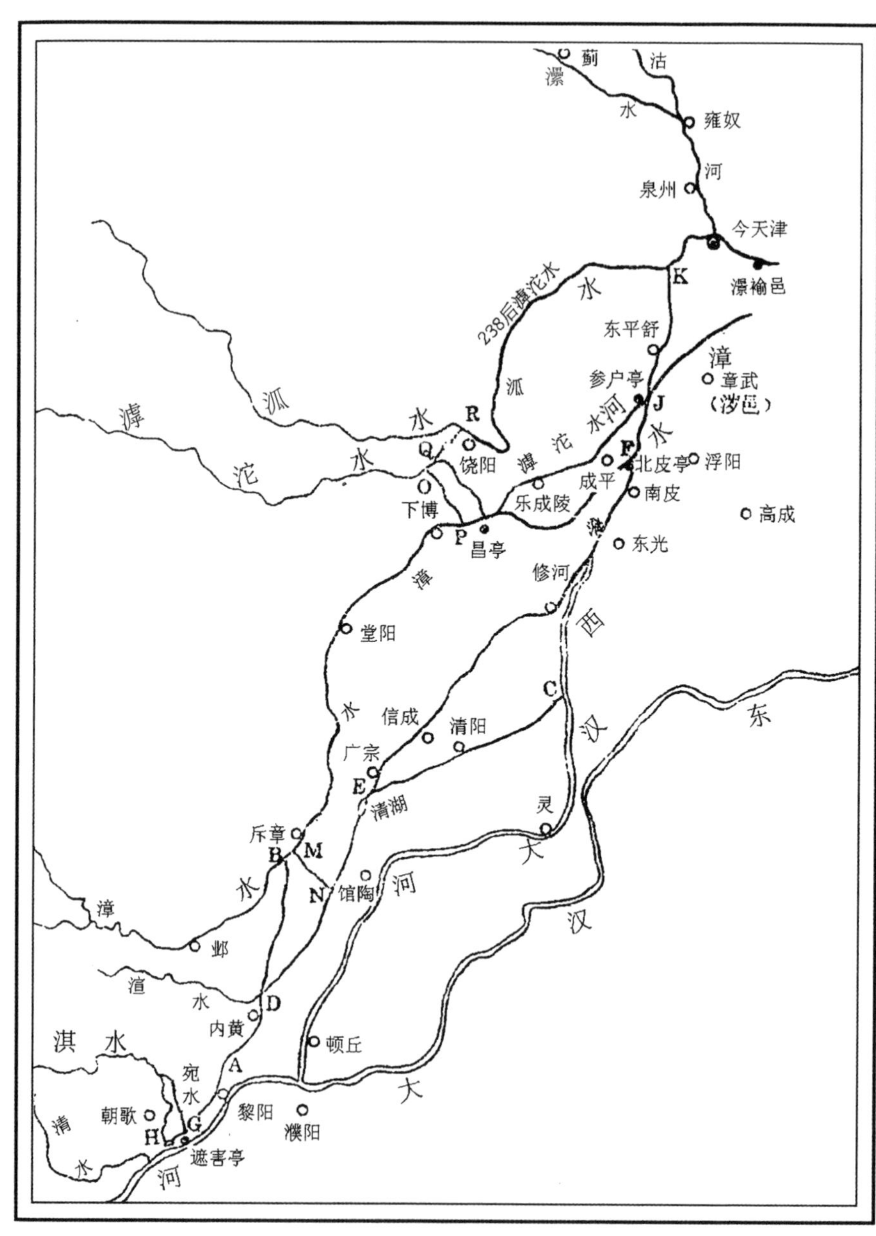

海河水系形成图

A—B　清河第一期　　　　　　　　A—C　清河第二期

A—D　清河第三期，称清河水　　　E—F　清河第四期，AD间仍为清河水

G—F　清河第五期，GA间为白沟

H—I　清河第六期，H—清渊为白沟，清渊—海口为清河

H—G　204年所开白沟　　　　　　J—K　206年所开平虏渠

M—N　213年所开利漕渠　　　　　O—P　226—232年间所开白马渠

Q—R　238年所开滹沱新河

一期。

《战国策·齐策一》苏秦说齐王曰：齐“西有清河”;《赵策二》苏秦说赵王曰：赵“东有清河”;《史记·张仪列传》说齐湣王曰：秦攻齐，“悉赵兵渡清河，指博关”;《赵策二》张仪说赵王曰：今秦“告齐使兴师渡清河，军于邯郸之东”。这是清河见于记载之始，在公元前300年左右。此时清河当已不走鄃东“故大河”，东移于漳水大河之间，经流绵远倍于第一期，成为介于齐、赵二国之间的巨川。但其始末经流，和《水经》中的清河尚有所不同。上游仍起于内黄，同第一期。东北至内黄北受洹水，此下行《汉志》洹水北至汉清渊县（故治今临清西南）西北汇而为清渊，此段同《水经》。自清渊以下，《水经》清河过广宗县（故治今县东南）东、东武城县（故治今武城县西北）西东北去，在西汉清河郡治清阳县（故治今清河县东）之西北。按：水北为阳，则《水经》此段清河，当非清河旧道；战国时此段清河应自清渊折而东行经汉清阳县南，东流偏北略循《水经·河水注》中的屯氏别河故渎入大河。这是清河的第二期。

第二期清河大致持续到汉武帝中叶不变。元光三年（前132年）河水先后在顿丘（故治今清丰西南）和濮阳（故治今县南）瓠子两处决徙[1]，决处都在大河东南岸，可能还不至于对清河发生影响。可是到了武帝后期，元封二年（前109年）塞瓠子后，“河复北决于馆陶（故治即今县），分为屯氏河，东北经魏郡、清河、信都、勃海入海，广深与大河等，故因其自然，不堤塞也”；到了元帝永光五年（前39年），“河决清河灵（故治今高唐西南）鸣犊口，而屯氏河绝”。[2] 不久屯氏河复通，故《汉志》魏郡馆陶下仍有“河水别出为屯氏河”；清河郡灵县下仍有“河水别出为鸣犊河，东北至蓨（故治今景县南）入屯氏河”。又，清河郡信成下有“张甲河首受屯氏别河，东北至蓨入漳水”；据《水经·河水注》，则屯氏别河出自馆陶之东屯氏河。自元封以后七八十年间，馆陶以下的清河，屡次为这些决河所截断分割，故道遂不复可问，因而在《汉书·地理志》里，清河郡境内也就只见这些决河，不见有清河了。其自内黄县北洹口以下至信成一段，则被视为洹水的下游。[3] 自战国至西汉前期长达千数百里的清河，至是只剩下洹口以南百余里一小段仍称清河。《志》于魏郡内黄下云:“清河水出南”，这是因为此时清河首尾都在内黄县境内，故但著其出于县南，不用再提到它至某县入某水了。这是清河的第三期。

1　顿丘之决在是年春，濮阳之决在夏，见《武帝纪》。决于濮阳之瓠子，见《沟洫志》。

2　这两次北决皆见《沟洫志》。

3　河内郡隆虑下云:“洹水东北至信成入张甲河。”“洹”，今本误作“国”。

新莽始建国三年(11 年),河自濮阳西北之长寿津决而东去[1],由今山东入海。从此馆陶、灵县既不再为大河所经行,屯氏、鸣犊二河及由屯氏河派出的屯氏别河、张甲河等,自当同归堙塞。但清渊是内黄的清河水和洹水所汇注,不能无所归,乃溢出东北流绝张甲河故渎,过广宗县东、东武城县西、广川县东,过蓚县南行屯氏故渎,又东北过东光县西,行大河故渎过南皮县西至北皮亭东会合漳水,这就是《水经》中清渊县东北的白沟和广宗东北至南皮北的清河。其时上游仍当仍西汉后期之旧称内黄以南为清河水,称清渊以南为洹水。自清渊以下,虽然不是战国至西汉前期的清河旧迹,因为它出自清渊,经行清河郡境,所以仍被称为清河。[2] 清河从此又成为河北平原一条源远流长的大川,这是清河的第四期。

《续汉书・郡国志》以永和五年(140 年)版籍为据,仍同《汉志》仅在魏郡内黄县下系以“清河水出”四字,不及上承黎阳的白沟,此时应尚无白沟。《三国志・魏志・武帝纪》建安九年(204 年),“遏淇水入白沟以通粮运”,不称遏淇水入清河水而作入白沟,知此前已有白沟。是则白沟应形成于永和之后,建安之前。据《淇水注》,淇水经黎阳西南合宿胥故渎,又东北流谓之白沟,东北经黎阳西山即同山、白祀、枉人等山之东,下入内黄。宿胥口北黎阳西山东麓,原是《禹贡》、《山经》时河水的故道,当时人何以不把这条水看作清河的上游,而别称为白沟呢?这是由于:一、大河故道湮灭已久,不复为当时人记忆所及。二、这条水本不是自然形成的,而是由人工开凿成的。

黎阳西山东麓地势高昂少水源,因而自河徙宿胥口东去后六七百年来,这里从没有出现过川渎,只能在黎阳以北存在着清河水。所以这条永和后出现的白沟,其水源必别有所资。这在《淇水注》里可以看得出来。

《注》云:淇水“又东出山分为二水,水会立石堰,遏水以沃白沟,左为菀水,右则淇水”。淇水自元甫城东南流经朝歌县(故治今淇县东北)境,在建安九年以前,又东南流至黎阳西南遮害亭西十八里淇水口入河。至建安九年曹操于水口筑枋堰,才遏水东入白沟。菀水上承淇水于元甫城西北,自石堰东注菀城西南;又东南分一水西注淇水为天井沟;分二水东注台阴野:一注白祀山西麓白祀陂,一注同山西麓同山陂;又东南由菀口入淇水。淇水右

1 决年见《汉书・王莽传》。决处见《水经・河水注》,《莽传》作“河决魏郡”,盖决口北岸为魏郡地,南岸则为东郡濮阳县地。决后泛清河以东数郡,不塞。至东汉明帝永平十二年(69 年),始发卒数十万遣王景等修治河堤,明年功成,即《水经》及《注》中的长寿津以下的河水。

2 《汉志》魏郡清渊下注引应劭曰:“清河在西北。”《水经》白沟“又东北过广宗县东为清河”。据郦《注》清渊在清河县西北,盖清河自清渊溢出北流即入广宗县境。

合宿胥故渎，又东北流谓之白沟。由此可见，开凿白沟的工程是相当巧妙的：人们在淇水出山处建立了一个石堰，只让一部分水仍由淇水南流入河，分一部分东经菀城西南，东南流经淇水河谷和台阴野之间的高地，然后由菀口以建瓴之势注入经过疏浚的古大河故道即白沟。简单说，就是白沟的河道利用了《禹贡》、《山经》时代的大河故道，而其水源则是由分淇为菀而来。郦《注》原文似说成立堰的目的即在遏淇、菀二水以沃白沟，不确；实则在立此淇水出山处石堰之初，枋堰未立，淇水犹南流入河，立堰的作用只是在遏部分淇水入菀水以沃白沟。要到建安九年曹操筑枋堰，淇水才也被遏东流入白沟（下详）。

根据桓帝以后写成的《水经》浊漳水篇，自“北过堂阳县西”至“东北至昌亭与滹沱河合”，即《汉志》“故章河”，“又东至乐成陵县北别出”以下[1]，即《汉志》虖池别河，“又东北过成平县南合清河[2]，又东北过章武县西，又东北过平舒县南，东入海”。则其时清河北止于成平之东。《淇水注》：“清河又东北径南皮县故城西，又北径北皮城东，左会滹沱别河故渎，谓之合口，城谓之合城也。《地理风俗记》曰，‘南皮城北五十里有北皮城’，即是城矣。”《淇水注》中的滹沱别河故渎，实即《浊漳水经》中乐成陵县以下的漳水；北皮城东的合口，即《浊漳水经》中漳水自西南来经成平县南，又东北合清河之处。

合口以下，在《浊漳水经》里是漳水的下游，“又东北过章武县西，又东北过平舒县南，东入海”；但在《淇水经》里则不提合漳水，而说在“东北过南皮县西”之后，“又东北过浮阳县西，又东北过涉邑北（西），又东北过乡邑南（东）[3]，又东北过穷河邑南，又东北过漂榆邑入于海”。这是《浊漳水经》写成以后的新发展。其中合口以北，浮阳县和涉邑以西一段，应即《浊漳水经》中“东北过章武县西”这一段漳水；水道是原有的，只是名称的改变。“又东北过乡邑”一段，则为建安以后新出现的水道（详下文）。

如上所考，清河在永和以后建安以前五六十年间，上游出现了起于黎阳西南以菀水为源的白沟，下游仍在南皮县北五十里北皮城东注入漳水，这是

---

1 西汉东昌县东汉省为昌亭，西汉乐成县桓帝于成下加陵字，见郦《注》。东昌故城在今武邑县东北，乐成故城在今献县东南，见《清一统志》。

2 “合清河”三字《大典》本无，吴琯本有；其后朱谋㙔、赵一清、杨守敬等从吴琯，戴震、王先谦等不从。吴琯殆以所见宋本为据，与《淇水注》所载清河北流形势亦合，宜可信。

3 涉邑即章武县城，《经》文“涉邑”下“北”应作“西”，杨守敬在《水经注疏》中已指出。清河过涉邑西后应继续北流，方得至泉州县境与沽河汇合，故“乡邑”下“南”应作“西”或“东”（杨守敬《水经注图》作东）。乡邑故址当在今静海县境。又东北“过穷河邑南”，当已进入今天津市郊区，故址约当在今杨柳青一带。

清河的第五期。

清河的第六期开始于建安年间，由于在曹操主持下改造了白沟和开凿了平虏渠而形成。

《魏志·武帝纪》：建安九年(204年)正月，“遏淇水入白沟，以通粮道”。建安十一年，将北征三郡乌丸，“凿渠自呼沲入泒水，名平虏渠”。这是见于《三国志》关于这两项工程的记载。

建安以前，白沟仅以菀水为源，菀水只分得淇水的一部分，已见上文。又据《菀水注》，菀水在未入白沟以前，已灌溉了两侧天井沟、台阴野的田地七十余顷。故注入白沟的流量，可以想见相当微弱，不足以资粮运。曹操为通粮运，就得改造原来的白沟。“遏淇水入白沟”，说得清楚一点就是以前只是分淇由菀入白沟，现在则遏淇水干流入白沟，使白沟的流量增加到足够通漕运。陈寿的记载是正确的，但毕竟太简单，看不出此役有哪些具体措施。郦道元在《淇水注》里提供了一些有关资料，由此可以看出，曹操主要是通过如下两项措施达到目的的。一是于淇水口北“下大枋木以成堰”[1]，遏淇水不使东南流循旧道入河，开渠导淇水东北注入白沟。[2] 这就不仅增加了白沟的流量，也使白沟的河身从菀口上伸二三十里到达枋堰的东侧。二是在菀口稍下游白沟右合古大河故道“宿胥故渎”处立一石堰，使淇菀合流后的白沟水不至于南出宿胥故渎由宿胥口入河，“遏水令更东北注”，保证白沟通航无阻。曹操此役取得了预期的效果，从此白沟及其下游清河便成为河北平原的主要水运通道，并在运道的起点即枋堰的东侧，兴起了一个在两晋南北朝时颇为著名的城镇，名为枋头。

《魏志·武帝纪》只提到开凿了一条自滹沱入泒水的平虏渠，没有提到这条渠的具体位置。《后汉书·光武纪》更始二年光武自饶阳南至呼沱河，李贤注：“呼沱河旧在饶阳南，至魏太祖曹操，因饶河故渎决令北注新沟水，所以今在饶阳县北。”《通典·州郡典》深州饶阳下注同。《方舆纪要》晋州饶阳滹沱河条下引《通典》此条后，又引宋白曰：“决处即平虏渠也。”又在饶河条下云：“本滹沱之支流，昔时引而北注，合乎易水，魏武开平虏渠，饶河为滹沱所夺。”自《纪要》后，一些清代著名学者的著作如谢钟英《补三国疆域志补

1 《淇水注》作“魏武王于水口下大枋木以成堰”，欠确切。参以上下文，知枋堰应在水口稍北，堰南是淇水入河故道，立堰后淇水即被遏东入白沟。据《寰宇记》卫州卫县及《通鉴》永嘉六年胡注引宋白，枋堰旁的枋头城去河八里。

2 《淇水注》在“成堰”下接着说“遏淇水东入白沟”是正确的，而下文在“宿胥故渎”下说“魏武开白沟，因宿胥故渎而加其功也”则欠妥。魏武只是遏淇入白，改造白沟，并非创辟，不宜加“开”字。但其指出白沟乃因宿胥故渎而加其功，则又是正确的。

注》、杨守敬《三国疆域图》、《水经濡水注疏》，都采用了这种说法。但此说实在是说不通的。

《水经注》原有滹沱河篇、泒水篇，惜今本已佚[1]，故平虏渠不见《水经》及郦《注》记载。可是今本《水经注》虽不见平虏渠，却载有平虏城。《浊漳水注》引应劭曰："平舒县西南五十里有参户亭，故县也，世谓之平虏城。"按《魏志·武帝纪》，曹操在建安十一年既凿了平虏渠，"又从泃河口凿入潞河，名泉州渠"。泉州渠见于《水经·淇水注》和《鲍丘水注》，起自泉州县境内清河北合滹沱河的下游，北经泉州县东，又北经雍奴县（故治今武清旧城东）东入鲍丘水。[2] 既然泉州渠是因为起自泉州县得名的，则平虏渠亦应起自平虏城附近或平虏城因在平虏渠首附近而得名。平虏城即西汉参户县治、东汉参户亭，今青县西南木门店，正是两汉滹沱河经流之地，那么，南起参户亭侧的滹沱河，北至文安县东注入泒水的平虏渠，应该可以断定，就是《水经》淇水篇中自涉邑西"又东北过乡邑南（东）"一段清河。滹沱与漳水本汇合于参户亭侧近[3]，所以平虏渠一经凿通，清河水便得经由北皮亭至参户亭间的一段漳水，注入平虏渠，北会泒水。到了写作淇水篇时，竟把北皮亭、参户亭间的漳水和参户泒水间的平虏渠，都看成是清河的一部分了。

这一推断是完全符合于当时的地理形势的。反之，若从李贤、杜佑、宋白、顾祖禹之说，则在情理上无法说得通。

白沟下接清河这条水道，在建安以前本已成为河北平原自西南通向东北最近捷的运道。清河已北合滹沱于今青县。曹操为了要用兵对付以辽西

---

1 胡渭、赵一清据《初学记》、《寰宇记》等书辑得滹沱河泒水《经》、《注》各若干条，皆在中上游，不及下游。

2 《淇水注》：清河"东北至泉州县北入滹沱水，……又东泉州渠出焉"。《鲍丘水注》：鲍丘水经雍奴"县北，又东与泃河合"，"又东合泉州渠口。故渎上承滹沱水于泉州县，故以泉州为名。北径泉州县东，又北径雍奴县东。自滹沱北入，其下历水泽百八十里入鲍丘河，谓之泉州口。……今无水"。自魏明帝时决滹沱河自饶阳县境北入泒水（详下文），此后泒水下游即为滹沱所夺，故上引两郦《注》中的滹沱水，即《汉志》、《水经》、《魏志·武帝纪》中的泒水下游。清河北合滹沱水后互受通称，故《淇水注》称泉州渠出自清河，《鲍丘水注》称泉州渠故渎上承滹沱水。《沽河注》又云："沽水又南径潞县为潞河，又东南至雍奴县西为笥沟，又东南至泉州县与清河合。"潞河下游也在泉州县境与清河合，合后清河、潞河又得通称，所以《魏志·武帝纪》中的潞河，亦即《淇水注》中的清河，《鲍丘水注》中的滹沱水。据上引《鲍丘水注》，泉州渠北口应在泃河口之东；《魏志·武帝纪》作"从泃河口凿入潞河名泉州渠"，与郦《注》稍有差异。这可能是由于陈寿记事稍病疏略，也可能是初议凿渠北起泃河口，工程实践中乃移于泃河口之东。要紧的是陈寿的记载虽不能算错，若无郦《注》，后人便不可能知道泉州渠比较正确的位置及其起讫。又，陈寿作从泃河口凿入潞河，可能指施工程序是自北而南；而淇水、鲍丘水两《注》都明说泉州渠水是自清河即滹沱水北流入鲍丘水的，这当然是渠成后的实际情况。

3 《水经》滹沱河篇虽已佚，其见于浊漳水篇的自昌亭至乐成陵县与漳水合流一段，流路仍与西汉相同，则乐成陵以下，仍应流经成平县北参户亭东，亦与西汉同。东汉时的漳水经成平县南，东合自南皮县西北来的清河于北皮亭东，又"东北过章武县西，又东北过平舒县南"，参户亭郊为所必经，滹沱河应即在此会合漳水。

乌丸为首的右北平、辽西、辽东三郡乌丸而开凿平虏渠，这条渠当然应该从今青县的滹沱河北指今静海的泒水。其时泒水下游当已北合沽河于今天津，所以开平虏渠后接着又开泉州渠，使运道又北抵今宝坻县东的鲍丘水。[1]又有《三国志》缺载而见于《水经·濡水注》与泃口俱导口的新河，自今宝坻县境鲍丘水东出，经右北平郡南境（今丰润、唐山一带），至辽西郡的海阳县东南（约在今滦县、乐亭之间）东会濡水（今滦河），直抵用兵乌丸的前线。总之，由于用兵的对象在东北三郡，粮秣军需自中原运来，当时所凿的运河当然只能是由原来的水运极东北处继续指向北或东，那就决定了平虏渠非在今青县、静海间不可。若说平虏渠开在饶阳县境内，自县南的滹沱河凿向县北的泒水，那么运道就得从今沧县（北皮亭故址在县西）、青县一带的清河溯漳水或滹沱而上，西退约三百里，才折向东北，又四五百里才抵达今静海县的泒水。曹操不是呆子，怎么可能做出这样的蠢事来？

决饶阳县南的滹沱河使它北入县北的泒水，在历史上确有其事，不过那是另一回事，与曹操凿平虏渠不相涉。《元和郡县志》深州饶阳县下有云："州理城，晋鲁口城也。公孙泉（渊）叛，司马宣王征之，凿滹沱入派（泒）水以运粮，因筑此城。盖滹沱有鲁沱之名，因号鲁口。"同样记载又见于《太平寰宇记》深州饶阳县下。按，司马懿征公孙渊，事在魏明帝景初二年（238 年），其时河北水运形势，已不同于三十二年前开凿平虏渠时。曹操在凿平虏渠之后七年（213 年），又凿渠引漳水入白沟以通漕，取名利漕渠；引漳处在斥章县（治今曲周县东南）南，注白沟处在馆陶（今治）县西南；见《魏志·武帝纪》及《水经·淇水注》、《浊漳水注》。又十余年，约在魏明帝太和年间[2]，白马王彪又凿渠上承滹沱河于饶阳县（治今县东北）西南，东流经县南，至下博县（治今深县东南）界入漳水，史称白马渠。"渠"一作河，一作沟，见《水经·浊漳水注》及《寰宇记》饶阳县下引《水经·滹沱河注》、李公绪《赵记》下博县下引《隋图经》。有了利漕渠，则漕运从白沟上游来，可经由此渠折入漳水，或溯流西入邺都，或顺流而下指向东北。有了白马渠在饶阳西南沟通滹沱与漳水，这就为废弃滹沱河旧经饶阳南会漳一段，使改道经饶阳北入泒准备了条件。所以到景初二年司马懿在饶阳凿滹沱入泒水时，这一工程的意义已不仅是利用滹沱、泒水运粮而已，实际是在清河运道之西，另辟一条纵贯冀中平原的南北运道。这条运道取道漳水自西南而东北，到下博折而西

1　上游即今潮河，下游略当今蓟运河，中游久已堙塞。

2　据《三国志·魏志·武文世王公传》，楚王彪以文帝黄初七年（226 年）自寿春徙封白马，是年文帝崩，明帝即位，太和六年（232 年）改封彪王楚，推定。

北，由白马渠至饶阳西南，折而东北经由滹沱新河经县北入泒水，循泒水东北直达今天津。

明乎此理，当然就可以确信《元和志》、《寰宇记》的记载是可靠的。李贤、杜佑、宋白等昧于汉魏之际河北水运形势的发展过程，又由于鲁口之鲁与平虏之虏同音[1]，鲁口滹沱新道也和平虏渠一样，是沟通滹沱与泒水的，遂误以司马懿的鲁口滹沱决河当曹操的平虏渠。清代学者顾祖禹、杨守敬辈大概是因为《后汉书》李贤注和《通典》在《元和志》、《寰宇记》之前，曹操开平虏渠见于《三国志》，而司马懿决鲁口不见于正史，竟以李贤、杜佑、宋白之说为是，而以李吉甫、乐史的记载为非，这是颠倒了是非。

可能有人要提出疑问：既然曹操所凿平虏渠就是《水经》中流经今青县、静海二县的一段清河，那么《水经》淇水篇为什么《经》、《注》都不提到此事？这是可以理解的。

《水经》文字极简略，对人工开凿的水道概不予以说明。如渠水即《竹书纪年》中梁惠成王十年"入河水于甫田，又为大沟而引甫水"的"大沟"，亦即《史记·河渠书》中"荥阳下引河东南为鸿沟"的鸿沟，《纪年》、《史记》都说系引河而成，至《水经》时犹以"渠"为名，顾名思义，可知出于人力开凿，但渠水篇并无一语道及。淇水篇对清河的上游也只说"淇水出河内隆虑县西大号山，东过内黄县南为白沟"，不提曹操始遏淇入白沟。所以对清河的下游不提有一段是曹操所开平虏渠，也就毫不可怪。清河东北流至泉州县境与沽河会合才东入于海，这对清河而言当然是很重要的一个关节，但淇水篇叙清河经流，最后只说过漂榆邑入于海，竟不及此事，此事只见于沽河篇，即此更可见淇水篇叙清河下游疏略之甚。

至于郦道元的《注》，有些地方很详，有些地方很略，全得看他搜集到多少前人记载。《淇水注》在《经》文"东北过涉邑"以下注得很简略，可见道元所得见的资料很少。由于这些资料没有提到清河下游与曹操的关系，道元自然也就不会提到。其实当地和附近的人民，至少一直到曹操凿渠后五百年，郦氏注《水经》后二百年的8世纪初叶唐神龙年间，还并没有忘记这件事，所以河北道监察兼支度营田使姜师度在附近傍海凿渠，被认为是"约魏武旧

1　《寰宇记》饶阳县下或作虏口，或作鲁口。《纪要》饶阳滹沱河条下引宋白谓"旧于渠口置虏口镇，后讹为鲁，因置鲁口城"，以鲁为虏之讹。但鲁口城条下则引《寰宇记》及十六国、北魏时史事，皆作鲁口。核以《晋书·前后燕载记》、《魏书·道武纪》、《周几传》、《地形志》，则皆作鲁，无作虏者。

渠”，仍以平虏为号。[1]

以上阐明了公元3世纪初，东汉末建安年间，曹操经略河北，南遏淇水入白沟而白沟自菀口上伸至枋头，北凿平虏渠而清河下游自滹沱河下展至泒水。此前泒水已东展至泉州县东南今天津市区与沽水合流，清既入泒，清、泒合口以下亦号清河，所以《水经》淇水篇作清河“东北过漂榆邑入于海”，沽河篇作沽河“东南至泉州县与清河合，东入于海。清河者，泒河尾也”。[2] 从此清河进入了它的第六期。

清河进入第六期之时，也就是海河水系开始形成之时。此前北来的沽河已与西来的泒水会合，而㶟水即《汉志》治水已在雍奴县境入沽，泒水已在中游汇合了易、滱等水，至是清河又汇合了漳水、滹沱河南来与泒、沽会合[3]；沽、泒、清三河汇合了河北平原上大部分水道，包括近代所谓海河水系北运（沽）、永定（㶟）、大青（泒）、子牙（滹沱）、南运（清）五大河，毕会于泉州县东南即今天津市区，然后东流入海，海河水系宣告形成。时间是东汉建安十一年即公元206年。

三、海河水系形成以后的发展过程

海河水系初形成时，它的范围西南止于淇水，淇水以西今卫河上游即当

1 《元和志》沧州鲁城县：“平鲁渠在郭内，魏武北伐匈奴开之。”《寰宇记》沧州清池县废乾符县（唐末乾符中改鲁城为乾符，后周废入清池）：“平虏渠在县南二百步，魏建安中穿平虏渠以通运漕，北伐匈奴，又筑城在渠之左。”这两条记载把曹操所凿平虏渠说成在唐鲁城县郭内或县治南二百步，这是错的。汉魏之际的平虏城，即西汉参户县治，今青县西南木门店，见上考。唐鲁城县“本汉章武县”（《元和志》），在今黄骅县西北隅，西距木门店约九十里，故曹操所凿平虏渠，不可能经过这里，渠左的城也不可能是曹操所筑。按《旧唐书·姜师度传》载，师度在神龙中“约魏武旧渠，傍海穿漕，号平虏渠，以避海艰”；《新唐书·师度传》作“循魏武帝故迹，并海凿平虏渠以通饷路，罢海运，省功多”。则《元和志》、《寰宇记》所载平虏渠，应为姜师度所凿。这条渠首尾不详，约当在魏武旧渠之东数十里，去海已不远，故史称“傍海”。师度知道魏武旧渠约去此不甚远，故亦以平虏为名。《旧书》在“魏武旧渠”上用一“约”字是很妥善的，《新书》改用“循”字，径以虚拟为实迹，那就不对了。

2 “泒”，传世诸本皆作“派”，独全祖望本、赵一清本作“泒”。杨守敬于《沽河篇·疏》中是派而非泒。以为郦《注》于《经》文末句下列举清、淇、漳、洹、滱、易、涞、濡、沽、滹沱诸水同归于海以释《经》，“不及泒水，而漫以诸水为泒水之尾，尤非。盖《经》言派河尾者，谓众河之尾也；众河发源不同，至此同流归于海，故总括之曰派河尾矣。按，《说文》：‘派，别水也。一曰，水分流也。’左思《吴都赋》：‘百川派别，归海而会。’郭璞《江赋》：‘流九派乎浔阳’，则派为众流之义甚明”。骧按：《水经》作于司马懿凿滹沱入泒水之前，故在泉州县会合沽河、清河者乃泒河而非滹沱。泒、沽会合在前，清河北展来会在后。泒、沽既合于清河未来时，合流处泒殆盛于沽，因此称合流入海一段为泒河尾，这是合乎情理的。清河既来，又改称合流入海一段为清河，故《经》文特意说明沽、清会合处这段清河就是泒河尾。郦《注》作于司马懿之后，泒水自饶阳以下，已为滹沱所夺，故《注》所列举在泉州同归于海诸水中，但有滹沱而无泒水，这是很自然的，不能因此遂断谓《经》文不得作“泒河尾”。杨氏所征引许慎、左思、郭璞诸家文字，都只能说明一水分别为数水曰派，不能据以证数水合为一水亦曰派，派河尾就是众河之尾。故鄙意此字当从全、赵本作泒。

3 漳水滹沱河大部分流量为清河挟而北流，应仍有部分流量循故道东流入海，至郦道元时其残余见于《淇水注》者，被称为清河枝津，盖郦已不知为漳水、滹沱之遗迹。

时的清水不包括在内。《水经》淇水篇以淇水为白沟和清河的水源；另有清水篇“出河内脩武县之北黑山，东北过获嘉县北，又东过汲县北，又东入于河”，正符合于这个时期的情况。而郦道元在《清水注》里认为曹操开白沟时清水即被遏会淇入白沟，这是错误的。

郦在《经》文“又东入于河”下作《注》云：

> 谓之清口，即淇河口也，盖互受其名耳。《地理志》曰：“清河水出内黄县南。”无清水可来，所有者，惟钟是水耳。盖河徙南注，清水渎移，汇流径绝，余目尚存。故东川有清河之称，相嗣不断。曹公开白沟，遏水北注，方复故渎矣。

这段郦《注》需作一番解释。这里包括了郦道元四点看法：1.《经》文“又东入于河”，应作又东合淇入河解，故入河处清口就是淇口。2.《汉书·地理志》说清河水出内黄县南，但内黄县找不到什么清水，《汉志》所谓“清河水”，水源只能来自这条清水。3. 清水既然在黎阳西南合淇入河，怎么又会出现在黎阳以北的内黄境内呢？这是由于古大河本自宿胥口北流，清水自汲县东流注入大河，此下大河即兼有清河之称。河徙宿胥后，清水在会淇后即折南注入大河，不再东注大河故道。可是尽管汇入大河故道的流路断绝了，清河的名目尚残存在内黄以下，相嗣不断。4. 曹操开白沟，复遏清水北注白沟，才以白沟、清河的名目，恢复了河徙宿胥以前的大河故道。

郦道元这种看法，为郦后历代许多著名学者如胡三省、顾祖禹、胡渭、赵一清、王先谦、杨守敬、熊会贞等所沿袭，寖寖乎几已成为定论。但实际上这四点没有一点不错。推郦氏之所以致误，端在于他未能推究古今之变，昧然将北魏当代的清、淇二水和清、淇与白沟的关系，傅会为汉魏旧迹之故。这和上文所讲到的胡渭、杨守敬等硬把《水经·淇水注》中的清河由今天津海河入海，解释为《禹贡》河水、《汉志》河水的故道的情况是相同的。郦氏一错，后人因郦说较详而古记较略，遇郦说与古记有出入处，总认为详者应较略者为确，便率尔信从，不容易发现它的错误了。下面请阐述一下何以知道上引《清水注》中的四点看法都是错的。

（一）《汉志》河内郡共，“北山，淇水所出，东至黎阳入河”。《志》不载清水。《后汉书·袁绍传》：初平二年（191 年），冀州牧韩馥将以州让绍，馥从事赵浮、程涣自孟津率兵驰还，请以拒绍。《注》引《英雄记》曰：“绍在朝歌清水口，浮等从后来，船数百艘，众万余人，整兵骇鼓，过绍营，绍甚恶之。”又，

《三国志·魏志·袁绍传》注引《九州春秋》,记此事亦作浮等"自孟津驰东下,时绍尚在朝歌清水口"。据此则清水口在朝歌县境。淇水在黎阳入河而清水在朝歌入河,可见汉魏之际,清水本独流入河,未尝东合淇水,清口与淇口不能混为一谈。《水经》淇水篇作于曹操遏淇水入白沟之后,故作"淇水出河内隆虑县西大号山,东过内黄县南为白沟",而不及在黎阳入河。清水篇之所以在"东过汲县北"下径作"又东入于河",而不及至朝歌入河,这只是《经》文的省略,不能作别的解释。"入于河"三字已说明了当汉魏之际撰写《水经》清水篇时,清水还是独流入河的,不能强解为会淇入河,更不能强解为清口即淇口。

《英雄记》出于建安中王粲之手。《九州春秋》西晋初年司马彪所撰。二书的写作时间上距初平二年前者不过二三十年,后者不过七八十年。二书都说是时袁绍屯兵朝歌清水口,赵浮等自孟津引舟师东下,整兵夜过绍营。这两条记载的正确性是无可怀疑的,那就说明了清水口在朝歌县境,也说明了清水确是入河的。所以赵浮等取道大河顺流而下的舟师,才会经过屯驻在清水口的袁绍的兵营。《通鉴》初平二年秋载此事文字几与《九州春秋》全同,独在"朝歌清水"下删去"口"字,不知司马光或刘攽用意何在?很可能是受了郦道元《清水注·淇水口》的影响,因为在郦氏笔下,清口即淇口,在黎阳而不在朝歌。《通鉴》作者为郦氏所惑,又不便改朝歌为黎阳,便只得删去"口"字。这个字其实是不应该删的。若袁绍营不在清水口而在不濒河的清水两岸某处,赵浮等舟师顺河而下就不可能过袁绍营,袁绍也用不着"恶之"了。胡三省在"朝歌清水"下注云:"据《水经》,清水出河内修武县,径获嘉汲县而入于河,不至朝歌;惟淇水则经朝歌耳。盖俗亦呼淇水为清水。据《九州春秋》,绍时在朝歌清水口,……清水口即淇口,南岸即延津。"胡氏因清水《经》、《注》不及朝歌,便认为清水不至朝歌,这是很不应该的误解。《水经》对一水所经流的郡县,往往多所省略。如淇水篇在出隆虑县西后即接叙"东过内黄县南为白沟",中间脱载经朝歌、黎阳二县。浊漳水篇在邺县以上即脱载襄垣、林虑、涉三县。这种例子多得举不胜举,怎么能因清水篇不及朝歌,便断谓清水不至朝歌?至于郦《注》虽然比《经》文详细得多,却也并不见得每一个县都提到,没有脱漏。即如清水,郦认为清口即淇口,则清水过汲县后自应东过朝歌至黎阳合淇入河,可是在《清水注》里既没有提到朝歌,也没有提到黎阳。可见清水《经》、《注》不及朝歌,都不足为清水不至朝歌之证。胡氏是看到了《九州春秋》里明写着"朝歌清水口"的,竟因为《水经》清水篇不及朝歌,便不肯相信《九州春秋》,偏要去信从郦氏清口即淇口之说,

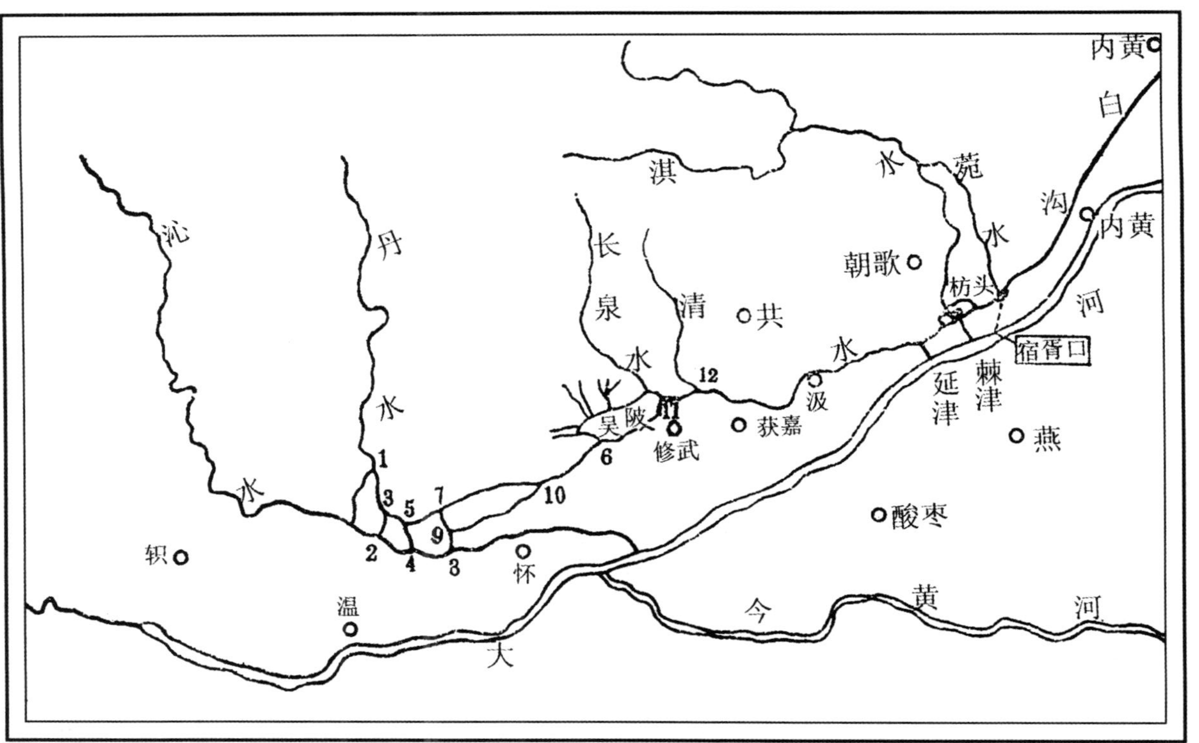

海河水系发展图(一)

1—2 光沟水　3—4 界沟水　5—6 长明沟水　7—8 白马沟水　9—10 蔡沟水　11—12 八光沟

甚至进一步说成“盖俗亦呼淇水为清水”，可谓荒谬之至。这果然要怪胡氏自己不能辨别是非，但主要还是应由首创清口即淇口说的郦氏负责。

《九州春秋》载韩馥从事赵浮等自孟津引兵东下时，袁绍尚“在朝歌清水口”。《英雄记》所载同，唯无“尚”字。据《三国志·魏志·袁绍传》，则袁绍自“董卓西入关”后即“还军延津”，下文即接叙袁绍胁诱韩馥让冀州，赵浮等请馥以兵拒绍。可见《魏志》所谓延津，指的就是《英雄记》、《九州春秋》的朝歌清水口。《通鉴》上文先从《魏志》已作“会董卓入关，绍还军延津”，下文又从《英雄记》、《九州春秋》作“时绍在朝歌清水”，所以胡三省注要在“清水口即淇口”下加一句“南岸即延津”。按，《左传》隐元年“至于廪延”，杜注：“陈留酸枣北有延津。”胡氏盖因酸枣县（故治今延津县西南）在汉唐大河南岸，所以认为清水口的南岸才是延津。其实清水口明明在北岸，而史称绍军延津，可见延津一称，系兼指南北岸而言，并非专指南岸。又按，《水经·河水注》：“河水自酸枣县西，又东北，通谓之延津”，“又东径燕县故城北，河水于是有棘津之名，……又东淇水入焉。”清水在延津入河而淇水在延津下游棘津之东入河，这又是清水口与淇水口是二而非一的一个明证。

（二）《汉志》魏郡“内黄，清河水出南”。《续汉志》魏郡“内黄，清河水出”。“出南”是说水出县之南境，“出”是说水出县境。这两条记载说明了西汉和东汉永和以前，清河水源就在内黄本县境内；既与内黄西南朝歌、黎阳境内的淇水不相涉，当然与淇水以西修武、获嘉、汲县、朝歌境内的清水更不相涉。要到永和以后若干年，内黄以南的黎阳境内开凿了以菀水为源的白沟，白沟的下游依地望推断，应即注入清河水，这是清河水水源向上伸展超越内黄县界之始。至曹操遏淇入白，清河水才以全淇为源。在白沟通运后不久，人们也就把已成为白沟下游的清河水，视为白沟的一部分；所以在《水经·淇水篇》里，就说成是淇水“东过内黄县南为白沟”，不再提到什么清河水了。三百年后的郦道元，不知道魏晋以后内黄境内的白沟原本是两汉的清河水，这倒并不可怪。可怪的是，天下水道以“清”为名者何可胜计，各自名“清”可耳，郦氏为什么硬要把淇水以西的清水断为淇水以东的内黄清河水的来源？何况两《汉志》内黄之水明明叫清河水，不叫清水。郦氏经常引用《汉志》，何以竟不懂《汉志》体例？《汉志》凡水之源流相当长远者，必著其出某县某处，至某县入某水；只有很少数源流甚短不出县境的水，《志》文才只作“在某县”，不著其出入。[1] 内黄清河水若果如郦说上承《水经》清水，那

1 例如右扶风漆县“漆水在县西”；右北平郡字县“榆水出东”；安定郡卤县“灈水出西”。

么《汉志》就得在修武县下写上“清水出北山，东至内黄为清河水”才符合体例。一条经历五六县首尾达数百里的水道，不可能只在内黄县下提一下“清河水出南”。

（三）郦道元认为在河水自宿胥口北流时代，在宿胥口稍北处接纳了清水的汇注，此下即有清河之称，这又是一种极不可通的说法。河水自积石入塞，经流数千里入海，接纳了许多支流，其中有些支流远比清水要大得多，为什么从没有听说接纳了汾水、渭水以下有汾河、渭河之称，接纳了雒水、沁水以下有雒河、沁河之称，独于接纳清水后会有清河之称？两条或两条以上水道在合流后因互受而通称，这在古代确是相当普遍的现象。如上文提到的清河与泒河、沽河会合后既称清河，又称沽河，又称泒河尾即其例。但必须是差相匹敌或相差不太多的两条或几条水，才有这种可能。清水即使果然在宿胥口稍北入河，河与清大小相去悬如，也谈不上互受通称。更何况互受通称是说两水会合后或称甲，或称乙，也从没有合称甲乙之理。再者，尽管河水在各个历史时期的含沙量不尽相同，但它穿行数千里的黄土高原是历古相同的，所以它的水色不可能不浊、不黄，因而它又被称为浊河、黄河。[1]清是浊的对立词，怎么可能同一条“河”，既称为浊河，又称为清河？

郦说河水在从宿胥口北流时已有清河之说既显然不能成立，那么他的自河徙宿胥改道东流后，河北的清河是原来清河的“余目尚存”之说，当然也不能成立。实际情形完全不是那么回事，有时刚刚相反。当河水自宿胥口北流走《禹贡》、《山经》中的河道时，只称河水或浊河，不可能称为清河。到河水自宿胥口东流走《汉志》中的河道时，北流故道自内黄以下因浊流变清，始有清河之称。这是新出现的名称，而不是旧称的残存。其后又经过多次变迁，才形成《水经》淇水篇中那样的清河。至于清水，则直到《水经》时代，和清河还并无关系。这些都已在上文阐述清楚，用不着再多说了。

（四）“曹公开白沟，遏水北注，方复故渎矣。”这句话有三点错误：一、曹公以前已有白沟，非曹公所开。二、曹操只是遏淇水入白沟，未尝遏淇水以西的清水一并入白沟。三、《水经》淇水篇中的白沟和清河，并非古大河故道。说俱见前，不赘。

清水是在什么时候开始不从朝歌清水口入河，改变为像见于郦道元《清

1　浊河始见《战国策·燕策》“齐虽有清济浊河，何足以为固”。黄河始见《汉书·高惠高后孝文功臣表》封爵之誓曰“使黄河如带”。王念孙《读书杂记》四之二认为《史记·高祖功臣侯表》作“使河如带”，无“黄”字，《汉书》此“黄”字乃后人所加。但《汉纪》及《吴志·周瑜传》引誓词亦有黄字，王氏此说确否可疑。按向秀《思旧赋》有云“济黄河以泛舟兮”，则魏晋之际已有黄河之称是可以肯定的。

水注》、《淇水注》中那样，自朝歌东北流会合北来的淇水于黎阳西南的枋头城下，又东北注入白沟，从而成为海河水系的一个组成部分的呢？这在历史文献中找不到明确的记载，请先从分析论证郦《注》入手。

《淇水注》："汉建安九年，魏武王于水口下大枋木以成堰，遏淇水东入白沟，以通漕运，故时人号其处为枋头。是以卢谌《征艰赋》曰'后背洪枋巨堰，深渠高堤'者也。自后遂废，魏熙平中复通之。"

这段郦《注》有二点值得注意：

（一）卢谌及其父卢志在《晋书》里都有传。据《传》，《征艰赋》当作于永嘉之乱洛阳沦没（311年），谌随父北行投奔刘琨时。这篇赋描述枋头形势，所谓"洪枋巨堰"，指的当然是枋堰；所谓"深渠高堤"，应指见于《淇水注》的郦时已废的引淇水经枋头城北，东入白沟的"故渠"。由此可见，在曹操筑枋堰引淇入白沟后一百零七年，枋头城下的形势并未发生变化，枋堰和导淇入白的渠道和堤防仍是当地最引人注目的工程。清水显然还没有东展到这里；因为清水若已流经城下，不能设想赋家会不把它拿来与"后背"或"淇水"作绝好的对仗。[1]

（二）"自后遂废，魏熙平中复通之"这两句话，不能理解为，在卢谌北行经过枋头之后，紧接着枋头以东的运道即归堙废，直到魏熙平中才复通运道；也不能认为熙平中所复是建安年间的原状。

从卢谌北行过枋头之年（311年）起到魏熙平中（516—517年），历年二百有零。在这二百多年中，魏太平真君十一年、宋元嘉二十七年（450年）以前一百四十年，枋头有十多次见于历史大事记载[2]，此后六十多年不见记载。从前一百四十年提到枋头的记载看来，那时的枋头显然是一个地居南北交通咽喉，兵家战守必争之地。枋头之地居冲要，当然是和白沟通航密切联系着的。不能设想城下的白沟早已堙废，而这个城市能历久不衰。所以郦《注》"自后遂废"的"后"，实际上应指此一百四十年之后；堙废的时间最多不会超过五六十年，至熙平中即复通之。

1　南北朝末年陈天嘉四年（563年）江德藻使齐，此前已导清于枋头城下会淇入白沟，其《北征道里记》就说枋头城"淇水经其后，清水经其前"，见《寰宇记》卫州卫县下引。江德藻事迹见《陈书·文学传》。《北征道里记》，《隋书·经籍志》作《聘北道里记》。

2　《通鉴》晋永嘉六年（312年）、咸和八年（333年）、永和五年（349年）、八年（352年）、太和四年（369年）、五年（370年）、太元九年（384年）、十年（385年）、义熙十二年（416年）、宋景平元年（423年）、元嘉二十七年（450年），都有关于枋头的记载。

见于郦《注》中的枋头城郊清、淇、白沟形势，当然是熙平以后的情况。清水已不在朝歌清水口入河，改道东北流会合淇水；一部分由淇河口入河，所以说“清口即淇河口也”；一部分注入白沟，因而被误认为曹操时即已如此（《清水注》）。此时曹操遏淇水入白沟的两大工程“淇枋巨堰”和“深渠高堤”已归破废，被称为“故堰”、“故渠”。淇水恢复“故渎”，南经枋城西，又南分为二水：一水南注清水，水流上下，更相通注，河清水盛，北入故渠，自此始矣；一水东流经枋城南，东与菀口合，右合宿胥故渎，又东北流谓之白沟（《淇水注》）。杨守敬《疏》指出这段《注》文中的“故渎”、“故渠”，都是淇水在建安以前的入河故道，是正确的。所以此时的白沟已不再以被枋堰所阻遏的淇水为唯一水源，而是兼纳在枋头城郊会合的淇、清二水。但二水有一部分是循淇水故道南流入河的。遇河清水盛时，河水、清水便可以倒灌入淇。然则熙平后的白沟，不仅兼纳淇、清，有时还会接受来自大河的若干流量。海河水系西南方向的范围，较之三百年前海河水系初形成时，扩展了一大步。

上面对《淇水注》所作的分析与论证虽然说明了一些问题——1. 永嘉之乱时白沟上游形势与曹操遏淇入白之初基本相同；2. 永嘉以后，至少有一百四十年枋头城下的白沟仍能维持通航；3. 熙平以前，枋头城下白沟曾堙废一个时期；4. 见于郦《注》熙平以后的枋头城郊清、淇与白沟形势，已迥非建安、永嘉之旧——但是，最重要的问题仍未解决，即见于郦《注》的情况是什么时候开始的。可以肯定，应该并不始于熙平。因为熙平若不光是因旧迹“复通之”，而是有所改作，郦道元生当其时，不会不知道，知道了便不会不在《淇水注》或《清水注》中记下来。在郦《注》中找不到线索，那就还得求之于有关枋头的历史记载。

史载：东晋太和四年（369 年）桓温伐燕，六月，引舟师自清水入河[1]，舳舻数百里；七月，至枋头；九月，以数战不利，粮储复竭，又闻秦救兵将至，焚舟弃辎重铠仗，自陆道奔还。[2] 桓温的舟师可以从大河下游溯河而上，直达枋头，可见其时枋头大河间有水道可通，形势应已略同《淇水注》所载。若说曹操虽筑枋堰遏淇水入白沟，堰南淇水入河故道犹存，那么这段故道既然断绝了淇水的冲刷，何以在经历了一百六十多年黄河水的倒灌填淤之后，还能通航“舳舻数百里”的舟师？那是不可设想的。所以只能作出这样的推断：见于《淇水注》的枋头城下清、淇交会，南注大河，东注白沟的局势业已形成。

1　自巨野泽北流入河一段济水又名清水，见《济水注》。

2　《晋书·废帝海西公纪》、《桓温传》、《前燕慕容暐载记》、《通鉴》。

桓温舟师以七月至枋头，正是清、淇会合后所谓“水流上下，更相通注，河、清水盛，北入故渠”的时候。但是到了九月河水消落，不复倒灌“北入”，清、淇水南注大河者浅涩不胜舟，舟师无法撤退，便只得焚舟弃辎重，自陆道奔还了。

卢谌北行时枋头城下的水运还是曹操时的旧格局，桓温伐燕时已变成了《淇水注》所载那样新格局，两事相去达五十八年之久，可不可以把发生这一变局的时间再推定得具体一点呢？可以。

史载：晋咸和八年(333年)，略阳氐帅苻洪帅户二万降于后赵石虎。洪说虎徙关中豪杰及氐羌以实东方，虎从之；以洪为龙骧将军、流民都督，使居枋头。永和五年(349年)虎死，赵乱，秦雍流民相率西归，路由枋头，共推洪为主，众至十余万。六年(350年)，洪卒，子健代统其众；初治宫室于枋头，置戍温、怀；既而悉众西行，夺据关中。[1] 苻氏居枋头历年十七，部众以万计，看来改造枋头城下的水道经流，借以改进枋头的水运，完全有可能出于苻氏之手。

由于这一改造工程施工于后赵统治中原、臣服于赵而具有半独立性质的苻氏屯驻枋头时期，所以既为后赵政权记载所不及，又为后来建国于关中的前秦政权记载所脱略。其后将近二百年，郦道元注《水经》，他只知道熙平以前枋头城下水道曾经堙废，熙平复通之，已经无从知道永嘉以后熙平以前这里的水道曾被改造过，那就难怪他要把当时的清水、淇水、白沟经流，错认为魏武以来即已如此了。

以上论证了清水加入海河水系，应为十六国后赵时期，即4世纪三四十年代的事。这是海河水系西南界很重要的一次扩展。从此以后，这条发源于辉县西北，南流折东经新乡、汲县，与淇水会合于淇县、浚县界上的水，便代替淇水成为白沟、永济渠、御河、卫河的河源，直到今天还是如此。

据《沁水注》、《清水注》，其时丹水出太行山经郏城(今沁阳县东北四十里)西后，又南流西转，有光沟水出丹水，东南流分出界沟水，南入沁水；界沟水出光沟东南流分出长明沟水，南入沁水；长明沟水分界沟东流入吴陂。又有白马沟水分长明沟南入沁水，蔡沟水分白马沟东流入长明沟。吴陂南北二十许里，东西三十里，在修武县故城西北二十里。陂水东流为八光沟，东注清水。《清一统志》怀庆府山川说长明沟“今曰小丹河”，杨守敬《水经注

1　《晋书·前秦苻洪》、《苻健载记》、《通鉴》。温，故治今县西。怀，故治今武陟县西。自枋头西至修武(今获嘉)晋属汲郡；自此以西历怀、温至轵(今济源)晋属河内郡。苻健置戍温、怀，可见苻氏居枋头时，至少其后期的势力范围已囊括河内、汲二郡。

图》将光沟水和界沟水东南流一段画作今小丹河的西段、长明沟水画作小丹河的中段(白马沟水、蔡沟水在小丹河之南)、吴陂画在今获嘉县西北、八光沟画在获嘉县北,应该是基本正确的。光沟、界沟、长明沟、八光沟、白马沟、蔡沟都以沟为名。整条小丹河分丹东南流入武陟县境后,不依地势又东南近注沁河,而折向东北经修武、获嘉远至新乡入卫河。所以这几条沟都不像是天然水道,应出于人工开凿。[1]《元和志》怀州河内县下所谓丹水北去县七里,"分沟灌溉,百姓资其利焉",正是此意。尽管开凿于何时何人之手已无从查考——可能在导清会淇之前,也可能在其后——总之,在郦道元以前,丹水已有一部分通过今之小丹河注入卫河,从而使海河水系的西南界和今天完全相同。[2]

然而仅以清、淇二水和部分丹水为源的白沟运道虽能通航,却不胜重载;加以白沟和大河之间只能在夏秋水盛时经由枋头城南的一段淇水通航,秋深水落即不通;所以这条航道并不能满足统治者,特别是建立了一统王朝的统治者,要把河淮以南的大量粮食物资北运的需求。因此自隋以后,这条运道多次被改造,海河水系南侧所包括的范围就跟着发生变化。

第一次,也是历史上最著名的一次,是隋炀帝大业四年(608 年)正月,"诏发河北诸郡男女百余万,开永济渠,引沁水南达于河,北通涿郡"。[3]

沁水本来是南流入河的,所以"南达于河"不过是加以疏浚而已,此役的关键工程是在沁水下游东北岸开渠,引沁水东北流会清水入白沟,从而使从河南北来的运艘达于河后能溯沁水至渠口,顺流而下抵今天津,又溯流而上抵涿郡城(故址在今北京市宣武区)南。当即将这一河北运道全程总名为永济渠。永济渠的开通,使沁水也加入了海河水系,这是海河水系西南界扩展得最远的时期。

炀帝在大业七年坐龙船从江都(今扬州市)北上,经由邗沟入淮,溯淮入通济渠,渡黄河入永济渠;以二月乙亥起程,四月庚午到达涿郡行宫,全航程

---

1 不包括吴陂。吴陂一作吴泽,一作吴泽陂,春秋已见记载。《左传》定公元年,魏献子"田于大陆";杜预《春秋释例》:"大陆,修武县西北吴泽。"据《清水注》,陂系吴渎、苟泉水、皇母泉、马鸣泉、覆釜堆南三泉及长泉水所钟。《寰宇记》怀州获嘉:"吴泽陂在县西北一十五里。"《清一统志》卫辉府山川引《获嘉县志》:陂在县西南十三里,名三桥陂,亦名太白陂。但康熙《皇舆全图》已无此陂,但有小丹河下游经获嘉县北。盖此前陂已淤平,只剩自西而东一线水。

2 据《清一统志》怀庆府山川丹水条,康熙中定"每岁三月初塞入河渠,使水归小丹河入卫济漕,至五月尽则开入河渠,塞小丹河口以防山水漫溢,至今民称便焉"。类似的制度前代未必没有,唯不见记载耳。

3 《隋书·炀帝纪》。《食货志》亦作"引沁水南达于河,北通涿郡",不及以永济渠为名。《大业杂记》作"三年六月,敕开永济渠,引汾水入河,又自汾水东北开渠,合渠水至于涿郡二千余里,通龙舟"。"汾"系"沁"之字误,指出在沁水东北开渠则较《隋书》为详确。

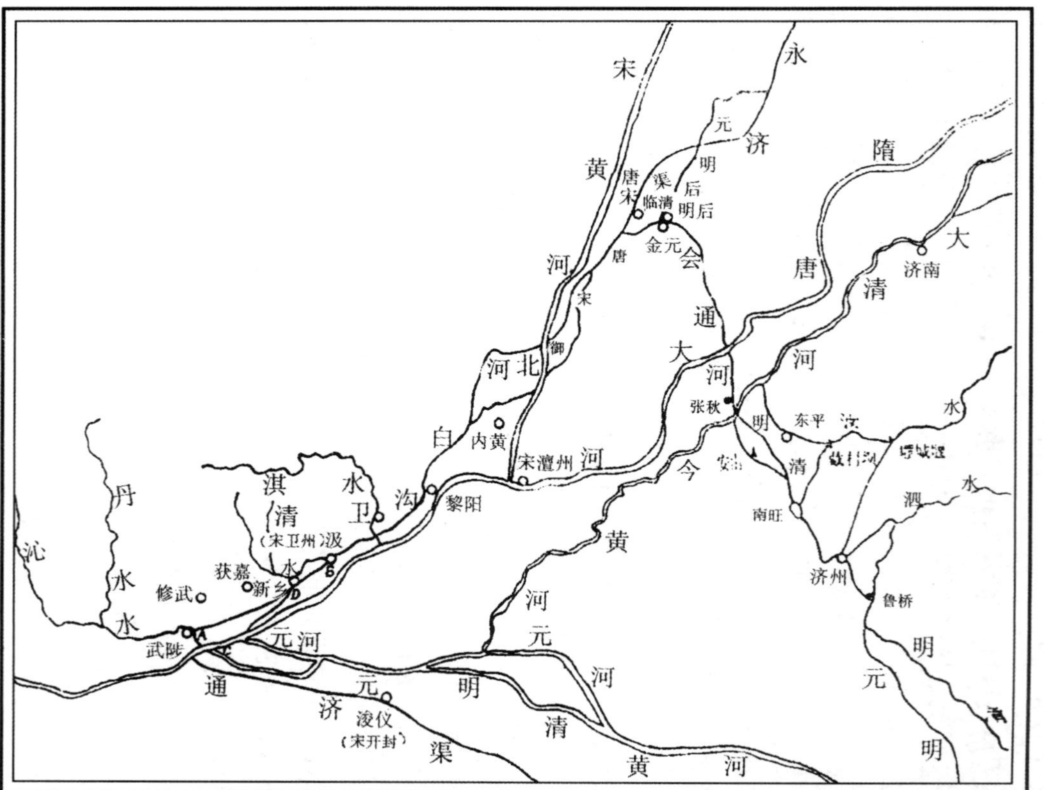

海河水系发展图(二)

A—B　隋引沁入清(水济渠的一部分)　C—D　解放后所开的人民胜利渠

共五十五天。自七年至十年，屡征天下兵集涿郡，百万大军的粮秣军需都由水道运到涿郡[1]，“舳舻相次千余里”。这是河北水运史上的空前壮举，也是永济渠通航的极盛时期。

隋炀帝这次改造河北水运所取得的成就并不能持久，“南达于河，北通涿郡”全线畅通，可能只限于渠成之初不到十年的时间之内。自唐以后，在历史上既找不到自沁口北上进入河北平原的航运记载，在各史的地理志、河渠志和传世的几种总志中，也都仅以清、淇水为永济渠，亦即唐宋金元的御河、明以后的卫河的水源，不及沁水。

但自隋以后的沁水并没有和海河水系断绝关系。

沁水下游武陟县境地势高于卫河上游获嘉、新乡，每遇沁水决溢，很自然就会向获嘉、新乡漫流，汇入卫（御）河。有时沁水的决流还可以通航，与黄河、卫河水运相衔接，仿佛隋代永济渠情况。又由于卫河常患胶浅滞运，历代统治者有的对沁水决流主张不予堵塞，有的还建议按决流开渠引沁入卫以利漕；议多不果行，也有见诸实施的。终因“卫小沁大，其势难容，卫清沁浊，其流必淤”，沁水入卫的结果不仅使卫河上游两岸遭受田庐被淹没之灾，即运道也有被泥沙淤阻之患，故不论是决溢造成的，或人工开浚的，不久皆筑塞。在决流和引渠被塞后，有时还会有沁水的支流入卫。[2]

上述这些情况集中见于金元明三代记载，此前的唐宋时代和入清以后则罕闻。清代前期有一条孟姜女河，起新乡西南，东北经延津至汲县入卫河；每当天雨时有水，否则仅有其形。《卫辉府志》作为沁河故道载入古迹[3]，但不知是什么时代的故道。

为了要沟通大河南北的水运，并解决卫（御）河的浅涩滞漕问题，比引沁入卫更大胆的设想和举措是引黄入卫。北宋熙宁八年（1075 年）秋，曾在卫州（治汲县）西南王供埽开旧沙河，引大河水注之御河，九年春，功成。行水才百余日，“卫州界御河淤浅已及三万八千余步，沙河左右民田渰浸者几千顷”。言者又深以穴堤引河，恐黄河由此决溢为虑。“未几，河果决卫州。”元丰中又在临清的徐曲分河入御，通纲运，开而又闭，闭而又有人请开。[4] 明景

1　以涿郡为大本营，由此东指辽河前线，三次用兵辽东。

2　《金史・河渠志》、《侯挚传》；《元史・五行志二》、《董文用传》；《明英宗实录》景泰三年至五年；《明史・河渠志》卫河、沁河；《方舆纪要》怀庆府武陟县莲花池。

3　《清一统志》卫辉府山川孟姜女河条引。

4　《宋史・河渠志》御河篇。此篇所谓“未几，河果决卫州”，黄河篇作十年“七月，河复溢卫州王供”等地。临清故治即今临西，徐曲在临清见黄河篇。

泰中又有人建议“通河于卫”，未行。[1] 新中国建立后开人民胜利渠，自武陟东南引黄东北至新乡入卫，那是为了灌溉，而不是用以通航。

北宋黄河曾三次北流经河北平原入海。第一次为庆历八年（1048年）澶州（濮阳）商胡埽之决所形成，历二十一年至熙宁二年（1069年）导东流而北流闭。第二次为元丰四年（1081年）澶州小吴埽之决所形成，历十三年至绍圣元年（1094年）尽障北流，全河东去。第三次为元符二年（1099年）内黄口之决所形成，历二十九年至南宋建炎二年（1128年），因决河由泗入淮以阻金兵而北流绝。[2] 凡北流在今青县以上都占压部分御河，青县以下即与御河合流北抵今天津，折东循今海河入海。[3] 三次共计六十三年。胡渭、杨守敬等所构想的大禹至西汉的黄河近海一段流路，实际是到这时才出现的。也就是说，海河水系被并入黄河水系，在历史上只限于这11世纪中叶至12世纪初叶断续六十三年。

海河水系形成以后东南侧发生的重大变化，在于汶水的加入与退出。元至元二十六年（1289年）开会通河，起自须城（今东平）安山西南，北抵临清入御河。会通河的水源来自六年以前所开自济州（今济宁）北注济水（大清河）的济州河；而济州河的水源来自宁阳东北堽城堰、遏汶水西南流注济州城下的汶水。所以会通河一经开通，汶水的一部分开始加入了海河水系。[4]

元代的会通河岸狭水浅，不任重载，故终元一代南漕北运，以海运为主。末年，会通河废而不用。明洪武二十四年，河决原武而东，会通河尽淤。至永乐九年（1411年），复开会通河而制作与元代不尽相同：在汶上东北筑戴村坝，遏汶水西南流尽趋南旺水脊，南北分流济运，六分北下至临清入卫，四分南下至鲁桥入泗。自此以后，汶水通过南旺以北山东运河成为海河水系的一个组成部分，历时达四百数十年之久，只有几次黄河北决，穿运而东，汶水被挟由大清河入海时例外。明清两代黄河多次北决夺大清河，每次皆不久被塞。但最后到了清咸丰五年（1855年）兰阳铜瓦厢那次决口，清政府正忙于对付太平天国，无暇顾及塞决，从此汶水既不能穿越黄河，也就脱离了

1 《明史·河渠志》卫河篇。

2 北宋三次北决两次闭塞见《宋史·河渠志》，建炎事见《宋史·高宗纪》。

3 参《宋史·河渠志》黄河、御河及《元丰九域志》。

4 济州河南段自济州南注泗水，以来自兖州西注济州城下的泗水为源。汶水另一部分由堽城滚水坝循旧道注大清河入海。

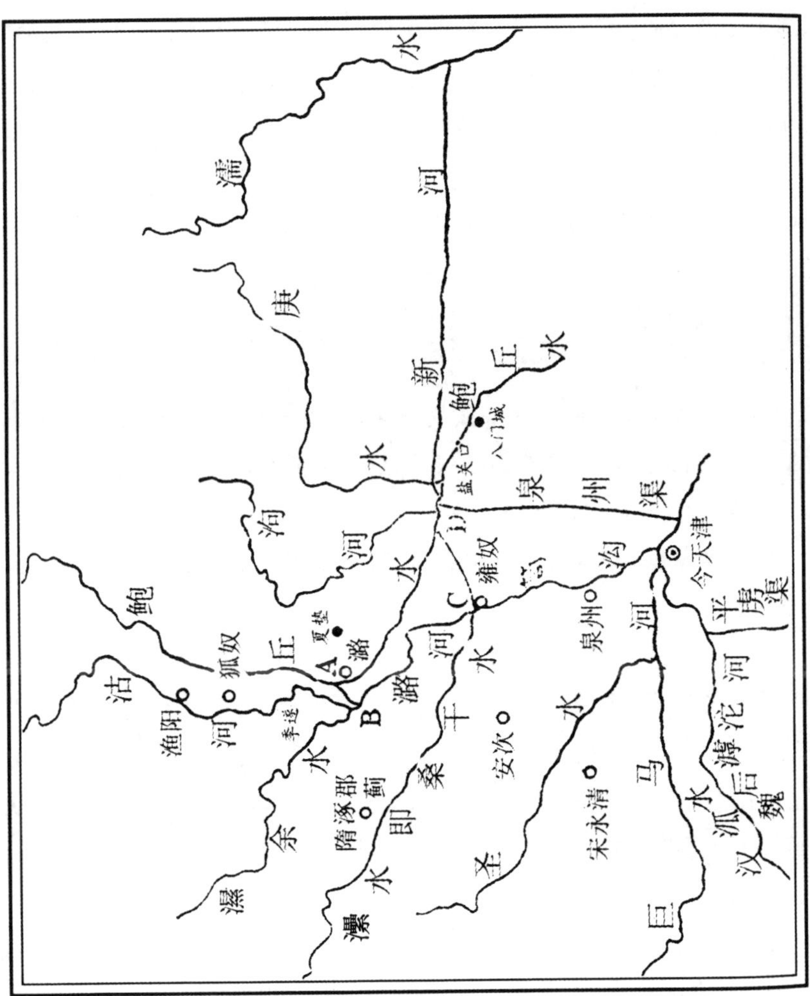

海河水系发展图(三)

A—B 郦《注》时代鲍丘水入沽 C—D 郦《注》时代鲍丘水东注

海河水系。

咸丰五年以后，黄河以北临清以南这段运河只得“借黄济运”，即引黄河水注入运河。黄水多沙，每年旋浚旋淤，劳费不堪。其时海运已兴，每年漕粮仅极少数仍由河运。勉强维持了四十多年，至光绪二十七年(1901年)，漕粮全数改折，漕运罢而运河不复挑浚。三五年后，黄河以北百余里几成平陆。[1]

总结历史的经验，可知海河水系的南侧只能以清、淇及部分丹水为源。以扩展航运为目的的引沁入卫和引黄入卫，都是害多利少，引汶入卫则只有在黄河夺泗、淮在苏北入海时才能做到。

现在的白河汉代叫沽水，现在的潮河汉代叫鲍丘水，二水的下游历史上时有变迁。《汉书·地理志》只在渔阳郡渔阳县下见沽水，“出塞外，东南至泉州入海”，失载鲍丘水。《水经》于二水皆有较详记载：

> 沽河从塞外来，南过渔阳狐奴县北，西南与灅馀水合为潞河，又东南至雍奴县西为笥沟，又东南至泉州县与清河合，东入于海。清河者，泒河尾也。
>
> 鲍丘水从塞外来，南过渔阳县东，又南过潞县西，又南至雍奴县北，屈东入于海。

沽河条只及与灅馀水(今温榆河)、清河合，而不说与鲍丘水合，鲍丘水条也不说与沽河合，可见汉世沽与鲍丘本各自入海；方建安十一年曹操凿通平虏渠，海河水系最初形成时，水系的东北界只包括沽水，不包括鲍丘水。但就在这一年，由于曹操继平虏渠之后又开凿了泉州渠和新河，海河水系便东向扩展了两大步。

《魏志·武帝纪》载建安十一年，“凿渠自呼沲入泒水，名平虏渠；又从泃河口凿入潞河，名泉州渠，以通海。”据《水经·淇水注》、《鲍丘水注》，泉州渠南起泉州县境清、沽(潞)合口下游不远处，北流至雍奴县东泃河口以东泉州口入鲍丘水。这说明与平虏渠同年开凿的泉州渠，南起今天津市区以东的海河，北抵今宝坻县境大致相当古鲍丘水下游的今蓟运河，从而使海河水系东展到了蓟运河流域。

1　此节据《元史》、《明史》、《清史稿》的《河渠志》、《食货志》，参《明会典》、《行水金鉴》、《淮系年表》。

《魏志·武帝纪》失载新河。《水经·濡水注》说"新河是魏太祖征蹋顿，与泃口俱导也"，上承雍奴县东鲍丘水于盐关口，东北绝庚、巨梁等水，东至海阳县东南，"东会于濡"。濡水即今滦河，在汉辽西郡境内，正是曹操用兵三郡乌丸的前线，所以郦道元说新河"与泃口俱导"是可信的。导泃口即指凿泉州渠。平虏渠、泉州渠、新河三渠皆为征蹋顿而凿，时间都在建安十一年，施工应稍有先后，基本上可以说是同时"俱导"。盐关口不见《鲍丘水注》，唯《鲍丘水注》说鲍丘水"东合泉州渠口，又东庚水注之"，而《濡水注》说新河"自雍奴县承鲍丘水东出，谓之盐关口，又东北绝庚水"，泉州口、盐关口都在庚水（今蓟县沽河）之西，二者宜相去不远。疑盐关口应在泉州口稍东，这样才能使新河承受来自鲍丘水汇合泉州渠以后更为丰富的水源。这说明了由于新河的开通，使海河水系更东展一步到达了滦河流域。

海河水系向西南的扩展是逐步接受更多更远的水源，由淇而清、而丹、而沁。向东北的扩展则相反，是逐步将海河水通过人工开凿的河渠导向东北，由潞（沽）而鲍丘水、而濡水，这当然是地势所决定的。

平虏渠、泉州渠、新河为同一目的开凿于同一年，其后果却大不一样。平虏渠从此成为清河、永济渠、御河、卫河的一部分，直到今天不变。泉州渠在《鲍丘水注》中被称为"故渎"，又说"今无水"；新河在《濡水注》中亦作"故渎"。可见在郦道元前，此二渠已仅存遗迹。此后即不见于记载，估计郦后不久已归湮灭。

郦道元时代海河水系不仅已与鲍丘水、濡水隔绝，据《沽河注》、《鲍丘水注》，雍奴、泉州间沽河的下游笥沟"今无水"，而鲍丘水的上游自渔阳"西南历狐奴城（今顺义东北）东，又西南注于沽河"，合流至雍奴县北，鲍丘水"旧分笥沟水东出，今笥沟水断，众川东注，混同一渎"归海。这就是说，连沽河都东合鲍丘水由今蓟运河入海了，也退出了海河水系。

《汉志》的治水，于《水经》为漯水。《汉志》治水"东至泉州入海"，《水经》漯水改为在雍奴县西入笥沟。故东汉末年清河北合沽河，漯水即作为沽河的一条支流加入了海河水系。至郦道元时笥沟水断，退出海河水系的就不仅是沽河干流，也包括了支流漯水即今永定河及其上游桑干河。所以在郦道元时代，海河水系的东北界较之《水经》时代大大缩进，仅以圣水为限。圣水上游是今房山县境的琉璃河，下游即《汉志》桃水，经今固安、永清县北，安次县南，注入《汉志》的滱河、《水经》的巨马河。

隋炀帝开永济渠，《隋书》只说是"引沁水南达于河，北通涿郡"。"北通涿郡"的南段是开渠引沁水入白沟，循白沟、清河北上，释见上文。清河只能北抵今天津市区，自此以北达于涿郡该怎么走法，文献并无明白记载。按，《通鉴》大业八年，炀帝在大军云集涿郡之后，出发东征之前，在涿郡举行了三种祭礼，其中"宜社"礼是在城南桑干水上举行的。又，《寰宇记》幽州蓟县：桑干水流经城西城南，引《隋图经》云，"灅水即桑干水也。……至雍奴入笥沟，俗谓之合口"。据此可推定：永济渠在雍奴"合口"以南至今天津应为当时的笥沟，即今北运河；从合口西至涿郡城南应为当时的桑干水，故道在今永定河北，大致自今石景山出山后东流经涿郡故城南，又东自今南苑以下约当于今之凤河，东南流至武清旧县城东，东注北运河。[1] 由此又可知，在隋炀帝以前，或就是由于炀帝开凿永济渠，沽河已恢复了《汉志》、《水经》时代自雍奴南出泉州的故道，不复东合鲍丘水。其时鲍丘水上游和桑干水都是沽河的支流，沽河一经恢复南注清河的故道，海河水系的北界也就包括了潮河流域和桑干河流域。

隋以后沽河下游不复东合鲍丘水，鲍丘水的下游遂为唐宋记载所不及。但其部分故道犹或称鲍丘河，或称潮河，见于明、清、近代图籍中，起三河、密云界上，南经三河县夏垫镇，东南经宝坻林亭口至八门城入蓟运河。在一般情况下，鲍丘河和下游蓟运河与海河水系不相涉。唯每遇白河或北运河决溢，往往由此分泄入海。为了维持北运河的航运，每决必塞。直到民国二年(1913年)，白河决于顺义县东南李遂镇，夺箭杆河南下香河，东趋宝坻由蓟运河入海。时漕运已废，无须再塞，从此潮、白河便退出海河水系，北运河仅以温榆河即《汉志》、《水经》中的灅馀水为源。

本文阐论海河水系的发展，只限于与水系扩展、减缩有关的变化，略如上述。至于在水系内部诸水流路的改变，包括永定河、滹沱河、漳河等的频繁改道，因其改变并不影响水系范围的展缩，一概置而不论。

综括海河水系形成与发展的历史，大致可以得出这样的结论：历代封建统治者为了要发展航运，主要是为了要满足漕运——把粮食运向军事前线和首都——的需要，把原来分流入海的几条大川改造成为汇合入海，因而形成了海河水系；又为了要延长运道，增加运河的水源，把原来与海河水系不相干的几条水道导使加入进来，因而扩展了水系。有时人为的扩展超越了自然条件许可的范围，那就不可能持久。经过多次改造，并殚精竭虑地予以维护，确是取得相当可观的成就。明清两代漕粮岁额四百万石，加耗三至四

---

1 《寰宇记》幽州永清县："桑干水在县北十里，东南流"；安次县："县东枕永济渠"。这种情况只能开始出现于唐代。在隋代，自应以《隋图经》为准，桑干水东至雍奴合笥沟，自涿郡城南至雍奴的桑干水和雍奴以南的笥沟，就是当时的永济渠北段；隋永济渠不会流经宋永清县北十里处，也不会经安次城下。

成，岁运京、通两仓至五百多万石。可是，由于河北平原众流毕集于天津，使海河担负了它所担负不了的宣泄量，一遇伏秋盛涨，就难免到处漫溢溃决成灾。再者，凡运道所经，旱则民欲启涵洞以溉田，官必闭涵洞以养船；迨运河水溢，官又开闸坝以保堤，置民田被淹没于不问。所以历史时期讲到河北水利，航运与防洪、灌溉之间始终存在着不可调和的矛盾。清末既罢漕运，至民初乃有多开减河，北运、永定等河下游另辟新河，五大河应分由北中南三口达海之议。但解放以前历届政府因循苟且，不以民命为重，此议一直未能见诸实施。新中国建立后历年无多，已有所改进；相信在若干年后，河北平原的水系，必将得到彻底的改造。

后记

此文初稿是一篇报告提纲及其附考，写成于 1957 年 5 月 20 日，打印后在 27 日的复旦大学校庆学术报告讨论会上分送与会同志，并邮赠历史地理、水利史等有关学术界同志和单位。继而各方来函索取者甚多，原印五十份不够应付，又添印了一次，也已分完。二十多年来，好几位朋友多次催我把这篇东西改写成通行论文体公开发表，可是我因为集中精力于集体任务，基本上顾不到自己写文章。偶尔能抽出一点时间来，也只肯把一些新的所见所得写出来；至于这篇《海河水系的形成与发展》，自以为既然已通过打印稿的分发公诸有关学术界，那就无须急于改写、发表了。直到不久以前，才悟到这种想法是不对的。一是打印稿的分发，范围毕竟不够广，不利于学术交流，甚至到今年还有人因未能看到此稿而来函索取。二是打印稿的报告提纲部分太简略了，附考部分用的又是文言文，的确未能把自己对这一论题的研究成果充分阐述清楚。三是你不公开发表，就难免会有人将你的研究成果作为自己的发明创造。时间拖得越长，越容易造成混乱。适逢《历史地理》第四辑需要稿子，这才促成了我下决心把这篇一搁搁了二十七年的旧作予以改写。

为时间精力所限，我只得严定断限，改写就是对旧作的改写，不增加任何新的内容。既不吸收二十七年来有关方面新的研究或调查成果，也不提二十七年来在社会主义建设过程中对水系改造所取得的令人感奋的辉煌成就。但也不是说，对旧作绝无改动、补充。例如，旧作只说导清合淇入白沟约当在十六国时，现在便进一步推定应在后赵石虎统治中原时期。另外，还加了不少脚注，或交代各个论点的资料依据，或说明一些与正文有关而不宜阑入正文的问题。总之，旧作取材只限于普通史书、《水经注》、历代地理总志、清人著作等旧籍，这个改写稿还是不出此范围。我可不是主张抱残守缺，研究历史地理可以只在故纸堆中讨生活；这是因为寒斋只有这些旧籍勉强齐备，过此就得跑图书馆、资料室，就不是我这个衰老而残废的人所能办得到的了。

1984 年 7 月 15 日改写脱稿后挥汗书此

（原载《历史地理》第 4 辑，上海人民出版社 1986 年）

云梦与云梦泽

“云梦”一词，屡见先秦古籍；但汉后注疏家已不能正确理解其意义，竟与云梦泽混为一谈，因而又产生出许多关于云梦和云梦泽的误解。云梦泽汉世犹见在，故汉人言泽地所在，虽简略而基本正确；晋后随着云梦泽的消失，对经传“云梦”一词的普遍误解，释经者笔下的泽地所在，乃愈释愈谬，积久弥甚，达到了极为荒谬的地步。本文的写作，目的即在于澄清这些传统的谬说，并从而对云梦泽的演变过程作一探索，希望能为今后科学地阐述历史时期江汉平原的地貌发育过程打下一个比较可靠的基础。

一、“云梦”不一定指云梦泽

古籍中有的“云梦”指的确是云梦泽，那就是见于《周礼·职方》荆州“其泽薮曰云梦”，见于《尔雅·释地》、《吕氏春秋·有始览》十薮、《淮南子·地形训》九薮中的“楚之云梦”。但另有许多“云梦”，指的却不是云梦泽，如：

《左传》宣公四年载：令尹子文之父在邧时私通邧子之女，生下了子文。初生时其母“使弃诸梦中。虎乳之。邧子田，见之”。昭公三年载：郑伯到了楚国，楚子与郑伯“田江南之梦”。“梦”是云梦的简称。[1] 这两个“梦中”既然是虎所生息可供田猎的地方，就不可能是一些湖泊沼泽，应该是一些山林原野。又定公四年载：吴师入郢，楚子自郢出走，“涉雎，济江，入于云中。王寝，盗攻之，以戈击王”。“云”也是云梦的简称。这个“云中”有盗贼出没，能危及出走中的楚王，也应该是一片林野而非水面。

在《战国策》、《楚辞》等战国时代记载中，凡是提到“云梦”的，都离不开楚国统治者的游猎生活。《国策·宋策》：“荆有云梦，犀兕麋鹿盈之。”犀兕麋鹿，全是狩猎的对象。又《楚策》：“于是楚王游于云梦，结驷千乘，旌旗蔽

1 此从《尚书·禹贡》篇孔颖达疏。一说江北为云，江南为梦，云梦是云和梦的连称，这是错误的。邧在江北，宣公四年明明用的是梦字。昭公三年曰“江南之梦”，可见江北也有梦；若江北为云，梦全在江南，则梦上无须着“江南”二字。定公四年楚王从雎东江北的郢城“涉雎”，到了雎西；“济江”，到了江南；入于云中，可见江南之梦也可以叫云。此事在《史记·楚世家》中记作王“亡走云梦”，可见云即云梦。

天。野火之起也若云蜺，兕虎之嗥声若雷霆。有狂兕蛘车依轮而至，王亲引弓而射，一发而殪。王抽旃旄而抑兕首，仰天而笑曰：乐矣，今日之游也。”这里所描写的是楚宣王一次大规模的田猎活动。又《楚辞·招魂》：“与王趋梦兮课后先，君王亲发兮殚青兕。”屈原说到他曾追随楚怀王的猎队在梦中驰骋，怀王亲自射中了一头青兕。可见这三处所谓“云梦”、“梦”，当然也是山林原野而非湖沼池泽。

从这些史料看来，显然先秦除云梦泽外另有一个极为广阔的楚王游猎区也叫“云梦”。因此我们不能把凡是见于古籍的“云梦”一概看作是云梦泽，应该看这两个字出现在什么样的历史记载里。上引《左传》宣公四年条下杜预注“梦，泽名”；定公四年条“云中”下注“入云梦泽中”；《楚策》条“云梦”下高诱注“泽名”；《招魂》“与王趋梦兮”王逸注“梦，泽中也，楚人名泽中为梦中”。这些汉晋人的注释，显然都是错误的。这是由于杜预等只知道《职方》、《释地》等篇中有一个泽薮叫“云梦”，对史文竟贸然不加辨析之故。

可能有人要为杜预等辩护，说是：《说文》“水草交厝曰泽”。泽的古义本不专指水域，所以杜等对上引《左传》等文字的注释不能算错。但从上引史文可以看出，这些“云梦”地区不仅不是水域，也不是什么水草交错的低洼沮洳之地，而是一些基本上保持着原始地貌形态的山林和原野。所以放宽了讲，杜预等的注释即使不算全错，至少是很不恰当的。其实杜预等的注释若把“泽名”或“泽中”改为“薮名”或“薮中”，那倒是比较强一些。因为“薮”有时虽解作“大泽”[1]，有时又解作“无水之泽”[2]，若从后一义，还勉强可以说得通。不过也只是勉强可通而已，恰当是谈不上的。因为作为春秋战国时楚王游猎区的“云梦”，很明显不光是一些卑湿的无水之泽，而是一个范围极为广阔的包括山林川泽原隰多种地貌形态的区域。

比《左传》、《国策》、《楚辞》更能反映“云梦”的具体情况的先秦史料是《国语》里的一条。《楚语》载，楚大夫王孙圉在讲到楚国之宝时，说了这么几句：“又有薮曰云连徒洲[3]，金木竹箭之所生也。龟、珠、齿、角、皮革、羽毛，所以备赋用以戒不虞者也，所以供币帛以宾享于诸侯者也。”这个“云连徒洲”应即《左传》、《国策》等书中的“云梦”。王孙圉所引举的云连徒洲的十二字

1 《说文》：“薮，大泽也。”《周礼·职方》郑玄注：“大泽曰薮。”

2 《周礼·大宰》：“四曰薮牧养畜鸟兽。”郑注：“泽无水曰薮。”《周礼·地官》：“泽虞，每大泽大薮……”郑注：“泽，水所钟也，水希曰薮。”贾公彦疏：“希，干也。”

3 韦昭注：“梦有云梦，薮泽也。连，属也。水中之可居曰洲；徒，其名也。”“薮”下读断，解作薮名为“云”，有洲曰徒洲与相连属。但清人如孙诒让《周礼正义》，近人徐元浩《国语集解》等薮下皆不断，径以“云连徒洲”为薮名，谓即《禹贡》之“云土”，较韦说为胜。

产品中，只有龟、珠是生于泽薮中的，其他十字都是山野林薄中的产品，可见这个云连徒洲虽然被称为薮，实际上是一个以山林原野为主，泽薮只占其一小部分的区域。

古文献中对“云梦”所作描述最详细的是司马相如的《子虚赋》。司马相如虽是汉武帝时代的人，但他所掌握并予以铺陈的云梦情况却是战国时代的。因为汉代的楚国在淮北的楚地即西楚，并不在江汉地区；而《子虚赋》里的云梦，很明显依然是江汉地区战国时的楚王游猎区。

据《子虚赋》说：“云梦者，方九百里。”其中有山，高到上干青云，壅蔽日月；山麓的坡地下属于江河。有各种色彩的土和石，蕴藏着金属和美玉。东部的山坡和水边生长着多种香草。南部“则有平原广泽”，“缘以大江，限以巫山”。高燥区和卑湿区各自繁衍着无数不同的草类。西部“则有涌泉清池”，中有“神龟、蛟鼍、瑇瑁、鳖鼋”。北部有长着巨木的森林和各种果林，林上有孔雀、鸾鸟和各种猿类，林下有虎豹等猛兽。楚王游猎其中，主要以驾车驱驰、射弋禽兽为乐，时而泛舟清池、网钩珍羞；时而到“云阳之台”[1]等台观中去休息进食。

《子虚赋》里的话有些当然是赋家夸饰之辞，不过它所反映的云梦中有山，有林，有平原，而池泽只占其中的一部分这一基本情况，该是无可置疑的。至于篇首说什么“臣闻楚有七泽，……臣之所见，盖特其小小者耳，名曰云梦”，那是虚诞到了极点。把这个既有山林又有原野的云梦称为“泽”，更属荒唐。这篇赋就其史料价值而言，其所以可贵，端在于它把这个到处孕育繁衍着野生动植物的未经开发的游猎区“云梦”，形象地描述了出来。

《子虚赋》里所说的“云梦”东部，当指今武汉以东的大别山麓以至江滨一带；西部的涌泉清池，当指沮漳水下游的一些湖泊；北部的高山丛林，当指今钟祥、京山一带的大洪山区；南部的平原广泽，当指分布在郢都附近以至江汉之间的平原湖沼地带，平原之西限以广义的巫山即鄂西山地的边缘，广泽之南则缘以下荆江部分的大江，这才是“云梦”中的泽薮部分，其中的广泽才是《周礼》、《尔雅》等列为九薮十薮之一的“云梦泽”。

我们根据《子虚赋》推定的这个“云梦”范围，却可以包括先秦史料中所有有地望可推的“云梦”。《左传》宣四年在䢵地的“梦”应在今云梦县境。昭三年的“江南之梦”亦即定四年的“云中”，应在郢都的大江南岸今松滋、公安

1　《文选》注引孟康曰：“云梦中高唐之台，宋玉所赋者，言其高出云之阳。”按：《高唐赋》作“云梦之台，高唐之观”。又《左传》昭公七年“楚子成章华之台”，杜注“今在华容城内”，于先秦亦当在云梦中。

一带。《招魂》的“梦”在庐江之南，郢都之北，约在今荆门县境。也可以包括所有下文将提到的，在古云梦区范围内见于汉代记载的地名：云杜县在今京山、天门一带；编县故治在今荆门南漳之间；西陵县故治在今新洲县西。这些地方都是非云梦泽的云梦区。云梦泽见于汉以前记载的只有华容县一地，也和《子虚赋》所述广泽在云梦的南部符合。

春秋战国时的云梦范围如此广大，估计东西约在八百里（华里）以上，南北不下五百里，比《子虚赋》所说“方九百里”要大上好几倍。实际“方九百里”应指云梦泽的面积，司马相如在这里也是把云梦和云梦泽混为一谈了。

在这么广大的范围之内，并不是说所有的土地全都属于“云梦”；这中间是错杂着许多已经开发了的耕地聚落以及都邑的。新中国建立以来考古工作者曾在这个范围内陆续发现了许多新石器时代和商周遗址。[1] 见于记载的，春秋有轸、郧（䢵）、蒲骚、州、权、那处，战国有州、竟陵等国邑。[2]《禹贡》荆州“云梦土作乂”[3]，就是说这些原属云梦区的土地，在疏导后已经治理得可以耕种了。汉晋时的云杜县，也有写作“云土”的，当即云梦土的简称。云杜县治即今京山县治[4]，辖境跨汉水南北两岸，东至今云梦，南至今沔阳，正是云梦区的中心地带。

这一地区本是一个自新石器时代以来早已得到相当开发的区域，其所以会迟至春秋战国时代还保留着大片大片的云梦区，那当然是由于楚国统治者长期霸占了这些土地作为他们的游乐之地——苑囿，阻挠了它的开发之故。因此，春秋战国时楚都于郢，而见于记载的郢都周围今湖北中部江汉平原一带的城邑，反而还不如今豫皖境内淮水两岸那么多。

云梦游猎区的历史大致到公元前 278 年基本结束。这一年，秦将白起攻下郢都，楚被迫放弃江汉地区，举国东迁于陈。从此秦代替楚统治了这片土地。秦都关中，统治者不需要跑到楚地来游猎，于是原来作为楚国禁地的云梦被开放了，其中的可耕地才逐步为劳动人民所垦辟，山林中的珍禽猛兽日渐绝迹。到了半个世纪后秦始皇建成统一的封建王朝时，估计已有靠十个

---

1 新石器时代遗址有京山屈家岭、京山石龙过江水库、京山朱家嘴、天门石家河、武昌洪山放鹰台、汉口岱家山盘城等，商周遗址有黄陂盘龙城、洪湖瞿家湾等。

2 轸、郧、蒲骚、州见《左传》桓公十一年，䢵见宣四年，权、那处见庄公十八年。轸在今应城县西。郧（䢵）在今云梦县。蒲骚在今应城县西北。州在今洪湖县东北。权、那处在今荆门县东南。州见《楚策》。竟陵见《秦策》，在今潜江县西北。

3 “云梦土”，今本《尚书》作“云土梦”。古本或土在梦下，或梦在土下。二者哪一种符合于《禹贡》的原文，是一个长期争论不决的问题。这里用不着详辨，我们认为应该是土在梦下。

4 汉云杜县故城，即今京山治；约汉魏之际移治汉水南岸今沔阳县沔城镇西北。《后汉书·刘玄传》注、《通典》、《清一统志》等并作汉县即在沔阳，误。别有考。

县建立在旧日的云梦区。因此《史记·秦始皇本纪》载始皇三十七年(前210年)南巡"行至云梦"(指安陆县的云梦城,即今云梦治,详下),仅仅望祀了一下虞舜于九疑山,便浮江东下,不再在此举行田猎。此后九年(前201年),汉高祖用陈平计,以游云梦为名,发使者告诸侯会于陈,诱使韩信出迎被擒(《高祖本纪》、《淮阴侯列传》)。这一次所谓出游云梦,只是一个借口而已,实际上云梦游猎区罢废已将近八十年,早就面目全非,哪里还值得帝王们赶到这里来游览?

先秦的云梦游猎区到了西汉时代,大部分业已垦辟为邑居聚落,但仍有一部分山林池泽大致上保持着原始面貌。封建王朝在这里设置了专职官吏,对采捕者征收赋税,这种官吏即被称为云梦官。云梦官见于《汉书·地理志》的有两个:一个设在荆山东麓今荆门、南漳之间的编县,一个设在大别山南麓今麻城、红安、新洲一带的西陵县。[1] 又,东汉时云梦泽所在的华容县设有云梦长,见应劭《风俗通义》,这很可能也是秦汉以来的相传旧制,而为《汉书·地理志》所脱载。编县的云梦官一直到西晋时还存在(见《晋书·地理志》)。估计云梦区的全部消失,当在永嘉乱后中原流民大量南移之后不久。

以上指出汉晋人对《左传》、《国策》、《楚辞》中"云梦"所作的注释是错误的,阐明"云梦"是一个包括多种地貌,范围极为广阔的楚王游猎区,"云梦泽"只是"云梦"区中的一小部分,并大致推定"云梦"区的地理范围及其消失过程。

二、云梦泽在什么地方

作为先秦九薮之一的云梦泽,在《周礼》、《尔雅》等书中只说在荆州,在楚地,没提到它的具体位置。汉后有多种说法,随时在变,大致可以分为三个阶段。

(一) 两汉三国时代,或作在江陵之东,江汉之间,或作在华容县境。前者如《史记·河渠书》载,春秋战国时的楚,曾"通渠汉水云梦之野",这是说从郢都凿渠东通汉水,中间经过云梦泽地区。又,同书《货殖列传》论各地风俗有云:"江陵故郢都,西通巫、巴,东有云梦之饶",指明云梦在江陵之东。后者如班固《汉书·地理志》、应劭《风俗通义》都说云梦泽在华容南,并且还

1 一本两"官"字俱误作"宫"。洪迈《容斋随笔》、王应麟《玉海》皆引作"官",本志南海郡有洭浦官,九江郡有陂官、湖官,知作"官"是。

指明这就是《职方》的荆州薮。郑玄《周礼》注、高诱《战国策》、《吕氏春秋》、《淮南子》注、张揖《汉书音义》(《文选·高唐赋》注引)、韦昭《汉书音义》(《汉书·高帝纪》注引)都说泽在华容而不及方位。《水经·禹贡山水泽地》作泽在华容东。华容故城在今潜江县西南[1],正好在江陵之东,大江、汉水之间,所以这二说在实质上是一样的。华容在汉代是南郡的属县,所以《后汉书·法雄传》说:"迁南郡太守,郡滨带江沔,又有云梦薮泽。"这个泽直到东汉末年犹以见在的泽薮见于记载,建安十三年曹操赤壁战败后,在《三国志》裴松之注引乐资《山阳公载记》里作"引军从华容道步归,遇泥泞,道不通",在《太平御览》卷一五一引王粲《英雄记》里作"行至云梦大泽中,遇大雾,迷失道路",二书所记显然是同一事件,正可以说明云梦泽在华容道中。

《水经注》虽然是南北朝时代的著作,其所采辑的资料则往往兼包前代,关于云梦泽的记载,其中有一段即与两汉三国说基本相同,只是未著所本。《夏水注》在经文"又东过华容县南"下接着写道:"夏水又东径监利县南,……县土卑下泽,多陂池;西南自州(当作"江",见杨守敬《水经注疏》)陵东界,径于云杜、沌阳,为云梦之薮矣。"监利县,孙吴置而旋省,晋太康中复立,故城在今县北,汉晋华容县治东南。云杜县,汉置,治今京山县治,魏晋之际移治今沔阳县西。沌阳县,晋置,故城在今汉阳县南。这里所述云梦位置比上引汉魏人所说来得详细,但在江陵之东,江汉之间,在华容县治的南方和东方是一样的。

这种通行于两汉三国时代的说法,不仅时代距先秦不远,并且与《子虚赋》里所说平原广泽在"缘以大江,限以巫山"的云梦区的南部也是符合的,所以我们认为这是正确的说法,先秦云梦泽正该在这里。当然,先秦时代与两汉三国时代可能稍有不同,但差别不会很大。

(二)从西晋初年的杜预开始,云梦泽就被说成是"跨江南北"的(《左传》昭公三年、定公四年注),在江南的就是巴丘湖亦即洞庭湖,在江北的在当时的安陆县即今云梦县境。

江南的云梦泽,杜预在其《春秋释例·土地名》昭公三年"江南之云梦中"条下说:"南郡枝江县西有云梦城,江夏安陆县东南亦有云梦城。或曰:南郡华容县东南有巴丘湖,江南之云梦也。"杜预是认为春秋时江南江北都

---

1 《清一统志》谓在监利县西北。今按:《左传》昭公七年杜预注云,章华台"今在华容城内";《括地志》台在荆州"安兴县东八十里",安兴故城在今江陵县东三十里;《渚宫旧事》注台在江陵东百余里;以方位道里计之,则台与县故址当在今潜江县西南。若监利县西北,则于江陵、安兴为东南而非东,去安兴当在百里以上矣。

有云梦泽，又知道江南的枝江县、江北的安陆县都有一个云梦城，但其地都并没有泽，而巴丘湖即洞庭湖位于华容县的东南方位，是一个大泽，有人认为就是江南的云梦泽，他便采用了这种说法，但又觉得没有把握，所以加上“或曰”二字。

杜预的说法能否成立，是否可信？

首先我们要指出：《左传》昭公三年的“江南之梦”、定公四年在江南的“云中”，从《左传》文义看来，都应该是山林原野而不是湖沼水泽，这一点上文业已阐明。再若，郑伯到了楚国，楚王和他一起“田江南之梦”，这里的梦当然应该在郢都附近的江南今松滋、公安一带，不可能跑到老远的洞庭湖那边去。所以杜预这种说法是不能成立的。春秋时云梦游猎区虽然跨江南北，江南北都有，但云梦泽则不然，江南并没有云梦泽。到了战国，《国策》、《楚辞》都既见云梦，又见洞庭，洞庭在江南是很明显的，但绝无洞庭就是云梦的迹象。

再者，把位于华容县东南方位的巴丘湖作为云梦泽，表面上似乎符合于《汉志》、《水经》等汉魏人的说法，其实不然。《汉志》、《水经》所谓在某县某方位，说的都是在这个县的辖境之内。而从《汉志》沅水至益阳入江（牂柯郡故且兰）、资水至益阳入沅（零陵郡都梁）、澧水至下隽入沅（武陵郡充）看来，洞庭湖显然在长沙国益阳、下隽县境内，不属于南郡的华容。可见《汉志》、《水经》中的云梦泽，不可能就是，也不可能包括洞庭湖。巴丘湖即云梦泽之说，显然是一种不符合于先秦两汉古义的，魏晋之际新起的说法，这一方面是由于读古书不细而妄加附会所致，一方面也应该是由于当时洞庭湖的宽阔浩渺已远过于日就湮灭的云梦泽之故。

杜预在“或曰”之下提出这种说法，还比较谨慎。到了东晋郭璞注《尔雅》，就干脆用肯定的口气：“今南郡华容县东南巴丘湖是也。”《尚书》伪《孔传》也说“云梦之泽在江南”，指的当然也是洞庭湖。从此之后，南朝几种《荆州记》都跟着这么说（《初学记》卷七《御览》卷三三引）；《水经·夏水注》在正确阐述了云梦之薮的所在地区（见上文）后，还是引用了郭说而不加批驳；《元和志》在巴丘湖条下也说是“俗云古云梦泽也”（岳州巴陵县）；洞庭湖是古云梦泽的一部分这一谬说，竟成为长期以来很通行的一种说法。

江北的云梦泽在今云梦县之说，杜预除在上引《春秋释例·土地名》中提到了一下外，又在《左传》宣公四年“邧夫人使弃诸梦中”句下注称“梦，泽名。江夏安陆县东南有云梦城”。这是因为他既把“梦”解释为泽名，但在安陆[1]一带又找不到一个相当的泽，所以只得指出县东南有一个云梦城，意思是说既有云梦城在此，春秋时云梦泽亦应在此。

杜预所指出的云梦城是靠得住的。此城地当南北要冲，上文提到的秦始皇南巡所至云梦应指此，东汉和帝、桓帝两次因南巡章陵（今枣阳东，东汉皇室的祖籍）之便所到的云梦亦应指此（《后汉书·本纪》永元十五年、延熹七年）。到了西魏大统年间，便成为从安陆县分出来的云梦县的治所。[2] 但他认为春秋时有云梦泽在这里是靠不住的。不仅他自己无法指实泽在哪里，上文业已提出，从《左传》原文看来，春秋时这里是虎狼出没的可以从事田猎的场所，也不是沼泽地带。可是杜预这种说法到唐宋时却得到了进一步的发展。杜预只说这里有一个云梦城，没有说云梦泽还见在。唐宋时则云梦城附近确有一个泽就叫做云梦泽。这个泽在安陆县东南五十里，云梦县西七里，阔数十里，见《括地志》（《史记·楚世家》正义引）、《元和志》、《寰宇记》。《通鉴》载晋天福五年晋兵追败南唐兵于安州（治安陆）南云梦泽中，指的也应该就是这个泽。但这个泽被命名为云梦显然是杜预以后的事，否则杜预注《左传》，就该直说泽在安陆县某方位，不该只提云梦城不提云梦泽。这个杜预以后新出现的“云梦泽”，当然和先秦列为九薮之一的云梦泽完全是两码事。

（三）杜预还只说云梦“跨江南北”，江南江北各有一个云梦泽。从郦道元开始，便把他所看到的见于记载的所有“云梦”都看成是连成一片的云梦泽的一部分。这种看法为后人所继承，到了清朝，随着考据学的发展，有关云梦的史料搜集得日益齐备，云梦泽的范围也就愈扩愈大，终于差不多把整个江汉洞庭平原及其周遭部分山区都包括了进去。这本来应该是古代云梦游猎区的范围，却被误解为二千几百年前的云梦泽薮是如此之广大。

郦道元在《水经·夏水注》里搜集了四种关于云梦泽方位的资料：第一种就是上面提到的符合于先秦古义的西至江陵东界、东至云杜、沌阳说；第二种是韦昭的华容说；第三种是郭璞的巴丘湖说；第四种是杜预的枝江县、安陆县有云梦说（杜注原文两处“云梦”下有城字，郦引脱落）。郦在一一称引之后，却无法判断孰是孰非（也不知道韦说与第一说实质上并无差异），所

1 旧说汉晋安陆故城即今安陆县治，一作在今安陆县北，皆误。据1975年云梦睡虎地秦墓出土秦简《大事记》，并经湖北省博物馆调查，可以确定今云梦县城东北郊的楚王城废址，即汉晋安陆县故城。

2 故城在今县东南约十里，据《元和志》，唐云梦县治（即汉晋云梦城）北去安州（治安陆）七十里，而《寰宇记》中的云梦县，在安州东南六十里。与今县同，故知唐以前故城去今县约十里。据湖北省博物馆调查，今云梦县城在汉晋安陆县（楚王城）西南郊，而《左传》宣四年杜注乃云云梦城在安陆县东南，故知故城应在今县东南。

以最后只得用“盖跨川亘隰，兼包势广矣”二语作为结束。意即诸家的说法都不错，但都不全，应该是从云杜、华容到巴丘湖，从枝江到安陆，到处都有云梦泽。这是最早的兼包势广说。

唐孔颖达的《尚书疏》和宋蔡沈的《尚书集传》，承袭了郦道元的兼包说，然而他们所看到的资料并不比郦道元多，所以他们笔下的云梦泽也不比郦说大。孔综合《汉志》华容南、杜预枝江县、安陆县、巴丘湖和“子虚赋”“方八九百里”（按原文无“八”字）三项资料，结论是“则此泽跨江南北，每处名存焉”。蔡又以杜预、孔颖达为据，结论是“华容、枝江、江夏安陆皆其地也”。

到了清初顾祖禹著《读史方舆纪要》，他注意到了《汉书·地理志》编县下“有云梦官”四字，又根据荆门（古编县地）西北四十里有云梦山，当地有“云梦之浸，旧至于此”的传说（承天府、荆门州），把云梦泽扩展到了荆门，得出了“今巴陵（洞庭湖所在，今岳阳）、枝江、荆门、安陆之境皆云有云梦，盖云梦本跨江南北，为泽甚广，而后世悉为邑居聚落，故地之以云梦名者非一处”的结论（德安府安陆县）。

稍后于顾氏的胡渭著《禹贡锥指》，才把《汉书·地理志》一个云梦泽、两个云梦官、《水经·夏水注》所引四种资料和《沔水注》里提到的云杜东北的云梦城合在一起，把云梦泽的范围扩大到了“东起蕲州，西抵枝江，京山以南，青草以北”那么一个最高峰[1]（卷七）。

此后诸家有完全信从胡说的，如孙诒让《周礼正义》（卷六三）。但也有不完全信从的，如顾栋高《春秋大事表》（卷八下）、齐召南《水道提纲》（卷一三）、《清一统志》（德安府山川）和杨守敬所绘《春秋列国图》、《战国疆域图》；他们大概都觉得胡渭所说的范围过于广阔了，各自酌量予以减缩，而取舍又各有不同。

所有各种兼包说不管包括了多大范围，他们都不问史料上提到的云梦二字能否作泽薮解释，也不问该地的地形是否允许存在大面积的水体，也不问后起的说法是否符合于早期的史料，所以他们的结论都是错误的。胡渭说包括的范围最大，错误也最大。

综上所述，我们的结论是：过去千百年来对先秦云梦泽所在所作的各种解释，只有汉魏人的江陵以东江汉之间的说法是正确的。晋以后的释经者直到清代的考据学家把云梦泽说到大江以南、汉水以北或江陵以西，全都是

1　青草，洞庭湖的南部。“东起蕲州”是因为胡渭以蕲州（今蕲春县）为汉西陵县地。今按：汉西陵县治在今新洲县治西，辖境相当今新洲、红安、麻城三县及黄陂县一部分地；迤东今黄冈、浠水、罗田、蕲春等县在汉代系邾、蕲春二县地，不属于西陵。所以按照胡氏的兼包法，“东起蕲州”这句话也不能成立。

附会成说，不足信据。

三、云梦泽的变迁

湖泽这种地貌的稳定性是很差的，特别是冲积平原中的湖泽，变化更为频数。云梦泽当然不会例外。由于历史记载极为贫乏，要详细阐述云梦泽的变迁是不可能的，在这里只能以少数几条资料为线索，结合当地地貌条件，作一些粗略的推断。

上节我们说到先秦云梦泽的位置基本上应与两汉三国时代的位置相同，在江陵之东，江汉之间，华容县的南方和东方。此所谓先秦，主要指的是距汉不远的战国时代。至于战国以前的云梦泽该是怎么样的，我们可以从下面两条资料中窥见一些不同的情况：

一条是《尚书·禹贡》篇里的“荆及衡阳惟荆州；江汉朝宗于海，九江孔殷，沱潜既道，云梦土作乂”。这是说荆州地区在经过大禹一番治理之后，江与汉合流归海了，江流壮盛得很，江的岔流沱和汉的岔流潜都得到了疏导，一部分云梦泽区积水既被排除，成为可耕地被开垦了。这一部分被垦辟了的云梦泽区，据《史记·夏本纪》“云梦土作乂”下《索隐》引韦昭《汉书音义》：“云土为县，属江夏”，《水经》沔水“又东南过江夏云杜县东”，《注》“《禹贡》所谓云土梦作乂，故县取名焉”，都说是汉晋的云杜县。土、杜二字古通用，其说可信。汉云杜县治即今京山县治，辖境当兼有今应城、天门二县地。今京山县虽多山地丘陵，应城、天门则地势低洼多湖沼。如此说来，则今应城、天门等县地，多半就是《禹贡》所说“作乂”了的“云梦土”。这一地区在《禹贡》著作时代业已开垦了，但在前一个时期应该还是云梦泽的一部，所以《禹贡》作者认为它之变湖泽为可耕地，是大禹治水所取得的成果。这“前一个时期”估计不应距《禹贡》写作时代太近，也不会太远，把它推定为春秋中叶以前，可能是恰当的。

还有一条就是前引《史记·河渠书》里的楚“通渠汉水云梦之野”。《史记》虽然没有说清楚这是哪一条渠道，叫什么名字，核以《水经注》，当即见于《沔水注》的杨水和子胥渎。《注》云：杨水上承纪南城即楚之郢都城西南西赤湖，一名子胥渎，“盖吴师入郢所开”，“东北出城，西南注于龙陂，……又迳郢城南，东北流谓之杨水”。又东北，路白湖水上承中湖、昏官湖水注之，“又东北流得东赤湖水口，湖周五十里，城下陂池，皆来会同”。“又东入华容县，有灵溪水西通赤湖，水口已下多湖。……又有子胥渎，盖入郢所开也，水东入离湖，湖在县东七十五里，《国语》所谓楚灵王阙为石郭陂汉以象帝舜者也。湖侧有章华台,……言此渎灵王立台之日,漕运所由也。其水北流注于杨水。”杨水又东北,柞溪水上承江陵县北诸池散流,东经船官湖、女观湖来会。“又北迳竟陵县西……又北注于沔,谓之杨口。”寻绎这一段《水经注》文,可知通渠郢都汉水之间,盖创始于楚灵王时,本名杨水。至吴师入郢之役,伍子胥曾疏凿其一部分,遂改称子胥渎。子胥渎和杨水两岸的陂池以及路白等三湖、赤湖、离湖以及船官、女观等湖,当即这条渠道所经过的云梦泽的残留部分。这部分云梦泽也在江陵以东,但不在华容县的东南而在县西北。由此可见,春秋中叶以前的江汉之间的云梦泽,也要比汉代仅限于华容东南方位的云梦泽来得大一些。

以上说的大约是在春秋中叶以前,汉水北岸今天门、应城一带也有一片云梦泽,汉晋华容县西北,今沙市以东,约当今江陵、潜江、荆门三县接壤地带,也有一片云梦泽。汉水北岸那一片,在战国中期《禹贡》写作时代业已由汉水所挟带的泥沙充填成为“云梦土”;华容西北那一片,则直到司马迁写《史记》的汉武帝时代,大概还保留着云梦泽的名称。

现在让我们再寻究一下在战国两汉时期内云梦泽的变迁。《子虚赋》里说在云梦区的南部是“缘以大江,限以巫山”的平原和广泽。根据江汉地区的地貌形态和古文化遗址分布,我们可以作出如下推断:

郢都附近跨大江两岸是一片平原:北岸郢都周遭约三五十里内是一片由江水和沮漳水冲积成的平原;南岸今公安县和松滋县的东半部是一片由江水、油沲水冲积成的平原,即“江南之梦”;其西约以今松滋县治北至老城镇,南至街河市一线鄂西山地边缘为限,即所谓“限以巫山”。郢都以东就是那片杨水两岸的湖泽区。泽区东北是汉水两岸一片由汉水泛滥冲积成的,以春秋郧邑、战国竟陵邑为中心的平原。其北岸今天门、京山、钟祥三县接壤地带则是一片在新石器时代业已成陆的平原,上面分布着许多屈家岭文化遗址。自此以东,便是那片成陆不久的“云梦土”。杨水两岸湖泽区之南,是一片由江水及其岔流夏水和涌水冲积而成的荆江东岸陆上三角洲。三角洲以“夏首”(今沙市稍南)为顶点,向东南展开,其边缘去夏首一般约在百里以上。楚灵王所筑章华台,即位于夏首以东约百里处。这个三角洲和竟陵平原以东以南,才是大片的湖泽区,“方九百里”的云梦泽,北以汉水为限,南则“缘以大江”,约当今监利全县、洪湖西北部、沔阳大部分及江陵、潜江、石首各一部分地。云梦泽以东,大江西北岸,又有一片由大江在左岸泛滥堆积而成的带状平原,其北部是春秋州国的故土,于战国为州邑,也就是《楚辞·哀郢》的“州土”(州城故址在今洪湖县东北新滩口附近);其南部乌林、柳关、沙湖等处，近年来发现了多处新石器时代遗址。

战国时代云梦区南部平原和广泽的分布略如上述。到了汉代，大江在江陵以东继续通过夏水涌水分流分沙把上荆江东岸的陆上三角洲进一步向东向南推进，从而导致了华容县的设置；汉水在南岸的泛滥也使竟陵平原进一步扩展，把杨水两岸的云梦泽区填淤分割成为若干不复以云梦为名的湖泊陂池，结果使这片汉水冲积土和南面的荆江陆上三角洲基本上连成了一片。此时限于华容以南的云梦泽，其宽广应已不足九百里。泽区主体西汉时主要在华容县南，已而三角洲的扩展使水体逐步向南向东推移，向东略无阻拦，向南则为大江北岸自然堤所阻，亦被挤迫转而东向，因而泽的主体到了东汉或三国的《水经》时代，已移在华容县东。随着江汉输沙日益在江汉之间堆积填淤，泽区逐步缩小淤浅，所以到了东汉末年曹操自乌林败走华容道时，他所经行的正是华容县东原来的云梦泽主体，但到此时步兵已可通过，只不过是泥泞难走而已。

江汉间平原的日益扩展，云梦泽区的日益填淤东移，到了魏晋时期更充分地显示了出来。荆江东岸分流夏涌二水所塑造的三角洲以“首尾七百里”的“夏洲”著称于世。[1] 七百里的夏洲和汉水南岸正在伸展中的平原，把九百里的云梦泽水面侵占了很大一部分，结果是在汉魏之际先把原在沔北的云杜县移到了沔南（治今沔阳县西），接着孙吴、西晋又在三角洲的东南部分华容县先后增设了监利（治今县北）、石首（治今县东）二县，接着东晋又在汉南平原与夏洲的接壤地带增设了惠怀县（治今沔阳县西南）；江汉之间云梦以西在汉代原来只有华容、竟陵二县，至是增加到了六县。云梦泽的东端至是也一直伸展到了大江东岸的沌阳县（治今汉阳县南）境。

夏洲东南的云梦泽主体，步杨水两岸的云梦泽的后尘，由于大面积泽体被填淤分割成许多湖沼陂池，从而丧失云梦泽的称号，这大概是东晋或南朝初期的事。郦道元在《夏水注》里说到监利县多陂池，“西南自江陵东界径于云杜、沌阳，为云梦之薮矣”。这是一段释古的话，不是在叙述现状，他只是说这个分布着许许多多陂池的地区就是古代的云梦之薮。至于这些陂池在当时的名称是什么，还叫不叫云梦泽，在这里他没有提到，而在《沔水注》和《江水注》里提到的大浐、马骨等湖和太白湖，其位置却好是在这里所说的云梦之薮的东部云杜、沌阳县境内。由此可见，云梦泽在此时当早已成为历史

---

1 《太平御览》卷六九、《太平寰宇记》卷一四六引盛弘之《荆州记》：“夏涌二水之间，谓之夏洲，首尾七百里，华容、监利二县在其中矣。”盛弘之，刘宋人，七百里夏洲之说至迟应起于魏晋时。

名词。

如上所述，说明了先秦云梦泽三部分：沔北部分在战国中期以前已由泽变成了土，江陵、竟陵之间杨水两岸部分约在西汉后期填淤分割为路白、东赤、船官、女观等湖，华容东南的主体部分则在渐次东移之后，终于也在东晋南朝时变成了大浐、马骨、太白等湖和许多不知名的陂池。叫做云梦泽的那个古代著名泽薮，其历史可以说至此已告结束。现在让我们再简单阐述一下云梦泽主体部分在云梦泽这一名称消失以后的演变过程。

南朝时代，江汉之间以大浐、马骨二湖为最大。《初学纪》七引盛弘之《荆州记》："云杜县左右有大浐、马骨等湖，夏水来则渺漭若海。"《水经·沔水注》："沔水又东得浐口，其水承大浐、马骨诸湖水，周三四百里；及其夏水来同，渺若沧海，洪潭巨浪，萦连江沔。"大浐湖约在今沔阳县西境，马骨湖约相当于今洪湖县西北的洪湖。此外又有太白湖，位于今汉阳县南，《水经注》里虽然没有提到周围有多少里，从《江水注》、《沔水注》两处都要提到它看来，应该不会小。

到了唐代，大浐、太白二湖不再见于记载。马骨湖据《元和志》记载则"夏秋泛涨"虽尚"淼漫若海，春冬水涸，即为平田，周回一十五里"，面积与深度都已远远不及南朝时代。

到了宋代，连马骨湖也不见记载了。[1] 南宋初期陆游自越入蜀，范成大自蜀返吴，在经过今湖北中部时，舟行都取道于沌，躲开自今武汉至监利间一段大江之险。这条沌所经流之地，正是古云梦泽的东部，《水经注》中马骨、太白等湖所在，今监利、洪湖、沔阳、汉阳等县之地。二人经过这里时正值夏历八九月秋水盛涨时节，但在二人的记程之作《入蜀记》和《吴船录》中，都绝没有提到有什么巨大的湖泊。而在自东西行进入沌口（今汉阳东南沌口）不远处，"遂无复居人，两岸皆葭苇弥望，谓之百里荒"（《入蜀记》）；"皆湖泊茭芦，不复人迹，巨盗所出没"（《吴船录》）；自东而西入沌后第四日，"舟人云：自此陂泽深阻，虎狼出没，未明而行，则挽卒多为所害"（《入蜀记》）；"两岸皆芦荻，……支港通诸小湖，故为盗区"（《吴船录》）。据程途估算，百里荒应为太白湖故址，第四日后所经行的陂泽深阻处应为马骨湖故地。由此可见，南朝时那些著名大湖，至是已为葭苇弥望、荒无人烟的沼泽地所代替。继云梦泽名

1　《舆地纪胜》复州下有马骨湖条，文字与《元和志》全同，显然是从《元和志》抄下来的，不是当时的情况。《寰宇记》中已不见马骨湖而有一条马骨坂，更可证入宋马骨湖已悉成平陆。又《舆地纪胜》汉阳国下有"太白湖，在汉阳县西南一百二十里"，亦当录自前代地志，否则不应不见于《元和志》、《寰宇记》、《入蜀记》、《吴船录》。

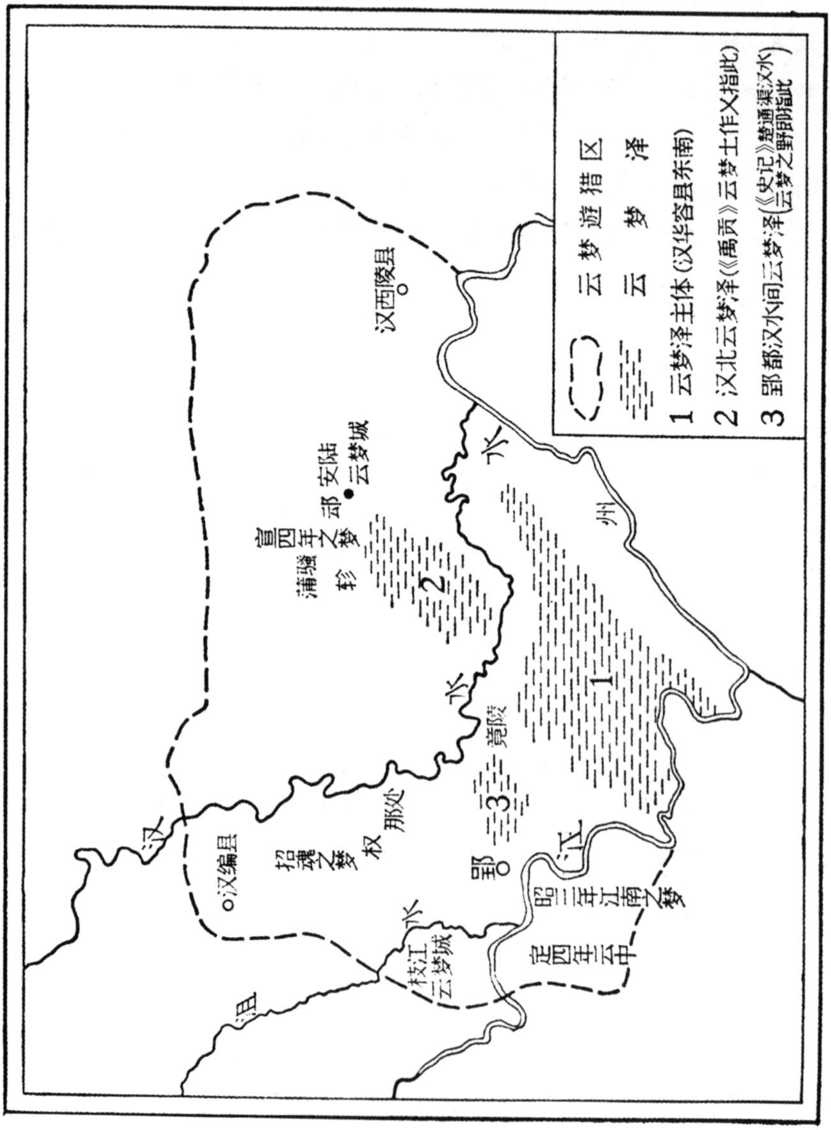

云梦游猎区
云梦泽
1 云梦泽主体(汉华容县东南)
2 汉北云梦泽(《禹贡》云梦土作乂指此)
3 郢都汉水间云梦泽(《史记》楚通渠汉水云梦之野即指此)
汉西陵县
安陆
云梦城
宣四年之梦
蒲骚
竟陵
那处
权
郢
汉编县
招魂之梦
枝江
云梦城
昭三年江南之梦
定四年云中
汉
水
沮
江
古云梦泽位置图

称消失之后，连大面积的水体也都不存在了。

可是，这种陆地逐步扩大、水面逐步缩小的地貌变迁趋势，却并没有在自宋以后的江汉之间继续下去。根据明清两代的记载和舆图，这一地区的湖泊不仅为数很多，其中有的面积还很大。相当于宋代的百里荒故地，在明代和清初又出现了一个周围二百余里的太白湖，春夏水涨，更与附近一些较小湖泊连成一片，是当时江汉间众水所归的巨浸（《方舆纪要》、《清一统志》引《汉阳府志》）。到了 18 世纪中叶的乾隆《内府舆图》里，太白湖改称赤野湖，周围还有一百二三十里。赤野湖之西，在今沔阳西境有白泥、西、邋遢等湖，周围各有数十里。在今洪湖县南境又出现了自西至东、首尾连接的上洪、官、下洪三湖，面积不大，东西约六七十里，南北十里左右。又百余年后到了 19 世纪后期的光绪《湖北全省分图》里，太白湖又基本消失了，只剩下几个周围不过十里左右的小湖，而洪湖竟又扩大成为一个和今图差不多的周围不下二百里的大湖。至今在江陵以东江汉之间这几个县里，除洪湖外，仍然还存在着许许多多小湖泊。其中如洪湖一县，湖泊面积竟高达占全县面积的百分之五十五，湖泊之外，陆地中还夹杂着许多旱季干涸、雨季积水的低洼区。所以合计全区水体总面积，大致绝不会比千年以前的宋代小，比之二千数百年前的云梦泽全盛时代，虽然要小得多，但也只是相差几倍而已，而不是几十倍。

二千多年来江汉间古云梦泽区的地貌变迁过程，略如上述。把这种变迁过程和该地区的地质地貌因素结合起来，可以看出变迁的规律大致是这样的：

大江和汉水的含沙量都很巨大，历史时期随着江汉上游的逐步开发，江汉所挟带下来沉积在江汉盆地上的物质也与日俱增，所以总的趋势是水体逐渐缩小，陆地逐渐扩展。但是，江汉地区的近代构造运动是在不断下降。这一因素抵消了一部分泥沙堆积的造陆运动，所以水体缩小陆地扩展这种趋势并不是发展得很快的，也并不总是直线发展的。有时在局部地区甚至会出现相反的现象，即由陆变水、由小湖变大湖的现象。有些地区还会出现由水变陆，又由陆变水，由小湖变大湖，又由大湖变小湖反复多次的现象，太白湖地区和洪湖地区便是两个很好的例子。这两个湖在战国两汉时都不在云梦泽范围内，在长江左岸泛滥平原内。南北朝时出现了太白湖，到宋代消灭，明清时再度出现，近百年来又归消灭。近年来在洪湖内发现了许多新石器时代和宋代遗址，说明在那些年代里是陆地，而在南朝时这里却是渺若沧海的马骨湖所在，在近代又是极为宽阔的洪湖所在。

长江含沙量一般说来与日俱增，但其在荆江段的泛滥排沙则有时主要在北岸，有时主要在南岸，这对于江汉之间的地貌变迁影响极大。自宋以前，荆江段九穴十三口多数都在北岸，洪水季节水沙主要排向北岸，所以古云梦泽区的变迁倾向主要是水体的缩减，陆地的扩张，而同时期在大江南岸的洞庭湖区则由于下降速度超过填淤速度，相应地便由战国两汉时期夹在沅湘之间一个不很大的面积，扩大到《水经注》时代的周围五百里，更进一步扩大到宋代的周围八百里。元明以后，北岸穴口相继一一堵塞，南岸陆续开浚了太平、调弦、藕池、松滋四口，荆江水沙改为主要排向南岸，由四口输入洞庭湖。自此洞庭湖即迅速填淤。北岸江汉间则由于来沙不多，淤积速度赶不上下沉速度，以致近数百年来，水体面积又有所扩展。

1976年初稿　1979年5月改定

（原载《复旦学报（社会科学版）》1980年《历史地理专辑》）

上海市大陆部分的海陆变迁和开发过程

考古发现对研究一地区的历史地理具有极为重大的意义。上海市在1959年发现了青浦县淀山湖和上海县马桥镇俞塘村两处新石器时代遗址，曾引起有关学术界的普遍注意，并由此展开了关于上海地区成陆年代问题的讨论。当时我也曾对此有所论述，发表了《关于上海地区的成陆年代》和《再论关于上海地区的成陆年代》两文。[1] 这两个遗址的发现确是很重要，但只能据以证明遗址所在的上海市西部地区成陆年代的下限，对研究东部地区的成陆年代并不发生作用。从60年代初至今十多年间，上海考古工作者在全市范围内除长江江口崇明岛等沙州外，又广泛地进行了调查发掘工作，发现了大量的古遗址和墓葬。最近上海博物馆特将本市自解放后特别是近期所有出土文物予以清理展出。我在参观了这个展览会之后，深感十年前曾经讨论过的这个问题，现在由于这些新资料的发现与公布，已有重新提出来讨论一下的必要。下面是我根据在展览会上的所见（展出的文物与说明书）所闻（会中工作同志的解释），结合历年来所搜集到的一些文献资料，在我原先两篇文章的基础之上，加以扩充修正，所得出的一种比较系统的看法。谨以就正于关心这个问题的同志们，希望能够由此引起批评和指正。

一

在长江三角洲（上海包括在内）的成陆过程这个问题上，解放以前国内外学者海登斯坦、丁文江等所发表的几篇论文[2]，是非常片面的，其结论是错误的。

海登斯坦孤立地把长江的输沙量作为决定三角洲伸展速度的唯一因素，并且静止地把输沙量看成是自古至今永远不变的；丁文江片面地根据南汇一县境内几百年中几条海塘的兴筑年代与推进距离，用以推断整个长江

1 见《长水集》下册，第141—159页。

2 见前浚浦局报告（英文）1917年、1919年。

三角洲在整个历史时期中的伸展速度；因而他们不可能得出正确的结论，只能荒谬地认为几千年来长江三角洲全部都是在按同一速度——每六十年（海说）或每六十九年（丁说）推进一英里——继续不断地向前伸展。这种谬说过去曾在我国学术界广泛传布，不少人竟把它当作科学的结论，流毒甚广。

解放以后，虽然早已有人认识到只根据单一因素的分析或个别地段的现象来概括整个三角洲的发育的方法是错误的，淀山湖和马桥古遗址的发现，又明确证实了这两个地点的成陆都要比按海、丁所推算的年代早得多，可是对他们的每六十年或六十九年伸展一英里的说法却还没有作出比较全面的批判。一般的看法只是认为他们把陆地伸展的速度说快了，殊不知这种看法本身也是形而上学的。

实际的情况绝非如此。决定上海地区陆地伸涨过程的因素是多方面的，而这些因素又都是随时随地在发生变化的。因此，问题的关键不在于六十年或六十九年伸展一英里（即三十七年或四十三年伸展一公里）的说法是说快了还是说慢了，而是根本不应该把整个上海大陆在整个历史时期看成是在同一速度之下向外伸展。我在《关于上海地区的成陆年代》（下文简称《成陆年代》）一文中已经阐明：约公元 4 世纪以前，二三千年间，海岸线一直停留在宽不过几公里的冈身地带，那时的伸展率是几百年一公里；而从七八世纪至 11 世纪的唐、宋时代，则平均每二十年即涨出一公里。不同时代的伸展速度相差可达十余倍之多，可见想为整个三角洲的发育过程定出一个平均速度来是不可能的，也是毫无意义的，研究长江三角洲包括上海市大陆部分在内的成陆年代与伸展速度，必须分区按其不同的成陆过程，具体分析，才有可能比较正确地掌握其规律。但在十年前由于考古资料发现得还不多，要这样做还不可能做到。此次展览会所展出的遗址和墓葬是遍布于全市整个大陆部分的，这就为我们提供了作出分区研究的条件。

上海市的大陆部分可分为四个成陆过程迥然不同的区域：

1. 冈身地带　远古时代太湖原是一个海湾。其后长江南岸的沙嘴自西北逐渐向东南伸展，在到达杭州湾后，由于受强潮影响，折而向西南推进，终于和钱塘江口的沙嘴连成一气，将太湖与大海隔开，沙嘴的外缘就成了江南地区第一条基本上连续的海岸线。其时沙嘴外侧的海水远较后世近岸处的海水为深而且清，因而生长着大量的介壳类动物，波浪颇为强烈。强烈的波浪将近海泥沙与介壳动物的残骸堆积在沙嘴的边缘，其堆积高程达到最高潮水位的高度。后人因其高出于附近的地面，故称之为“冈身”。[1]

冈身在松江(今吴淞江)故道以北并列着五条：第一条即最西一条相当于太仓、外冈、方泰一线，第五条即最东一条相当于娄塘、嘉定、马陆、南翔一线，东西相距在太仓境内宽约八公里，东南向渐次收缩，至嘉定南境减为六公里；松江故道以南并列着三条，第一条相当于马桥、邬桥、胡桥、漕泾一线，第三条相当于诸翟、新市、柘林一线，宽度一般不过二公里，狭处仅一公里半，南端近海处扩展至四公里左右。[2]

1959年发现在冈身地带上的马桥古文化遗址，当时考古工作者对其年代所作的估计是“不会迟于二千年前”。因此我在《成陆年代》一文中说：过去有人认为冈身是1世纪时的海岸线，这个遗址的发现，证明了冈身的形成“不始于1世纪，至少应上推一二千年”，即距今三四千年。此次展览会中展出的资料，进一步证明冈身地带的成陆，更应向上推一个时期。因为马桥遗址共有四层：最上层是唐、宋时代的遗存；次为春秋、战国时代的遗存，再下一层根据它的陶器形制和花纹，可以断定属于商、周文化遗址；所以最下层的新石器时代遗存，当然要比三千年前左右的商、周时代更早。就其石器、陶器的形制而言，都属于良渚文化型，而良渚文化的年代，一般说来，正该在距今四千多年前。遗址位于马桥镇东、俞塘村北，在松江故道以南三条冈身中西边的一条，即沙冈和中间一条紫冈之间，则沙、紫二冈的形成，自应更在此遗址之前，估计不会迟于五六千年前。

原先我认为沙、紫二冈间的陆地形成于三四千年前，而4世纪时海岸线仍在东边一条冈身即竹冈以外不远处，所以我估计全部冈身地带的成陆过程，即古海岸自西首一条冈身推移到离开最东一条冈身，约经历了二千多年。现在展览会中的资料一方面既说明了沙、紫二冈间陆地的形成应上推约二千年，另一方面，由于冈身以东绝无魏、晋以前的遗址，又证明了海岸线离开竹冈迅速东进，的确不会很早，约在4世纪以后一说仍可采用。[3] 依此推算，则此宽度不过1.5至8公里的冈身地带，其形成过程，竟长达四千余年之久。这是四区中成陆最慢的一区，平均约五百年以上乃至三千年才伸展一公里，比海登斯坦、丁文江所作出的推算，要慢上十多倍乃至八十倍之多。

---

1 始见北宋郏亶《水利书》，朱长文《吴郡图经续记》。

2 松北冈身见范成大《吴郡志》、淳祐《玉峰志》、各太仓州志、嘉定县志，松南冈身见绍熙《云间志》、各松江府志。松北五冈各书所载名称不同。松南三冈曰沙冈、紫冈、竹港，各志同。诸冈位置各书所载亦多出入，且不明确，兹据详细地图推定其东西二条大致方位，中间各条姑置不问。

3 “4世纪以后”说得晚了些，应改为从4世纪开始，见《后记》。

这几千年中海岸伸展之所以如此之慢，那是由于古代长江流域森林茂密，植被良好，为地表径流冲刷到长江大小支流中的泥沙本来就不多；这些泥沙的极大部分又都在干支各流中、下游的湖泊与河床里停积了下来，能为江流携带到江口以外东海之滨的为数更少。在这几千年里，冈身以外的泥沙沉积量有时与本地区的地体下沉量和所受海潮的侵蚀量略相平衡，海岸即在原有的冈身上停滞不前。有时沉积量超过了下沉量和受蚀量，海岸即稍稍在冈身外向前推进。等到再一次转入沉积量与下沉量和受蚀量平衡时期，又开始形成一条新的冈身。

又由于松江是古代太湖尾闾“三江”中最大一江，江口极为深阔[1]，长江江流挟带到江口南岸东海之滨的泥沙能够越过松江口到达松南海滨的，较在松江口以北沉积下来的要少得多。所以有时在松江口以北已成长了新的冈外沙滩，在松江口以南却还没有，等到进入下一次沉积与下沉、受蚀平衡时期，松北便又有新冈身形成，松南则仅在原有的冈身上增加宽度而已。这就是在这几千年内松江口南北形成的冈身条数多少不同，冈身地带的宽度也不同之故。

冈身地带系由江流海潮挟带泥沙贝壳在自然条件下堆积而成，因而土质较粗，地势在四区中最为高爽。古代人类为了避免遭遇水灾，喜欢选择高地居住，所以在这一狭长地带上，发现了许多从新石器时代直到唐、宋时代的遗址和墓葬。

2. 冈身以内　这一区在第一条冈身形成以前，本是西通太湖、东通大海的一大片浅海，东南两面有一条长江的沙嘴，中间分布着一些沙洲和岛屿。有一部分沙嘴和沙洲平时已露出水面，但遇海潮盛涨时仍不免被淹。第一条冈身形成后，潮汐为冈身所阻，原来较高的沙嘴沙洲免除了被淹的威胁，不久就成为上海最早有人类居住的陆地。展览会上所展出的青浦县崧泽遗址，应即其中的一个点。这个遗址的下层新石器时代遗存，经放射性碳素测定年代，距今在五千年以上。但本区大部分地区都是在冈身形成以后才由浅海变而为潟湖进而葑淤成陆的。这一过程历时并不很久。展览会展出的冈身以内新石器时代遗址达十余处之多，分布地区甚广，西至淀山湖、金山坟，北起福泉山、孔宅，南抵戚家墩，可见三四千年前，这一过程业已完成，只留下了一部分潟湖，因湖底较深，变成了淡水湖。

1　郑乔《水利书》：“吴松江故道深广，可敌千浦。”郑亶《水利书》：“古……塘浦阔者三十余丈，狭者犹二十余丈。”

但现在本区内的淡水湖不一定就是古代潟湖的残迹。即如淀山湖遗址既在淀山湖中，可见三四千年前这里原已成陆。历史时期太湖平原的缓慢下沉，今天的淀山湖，是在该地成陆又经历了一二千年之后由于地体下沉又变而成湖的。

本区是太湖平原的一部分，是全上海四区中地势最低洼的一区。一般高程都在洪水位之下，农田皆赖人工修筑圩堤保护。土质以湖积为主，颗粒较细。

3. 冈身以外、里护塘以内　冈身以外的成陆年代要比冈身及冈身以内晚得多，这一点我在《成陆年代》中已着重指出。在此次展览会所展出的出土文物分布图上，所有新石器时代、商周、春秋战国、秦汉、魏晋南北朝、隋唐五代的遗址和墓葬，都分布在冈身以内或正在冈身地带上；在冈身以外，最早的只有一处南朝墓葬，位于西去冈身约一华里许的莘庄，其余全是距今不满千年的宋以下墓葬[1]，更突出地显示了这一点。

可是我们绝不能据此便认为自莘庄以东，全部地区都是在宋以后才成陆的。须知一地从出水成陆到有人类在此从事生产活动，并定居下来，是需要经历一段相当时期的，这段时期可能长达数百年。我在《成陆年代》中推定唐开元初(8 世纪初)所筑旧瀚海塘[2]约在冈身以东约十公里；可能我所推定的具体位置不很正确，但相差不会太远。又有在冈身以东约十五公里处的沪渎重玄寺，和在冈身以东约十公里处至今犹见在的龙华寺，都创立于五代吴越时代，这也是无可否认的。可见冈身以东约二十公里，断然应成陆于唐以前。南朝时期自莘庄以东这片土地可能虽已成陆而只是海滨未经垦辟的荒地，还没有聚落，所以没有任何文物遗留下来，到了唐、五代时期，既然已筑有海塘寺院，岂能没有村落庐墓？只是其遗址尚未被发现而已。

《成陆年代》中推定 4 世纪时的海岸线大致还停留在冈身地带，即最东一条冈身以外不远处，那时还不能说得更具体。现在根据莘庄发现南朝(420—589 年)墓葬，姑且在插图上把 4 世纪时的松南海岸线就画在莘庄、闵行、南桥一线，即横沥泾一线，当与实际情况不至于相差很远。

会上所展出的宋墓分布地域最东直抵宝山的月浦、川沙高桥东北的老宝山和南汇县治的惠南镇。老宝山、月浦二墓都有墓志铭，前者葬于南宋开禧年(13 世纪初)，后者葬于南宋宝祐年(13 世纪中)间。惠南一墓确年无

1　1972 年以后在冈身以外下砂捍海塘一线以内，陆续出土了南朝文物一处，唐代文物四处，唐代遗址一处，见《后记》。

2　旧瀚海塘应始筑于唐以前，见《后记》。

考，但墓中有龙泉窑瓷片，足见其时代也不可能早于南宋。这三个墓葬所在地的成陆年代当然应在这些墓葬之前。在现在地图上，月浦、老宝山距海甚近，惠南距海较远，其成陆年代则应该是月浦在前，老宝山次之，惠南最近。

做过野外调查工作的一位同志曾向我谈起，月浦、江湾一线存在着断续的沙带，北蔡、周浦、下砂一线存在着比较连续的沙带。我以为这是同一时代形成的一条沙带，也就是弘治《上海志》中所提到的“下砂捍海塘”故址所在。我在《再论关于上海地区的成陆年代》（下文简称《再论成陆年代》）一文里估计这条海塘筑于五代或北宋初期。今按：吴越钱氏统治两浙时，比较注意农田水利。在防御海潮内侵方面，杭州附近钱塘江口的石塘就是那时修筑的，当然很可能在这东海之滨开元旧瀚海塘之外沿当时的海岸侧近也筑上一条新海塘。所以这条下砂捍海塘应以断作筑于吴越时代即10世纪前期为妥。海塘所在一线的成陆当然在筑塘之前，但不会前很久，因为那时候的海岸伸展速度是很快的。可姑且假定为10世纪初，上距8世纪初兴筑旧瀚海塘约二百年，陆地向外伸展了约十公里。这正好符合于我在《成陆年代》中所作出的唐、宋间海岸平均约二十年即涨出一公里的推断。

《太平寰宇记》：秀州“东至大海二百一十里”，华亭县在州“东一百二十里”。秀州州治即今浙江嘉兴县城，华亭县治即今松江县城，则其时海岸在今松江城东九十里，正该在下砂、周浦一线。《寰宇记》虽成书于10世纪后期宋太平兴国年间，其所采集的资料则一般都是早一个时期的。秀州的四至八到和领县距州里数，所据很可能就是后晋天福三年（938年）吴越初置秀州时的调查记录。

老宝山在月浦、下砂一线之东约七公里半，按当时平均伸展率计算，其成陆约当在11世纪中叶，正可与我在《成陆年代》中所推定的成书于11世纪70年代的郏亶《水利书》中松江南岸海岸线连成一线。

惠南镇又在11世纪中叶海岸线之东约六公里。镇东的里护塘（即内捍海塘、大护塘、老护塘），始建于南宋乾道八年（1172年）。[1] 所以惠南以及同在里护塘一线上的川沙县城、大团和奉城等地，其成陆约当在12世纪70年

1 《宋史·河渠志七》：乾道八年，秀州守臣丘崈言，“兴筑（华亭）捍海塘堰，今已毕工，地理阔远，全借人力固护……”丘崈所筑有塘有堰，堰在通海诸河道上，距海较远，塘则一般皆迫近海岸，华亭东南二面皆濒海，东海岸已远在下砂捍海塘之外。故曰“地理阔远”。嘉庆《松江府志》载明人曹印儒《海塘考》：“海塘之制，本为捍御咸潮，以便耕稼。唐开元初名捍海塘，起杭之盐官，迄吴淞江，长一百五十里。宋乾道中、元至正初皆修焉；起嘉定老鹳嘴以南，抵海宁之澉浦以西……”讲到开元捍海塘是追溯府境海塘之始，起老鹳嘴抵澉浦的海塘才是当时见在海塘，即今里护塘，曹氏认为即乾道、至正所修。

代稍前。

从 5 世纪到 12 世纪，约八百年间[1]，海岸线从冈身侧近推向里护塘一线，共达三十余公里。这是上海四区中成陆速度最快的一区，比冈身地带要快上几十倍乃至几百倍，比海登斯坦、丁文江的推算要快上接近一倍。

这一区成陆速度之所以如此之快，原因在于自公元 1 世纪以后，中原历次的兵燹，促使黄河流域的人口一批批地大量移殖长江流域。随着长江流域人类生产活动范围的日益扩大，植被遭受破坏，江口外的泥沙沉积量日益增涨。沉积物先将近岸处水下三角洲填高，约自 5 世纪以后，即有大片沙滩陆续露出水面。但初出水的滩地在伏秋大潮汛时仍难免被淹没。历代劳动人民在海滩前缘所修筑的堤塘，使堤内滩地在未堆积到最高潮位的高度时就脱离了江海的浸灌与冲积，因此一般高程稍低于不假人工堆成的冈身地带。海塘的修筑同时又迫使此后长江挟带来的泥沙全部堆积在海塘以外，人为地加快了陆地扩展的速度。

4. 里护塘以外　从 12 世纪 70 年代初创筑里护塘，至今正好又是八百年。在这八百年内，长江所挟带到江口的泥沙量当然不会比前八百年少。但由于长江主泓经常由南泓道入海，泥沙主要沉积在北岸或江心，大大地扩展了江北岸南通以东的平原和江中的崇明等沙岛，沉积到南岸来的比较少，因此本区陆地的伸涨虽比冈身地带要快得多，但比里护塘以内要慢得多。现今的海岸距里护塘在川沙城东仅六七公里，在南汇城东仅约十公里，最远处自大团镇东南至南汇嘴也不过十六七公里，平均速度不及前八百年的四分之一。

人工筑堤也助长了本区成陆的速度。由于近代江南的人口极为稠密，与海争地的需要更为迫切，八百年内，在此宽仅几公里至十几公里的新涨土地上，逐步向外增筑了至少四条海塘（钦公塘、老圩塘、陈公塘、新圩塘）[2]，因此地面高程又稍低于里护塘以内。脱离海水浸灌未久，土质含盐量较高。

约在近四五百年内，长江大溜自太仓至川沙高桥港口附近紧迫南岸，流势甚急，这一带江岸受到严重刷汕，不仅没有涨出，反而有所坍进。高桥港以南，流势渐缓，泥沙开始沉积，陆地稍有增涨，越往南流势越缓，沉积量越大，故南汇嘴一带伸展最快。又有一部分泥沙在越过南汇嘴后，为杭州湾强潮推向西南，以致在奉贤县的里护塘以外，海岸也向外伸展。

1　应改为从 4 世纪到 12 世纪约九百年间。

2　民国《川沙县志》。

二

恩格斯说:“整个自然界……都处于永恒的产生和消灭中。”地球上的陆地也是在不断地产生和消灭。海陆变迁不仅发生在若干万年前的地质时代,也发生在几千年来的历史时期。沧海可以变桑田,桑田也可以变沧海。上海地区绝不例外。当然,历史时期的上海地区处于挟带大量泥沙的长江江口,总的说来沉积量大于侵蚀量,由海变陆是在大范围内长期持续的运动,而由陆变海只是在局部地段内断续出现的现象。但我们在研究上海的地形发育过程时,却也不能不注意到这种现象,否则我们的认识是不完整的,不全面的。

上节已经提到近几百年来上海大陆的东北边缘地带有陆地坍没现象。这一现象只要打开大比例尺的地图一看就可以发现。吴淞口左右三十余公里的海塘全都紧迫海岸(即江岸),这当然绝不是筑塘时的原状,而是筑塘以后塘外滩地坍入江海的结果。宝山县城陡入大江中,附近一段海塘是石塘,要是没有这段石塘,县城当早已沦入江中。据《宝山县志》,则城外明代旧塘约在明末清初坍没入海,塘址逐步内移,去旧塘已数里而遥。清乾隆五年(1740 年)为保障县城的安全,乃于县城附近土塘内加筑石塘一段。今土塘已坍没,仅赖石塘护卫。

今宝山县城即明代吴淞所城,而这个吴淞所城是嘉靖十六年(1537年)所筑的吴淞所新城。洪武十九年(1386 年)创筑的吴淞所旧城,在新城东北一里,距当时的海岸三里。可见此处明初海岸应在今岸之外二公里余。

自宋至明屡见记载的著名大镇黄姚场(黄窑镇),明季或清初沦于海,故址在今月浦镇东北三公里张家宅后海塘外。当立场建镇之初,当然不可能紧靠海岸,其时海岸当又在此外若干里。

吴淞口以东,明以前的海塘起点地名老鹳嘴,在今海塘起点草庵渡之北。至清代老鹳嘴全部坍没,据说共坍进数十里。

明永乐十年(1412 年),在今高桥镇东北老宝山城稍西筑土山高三十丈,昼则举烟,夜则明火,以为海运往来表识,山成命名宝山。初筑山时距海三十里,其后山外平陆逐渐沦没,至万历十年(1582 年)海潮大溢,山及山麓的宝山旧城为洪涛冲没殆尽,仅留余址(清康熙中建宝山新城于万历旧址西北二里,即今老宝山城)。今海塘距宝山故址不足一公里。

上海大陆东北部近几百年来有坍没现象是很明显的,问题是这种现象开始于什么时候,开始以前原来的海岸线在哪里。这还有待于进一步寻究。

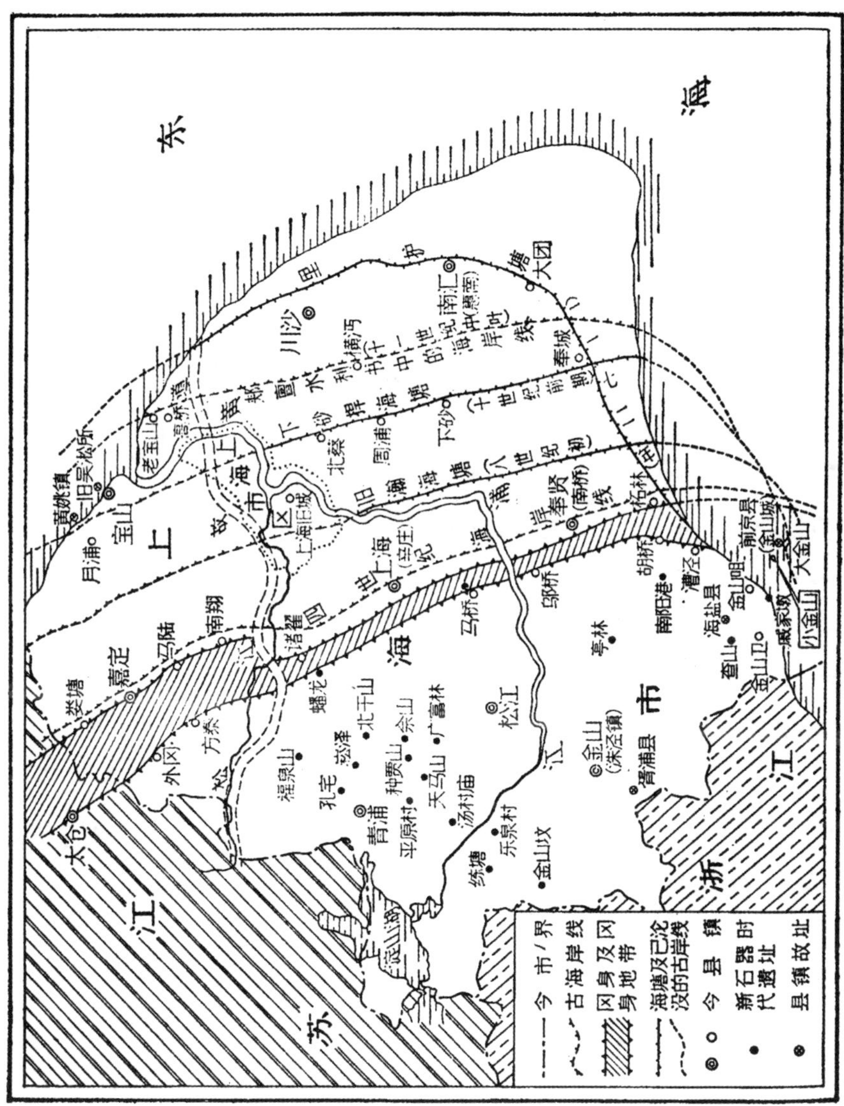

上海大陆部分海陆变迁示意图

证以上述几个事例，则至迟在明代后期即16世纪初叶当已开始[1]，过去有人认为始于18世纪中叶是不确切的。内坍现象是从西北逐渐扩向东南的，清末以来，高桥港以南的九团地带也已有所坍进。[2]

在东北部边缘地带坍没入海以前，大陆南部边缘的陆沉现象，更为严重。

古代的杭州湾北岸应在今岸之南，此次展览会为我们提供了两个很好的实证：一是1963年发掘的金山戚家墩从新石器时代直到秦汉的遗址在现今海塘外沙滩上，涨潮时被淹没，考古工作者要等到落潮时遗址露出水面才能进行工作；二是在展览会期间，又在奉贤柘林城南的海边盐场上发现了新石器时代的遗物。

在这一带为人所熟知的是金山和金山城由陆沦海。

金山一名大金山，在今金山嘴东南七公里海中；又有小金山，在大金山西北约二公里。地方志上都讲到了古代金山本在陆上，山北麓有一个金山城；后世金山城及其附近平陆沦没于海，大小金山遂孤悬海中。[3] 可是都没有讲清楚金山在陆上可以上溯到什么时代，又在什么时代开始脱离大陆。

1958年考古工作者曾在金山山腰上发现了约三千年前的印纹陶陶片[4]，这就证明了约三千年前，金山是在陆上的，要是那时也像今天那样是一个孤悬海中的山岛的话，人类就不可能在此聚居。

《太平寰宇记》：苏州"东南至海岸钊山四百五里"。按，金山城相传为周康王东游时所筑，南接金山，因以为名。[5] 周康王是不可能跑到这里来筑城的，核以《寰宇记》这条记载，这一传说应该是由于金山本名钊山，遂将山麓的金山城附会为周康王所筑，因为周康王名钊。又按，自五代后晋时吴越分苏州为秀州后，苏州辖境东南不至海，《寰宇记》这条资料，显系采自分州以前的记载，大致可以反映唐代中后期的情况。由此可见，金山在唐代正在海岸上。

---

1 弘治《上海志》卷五堰闸节海堤条引乔维翰《纪略》："边海旧有积沙，亘数百里，近岁漂没殆尽，无所障蔽。盛秋水涝，挟以飓风，为患特甚。……"此文作于成化癸巳（1473年），可见海岸被刷坍现象15世纪中叶已开始。

2 以上叙高桥港以北海岸内坍情况，除黄姚场故址见《月浦里志》外，其余皆见光绪《宝山县志》；高桥港以南，见民国《川沙县志》。

3 各松江府志、金山卫志、金山县志。

4 此次展览会未展出，见黄宣佩：《考古发现与上海成陆年代》，《文汇报》1962年2月18日。

5 始见绍熙《云间志》。

又据宋常棠《澉水志》，金山西南四十余里浙江境内的王盘山，南宋淳祐中曾发现古井，井砖上刻有文字，从刻辞中可知其地系东晋时屯兵处。海中孤岛不可能屯兵，足见东晋时王盘山亦在陆上。王盘既在陆上，据地势推断，其时金山附近的海岸当更在山之南与东各若干里。晋后海岸逐渐北移，不知何时王盘入海，至唐代金山遂迫临海澨。

金山城应创建于6世纪初，即梁天监中所置前京县城，考见《再论成陆年代》。旧说除周康王筑一说外，又有吴越钱氏时筑一说。[1] 后说宜可信，五代时前京城当废圮已久，钱氏乃重筑以为海上戍守处，改名金山城。

北宋时金山仍在陆上，其证有二：1. 据《云间志》，金山山顶的慈济院建于元丰间（1078—1085年），若其时山已脱离大陆，不可能在孤岛上建院。2.《云间志》又云，寒穴泉出金山顶，以甘洌著称。志又载有北宋时唐询、王安石、梅圣俞等人所咏寒穴泉诗及寒穴泉铭并序，都没有说到此泉在海中孤岛上。

金山城一带陆地坍没入海，金山之与大陆隔绝，当在南宋初年，12世纪中叶。故成书于绍熙年间（1190—1194年）的《云间志》，其寒穴皋、慈济院、金山忠烈昭应庙三条，都说在"海中金山"上。至于金山、金山城二条不言在海中或已沦没入海，当系录自旧图经，未及根据新情况予以注明。慈济院系"元丰间释惠安造，绍兴元年请额"，则绍兴之初（1131年），金山应犹在陆上，山北陆地之沦没当在绍兴初年之后。

据明、清地方志，金山卫城南一带的海塘在元代凡内移三次；元以后明成化以前续有坍进；成化以后，卫城附近趋于稳定，自金山嘴以东，自东而西，先有柘林城南的蔡庙港堡，后有漕泾镇南的胡家港堡，相继在清雍正以前坍没；雍正以后二百多年来基本上稳定。

三

中国古代文明发祥于黄河流域，逐步向四周扩展。所以长江流域的开发过程，一般都是自北而南。但上海地区的情况特殊。由于位于西南方的冈身以内和冈身地带二区成陆在先，位于东北方的冈身以外和里护塘以外二区成陆在后，所以开发程序也是由西南而渐次推向东北。

这种情况在展览会展出的古遗址和古墓葬的地区分布中——隋唐以前全部集中在西南二区，冈身以外除莘庄一处南朝墓葬外只有宋墓，里护塘以

1 《读史方舆纪要》、《清一统志》、嘉庆《松江府志》。

外只有明墓[1]——可以看得很清楚。再从文献记载中看上海大陆各区设置县治的先后次第，也充分反映了这一点：

上海市境内最早的县治是秦和西汉时代（公元前3世纪末至公元1世纪初）的海盐县治，故址在今金山卫城东北柘山附近。[2] 其次是南朝梁、陈时代（6世纪）的前京、胥浦二县。[3] 前京故址即南宋沦入海中的金山城。胥浦故址在今金山县治西南胥浦塘上。[4] 海盐县治于西汉之季沦入柘湖，移治今浙江平湖境内。[5] 前京、胥浦二县于陈、隋之际（6世纪后期）先后罢废。[6] 在这三个已废的古县之后，才是唐天宝十载（751年）所置华亭县，即今松江县，这是现今上海十个郊县中设置最早的一个。以上四个县治全在冈身以内。

此后到南宋嘉定十年（1217年）置嘉定县，设治地点才向东北推进到了冈身地带。元至元二十九年（1292年）置上海县（治今上海旧城区），又东推进到了冈身以外。到清雍正三年（1725年）置南汇、奉贤（治今奉城镇）二县，才推进到了里护塘一线。川沙县设置于嘉庆十年（1805年），在大陆诸县中最居东北，也是十县中设治最晚的一个，仍在里护塘一线内侧。

在冈身以内这一区之内，南部的开发又较早于北部。唐以前三个古县的故址都在南部接近浙江边界处说明了这一点，本市发现过一些小件青铜器的地点除马桥外都在今松江、金山二县境内，也证实了这一点。[7] 而南部之所以较早得到开发，原因在于南部的地势较之北部来得平坦而开阔，而这种地形上的差别也是在成陆过程中造成的。当长江南岸的沙嘴伸展到杭州湾时，东来的强潮不断将沙嘴的前端推向西南移动，在沙嘴封闭太湖周围出现第一条冈身以前，冈身以内南部原来的一些浅海已为积沙所填没覆盖，出现了宽广的沙滩；冈身形成以后，这一地带也就比较容易开发。而北部地带则除一部分沙洲岛屿外，一般都是在冈身形成以后才葑淤成陆的，境内残存

---

1 1972年以后在冈身以外下砂捍海塘一线以内，陆续出土了南朝文物一处，唐代文物四处，唐代遗址一处，见《后记》。

2 5 据《水经·沔水注》、《元和郡县志》，秦海盐县后沦为柘湖，移于武原乡，后又陷为当湖。《汉书·地理志》："海盐，故武原乡"，则秦县故址陷为柘湖在元始二年（2年）之前，移治武原又陷为当湖，在东汉顺帝时，见《续汉书·郡国志》刘昭注补。柘湖故址在金山卫城东北六里柘山附近，当湖故址在平湖县东，见《清一统志》及府、县志。

3 4 6 前京县见《陈书·武帝纪》永定二年。《舆地纪胜》："前京城，梁天监七年筑。"《隋书·地理志》："平陈废。"胥浦县见《梁书·侯景传》。《清一统志》引府志："大通六年析海盐县东北境置。"不见《隋书》，盖置县后不久即废。《清一统志》引府志："地接胥浦，因名。今为胥浦乡，在县（指松江府治华亭县）西南四十里。"

7 本市所发现的青铜器都是一二寸长的刀戈等小件。唯一的大件可以称为彝器的是在松江城北凤凰山采集到的一只尊，有一尺多高，形制与丹徒、屯溪等处出土的相似。但发现地点既不存在古文化遗址，也找不到古墓葬，看来这件铜器应是后世从外地搬移来的，它的原主人并不生活在这里。

着许多湖荡、沼泽以及宽阔的河道，平原被分割成无数小块，低湿沮洳，因而也就比较不利于开发。

根据这一看法，所以我认为尽管截至目前时代最早的崧泽遗址在冈身以内的偏北地区，但南部地区肯定也存在着不迟于或较早于崧泽的遗址，只是还未经发现而已。今后我们若想在上海境内寻找早期的文化遗址，应该把发掘工作的重点放在西南隅邻近浙江一带。[1]

上海还没有发掘到过古城址，我们也得寄希望于这一带。金山城即梁前京城已沦入海底，无从发掘。胥浦县设置的时代太短，未必有遗址留存至今。上海境内最早的古城，同时也有可能发掘出来的，应该是秦和西汉时代的海盐县城，希望考古工作者能注意及此。

我们说上海地区开发的先后基本上决定于成陆的先后和地形的差别，这是自然条件与人类生产活动之间的关系的一个方面，即人类生产活动受到自然条件制约的一方面。但我们绝不能认为这二者之间的关系只此一方面，忘记了另一方面——人类生产活动足以改变自然条件，加快开发过程这一方面。

自秦至唐天宝十载共九百七十余年，上海大陆上只在秦与西汉二百二十年中设置过一个海盐县治，南朝后期八十年间先后设置过前京、胥浦二县，此外从东汉至南朝前期和自隋至唐天宝共约六百六十年内，竟然连一个县治都不设，长期分属于治所设在今浙江、江苏境内的嘉兴、海盐、昆山三县。那时上海已成陆的土地约计有二至三千平方公里[2]，那么大一片土地一县不设，可见这里尽管在四五千年前的新石器时代已有人类居住，却迟至一千多年前，仍没有得到很好开发。这主要应该是由于当时海塘未筑，这片土地还经常受到海潮浸灌之故。

唐开元初年兴筑了上海地区第二条海塘——旧瀚海塘，这在上海开发史上是一件划时代的大事。从此海塘以内的土地免除了咸潮的危害，农业生产基本上有了保障，三十多年后新建的华亭县才能一直保存下来，不再罢废，并且在此后又陆续分建了几个县。继旧瀚海塘之后，吴越时代所筑的下砂捍海塘和南宋所筑的里护塘等，对上海的开发也同样起着巨大的推动作用。海塘随着陆地的伸展一道道向外增筑，垦田的面积随着一天天扩大，终

1 1972年果然在金山张堰镇南发现并试掘了查山遗址，其下层文化遗存即与崧泽遗址属于同一时期。同年试掘了上年发现的张堰镇北亭林遗址，其下层属良渚文化，稍后于崧泽遗址，距今约四千年。见1976年第十一期《文物》载黄宣佩等《从考古发现谈上海成陆年代及港口发展》。

2 应改为三至四千平方公里。

于到了19世纪初，上海大陆共建立了九个县治，上距天宝十载初设华亭县不过一千零五十年。

上海大陆从天宝以前经常不设一县的海滨斥卤之地在一千零几十年后变而为足以设立九个县的富饶鱼米之乡，光靠长江在这里多年冲积成一些土地是不行的，决定的因素在于劳动人民的辛勤劳动改造了自然。历史时期上海劳动人民改造自然的业绩当然非止修筑海塘一端，此外如在河网水系的改造、内河圩堤的兴建等方面，也都取得了伟大的成果，以与本文论题无直接关系，留待以后另文阐述。

（原载《考古》1973年第1期）

《上海市大陆部分的海陆变迁和开发过程》后记

文献资料中有关上海古代历史的记载极为稀少，所以要研究上海地区的成陆过程，非依靠考古资料不可。由于50年代末发现了市属青浦县淀山湖和上海县马桥镇东两处新石器时代遗址，引起有关学术界对这个问题的讨论，60年代初我也写了两篇文章陆续发表在1960年和1961年的《文汇报》上。在那两篇文章里，我主要指出了上海全市应划分为冈身以西和以东两部分，两部分的成陆过程是大不相同的，冈身以西远在数千年前已成陆，而冈身以东则是近千数百年来逐渐出水的。当时已发现的新石器时代遗址只此二处，冈身以东发现的遗址和墓葬还没有早过宋代的，所以论断只能是十分粗略的。十年以后的1972年夏，我参观了上海博物馆的出土文物展览会，看到了60年代以后在全市范围内新发现的许多古遗址和墓葬，我又以此为据，结合文献写了一篇《再谈历史时期上海市的海陆变迁》，还是刊登在《文汇报》上。此后又稍加修改，并改了一个标题，刊登在《考古》1973年第1期上。现在全文转载在这里的，就是这篇十年前的旧作。

从1972年以来，上海大陆上又陆续发现了若干地下古文物、墓葬和遗址，报刊上也相应发表了不少文章，有些论点是和我这篇文章里的看法一致的，有些则虽不指名，实际上是批驳了我的看法。因此我虽然由于近来所肩负的任务实在太多，抽不出工夫来像1972年那样再写一篇新作，却也不能不负责任地完全照原样发表旧作，不交代一下对这些新发现和同志们对我的批驳的看法，不谈一谈自己近年来有什么新见解，这才决定在旧作之后加上这么一篇后记。

这篇旧作主要把上海市大陆部分分为——1. 冈身地带；2. 冈身以内；3. 冈身以外、里护塘以内；4. 里护塘以外——四部分。阐明这四部分的成陆过程各不相同，有快有慢。对这一基本论点，至今还并没有听到什么异议。有异议的有两点。第一点是在第三区范围内，有“旧捍海塘”和“下砂捍海塘”这么两个海塘名称见于文献记载；这是两条不同的海塘，还是一条海塘的两个名称？这一条或两条海塘，兴筑于何时，地理位置在什么地方？

我在1960年《关于上海地区的成陆年代》一文中，信从了明以来地方志上“旧瀚海塘”筑于唐开元初即公元8世纪初之说，又根据绍熙《云间志》和《舆地纪胜》所载旧瀚海塘的起讫和长度是“西南抵海盐界，东北抵松江（吴淞江的古称），长一百五十里”，推定这条海塘“应西南起今金山卫城南十余里（唐时这一带海岸在今海岸之南），东北至今柘林城东十里左右，折向西北，经今闸港沿今黄浦江东岸北上，经今龙华、徐家汇之东，北抵今曹家渡以北当时的吴淞江滨。它不可能更在此线之东，因更东则海塘的长度就不止一百五十里了”。这种看法在1972年这篇文章里被继承了下来。

可是我就在这同一篇文章里又说：“冈身以东约二十公里，断然应成陆于唐以前。南朝时期自莘庄以东这片土地可能虽已成陆而只是海滨未经垦辟的荒地，还没有聚落，所以没有任何文物遗留下来，到了唐、五代时期，既然已筑有海塘寺院，岂能没有村落庐墓？只是其遗址尚未被发现而已。”这几句话实际上是否定了旧瀚海塘相当于今闸港、龙华、徐家汇一线说。既然冈身东二十公里唐以前的南朝时期（五六世纪）已成陆，何以唐开元初（8世纪初）所筑海塘还会位于西去冈身仅约十公里的闸港、龙华、徐家汇一线？海塘塘址虽然不一定紧逼海岸，但说塘址竟会距离海岸达十公里之遥，那是断乎说不通的。可见我在1972年对旧瀚海塘沿用了1960年的看法，显然是很大的失误。

1972年以后，在我1960年所推定的旧瀚海塘一线以东，陆续在市区的广中路菜场出土了南朝瓷器，中山北路、共和新路和白莲泾出土了唐代瓷器[1]；特别引人注意的是1975年在浦东川沙的严桥公社浦建路发现了唐宋时代的遗址。上述这些地点以严桥为最东，西去冈身约十九公里，这就证实了我在1972年所作出的冈身以东约二十公里应成陆于唐以前的推断是正确的。黄宣佩、吴贵芳两位同志根据这些出土文物和严桥遗址批驳了我的旧瀚海塘相当于闸港龙华一线说[2]，当然完全正确，可惜他们并没有能够发现我的文章是自相矛盾的，我也曾说过“冈身以东约二十公里断然应成陆于唐以前”。

旧文献上除“旧瀚海塘”外，又有始见于弘治《上海志》的“下砂捍海塘”。这条海塘指的是北起今宝山盛桥、月浦、江湾，南经川沙北蔡、南汇周浦、下

1 此外又在这条线以西的龙吴路一处也出土了唐代器物。

2 （1）黄宣佩、吴贵芳：《从严桥遗址推断上海唐代海岸的位置》，1976年第五期《考古》。（2）黄宣佩、吴贵芳、杨嘉祐：《从考古发现谈上海成陆年代及港口发展》，1976年第十一期《文物》。（3）吴贵芳：《从建国以来上海考古发现看古代上海的发展》，1979年9月号《学术月刊》。

砂、航头一线，这一点无异议。异议在于我认为这是旧瀚海塘以东的另一条海塘，约兴筑于10世纪初五代吴越钱氏时；而黄、吴二位同志认为它就是开元初所筑旧瀚海塘的另一个名称，这是难以令人信服的。《云间志》、《舆地纪胜》明明说"旧瀚海塘西南抵海盐界，东北抵松江，长一百五十里"，而下砂捍海塘从"海盐界"（指今金山县与浙江平湖县交界处）算起"东北抵松江"，至少得有二百里，何止"长一百五十里"？

再者，下砂捍海塘的位置足以证明它只能兴筑于五代吴越时，或早至唐末（893—907年）钱镠以浙西节度使统治今上海地区时，再早是不可能的。1980年曾在这一线以西约六公里处今川沙北蔡镇东南出土了一条唐代木船[1]，虽然不清楚这条船制作使用于唐代什么时候，至少可以说明在使用这条船时这里尚未成陆。从这个时候起要经过这一带的海岸至少向外伸展六公里以上以后，再过若干时日，才有兴筑下砂捍海塘的可能，这怎么可能是早在距离唐朝开国仅百年之久的开元初年即8世纪初年呢？

再其次，旧瀚海塘筑于唐开元初之说，只见于明以来的府县志而不见于唐宋记载，本不一定可信。现在既然确知唐代的海岸线应在我1960年所推定的一线以东，那么这条"长一百五十里"的旧瀚海塘，自应始筑于唐以前，可能是在南朝时代，或更在南朝以前。至于它的起讫位置，若《云间志》、《舆地纪胜》的记载不错，那就只能大致如我所推断的那样，因为不如此便不可能符合二书的记载。但这条海塘的西南段早已沦入杭州湾大海中，其在今大陆上奉贤、上海二县和市区境内的东北段，则遗址当已深埋在地面之下，故至今尚未被发现。

有异议的第二点是：晚唐的海岸线在哪里？里护塘一线成陆于什么年代？

黄、吴二位同志根据近年在川沙高行镇稍东地带出土唐代晚期至五代的陶器，认为晚唐的海岸线可能就是北宋郏亶《水利书》中所提到的那条相当北起今浦东老宝山、高桥，南经横沔、新场一线的海岸线。又根据里护塘内侧南汇大团镇西和三灶一带发现北宋瓷片，认为"里护塘虽筑于南宋乾道间，但成陆则不迟于北宋初"，"意味着今上海市的全区在宋代之初已经基本成陆，海岸前伸地带和现在相差不远了"。这样的推断看来也是难以成立的。

一、既然承认老宝山、高桥、横沔一线是郏亶《水利书》中的海岸线，郏亶

1 见同年10月14日《文汇报》，《上海成陆年代约在五千年前》。

书写成于宋熙宁中即11世纪70年代，上距晚唐至少一百六七十年，我们有什么理由说是这一百六七十年内海岸一直停留在原址没有向外伸展呢？鄙见则认为唐末的海岸线只能到达下砂捍海塘一线，到钱镠手里就在这条线上兴筑了海塘。筑塘以后海岸又向外伸涨了一百六七十年，才到达郏亶书中一线。这似乎比较说得通。

二、高行、大团、三灶等地的考古发现只是当地出土了古陶瓷器或陶瓷碎片，而不是发现了遗址。陶瓷器是便于搬移而经久耐用的物件，前代所烧制的，完全可以被后代人搬移到他们的新居去继续长期使用。所以我们不能因为某处发现了唐代的陶器，就说该处在唐代已成陆，也不能因为某处发现了宋代的瓷片，就说该处在宋代已成陆（上文提到的广中路菜场出土南朝瓷器，也不能据以断言出土地点南朝必已成陆）。再者，里护塘一线距离现今海岸还有一定距离，当海岸伸展到里护塘一线时，就说"今上海市的全区""已经基本成陆"，显然也是不妥当的。

尽管黄、吴二位文章里的论断我不能完全赞同，但是二位明确指出了我以闸港、龙华一线为唐开元初海岸线的错误，这是我要向他们二位致谢，并向读者交代的，这是我写这篇后记的第一个目的。

还有一个目的是我在1972年这篇旧作里把历史时期海岸线推展速度快慢的原因比较简单地归之于长江所挟带到江口泥沙量的多少和长江主泓道的南北摆动，这种看法是不全面的，实际上至少还有另一种因素在起相当重要的作用，在这里需要补充阐述一下。

这另一因素是气候的变化影响到海面的升降；海面升使海岸停止前进甚或后退，海面降使大面积海涂出水成陆，岸线迅速向外推进。下面根据竺可桢先生和张丕远同志对我国近五六千年来气候变迁所作的研究成果[1]，用以推阐气候变迁与上海海岸推进迟速的关系。

从五六千年前的仰韶时期起到三千年前的殷墟时代和西周初年，气候都要比现在温暖潮湿许多，黄河流域如此，长江流域也是如此。上海地区的青浦崧泽和金山亭林两处新石器时代的孢粉分析，有力地证明了这一点，估计其时年平均气温要高出现代2℃—3℃。前10世纪以后约有一二个世纪气候转冷，进入春秋以后经战国、秦至西汉武帝时即前1世纪这六七百年内，又是一个温暖时期。直到东汉前期即公元1世纪时才转趋寒冷。总之，从前

1 (1)《竺可桢文集·中国近五千年来气候变迁的初步研究》；(2)《中国自然地理·历史自然地理》第二章，张丕远《历史时期的气候变迁》。

五六千年到前二千年是一个历时几千年之久的长期温暖气候时期，中间只间隔了一二次世纪性的寒冷时期。这正和上海地区海岸长期停留在冈身一带的时间相当，可见这几千年内海岸之所以伸展得极为缓慢，气候温暖导致海面高升应该是原因之一，其重要性可能还有过于其时长江输入东海的泥沙量不多这一原因。

自公元 1 世纪起气候转趋寒冷，至 4 世纪时达到顶点，估计年平均气温低于现在 2℃—4℃。这时海岸应由于海面下降而迅速外展，这和我们原先推定海岸在 4 世纪时大致还停留在冈身外不远处，从 5 世纪起即迅速向外扩展是基本符合的。现在考虑到这个因素，则原先的推断应提前约一个世纪，即海岸离开冈身附近迅速外展应始于 4 世纪时。

三、6 世纪即南朝时期的气温仍比现在低，所以从 4 世纪后在短短约三百年时间内，海岸线已推展到了远离冈身约二十公里那么远。7 世纪中叶以后和 8、9 两个世纪即唐代自高宗以后气候又转暖，所以在这二百多年内，海岸似乎又停止推进或推进得很慢，下砂捍海塘一线的海岸约形成于唐季，西去严桥遗址仅一公里许。

10 世纪下半叶到十一二世纪又是寒冷时期，所以海岸线从下砂捍海塘一线迅速伸展到了里护塘一线，在不过二百年的时间内推进了约十四五公里。

13 世纪初气候转暖，14 世纪后又转冷，延续五六百年之久直到 19 世纪都比现在冷，进入 20 世纪才转暖。自 1172 年兴筑里护塘至今八百年中有五六百年是寒冷时代，但里护塘以外扩展的陆地并不很多，那就不是气候在起作用了，而应该是由于长江主泓道南移，新涨出来的海滩不断受到刷汕之故。

现在看来，本世纪一十年代海登斯坦、丁文江等说什么几千年来长江三角洲都是在按同一速度向前推进果然是荒谬的，而我自己在十年前还在计算上海大陆这部分那部分的海岸伸展速度，还在说唐宋间平均约二十年即涨出陆地一公里，也可以说是毫无意义的。实际上海岸的推移是由多种因素交错起作用决定的。这些因素时而此强彼弱，时而此弱彼强，以致海岸非但不会长时期按同一速度向外伸展，并且有时根本停止不动，有时前进，有时后退，进退又时而快，时而慢。所以不论是几千年也好，几百年也好，甚至几十年也好，都不可能有什么定向移动、平均速度。

1982 年 6 月 12 日

（原载《上海地方史资料》一，

上海社会科学院出版社 1982 年，内部发行）

上海得名和建镇的年代问题

关于上海得名和建镇的年代，黄苇、洪铭声、丘祖铭三位同志先后在《文汇报》(1962年2月18日及5月8日)发表了不同意见，我以为建镇当以黄苇同志咸淳说为近是，至得名则应远在北宋初年或五代，与建镇并不在同一时期。

建镇年代

先谈建镇年代。

旧籍所载上海建镇年代，除极笼统的"宋时"说外，共有三说，即嘉靖《上海县志》等的宋末说，《沪城备考》、嘉庆《上海县志》等的熙宁七年说和《大清一统志》的绍兴中说。熙宁、绍兴二说尽管明确指出了年号甚或某年，却绝不可信，证据是：

一、成书于熙宁之后元丰年间的《元丰九域志》，县下例载属镇，而秀州华亭县下只载青龙一镇，可见其时上海确未设镇。

二、成书于绍兴之后绍熙年间的《云间(即华亭)志》，卷上专立镇戍一目，所载还是只有青龙一镇，可见其时上海仍未设镇。

宋末说虽嫌笼统，倒应该是可信的。因为弘治《上海志》在卷五《儒学下》，提到咸淳中已有"监镇"董楷，已称作为"诸生肄习所"的古修堂为"镇学"，又在卷七《惠政》下称董楷以咸淳中"分司上海镇"，可见宋末咸淳年间上海确已建镇。

可是根据弘治《上海志》的记载，我们只能推定上海建镇于董楷到上海上任那一年即咸淳三年(见卷五董楷《受福亭记》)之前，并不能确定在此前究竟哪一年。黄苇同志根据卷四《庙貌》"文昌庙，宋咸淳中邑士唐时措立"和下引元人屠性所撰《文昌祠记略》"上海始为镇时，东有文昌祠"这两条记载，说是上海设镇在宋咸淳年间或咸淳年间以后，绝不会在咸淳年间以前，"因为上海开始设镇时，其东面已有文昌祠，而文昌祠又是邑士唐时措在宋咸淳中建立的"，并从而得出了上海设镇于咸淳元年或二年的结论，那是误解了《文昌祠记略》的文义。《记略》在“东有文昌祠”下接着说，“镇既升县，遂改为学宫”，它的原义只是说：上海在从前作为镇的时候，镇署的东面有一个文昌祠，等到镇既升县，就把文昌祠改作县的学宫。这句话只说明了县学的前身就是上海镇时代的文昌祠，并没有明确交代先建镇还是先有文昌祠，因而我们也就不能据此便断定设镇时东面已有文昌祠，并由于文昌祠建立于咸淳中，便认为建镇不可能在咸淳以前。

所以就目前我们所掌握的史料而言，我们还只能笼统地说上海建镇于宋末，上限是《云间志》书成之年即绍熙四年(1193 年)，下限是董楷任监镇之年即咸淳三年(1267 年)。黄苇同志的咸淳元、二年说的论据虽不能成立，但他所提出的具体年代距实际建镇年代当不会太远。

洪铭声同志主熙宁七年说，他的有力论据是《宋会要辑稿·酒曲杂录》中一条记载。可是这条记载只提到熙宁十年以前秀州十七酒务中有上海一务而已，并没有说其时上海已经建镇。宋制凡设有监当官掌茶盐酒税的所在称场或务，凡人烟繁盛处设有监当官掌巡逻盗窃及火禁之事的称镇[1]，设酒务跟建镇是两回事；所以《宋会要》这条记载，只能说明熙宁十年前已有上海务，不能证实其时已有上海镇。洪铭声同志认为嘉庆《上海县志》明确而肯定地说熙宁七年建镇，绝不能无中生有。看来无中生有大致不会，前人跟今人一样，误以上海设酒务与上海建镇混为一谈，倒是很可能的。

嘉庆《上海县志》这一条记载，在“熙宁七年”之下，系以四事：一、“改秀州为平江军”；二、“缘通海，海艘辐凑，即于华亭海设市舶提举司及榷货场”；三、“为上海镇”；四、“上海之名始此”。除上海建镇不在此年外，末了一点也是错的，等下文讲上海得名时再讲。现在让我们来看看第一、二两点是否可靠：

宋制州分四等：节度、防御、团练、军事。只有节度州才有军额。秀州在北宋一代始终是军事州，不可能有军额。何况平江军是苏州的军额，苏、秀二州壤地相接，秀州怎么可能也叫起平江军来[2]？第一点完全错误。

《宋会要辑稿·职官四四》中有《市舶司》一章，详细记载了从北宋开国到南宋嘉定以前有关市舶的建置沿革，不仅提到了所有设置市舶司的地点，连设有市舶司所领市舶务的地点也都提到了，但全篇绝未提到上海二字。可见在上海设置市舶只可能在嘉定以后的宋末，不可能在北宋的熙宁年间。

---

1 参《宋史·职官志》镇砦官、监当官，《文献通考·职官考》镇戍关市官。

2 参《元丰九域志》、《舆地广记》、《宋史·地理志》。

第二点也不确。

嘉庆《上海县志》的记载是如此不可靠,我们怎能因为它措辞明确而肯定,就轻易置信?

旧时代修地方志的人多数是乡曲陋儒,学识极为有限,既不懂得处理史料的方法,也不懂得前代典章制度,原始资料一经他们编纂,往往会造成许多错误;所以我们采用地方志记载考订史事,必须善于鉴别,十分审慎。但这样当然不等于说我们可以忽视地方志的史料价值。方志里一般都辑录了许多不见于其他载籍的前人作品,这是最可宝贵的第一手资料;就是出于纂修人之手的方志本文,极大部分毕竟还是有所依据的,尽管跟原始资料可能已有些出入。正因为如此,研究历史而不注意搜集地方志资料,显然也会犯错误。关于宋代曾在上海设置市舶一事,就是一个很好的例子。

日本藤田丰八著《宋代之市舶司与市舶条例》一书,他只看到了明末曹学佺《名胜志》里有"宋即其地,立市舶提举司及榷货场,曰上海镇"这么一句,而此事不见于宋代官书《宋会要》,也不见于正史中的《宋史》,因而他就认为《名胜志》这句话出于明人传说,不足置信,实际上海在宋代并未设置过市舶官。我想藤田氏要是仔细翻检一下上海的地方志,便不会得出这一错误的结论。原来《名胜志》之说当本于方志,而方志中有此说,却是有确凿可信的史料依据的,并非出于悠谬的传说。弘治《上海志》卷五《堂宇》载有宋人董楷在咸淳五年所作两篇文章:一篇叫《古修堂记》,篇中提到了"前分司缪君相之";一篇叫《受福亭记》,篇首就说"咸淳五年八月,楷忝命舶司,既逾二载"。这岂不是无可置疑地证实了宋末咸淳年间上海确已设有市舶官?《宋会要》只修到宁宗朝为止,元人所修《宋史》以实录为据,而《宋实录》亦唯宁宗以前有完书,故《宋史》于理度二朝事多阙略。所以在《宋会要》、《宋史》里找不到关于在上海设置市舶机构的记载,这一点只能据以证明上海市舶置于熙宁说或绍兴说之不可信,自不能连宋时说和宋末说也一概予以否定,认为终宋一代绝无其事。

镇和市舶本来是两种不同性质的机构。全国各地都设有镇,是县以下的一种地方行政机构。市舶则只设在为数不多的沿海州、县或镇,掌海上贸易;虽然有时不一定设有专职人员,可由地方官或转运使、提刑兼任,但其职务本身则不属于地方行政系统。[1] 所以在一般情况下,建镇和设置市舶应该是两回事。不过上海的情况似乎比较特殊。上海镇和上海市舶司都不见于

1　参《宋史·职官志》提举市舶司,《文献通考》提举市舶。

咸淳以前记载，而咸淳初年任市舶分司的董楷又被称为监镇，据此看来，很可能上海在设置市舶之前并未建镇，还是为了要设置市舶才建镇的，因而监镇之职即由市舶兼领，也就是说，这两件事在上海实际上是一回事。这只是一种假定，究竟是否合于史实，当然还有待于进一步研究。

上海镇于元至元二十九年（1292 年）升为县；市舶则在此后六年即大德二年（1298 年）并归庆元路（今宁波市），见《元史・百官志》。

丘祖铭同志认为上海在宋代并未正式设镇，理由是：唐承隋制设置镇将，宋收镇将之权归于县，旧镇多所废罢，"以不建镇为原则"，咸淳中南宋小朝廷正在风雨飘摇、朝不保夕的状态中，更不可能"违背祖宗的前规，忽而把上海设立为镇"。这倒是一种独特的创见，可是历史事实并不如此。宋代的镇虽渊源于唐与五代，但性质迥不相同。唐与五代的镇长官是武职人员的镇将、镇副，其任务是镇捍防守；宋代的镇长官是文职人员的监管，其任务是巡逻盗窃及火禁之事，或兼征税榷酤。[1] 宋初为了把旧时代军政性质的镇改变成为民政、财政性质的镇，因而采取了收镇将之权归于县、诸镇多所罢废的措施，这怎么能说宋以不建镇为原则，为祖规呢？事实上有宋一代随着地方经济的发展，各处增置的镇很多，单是见于《宋会要辑稿》、《方域》、《市镇》篇中不完全的记载，即数以百计，试问不建镇的原则何在？祖规何在？

丘祖铭同志又说：《大明一统志》说上海在"宋时商贩积聚，曰上海市"，弘治《上海志》说"当宋时蕃商辐辏，乃以镇名"，可见为镇为市，"不过是人民群众这样称呼罢了"，并没有经过政府批准公布的手续。这可能是由于他没有注意到弘治《上海志》里又有称董楷为监镇、称古修堂为镇学这两条记载之故。

得名年代

再谈得名年代。

黄苇、洪铭声两位同志都认为上海旧名华亭海，建镇时才改名上海；换言之，即上海之得名与设镇同时。这一看法的史料依据是明以来各种地方志和取材于地方志的《大明一统志》、《读史方舆纪要》和《大清一统志》等。这么许多种旧籍对这一点的说法是一致的，黄、洪两位因而就深信不疑。其实识别旧籍记载之是否可信，主要应依靠我们自己的分析研究，不能取决于记载之是否一致；旧籍关于这一点说法之所以一致，只是以讹传讹而已，绝

1 参两《唐书・百官志》、《宋会要辑稿・职官四八》。

不可信。

为什么不可信？华亭海不可能是一个聚落名；说古人会用华亭海三字作为华亭县境内滨海许多聚落中某一聚落的专称，尤其是不可思议的事。此其一。上海最初兴起于上海浦岸上，聚落一经形成，即以浦名名聚落，那是很自然的事；说这一聚落初期不叫上海，一直要等到建镇时才得名上海，也是不合于常情的怪事。此其二。

那么旧籍中这一说法是无中生有的吗？倒也不是。我在《再论关于上海地区的成陆年代》一文[1]中已经指出：唐宋时确有所谓华亭海，但原意本泛指华亭县的全部海面；后来的上海县城所在地在未成陆以前也确是华亭海的一部分，但不能说旧华亭海就等于后来的上海县；总之，华亭海是海名，不是聚落名。可见“华亭海”三字是有来历的，华亭海跟上海也是有关系的，修地方志的人只是误解了这种关系而已。

旧说的错误一经交代清楚，现在我们就可以正确地解答上海得名年代这一问题了，那就是：“上海”是上海这一聚落的原始名称，换言之，即上海之得名与形成聚落同时；华亭海不是这一聚落的旧名，而是这一带地方在未成陆以前的海面名。

但单是这样从事理上推论也许还不足令人信服，好在洪铭声同志已为我们在《宋会要辑稿·食货十九·酒曲杂录》中找到了一条明确可靠的史料：

> 秀州旧在城及青龙、……上海、……十七务，岁……贯；熙宁十年，租额……贯……文，买扑……贯……分。

上文已考定上海设镇在宋末，而这条记载又告诉我们在北宋熙宁十年以前已经有了上海务，这不是有力地证实了上海在设镇以前早就叫做上海了吗？

按宋代历次纂修会要，第一次奏上于庆历四年，记事截至庆历三年止，书名《国朝会要》；第二次奏上于元丰四年，记事截至熙宁十年止，书名《元丰增修五朝会要》。今本《宋会要辑稿·商税》、《酒曲》两篇各州下皆载有“旧”与熙宁十年两种岁额，《盐法篇》则只载一种税额，末云，“以上国朝会要”。可见商税、酒曲二篇当录自《元丰增修五朝会要》，其中熙宁十年额系新额，而所谓“旧”，当系《国朝会要》中旧额，亦即庆历三年（1043 年）以前的旧额。

1　见《长水集》下册，第 152—159 页。

又《辑稿·食货·酒曲杂录》载天圣元年诸处酒务“以大中祥符元年至乾兴元年内取一年课高者为额”，则《国朝会要》中的岁额，可能即天圣元年（1023年）所定。这样说来，上海设酒务应在天圣以前。从聚落的最初形成到发展得够资格设置酒务，又当有一段不太短的过程，因此，上海聚落的最初形成亦即上海之得名，估计至迟当在五代或宋初，即公元第10世纪，下距宋末建镇约三百年。

（原载《文汇报》1962年6月21日）

关于隋南宁州总管府唐剑南道的南界问题

——答云南大学来件《隋代初唐南诏三幅图在爨地南部的边界线》[1]

隋南宁州总管府南界

来件根据下列四点，主张隋南宁州总管府南界应大致按照今红河、文山二自治州的国界线画：

1.《隋书・梁睿传》，睿在北周末年上书请略定南宁，书中提到的“西爨”，包有旧（指西晋）建宁郡十七县和兴古郡十一县之地。

2.《隋书・韦冲传》：开皇中起为南宁州总管，渠帅爨震及西爨首领皆诣府参谒，“可知爨部都已归附”。

3.《南诏德化碑》载，寸地至于步头，步头“在今元江县”。贾耽记程寸地南至古涌步，古涌步“在今河口县”，可知寸地即以旧兴古郡南部的传统边界线与交州相接，约为今红河自治州、文山自治州与越南民主共和国的分界线。

4.《新唐书・南蛮传》云，西爨“延袤二千余里”，与《新唐志》所录袁滋、贾耽所记自石门南至古涌步的路程 2 203 里相合。

实际这四个论点都难以成立：

1. 樊《志》卷四及《新书・南蛮传》所载西寸之地，都不超出西晋建宁郡

1 此文系据谭其骧先生的遗稿整理。原稿未署时间，估计应在 1973 年 8 月之前。1984 年 1 月，我按先生指示起草答复方国瑜先生指责《中国历史地图集》存在严重问题的意见（刊于中国新闻社第 356 期内参），其中第四点“唐图中今开远市以南界线的画法”曾作说明：“这一段界线的画法，在一九七三年外交部审图时有三种意见：一是云南大学其他同志（朱惠荣等人）的意见，主要依据唐人樊绰的《蛮书》；二是方先生的意见，界线定在第一说之南；三是我所（复旦大学中国历史地理研究室，研究所的前身）的意见，主要根据张九龄《曲江集》记有开元二十四年的确切界线，离《图集》标准年代仅五年，界线定在第一说之北。方先生称这五年间界线已有改变，却并无史料根据。经过反复讨论，余湛同志（外交部副部长，周恩来总理指派主持审定《图集》）决定采用第一说，《图集》即据以上图。”——编者注

的南界，根本与兴古郡不搭界，说西寸包有旧兴古郡十一县之地，是没有根据的。

2. 对东寸而言故曰西寸，可知隋世已分东西寸，西寸首领归附，不等于寸部悉已归附。而西寸的南界，距今国界线甚远。

3. 步头若在元江，距今国界线甚远。据我们考释，应在建水南红河北岸（下详），距今国界亦至少在百里以上。古涌步亦未必在河口，可能在河口西北之田房（此点去年曾提出，会商时已同意定点河口），总之确在今国界线上。但贾耽记程撰于唐贞元中，上距隋开皇置南宁州总管府已二百有余年，故贾耽记程中的寸地南界，未必就是隋开皇中的寸地南界。至于说旧兴古郡南界大致相当今国界，那也是拿不出任何足以取信于人的证据来的。我们只能说兴古郡的西随、进桑（乘）、都梦（簹）三县大致离今国界线不远，却无法推断它们的南界到达何处。进桑关应在二汉牂柯郡、魏晋后兴古郡的南界上，但关址亦未必即今河口县，很可能在河口东南今越南界内。

4.《新唐书·南蛮传》在"延袤二千余里"一语前，载明西爨之地东北起曲州、靖州，西南至滇池周围的喻献、晋宁等地。据樊《志》则曲、靖州属东寸，西寸起自石城，余同新《传》。从曲、靖算起南北约一千余里，从石城算起不足千里。可见新《传》"延袤二千余里"这句话是很不精确的约略之辞，不能用以作为考证寸地疆界的依据。何况上文明明记载着西寸地南至滇池周围，怎么可以置此明确记载于不顾，反而专凭这么一句约略含混的话，另下结论呢？

四个论点都不能成立，所以将隋南宁州南界大致按今国界画出，显然是不应该的。那么应该怎样画法？去秋议定不画界线，着色至图框为止，这是没有办法的办法。若有他法可用，自应舍此法。今番由于来件的启发，再度将隋唐两代有关史料分析、整理、排比了一下，深信唐剑南道南界自哀牢山脉以东一段，自武德贞观下至开元天宝，基本上没有动过，都是在今通海以东大致以曲江盘江为界，通海以西约以今峨山新平县南界为界（下详）。武德上距开皇仅三十年，武德初经营南中，其规制当即沿袭开皇之旧。因此，我们认为哀牢山以东的隋南宁州总管府南界，以采用唐图剑南道的南界为宜。

这条线很可能就是隋代或南北朝时期爨族分布地区的南界。我们知道寸族的前身是叟，汉晋时叟族的南界大致不出建宁郡界，分布在兴古郡境的主要是僚和濮，而唐代中叶的寸族地区已南抵步头、古涌步，可见晋唐之间寸族在逐步向南扩展。唐代曲江盘江以北全是寸区，曲江盘江以南则仅中间今开远、建水、蒙自、个旧、屏边一带是寸区，此区之东是僚子族地区，此区之西是和蛮族地区（下详）。僚子与和蛮当即汉晋时代的僚濮后裔，这块插在僚子、和蛮之间，沿着自北而南交通要道附近向前推进的寸族地区，应该是在唐中叶以前不很久的时代形成的爨族新扩展区。最晚可能在唐初形成，最早可能在南北朝。所以曲江盘江一线，在隋代可能是南宁州这一政区的南界，同时又是寸族的部族分布南界。也可能曲盘江以南的新寸区虽已形成，但草莱初辟，情况与曲盘江以北老寸区有所不同，因此隋朝经营寸区设置南宁州总管府，并未将这块地区包括在内。

唐剑南道戎州都督府南界及西界

一

来件认为初唐（开元前）戎州都督府领地包有旧兴古郡南部，应以“传统边界”（即大致相当今国界）与安南都护府相接，并于附说六推定《太平寰宇记》所载距戎州最远的几个州应在今曲江以南，即兴古郡故地之南部。今考附说六所列举的那几个州，实际没有一个靠得住是在兴古郡故地南部的，因此初唐戎府南界达于今国界一说，不能成立。

首先，《太平寰宇记》所载戎府“旧管蛮夷新旧州四十七”距戎州的里程，错误很多，不可轻信。例如：

“南宁州在州西南二千六百五十三里。”按南宁州即今曲靖，北距戎州（今宜宾）绝不可能在二千里以上。同书同卷上文载：“戎州东北至西京三千九百五十里”，“郎州在长安西南五千六百七十里。”按郎州即南宁州，则南宁应去戎州一千七百二十里，验以地图，此数大致得实。可见“二千六百五十三”之“二”可能是“一”之误。

“盘州在州西二千七里”，“麻州在州西南二千四百八十里。”图中盘州定点今普安，麻州定点今宣威，是盘麻二州去戎亦不可能在二千里以上。同书同卷上文“盘州在长安西南五千三十里”，减去长安去戎三千九百五十里，则盘州去戎应为一千八十里。然验以地图，此数又嫌太少，疑“三十”上脱“×百”二字。

由此可见，若无其他资料，单凭《寰宇记》此项记载就断定那几州距戎州在二千里以上，因而应在旧兴古郡南部，今国界线附近，那是绝对不可信的。因为你怎么可以断定这些州下的“二千”里不是一千里之误呢？假如你认为此项记载中的里数可据以考定各州的今地所在，那么你为什么不认为南宁州、麻州、盘州也在今国界线附近呢？因此，我们认为来件对严州、声州、英州方位的推定是完全不能成立的。

来件推定汤州、归武州的位置，除根据《寰宇记》所载距戎里数外，又谓汤州即贾耽路程中的汤泉州，故应在今河口及屏边县境，归武州即贾耽路程中的龙武州，故应在今屏边之新现。我们认为仅仅因为两个州名中有一字相同，就认为两名同指一地，这样的考证方法未免过于大胆，由此得出的结论是断乎站不住脚的。何况《寰宇记》的汤州从其排列次序来看显然就是《新唐志》的汤望州，这一点来件也是承认的。《新唐书·南蛮传》明明以汤望州系于昆明蛮下，而昆明蛮在牂柯蛮之西，除汤望外又有禄、殷、总、敦、盘、麻等州，可见其地应在今黔西滇东一带。《贵阳府志》推定为今威宁县地，大致得之。今滇越国界附近的河口屏边一带，既非昆明蛮分布地，又距牂柯蛮甚远，怎么可能是汤望州所在呢？

来件又考定品州在今蒙自，所据除《寰宇记》所载距戎里数在二千里以上外，又有州所领八秤、牧二县名与贾耽《路程》中的八平城、《元史·地理志》中蒙自的目则山，或形近，或音同，论证似乎比较充足。所以去秋与朱惠荣同志会商定稿时，我们同意按此画出。今番重予考虑，才发现这个州绝不可能在这一带。品州不可能，应该在品州附近的从州当然也不可能。《寰宇记》明明把品、从二州列在石门路诸州之下，不属于“益州郡界内”诸州。按石门路的曲、协、靖等州在今滇东北昭通、彝良、大关一带，“益州郡界内”的南宁、盘、麻等州在今滇东黔西曲靖、宣威、普安一带，这是大致确凿可靠的。品、从二州既然属于石门路，那就应该与曲、协等州相连接，不应该中隔“益州郡界内”诸州而远在今之滇南国界附近。《寰宇记》所载戎府“旧管蛮夷新旧州四十七”，分为四路，试就这四路的名称及其一部分有今地可指的州予以综合考察，则四路的地域区划是很清楚的。自戎州西出，位于金沙江北岸西岸的是“马湖江”诸州，西接巂州都督府辖境。自戎州南出，位于南广河流域及其迤南镇雄威信一带的是“南广溪洞”诸州，东连泸州都督府辖境。自戎州西南出石门，介于马湖江、南广溪洞两路之间的是“石门路”诸州。“地最远”，“近滇池”，“与姚巂州云南接界”(《寰宇记》语)的是“益州郡界内”诸州。石门路诸州中之远于曲州(今昭通)者，约当在金沙江左岸今鲁甸、巧家、会泽、东川一带，最远者可能在拱王山西麓金沙江南岸今禄劝、武定之北境。我们认为品、从二州即应在此范围内。“益州郡界内”诸州在石门路诸州之东南，南广溪洞诸州之南，即今寻甸宣威以东南。前三路于二汉为犍为、越巂郡地，而后者主要为汉益州郡地(兼得牂柯郡之东界)，故《寰宇记》即以此称之。要之，四路各自成区，属于石门路之品、从二州，不得在寻甸、宣威之南，更何得远在今滇越国界附近？

以上已就来件附说六推定在今滇越边界附近的州，全部予以否定。那么《寰宇记》戎管诸州的南界究竟到达哪里？据上文考定，戎管四路中“地最远”，南与安南都护府，西与姚州都督府相接的是“益州郡界内”十五州。我们只要将这十五州的名目看一遍，就可以发现它既无《曲江集·敕安南首领爨仁哲书》中属于安南的潘州、归州，亦无此书中属于姚府的昆州、黎州。由此可见，《寰宇记》“益州郡界内”十五州的南界、西界，亦即戎府的南界与西南界，大致上与其于《敕安南首领爨仁哲书》中的区划并无不同之处。

二

现在我们要考证一下《寰宇记》所谓“旧管蛮夷新旧州四十七”是什么时候的制度。

《寰宇记》戎州下先列举了“原管蛮夷州县”协、曲、郎、昆、盘、黎、匡、髳、尹、曾、钩、靡、裒、宗、微、姚十六州五十县；接着又列举了“旧管蛮夷新旧州四十七”；“一十五州在益州郡界内”，“十六州在南广溪洞内”，“四州，三州在马湖江，一州在西北”，“一十二州在石门路”。前后两组都是含混地用了一个“原”字，一个“旧”字，未标明年代，这就需要分别予以考证。

前十六州皆载有建置沿革。中间郎州旧名南宁州，盘州旧名西平州，黎州旧名西宁州，皆改名于贞观八年。髳州旧名西濮州，钩州旧名南龙州，宗州旧名西宗州，微州旧名西微州，皆改名于贞观十一年。又据《新唐志》，贞观二十二年析郎州置麻州，二十三年诸蛮内附置傍、望、求、丘、览五州，此六州不在十六州内。由此可见此十六州系贞观十二年至二十二年间之制。《旧唐志》戎州下所列十六羁縻州与此同，盖《寰宇记》此段即录自《旧唐志》。而《旧唐志》又当录自《括地志》。

后四十七州的绝大多数只载距戎州方位里数，不载建置沿革，比较难以判断它的年代。按《旧唐志》戎州下有云：“天宝元年改为南溪郡，依旧都督羁三十六州，一百三十七县。”知天宝元年仍是前一段时期内戎州所领凡三十六州。《寰宇记》四十七州中有曲、协二州载及天宝中因云南离叛被破而内移，又有浪州载明系贞元十三年西川节度使韦皋奏置，可见四十七州在三十六州之后，自三十六州增至四十七州，系天宝元年以后事。

《旧唐志》未列出三十六州州名，但《寰宇记》的四十七州何者为天宝元年旧有三十六州，何者为后来新增十一州，仍可考出。《寰宇记》载：

连州，从筠州析出。南州，从盈州析出。以上新旧州皆在南广溪洞内。

钳州，从开边县析出。以上在石门路。

《新唐志》除南、钳二州同《寰宇记》外，又载：

德州，析志州置。为州，析扶德州置。洛州，析镜（《寰宇记》作景）州置。移州，析悦州置。播朗州，析巩州置。以上新旧州皆在南广溪洞内。靖州，析协州置。播陵州，析盈州置。以上除盈州在南广溪洞外，新旧州皆在石门路。

以上十州，皆系从旧州析出，加上贞元十三年新置的浪州（《新唐志》作浪川州，亦载明置于贞元十三年），共十一州，应即天宝元年以后所增置者。此十一州，七州在南广溪洞，三州在石门路，一州在马湖江。

除浪州系贞元十三年所置有明确记载外，又有武镇州，《新唐志》云，"本武恒，避穆宗名改"，《寰宇记》亦作武镇，然则四十七州当系录自穆宗长庆以后册籍。

但此四十七州又不可能为穆宗以后所实有。自天宝中南诏东侵，降至永泰元年凤伽异筑拓东城而"威慑步头，恩收曲、靖"（《南诏德化碑》），在这一范围内的唐朝戎府诸州，当然已不复存在。《寰宇记》于前十六州下云："右上十六州，旧属戎州都督，天宝以前朝贡不绝，天宝后设在蛮境。"这是说贞观十六州天宝后已全部没入南诏。唯此十六州中昆、黎以西十二州天宝前已改属姚州都督府，在天宝年间仍属戎府者仅郎、盘、曲、协四州（下详），尚不足以说明戎属羁縻州天宝后"没蛮"的全貌。下文后四十七州下又云："右上件羁縻诸州，除没落云南蛮界一十五州，其余虽有名额，元无城邑……"此所谓"没落云南蛮界一十五州"，当指"益州郡界内"十五州，因此十五州全在曲、靖之南，步头之北。又石门路曲州下云："在州西南九百里，天宝中因（为）云南（所）破，移在开边县界，去县一百二十七里。"协州下云："在州西南八百里，天宝中因云南离叛被破，今移置在州西南四百九十三里。"曲、协二州既因故地沦没而内移，则石门路中远于曲、协的哥灵、滈、品、从等七州，亦当已废弃。四路之地天宝后仍为唐有者仅马湖江、南广溪洞二路及石门路之北部地区，故天宝后有所增析者，亦限于此范围内。

总上所考，可见《寰宇记》四十七州为长庆时所实有者，计南广溪洞十六州、马湖江四州、石门路近处五州，共二十五州；此外"益州郡界内"十五州及石门路远处七州并已沦于南诏。《寰宇记》这一新旧州四十七的名单，当系录自唐长庆的册籍；而这一册籍所著录的，不仅是当时见在诸州，也包括了沦没诸州——由于唐朝并没有表示过罢弃这些州，因此沦没后仍长期保留其名目不废。沦没诸州的州名，当然应该是沦没以前的最后建制，即天宝十载左右的建制，不可能近舍天宝而远录开元或开元以前的旧制。由此又可见，上文所指出的《寰宇记》中的戎府、姚府、安南三方界划与《曲江集·敕安南首领爨仁哲书》中的界划相同，实际上也就是说，这三方的界划，天宝"没蛮"以前与开元二十二年至二十四年张九龄任宰相时代是相同的。

见于《曲江集》的三方疆界不仅下与天宝时代相同，并且又上与见于张柬之:《请罢姚州屯戍表》(《见全唐文》卷175、两《唐书》本传)中的高宗则天后时代相同。《表》云:"姚州本龙朔中武陵县主簿石子仁奏置之"(此言龙朔中奏置，与《通典》、《唐会要》、《旧书》本纪、《通鉴》言麟德元年置异，盖奏请于龙朔，开置于麟德也)，后因州长史"为群蛮所杀"，遣将进击，反为所败，"其州乃废"(姚州曾一度废罢，其后复置，不见他书，赖有此表，得以补两《唐志》之脱略)。"至垂拱四年，蛮郎将王善宝、昆州刺史爨乾福又请置州，奏言所有课税，自出姚府管内，更不劳扰蜀中。及置州后……"按《表》中所谓置州、废州、又置州，皆兼指都督府而言。垂拱中复置姚州及都督府出于蛮郎将王善宝及昆州刺史爨乾福之请，足见昆州在麟德至"其州乃废"期间，亦必隶于姚府，否则昆州刺史何得列名奏请复置？至麟德以前，其时姚府未立，故贞观戎府十六州西抵匡、宋，接壤六诏，然其南界亦仅止于郎、黎，与开元天宝时同。且贞观十六州皆始置于武德中，唯其时戎府亦未立，南中诸州皆统于南宁州总管府或都督府，然则贞观中戎府之西界、南界，又即武德中南宁州总管或都督府之西界、南界也。

总上所考，可见戎州(或南宁州)都督府辖境南止于郎、黎而不得潘、归，自武德贞观下至天宝南诏东侵以前皆然，大致应以南盘江为界。其西界则在麟德以前不仅爨地全在境内，并且还包有弄栋、青蛉、勃弄诸蛮之地。但自麟德以后，则昆、黎以西割隶姚府，连西爨地区也大部分不在境内了；此后除姚府罢废一短时期外，自垂拱复置姚府直至开元、天宝，亦沿袭不变。来件认为自唐初至开元戎府南界大致相当于今国界；又谓凡爨地皆应在戎府界内；又谓爨地昆黎以西属姚府，潘、归以南属安南，仅为开元二十年左右一时之制，此前此后皆不然，显与上所论证史事不符。

三

由于作者先有了一个部族区域应与政区一致，爨族地区在唐朝统治下应全部隶属于戎州(或南宁州)都督府的定见，因此，对《曲江集·敕安南首领爨仁哲书》中明确记载着的爨部分属安南、姚州、戎州三方的情况，就不得不解释成“暂时之事”。上文已论证作者所谓传统的包括全部爨族地区的政区在唐代史料上是找不到任何根据的，相反，各种史料所反映出来的情况却正好与见于《曲江集》中的相符，这就从根本上否定了《曲江集》中所载的三方区划是“暂时之事”的说法，本来无须乎再说什么了。但为了把有关问题搞清楚，不嫌辞费，再就来件对那篇敕书的解释提出我们的看法如下：

1. “都府不平，处置有失”，只说明了都府与各部之间有矛盾，并看不出都府是一个或几个，不能由此得出结论说是敕书中提到的各部原属于一个都督府。

2. 说“朋仇相嫌，经营损害”是说当时各部首领间有争端，是正确的。但说各部间的争端是在爨归王任南宁州都督后，由于他的“都府不平，处置有失”而造成的，则非是。从敕书书首首列安南四首领之名，次列姚州三首领之名，最后才列出以爨归王为首的戎州三首领之名这一点，就可以看出爨归王最多只是戎州诸首领中的都督，绝不是敕书所提到所有部落的都督。南宁州都督只是一个由爨部首领任都督的羁縻都督，他与诸部首领间的矛盾，属于“朋仇相嫌，经营损害”性质；至于“都府不平”的都府，那是指代表朝廷在边疆镇摄诸部族，统辖诸羁縻都督、刺史、县令、鬼主、首领的汉官，具体说就是安南的都护和姚州、戎州的都督。

3. 诸爨部首领私投安南、姚、戎三方一说，完全出于作者臆测，在敕书上根本找不出丝毫可以附会为此说的痕迹。且爨部分属三方若果系出于爨部私投，朝廷何得承认，见之敕书？

4. 说安道训带着这封敕书前往爨地宣问的意图在于要求书中指名的首领改变对立之局为结合，即改变分投安南、姚、戎三方之局为统辖于南宁州都督，这又是没有根据的臆测。敕书明明只提到这些首领“时有背叛，似是生梗”，“或朋仇相嫌，经营损害”，“自不安宁，兵戈相防”，接着就说“既渐风化，亦当颇革蛮俗”，可见唐朝对这些首领只是要求他们对朝廷不要再有背叛行为，各部之间不要再“朋仇相嫌，经营损害”而已，何尝有改变政区分划，将爨地并属一个都督府之意？

来件又说自经安道训“宣问”后，从开元二十四年起直至天宝间南诏东侵，整个爨地全在南宁州都督统辖之下，举五事为证。今按，此五事皆不足以证成此说：

1. 爨归王袭杀升麻川孟氏父子而并其地，这和后来曲轭川的大鬼主爨崇道又杀害爨归王和安宁城的爨日进是一样的，都不过是爨部首领间的相互吞并而已，与爨归王的南宁州都督身份绝不相干，更不能由此证明什么南宁都督具有了统治整个爨地的权力。

2. 天宝初南宁州爨归王、爨崇道及昆州爨日进、黎州爨祺、求州爨守懿、螺山爨彦昌连兵攻陷安宁，杀筑城使者一事，只能说明这些爨部首领对此事有共同利害关系，与是否同属于一个都督府是不相干的。只要利害关系相同，就可采取共同行动，何必一定要同属于一个都督府？攻陷安宁城后不久崇道即杀日进，害归王，归王妻走父部乞兵相仇，"诸爨豪乱"。假如说同属一个都府才共同行动，那么为什么又相互残杀？可见诸爨时而以利害相同而共同行动，时而以利害冲突而相互残杀，与唐朝在此地区的政区划分毫无关系。

3.《南诏德化碑》记诸爨合兵攻陷安宁，首列南宁州都督爨归王之名，也只能说归王应为此役的带头人而已，并不能得出昆、黎、求等州都属于南宁州都督辖区的结论。

爨归王的官衔是南宁州都督，见《南诏德化碑》、樊《志》卷四、《新唐书·南蛮传》，但在《曲江集·敕安南首领爨仁哲书》中则称之为南宁州刺史。来件认为这是由于其时爨部分裂，已不存在都督头衔；开元二十四年消除分裂后，即恢复都督职权，故《德化碑》中记安宁之役，即以都督称之。这也是误解。按，唐制都督例由都督府驻地之州刺史或郡太守兼任，故凡都督亦得以刺史或太守称之，《旧唐书·南诏传》、《新唐书·南蛮传》皆对张虔陀既称为云南太守，又称为都督，即其例（天宝元年改姚州为云南郡）。所以开元中爨归王以南宁州都督兼刺史，或称都督，或称刺史，义无二致。称都督不等于不是刺史了，称刺史也不等于不是都督了。再者，敕书中爨崇道的头衔是"南宁州司马威州刺史都大鬼主"。按，唐制都督府与州皆有司马，唯甲州司马无兼任乙州刺史之理，故知此所谓"南宁州司马"，应为南宁州都督府司马之简称，其时爨崇道盖以南宁州都督司马兼管内之威州刺史。此又为南宁州都督未尝在开元二十四年前撤废之证。

自爨归王任南宁州都督（可能始于开元五年）后，一直到归王被害其子守隅继任都督，南诏吞并爨地将守隅内迁河赕，南宁州都督始终是存在的，没有撤废过。但这个南宁州都督大不同于武德至贞观初的南宁州都督。武德贞观的南宁州都督，是由汉官担任的总制南中的封疆大吏，辖有北起曲、协，南至郎、黎，西至匡、宋的广大地区。贞观六年罢南宁州都督，改于戎州置都督使统辖旧属南宁诸州。贞观二十三年又罢戎州都督，置郎州都督。郎州即南宁州改名，实际是恢复了贞观六年以前的旧制。永徽三年又罢郎督置戎督（置郎督在贞观二十三年，见《新唐书·南蛮传》、《新志》羁縻望州。

罢郎督复戎督见《新唐书·蛮传》，事在永徽三年，见《通鉴》。罢郎督时复戎督，因知置郎督时必罢戎督），自此直至唐末不改。至于这个开元天宝时代的南宁州都督，是在戎州都督管下的由爨部首领担任的羁縻都督，其地位仅比一般羁縻州刺史稍高而已。此时南宁州都督所统辖的范围，不见记载，但至多不会超过《寰宇记》所谓“益州郡界内”十五州。昆、黎、求等州，自麟德以来属姚州都督府；南宁州都督所辖，不可能越出戎府范围管到姚府地区去。

4. 诸爨首领反对筑安宁城事件中没有归州、潘州首领，这应该是由于归、潘二州距安宁城较远，所以没有参加；不能据此便认为其时安南已不辖爨地，潘、归已改隶南宁。樊《志》卷四载天宝中命独锦蛮之长为归州刺史一事，不能成为归州已不属安南之证据，更不能断言“是由南宁州都督（或戎州都督）任命的”。任命都督刺史之权一般应操于唐中央政府，完全有可能用姚府境内秦臧川的首领去做安南境内的爨地刺史。

5. 南诏乘诸爨豪之乱，兴师占领昆、黎以西爨地，其事约在天宝七载，“诸爨由是离弱”。天宝八载唐朝命何履光“从安南进军伐蛮国（南诏），十载，已收复安宁城”。自出兵至收复安宁历时一年有余，来件说是由于“在爨地早已无安南的势力存在，何履光从南进兵，通过爨地，沿途遭受抵抗”之故，这是很难说得通的。何履光通过爨地是否沿途遭受抵抗，与这些爨地在当时行政区划上隶属于哪一方面毫无关系。属姚府、戎府也可以因附唐而不抵抗，属安南也可以因反唐而抵抗。何况当时安宁城及其附近一带爨地已在南诏统治之下，何履光的征伐对象也是南诏而不是爨部，所以何军在北上途中未必会遭受爨部的抵抗。其所以要花上一年多时间才收复安宁城，当由于路途修阻（四十八程），南诏抵抗甚力，或何军本身有问题，与安宁以南有没有属安南的爨地是风马牛不相及的。

四

上文辨明了在唐代不论是开元以前或开元以后，都没有存在过戎州都督或南宁州都督统辖全部爨地的情况；见于《曲江集·敕安南首领爨仁哲书》中安南、姚、戎三方的区划，不是“暂时之事”，而是足以反映唐朝统治南中的全盛时代，自麟德以后直至天宝南诏东侵以前长达八十余年的常制。因此，我们认为以开元末年政区为准的唐图，正应该按照这篇敕书中的区划画出，这是无可怀疑的了。现要进一步讨论的是：这八十余年间三方面的具体界线在图面上应如何表示？

戎、姚二府之间的界线，去年所画的一段黑线大致可用（昆、黎属姚，其东属戎）。唯北面一段红线，似可酌量西移，将普渡河下游包在戎府境内，因戎府石门路之品、从二州很可能就在这一带，考见上文一。

戎、姚二府与安南之间的界线，在南侧是爨部的归、潘二州和僚子、和蛮二部，在北侧是姚府的黎州、钩州和戎州的南宁州、盘州。这条界线可分为三段探讨：

僚子就是今壮族的祖先。僚子部，大致应相当于今文山壮族苗族自治州。原稿将今丘北县境划在戎府境内，不知何故，似以一并划入僚子部为宜，北与戎府的南宁州、盘州以盘江为界。《旧唐志》盘州“南接交州”，所谓“交州”，即指此部而言；以此部隶属安南都护府，而都护府治交州，且都护例兼交州刺史故也。

和蛮即和泥，今称哈尼族。此和蛮部既隶属安南，自应在今红河哈尼族彝族自治州一带。哀牢山脉以西景谷景东一带，唐代也有和泥，距姚州较近而距安南过远，不宜包括在此部内。唯原稿注记于今州境西南部红河以南，北以红河为界，又嫌过小。据《新唐书·南蛮传》显庆元年条以和蛮大首领王罗祁与西洱河大首领杨栋附显、郎、昆、黎、盘四州大首领王伽冲并列，可见和蛮部地域应相当辽阔，似以将红河北岸哀牢山脉以东今之石屏、元江二县也包括在内为妥。自此以北地属姚府之黎州、钩州。

这样处理牵涉到了步头的位置问题。原稿将步头位置标在今元江，而步头系爨地，则不应划入和蛮部。不过，按我们的看法，步头本不在元江。方国瑜先生辨步头非即贾涌步，甚是。但樊《志》卷六所载道路自安宁南下经通海趋安南，自通海以下自应直南或东南行，断无绕道南行数百里至今元江始改取水路舟行东下之理。再者，《元史·地理志》谓建水城古称步头，其言当有所本，未可轻易彻底否定。唯建水城不濒红河，城址不可能为古之步头，步头当指元建水州今建水县境内红河北岸某一埠耳。以地望推之，约当为今日之阿土（中分图）。通海直南稍偏东至阿土约可四日程，故樊《志》“通海城南十四日程至步头”一语，“四”上当衍一“十”字。

爨族即今彝族。爨部归、潘二州，应在今红河哈尼族彝族自治州东北部。这需要从潘归国与龙武州谈起。

《新唐志》及《新唐书·南蛮传》：大历中“以潘归国部落置龙武州”。顾名思义，潘归国当系合并潘、归二州所建。据樊《志》卷四，天宝中犹以独锦蛮之长为岿州刺史，是则潘、归二州合并为潘归国，约当在天宝十载之后。是年鲜于仲通大军为南诏败于江口，何履光亦自安宁撤兵还安南，王知进又以交趾兵从步头进讨，大败引还，唐廷在南中声威大减。潘、归二州隶安南而距安南府治甚远，盖至是遂不复听命于唐廷，自行建国。唐人以其为潘、归二州故地，遂以潘归国称之，其国人未必以此自称也。又据《南诏德化碑》，赞普钟十四年（唐永泰元年）凤伽异筑拓东城，“于是威慑步头，恩收曲、靖，颁告所及，翕然俯化。……东爨悉归，步头已成内境”。知永泰后不久，即大历初，潘归国当已为南诏所破灭，南诏版图，已南展至步头矣。唯南诏也未能收取潘归国之全境。潘归部落有邻接安南者，还附于唐，唐为置州界安南绥定之，即龙武州是也。

龙武州见贾耽记程，自安南北来，经古涌步百八十里至“汤泉州，又五十里至禄索州，又十五里至龙武州”。汤泉州约当今屏边县治，则龙武州约当今屏边县西北之新现镇（新现去县治直距四十余里，山路曲折，宜有六十余里）。龙武州以潘归国部落归附安南，知其地应处故潘归国之东南边境。潘归国之南界，当在龙武州南不过数里处，因其南十五里即为禄索州治也。潘归国及天宝以前之潘归二州，并当在大历后此州即今新现镇以北。潘归之地既介在和蛮、僚子二部之间，其北境又当以盘江与戎府南宁州接界，以曲江与姚府黎州接界；且地处自南中通往安南之冲要，故开元中当为诸爨“朋仇相嫌，经营损害”之焦点，宜乎二州之名首列于张九龄《敕安南首领爨仁哲书》中。二州辖境及州治所在皆于史无征。以意推之，则敕书首列归州，次列潘州，归州应在北，约当今开远、建水二县地；潘州应在南，约当今蒙自一县、个旧一市及屏边县西北隅新现附近之地。归州州治可能在今开远县治附近，潘州州治可能在今蒙自县之碧色寨附近。贾耽、樊绰所记道路皆在开远碧色寨一线之西，故不及此二州州名或故址。

总上所考，所以我们认为去年所画安南北界，应予改动，但不是向南移就今国界线，而是北移改为东以盘江与戎府为界，西以曲江及今石屏、元江县北界，折南以哀牢山脉与姚府为界。

南诏在爨地的南界

现在再讨论一下唐天宝以后南诏统治南中时期在爨地的南界，即南诏与唐安南都护府之间的疆界。

来件根据《南诏德化碑》所载南诏在唐永泰元年筑拓东城，“于是威慑步头，恩收曲、靖，颁诏所及，翕然俯从”，“东寸悉归，步头已成内境”数语，解释成为南诏至此已统治整个爨地，这也与史实不符。（1）上文提到的建于大历中，至贞元中犹见在的龙武州，贾耽就明明说它是寸蛮而隶属于安南。龙武州属唐而不属南诏，龙武以南的爨地当然也是如此。这些寸地就是见于《新唐书·南蛮传》和《新唐志》的贞元七年后隶属于安南的峰州都督府的爨蛮十八州。(2) 樊《志》及《新唐书·南蛮传》虽将寸族分为东西二寸，西寸西至龙和，东寸南至步头，只是指当时寸族的主要分布地区。实际寸族分布不限于此范围，如龙武等州即在步头东南。碑文只说“步头已成内境”，不等于说包括了寸地全境。所谓“东寸悉归”，也只是说在南诏东方的寸族的主要地区都已归附而已，用了一个“悉”字，不等于说已经真正做到了将所有寸族地区全部收入版图。

讲到这里，又得讨论一下峰州都督府是否辖有爨地的问题。来件认为《新唐志》“蜀寸蛮州十八，右隶峰州都督府”这条记载是错的；实际情况当如《南蛮传》所云“峰统羁縻州十八，与蜀寸蛮接”，峰属羁縻州本身不是寸蛮而是与寸蛮相邻接。对此我们也有不同看法。《新唐志》此条确是有错，但只是错在：(1) 衍一“蜀”字，(2) 十八州并非全属爨蛮；却并没有全错。《南蛮传》也不正确，因为峰属羁縻州北边所接在当时是南诏而非“蜀寸蛮”，就是算天宝以前的老账，也只是寸蛮而非蜀(剑南)寸蛮。峰州所领羁縻州的实际情况应该是有一部分是爨蛮，有一部分是“生蛮”。《南蛮传》之所以既在寸蛮条下讲到了乌蛮“与峰州为邻，贞元中置都督府，领羁縻州十八”，又在安南生蛮条下再次提到“峰统羁縻州十八，与蜀爨蛮接”，就是由于这个缘故。若峰领羁縻州中全无寸蛮，只是与寸蛮邻接，那么峰州的置府领州，何得叙于爨蛮条内？

贾耽在贞元中所记录下来的入四夷道里，就明明记载着在峰州以北的忠城州、多利州、丹棠州，“皆生獠也”，又北经古涌步、汤泉州、禄索州、龙武州，“皆爨蛮，安南境也”。所谓安南境，当即“安南之峰州辖境”的简称。所谓生獠，当即《南蛮传》所谓生蛮。忠城至龙武六州，当即峰领十八州中之六。可见峰州境内既有生蛮，又有寸蛮，是无可置疑的。《新唐志》和《南蛮传》中说峰州都督府置于贞元七年，并没有说峰州所领羁縻十八州亦置于此年。此十八州可能全系贞元以前所置，也可能其中有一部分系贞元中所置。在贞元七年峰州未置都督府以前，这些州应直属于安南都护府。要之，十八州中龙武州居最北，而龙武州置于大历中，所以即使有几个州系贞元中所增置，当然也都在大历以来的安南疆界以内，不需要改变唐与南诏之间的边界。来件认为十八州设在贞元七年，十八州若设在寸地，就意味着唐朝夺取了南诏的领土，而当时唐与南诏之间的关系正在和好时期，不可能有此事云云，全系出于误解。

来件又由于要否定开元后安南仍辖有爨地，因而认为贾耽记程虽作于贞元中，其所云自某地至某地“皆寸蛮，安南境也”，“剑南地也”，“戎州地也”，则系采用开元间记录。这种说法也难以成立。实际贾耽这三句话，应分别作具体分析，不可一概而论。

龙武州以上“皆寸蛮，安南境也”这一句，（1）龙武州系大历中所置，开元中尚无此州名；（2）开元时安南的北境包有归、潘二州，而后来所置的龙武州，只是原来潘归地区南部边境上的一小部分——从这两点看来，显然不会是采自开元年间的记录，应该确是贾耽撰述引书时，即贞元年间见在的情况。贾耽撰上书时约在大历置在龙武州之后二三十年，他这句话证明了形成于置龙武州那一年的安南北界，至此还没有变动。

龙武州以上在当时唐朝的版图以内，所以贾耽按时制记载。自龙武州以北，当时是南诏的领土，可是贾耽站在唐朝的立场上，不愿意直说，他还要按过去在唐朝统治下的区划予以叙述。但他已搞不清楚五十多年前天宝初年的区划了，他只知道安南北接剑南，因此就误以大历以来的新界为天宝旧界，把龙武州以北至曲江这一段原来属于安南潘、归二州的地域说成是“剑南地也”。不说戎州地也或姚州地也而笼统地说剑南地也，也就是因为他实在搞不清楚。自曲江以北，天宝以前本来是姚州地，他又误以为是戎州地。不过贾耽以曲江以北、以南分属于两个政区，这一点倒是正确地反映了天宝以前的情况的。

总之，贾耽这三句话，前一句与后二句的史料价值大不相同，我们不能因为后二句不符合贞元时实际情况，有错误，从而就对前一句也否定它是贞元中的实录，怀疑它的正确性。以上考定大历至贞元年间安南、南诏的界线在龙武州以北，南诏尚未全有爨地。就是《新书》本纪所载元和十一年、会昌六年两次“云南蛮寇安南”，所寇安南地亦不能断言已在寸地之外。又，《旧唐书·马植传》载开成间安南羁縻州有为南诏所诱，不可招谕者；《册府元龟》卷九七七载有先属南诏开成中投附安南的羁縻州刺史麻光耀；这些羁縻州亦无从确定其地理位置。来件因樊《志》卷四、《通鉴》咸通四年《考异》引《实录》见扶邪县令麻光高，而《元和志》安南府治西三百二十里之武定州领县二，其一名扶邪，遂谓麻光耀与光高为兄弟辈，开成前安南城西三百余里之地已入南诏，立说未免过于大胆。樊《志》、《通鉴》“扶邪县令”上皆系以“罗伏州”，是则麻光高之扶邪，乃罗伏州之扶邪，非武定州之扶邪。罗伏州与武定州并见《新唐志》安南都护府所领羁縻州，但地望无考。麻光高以扶邪县令为南诏领兵参与攻安南城之役，当系南诏人而非安南人，故此扶邪疑即《清统志》云南府《古迹》所载在罗次县境之扶邪城，而此罗伏州乃南诏所置，在今罗次一带，非安南之罗伏州。麻光耀不是安南府西三百余里的武定州人。上引这两条史料，只能说明开成年间安南南诏之间的边界有变动，非复大历、贞元之旧，但仍然无法说明南诏的南界是否已超出了或达到了爨地的边界。

樊《志》卷一：从安南上水至贾勇步（即古涌步）二十五日程，"大中初悉属安南管系，其刺史并委首领勾当"。可见大中初南诏的南界已逼近古涌步，但古涌步仍在安南界内。古涌步在贾耽记程中是爨地。又据《新唐志》"郎茫州，永泰二年以林睹符部落分置，领县二：郎茫、古勇"，古勇当即古涌步。据《新唐书·南蛮传》，林睹符部落系"安南生蛮"。则古涌步当为爨蛮与安南生蛮交错杂居处。大中初南诏尚未占有古涌步，这就是说，严格说来，南诏至是仍未能统治整个寸地。但粗略言之，说南诏的南界大中初已到达寸地南界，似未始不可。古涌步无论是今之河口或今之田房，都在今国界线上，所以也可以说南诏的南界至大中初已到达今国界线。

总之，南诏南界到达今国界线的可靠年代是大中初。当然，樊《志》说大中初安南疆界到达贾勇步，是同下文所讲到的大中八年后此界以内的川洞有"数处陷在贼中"的情况对比而言的，所以安南北界止于贾勇步，有可能在大中以前已然。但既然大中以前不到十年的开成三年左右南诏边界有变动，可见大中初这条边界的形成即使不始于大中，也早不了几年，可能是在会昌中，最早不会超过开成。

再说一遍，这条约形成于开成至大中初的大致相当今国界线的南诏南界，还是没有包括全部寸族地区。南诏真正做到统治整个寸地，应稍后于大中八年。大中八年，安南"经略使苛暴，川洞离心"，"安南都护擅罢林西原防冬戍卒"；"疆内首领，旋被蛮贼诱引，数处陷在贼中"；"林西原七绾洞首领"被蛮诱引，"七绾洞"悉为蛮收管，见樊《志》卷一、卷四。又卷一载自贾勇步至南诏首府阳苴咩城为程二十一日，而卷四有云："南蛮去安南峰州林西原界二十二日程。"此所谓南蛮，即指阳苴咩城，因知林西原应在古涌步稍东南，相去一日程。又卷四载有桃花人"本安南林西原七绾洞左右侧居"，桃花人应为"安南生蛮"之一种。可见自大中八年后，南诏南界已超过古涌步，到达了林西原，也就是说已超过了寸地的南界，到达了"安南生蛮"地界。

林西原在古涌步东南一日程，约当在今越南老街一带。南诏既侵占林西原，旋即深入安南，勾结"土蛮"，于咸通元年、四年两次攻陷安南府城。第一次失守次年即复。第二次失守则由新任经略使高骈率大军力战经年，至七年十月始克复，“南诏遁去，安南平”。《新唐书·高骈传》云，骈破南诏，“降附诸洞二万计”。《通鉴》亦云，“又破土蛮附南诏者二洞，诛其酋长，土蛮帅众归附者万七千人”。林西原本为安南土蛮，“被蛮诱引”“陷入贼中”，至是自当在降附收复之中。此后安南北界即大致恢复大中初年之旧，但亦不尽相同，如古涌步即可能未收复。红河两岸今国界线之形成，当始于此。故以乾符五年为准的南诏图，此段界线大致按今国界线画是合适的。

（原载《复旦学报（社会科学版）》1996年第2期）

《简明中国历史地图集》图说

原始社会遗址图说

本图集各图幅全都采用古今对照法。历史图用黑色符号注记,衬以浅灰色今地图。唯独这幅原始社会遗址图因没有当时的地理名称传世,故只用符号标出各种遗址在今地图上的分布;既无历史圈可绘,当然也谈不上古今对照。

又,本图集除新增二幅民国图外,主体部分自夏商周至清代各幅都采用《中国历史地图集》原图,除极个别点线稍有增删移易外,基本上不作改动。但自 60 年代末《中国历史地图集》定稿后二十多年来,新发现的原始社会遗址为数颇多,从而考古学界对各种考古学文化的命名和分布年代论断,都有所变动、改进。90 年代新出版的图册若仍然采用二十多年前的旧图,显然很不合适。因而这幅图又不得不改动全集编例,不用原图,改用绘制于 80 年代的《中国国家历史地图集》中的原始社会遗址图。

图中画出的遗址中原截止于夏以前,边区适当展迟下限。全国共有旧石器时代遗址二百余处,新石器时代达八千多处,为比例尺所限,图上只能以今县市为单位,一县市不论发现遗址多少,只画一个符号。图上除注出部分市县河湖名外,只标出一些有代表性的重要遗址所在的乡镇名。

旧石器时代早期遗址

中国大地上已发现的最早的人类化石和文化遗址,共有山西芮城西侯度、云南元谋、河北阳原小长梁、东谷坨四处。前者距今约 180 万年,其次约 170 万年,后二者约 100 万年。在地质上属早更新世晚期。其时人类以打制石器为主要生产工具,过着采集和狩猎生活。此外属于旧石器早期的重要遗址又有陕西蓝田、北京周口店、山西芮城匼河、垣曲南海峪、河南南召云阳、湖北郧县梅铺、大冶石龙头、安徽和县陶店、贵州黔西观音洞、辽宁营口金牛山、本溪庙后山等处,地质年代属中更新世,距今在三五十万年左右。

其中周口店一处，即本世纪20年代初最早发现后来闻名于世的“北京人”遗址。

旧石器时代中期遗址　有陕西大荔甜水沟、山西襄汾丁村及阳高许家窑、广东曲江马坝、贵州桐梓岩灰洞、湖北长阳下丁家、辽宁喀左鸽子洞等处，地质年代属晚更新世，距今约十万年。

旧石器时代晚期遗址　有黑龙江呼玛十八站、内蒙古乌审旗萨拉乌苏沿岸、宁夏灵武水洞沟（旧称河套文化）、山西朔县峙峪、河南安阳小南海、河北阳原虎头梁、山西沁水下川、内蒙古呼和浩特大窑、四川汉源富林、北京周口店山顶洞、广西柳江通天岩、青海可可西里，以及西藏定日苏日、申扎梅雄，台湾台南左镇、台东长滨等处，地质年代属晚更新世至全新世开始时期，距今一万至三万年。

中石器时代遗址　发现较少，也不够典型，考古学界多存在不同看法。有陕西大荔沙苑、河南许昌灵井、山西沁水下川、黑龙江哈尔滨顾乡屯、内蒙古满洲里札赉诺尔、广西武鸣等处。地质上属全新世时期，距今七八千年至一万年。

在全国31个一级行政区中，只有新疆、海南、天津、上海四个地区未发现旧、中石器时代遗址。

新石器时代遗址

磁山、裴李岗文化　公元前6000年至前5000年。磁山在河北武安西南，裴李岗在河南新郑西北，以这两处遗址为代表的文化颇多相似之处，早于仰韶文化。遗址遍布于武安以南河南中部，西至登封、郏县，东至尉氏、项城，东南至于潢川。

大地湾文化　公元前5850年至前5400年。大地湾遗址在甘肃秦安县邵店村东，以此为代表的文化分布于甘陕渭河流域，兼及陕西汉水上游，早于仰韶文化。

仰韶文化　公元前5000年至前3000年。仰韶村在河南渑池，以此为代表的文化遗址遍布于河南、陕西、山西、河北，东至鲁西北，北至河套，西至宁夏陇西，南至鄂西北。分为半坡（陕西西安）、庙底沟（河南三门峡）、西王村（山西芮城）、王湾（河南洛阳）、大河村（郑州）、后岗、大司空村（安阳）等类型。

马家窑文化　前3300至前2050年。以甘肃临洮马家窑遗址为代表，包括石岭下、马家窑、半山、马厂四种类型，主要分布于东起甘肃渭河流域，西

至河西走廊和青海河湟地区。是仰韶文化晚期的一个地方分支，故又名甘肃仰韶文化。

龙山文化　前2900至前1900年。以山东章丘龙山镇城子崖为代表，分布于山东、苏北、皖北、河南、河北、山西、陕西及辽东半岛南端、鄂西北、河套东北隅，分为庙底沟二期文化，以安阳后岗为代表的河南龙山文化，以城子崖和日照两城镇为代表的山东龙山文化（即典型龙山文化），以长安客省庄为代表的陕西龙山文化（又称“客省庄二期文化”），以襄汾陶寺为代表的龙山文化陶寺类型五种类型。

齐家文化　前2000年左右。以甘肃广河齐家坪遗址为代表，其分布，东起甘肃泾渭，西抵青海河湟，南至甘南白龙江流域，北入内蒙古阿拉善。上承马家窑文化，晚期已进入青铜时代早期，约与中原夏朝同时。

红山文化　前3500年左右。以内蒙古赤峰市东北红山后遗址为代表，分布于内蒙古东南部、辽宁西部、河北北部、吉林西北部。相对年代与中原仰韶文化大致相当。

细石器遗存　分布于东北三省、内蒙古、宁夏、新疆、西藏等地，是新石器时代一种以渔猎畜牧经济为主的文化。除以细小打制石器为共同特征外，各地的文化面貌和年代各有不同。

北辛、大汶口文化　前5400至前2500年。北辛遗址在山东滕县东南，大汶口遗址在山东泰安县南大汶口镇与宁阳堡头村交界处。北辛文化分布于山东泰安以南至江苏邳县，年代较早，约在前5400至前4400年之间。大汶口文化分布较广，遍及山东黄河以南运河以东，东至黄海，南至江苏淮北，年代约在北辛文化之后，前2500年以后发展为山东龙山文化。

青莲岗、北阴阳营文化　前5400至前3000年。青莲岗遗址在江苏淮安东北，以此为代表的文化分布于江苏淮河下游南岸，年代约为前5400至前4400年之间。北阴阳营遗址在江苏南京市区南京大学内，以此为代表的文化分布于江苏宁镇地区和安徽东南部，年代约为前4000年至前3000年。

南方早期新石器文化遗存　以打制、磨制石器和简单绳纹陶为基本内涵的华南较早期新石器文化，遍布于江西、福建、台湾、广东、广西、贵州、云南、川南、西藏等地。其中有早至前120000年至前9000年的广东阳春独石仔、封开黄岩洞遗址，江西万年仙人洞遗址为前6800年左右，广西南宁豹子头遗址为前8700至前7600年。其他大致较晚，有些已被命名为不同的考古学文化，如以江西修水山背村跑马岭遗址为代表的山背文化，以福建闽侯昙石山遗址为代表的昙石山文化，以台湾台东八仙洞遗址为代表的长滨文化，以台北大坌坑遗址为代表的大坌坑文化，以圆山遗址为代表的圆山文化，以高雄凤鼻头遗址为代表的凤鼻头文化，以广东曲江石峡遗址为代表分布于北江东江流域的石峡文化等。

大溪文化　前4400至前3300年，以四川巫山大溪遗址为代表，分布于东至湖北江陵公安，南至湖南澧水流域、洞庭湖北岸，北抵汉水中游等处。

屈家岭文化　前3500至前2600年。以湖北京山屈家岭遗址为代表，分布于湖北江汉平原至河南南阳盆地。

河姆渡文化　前5000至前3300年。以浙江余姚河姆渡遗址为代表，分布于宁绍平原的东部，越海东达舟山群岛。

马家浜、崧泽文化　马家浜文化以浙江嘉兴马家浜遗址为代表，分布于钱塘江以北，西北至常州一带太湖流域。旧称江南青莲岗文化，70年代改称。年代约始于前5000年，至前4000年发展为崧泽文化。崧泽遗址在上海青浦县东，年代下限约为前3300年，其后发展为良渚文化。

良渚文化　前3300至前2200年。以浙江余杭良渚镇遗址为代表，分布于太湖流域及宁绍平原西部。旧称杭州湾龙山文化，60年代改称。

其他原始文化　普遍分布于长江中下游以南，越海至台湾、海南岛。从新石器时代晚期起，延续时间较长，各地区文化面貌各不相同。

夏时期图说

黄河下游的原始社会后期，出现了以尧和舜相继为首领的部落联盟。舜死后夏族首领禹代为部落联盟首领。禹死后子启杀原定继承人益（一说是益让位于启）嗣位，从此由部落首领推选联盟首领的原始社会传统转变成为一姓世袭、父兄死后由子弟继承的君主制国家，建立起了中国历史上的第一个王朝——夏。

夏朝的年代约起自公元前21世纪，历16君四百有余年至前16世纪为商所灭。夏族主要活动于今河南中、西部和山西南部地区。近几十年来在这一带先后发现了多处介于晚期龙山文化和早商文化之间的文化遗存，与文献所载夏朝年代和地域符合。以河南偃师二里头遗址为代表的二里头文化一二期，学术界已公认为夏文化遗存。

本图根据《诗经·商颂》、《左传》、《古本竹书纪年》、《世本》、《史记·夏本纪》等比较可信的有关夏代史料编绘，并画出考古遗址中的二里头文化遗址。

夏时期夏族之东分布着许多夷族。启子太康、中康及中康子相时，国家统治权曾落入东夷首领后羿、寒浞、浞子浇、豷之手，至相子少康灭浇，少康子杼灭豷，夏室中兴。又传五世七君至孔甲，夏衰，诸侯多叛。又传三世至桀（履癸），为商汤所败，被放于南巢而死。

据《古本竹书纪年》，禹都阳城（河南登封东南告成镇），太康居斟（河南旧巩县西南五十八里），相处帝丘（河南濮阳），杼居原（河南济源西北），迁老丘（开封东北），杼五世孙胤甲居西河（安阳东南），桀又居斟鄩。见于他书中的夏都又有安邑（山西夏县东北）、平阳（临汾西南）、晋阳（太原西南）、阳翟（河南禹县）。1960 年在今偃师西南，洛阳老城东约十八公里的二里头遗址发现大型宫殿建筑遗址，考古学者或认为这是斟鄩的遗址，或认为这是桀后期自斟鄩“迁于河南”的“河南”。

夏时的方国有有穷、有仍、有莘、有易、有鬲、有缗、有虞、有扈、过、寒、商、缯、亳、葛、斟灌、三朡、昆吾、韦、顾、涂山、防风、英、六、巢等，四裔有莱夷、九夷、熏育、三苗等。

二里头文化遗址，主要分布于河南郑州附近、伊洛汝颍流域和山西汾水下游一带。

商时期图说

商族始祖契，相传曾佐禹治水。传 13 世至成汤（天乙），在灭葛、灭韦、顾、昆吾之后灭夏，建成中国史上第二个王朝——商。商人屡次迁居，自契至汤八迁，汤从先王居都亳，传 10 世 18 王，数迁至盘庚迁殷。此后至商亡 273 年不复迁，周人遂称商为殷，唯商人自称为商不改。又传 7 世 11 王至纣（帝辛）为周武王所灭。凡 17 世 30 王，起前 16 世纪，止前 11 世纪，约 500 年。

商朝因有 1899 年以后在殷墟发现的大量甲骨刻辞，和多处出土有铭文的青铜器，并发现多处宫殿、作坊、陵墓遗址，中国史从此进入信史时代。

自汤至盘庚几经盛衰。盘庚弟之子武丁在位时国势鼎盛，北伐鬼方、羌方，又南击荆蛮，势力达于长江流域。今湖北、湖南、江西都有这一时期的遗址和出土遗物。武丁传三代五王至武乙时“东夷寖盛，分迁淮岱，渐居中土”。至其孙帝乙、帝乙子纣时屡征夷方，虽取得了胜利，国力因之虚耗。西方的周渐次兴起，周文王取得了大多数诸侯拥戴，至武王时大会八百诸侯于盟津，与庸、蜀、羌、髳、微、卢、彭、濮等族联兵伐纣，战于牧野，遂灭商。其时纣都于帝乙以来的别都沫(朝歌)。周灭商之年,史学界有十多种说法,近年以采用前 1066、前 1057、前 1045、前 1027 等说为多。

本图资料采自甲骨、金文及《尚书》、《诗经》、《左传》、《国语》、《古本竹书纪年》、《世本》、《史记·殷本纪》等文献中比较可信部分,并画出考古遗址。

全图限于比例尺,不能容纳见于记载应予画出的地名和遗址,特另制中心区域图一幅,扩大比例尺,使在此范围内的地名、遗址都能画出。

《尚书序》、《史记·殷本纪》谓汤至盘庚凡五迁都,今综合《古本竹书纪年》及《书序》、《殷本纪》之说,排定自亳(即薄)(今河南商丘北)迁嚣(一作隞,荥阳东北,一说即今郑州),再迁相(内黄东南),再迁邢(一作耿,河北邢台),再迁庇(山东郓城北),再迁奄(曲阜),再迁殷(河南安阳西北),图中标出商 1 至 7。

商时以亳为名之地甚多。旧说汤所居即有三亳:南亳(商丘东南)、北亳(商丘北)、西亳(偃师西)。王国维《说亳》考定灭夏时应在北亳。近年在偃师二里头发现商代早期宫殿,学术界多认为即西亳遗址。

商时周边方国戎狄甚多,有人方、淮夷、虎方、群舒、有熊氏、越戏方、祭方、犬方、邢方、基方、余无戎、燕京戎、翳徒戎、西落鬼戎、龙方、䜌方、𢀛方、犬戎、羌方、熏育、土方、危方、𠬝方、鬼方等,远夷有肃慎、氐、羌、濮等。

西周时期图说

周始祖弃,周人认为是种植稷和麦的创始者,号后稷,姬姓。相传舜封之于邰(陕西武功西南)。传至公刘迁豳(邠,旬邑西)。又九传至古公亶父,自豳徙岐山下之周原,渐臻强盛,号周太王,时约在前 12 世纪。传子季历,当商武乙、太丁之世。商以为牧师,已而杀之。季历子昌,称西伯。曾为商纣囚于羑里(河南汤阴),旋被释。解虞(山西平陆)、芮(陕西大荔)之争,两国从而附之。败戎人。灭密须(甘肃灵台西南)、黎(耆)(山西长治西南)、邗(河南沁阳西北)、崇(河南嵩县北)等国。迁都于丰(陕西西安沣水西)。死后追谥为文王。太子发立,是为武王。

武王十一年灭商,建立周朝,是为西周。建镐京于沣水东。后二年武王死,子成王诵立。年幼,叔周公旦摄政。初武王封纣子武庚于殷,以弟管叔鲜、蔡叔度监之。至是武庚联合管蔡与东方夷族叛周。周公东征,削平叛乱,统治扩及东方,大规模多封同姓与异姓诸侯。七年,周公反政成王;营建"天下之中"洛邑于洛水之阳,于是丰镐为"宗周",洛邑为"成周",成为周朝东西两个政治中心。

成王及其子康王在位时“天下安宁”。康王子昭王，死于征楚途中。昭王子穆王征犬戎，徐偃王率九夷来攻，命楚伐灭之。又曾西向远游与西王母（可能是西北某部落的女首领）相见。又经共王、懿王、孝王、夷王至厉王，无道，断山泽之利，压制国人言论。国人起义袭王宫，王奔彘（山西霍县）。乃有“共和”行政。共和一说为周召二公共同执政，一说为共伯和受诸侯拥戴代行王政。共和元年为前841年，中国史有确切纪年始此。共和十四年厉王死，太子即位，是为宣王。西北与猃狁、诸戎交战，又用兵于东南淮夷、徐戎。子幽王荒淫，废申后立褒姒为后，前771年申后之父申侯引犬戎攻杀幽王于骊山下，西周亡。

图中所采辑资料来历，除无甲骨刻辞外，同商时期。除全图外，另制中心区域图幅，亦同商时期。

西周时诸侯封国在中心区域图中分大小二级，大国用⊙号，小国用◦号。国都名称与国名不同者，另行注出。夷狄部族一律用注记表示其大致方位。其时大国有鲁（都曲阜）、齐（都营丘即今临淄）、丰、薄姑、邶、鄘、卫（都沬）、东、晋、宋（都商丘）、陈、蔡、许、楚（都丹阳）、庸、吴（都蕃离）、徐等。夷狄著者齐东有莱夷，北有鄋瞒（长翟）；晋南有条戎，北有隗、狐氏、燕京戎、北戎、鬼方；宗周西有陆浑戎，北有严允、太原、翟；江淮间有淮夷、虎方、群舒；楚之西南有濮与扬越；秦之西有羌；燕之东北有肃慎等。

诸侯国曾迁都者，标明其先后次序，如晋先后都于唐（时以唐为国号）、鄂、曲沃、绛（翼）四地，樊初在宗周东南，后迁成周河北。

春秋时期图说

周幽王被杀后太子继立，是为平王，在晋、秦、郑、卫等诸侯护送下，前770年东迁洛邑；此后历史即进入东周时期。东周又分为春秋和战国前后二期。春秋本指鲁国编年史《春秋》一书所载起鲁隐公元年（前722年），止鲁哀公十四年（前481年），近今史学界将此一时期上展起自平王东迁，下延止于敬王之末年，即前770至476年皆作为“春秋”，本图亦以此为上下断限。

春秋时王室衰微，周天子但居共主之虚名，诸侯专政，齐、晋、秦、楚迭起称霸，继之以僻在东南之吴。《史记》在《三代世表》下表列共和元年以后至敬王末年周王及鲁、齐、晋、秦、楚、宋、卫、陈、蔡、曹、郑、燕、吴十三诸侯国，凡十四格，而以《十二诸侯年表》为名。十二诸侯始为春秋中叶以前泛指诸主要诸侯之惯称，但计自鲁至燕十二国，而后起之吴尚未计入。

十三国中，姬姓八国：鲁为武王弟周公之子伯禽之后，晋为武王子唐叔虞之后，卫为武王弟康叔封之后，蔡为武王弟叔度之后，曹为武王弟叔振铎之后，郑为厉王子友之后，燕为周同姓召公奭之后，吴为太王子仲雍之后。异姓五国：齐为文王武王师太公吕尚之后，姜姓；宋为商纣庶兄微子启之后，子姓；陈为舜后胡公之后，妫姓；楚为蛮夷部落熊绎之后，芈姓；秦为西戎部落非子之后，嬴姓。

见于春秋时记载的大小诸侯共有一百四十多个，此外又有蛮夷戎狄部族三十余。本图限于比例尺，未能全部画出。国名除标注于国都符号旁外，大国在其疆域范围内另用隶体字标出。诸国族曾经迁徙者，尽可能一一画出，用数字标注其先后次序。大国注出其国都名，如晋之绛、新田，秦之西犬丘、平阳、雍，齐之临淄，鲁之曲阜，宋之商丘，郑之新郑，楚之郢、鄀，燕之蓟、临易，卫之沫、曹、楚丘、帝丘。

其时边远之夷狄东北有山戎、东胡、肃慎，西北有羌、林胡、楼烦，南有百濮、扬越，东有东莱、淮夷、东夷。西与诸夏错处，中原者又有赤狄潞氏等种在太行山南段东西二麓，今山西、河南北境；白狄在今陕北；白狄别种鲜虞、肥鼓等在今河北中部，又有扬拒、泉皋、伊雒之戎、陆浑之戎处伊洛间，茅戎在今山西平陆，戎蛮在今河南临汝，皆因无法见图，从略。

战国时期图说

西汉刘向编《战国策》，始以“战国”作为时代名称。这个时代开始于何年，旧说不一。《史记・六国年表》始于周元王元年(前 475 年)。《资治通鉴》起于周威烈王二十三年(前 403 年)，承认韩、赵、魏三家为诸侯。又有主张起周敬王三十九年(前 481 年)上接《春秋》纪年的，起周贞定王元年(前 468 年)上接《左传》编年的，起周定王十六年(前 453 年)韩赵魏灭知氏形成三家分晋之势的。近今史学界一般都采用起于元王元年(前 475 年)，止于秦始皇二十六年(前 221 年)统一六国，凡 250 年。本图亦以此为断限。

春秋二百数十年中，强国不断兼并弱小，至末年只剩约三十国。入战国最初越于前 473 年灭吴，会齐、晋于徐州(山东滕县南)，周王命为伯，称霸一时，后世渐衰微。六卿擅晋权，晋地渐分入六家，前 458 年范、中行二氏为四家所分，前 453 年韩、赵、魏三家又灭知氏分其地，前 403 年周王以三家列为诸侯(前 355 年晋祀绝)。田氏专齐政，至前 386 年周承认田和为诸侯(前

379 年吕氏后裔绝)。此后秦、楚、韩、赵、魏、田齐、燕遂为战国七雄。陈、蔡、郑、杞、莒、滕、邹、薛、郯诸小国次第被并于诸大国。见于其时的戎翟，关中有大荔、义渠、朐衍、绵诸、貆等国，华阳有蜀、巴、苴等国，先后为秦所并，北有林胡、楼烦，为赵武灵王所并，东胡为燕昭王逐出长城之外，燕之东北有秽、发、高夷、肃慎，燕、赵、秦之北有匈奴。秦河洮之外有月氏、乌孙、析支。巴蜀之南为筰、僰、邛、敝、夜郎、且兰、滇等西南夷。楚之西南为九夷、百濮。越之南为东越(瓯越、闽越)、扬越、骆越。

三家分晋时魏为其时七雄中最强国，前 344 年魏惠王始称王。继而前 334 年魏惠、齐威会于徐州相王，又十余年而秦、韩、赵、燕、中山、宋莫不称王(楚于春秋时已称王)。周王之地于前 367 年分为东西二小国。

自前 330—前 328 年秦取魏河西、上郡，声威所及，遂演成连横合纵之局，经多次各国间的战争，秦地日扩，各国日削。前 316 年秦取巴蜀。前 306 年楚取越之江东。前 296 年赵灭中山。前 286 年齐灭宋。秦又于前 278 年破楚郢都，尽占江汉地区，楚迁避于陈。已而秦赵剧战于长平、邯郸，前 256 年楚灭鲁，秦灭西周，周王室亦绝。前 254 年魏灭卫。前 249 年秦灭东周。

前 246 年秦王政即位，继续攻取六国地。前 241 年取卫于魏，迁于野王，使为附庸。前 230 年灭韩。前 228 年取赵地，俘其王，其公子保代为代王。前 226 年取燕地，燕王东迁辽东。前 225 年灭魏。前 223 年俘楚王，取江南，降越君。前 222 年攻辽东，俘燕王；攻代，俘代王。前 221 年攻齐，俘齐王。于是“秦初并天下”，建皇帝尊号，历史进入了中国第一个一统帝国——秦朝时期。

秦初都雍，迁泾阳、栎阳，前 350 年孝公定都咸阳。魏初都安邑，前 361 年惠王定都大梁。韩初都平阳，迁宜阳、阳翟，前 375 年灭郑即迁都之。赵初都晋阳，迁中牟，前 386 年定都邯郸。楚都郢，迁陈、巨阳，前 241 年又迁寿春。越灭吴后曾迁琅邪，前 379 年迁回吴。中山都顾，前 406 年为魏所灭，不久复国，都灵寿。齐都临淄，燕都蓟，鲁都曲阜，宋都睢阳，卫都濮阳，皆因旧。周王居洛阳，西周都河南，东周都巩。

楚、齐、魏、韩、中山、赵南、燕南皆筑有长城，图中只能画出楚北与齐南长城。楚长城称方城，亦称连堤，春秋时已有。齐长城筑成于前 350 年。赵、燕、秦北接匈奴东胡；前 3 世纪初赵武灵王首筑北边长城，自代并阴山下至高阙为塞。继之燕昭王筑长城起造阳东至满潘汗，秦昭王筑长城西南起临洮东北至于榆中河上，皆见图中。

本图限于比例尺，故于各国疆域范围皆无法表示，更不可能表示各国疆域的历次伸缩，仅得画出其国都所在，大国另加一隶体字标注，小国及其他重要地名无法见图者亦只得从略。春秋时秦、晋、楚已设县，末年晋又设郡，入战国产生以郡统县制度。县与郡初皆设于边境；兼并日烈，设置郡县地区日益普遍，至末年已设有三十余郡，极大部分皆为秦统一后所沿袭，即三十六郡所本。但亦有战国时曾设而入秦不复存在者，如设于大江巫峡一带之巫郡，设于陶地一带的陶郡，本图一概未能画出。

秦时期图说

战国后期秦国逐步蚕食、吞并山东六国，至秦王政二十六年（前 221）完成统一，建号皇帝，建立起了中国史上第一个一统皇朝——秦朝。历 15 年（前 206），为农民起义军和六国旧贵族所推翻。

四十八郡表

郡名	郡治县名	郡治今地	郡名	郡治县名	郡治今地
上郡	肤施	陕西榆林南	南郡	江陵	湖北江陵
汉中	南郑	陕西汉中市	南阳	宛县	河南南阳市
巴郡	江州	四川重庆市江北	泗水	相县	安徽濉溪西北
蜀郡	成都	四川成都市	薛郡	鲁县	山东曲阜
陇西	狄道	甘肃临洮	九江	寿春	安徽寿县
北地	义渠	甘肃宁县西北	长沙	临湘	湖南长沙市
三川	洛阳	河南洛阳市东	会稽	吴县	江苏苏州市
颍川	阳翟	河南禹县	上谷	沮阳	河北怀来东南
河东	安邑	山西夏县西北	渔阳	渔阳	北京密云西南
东郡	濮阳	河南濮阳南	右北平	无终	天津蓟县
砀郡	睢阳	河南商丘南	辽西	阳乐	辽宁义县西
邯郸	邯郸	河北邯郸市	辽东	襄平	辽宁辽阳市
巨鹿	巨鹿	河北平乡西南	临淄	临淄	山东淄博市临淄
太原	晋阳	山西太原市西南	琅邪	琅邪	山东胶南西南
上党	长子	山西长子西	黔中		湖南沅陵西南
雁门	善无	山西右玉西	广阳	蓟县	北京市西南
代郡	代县	河北蔚县东北	陈郡	陈县	河南淮阳
云中	云中	内蒙古托克托东北	闽中	东冶	福建福州市

续 表

郡名	郡治县名	郡 治 今 地	郡名	郡治县名	郡 治 今 地
南海	番禺	广东广州市	济北	博阳	山东泰安东南
桂林		广西百色东北	胶东	即墨	山东平度东南
象郡	临尘	广西崇左	河内	怀县	河南武陟西南
九原	九原	内蒙古包头市西	衡山	邾县	湖北黄冈北
东海	郯县	山东郯城北	鄣郡	故鄣	浙江安吉西北
恒山	东垣	河北石家庄市东	庐江	舒县	安徽庐江西南

秦朝废除分封诸侯制，将始起于战国时代的郡县制普遍推行于全国，以郡统县。郡的首长是守（行政长官）、尉（典武职甲卒，又是守的副职）、监（掌吏治监察），直属朝廷，县大者置令，小者置长。初并天下时全境分置三十六郡。其后南并五岭以南南越地，置南海、桂林、象三郡；北取匈奴阴山以南地置九原郡；又陆续分析内郡。至秦末，除都城咸阳（今陕西咸阳市东北）附近关中平原为内史辖境外，见于《史记》、《汉书》、《续汉书》、《水经注》等记载的秦郡共四十八郡。全国县级政区约有一千左右。本图画出四十八郡的治所和见于当时记载的著名山川。又，西南夷地区虽未置郡县，亦曾"置吏"于夜郎、滇等部族，历十余岁至秦亡始弃守，故一并画入秦版图内。

秦时期秦朝疆界以外各族，用注记表示其大致方位。西域国族无明确史料记载，只标作"城郭诸国"。

西汉时期图说

秦亡经楚汉之战，公元前202年，汉王刘邦击破楚王项羽，即帝位，继秦之后再建统一皇朝——汉。汉朝历时422年。

公元前202—公元9年是前汉朝，因建都长安，通称西汉。

公元25—220年是后汉朝，因建都雒阳，通称东汉。

两汉之间是9—23年的王莽统治时期；国号新；23—25年的刘玄统治时期，国号汉，年号更始。

西汉初年疆域比秦朝减缩了南越东越和河套地区。武帝时大事恢拓，极盛时东北置乐浪等朝鲜四郡，与三韩接壤于朝鲜半岛中部；北以阴山、长城与匈奴乌桓接壤；西北置河西四郡有河西走廊及湟水流域地；西南置西南夷七郡西抵四川盆地边缘，南有怒江哀牢山之东北云贵高原；南置南越九郡，有今两广、海南岛及越南北部中部地。武帝末年与昭宣之际东北及西南边郡稍有省废，至元帝初元三年（前 46 年）弃珠崖即今海南岛，是后不再变动。

西汉既继承了秦代的郡县制，又在部分地域恢复封建制：一部分郡县直属朝廷，另一部分分属诸侯王国。高帝五年（前 202 年）有异姓七国分领二十余郡。十二年（前 195 年）有同姓九国、异姓一国；其时天子独有十五郡，此外三十余郡悉属诸侯，一国领有数郡，少或二三，多至六七。至景帝三年（前 154 年）平定吴楚七国之乱后，悉收诸侯王支郡，自后一国但有一郡，郡、国乃处于同等地位。武帝颁行推恩令后，王国的领地又因分封诸子为侯改属汉郡而逐渐缩小。《汉书·地理志》以平帝元始二年（公元 2 年）版籍为据，其时共有 103 郡国（83 郡、20 国），领 1 587 县、道、邑、侯国各种县级单位。大郡领县多至三五十，王国小者但领三四县。

景帝中元二年（前 148 年）更名郡守为太守，尉为都尉。王国的统治权汉初由诸侯王掌握；景帝剥夺诸侯王统治权，但得"衣租食税"；地方官由朝廷任命，内史治国民如郡太守，中尉掌武职如郡都尉。成帝绥和元年（前 8 年）省内史，改以国相治民。

西汉元始二年（公元 2 年）一百零三郡国表（次序依《汉书·地理志》）

郡国名	治所县名	治所今地	郡国名	治所县名	治所今地
京兆尹	长安	陕西西安市西北	南阳郡	宛	河南南阳市
左冯翊	长安	陕西西安市西北	南郡	江陵	湖北江陵
右扶风	长安	陕西西安市西北	江夏郡	西陵	湖北新洲西
弘农郡	弘农	河南灵宝北	庐江郡	舒	安徽庐江西南
河东郡	安邑	山西夏县西北	九江郡	寿春	安徽寿县
太原郡	晋阳	山西太原市西南	山阳郡	昌邑	山东金乡西北
上党郡	长子	山西长子西	济阴郡	定陶	山东定陶西北
河内郡	怀	河南武陟西南	沛郡	相	安徽淮北市西北
河南郡	雒阳	河南洛阳市东	魏郡	邺	河北临漳西南
东郡	濮阳	河南濮阳南	巨鹿郡	巨鹿	河北平乡西南
陈留郡	陈留	河南开封市东南	常山郡	元氏	河北元氏西北
颍川郡	阳翟	河南禹州	清河郡	清阳	河北清河东南
汝南郡	平舆	河南平舆北	涿郡	涿	河北涿州

续 表

郡国名	治所县名	治 所 今 地	郡国名	治所县名	治 所 今 地
勃海郡	浮阳	河北沧州市东南	张掖郡	觻得	甘肃张掖西北
平原郡	平原	山东平原西南	酒泉郡	禄福	甘肃酒泉
千乘郡	千乘	山东高青东	敦煌郡	敦煌	甘肃敦煌西
济南郡	东平陵	山东章丘西北	安定郡	高平	宁夏固原
泰山郡	奉高	山东泰安东	北地郡	马领	甘肃庆阳西北
齐郡	临淄	山东淄博市临淄	上郡	肤施	陕西榆林东南
北海郡	营陵	山东昌乐东南	西河郡	平定	内蒙古准噶尔旗西南
东莱郡	掖	山东掖县	朔方郡	朔方	内蒙古杭锦旗北黄河南岸
琅邪郡	东武	山东诸城			
东海郡	郯	山东郯城北	五原郡	九原	内蒙古包头市西
临淮郡	徐	江苏泗洪东南	云中郡	云中	内蒙古托克托东北
会稽郡	吴	江苏苏州市	定襄郡	成乐	内蒙古和林格尔西北
丹阳郡	宛陵	安徽宣城	雁门郡	善无	山西右玉东南
豫章郡	南昌	江西南昌市	代郡	代	河北蔚县东北
桂阳郡	郴	湖南郴州市	上谷郡	沮阳	河北怀来东南
武陵郡	义陵	湖南溆浦南	渔阳郡	渔阳	北京密云西南
零陵郡	零陵	广西全州西南	右北平郡	平冈	辽宁凌源西南
汉中郡	西城	陕西安康西北			
广汉郡	梓潼	四川梓潼	辽西郡	阳乐	辽宁义县西
蜀郡	成都	四川成都市	辽东郡	襄平	辽宁辽阳市
犍为郡	僰道	西川宜宾市西南	玄菟郡	高句骊	辽宁新宾西南
越巂郡	邛都	四川西昌市东南	乐浪郡	朝鲜	朝鲜平壤大同江南岸
益州郡	滇池	云南晋宁东北	南海郡	番禺	广东广州市
牂柯郡	故且兰	贵州黄平西南	郁林郡	布山	广西桂平西南
巴郡	江州	四川重庆市江北	苍梧郡	广信	广西梧州市
武都郡	武都	甘肃西和南	交趾郡	羸陵	越南河内市
陇西郡	狄道	甘肃临洮	合浦郡	合浦	广西合浦东北
金城郡	允吾	甘肃永靖西北	九真郡	胥浦	越南清化西北
天水郡	平襄	甘肃通渭西	日南郡	西捲	越南广治西北
武威郡	姑臧	甘肃武威	赵国	邯郸	河北邯郸市

续 表

郡国名	治所县名	治 所 今 地	郡国名	治所县名	治 所 今 地
广平国	广平	河北鸡泽东南	淮阳国	陈	河南淮阳
真定国	真定	河北石家庄市东	梁国	睢阳	河南商丘南
中山国	卢奴	河北定州	东平国	无盐	山东东平东
信都国	信都	河北冀县	鲁国	鲁	山东曲阜
河间国	乐成	河北献县东南	楚国	彭城	江苏徐州市
广阳国	蓟	北京市西南	泗水国	凌	江苏泗阳西北
菑川国	剧	山东寿光南	广陵国	广陵	江苏扬州市西北
胶东国	即墨	山东平度东南	六安国	六	安徽六安市
高密国	高密	山东高密西南	长沙国	临湘	湖南长沙市
城阳国	莒	山东莒县			

汉初省郡监,由丞相派遣僚佐分区刺察,不设常员。武帝元封五年(前106年)始设部刺史,除近畿七郡外,分全国一百多个郡国为十三部,每部设一刺史,掌刺察部内官吏与强宗豪右,定为常制。十三刺史部中有十一部采用《禹贡》、《职方》里的州名为部名。称×州刺史部,故习惯上又称一部为一州。征和四年(前89年),又设司隶校尉一职,掌察举京师百官与近畿七郡。从此全国连同十三州部共有十四个监察吏治的部。司隶校尉至成帝绥和二年(前7年)改称司隶。

西汉十四部分察郡国表

司　隶　部　察京兆、冯翊、扶风、河东、河内、河南、弘农七郡。
兖州刺史部　察东、陈留、济阴、山阳、泰山五郡,淮阳、东平、城阳三国。
豫州刺史部　察颍川、汝南、沛三郡,梁、鲁二国。
青州刺史部　察齐、济南、千乘、平原、北海、东莱六郡,菑川、胶东、高密三国。
徐州刺史部　察东海、琅邪、临淮三郡,楚、泗水、广陵三国。
并州刺史部　察太原、上党、云中、定襄、雁门、代六郡。
冀州刺史部　察魏、清河、巨鹿、常山四郡,赵、广平、真定、中山、信都、河间六国。
幽州刺史部　察涿、勃海、上谷、渔阳、右北平、辽西、辽东、玄菟、乐浪九郡,广阳一国。
荆州刺史部　察南、南阳、江夏、武陵、桂阳、零陵六郡,长沙一国。
扬州刺史部　察九江、庐江、豫章、丹阳、会稽五郡,六安一国。
益州刺史部　察蜀、广汉、汉中、武都、巴、犍为、越嶲、牂柯、益州九郡。
凉州刺史部　察安定、天水、陇西、金城、武威、张掖、酒泉、敦煌八郡。
朔方刺史部　察北地、上、西河、朔方、五原五郡。
交趾刺史部　察南海、苍梧、郁林、合浦、交趾、九真、日南七郡。

图中用隶体字标出部名,并画出部界。刺史,成、哀后改名牧;平时巡行郡国,岁尽诣京师奏事,并无固定治所。

西域诸国,汉初役属于匈奴。汉武帝初年张骞穿越匈奴地始通西域。其后汉得河西地开置郡县,遂得出阳关、玉门关与西域直接交通。经半个世纪汉匈间争夺,至宣帝神爵二年(前 60 年),汉取得全胜,于是设西域都护府于乌垒城(新疆轮台东北),统辖天山以南葱岭以东三十六国。至元帝初(前 48 年)又置戊己校尉,屯田于车师前部之高昌壁(吐鲁番东);辖境扩展至包有天山以北乌孙,葱岭以西大宛,都凡四十八国。其后又有增析,哀、平间都凡五十国。本图为图幅所限,画出其三十一国及一部分国都、名山大川。

汉朝疆域以外,其时东蒙古高原为东胡后裔乌桓、鲜卑分布地;松、嫩、黑龙、图们江流域为夫余、肃慎、沃沮分布地;漠南北为匈奴地,呼揭、坚昆、丁零皆为其役属;青藏高原为诸羌地,唐旄、发羌在今西藏境,先零羌傍西海(今青海)而居,王莽时曾诱使内附置西海郡。云南西南部为哀牢夷地。海南岛自武帝元封元年(前 110 年)后为汉朝珠崖、儋耳二郡地,元帝初元三年(前 46 年)放弃,遂由土人自治。

东汉时期图说

东汉光武帝刘秀于建武元年(25 年)即帝位,以次削平王莽末年以来割据政权,至建武十三年(37 年)恢复统一。光武时又废止王莽时所改变的州、郡、县各级区划名称,恢复西汉后期旧制。由于多年战乱使户口锐减,相应省并郡国十,县、邑、道、侯国四百余。后世陆续增析,历百年至顺帝时凡郡国百五,县、邑、道、侯国千一百八十,备载《续汉书・郡国志》。《志》于河南尹户口数上系以“永和五年”四字,故一般认为《志》所载 105 郡国即此年(140 年)政区制度[但此年实应有 106 郡国。105 郡国则为冲帝永嘉元年(145 年)至桓帝建和元年(147 年)期间阜陵王国暂绝未复时制度]。郡级政区除郡、国(王国)外,安帝又以属国分边郡远县治民比郡而冠以本郡名,属国都尉比郡太守王国相。罢郡都尉并职太守,唯边郡往往置都尉。县级政区除县、邑、道、侯国外,又有公国二。

王莽时改西汉十四部为十二州。东汉建武初一度恢复十四部,不久省朔方部并入并州部,改称交趾部为交州部。从此十三刺史部减为十二部,都称州;又将京畿的司隶校尉部也作为一州,合称十三州。实际是将西汉的十四部改为十三部。

西汉的部刺史或牧只有暂时的驻所,没有固定的治所,平时巡行郡国,岁尽诣京师奏事;对部内郡国长吏只有省察举劾之权,无权黜退,黜退之权属于中央的三公。光武改制,刺史或牧不再还京奏事,有权劾罢郡国长吏。从此州有了固定的治所;刺史品秩虽然仍旧为六百石,低于二千石的郡太守、王国相,职掌限于察吏而不关治民,却因有权黜陟能否,实际上渐成为郡国守相的上司。

《续汉书·郡国志》十三部百五郡国表

司隶校尉部	治雒阳
河南尹	前汉河南郡
河内郡	同前汉[1]
河东郡	同前汉
弘农郡	同前汉
京兆尹	同前汉
左冯翊	治高陵,今陕西高陵西南
右扶风	治槐里,今陕西兴平东南
豫州刺史部	治沛国谯县,今安徽亳州
颍川郡	同前汉
汝南郡	同前汉
梁国	同前汉
沛国	前汉郡
陈国	前汉淮阳国
鲁国	同前汉
冀州刺史部	治常山高邑,今河北高邑东
魏郡	同前汉
巨鹿郡	并入前汉广平国,治廮陶,今河北宁晋西南
常山国	前汉郡,并入前汉真定国
中山国	同前汉
安平国	前汉信都国
河间国	同前汉
清河国	前汉郡,治甘陵,今山东临清东
赵国	同前汉
勃海郡	治南皮,今河北南皮北
兖州刺史部	治山阳昌邑,今山东金乡西北
陈留郡	同前汉

1　同前汉指郡国名与治所与前汉同,辖县未必同。

东郡	同前汉
东平国	同前汉
任城国	分东平置,治任城,今山东济宁市东南
泰山郡	同前汉
济北国	分泰山置,治卢县,今山东长清南
山阳郡	同前汉
济阴郡	同前汉
徐州刺史部	治东海郯县,今山东郯城北
东海郡	同前汉
琅邪国	前汉郡,并入前汉城阳国,治开阳,今山东临沂北
彭城国	前汉楚国
广陵郡	前汉国,并入前汉泗水国
下邳国	前汉临淮郡,治下邳,今江苏邳县南
青州刺史部	治齐国临淄,今山东淄博市临淄
济南国	前汉郡
平原郡	同前汉
乐安国	前汉千乘郡,治临济,今山东高青东南
北海国	前汉郡,并入菑川、高密、胶东三国治剧县,今山东昌乐
东莱郡	治黄县,今山东龙口东
齐国	前汉郡
荆州刺史部	治武陵汉寿,今湖南常德市东北
南阳郡	同前汉
南郡	同前汉
江夏郡	同前汉
零陵郡	治泉陵,今湖南零陵
桂阳郡	同前汉
武陵郡	治临沅,今湖南常德市
长沙郡	前汉国
扬州刺史部	治九江历阳,今安徽和县
九江郡	治阴陵,今安徽定远西北
丹阳郡	同前汉
庐江郡	并入前汉六安国
会稽郡	治山阴,今浙江绍兴市
吴郡	分会稽置,治吴县,今江苏苏州市
豫章郡	同前汉
益州刺史部	治广汉雒县,今四川广汉北
汉中郡	治南郑,今陕西汉中市
巴郡	同前汉
广汉郡	治广汉,今四川广汉北
蜀郡	同前汉
犍为郡	治武阳,今四川彭山东

牂柯郡	同前汉
越巂郡	同前汉
益州郡	同前汉
永昌郡	以哀牢夷内附地并割益州郡西部置,治不韦,今云南保山东北
广汉属国	分广汉北部置,治阴平道,今甘肃文县西北
蜀郡属国	分蜀郡西部置,治汉嘉,今四川雅安北
犍为属国	分犍为南部置,治朱提,今云南昭通
凉州刺史部	治汉阳陇县,今甘肃张家川
陇西郡	同前汉
汉阳郡	前汉天水郡,治冀县,今甘肃甘谷
武都郡	治下辨,今甘肃成县西
金城郡	同前汉
安定郡	治临泾,今甘肃镇原东南
北地郡	治富平,今宁夏青铜峡南
武威郡	同前汉
张掖郡	同前汉
酒泉郡	同前汉
敦煌郡	同前汉
张掖属国	分张掖置,不领县
张掖居延属国	分张掖之居延置,今内蒙古额济纳旗东南
并州刺史部	治太原晋阳,今山西太原市西南
上党郡	同前汉
太原郡	同前汉
上郡	同前汉
西河郡	治离石,今山西离石
五原郡	同前汉
云中郡	同前汉
定襄郡	治善无,本雁门郡治
雁门郡	治阴馆,今山西代县西北
塑方郡	治临戎,今内蒙古磴口北
幽州刺史部	治广阳蓟县,今北京市西南
涿郡	同前汉
广阳郡	前汉国
代郡	治高柳,今山西阳高
上谷郡	同前汉
渔阳郡	同前汉
右北平郡	治土垠,今河北丰润东
辽西郡	同前汉
辽东郡	同前汉
玄菟郡	同前汉,非故地
乐浪郡	同前汉

辽东属国	分辽东西部置，治昌黎，今辽宁义县
交州刺史部	治龙编，今越南北宁
南海郡	同前汉
苍梧郡	同前汉
郁林郡	同前汉
合浦郡	同前汉
交趾郡	治龙编
九真郡	同前汉
日南郡	同前汉

东汉中叶和西汉后期的版图大同而小异。异在：幽州乐浪东界从日本海西移至狼林山脉阿虎飞岭山脉一线，原在鸭绿江上游的玄菟郡西移至浑河中游；从幽州的辽西西至并州的雁门诸郡北界部分南移；益州南部西界从前汉益州郡怒江、哀牢山脉一线扩展至永昌郡伊洛瓦底江、萨尔温江一线；交州日南郡南界从越南富安省南界内移至承天省南界。

王莽时西域怨叛，复役属于匈奴，与中原隔绝。至明帝永平十六年（73年）征匈奴取伊吾庐地置宜禾都尉屯田，西域诸国遣子入侍；明年，复置西域都护府。次年，焉耆、龟兹叛杀都护，遂罢都护府。至和帝永元三年（91 年）班超定西域，因以超为都护，五十余国悉内属。后十六年至安帝初（107 年），又以诸国叛乱，再罢都护。又十六年至延光二年（123 年），乃以班勇为西域长史，出屯柳中（今新疆吐鲁番东南鲁克沁）。勇击降焉耆，于是龟兹、疏勒、于阗、莎车等十七国皆来服属，但乌孙及葱岭以西遂绝。

桓帝以后东汉七八十年，疆域政区有不少变动。因为《郡国志》记载所不及，本图不予反映。

汉朝疆域以外，其时东北鸭绿江上游两岸为高句丽国领土，建都国内城；更东北图们江两岸为沃沮族，松嫩平原为夫余族，迤东松花江下游为挹娄族居地。北边匈奴族已分为南北二部，南匈奴降汉入居塞内缘边八郡，北匈奴远引西去。乌桓也入居塞内。于是鲜卑乘机日渐拓展，南抄汉边，北拒丁零，东却夫余，西击乌孙，尽据匈奴故地。青藏高原仍为诸羌所居。王莽末还据西海的先零羌于光武时内徙塞内陇右关中诸郡，此后西海河湟一带为烧当羌之地。此外又有武都边外白马、越嶲边外牦牛等羌。

三国时期图说

自 184 年黄巾起义，经过董卓之乱，关东州郡起兵讨董卓，转入割据争雄，相互吞并之局，历三十余年至 214 年刘璋降刘备，215 年张鲁降曹操而天下归于曹操、刘备、孙权三家。220 年操死，子丕代汉称魏帝，221 年刘备称汉帝，222 年吴王孙权建年号（229 年称帝），进入国史上三国时期。

黄巾起义后东汉朝廷加重州的首长刺史或牧的权任，从此州遂由两汉监察区转变成为郡以上一级行政区。194 年分凉州河西为雍州。213 年诏书“并十四州复为九州（《禹贡》九州）”，但其时东汉帝国已分裂，九州制只能在曹操统治下地域内实行。曹丕称帝，当年即恢复十四州制，改以关陇为雍州，以河西为凉州。三国时魏有司、豫、冀、兖、徐、青、雍、凉、并、幽十州，又有荆、扬二州之北境，仍置州，全境共十二州。蜀但有益州一州；又分其南中七郡置庲降都督以统之。吴有扬、荆、交三州。三国合计凡十六州。荆、扬二州魏吴并建，各得其一部分，故实际仍只十四州。其后 263 年魏灭蜀得益州，翌年分益州为梁州，吴分交州为广州，增为十八州，则已不是三国鼎峙时期而进入魏（266 年后为晋）吴对峙时期了。本图以魏伐蜀前一年即 262 年为准，其时一级政区为十六州，画出其治所及辖境范围。

郡国一级东汉献帝末已增至一百二十余；262 年魏境有郡国九十余；蜀境有郡二十余；吴境有郡三十余，又有一毗陵典农校尉领县比郡。三国共约一百四十余郡国。本图基本上全部予以画出，注郡国名于治所符号旁；但为比例尺所限，有少数几个未能上图。

魏都洛阳，今河南洛阳市东。

司隶，治洛阳。豫州，治汝南安成，今河南汝南东南。冀州，治安平信都，今河北冀县。兖州，治东郡丘，今山东郓城西北。徐州，治下邳下邳，今江苏邳县南。青州，治临淄，今山东淄博市临淄。荆州，治南阳新野，今河南新野。扬州，治淮南寿春，今安徽寿县。雍州，治京兆长安，今陕西西安市西北。凉州，治武威姑臧，今甘肃武威。并州，治太原晋阳，今山西太原市西南。幽州，治燕国蓟县，今北京市西南。

蜀汉，都成都，今四川成都市。

益州，治蜀郡成都。庲降都督，治建宁味县，今云南曲靖。

吴都建业，今江苏南京市。

扬州，治丹阳建业。荆州，治南郡江陵，今湖北江陵。交州，治南海番禺，今广东广州市。

魏仍以西域长史领护西域诸国，驻海头（新疆罗布泊西北楼兰遗址），置戊己校尉于高昌，屯田驻防。西汉末的五十国，这时已并为鄯善、于阗、疏勒、龟兹、焉耆、车师后部六国。乌孙不属西域长史，都赤谷（今苏联吉尔吉斯伊什提克）。

曹魏东北疆界由于涉貊的降附而东抵日本海，复西汉之旧；北边河套内外则两汉时朔方、五原、云中、定襄、北地、上郡六郡及西河雁门之北半，自东汉末年以来已荒弃，为羌胡所据。蜀汉西北疆界由于白马羌的内附，稍有扩展。孙吴日南郡南界由于林邑国之扩张，北移至今越南广治。

三国时曹魏东北境外为高句丽、沃沮、夫余、挹娄，北则羌胡据套内，大漠南北为鲜卑。近边中部阴山南北为拓跋鲜卑，定都盛乐，即西汉定襄郡治；套西为西部鲜卑；西辽河流域为东部鲜卑。鲜卑之西北为匈奴、呼得、坚昆、丁令等部。伊犁河流域为乌孙国。青藏高原为诸羌地。孙吴曾先后用兵东南海上夷洲、朱崖洲，并无功而还；夷洲即今台湾岛，朱崖洲即今海南岛。

西晋时期图说

晋武帝司马炎于泰始元年（265 年）篡魏称帝，是为西晋。仍魏旧都洛阳，有十四州。泰始五年（269 年）分雍、凉、梁三州置秦州，七年（271 年）分益州置宁州，咸宁二年（276 年）分幽州置平州，共得十七州。太康元年（280 年）平吴得其扬、荆、交、广四州，并南北二荆二扬皆为一州，以十九州成一统。秦宁二州于太康三年罢并雍、益，故本图以太康二年（281 年）为准，画出其时的十九州和一百七十一郡国。州画州治州界；郡国画治所，但为比例尺所限未能画全。《晋书·地理志》记载颇有脱误，图中间有据清人考证予以补正处，如青州补画北海郡。

司州　即汉魏之司隶，治洛阳，统郡十二：河南、荥阳、弘农、上洛、平阳、河东、汲、河内、广平、阳平、魏、顿丘。

兖州　治濮阳廪丘，统郡国八：陈留、濮阳、济阳、高平、任城、东平、济北、泰山。

豫州　治梁国陈县，统郡国十：颍川、汝南、襄城、汝阴、梁、沛、谯、鲁、弋阳、安丰。

冀州　治安平信都，统郡国十三：赵、巨鹿、安平、平原、乐陵、渤海、章武、河间、高阳、博陵、清河、中山、常山。

幽州　治范阳涿县，统郡国七：范阳、燕、北平、上谷、广宁、代、辽西。

平州　治辽东襄平，统郡国五：昌黎、辽东、乐浪、玄菟、带方。

并州　治太原晋阳，统郡国六：太原、上党、西河、乐平、雁门、新兴。

雍州　治京兆长安，统郡七：京兆、冯翊、扶风、安定、北地、始平、新平。

凉州　治武威姑臧，统郡八：金城、西平、武威、张掖、西、酒泉、敦煌、西海。

秦州　治天水冀县，统郡六：陇西、南安、天水、略阳、武都、阴平。

梁州　治汉中南郑，统郡八：汉中、梓潼、广汉、新都、涪陵、巴、巴西、巴东。

益州　治蜀郡成都，统郡八：蜀、犍为、汶山、汉嘉、江阳、朱提、越巂、牂柯。

宁州　治建宁滇池，统郡四：云南、兴古、建宁、永昌。

青州　治齐国临淄，统郡国七：齐、济南、北海、乐安、城阳、东莱、长广。

徐州　治彭城国彭城，统郡国七：彭城、下邳、东海、琅邪、东莞、广陵、临淮。

荆州　治南郡江陵，统郡国二十二：江夏、南、襄阳、南阳、南乡、义阳、新城、魏兴、上庸、建平、宜都、南平、武陵、天门、长沙、衡阳、湘东、零陵、邵陵、桂阳、武昌、安成。

扬州　治丹阳建邺，统郡十六：丹阳、宣城、淮南、庐江、毗陵、吴、吴兴、会稽、东阳、新安、临海、建安、豫章、临川、鄱阳、庐陵。

交州　治交趾龙编，统郡七：合浦、交趾、新昌、武平、九真、九德、日南。

广州　治南海番禺，统郡十：南海、临贺、始安、始兴、苍梧、郁林、桂林、高凉、高兴、宁浦。

太康三年罢秦、宁二州，惠帝时复置，又分扬州、荆州十郡为江州，治豫章；怀帝永嘉元年(307 年)又分荆州、江州八郡为湘州，治长沙；故西晋末年共有二十一州。

西域和境外各族分布情况基本同曹魏。

东晋十六国时期图说

晋朝在中原地区的统治于 4 世纪初为东汉以来入居内地的各族所推翻。317 年镇守江东的琅邪王司马睿即晋王位于建康，次年称帝；以建康在洛阳之东，史称东晋。传至 420 年禅国于刘宋。自西晋末到刘宋初，各族在中原和巴蜀先后建立了二十多个割据政权，史称其中前后二赵、前后西三秦、前后南北四燕、前后南北西五凉及成、夏为十六国，并用以泛指这一时期晋宋以外各国。

这一时期各个政权的疆域政区变化极为频繁，本图所画是淝水之战前一年即382年的概况。其时十六国中的前秦臻于极盛，《禹贡》九州有其七，东晋的版图只限于淮水以南、汉水的下游、巴蜀盆地的长江以南。前秦境内共有二十二州：关中为司隶校尉及秦、南秦、河、凉州；河淮间为豫、东豫、兖、南兖、青、徐、扬州；河以北为雍、并、冀、幽、平州；汉中南阳为梁、洛、荆州；巴蜀为益、宁州。辖有一百多郡。东晋境内分为八州：长江中下游为扬、江、荆三州，江北为徐、豫二州，珠江流域为广州，越南北部为交州，云贵高原为宁州。辖有八十多郡。又有兖、青、幽等侨州和若干侨郡侨寄在大江南北。

前秦的西境尽于敦煌、高昌，后二年（384年）西域三十余国降附，始置西域校尉于龟兹以领护葱岭以东，天山以南诸国。

其时前秦的东北是高句丽、契丹、库莫奚、夫余、挹娄、寇漫汗、乌洛侯、地豆于等国族。北边鲜卑、柔然收入境内，境外为高车、契骨、匈奴等族。西域校尉诸属国的西北是乌孙国。青藏高原羌族有宝髻、孙波、象雄、女国、白兰等国族，又有从辽东迁来的鲜卑吐谷浑部建国于黄河河曲一带。

淝水战后前秦分裂瓦解，延至394年为西秦所灭。东晋乘胜收复了一些失地。至安帝义熙中刘裕北伐，六年（410年）灭南燕，十三年（417年）灭后秦，晋土遂北以黄河与北魏为界，西有关中，置北徐州治彭城，北兖州治滑台城，北青州治东阳城，司州治虎牢城，雍州治长安，以统新得郡县，这是东晋一代的极大版图。但同年刘裕还建康，次年关中即没于赫连夏。

十六国图说

历史上所谓“五胡十六国”，指的是下列各国，兹表列其国号和统治者的族类姓氏，定都与起讫年份：

成（巴氐李氏），起303年，据成都——338年改号汉——347年亡于东晋。

汉（匈奴刘氏），起304年，据离石，徙左国城、蒲子、平阳——319年改号赵（前赵），据长安——329年亡于后赵。

前凉（安定张氏），301年始为凉州刺史，子孙世有其地，据姑臧——376年亡于前秦。

后赵（羯石氏），起319年，据襄国，335年迁邺——351年亡于冉魏。

前燕（鲜卑慕容氏），起337年，据龙城，350年迁蓟，357年迁邺——370

年亡于前秦。

前秦（氐苻氏），起351年，据长安——394年亡于后秦。

后燕（鲜卑慕容氏），起384年，386年据中山，397年迁龙城——407年亡于北燕。

后秦（羌姚氏），起384年，386年据长安——417年亡于东晋。

西秦（鲜卑乞伏氏），起385年，据勇士，迁金城、苑川、南安——431年亡于夏。

后凉（氐吕氏），起386年，据姑臧——403年亡于后秦。

南凉（鲜卑秃发氏），起397年，据广武，迁乐都、西平、姑臧——414年亡于西秦。

北凉（卢水胡沮渠氏），起397年，据建康，次年迁张掖，412年迁姑臧——439年亡于北魏。

南燕（鲜卑慕容氏），起398年，据滑台，次年迁广固——410年亡于东晋。

西凉（陇西李氏），起400年，据敦煌，405年迁酒泉——421年亡于北凉。

夏（匈奴铁弗赫连氏），起407年，据高平，413年筑统万城居之，427年出奔陇上，431年亡于吐谷浑。

北燕（长乐冯氏），起410年，据龙城（和龙）——436年亡于北魏。

十六国之外，见图的又有仇池（氐杨氏），后称南秦；代（鲜卑拓跋氏），386年后改号魏，即北魏。二者起自魏晋，十六国时或降附大国，或建号自立。未上图的有辽西鲜卑段部，338年并于前燕；宇文部344年为前燕所破。又有350—352年据邺的冉魏，384—394年据长子的西燕（慕容氏），386—391年据滑台的翟魏（丁零翟氏），405—413年据成都的后蜀（谯氏）等。

十六国时各国竞相析置州郡，汉晋一州之地，往往分为四五，疆域虽局于一隅，州名却兼采诸方。故刘汉地处河东而有雍州，前赵地处关中而有幽州，北燕地处辽西而有青州、冀州、幽州，南燕之幽州在琅邪，夏之幽州在鄂尔罗斯，诸如此类的名实不符现象很普遍。

西域诸国先后在前凉、前秦、后凉、西凉领护之下，前凉置西域长史于海头，前秦置西域校尉于龟兹，后凉置西域大都护于高昌。

十六国乍兴乍灭，不存于同一年代，不能见于同一图幅。若一国各为一幅而取其盛时，则后先错出，无从窥见各个时代列国并峙情况。今将与东晋同时的十六国按时代先后分为五组予以画出。其中382年第三组的前秦已见于东晋十六国时期图，此外 327 年第一组、366 年第二组、395 年第四组、409 年第五组各国并见于本图。

宋魏时期图说

420 年刘裕受晋禅称帝，是为南朝宋朝，传至 479 年禅于齐。北朝始于鲜卑拓跋氏的魏，原先是十六国时的代国，338 年称王建号，376 年为前秦所并，386 年复国，同年改号魏，398 年称帝。439 年灭北凉完成北方统一，史称北魏。传至 534 年，分裂为东、西二魏。本图以 449 年为准，南朝为宋元嘉二十六年，北朝为魏太平真君十年。其明年，南北爆发大战，从此南朝转衰，北朝转盛。

其时宋都建康，有州十八：

扬	治建康
南徐	分西晋扬州江南置，治京口
徐	治彭城
南兖	分西晋徐州淮南置，治广陵
南豫	分西晋扬州江南置，治姑熟
豫	分西晋扬州淮南置，治寿春
江	治寻阳
青	改东晋末北青置，治东阳
冀	分青州置，治历城
荆	治江陵
湘	治临湘
雍	分西晋荆州北境置，治襄阳
梁	治南郑
秦	分梁州置，寄治南郑
益	治成都
宁	治味
广	治番禺
交	治龙编

《宋书·州郡志》所载凡二十二州，二百七十余郡国。其兖、司、郢、越四州皆元嘉末年以后所置，故与此不同。元嘉时郡国数不详，图中仅画出一部分。

魏都平城，太行山右为司、肆、并、东雍、东秦等州，山左为冀、相、定、幽、平、营等州，河南为洛、豫、荆、兖、济等州，关右为雍、华、秦、泾、渭、河等州。又置镇于边境，有凉州、高平、薄骨律、统万、沃野、怀朔、怀荒、御夷等镇。镇将统兵屯戍防御，主一方城隍仓库守土之责，与刺史同。

其时魏之西界包有焉耆、鄯善。焉耆于448年攻下，鄯善于445年攻下，"赋役其民，比于郡县"，置西戎校尉以镇之。东界止于辽西，辽东之地则于十六国后期已为高句丽所占有。

东北境外为契丹、库莫奚、地豆于、乌洛侯、失韦、豆莫娄、勿吉。漠北为柔然、高车、契骨。西域则高昌为北凉沮渠氏之裔所据；乌孙南迁，其故地为匈奴后裔悦般所据；仍有疏勒、龟兹、于阗、且末等。青藏高原东北部为吐谷浑地，迤南为党项、白兰羌，西南则为宝髻、象雄、女国等。宋之东南海上，仍为朱崖洲、夷洲。

齐魏时期图说

479年萧道成受宋禅，是为南朝齐朝，传至502年禅于梁。北魏于493年迁都洛阳。本图以497年为准，齐为建武四年，魏为太和二十一年。次年起，自宋泰始年间（465—471年）失淮北以来基本稳定的双方疆界，又发生变动。

齐初承宋泰始以来之旧，置二十二州。曾分荆益五郡置巴州于巴东，寻省。终一代仍为二十二州，即《南齐书·州郡志》所载。《志》所载郡、左郡、俚郡、僚郡达三百九十五。

扬建康　南徐京口　豫寿春　南豫姑熟　南兖广陵　北兖淮阴　北徐钟离　青郁洲　冀与青州共一刺史　江寻阳　广南海郡　交交趾郡　越临漳郡　荆江陵　郢夏口　司义阳　雍襄阳　别置宁蛮府领蛮左诸郡　湘长沙郡　梁南郑　秦与梁州共一刺史　益成都　宁建宁郡

北魏境内的州、镇设置已多达五十二：

司洛阳金墉城　豫汝南悬瓠城　荆山北　洛上洛　东荆泚阳　东豫南新息　南兖涡阳　兖瑕丘　青广固　齐历城　徐彭城　南徐宿预　南青东安郡　光东莱掖　济碻磝城　相邺　冀信都　幽蓟　平肥如　营白狼城　定中山郡　瀛河间郡　燕广宁　安燕乐　并晋阳　肆九原　恒平城　朔盛乐　汾蒲子城　雍长安　秦上邽　豳定安　夏统万城　东秦中部　华华阴　泾安定　岐雍城　梁仇池　西安大兴郡　河枹罕　凉姑臧　共四十一州

御夷　怀荒　柔玄　抚冥　武川　怀朔　沃野　薄骨律　高平　鄯善　敦煌　自东而西十一镇

魏境东北接高句丽及契丹、库莫奚、失韦等族，漠北为柔然、高车等族。西尽敦煌、伊吾，境外高昌之北凉沮渠氏于460年为柔然所灭；此后华人阚氏、张氏、马氏相继为臣附于柔然之高昌王；是年，金城麴氏代马氏为王。天山以南焉耆以西诸国隶属于中亚之㕦哒，天山以北为高车牧地。吐谷浑强盛，奄有鄯善、且末之地。

齐交州南界又内移至横山，即今越南河静、广平省界。

梁东魏西魏时期图说

502年萧衍受齐禅，是为南朝梁朝，传至557年禅于陈。北魏自523年六镇起义后，经连续战乱，至534年孝武帝奔长安依宇文泰，高欢入洛阳另立孝静帝迁都邺，从此分裂为东、西二魏。本图以546年即梁中大同元年、东魏武定四年、西魏大统十二年为准。是时梁朝全盛，东西魏相持不下。次年，侯景之乱起，从此南朝一蹶不振。

梁"天监十年(511年)有州二十三，郡三百五十"。其后颇事恢拓，析置日滥，至"大同(535—546年)中州一百七，郡县亦称于此"。往往徒有其名，无土地户口之实。北魏于六镇起义后改镇为州，至东、西魏分裂前夕有州八十余，郡三百五十余。《魏书·地形志》所载系东魏武定时制度，合以西魏境内全魏末永熙(533—534年)旧簿，共有一百一十一州，五百一十九郡。图中于三方州郡都只画其一部分。

海南岛自西汉元帝时弃守，历580年至梁复置崖州于岛上。

突厥初兴于金山(阿尔泰山)之阳，臣属柔然。㕦哒退出葱岭以东。吐谷浑建都伏俟城。

陈齐周时期图说

557年陈霸先受梁禅，是为南朝陈朝；传至589年为隋所灭。550年东魏高洋废其主自立，建号齐，史称北齐；传至577年为北周所灭。557年宇文氏废西魏帝自立，建号周，史称北周；传至581年禅于隋。本图以572年即陈太建四年、齐武平三年、周建德元年为准。次年，陈攻齐取淮南；后二年周攻齐，又二年灭齐。

梁自侯景乱后，江北丧于东魏、北齐，汉东、荆襄及汉中巴蜀沦于西魏。555年在西魏卵翼下称帝于江陵，史称后梁。故陈朝疆界，仅得三峡以东大江以南之地，“州有四十二，郡唯一百九”。北齐承东魏之旧，河北有平阳以东，河南有洛阳以东之地，又开拓淮南，末年有“州九十七，郡一百六十”。北周在灭齐后三年有“州二百一十一，郡五百八”。估计灭齐前州数大致与齐相当，郡数应多于齐。图中三方及后梁各画出一部分州郡。因齐周置州较陈为多，故齐周基本只画州，陈境画郡较多。云贵高原上只有南宁一州，那是由于侯景乱后当地实际上已为爨蛮所据，南宁州刺史只是朝廷授予爨酋的一个虚名。

其时突厥已击降铁勒，破灭柔然，西破㖠哒，臣服西域诸国，北并契骨，东有室韦，威服塞外诸部。北至北海（贝加尔湖），南北五六千里；西至西海（咸海），东西万余里。

云南西南部在南朝前期由于土著的反抗，永昌郡已“有名无民”；至是完全成为化外之地，为濮族诸部所居。

隋时期图说

581年杨坚篡周，建立隋朝；589年灭陈，结束西晋末年以来二百八十多年的长期分裂之局，复归一统。仅二十余年，初则由暴政引起农民大起义，继以群雄纷起割据，618年隋亡。

文帝开皇三年（583年）废除行政区中的郡一级，将施行了四百年的州、郡、县三级制改为以州统县二级制。但汉晋时平均每州领八九郡，每郡领八九县，至南北朝后期州增析至二百五六十，郡增析至六百有奇，而县数仍为千五六百，所以到隋改为以州统县时，平均每州领县不过六七，比汉晋的郡平均领县数还要少些。炀帝大业三年（607年）将州一级都改为郡，从此过去几百年上下两个不同级别的政区名，变而为同一级别的不同时期名称，沿袭至后代不改。

《隋书·地理志》所载是大业五年（609年）平定吐谷浑更置四郡之初的版图，“大凡郡一百九十，县一千二百五十五”，说是“隋氏之盛，极于此也”。实际大业五年后又有所恢拓增置，故本图改以八年（612年）为准，这是真正的隋极大版图。但农民大起义已于上一年爆发，不数年隋帝国即土崩瓦解。

大业八年时全境郡数当为192郡，本图尽量予以画出，唯中原地区为比例尺所限，未能画全。

大业三年改州为郡时置司隶台于中央，掌全国吏治巡察，设别驾二人分察东都、京师，刺史十四人分察畿外。此十六人的巡察地区范围为史乘所不及，故图中不见。

《隋书·地理志》将全境郡县按《禹贡》九州分州记载，这不是当时的行政区域，也不是吏治监察区，故本图不用。

大业八年时隋境东北抵辽水下游，置辽东郡于辽水西岸通定镇（今辽宁新民东北）；西北有大业五年平吐谷浑所置西海、河源（今青海北部）、鄯善、且末（今新疆若羌、且末）四郡，六年所置伊吾郡（今新疆哈密）；北承北周之旧抵五原郡（今内蒙古后套）；南仍以日南郡南界横山接林邑国境；又在海南岛上分置珠崖、儋耳、临振三郡。

隋朝境外辽东为高丽国地，高丽东北至海为靺鞨诸部。其西完水（黑龙江）、难水（嫩江）流域为室韦诸部，南至隋边塞为契丹、霫、奚等部。

583年后突厥分为东西二部：金山（阿尔泰山）以东为东突厥（即北突厥），建牙于颍根河（鄂尔浑河）上今蒙古哈尔和林北，铁勒、拔也古、朴骨、同罗、回纥、都波等部及契骨皆为所统属；自金山西逾药杀水（锡尔河）、乌浒水（阿姆河），南抵于阗南山为西突厥，建庭于龟兹北山，统有白山（天山）北铁勒诸部，南龟兹等城郭诸国，东至高昌，西至吐火罗，河中诸国皆服属之。

青藏高原中部为宝髻、孙波等，东部为党项、嘉良、附国，西部为女国、象雄。

隋初在云贵高原上疆界有所扩展；开皇十三年（593年）设南宁州总管府于味（今曲靖），辖有东至今贵州西部，西至云南大理白族自治州之地。十七八年爨酋复叛，遂弃于域外。大业中西南越嶲、犍为、牂柯等郡边境外为昆明、东爨、西爨、白子、濮部之地。

日南郡之南为林邑国地，大业元年曾用兵占领，置比景、海阴、林邑三郡；数月后军还，林邑王复其故地。《隋书·地理志》以大业五年为准而载有这三郡是错的。

建安郡之东海岛上为流求，即今台湾省，大业中曾遣人招抚之，不从，自尔遂绝。

唐时期图（一）说

唐朝起武德元年（618年），迄天祐四年（907年），历时290年，作图四幅。617年隋太原留守李渊起兵入长安，立代王杨侑为帝，618年逼侑禅位，是为唐高祖。渐次削平隋末以来割据群雄，至太宗贞观二年（628 年）完成统一。贞观四年（630 年）破降东突厥，十四年（640 年）灭高昌，二十年（646 年）破降薛延陀；高宗永徽元年（650 年）击擒突厥车鼻可汗，显庆二年（657 年）破降西突厥，五年击降百济，龙朔二年（662 年）破铁勒定天山，总章元年（668 年）击灭高丽。与此等战胜攻取同时，四裔各族多相继降附，唐版图臻于极盛。本图即以总章二年（669 年）为准。

武德初即普改天下郡为州，增析州县颇多；数州合置一总管府以统军戎；七年，改总管府为都督府。贞观初大加省并，十三年（639 年）有州府 358，县 1 551；次年平高昌，增置西、庭二州六县。此后内地府州仍有所并省，而边境广事建立由当地部族酋长为都督刺史的羁縻府州，由灵、夏、幽、营、凉、松等边州都督府，又特设安西、单于、安北、安东四都护府以领护之。安西辖西突厥故地，跨天山南北，东抵西州庭州界，西逾葱岭，治龟兹镇。单于辖碛南突厥故地，治云中城。安北辖碛北突厥、铁勒故地，治回纥部落。安东辖高丽故地，治平壤城。图中所画疆界，间有追溯建置极盛时情况，与本年实际不尽符合者；如吐火罗河中诸府已多为大食所占，熊津府已放弃。

贞观元年（627 年）因山川形便，分天下为关内、河南、河东、河北、山南、陇右、淮南、江南、剑南、岭南十道。其时的道主要是地理区划，时或遣使分道观风、巡察、举刺，不为常制。

7 世纪初吐蕃勃兴，自山南匹播城（今译当琼结宗）迁都逻些（今拉萨），兼并苏毗（孙波）、羊同，破党项、白兰，西制泥婆罗（今尼泊尔），北逐吐谷浑，统一青康藏高原诸部，兼有川边、滇西北及克什米尔之地。至是又连岁侵占唐边境诸羌羁縻州，成为继突厥、高丽而起与唐争衡于东亚之大国。

滇西南诸羁縻州之外的为濮子、金齿等部。东北松花江、黑龙江流域为靺鞨、室韦诸部。

唐时期图（二）说

玄宗开元天宝时期是唐代的国势全盛时期。开元仍初唐之旧用州县制，天宝元年（742 年）改州为郡，肃宗乾元元年（758 年）又改郡为州。唐 290 年中仅十六年称郡，故本图不用天宝郡制而用开元州制，定以开元最后一年即二十九年（741 年）为准。据两唐书《地理志》，开元二十八年有州 328，县 1 573，羁縻府州不在此数。据《资治通鉴》，天宝元年有州 331，县 1 528，羁縻州 820。兹据两唐书《地理志》开元二十九年见在之州列表于后，总数不足 328 之数，志文殆稍有脱漏。天宝初所改郡名附见，以便检阅。长安、洛阳、晋阳三都所在之雍、洛、并三州，开元初已升为京兆、河南、太原三府。都护府已增为六：安西单于仍旧治，北庭治庭州，安北内徙治中受降城，安东内徙治平州，安南治交州。

开元二十年(732 年)置十道采访处置使，检察非法，如汉刺史之职，定为常制。次年，分十道为十五道：分关内为京畿、关内，分河南为都畿、河南，山南为东、西，江南为东、西、黔中。诸道采访处置使京畿治京城内，关内以京官领，都畿治东都城内，河南治汴州，河东治蒲州，河北治魏州，山南东治襄州，山南西治梁州，陇右治鄯州，淮南治扬州，江南东治苏州，江南西治洪州，黔中治黔州，剑南治益州，岭南治广州。图中画出道治及道界。

景云二年(711 年)始于边境置节度使以防御四裔，开元天宝之际增至十节度。安西节度使抚宁西域，治龟兹城。北庭节度使防制突骑施、坚昆，治北庭都护府。河西节度使断隔吐蕃、突厥，治凉州。朔方节度使捍御突厥，治灵州。河东节度使犄角朔方以御突厥，治太原府。范阳节度使临制奚、契丹，治幽州。平卢节度使镇抚室韦、靺鞨，治营州。陇右节度使备御吐蕃，治鄯州。剑南节度使西抗吐蕃，南抚蛮僚，治益州。岭南五府经略使绥静夷僚，治广州。此外又有长乐经略使福州刺史领之，东莱守捉莱州刺史领之，东牟守捉登州刺史领之，备御海疆。

边区设置羁縻府州地区，较之总章，有展有缩。河北道高丽旧壤退至以浿水(大同江)为界，其南弃于新罗。创建于开元，置于靺鞨粟末部之忽汗州都督府(渤海)，置于黑水靺鞨部之黑水都督府及勃利州，置于室韦部落之室韦都督府，虽皆未能实际统治其地，册封臣属关系却持续不断。关内道北界在单于都护府北 700 里，东受降城北 800 里，中受降城即安北都护府治北 500 里，西受降城北 300 里。迤北旧安北都护府全境及单于都护府南半境，悉为突厥所有。陇右道天山以南保有安西四镇及葱岭中诸小国，又以小勃律地为绥远军。迤西吐火罗、河中诸国，已为大食所并。天山以北旧隶北庭都护府诸府州，除内徙寄治于北庭府界内者外，或为突骑施或为突厥所并。突骑施本显庆时嗢鹿、洁山二都督府，其后日渐强盛，兼并诸部，开元时已成为介在大食突厥间一强国，虽受唐突骑施都督称号，仅为空名，无臣属关系。

吐蕃、突厥为其时唐朝二大敌国。吐蕃境界略如总章之旧。突厥以高宗永淳元年(682 年)反唐复国，史称后突厥；并有铁勒诸部及黠戛斯、骨利干之地，南侵唐边，西服葛逻禄。

开元末天宝初州郡对照表(顶格者见图,低一格者不见图)

开　元	天　宝	开　元	天　宝	开　元	天　宝
京兆府	京兆府	以上关内道二十二府州		密州	高密郡
商州	上洛郡	河南府	河南府	以上河南道二十七州	
岐州	扶风郡	汝州	临汝郡	蒲州	河东郡
邠州	新平郡	以上都畿道二府州		晋州	平阳郡
华州	华阴郡	滑州	灵昌郡	隰州	大宁郡
同州	冯翊郡	郑州	荥阳郡	太原府	太原府
以上京畿道六府州		颍州	汝阴郡	汾州	西河郡
陇州	汧阳郡	许州	颍川郡	代州	雁门郡
原州	平凉郡	陈州	淮阳郡	云州	云中郡
宁州	彭原郡	汴州	陈留郡	朔州	马邑郡
庆州	顺化郡	宋州	睢阳郡	潞州	上党郡
鄜州	洛交郡	亳州	谯郡	绛州	绛郡
灵州	灵武郡	徐州	彭城郡	慈州	文成郡
胜州	榆林郡	郓州	东平郡	沁州	阳城郡
丰州	九原郡	齐州	济南郡	辽州	乐平郡
单于都护府	不改	青州	北海郡	岚州	楼烦郡
安北都护府	不改	登州	东牟郡	石州	昌化郡
泾州	保定郡	莱州	东莱郡	忻州	定襄郡
坊州	中部郡	棣州	乐安郡	蔚州	兴唐郡
丹州	咸宁郡	兖州	鲁郡	泽州	高平郡
延州	延安郡	海州	东海郡	以上河东道十八州	
威州	××郡	沂州	琅邪郡	魏州	魏郡
会州	会宁郡	陕州	陕郡	相州	邺郡
盐州	五原郡	虢州	弘农郡	邢州	巨鹿郡
夏州	朔方郡	蔡州	汝南郡	恒州	常山郡
绥州	上郡	泗州	临淮郡	冀州	信都郡
银州	银川郡	濠州	钟离郡	沧州	景城郡
宥州	宁朔郡	曹州	济阴郡	易州	上谷郡
(麟州 天宝元年置)	新秦郡	濮州	濮阳郡	幽州	范阳郡
		淄州	淄川郡	瀛州	河间郡

续 表

开 元	天 宝	开 元	天 宝	开 元	天 宝
蓟州	渔阳郡	忠州	南宾郡	甘州	张掖郡
平州	北平郡	均州	武当郡	肃州	酒泉郡
营州	柳城郡	房州	房陵郡	伊州	伊吾郡
安东都护府	不改	复州	竟陵郡	西州	交河郡
怀州	河内郡	郢州	富水郡	庭州	×××
博州	博平郡	以上山南东道十八州		北庭都护府	不改
卫州	汲郡	梁州	汉中郡	安西都护府	不改
贝州	清河郡	利州	益昌郡	秦州	天水郡
洺州	广平郡	凤州	河池郡	渭州	陇西郡
深州	饶阳郡	兴州	顺政郡	临州	狄道郡
赵州	赵郡	巴州	清化郡	阶州	武都郡
德州	平原郡	通州	通川郡	洮州	临洮郡
定州	博陵郡	阆州	阆中郡	廓州	宁塞郡
莫州	文安郡	洋州	洋川郡	叠州	合川郡
妫州	妫川郡	成州	同谷郡	宕州	怀道郡
檀州	密云郡	文州	阴平郡	瓜州	晋昌郡
以上河北道二十五府州		扶州	同昌郡	以上陇右道二十二府州	
荆州	南郡	集州	符阳郡	扬州	广陵郡
峡州	夷陵郡	壁州	始宁郡	楚州	淮阴郡
归州	巴东郡	蓬州	蓬山郡	和州	历阳郡
朗州	武陵郡	开州	盛山郡	寿州	寿春郡
涪州	涪陵郡	果州	南充郡	庐州	庐江郡
万州	南浦郡	渠州	潾山郡	光州	弋阳郡
襄州	襄阳郡	以上山南西道十七州		安州	安陆郡
唐州	淮安郡	河州	安昌郡	申州	义阳郡
隋州	汉东郡	鄯州	西平郡	滁州	永阳郡
邓州	南阳郡	兰州	金城郡	舒州	同安郡
金州	汉阴郡	岷州	和政郡	蕲州	蕲春郡
夔州	云安郡	凉州	武威郡	黄州	齐安郡
澧州	澧阳郡	沙州	敦煌郡	以上淮南道十二州	

续 表

开　元	天　宝	开　元	天　宝	开　元	天　宝
润州	丹阳郡	衡州	衡阳郡	遂州	遂宁郡
苏州	吴郡	永州	零陵郡	合州	巴川郡
杭州	余杭郡	郴州	桂阳郡	渝州	南平郡
越州	会稽郡	邵州	邵阳郡	泸州	泸川郡
衢州	信安郡	抚州	临川郡	彭州	濛阳郡
婺州	东阳郡	道州	江华郡	蜀州	唐安郡
温州	永嘉郡	以上江南西道十七州		眉州	通义郡
台州	临海郡	黔州	黔中郡	邛州	临邛郡
福州	长乐郡	辰州	卢溪郡	简州	阳安郡
建州	建安郡	巫州	潭阳郡	资州	资阳郡
泉州	清源郡	播州	播川郡	黎州	洪源郡
汀州	临汀郡	锦州	卢阳郡	翼州	临翼郡
漳州	漳浦郡	施州	清化郡	维州	维川郡
常州	晋陵郡	业州	龙溪郡	松州	交川郡
湖州	吴兴郡	夷州	义泉郡	当州	江源郡
睦州	新定郡	思州	宁夷郡	悉州	归诚郡
明州	余姚郡	费州	涪川郡	静州	静川郡
处州	缙云郡	南州	南川郡	柘州	蓬山郡
以上江南东道十八州		溪州	灵溪郡	恭州	恭化郡
宣州	宣城郡	溱州	溱溪郡	保州	天保郡
歙州	新安郡	以上黔中道十三州		绵州	巴西郡
洪州	豫章郡	益州	蜀郡	剑州	普安郡
江州	浔阳郡	汉州	德阳郡	龙州	应灵郡
鄂州	江夏郡	嘉州	犍为郡	普州	安岳郡
岳州	巴陵郡	嶲州	越嶲郡	陵州	仁寿郡
饶州	鄱阳郡	雅州	卢山郡	荣州	和义郡
虔州	南康郡	茂州	通化郡	以上剑南道三十五州	
吉州	庐陵郡	戎州	南溪郡	广州	南海郡
袁州	宜春郡	姚州	云南郡	韶州	始兴郡
潭州	长沙郡	梓州	梓潼郡	循州	海丰郡

续表

开元	天宝	开元	天宝	开元	天宝
潮州	潮阳郡	封州	临封郡	富州	开江郡
端州	高要郡	潘州	南潘郡	昭州	平乐郡
春州	南陵郡	勤州	云浮郡	蒙州	蒙化郡
雷州	海康郡	罗州	招义郡	严州	循德郡
崖州	珠崖郡	辩州	陵水郡	融州	融水郡
振州	延德郡	高州	高凉郡	古州	乐兴郡
儋州	昌化郡	恩州	恩平郡	牢州	定川郡
万安州	万安郡	澄州	贺水郡	白州	南昌郡
邕州	朗宁郡	宾州	岭方郡	绣州	常林郡
浔州	浔江郡	横州	宁浦郡	郁林州	郁林郡
宜州	龙水郡	峦州	永定郡	党州	宁仁郡
桂州	始安郡	钦州	宁越郡	窦州	怀德郡
梧州	苍梧郡	贵州	怀泽郡	禺州	温水郡
柳州	龙城郡	龚州	临江郡	义州	连城郡
容州	普宁郡	象州	象郡	长州	文炀郡
廉州	合浦郡	藤州	感义郡	福禄州	唐林郡
交州	交趾郡	岩州	常乐郡	汤州	汤泉郡
陆州	玉山郡	瀼州	临潭郡	芝州	忻城郡
峰州	承化郡	笼州	扶南郡	武峨州	武峨郡
爱州	九真郡	田州	横山郡	武安州	武曲郡
驩州	日南郡	环州	整平郡	庞州	
康州	晋康郡	贺州	临贺郡	南登州	
泷州	开阳郡	连州	连山郡	以上岭南道七十二州	
新州	新阳郡				

唐时期图（三）说

唐自安史之乱（755—763年）后内地裂为方镇数十，陇右与剑南西山地入吐蕃，自天宝年间起大漠南北回纥取代突厥，南诏叛唐统一云南，形势大非初盛唐时之比。宪宗元和时削平叛镇，号称中兴，本图以元和十五年（820

年）为准，借以反映中唐时期疆域政区概貌。

隋开皇置总管府以统数州军戎，大业罢。唐武德初复置，七年改都督府。贞观十三年（639 年）凡都督府四十一，分统天下州县，唯近畿九州不属都督府。景云二年（711 年）曾使都督兼纠察州县之任，逾月即以权重不便而罢。开元十七年（729 年）有大都督府五，中都督府十五，下都督府二十。景云二年始有以边州都督充节度使者，至开元遂有缘边八节度。旋增为十。又渐以节使兼度支、营田、采访等使，遂综一道军民财赋事权。安史乱起，内地各处继起效尤，都督之权重持节者皆称节度使，主兵事而不授节者称防御使、经略使或团练使。大者领十余州，小者二三州，各为一道，亦称一镇。乾元元年（758 年）罢开元以来之十五道采访使，改置各镇观察处置使。此后或以节度兼观察，或以观察兼防御、经略，安史以前采访使道与都督府两种不同区划，至是乃合而为一。名为一道而已非仅监察区域，名为一镇而已非仅军政区域，实际已成为统辖数州的高一级行政区划。隋初以来的州县二级行政区划制，乃变而为道（镇）、州、县三级制。图中于诸镇所治州治旁加注××节（度使），或××观（察使），或××经（略使），或××都（防御使），并画出各镇间界线。

缘边羁縻府州已大量撤废或内徙。关内道突厥回纥州限于碛南，多数侨治灵、夏州境内；灵、夏、庆州境内又有党项、吐谷浑州。河北道除侨在幽州境内者外，唯存辽东高丽降户州。剑南道西境多没入吐蕃，南境多没入南诏，唯雅、黎、嶲、戎、泸州所领犹有存者。黔中道及岭南桂、邕、安南三管所领则基本沿袭如旧，间有增设。奚、契丹岁有酋豪入长安参与朝会，然外附回鹘，故不授官爵。室韦部落中设有都督通朝献，但室韦分部至二十有余，此都督未必能统辖全境。

唐朝境外，其时渤海最为海东盛国，有五京十五府六十二州；地东至海，北黑水靺鞨，南新罗，西接契丹及唐之辽东。图中画出其五京十五府治所。都上京龙泉府，故址今黑龙江宁安县西南东京城。西京鸭绿府濒鸭绿江南岸，由此取水道对唐通朝贡。

渤海之北为黑水靺鞨，通朝献；又东北为思慕、莫曳皆、郡利、窟说等部，皆不能自通。

回纥本铁勒十五部之一，臣属突厥。天宝初起而攻灭突厥，尽得突厥故地，建衙于乌德犍山（杭爱山）、嗢昆河（鄂尔浑河）之间。东极室韦，西逾金山，南控大漠。贞元四年（788 年）改称回鹘。又于吐蕃陷北庭后逐走之而有其地。回鹘之西则为葛逻禄，本回纥属部，安史后转盛，脱离回鹘独立，代突骑施有碎叶川(吹河)伊丽河(伊犁河)至多逻斯水(额尔齐斯河)之地。开成五年(840 年)回鹘为黠戛斯所破,部族分支西迁。

安史乱起吐蕃乘机入侵唐土,至安史之乱结束之年,即广德元年(763 年),已尽取陇右道河陇间诸州及关内道之陇右原、会等州,剑南道之西山诸州及大渡河南之嶲州。是年冬,陷长安十二日后退出。此后十余年又西取河西凉、甘、肃、瓜、沙、伊等州。贞元六年(790 年)陷北庭,西州、安西相继陷落,四镇弃守,自焉耆以西至葱岭小勃律皆为所役属。元和末除嶲州已为唐收复,北庭已入回鹘外,基本上仍占有贞元以来极大版图。次年为长庆元年,唐蕃会盟于长安西郊,此后双方停止攻战。至会昌(841—846 年)中其国内乱,大中初(848—851 年)唐边镇克复陇右秦原等三州七关,沙州人张义潮逐吐蕃守将以瓜、沙、伊、西等十一州归唐,疆界始变。

南诏本乌蛮六诏之一蒙舍诏(今云南巍山),于六诏为最南,故称南诏。初唐置羁縻蒙舍州隶姚州都督府,开元中在唐朝支持下统一六诏,封云南王。不久就向东扩张占领爨区,天宝九载(750 年)起兵反唐攻陷姚州,旋即臣附吐蕃连兵于天宝十载至十三载屡次大败唐兵,将唐朝势力逐出云南。安史乱起又北取嶲州南部地,接着向周边蛮僚部落大事开拓,西至伊洛瓦底江上游,东至今滇黔界上乌蒙乌撒部,南抵红河上游,筑拓东城于今昆明市以控制东南部,成为唐土西南一大国。贞元十年(794 年)又转而联唐反吐蕃,夺取了神川都督地(今剑川、鹤庆、丽江、中甸一带)和昆明城(今盐源)。又南征茫蛮、黑齿等部族,拓土南与女王国(今泰国南奔一带)接壤。开元时都太和城(今大理太和村),大历十四年(779 年)徙都阳苴咩城(今大理)。

元和方镇图说

这是一幅元和十五年(820 年)时唐朝境内的方镇区划图,亦即放大了比例尺的唐时期图(三)的唐直属版图部分。

唐自安史乱后形成方镇(道)、州、县三级制。《旧唐书・地理志》所录肃宗至德、乾元之制,凡三十二节度,七观察,二经略,三防御,共四十四镇。德宗贞元十四年(798 年)贾耽所上《十道录》(时“十道”已成为地理区划,与行政无涉),“凡三十一节度,十一观察,益以防御、经略以守臣称使者共五十”。宪宗元和二年李吉甫上《元和国计簿》,“总计天下方镇四十八,州府二百九十五,县千四百五十三”。八年,吉甫又上《元和郡县图志》,“凡四十七镇”。今传本已残缺,故四十七镇之目不详。本图以元和十五年为准,覈以史传记载，其时除京师京兆府（雍州）外，全国共分四十八镇。图中画出各镇名称、境界，以及所辖府、州、城，表列如下（镇与府州皆附以当时常用别称）：

镇　　名	治　所	领　府州城
潼关防御史	华州	
同州防御史	同州	
凤翔节度使	凤翔府（岐州）	陇州
泾原节度使	泾州	原州
邠宁节度使	邠州	宁州、庆州
鄜坊节度使	鄜州	坊州、丹州、延州
朔方节度使（灵武）	灵州	盐州
夏绥节度使	夏州	绥州、银州、宥州
振武节度使	单于都护府	麟州、胜州、东受降城
丰州都防御使	天德军	丰州、中受降城、西受降城
		以上关内道
东都畿都防御使	河南府（洛州）（河阳等五城别属河阳三城节度使）	汝州
陕虢观察使	陕州	虢州
宣武节度使（汴宋）	汴州	宋州、亳州、颍州
义成节度使（郑滑）	滑州	郑州
武宁节度使（徐泗）	徐州	宿州、泗州、濠州
忠武节度使（陈许）	许州	陈州、溵州、蔡州
平卢节度使（淄青）	青州	淄州、齐州、登州、莱州
天平节度使（郓曹）	郓州	曹州、濮州
兖海观察使	兖州	海州、沂州、密州
		以上河南道
河中节度使	河中府（蒲州）	绛州、晋州、慈州、隰州
河东节度使	太原府（并州）	汾州、沁州、仪州、岚州、石州、忻州、代州、蔚州、朔州、云州
昭义节度使（泽潞）	潞州	泽州、邢州、洺州、磁州
		以上河东道
河阳三城节度使	怀州	河南府之河阳、温、济源、河清、汜水五县

续 表

镇　　名	治　所	领　府州城
魏博节度使	魏州	相州、博州、卫州、贝州，澶州
成德节度使(恒冀)	镇州(恒)	冀州、深州、赵州、德州，棣州
横海节度使(沧景)	沧州	景州、德州、棣州
义武节度使(易定)	定州	易州
卢龙节度使(幽州)	幽州	蓟州、涿州、瀛州、莫州、妫州、檀州，平州，营州
		以上河北道
山南东道节度使(襄阳)	襄州	邓州、复州、郢州、唐州、随州、均州、房州
山南西道节度使	兴元府(梁州)	洋州、利州、凤州、兴州、文州、集州、壁州、巴州、蓬州、通州、开州、阆州、果州、渠州
金商都防御使	金州	商州
荆南节度使	江陵府(荆)	澧州、朗州、峡州、夔州、忠州、万州、归州
		以上山南道
淮南节度使	扬州	楚州、滁州、和州、舒州、寿州、庐州、光州
		以上淮南道
浙西观察使	润州	常州、苏州、杭州、湖州、睦州
浙东观察使	越州	婺州、衢州、温州、处州、台州、明州
鄂岳观察使	鄂州	沔州、岳州、安州、申州、黄州、蕲州
江西观察使	洪州	饶州、虔州、吉州、江州、袁州、信州、抚州
宣歙观察使	宣州	歙州、池州
湖南观察使	潭州	衡州、郴州、永州、连州、道州、邵州
福建观察使	福州	建州、泉州、漳州、汀州
黔中观察使	黔州	涪州、夷州、思州、费州、南州、珍州、溱州、播州、辰州、锦州、叙州、溪州、施州、奖州
		以上江南道
剑南西川节度使	成都府(益州)	彭州、蜀州、汉州、邛州、简州、资州、嘉州、戎州、雅州、眉州、茂州、黎州、嶲州

续 表

镇　　名	治　所	领　府州城
剑南东川节度使	梓州	剑州、绵州、遂州、渝州、合州、普州、荣州、陵州、泸州、龙州、昌州
		以上剑南道
岭南节度使	广州	循州、潮州、端州、康州、封州、韶州、春州、新州、雷州、罗州、高州、恩州、潘州、辩州、勤州、泷州、崖州、琼州、振州、儋州、万安州
邕管经略使	邕州	贵州、宾州、澄州、横州、钦州、浔州、峦州、岩州
容管经略使	容州	白州、禺州、牢州、绣州、党州、窦州、廉州、义州、郁林州、平琴州、顺州
桂管经略使	桂州	梧州、贺州、昭州、象州、柳州、严州、融州、龚州、富州、蒙州、思唐州、宜州
安南经略使	安南都护府（交州）	爱州、驩州、陆州、峰州、演州、长州、武峨州、武安州、福禄州、汤州
		以上岭南道

五代十国时期图说

唐亡于907年，历后梁、后唐、后晋、后汉、后周至960年入宋，是为“五代”。同时期（起唐末吴、蜀、吴越封王，终宋初灭北汉）四方割据建国称帝王者有前蜀、后蜀、吴、南唐、吴越、楚、南平、闽、南汉、北汉等合为十国。后唐灭前蜀；南唐篡吴，灭闽、楚；宋初先后取南平、后蜀、南汉、南唐、吴越，最后于979年灭北汉成一统。本图以后晋天福八年（943年）为准，其时中原为晋，建东京开封府（汴州），以西京河南府（洛州）、北京太原府（并州）、邺都广晋府（魏州）为陪都。南方则汉中巴蜀为后蜀，都成都府（益州）。荆峡为南平，都江陵府（荆州）。湖南及桂管为楚，都长沙府（潭州）。淮南及江南东西为南唐，以江宁府（昇州）为西都，江都府（扬州）为东都。两浙为吴越，以杭州为西府，越州为东府。福建为闽，都长乐府（福州），又于建州分而为殷。岭南东西及容管为南汉，都兴王府（广州）。西北夏、绥银为独立藩镇定难军节度使。

907年耶律阿保机代遥辇氏为契丹主，并八部为一国，916年称帝。相继征服周围奚、霫、黑车子室韦、女真、乌古、室韦、吐谷浑、党项、鞑靼、沙陀等部，攻取营、平、辽东，俘掠燕赵，926年灭渤海。927年耶律德光继立，936年援石敬瑭叛后唐建立后晋，晋割幽云十六州以献，938年改国号为辽。以皇都为上京临潢府(故址今内蒙古巴林左旗东南波罗城)，幕辽东之辽阳故城为东京辽阳府(今辽阳)，升幽州为南京幽都府(今北京市西南)，亦称燕京。

902年蒙氏南诏为郑氏所篡，改国号为长和。928年赵氏得国改号天兴，929年杨氏得国改号义宁。937年段氏得国，改号大理，都大理(故阳苴咩城)，以鄯阐(故拓东城)为东京。大理之东北今贵州西部为昆明、牂柯等部。

唐安史乱后陷没于吐蕃的自河陇至伊西诸州，至大中咸通中(847—861年)一部分由于边镇用兵收复，大部分由于沙州张义潮起义兵逐走吐蕃守将而复归唐朝版图。唐授张义潮为归义军节度使，治沙州，领大中五年(851年)义潮絜以归朝的沙、瓜、伊、西、甘、肃、鄯、河、兰、岷、廓十一州，咸通二年(861年)增领义潮新收复的凉州。义潮卒后子孙世袭其职。但这一局势未能持久巩固。进入五代，整个地区已呈分崩离析之局。后梁时张氏绝嗣，由曹义金及其子孙继承归义军节度使的名号权位，辖境却已仅限于沙、瓜二州。840年漠北回鹘为黠戛斯所袭破，部众溃散，其西迁者五代时一支建牙于甘州，领有甘、肃二州，史称甘州回鹘，或河西回鹘；一支建国于西州北庭一带，史称西州回鹘，或高昌回鹘。介于归义高昌间的伊州，由华人陈氏统治。归义与甘州回鹘间隔有吐蕃部落。甘州回鹘之东则为凉州，亦称西凉府。其民华夷杂处；其守将或为华人，或为吐蕃、党项人，皆由州人自立而受命于中朝，称河西节度使。凉州之东灵州徼外则为党项部族所据。

西域自沙州出阳关傍南山至今若羌一带为古小月氏遗种所建的仲云国，又西涉沙迹而入于阗国境。于阗全境分置数州，西南接葱岭与婆罗门为邻。自高昌迤西天山以北的九姓乌护，是840年后回鹘西迁进入葛逻禄境的一支，此时据有伊犁河流域地。其南天山南北分布着葛逻禄、突骑施、炽俟、样磨等族。

其时达旦(阻卜)族广布于漠南北，一部分已在辽辖境之内，另一部分在今外蒙古的尚不在辽辖境内。达旦以北叶尼塞河上游仍为黠戛斯族地，贝加尔湖左右的嗢娘改即唐代的骨利干。

黑龙江流域的室韦、黑水靺鞨，亦分布于辽国境内外。

唐代的吐蕃此时沦于分裂状态。河陇地区剩下一小部分，祁连山南麓的阿柴是原服属于吐蕃的吐谷浑部落，在今青海地区的蕃族称脱思麻。在旧吐蕃中心地区的称乌思，其东为波窝、敢，其西为藏。藏以西今阿里、克什米尔地区分为纳里、古格、布让、日托、麻域等部。

五代十国时期分国图说

五代十国时期，中原更迭过“五代”，南北先后建立了“十国”，《五代十国时期全图》以其中的一年为准，所以只见五代中的晋代，十国中的南唐、后蜀、南平、楚、吴越、闽、南汉七国，尚有梁、唐、汉、周四代和前蜀、吴、北汉三国因年代错出，不见该图；特编本图补见。

后梁及同时北方诸国（镇）

882 年黄巢将朱温叛巢降唐，赐名全忠。883 年授宣武（汴宋）节度使。自此朱全忠以汴镇为根本，吞并邻近诸镇，进而挟持天子，至 907 年以梁王篡位，称帝于汴州，史称后梁。以汴州为东都开封府，改东都河南府（洛阳）为西都，废西都，改京兆府为大安府。909 年迁都洛阳；913 年子朱友贞迁还开封，923 年为后唐所灭。

图以 908 年为准。其时梁境东至于海，西尽大安，南抵荆南，北有邢（保义）、魏（天雄）。与梁并峙于南北者：南方为前蜀、吴、楚、吴越、闽、南汉，西北为凤翔节度使岐王李茂贞，岐北为灵（朔方）、夏（定难）二镇，东北为卢龙（幽州）节度使刘守光（909 年称燕王，911 年称帝），燕南为镇冀（赵）、易定二镇；与梁争战最烈者为河东节度使晋王李存勖。

后唐

883 年李克用任河东节度使。此后颇侵夺邻镇，896 年称晋王。908 年克用死，子存勖嗣。913 年灭燕，已而梁之魏博、河中相继归附，又取镇冀，收易定。923 年四月即帝位于魏州，国号唐，史称后唐。以魏州为兴唐府，建号东京（今大名）。以太原府为西京，又以镇州为北都真定府。十月灭梁，迁都洛阳，号洛京，改西京为北京，罢北都及东京开封府，以大安府为西京京兆府。925 年以洛京为东都，东京为邺都，北京为北都，西京为西都。929 年罢邺都。本图以 934 年为准，境界较后梁为广：西则岐与朔方已在境内，唯定难仍独立；北抵幽云，唯河套之丰、胜，辽西之营、平已为契丹所夺；而荆南之高氏受封南平王，已独立。936 年北京留守石敬瑭反，契丹册为晋帝，晋割幽、蓟、瀛、莫、涿、檀、顺、新、妫、儒、武、云、应、寰、朔、蔚十六州畀契丹。冬，晋兵破洛阳，唐亡。

后汉

943年辽(契丹)起兵取晋,947年兵入大梁(开封),晋亡。河东节度使刘知远即帝位于晋阳,仍称晋天福十二年。辽兵北返,知远入大梁,改国号为汉,史称后汉。本图以949年为准。仍以东京开封府为首都,以西京河南府,北京太原府、邺都大名府(广晋府)为陪都。疆域较后晋略有变动:北得胜州、失易州于辽,西南失秦、凤、阶、成于后蜀。

后周与北汉

951年邺都留守郭威引兵入京城篡汉自立,国号周,史称后周。北京留守河东节度使刘崇(知远弟)称帝于晋阳,史称北汉。本图以959年为准。周仍都东京开封府,以西京河南府为陪都。疆域颇有扩展:西取秦、凤、阶、成四州于后蜀,南取淮南江北十四州于南唐,北取易、瀛、莫三州于辽。北汉都太原府,有州十。

前蜀

唐西川节度使王建于唐末兼并东川、山南西、荆南、黔中之地,903年称蜀王,907年称帝,史称前蜀。旋又取秦、凤、阶、成于岐,925年为后唐所灭。本图以924年为准。

吴

唐末淮南节度使杨行密尽收淮南地,902年称吴王,旋又进取江南之昇、润、常、鄂等州。五代初尽取江西诸州。927年行密子溥称帝,937年禅于南唐。图以934年为准。都于江都府(扬州),以昇州为金陵府。

辽北宋时期图说

10世纪后期至12世纪20年代为辽、北宋南北对峙时期,本图以1111年辽天祚帝天庆元年、宋徽宗政和元年为准。

983年辽圣宗复国号为契丹,1066年兴宗复称辽,至1125年天祚帝为金兵所擒,辽亡。

1007年圣宗建中京大定府(内蒙古宁城西大明城),自临潢迁都于此。1044年兴宗升云州为西京大同府(山西大同市),于是备上、东、中、南、西五京。

全境分为五京道,五京府外有府六、州军城一百五十六、县二百九,又有部族五十二、属国六十。“东至于海”，今日本海，鄂霍次克海。“西至金山”，今阿尔泰山。北接斡朗改、辖戛斯，其南则黑汗、西州回鹘、西夏、北宋、高丽。

960 年赵匡胤代周称帝，建立宋朝。963 年取荆南、湖南，965 年取后蜀，971 年取南汉，975 年取南唐，978 年吴越、漳泉入朝，979 年攻灭北汉，982 年夏绥入朝，从而结束五代十国割据之局，完成统一。未几，夏绥复为西夏所据。传至 1127 年金兵破京师，徽、钦二宗被掳北去，是为北宋。

初期因后周之旧都于开封号东京，以洛阳为陪都号西京，1014 年以应天府（河南商丘南）为南京，1042 年以大名府为北京，备四京。太祖时置诸道转运使以总财赋，分全国为十三道。太宗以边防、盗贼、刑讼、金谷、按廉之任，皆委于转运使，分全国为十五路。真宗时分为十八路，神宗时分为二十三路，徽宗崇宁四年（1105 年）又增一路为二十四路。诸路除转运使司外又置提点刑狱司理刑狱，安抚使司理军政，提举常平司理仓储。转运司称漕司，提点刑狱司称宪司，安抚司称帅司，常平司称仓司。宪司分路时或与漕司不同，帅司仓司非逐路皆设。一漕司辖区或分设二三帅司。一路诸司或不在一地。表列二十四路漕司路名、治所、今地如下：

路　名	治所	治 所 今 地	路　名	治所	治 所 今 地
京畿路	陈留	河南开封市东南陈留	淮南西路	寿州	安徽凤台
京东东路	青州	山东益都	江南东路	江宁府	江苏南京市
京东西路	应天府	河南商丘市南	江南西路	洪州	江西南昌市
京西南路	襄州	湖北襄樊市	荆湖南路	潭州	湖南长沙市
京西北路	河南府	河南洛阳市东	荆湖北路	江陵府	湖北江陵
河北东路	大名府	河北大名东	福建路	福州	福建福州市
河北西路	真定府	河北正定	成都府路	成都府	四川成都市
河东路	太原府	山西太原市	梓州路	梓州	四川三台
永兴军路	京兆府	陕西西安市	利州路	兴元府	陕西汉中市
秦凤路	秦州	甘肃天水市	夔州路	夔州	四川奉节
两浙路	杭州	浙江杭州市	广南东路	广州	广东广州市
淮南东路	扬州	江苏扬州市	广南西路	桂州	广西桂林市

河北陕西为兵防重地，故河北二路分设四帅司，陕西二路分设六帅司：

河北东 { 大名府路治大名府
　　　　高阳关路治河间府今河北河间

河北西{真定府路治真定府
定州路治定州今河北定县

永兴军{永兴军路治京兆府
鄜延路治延安府今陕西延安市
环庆路治庆州今甘肃庆阳

秦凤{秦凤路治秦州
熙河路治熙州今甘肃临洮
泾原路治渭州今甘肃平凉

路下地方行政区划为州县二级。州级有府、州、军、监之分：重于州者为府，轻于州者为军，管理官营工矿业兼理民事者为监。军监或直属于路比下州，或隶于府州比县。元丰三年（1080 年）共有府十四，州二百四十二，军三十七，监四。宣和四年（1122 年）共有府三十八，州二百四十三，军五十二，监四，县一千二百余。图中画出州级治所不及半数。

北以雁门（关山在山西代县北）、白沟（水道流经河北雄县、霸县北天津市区）接辽境，西北以横山（山在陕西横山、靖边、吴旗）接西夏境，西以河、湟、洮、岷、剑南西山接吐蕃诸部，西南接大理及越之李朝，东南际海。

982 年党项酋夏绥银定难军节度使李继捧降宋，族弟继迁率部反宋，屡败宋兵，传子德明、孙元昊。元昊于 1034 年建年号，1038 年称帝，国号大夏，史称西夏。尽有东起黄河，西尽玉门关（敦煌西），南迄萧关（甘肃环县北），北抵大漠之地，定都兴庆府（宁夏银川）。1044 年与宋达成和议，不久又在击败辽军后与辽议和，从此形成宋辽夏三足鼎立之局。1111 年时元昊曾孙乾顺在位。全境有府州二十二：河南九州，河西九州，河外四州。又设左右厢十二监军司。图中画出军司与府州各一部分。

辽宋夏三国之外，其时云南为大理国，青藏为吐蕃诸部及黄头回纥，西域为西州回鹘及黑汗王朝。

大理都大理，画出其境内府、郡、部各若干。

西州回鹘都高昌，境界较前有所扩展，南并仲云，东有伊州，西有龟兹。

黑汗亦作黑韩，欧洲东方学界和钱币学家称为喀拉汗朝。这是一个在 10 世纪后期由样磨、葛逻禄、炽俟、九姓乌护等突厥语族联合建成的汗国，信伊斯兰教。汗廷在八剌沙衮（苏联吉尔吉斯托克马克东），副汗治怛逻斯（苏联哈萨克江布尔）和疏勒（新疆喀什）。999 年破波斯萨曼朝，奄有阿姆河以北中亚地区。约自 1041 年起，黑汗分裂为东西二汗。图中西支作国外处理。东汗于 1004 年后不久灭于阗，此后与宋朝不断有交往。

金南宋时期图（一）说

12 世纪初至 13 世纪初为金与南宋南北对峙时期，图（一）画出其前期疆域，以 1142 年为准。

1114 年，辽的属部女真部族联盟长完颜阿骨打起兵反辽，1115 年称帝，建国号金，是为太祖。传弟太宗，于 1125 年灭辽，1127 年灭北宋。经宋金之间战争十余年，至 1141 年双方订和议。1142 年为金熙宗皇统二年，宋进誓表于金，称臣纳币割地；两国以秦岭淮水为界，中间唐邓二州属金。是时金以上京为都（黑龙江阿城南白城），以辽上京为北京，南京为燕京，中京、东京、西京仍辽旧，以宋东京为汴京。分全境为十七路：

上京路　即金之旧土，初号内地，1138 年建号上京，治上京会宁府。

北京路　即辽上京道，1138 年改名，治北京临潢府。

东京路　即辽东京道，治东京辽阳府。

中京路　即辽中京道，治中京大定府。

西京路　即辽西京道，治西京大同府。

燕京路　即辽南京道，治燕京析津府。

汴京路　即宋河南故土，治汴京开封府。

河北东路、西路　1129 年改宋之河北四路为东西二路，东路治河间府，西路治真定府。

河东南路、北路　1128 年分宋河东路为南北二路，南路治平阳府（山西临汾），北路治太原府。

山东东路、西路　因宋之京东东、西二路，东路治益都府，西路治东平府。

陕西四路　1142 年改宋之陕西六路为四路：京兆府路治京兆府，庆原路治庆阳府，熙秦路治临洮府（甘肃临洮），鄜延路治延安府。

诸京所领路各设兵马都部署司，即由留守带府尹兼任都部署。诸府所领路各设兵马都总管府，即由府尹兼任都总管。诸路辖州县各若干，州级有散府、节镇州、防御州、刺史州、军之别。又有隶属于上京路的蒲与、曷懒、速频、胡里改四路和隶属于东京路的曷苏馆、婆速二路，也是相当于州级的政区，因不领民户只领猛安谋克，故不称府州而称路，图中亦作州级处理。上京、北京、西京等路又辖有边境诸部族。

全境东极吉里迷胡里改之地，至日本海；北抵蒲与路北三千余里大兴安岭，西北包有王纪剌、塔塔儿、白鞑靼等部与境外诸部接壤于蒙古高原，西接西夏、吐蕃，南以秦岭淮水与宋为表里。

1127年金侵宋军北撤后，康王赵构即帝位于南京，是为高宗，南宋始此。同年，南迁扬州；明年，渡江南逃；1138年定都临安府（浙江杭州）；1141年定和议，1142年割地定界，时为绍兴十二年。境内分路十六，逐路设安抚使司掌一路兵民之政：

两浙西路	治临安府	今浙江杭州市	两浙东路	治绍兴	今浙江绍兴市
江南东路	建康府	江苏南京市	江南西路	洪州	江西南昌市
淮南东路	扬州	江苏扬州市	淮南西路	庐州	安徽合肥市
荆湖南路	潭州	湖南长沙市	荆湖北路	江陵府	湖北江陵
京西南路	襄阳府	湖北襄樊市	福建路	福州	福建福州市
成都府路	成都府	四川成都市	潼川府路	潼川府	四川三台
夔州路	夔州	四川奉节	利州路	兴元府	陕西汉中市
广南东路	广州	广东广州市	广南西路	静江府	广西桂林市

又设转运、提点刑狱等司，路分与安抚司同，而治所时或不同。诸路辖府州军监各若干。

西夏、大理、吐蕃诸部，疆理略如辽宋时之旧。

金兵灭辽后，随即南下侵宋。辽宗室耶律大石领兵北走西北路招讨司（蒙古中部、西部），召集辽西北地区各部族，重组统治机构。1130年率部西行，服属西州回鹘黑汗王朝境内诸部。1132年即帝位，仍以辽为国号，史称西辽。1134年建都于八剌沙衮，号虎思斡耳朵。旋又出兵南进至斡端（和阗），西征至花剌子模，奄有东起蒙古高原西部，西抵阿姆河下游之地。

其时蒙古高原中部及迤东迤北之地，为克烈、萌古斯等突厥、鞑靼部族。

金南宋时期图（二）说

宋金于1141年议和后，1161年金败盟南侵，战端再起。1165年再订和议，地界如旧。1206年宋出兵攻金，1208年再订和议，地界仍如旧。本图即以此年（金章宗泰和八年、宋宁宗嘉定元年）疆理为准。

《金史·地理志》所载行政区划，即此年制度。全境分为总管府路十九：

中都路以大兴府尹兼任

上京路	会宁府
东京路	辽阳府

北京路	大定府
西京路	大同府
南京路	开封府
咸平路	咸平府(辽宁开原北)
河北东路	河间府
河北西路	真定府
山东东路	益都府
山东西路	东平府
大名府路	大名府
河东北路	太原府
河东南路	平阳府
京兆府路	京兆府
凤翔路	凤翔府(陕西凤翔)
鄜延路	延安府
庆原路	庆阳府
临洮路	临洮府

转运司则分为中都、西京、辽东(治咸平府)、北京、南京、河北东、河北西、山东东、山东西、河东南、河东北、陕西东(治京兆府)、陕西西(治平凉府)十三路;按察司则分为中都西京(治大同府)、上京东京(治会宁府)、北京临潢(治临潢府)、南京、河北东西大名府(治河间府)、山东东西(治济南府)、河东南北(治汾州)、陕西东西(治平凉府)八路。共领京、府、州凡一百七十九,县六百八十三。又有曷懒、蒲与、速频、胡里改、婆速五路领猛安谋克不领民户,分隶于上京、东京二路比于府州。又有西南、西北、东北三路招讨司置于西京路之丰州(内蒙古呼和浩特东白塔)、桓州(内蒙古正蓝旗西北)、北京路之泰州(吉林大安东南他虎城),各领有若干猛安谋克及藩部。

1211 年起蒙古侵金,1214 年金避蒙古迁都南京开封府。1217 年由于金侵宋而两国战事又起,1233 年金帝避蒙古兵出奔蔡州(河南汝南),1234 年蒙古、宋军破蔡州,金亡。

南宋利州路于绍兴十四年(1144 年)分为东、西二路,其后时分时合,嘉定元年(1208 年)年值分置时,故全境分路十七。利州东路治兴元府,西路治沔州,今陕西略阳。潼川府路移治泸州,今四川泸州。余仍绍兴之旧。转运使司、提点刑狱司路分同安抚司,治所间有不同。诸路领府二十七、州一百三十二、军三十四、监二。

1234年金亡后蒙古随即发动对宋进攻，经四十多年战争，终于在1276年宋帝被逼出降，元军入临安；残余势力在江西和福建、广东沿海继续抗元，至1279年覆没于崖山（广东新会南），宋亡。

西夏于1205年遭受蒙古军首次侵掠后修复城堡，改都城兴庆府为中兴府；其后连续被侵，终于在1227年被灭。

大理全境东至今黔西北盘江，西至今缅北伊洛瓦底江流域，南至今泰国北边老挝西北部，北至川南大渡河，置八府、四郡、四镇。1253年为蒙古所灭。

1206年蒙古部铁木真统一蒙古高原诸部，建大蒙古国，称成吉思汗，建大斡耳朵于怯绿连河（克鲁伦河）上。其疆域东至金山（大兴安岭），包有弘吉剌部；南接金之西南路界壕，包有汪古部；西有阿勒泰山乃蛮部；北包谦河（叶尼塞河）流域吉利吉思部及大泽（贝加尔湖）左右不里牙惕、八剌忽等部。

元时期图（一）说

1271年（至元八年）蒙古大汗忽必烈（元世祖）改国号为大元，创建了中国史上的元朝。1276年纳宋帝之降，兵入临安，灭南宋。1279年消灭宋残余势力于崖山。蒙古国初起时各据一方的金、夏、西辽、宋、大理、吐蕃等政权，经成吉思汗、窝阔台汗、蒙哥汗以来七十年征讨兼并，至是全被消灭，完成了旷古未有的大一统。本图即以完成大一统的次年至元十七年（1280年）为准。

这时元朝的都城已从至元九年起定在新建于金中都城东北的大都城（今北京城），忽必烈初即位时的都城上都（内蒙古正蓝旗东闪电河北岸），则作为每年四月至八九月间避暑的夏都。地方行政机构已将蒙古初年沿用金后期的行省制度推行于全国，并从原来的临时性的中央派出机构演变成为常设的最高地方政府。全境除部分地区直隶于中央的中书省外，分设若干行中书省。中书省又称都省，号为腹里。行中书省的全称是××等处行中书省，简称××行省，或只称××省。至元年间省区的分置罢并极为频繁，十七年时直隶于中书省的是包括河北、河南、山东、山西、漠南、漠北、辽东和西夏故地等广大地域。行中书省有六：

陕西四川行省辖有金陕西五路、南宋四川路故地，治安西路（今西安市）。

云南行省辖大理国故地，治中庆路（今昆明市）。

江淮行省辖南宋两淮、两浙路故地，治扬州路（今扬州市）。

江西行省辖南宋江西、广东路故地，治隆兴路（今南昌市）。

福建行省辖南宋福建路故地，治泉州路（今泉州市）。

湖广行省辖南宋湖南、湖北、京西南、广西四路故地，治潭州路（今长沙市）。

省以下的行政区划为路、府、州、县四级，西南又有宣抚司、安抚司和军。唐宋时较大的州，多数已升为路。府或隶路，或隶省。州或隶府，或隶路、省。府州或不领县。图中画出其一部分。又有宣慰司作为省的派出机构用以统辖远离省会地区的路府州县，辖区称道。至元十七年所设宣慰司道不可悉考，不上图。

除中书省和各行省所辖路府州县外，黑龙江上游有所谓东道诸王即成吉思汗诸弟的封地，迤东有置于女真部族的若干万户府；极北还有一些部族和断事官等特殊建置。吐蕃地区由设置在中央的掌管全国佛教事务的总制院管辖。西域地区的建置隶属不明。阿尔泰山以西阿姆河以东是西北宗藩成吉思汗三子窝阔台后裔窝阔台汗国和成吉思汗二子察合台后裔察合台汗国之地。其时察合台汗笃哇实际是在窝阔台汗海都控制之下的附庸，二国连兵反元，不承认元帝的宗主地位；二国的疆界也难以划分。

也儿的石（额尔齐斯）河以西，花剌子模以北是成吉思汗长子术赤后裔的钦察汗国，阿姆河以西是蒙哥汗之弟旭烈兀后裔的伊利汗国。二国名义上对大汗即元帝称藩，实际已成独立国。其版图不在中国范围内，故作外国处理。

其时元朝的版图东北抵鲸海（日本海），以慈悲岭铁岭与王氏高丽为界于朝鲜半岛中部；北抵日不落之山，在今苏联西伯利亚北极圈内；西南接尼波罗、印度、缅、越；东南际海。

元时期图（二）说

本图以《元史·地理志》所载文宗至顺元年（1330 年）版籍为准。其时“立中书省一，行中书省十有一，……分镇藩服，路一百八十五，府三十三，州三百五十九，军四，安抚司十五，县一千一百二十七”。

中书省　甘肃、辽阳、河南、岭北等处相继建立行省后，中书省辖境遂限于河北、漠南、山东、山西。

岭北行省　大德十一年（1307 年）置和林行省，治和林（蒙古后杭爱省厄尔得尼召北，1235年后窝阔台汗至蒙哥汗时代的蒙古国都城）。皇庆元年（1312年）改为岭北行省，和林路改名和宁路。统辖东起哈剌温山（大兴安岭），西至也儿的石河，今蒙古人民共和国和我国内蒙古、新疆部分，以及苏联西伯利亚地区。

辽阳行省　至元初曾置东京行省，旋罢。二十三年再立，同年罢。二十四年（1287年）复置，改称辽阳，治辽阳路（今辽阳市）。辖境相当金东京、咸平、上京三路和北京路的大部分，西北起大兴安岭外兴安岭，东南抵海，接高丽境。

河南江北行省　至元二十八年（1291年）割中书省之河南、江淮、湖广二行省之江北立，治汴梁路（今开封市）。辖境有今河南省河南部分和湖北、安徽、江苏三省的江北部分。

陕西行省　四川行省　至元十八年（1281年）分陕西四川行省为陕西、四川二省，其后一度再合为一，二十三年又分为二。陕西行省治安西路后改奉元路（今西安市），辖境相当金陕西五路及南宋利州路部分地，东起山陕间黄河，西包河洮，南起大巴山，北包鄂尔多斯草原。四川行省治成都路，相当宋成都、潼川、夔州三路及利州路一部分，今四川省的大部分。

甘肃行省　景定二年（1261年）立西夏中兴行省于西夏故地，治中兴府。其后屡罢屡置，至元二十三年（1286年）徙省治于甘州路（今张掖），改称甘肃行省。辖境有今宁夏回族自治区、甘肃河西地区和内蒙古西部。

云南行省　因旧。辖境在今缅、泰境内有所扩展。

江浙行省　至元二十一年改江淮行省为江浙行省，徙治杭州。二十三年还治扬州，复称江淮行省。二十六年再徙杭州，二十八年（1291年）割江北州郡隶河南行省，改称江浙。大德三年（1299年）罢福建行省，以其地并江浙。辖境相当宋两浙西、两浙东、江南东、福建四路，今浙江福建二省、上海市和安徽、江苏的江南部分。

江西行省　因旧。辖有今江西大部广东大部分地。

湖广行省　至元十八年移治鄂州，后改武昌路（今武汉市武昌）。辖境有今湖南、广西、海南三省，贵州省的大部分，湖北、广东各一部分。

征东行省　大德三年初置于高丽，未几罢；至治元年（1321年）复立。此省丞相由高丽国王兼任，自辟官属，不改变其原有政权机构与制度，故与一般行省性质不同，应视作藩属国。

甘肃之西又有哈密力、北庭都元帅府（别失八里）、哈剌火州之地，不属行省。

至元二十五年改总制院为宣政院，所辖吐蕃地分设三道宣慰司：1. 吐蕃等处宣慰司即脱思麻宣慰司；2. 吐蕃等路宣慰司即朵甘思宣慰司；3. 乌思藏、纳里、速古鲁孙三路宣慰司即乌思藏宣慰司。脱思麻司辖有青海黄南州至四川阿坝州之地。朵甘思司辖有青海果洛州、玉树州至四川甘孜州、西藏昌都地区之地。乌思藏司辖有西藏大部分和克什米尔之地。宣慰司下辖有宣抚司、安抚司、招讨司、元帅府、万户府等建置。

东道诸王自至元二十八年平定乃颜之乱后，已在岭北行省和辽阳行省节制之下。西北窝阔台汗国已于1309年破灭，领地大半为察合台汗国所并。察合台汗国已与元朝通好称藩，其地东接别失八里哈剌火州，西尽阿姆河，南抵昆仑山，北抵库克恰腾吉斯（巴尔喀什湖），西北与钦察汗国，西南与伊利汗国接壤。

明时期图（一）说

元末农民起义军蜂起，随后形成了若干割据政权。朱元璋以1352年起兵于濠州（安徽凤阳），1356年取集庆（南京），改称应天府以为根据地，在破灭上游的陈友谅和下游的张士诚之后，1368年即帝位，建国号明，年号洪武，是为太祖。同年，北伐中原，元帝弃大都北走。明兵又四出征讨，至洪武十五年（1382年）平云南，二十年（1387年）降辽东元将纳哈出，完成统一。

洪武元年以开封府为北京，应天府为南京，意欲复北宋之旧，定都开封。十一年以开封漕运不便，罢北京；应天府改称京师。成祖永乐元年（1403年）以北平府（元大都）为北京，称行在，改府名为顺天。十九年定都北京，以京师为南京，北京为京师。

洪武初仍元制以中书省及行中书省分统郡县；九年改行中书省为承宣布政使司；十三年罢中书省，以所领郡县直隶六部。是时全境共有直隶（中央直辖区）一，布政使司十二：浙江治杭州府；江西治南昌府；福建治福州府；湖广治武昌府；山东治济南府；山西治太原府；北平治北平府；河南治开封府；陕西治西安府；广东治广州府；广西治桂林府；四川治成都府。十五年，又增置云南布政使司。永乐元年罢北平布政使司以所领直隶北京，自此有南北二直隶。五年收安南入版图，置交趾布政使司；十一年置贵州布政使司。至是共有直隶二、布政使司十四。宣德二年（1427年）弃安南，罢交趾布政司。此后终明一代为直隶二、布政司十三。二直隶又称京师、南京二京，十三布政司流俗仍称十三省。两京十三司总称十五省。宣德称明代盛世，本图以宣德八年(1433年)为准。

十五省分统府、州各百数十，县一千一百有余。府州县只领民户，另置卫、所以领军户。全国卫所以千计，分隶于两京都督府及十六都指挥司、四行都指挥司、一留守司。两京都督府各有直隶卫所。十三省各有一都指挥司，京师又有万全都司治宣府卫(河北宣化)，大宁都司治保定府，山东又有辽东都司治定辽卫(辽宁辽阳)。又有山西行都司治大同府，陕西行都司治甘州卫(甘肃张掖)，福建行都司治建宁府(建瓯)，四川行都司治建昌卫(西昌)，中都留守司治中都凤阳府(安徽凤阳)。

府州县卫所之外，又有土府、土州、土县隶于布政司，宣慰、宣抚、安抚、长官等土司隶于都司。

两直隶和各布司都司是直辖版图，外此洪武永乐间又在西陲设哈密(新疆哈密)、赤斤蒙古(甘肃玉门西北)、沙州(甘肃敦煌)等羁縻七卫于陕西行都司边外；永乐招抚海西、建州、野人女真诸部，分置数以百计的羁縻卫所于辽东都司边外，又招抚黑龙江下游奴儿干、吉烈迷及海东苦夷诸部族，设奴儿干、囊哈儿等卫，统以流官奴儿干都司(治黑龙江口今苏联哈巴罗夫斯克边区塔赫塔)。又遣使诏谕西番各族，授其僧俗首领以国师、法王及都指挥、宣慰使、招讨使、元帅、万户等官，因俗以为治。阐化、赞善、护教、阐教、辅教五王各有分地，相当于今西藏自治区除阿里以外及青海玉树州之地。又置俄力思军民元帅府于今阿里地区。又设乌斯藏、朵甘二都指挥司于五王之地。封大宝、大乘、大慈等法王于乌斯藏之地，设董卜韩胡、长河西鱼通宁远二宣慰司于四川徼外今四川甘孜、阿坝州之地。

1368年元帝退出大都，北走上都；次年明军捣上都，元帝再往北逃；又次年明军克应昌(内蒙古克什克腾西达米诺尔附近)，元帝逃往和林，国号仍为元，史称北元。传至1402年去帝号称可汗，去国号称鞑靼。永乐宣德时时或寇边，时或修职贡，受封爵。

元亡之后蒙古分为三部：鞑靼之西为瓦剌，永乐初分马哈木、太平、把秃孛思三部，明朝封为顺宁、贤义、安乐三王。数与鞑靼相互攻袭，对明时通贡献，间侵及哈密。

鞑靼之东为兀良哈，洪武时受明招抚，置朵颜、泰宁、福余三卫于其部落，通称兀良哈三卫，或朵颜三卫。牧地在洮儿河流域及嫩江下游一带。三卫是明的羁縻卫，和鞑靼瓦剌与明朝仅为藩属关系不同。

14世纪40年代察合台汗国陷于分裂，60年代西察合台汗国演变为帖木儿汗国。明初东察合台汗居别失八里(新疆吉木萨尔北破城子)；永乐十六年(1418 年)西迁亦力把里(新疆伊宁),明代史籍即以城名作为其国名。其地西起葱岭、库克恰腾吉斯(巴尔喀什湖),而哈实哈儿(喀什)不在境内;东接哈密及撒里畏吾儿阿端曲先等卫;北起也儿的石河(额尔齐斯河)上游,南抵昆仑山。其向阳地区(天山南路)则在贵族朵豁剌惕氏控制之下。

明时期图(二)说

本图依据《明史·地理志》、《万历明会典》记载,画出万历十年(1582 年)时疆域政区。其时明朝直辖版图仍为两京十三布政使司,唯所领府州县稍有增损。十六都指挥使司仍旧,行都指挥司除山西、陕西、四川、福建仍旧外,成化时又增设湖广行都司治郧阳府(郧县);留守司除中都外,嘉靖又增设兴都一司于承天府(钟祥)。卫所及土官土司皆稍有增损。

京师、山西、陕西的北边,洪武时为阴山潢河一线;永乐初内徙大宁都司于保定府,东胜卫于永平府及遵化县,宣德徙开平卫于独石堡,正统后鞑靼牧地渐次南展,嘉靖以后遂以长城一线与鞑靼及朵颜三卫为界,明朝在此一线上多次坚筑长城,至是已完成西起嘉峪关,东抵山海关的全线工程,称为“边墙”;又在宣化、大同二镇之南及北直、山西界上筑有内长城,称为“次边”。

山东的辽东都司,明初西接大宁都司,北临兀良哈三卫,东临女真诸卫州等羁縻地区;正统后三卫转而为瓦剌、鞑靼所控制,女真诸卫所亦不复能维持永乐宣德旧制,大宁都司故地又为三卫所侵据;明廷乃于西起山海关北,东至九连城东鸭绿江浒一线,筑较为简易的“辽东边墙”为分界线。北边边墙大部分至今犹存,唯多已残破,辽东边墙则早已湮灭。

缘边分段设总兵官统兵防御,初设辽东(驻广宁)、宣府、大同、延绥(驻榆林)四镇,继设宁夏、甘肃(驻甘州)、蓟州三镇,又太原与固原近边亦称边镇,合称九边,于全国诸镇中最为重镇。

云南西南境旧有的孟密、孟养、木邦、蛮莫等土司,至是皆为缅甸所并。

广东珠江口,嘉靖三十二年(1553 年)葡萄牙人贿通地方官,在壕镜澳(今澳门)登岸建立居留地,万历元年(1573 年)变贿赂为地租。

川陕徼外仍为东起董卜韩胡西至俄力思诸西番部族地,唯护教王已在宣德后无嗣而绝。黄教僧锁南坚错已取得极高威望,被奉为活佛,并获得鞑靼俺答汗所赠达赖喇嘛尊号,是为三世达赖。西番自大宝法王阐化等四王皆俯首称弟子,自此诸番王徒拥虚位,不复能施其号令,一切皆听命于达赖,成为藏族地区政教合一的首领。

辽东边外的建州卫，本在图们江北，正统中西迁苏子河畔赫图阿拉（辽宁新宾老城），逼近边墙，天顺后时辄寇扰辽东。

正统元年（1436年）瓦剌顺宁王脱懽吞并贤义、安乐二王部落，统一瓦剌；二年后又进而控制鞑靼，遂立元裔脱脱不花为蒙古可汗，自为丞相握实权。明年脱懽死，子也先继立；又东取兀良哈三卫及建州女真各部，西掠沙州、赤斤蒙古、哈密等卫。正统十四年（1449年）南下攻明，俘英宗于土木堡。景泰四年（1453年）自立为大元田盛大可汗，后二年因内乱被杀，蒙古又分裂。其后鞑靼达延汗（《明史》称小王子）在汗位时迫瓦剌西迁，统一鞑靼各大小割据领地，并为六万户，自领左翼察哈尔、喀尔喀、兀良哈三万户，封其一子为济农，统右翼袄儿都司（鄂尔多斯）、满官嗔（土默特）、永绍不（永谢布）三万户。达延汗卒后鞑靼又分裂。至万历初年达延汗孙土默特首领控制右翼，称阿勒坦（俺答）汗。筑大板升城于今呼和浩特，成为漠南地区的政治经济文化中心；明赐名归化。

阿勒坦汗又自河套侵入青海，明朝称驻牧青海的部落为"海寇"，图中作鞑靼土默特部。

其时亦力把里已分为亦力把里、叶尔羌、土鲁番三属，其王皆察合台后裔。叶尔羌尽有天山以南葱岭以东博斯腾湖以西之地。土鲁番以成化八年（1472年）袭占哈密，明朝力谋存复不果，至嘉靖时嘉峪关外七卫之地皆为所有。

清时期图（一）说

1583（明万历十一）年，建州女真首领明建州左卫指挥使爱新觉罗·努尔哈赤（清太祖），始起兵兼并邻部；在统一建州诸部、吞并海西女真、收服东部蒙古之后，1616（明万历四十四）年即汗位，建国号金，史称后金。1618年开始攻取明朝辽东地区。1626年子皇太极（清太宗）嗣立，1635年改女真族名为满洲，1636年即皇帝位，改国号为清。

清开国后123年，疆域在逐渐扩展中：

1. 吞灭明朝。1644年在明总兵吴三桂招引下，清兵进入山海关、击败李自成，顺治帝入主北京。1645年清兵下江南，南明弘光帝政权覆灭。1659年清兵入滇，南明永历帝逃入缅甸。1664年清兵消灭夔东十三家抗清义军，大陆南明残余势力被肃清。海上南明势力郑成功于1662年逐走荷兰侵略军，占领台湾，仍奉永历正朔；1683（清康熙二十二）年，清兵入台湾，成功孙克塽降，明祚告终。

2. 统一东北诸部族与并有漠南蒙古，这两件事都完成于灭明之前。太祖时代统一了建州诸部和海西四部，征服招抚了野人女真的主要部分；臣服了蒙古科尔沁、喀尔喀等部。太宗时代统一了乌苏里江、黑龙江流域和海东库页岛上诸部族；击并蒙古察哈尔部，迤西土默特、鄂尔多斯等部相继降附，漠南蒙古十六部悉入版图。

3. 灭明之后，经过对准噶尔的长期战争，陆续将厄鲁特蒙古、喀尔喀蒙古、套西、青海蒙古与西藏、回部等地全部收入版图。漠西厄鲁特蒙古即明代瓦剌之后，明季分为准噶尔、杜尔伯特、土尔扈特、和硕特四部，游牧于阿尔泰山以西天山以北一带。明末清初准噶尔尽并四部之地，和硕特移牧青海、西藏。1678（康熙十七）年准噶尔又并有天山以南之回部（维吾尔）地，1688年击并漠北喀尔喀蒙古三部地，三部被迫投清，清廷安置于漠南北部。1690年准噶尔进扰漠南，清朝开始反击。经康熙三次亲征，1697年准噶尔汗噶尔丹战败自杀，阿尔泰山以东尽入清朝版图，喀尔喀还牧故地，青海和硕特亦称藩臣服。山以西仍为准部所有。1717（康熙五十六）年准噶尔侵占西藏，1720（康熙五十九）年清兵入藏，准部败走，西藏遂入版图。1723（雍正元）年青海和硕特叛清降准，清出兵以次年平定之。1755（乾隆二十）年清乘准部内乱出师进取伊犁，擒其汗，准部初定。已而降将阿睦尔撒纳叛，1757年始荡平。准部既平，所属额尔齐斯河以北乌梁海诸部亦尽入版图。天山以南回部乘机谋独立，1759（乾隆二十四）年为清兵所平定。清准抗争凡历康、雍、乾三朝，首尾达七十年，至是乃以准噶尔覆亡清朝全胜结束；清由此拓地万里，建成了中国历史上最大版图的一统帝国。

本图以《嘉庆重修一统志》为据，画出嘉庆二十五年（1820年）清朝的疆域政区。其时全国分为二十七区：山海关内明朝故土为“内地十八省”；东北满洲入关以前故土为“盛京三将军”；西北蒙藏准回诸部分为六区。因明之旧以顺天府为京师，又以入关前旧都沈阳为陪都，称盛京奉天府。

直隶省　明北直隶，入清称直隶省。扩展北境。总督驻保定府。分为霸昌（昌平）、通永（通州）、清河（保定）、天津、大顺广（大名）、口北（宣化）、热河（承德）七道，领顺天、保定、永平、河间、天津、正定、顺德、广平、大名、宣化、承德十一府，遵化、易、冀、赵、深、定六直隶州，及口北张家口、独石口、多伦诺尔三厅。

江苏省　明南直隶，入清改为江南省。康熙六年分江南东半为江苏省。

两江（江南江西）总督驻江宁府，江苏巡抚驻苏州府。分为盐法（江宁）、苏松太（上海）、淮扬（清河）、淮徐海（徐州）、淮海（安东）、常镇通海（镇江）六道，领江宁、苏州、松江、常州、镇江、淮安、扬州、徐州八府，太仓、海、通三直隶州，海门一直隶厅。

安徽省　康熙六年分江南西半为安徽省。巡抚驻安庆府。分为安徽（芜湖）、庐凤（凤阳）二道，领安庆、徽州、宁国、池州、太平、庐州、凤阳、颍州八府，滁、和、广德、六安、泗五直隶州。

山西省　因明旧。扩展北境。巡抚驻太原府。分为冀宁（太原）、河东（运城）、雁平（代州）、归绥（绥远）四道，领太原、平阳、蒲州、潞安、汾州、泽州、大同、宁武、朔平九府，平定、忻、代、保德、霍、解、绛、隰、沁、辽十直隶州，归化、绥远、托克托、清水河、萨拉齐、和林格尔六厅。

山东省　因明旧。划出辽东都司。巡抚驻济南府。分为济东泰武临（济南）、登青莱（登州）、兖沂曹济（兖州）三道，领济南、兖州、东昌、青州、登州、莱州、武定、沂州、泰安、曹州十府，济宁、临清二直隶州。

河南省　因明旧。巡抚驻开封府。分为开归陈许（开封）、河北（武陟）、河陕汝（陕州）、南汝光（信阳）四道，领开封、陈州、归德、彰德、卫辉、怀庆、河南、南阳、汝宁九府，许、陕、光、汝四直隶州。

陕西省　康熙二年分陕西省为二，东部仍称陕西。巡抚驻西安府。分为西乾鄜（西安）、凤邠（西安）、潼商（潼关）、陕安（汉中）、延榆绥（榆林）五道，领西安、延安、凤翔、汉中、榆林、兴安、同州七府，商、乾、汾、鄜、绥德五直隶州。

甘肃省　康熙二年分陕西省西部为巩昌省，五年改称甘肃。陕甘总督兼甘肃巡抚驻兰州府。分为兰州、平庆泾（固原）、巩秦阶（岷州）、宁夏、甘凉（凉州）、西宁、安肃（肃州）七道，又有镇迪道在新疆境内。领兰州、巩昌、平凉、庆阳、宁夏、甘州、凉州、西宁八府，泾、秦、阶、肃、安西五直隶州，又有镇西府、迪化直隶州在新疆境内。

浙江省　因明旧。巡抚驻杭州府。分为杭嘉湖、宁绍台、金衢严、温处四道，领杭州、嘉兴、湖州、宁波、绍兴、台州、金华、衢州、严州、温州、处州十一府，玉环一直隶厅。

江西省　因明旧。巡抚驻南昌府。分为南抚建、瑞袁临（南昌）、广饶九南（九江）、吉南赣宁（赣州）四道，领南昌、饶州、广信、南康、九江、建昌、抚州、临江、瑞州、袁州、吉安、赣州、南安十三府，宁都一直隶州。

湖北省　康熙三年分湖广省北部为湖北省。湖广总督、湖北巡抚同驻武昌府。分为武昌、汉黄德(黄州)、安襄郧荆(襄阳)、荆宜施(荆州)四道,领武昌、汉阳、黄州、安陆、德安、荆州、襄阳、郧阳、宜昌、施南十府,荆门一直隶州。

湖南省　康熙三年分湖广省南部为湖南省。巡抚驻长沙府。分为长宝、岳常澧(澧州)、衡永郴桂(衡州)、辰沅永靖(凤凰)四道,领长沙、岳州、宝庆、衡州、常德、辰州、沅州、永州、永顺九府,澧、桂阳、靖、郴四直隶州,乾州、凤凰、永绥、晃州四直隶厅。

四川省　因明旧。扩展西境,减缩南境。总督驻成都府。分为成绵龙茂、川东(重庆)、川南永宁(泸州)、建昌上南(雅安)、川北(保宁)五道,领成都、重庆、保宁、顺庆、叙州、夔州、龙安、宁远、雅州、嘉定、潼川、绥定十二府,眉、邛、泸、资、绵、茂、忠、酉阳八直隶州,叙永、松潘、石柱、杂谷、太平五直隶厅,懋功一屯务厅。

福建省　因明旧。康熙二十三年增领台湾澎湖诸岛。闽浙总督、福建巡抚同驻福州府。分为粮驿(福州)、兴泉永(厦门)、汀漳龙(漳州)、延建邵(延平)、台湾(台湾府)五道,领福州、兴化、泉州、漳州、延平、建宁、邵武、汀州、福宁、台湾十府,永春、龙岩二直隶州。

广东省　因明旧。两广总督、广东巡抚同驻广州府。分为粮储(广州)、南韶连(韶州)、惠潮嘉、肇罗、高廉、雷琼(琼州)六道,领广州、韶州、惠州、潮州、肇庆、高州、廉州、雷州、琼州九府,南雄、连、嘉应、罗定四直隶州,佛冈、连山二直隶厅。

广西省　因明旧。巡抚驻桂林府。分为桂平梧郁、左江(南宁)、右江(柳州)三道,领桂林、柳州、庆远、思恩、泗城、平乐、梧州、浔州、南宁、太平、镇安十一府,郁林一直隶州。

云南省　因明旧。扩展东北境。云贵总督、云南巡抚同驻云南府。分为粮驿(云南)、迤东(寻甸)、迤西(大理)、迤南(普洱)四道,领云南、大理、临安、楚雄、澂江、广南、顺宁、曲靖、丽江、普洱、永昌、开化、东川、昭通十四府,广西、武定、元江、镇沅四直隶州,景东、蒙化、永胜、腾越四直隶厅。

贵州省　因明旧。扩展西北境。巡抚驻贵阳府。分为粮驿(贵阳)、贵西(威宁)、贵东(古州)三道,领贵阳、安顺、都匀、镇远、思南、石阡、思州、铜仁、黎平、大定、兴义、遵义十二府,平越一直隶州,松桃、普安、仁怀三直隶厅。

以上,内地十八省。

奉天　明辽东都司及清朝发祥地兴京。入关后设奉天将军(一称盛京将军)，统辖全境驻防，又设奉天府尹统辖境内州县。将军及盛京户、礼、兵、刑、工五部，奉天府尹同驻盛京奉天府。分为奉天、熊岳、锦州三副都统辖区及奉天、锦州二府。

吉林　明辽东都司边外女真诸卫所至奴儿干都司地。清初设宁古塔将军，旋改设吉林将军驻吉林城。分为吉林、宁古塔、白都讷、阿勒楚喀、三姓五副都统辖区，嘉庆五年又设长春厅。

黑龙江　明辽东都司边外野人女真及东蒙古地。清康熙二十三年设黑龙江将军驻黑龙江城，二十九年移驻墨尔根，三十八年移驻齐齐哈尔。分为齐齐哈尔、黑龙江、墨尔根三副都统及呼伦贝尔副都统衔总管四辖区。又有布特哈总管。

以上，盛京三将军辖区。

新疆　乾隆二十七年设总统伊犁等处将军，统辖天山南北准部回部各新疆地方驻防官兵，驻伊犁惠远城。伊犁、塔尔巴哈台、喀什噶尔三处设参赞大臣，乌鲁木齐设都统，哈密、喀喇沙尔、库车、阿克苏、乌什、叶尔羌、和阗设办事大臣，库尔喀喇乌苏、古城、巴里坤、吐鲁番、英吉沙尔设领队大臣，皆统于将军。又设镇西府于巴里坤，迪化直隶州于乌鲁木齐，隶甘肃省。又有部分哈萨克、布鲁特部落，为伊犁、喀什噶尔大臣羁驭巡视所及。

乌里雅苏台　雍正十一年设定边左副将军统辖喀尔喀蒙古四部及科布多、唐努乌梁海地方，驻乌里雅苏台，通称外蒙古。喀尔喀北路为土谢图汗部二十旗，东路为车臣汗部三十三旗，西路为扎萨克图汗部十九旗。中路三音诺颜部分自土谢图汗部，二十四旗。科布多设参赞大臣，管厄鲁特、乌梁海十七旗。唐努乌梁海五旗四十六佐领，分属将军、扎萨克图汗部、三音诺颜部。

以上，西北二将军辖区。

内蒙古　漠南蒙古东起科尔沁西至鄂尔多斯，凡二十四部四十九旗，合为哲里木、卓索图、昭乌达、锡林郭勒、乌兰察布、伊克昭六盟，径隶理藩院。设有热河都统，驻防直隶承德府。又有归化城土默特二旗，由山西绥远城将军管辖，又有察哈尔八旗，各设总管，由察哈尔都统管辖，驻直隶张家口。直隶盛京边外又设有诸牧厂，各设总管。

套西蒙古　阿拉善尼鲁特一旗，额济纳旧土尔扈特一旗，牧地在河套贺兰山以西，各自为部，不设盟。

以上，漠南蒙古二区。

青海　北部为蒙古厄鲁特等二十九旗，南部为玉树等四十土司，由西宁办事大臣统辖，驻甘肃西宁府。

西藏　分卫（前藏）、藏（后藏）、喀木（康）、阿里四区，辖六十余城，东接四川巴塘，西至拉达克、丁木刚。达赖喇嘛驻拉萨，掌全藏政令；班禅额尔德尼驻日喀则，掌后藏寺院，并受命于驻藏办事大臣、帮办大臣。

以上，青藏二办事大臣辖区。

康熙二十八年（1689 年）中俄订立尼布楚条约，划定黑龙江吉林与俄国远东地区间边界：黑龙江西以自南北流入黑龙江之额尔古讷河，自北南流入黑龙江之格尔必齐河及额尔古讷河口至格尔必齐河口间之黑龙江为界；北以格尔必齐河源东至于海之外兴安岭为界。东端乌第河以南，作为两国待议地区。海中格布特等岛屿属吉林。

雍正五年（1727 年）中俄订立布连斯奇界约，划定外蒙古与俄国西伯利亚间边界，东起额尔古讷河西岸阿巴该图，西至唐努乌梁海沙宾达巴哈。

康熙五十一年（1712 年）定盛京与朝鲜之间以鸭绿江图们江为界，于长白山天池南分水岭上立碑为记。

清时期图（二）说

19 世纪中叶以后，清朝的领土多次被资本主义列强侵占割夺，不断减缩；清廷为了加强统治边区，相应作出了一些政区制度上的改革。本图画出辛亥革命前三年即光绪三十四年（1908 年）的清季疆域政区。

一、边境的丧失与边界的划定

黑龙江吉林　咸丰八年（1858 年）第二次鸦片战争期间，俄国乘机迫胁黑龙江将军奕山签订中俄瑷珲条约，强行割去黑龙江松花江左岸大片中国领土，仅规定瑷珲对岸精奇里江以南“江东六十四屯”仍由原住中国人永远居住，归中国政府管理。乌苏里江以东至海，划为中俄共管地。清廷当时拒绝批准，后二年在中俄北京条约中遂被迫确认此约。光绪二十六年（1900 年）八国联军侵华战争中，俄又出兵强占江东六十四屯。

吉林　瑷珲条约定乌苏里江以东至海为中俄共管地，北京条约进而将乌苏里及松阿察二河逾兴凯湖至图们江口一线以东原中国领土划归俄国。次年勘定边界，绘图立牌。光绪十二年（1886 年）重勘，增立改立界牌多处，多有退让。

鞑靼海峡东岸的库页岛，本为吉林三姓副都统辖境，中俄订立北京条约，清廷竟置此岛于不问。时俄日已分占北部南部。1875 年全归俄，1905 年日俄战后以北纬 50°以南归日。

图们江源处中朝边界，光绪九年（1883 年）至十三年（1887 年）曾经双方交涉勘查，未得结论。甲午中日战后日本取得韩国外交权，终于在宣统元年（1909 年）定以石乙水为江源，两国以此为界。

外蒙古　咸丰十年中俄北京条约，定西界“自沙宾达巴哈起至斋桑淖尔”，虽未经勘定，此两点以西北定边左副将军所属乌梁海十佐领及科布多所属阿尔泰淖尔乌梁海二旗，已划在界外。后经同治三年（1864 年）订立塔城条约，八年（1869 年）订科布多、乌里雅苏台二界约，光绪九年（1883 年）又勘改科布多边界，遂划定如图中所示。

新疆　咸丰十年北京条约定中俄西界“自沙宾达巴哈起至斋桑淖尔，又西南至特穆尔图淖尔，又南至浩罕为界”，已割弃乾嘉旧界自巴勒喀什湖东南至特穆尔图淖尔之地于俄，后经同治三年订中俄勘分西北界约记（即塔城条约），同治九年于边界建立牌博，光绪七年（1881 年）订伊犁改订条约，自八年至十年相继勘定伊犁、塔尔巴哈台、喀什噶尔东北、西北界约，遂划定如图中所示。

外蒙古新疆中俄历次的勘界，中方每次皆有丧失。喀什噶尔西北界约所定中俄分界线，止于乌孜别里山豁；自此以南未经勘定，约文但作自此“中国界转向正南，俄国界转向西南”。其地即帕米尔高原，光绪初年曾设置苏满等八卡伦。1895 年英俄两国竟私分其地，中国虽抗议无结果。

西藏　拉达克本为阿里的一部分，西接克什米尔。1840 年左右克什米尔侵入拉达克，1846 年英国吞并克什米尔，拉达克随即被并入英属克什米尔。

光绪十六年（1890 年）英国迫订藏印条约，规定哲孟雄归英保护，并划定藏哲间边界，被割去春丕以南等地。

云南两广　光绪十一年法国吞并越南，十二年英国吞并缅甸，嗣后云南两广与缅越边界经多次交涉划定，滇西茶山、麻栗坝等地，铁壁、虎踞、天马、汉龙等关遂划入英属缅甸，滇南乌得、孟乌二土司划入法属交趾支那（今属老挝）。唯两广与越南接壤处，清廷以商务利益换取对方界务让步，故十万大山西南稍有展出，钦州西南江坪黄竹原为越南飞地，至是并入钦州。

粤闽海疆　原属广东广州府新安县的香港岛，鸦片战争中为英国占据，道光二十二年（1842 年）中英订江宁条约，割让于英国。咸丰十年（1860 年）第二次鸦片战争结束时中英订天津续约，又以香港对岸之九龙司地方一区

割归英属。

原隶福建省之台湾府，光绪十一年建为行省。甲午中日之战（1894 年）中国战败，次年订中日马关条约，割让于日本。

二、沿海港湾被强租

澳门　在广东广州府香山县南。初沿明旧为葡萄牙人租住地；1849 年后葡拒交地租，逐走清驻澳官吏；光绪十三年（1887 年）中葡订北京条约，允准葡萄牙“永居管理”澳门。

香港　光绪二十四年（1898 年）中英订香港界址专条；次年，勘定以深圳河及深圳大鹏二湾以南及附近海面租予英国，以 99 年为限期。（为别于割让地九龙司地方一区，此称九龙新界）

胶州湾　在山东胶州东南。光绪二十三年德国因教案出兵据胶州湾，次年迫订胶州湾租约，定期 99 年。青岛为湾中商港。

旅顺口大连湾　在奉天金州境。光绪二十四年俄国强租，包括亚当湾、貔子窝湾以南陆地及附近海面岛屿，租期 25 年。光绪三十一年（1905 年）日俄之战俄国战败，旅大租借权为日本所承袭。

威海卫　在山东登州文登县北。光绪二十四年英国擅以兵舰停泊于此，旋即强订租约，租期 25 年。

广州湾　在广东雷州东北。光绪二十五年（1899 年）法国用兵占据，旋即强订租约，定期 99 年。

列强侵夺我主权，又有通商、筑路及划定通商口岸租界等约，不见图。

三、边境政区改革

新疆　光绪九年（1883 年）建行省，置巡抚；旋即裁诸驻防大臣及扎萨克、阿奇木伯克，改置府、厅、州、县。分为镇迪、伊塔、阿克苏、喀什噶尔四道，迪化、伊犁、温宿、焉耆、疏勒、莎车六府，库车、和阗二直隶州，镇西、吐鲁番、哈密、库尔喀喇乌苏、塔尔巴哈台、精河、乌什、英吉沙尔八直隶厅，州一、县二十一。新疆巡抚驻迪化，辖镇迪、阿克苏、喀什噶尔三道。仍设伊犁将军驻惠远城，辖伊塔道。（民国二年始并伊犁入新疆）

外蒙古　光绪三十二年（1906 年）设阿尔泰办事大臣，分辖科布多西南部阿尔泰乌梁海、新土尔扈特、新和硕特三部地，驻承化寺。（民国八年并入新疆）

台湾　光绪十一年分福建台湾府建行省，随后分建台湾、台北、台南三府，台东一直隶州，厅三、县十一。巡抚驻台北。光绪二十一年(1895 年)全省割于日本。

东三省　光绪三十三年(1907 年)奉天、吉林、黑龙江改行省，设巡抚，又设东三省总督统辖。悉裁副都统、协领、城守尉等驻防，改设析置府、厅、州、县；各分数道。总督奉天巡抚驻奉天府，吉林巡抚驻吉林府，黑龙江巡抚驻龙江府。三省间区划颇有改变，内蒙古哲里木盟牧地多划入三省。

内地十八省、内蒙古、青海、西藏改动皆不多，不备举。

(本文写于 1990 年，原载《谭其骧全集》第 2 卷，人民出版社 2015 年)

图书在版编目（CIP）数据

复旦大学历史地理学术经典·谭其骧卷 / 谭其骧著；葛剑雄编. — 上海：上海教育出版社，2022.11
ISBN 978-7-5720-0771-2

Ⅰ. ①复… Ⅱ. ①谭… ②葛… Ⅲ. ①历史地理 – 中国 – 文集 Ⅳ. ①K928.6-53

中国版本图书馆CIP数据核字(2022)第165903号

责任编辑　董龙凯
书籍设计　陆　弦

复旦大学历史地理学术经典·谭其骧卷
谭其骧　著　葛剑雄　编

出版发行　上海教育出版社有限公司
官　　网　www.seph.com.cn
地　　址　上海市闵行区号景路159弄C座
邮　　编　201101
印　　刷　上海盛通时代印刷有限公司
开　　本　700×1000　1/16　印张 32.25　插页 5
字　　数　545 千字
版　　次　2022年11月第1版
印　　次　2022年11月第1次印刷
书　　号　ISBN 978-7-5720-0771-2/K·0010
定　　价　198.00 元
审 图 号　GS(2021)8331 号

如发现质量问题，读者可向本社调换　电话：021-64373213